國際商事仲裁法研究

제 2 권

石 光 現 著

博 英 社

Essays in
International Commercial Arbitration Law

Volume Ⅱ

Suk Kwang Hyun

Parkyoung Publishing & Company
SEOUL, KOREA
2019

머 리 말

2018년 국제사법과 국제소송 제6권의 간행과 더불어 국제상사중재법연구 제2권을 상재한다. 국제상사중재법 제1권을 상재한 것이 2007년이니 10년도 더 지났다. 이처럼 간격이 길어진 것은 저자의 게으름 탓이다. 제1권은 국제상사중재의 기본적인 논점을 다룬 논문들로 구성되어 있었다. 특히 1999년 UNCITRAL 모델법을 수용하여 중재법을 전면 개정한 것을 계기로 전과 달라진 논점들(중재법의 속지주의, 중재가능성의 해석론과 입법론, 분쟁의 실체의 준거법, exclusion agreement)을 다루었고, 뉴욕협약에 관하여 거의 100면에 걸쳐 비교적 상세히 논의하면서 예컨대 중재판정의 국적 결정처럼 1999년 중재법에 의하여 달라져야 하는 점 등 우리 중재법을 반영한 해석론을 전개하였다. 한국에도 중재실무는 하지 않으면서 국제상사중재법을 공부하는 연구자가 있음을 보여주자는 생각도 있었다. 저자로서는 보람 있는 작업이었지만 그렇다고 저자가 국제상사중재법의 전문가라고 자처하지는 않는다.

근자에는 2016년 중재법이 개정되어 시행되고 있다. 저자도 중재법 개정위원회에 참여할 수 있었음은 큰 보람이었는데 이는 아마도 저자가 제1권을 간행한 덕분이었던 것으로 추측한다. 2016년 중재법을 해설한 실무가들의 저서(김갑유 변호사 기타 법무법인 태평양 소속 변호사들의 공저와 임성우 변호사의 저서 등)가 간행된 것도 반가운 일이다. 제2권에서는 제1권을 기초로 더 까다로운 논점들, 즉 중재합의와 소송유지명령(anti-suit injunction), 사기에 의하여 획득한 외국중재판정의 승인과 공서위반 여부 그리고 한국에서 행해지는 ICC 중재에서 ICC 중재규칙과 한국 중재법의 상호작용을 다룬 논문들을 수록하였는데 이는 우리 국제상사중재법학의 기초를 다지는 의미가 있다. 또한 대한상사중재원(KCAB)의 2007년 국제중재규칙을 분석하고 평가한 논문을 수록하였는데, 저자로서는 공을 들였지만 2016년 국제중재규칙이 개정되었기에 자료로 처리하였다. 하지만 제2권의 핵심은 중재법의 개정과 관련된 쟁점을 다룬 논문들이다. 과거 구 중재법 하에서 그의 개정방향을 제시한 논문들과, 2016년 중재법에 관하여 발표한 논문들을 함께 수록하였다. 구 중재법의 개정방향을 다룬 논문을 수록하는 것은 다소 주저되었으나 2016년 중재법을 제대로 이해하는 데 도움이 된다고 생각한다. 그리고 비약적으로 증가한 해외직접구매에서 소비자의 보호방안을 국제중재의 맥락에서 검토하였다. 2016년 중재법이 국제거래의 당사자가 되는 소비자를 충분히 보호하지 못하는데 소비자보호는 장래 중요한 개정의 착안점이 될 것이다.

국회는 2016년 '중재산업 진흥에 관한 법률'(중재진흥법)을 제정하여 2017. 6. 28. 시행하였고, 대한상사중재원은 2018. 4. 20. 기존 조직에서 국제중재 부문을 분리하여 국제중재를 전담할 국제중재센터(KCAB International)를 출범시켰으며, 근자에 국제상사중재에 대한 우리 법률가들의 관심이 커지고 있으므로 앞으로는 뛰어난 중재 전문가들이 등장할 것으로 기대한다. 다만 뛰어난 실무가가 반드시 뛰어난 연구자가 되는 것은 아니므로 우리나라에서도 중재법학 특히 국제중재법학의 연구자들을 체계적으로 양성해야 한다.

여기에서 한 가지 독자들의 양해를 구하고자 한다. 2007년 제1권을 간행할 때에는 간행시점을 기준으로 그 전에 발표했던 논문을 최대한 update 하기 위해 노력하였으나 제2권에서는 그 작업을 줄이고 간단한 후기를 적기로 하였다. 무엇보다도 작업이 힘들고 많은 시간을 요하기 때문이었다. 그렇지만 관련되는 본문이나 각주에서 조금씩 보완하는 작업을 완전히 포기하지는 않았다. 기존 논문의 전재는 큰 의미가 없다고 여전히 믿기 때문이다.

저서의 간행은 연구자에게는 보람 있는 일이고 존재의의를 증명하는 수단이나, 한편으로는 현재 한국의 상황에서 제2권의 간행이 유의미한지 자문하게 된다. 국제상사중재를 다루는 실무가들은 정평 있는 외국 법률가들의 저서를 통하여 법리와 실무를 이해하므로 한글로 간행된 저서는 학생들과 초심자들을 위해서는 의미가 있지만 그를 넘어 의미가 있는지, 있다면 무엇인지에 관하여 의문이 있기 때문이다. 이는 우리 법의 국제화(특히 모델법처럼 국제규범을 조화시키는 노력에의 참여)에 수반되어 제기되는 의문이다. 고민 끝에 의미를 인정하여 제2권을 간행하기는 하나 점차 그 의미가 축소될 것이다.

머리말을 쓰면서 1997년 경 고 김홍규 선생께서 회장을 맡고 계셨던 중재학회에 참석했던 기억이 떠올랐다. 당시 저자는 국제금융거래를 다루는 변호사였기에 중재법은 업무상 필요하지는 않았으나 국제상사중재에 관심을 가졌었다. 중재학회에 참석하면서 법률가들보다 무역이나 상무(또는 상학)를 하시는 분들이 더 많은 점에 놀랐고, 일부 법학적 기초가 약한 분들이 중재 관련 법학논문을 발표하는 사실에 당혹감을 느꼈다. 그런 현상은 현재도 별로 달라진 바 없다. 어쨌든 한참 세월이 흐른 지금 제2권의 머리말을 쓰자니 장기간의 투자가 맺은 작은 결실에 보람을 느끼면서 감회가 새롭다. 저자로서는 1999년 변호사의 길을 접고 교수가 된 이래 한국에서 '국제 관련 법학분야'의 발전을 위해 나름 노력해 왔다고 믿는다. 앞으로도 국제상사중재법에 관한 논문을 몇 편 더 쓰겠지만 단행본으로 묶는 것은 아마도 제2권이 마지막이 될 것이다.

이 책이 간행될 수 있도록 해주신 조성호 이사님과 편집과 교정에 수고해주신 박영사의 담당자분들께 감사의 말씀을 전한다. 그리고 변함없이 교정작업을 도와주는 아내에게도 감사한다.

2019년 1월
관악산을 우러르며
석광현 씀

차 례

제 1 장 구 중재법 하의 개정방향

[2] 외국중재판정의 승인·집행제도의 개선방안 53

제 2 장 2016년 중재법에 따른 변화

[3] 2016년 중재법의 주요 개정내용과 문제점 93

[4] 2016년 중재법에 따른 중재판정부의 임시적 처분: 민사집행법에 따른 보전처분과의 정합성에 대한 문제 제기를 포함하여 144

[5] 2016년 중재법에 따른 국내중재판정의 효력, 취소와 승인·집행에 관한 법리의 변화 194

제 3 장 국제중재에서 소비자의 보호

제 4 장 중재법의 해석론상의 제논점

[8] 사기에 의하여 획득한 외국중재판정의 승인과 공서위반 여부 314

제5장 ICC 중재규칙과 한국 중재법의 상호작용

[9] 한국에서 행해지는 ICC 중재에서 ICC 중재규칙과 한국 중재법의 상호작용 361

제 6 장 국제상사중재, 국제통상분쟁해결절차와 국제투자중재

부 록

[11] 대한상사중재원의 2007년 국제중재규칙의 주요내용과 그에 대한 평가 437

[12] 한국 중재법 501

[13] 국제상사중재에 관한 UNCITRAL 모델법 529

제1장 구 중재법 하의 개정방향

[1] 중재법의 개정방향: 국제상사중재의 측면을 중심으로
[2] 외국중재판정의 승인 · 집행제도의 개선방안

[1] 중재법의 개정방향: 국제상사중재의 측면을 중심으로

前 記
이 글은 2016년 개정 전 구 중재법의 개정방향을 다룬 글로서 서울대학교 법학 통권 제164호(제53권 제3호)(2012. 9.), 533면 이하에 수록한 글로서 명백한 오타와 오류를 제외하고는 원칙적으로 수정하지 않은 것이다. 다만 사소하게 수정한 부분은 밑줄을 그어 표시하였다. 참고할 사항은 말미의 후기에 적었다. 후기에 적은 것처럼 2016년 중재법의 주요 개정내용은 [3] 논문으로 별도로 수록한다. 이 글은 2016년 개정의 배경을 더 정확히 파악하는 자료로서 의미가 있기에 여기에 수록한다.

Ⅰ. 머리말

구 중재법은 1966년 제정 후 1973년 부분 개정되었을 뿐이었다. 지난 1999. 12. 31. 법률 제6083호로 '중재법개정법률'이 공포되었고 동 일자로부터 시행되었다. 당시 개정된 중재법[1]은 2010. 3. 31. 법률 제10207호로 한글화를 위하여 일부 개정되었다(이하 현행 중재법을 "중재법"이라 한다). 중재법은 UN국제거래법위원회(UNCITRAL)가 1985년 채택한 "국제상사중재에 관한 모델법"(Model Law on International Commercial Arbitration)(이하 "모델법"이라 한다)[2]을 전면 수용하면서 민사에까지 적용범위를 확대하고 국제중재와 국내중재를 함께

* 저자는 2010. 10. 18. 중재학회 세미나에서 "한국 중재법제상의 문제점과 발전 방안: 국제상사중재를 중심으로"라는 제목으로 발표하였다. 이는 중재법과 국제중재규칙을 함께 다룬 글인데 공간되지 않았다. 또한 저자는 2012. 6. 19. 중재인협회 국제중재포럼에서 "중재법의 개정방향: 국제중재의 측면에서"라는 제목의 발표를 한 바 있다. 이 글은 위 양자에 기초한 것이다.

1) 1999년 개정 중재법의 개관은 장문철, "개정중재법 해설", 인권과 정의 제284호(2000. 4.), 99면 이하; 하용득, "중재법의 개정경과 및 주요내용", 중재 통권 제295호(2000년 봄), 6면 이하 참조. 저자도 중재법의 개정 전후에 개정안의 문제점을 지적하는 글을 발표한 바 있다. 석광현, "중재법개정안에 대한 관견", 법률신문 제2822호(1999. 9. 20.), 14면; 석광현, "중재법개정법률안에 대한 소고—국제상사중재를 중심으로—", 중재 제298호(2000년 겨울), 15면 이하); 석광현, "改正仲裁法의 몇 가지 문제점—국제상사중재를 중심으로—", 국제사법과 국제소송 제2권(2001), 471면 이하. 이 글은 수정되어 석광현, 국제상사중재법연구 제1권(2007), 55면 이하에 수록되었다(이하 위 책을 "석광현, 국제중재법"이라고 인용한다). 이 글은 위 글들에서의 논의를 진전시킨 것이다.

2) 모델법 대신 '표준법' 또는 '모범법'이라고 부르기도 한다.

규율하는 데 특색이 있다. 그 결과 우리나라도 국제적으로 검증된 보편성이 있는 중재법을 가지게 되었다.

한편 대한상사중재원은 국내중재와 국제중재에 적용되는 '중재규칙'을 가지고 있었는데, 1999년 중재법 시행을 계기로 이를 개정하였고 개정된 중재규칙은 2000. 5. 15.부터 시행되었다. 대한상사중재원은 국제중재 수요에 부응하고자 '대한상사중재원 국제중재규칙'(The Rules of International Arbitration for the Korean Commercial Arbitration Board)을 제정하였고 이는 2007. 2. 1.부터 시행되었다. 그 후 양자의 병용에 따른 문제점이 지적되자, 대한상사중재원은 2011. 9. 1. 양 규칙을 개정하여 기존 중재규칙을 '국내중재규칙'(이하 현행 국내중재규칙을 "국내중재규칙"이라 한다)으로 전환하였고 국제중재에는 개정된 국제중재규칙(이하 현행 국제중재규칙을 "국제중재규칙"이라 한다)만이 적용되는 것으로 양자의 관계를 조정하였다.[3)]

여기에서는 주로 국제상사중재의 관점에서 바라본 중재법의 개정방향을 논의하고 입법론적 개선점을 제안한다.[4)] 그러나 그 대부분은 국내중재에도 공통된다. UNCITRAL은 2006년 ① 중재합의의 방식을 완화하고 ② 임시적 처분에 관한 상세한 규정을 두기 위하여 모델법을 개정하였으며 이는 UN총회에서 승인되었다. 여기에서 중재법 개정을 논의하는 가장 큰 이유는 바로 개정된 모델법(이하 "개정 모델법"이라 한다)을 수용할 필요가 있는가라는 점에 있다. 그 밖에 1999년 개정의 결과 남아 있는 미흡한 점을 개선할 필요도 있다. 구체적으로 첫째, 중재법의 개정 필요성과 개정의 방향(Ⅱ.), 둘째, 중재법 개정의 주요 착안점(Ⅲ.)의 순서로 논의한다.

참고로 독일은 1998. 1. 1.자로 민사소송법(ZPO) 중 중재편(제10편 제1025조–제1066조)을 개정하였고, 일본도 2004. 3. 1. 중재법을 제정하였다.[5)] 모델법을 전면 수용하고, 국제중재와 국내중재를 함께 규율하는 점은 한·독·일 3국이 같다. 더욱이 3국은 민사소송법제가 유사하므로 독일과 일본의 중재법제에 대한

---

3) 국제중재규칙에 대한 평가는 석광현, "대한상사중재원의 2007년 국제중재규칙의 주요내용과 그에 대한 평가", 서울대학교 법학 제49권 제1호(통권 146호)(2008. 3.), 71면 이하 참조. 저자의 지적 중 일부는 2011. 9. 1. 국제중재규칙의 개정 시 반영되었으나 가장 큰 문제점인 중재법과 국제중재규칙의 정합성의 부족은 충분히 개선되지 않았다.

4) 근자에는 중재법의 개정에 관하여는 장문철, "중재법의 개정방향", 중재(2011년 봄), 6면 이하에 짧은 글이 있다.

5) 일본 중재법에 관하여는 우선 近藤昌昭 외 4인, 仲裁法コンメンタール(2003); 三木浩一/山本和彦 編, 新仲裁法の理論と實務(2006) 참조.

연구는 우리에게 많은 시사점을 준다. 나아가 우리나라를 아시아 중재의 허브로 만들기 위해서는 홍콩과 싱가포르와 경쟁하지 않을 수 없으므로 2011. 6. 1. 발효된 홍콩 중재법(Arbitration Ordinance)[6]과 2012. 6. 1. 발효된 싱가포르 국제중재법(International Arbitration Act)에 대해서도 언급한다.[7]

Ⅱ. 중재법의 개정 필요성과 개정의 방향

여기에서는 우선 중재법을 개정할 필요가 있는지와 개정의 방향을 간단히 정리한다.

1. 현행 중재법으로 족한가

우리는 1999년 중재법 개정을 통하여 이미 적절한 중재법을 가지고 있으므로 굳이 중재법을 다시 개정할 필요 없다는 견해도 가능하다. 과거와 비교할 때 우리가 정비된 중재법을 가지고 있음은 사실이나 개정 모델법의 개정 착안점과 아래에서 논의하는 착안점(특히 중재판정의 집행가능선언 절차의 단순화)을 고려한다면 중재법을 개정할 필요가 있다.

2. 중재법은 실무상 중요하지 않나

특히 실무가들은 실무상 기관중재규칙이 중요하므로 굳이 중재법을 개정할 필요는 없다는 견해를 피력하기도 한다.[8] 그러나 이는 잘못이다. 중재를 규율하는 규범을 제대로 파악하려면 중재지의 중재법과 그에 적용되는 기관중재규칙의 관계를 정확히 이해하여야 한다. 중재지가 한국이라면 이는 중재법과 국제중재규칙 또는 기타 기관중재규칙, 예컨대 국제상업회의소 중재규칙(Rules

---

6) 이는 모델법을 받아들여 국내중재와 국제중재를 일원화하였다.

7) 다만 양자에 대한 저자의 연구가 부족하므로 여기에서는 단편적 언급에 그친다. 스코틀랜드와 아일랜드도 2010년 각각 중재법을 개정하였다. 강병근, “2010년 스코틀랜드 중재법과 우리 중재법의 개정”, 선진상사법률연구 통권 제58호(2012. 4.), 103면 이하; 강병근, “2010년 아일랜드 중재법에 관한 소고”, 저스티스 통권 제130호(2012. 6.), 309면 이하 참조.

8) 2007. 2. 1. 시행된 국제중재규칙은 이런 전제 하에 성안된 것이라고 할 수 있다.

of Arbitration of the International Chamber of Commerce)(이하 "ICC 중재규칙"이라 한다)이 될 것이다. 국제중재규칙이 적용되는 사안을 중심으로 이를 부연하면 아래와 같다.

가. 국제상사중재를 규율하는 현행 중재법제의 중층구조

중재법은 중재지가 한국인 경우에 적용된다(제2조 제1항). 국제중재규칙이 적용되는 경우 중재지가 외국일 수도 있으므로 항상 우리 중재법이 적용되는 것은 아니나 실제로는, 특히 국제중재규칙의 시행 초기에는 대체로 중재지가 한국일 것이다. 따라서 중재지가 한국이고 국제중재규칙에 따라 행해지는 국제중재를 규율하는 규범은 "중재법 + 국제중재규칙"이라는 중층구조를 가진다. 따라서 양자를 통합한 규범, 즉 양자의 통합본(consolidated version)을 정확히 이해하여야 한다. 다만 중층구조의 구체적 모습은 중재절차의 단계에 따라 다르다. 중재절차의 경과를 ① 중재절차 개시단계, ② 중재절차 진행단계와 ③ 중재판정 후 단계로 구분하면 ①과 ② 단계에서는 국제중재규칙과 중재법이 함께 적용되는 데 반하여, ③ 단계, 특히 중재판정의 취소와 중재판정의 승인 및 집행에 관하여는 거의 전적으로 중재법이 적용된다.[9] 이를 표로 그리면 아래와 같다.

≪중재지가 한국이고 국제중재규칙이 적용되는 중재에서 중재규범의 중층구조≫

	중재절차 개시단계	중재절차 진행단계	중재판정 후의 단계
적용 규범	국제중재규칙	국제중재규칙	국제중재규칙
	중재법	중재법	중재법

* 위 표에서 국제중재규칙을 위 칸에 적은 것은 그것이 계약자유의 원칙에 기하여 중재법의 조문을 배제하기 때문이지 그것이 상위규범이라는 취지는 아니다.
** 각 규범이 차지하는 면적은 그의 사실상의 중요성을 반영한다.

만일 당사자들이 ICC 중재규칙을 적용하기로 합의하였다면 중재규범은 아래와 같다.

9) 아래에서 보듯이 ICC 중재규칙(제34조 제6항)은 ICC 중재규칙이 중재판정 취소의 맥락에서 중재지 중재법상의 통제 하에 있음을 명확히 규정한다.

≪중재지가 한국이고 ICC 중재규칙이 적용되는 중재에서 중재규범의 중층구조≫

<table>
<tr><th></th><th>중재절차 개시단계</th><th>중재절차 진행단계</th><th>중재판정 후의 단계</th></tr>
<tr><td rowspan="3">적용
규범</td><td rowspan="2">ICC 중재규칙</td><td rowspan="2">ICC 중재규칙</td><td>ICC 중재규칙</td></tr>
<tr><td rowspan="2">중재법</td></tr>
<tr><td>중재법</td><td>중재법</td></tr>
</table>

중재법상 당사자들은 중재법의 강행규정에 반하지 아니하는 한 중재절차에 관하여 합의할 수 있고, 합의가 없으면 중재판정부가 적절한 방식으로 중재절차를 진행할 수 있으나(제20조), 양 당사자는 중재절차에서 동등한 대우를 받아야 하고 변론할 수 있는 충분한 기회를 가져야 한다(제19조). 제19조는 '중재절차의 대헌장의 핵심적 요소'(key element of the Magna Carta of arbitral procedure)로서 중재에서 적법절차의 원리(due process)를 규정한 것으로 광범위한 당사자의 계약자유를 규정한 제20조를 제한한다.[10] 실제로는 중재법은 당사자의 계약자유를 널리 인정하므로 당사자가 선택한 기관중재규칙이 사실상 중재절차를 규율한다. 즉 그 경우 사적 자치가 허용되는 범위 내에서 기관중재규칙이 적용되고, 당사자가 정하지 않은 사항이 중재지법에 의하여 보충된다. 실무가들은 이런 이유로 기관중재규칙의 중요성을 강조하는 나머지 중재법(특히 중재지의)의 중요성을 간과하는 경향이 있다. 그러나 기관중재규칙은 법적 진공상태에 홀로 존재하는 것이 아니다.[11] 특히 중재절차 개시단계와 중재판정 후의 단계에서는 중재절차 진행단계와 비교할 때 중재법이 상대적으로 더 중요한 의미를 가진다. 예컨대 ① 중재판정부의 권한에 관하여 최종적인 판단권한을 중재판정부에게 주는 취지의 조문을 기관중재규칙에 포함시킬 수 있는가와 ② 당사자들

10) Howard M. Holtzmann and Joseph E. Neuhaus, A Guide To The UNCITRAL Model Law On International Commercial Arbitration: Legislative History and Commentary (1989), pp. 550-551.

11) 일부 법률가들과 중재전문가들은 국제중재규칙도 비용과 중재인의 보수에 관한 규정 등을 제외하면, 실무상 별 의미가 없다고 보는 경향도 있다. 이는 기관중재규칙도 중재절차를 빠짐없이 규율하지는 않고, 중재절차는 사적 자치에 기초하여 중재인과 당사자들이 형성해가는 하나의 과정이므로 결국 중재인의 역량과 당사자와의 상호협력만이 중요하다고 보기 때문이다. 그 배경에는, 모든 절차법이 가지는 한계, 즉 분쟁의 실체에 관한 결론은 절차법에 의해 좌우되지는 않는다는 인식도 깔려 있을 것이다. 그러나 현대의 기관중재규칙은 정치한 절차규칙을 두고 있고, 당사자는 기관중재규칙을 선택함으로써 게임의 규칙을 정한 것이라는 점을 유념하여야 한다. 물론 당사자는 합의로써 이를 변경할 수 있지만 그것은 쉽지 않다. 요컨대 중재를 다루는 사람들은 중재법과 기관중재규칙에 대하여 관심을 가져야 마땅하다.

이 중재판정 취소의 소를 미리 포기할 수 있는가 등의 문제는 기관중재규칙만에 의하여 해결될 수 없다. ICC 중재규칙을 이용하는 경우에도 중재지법이 그에 미치는 영향을 검토해야 한다.12) 당사자들이 중재지 선정 시 중재지가 국제중재에 우호적인 선진 중재법을 가지고 있는지를 검토하는 것도 이런 이유 때문이다.

나. 중재법과 국제중재규칙의 정합성

이처럼 중재절차의 개시단계와 중재절차의 진행단계에 관한 한 국제중재규칙에 의하여 수정된 바에 따른 중재법이 적용되는데, 여기에서 국제중재규칙과 중재법의 정합성이 문제된다. 여기에서 '정합성'은 두 가지 의미를 가진다.

첫째, 국제중재규칙은 중재법의 강행규정에 위반되어서는 아니 된다. 이를 결정하기 위하여는 중재법의 어느 규정이 강행규정인지를 알아야 한다. 대체적으로, 중재법 제18조 제1항에서 보듯이 "당사자 간에 다른 합의가 없는 경우에" 또는 유사한 문언이 포함된 규정은 임의규정이고 그런 문언이 없는 규정은 강행규정일 것이나,13) 그런 문언이 없다고 하여 반드시 강행규정이라고 단정할 수는 없는데 그 구체적 범위는 앞으로 명확히 할 필요가 있다.14) 입법론적으로도 중재법 전반에 걸쳐 강행규정성 여부를 좀더 명확히 할 필요가 있다.

둘째, 국제중재규칙에서 중재법을 따르면서 細則을 정할지, 아니면 중재법과 다른 선택을 할지와 그 범위의 결정에 관한 정책적 판단이 필요하다. 이는 국제중재규칙과 중재법과의 관계설정에 관한 지도이념의 문제이다. 사견으로는 국제중재규칙은 원칙적으로 중재법을 기초로 필요한 細則을 정하는 것이어야 한다. 그리고 그 과정에서, 중재법에 나타난 입법자의 결단을 존중하면서 꼭 필

---

12) 상세는 석광현, "한국에서 행해지는 ICC 중재에서 ICC 중재규칙과 한국 중재법의 상호작용", 국제소송법무 통권 제3호(한양대학교, 2011. 11.), 1면 이하 참조.

13) 양병회 외, 주석중재법(장문철 · 박영길 집필부분)(2005), 21면.

14) Stein/Jonas/Schlosser, Kommentar zur Zivilprozessordnung 22. Auflage Band 9 (Ⅱ/2002), §1027 Rn. 2도 동지. 영국 중재법은 Schedule 1에서 강행규정인 조문을 열거하고 당자사가 이를 배제할 수 없음을 명시한다. 우리 중재법상 중재판정의 승인 또는 집행을 구하는 당사자는 제37조에 따라 중재판정서와 중재합의서를 제출하여야 하는데, 비록 당사자가 달리 합의할 수 있다는 문언은 없지만, 당사자들이 합의에 의하여 중재합의서의 제출을 면제하는 등 그 서류요건을 완화할 수 있다고 본다. 近藤昌昭 외 4인(註 5), 128-145면은 일본 중재법을 분석하여 강행규정인 조문과 그렇지 않은 조문의 일람표를 제시한다. 다만 위 견해도 일률적으로 강행규정의 성격을 부여하지는 않으며 개별조항을 검토할 필요가 있음을 지적한다. 예컨대 우리 중재법 제28조에 상응하는 일본 중재법 제35조 제1항에서도 당사자가 합의로써 법원에 의한 증거조사를 배제할 수 있도록 허용한다.

요한 범위 내에서 달리 선택할 필요가 있고 이는 또한 가능하지만, 그 범위를 넘어 중재법과 달리 규정하는 것은 법적으로는 가능하더라도 바람직하지는 않다. 저자가 생각하는 규범 간의 관계의 이상적 모습과 현재(당초 이글을 발표한 2012년을 말함)의 모습은 아래와 같다.

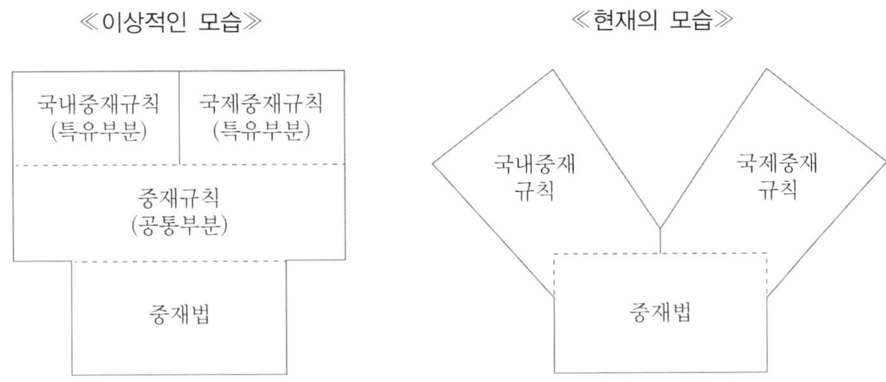

3. 중재법 개정의 방향

현재로서 저자가 구상하는 중재법 개정의 방향은 아래와 같다. 구체적 착안점은 아래(Ⅲ.)에서 별도로 논의한다.

가. 가능한 한 중재에 호의적인 방향

장래 중재법의 내용은 가능한 한 중재에 호의적인 것이어야 한다. 그렇더라도 중재의 절차적 공정성과 적법성을 담보하기 위하여 법원의 감독과 통제가 필요하나, 법원의 지나친 관여는 중재의 사적 성질(private nature)을 침해할 수 있고, 중재절차를 지연시키는 원인이 되거나 지연전략으로 남용될 수 있으므로 법원의 관여는 적절한 범위로 한정되어야 한다. 문제는 그 한계를 어떻게 설정할 것인가이다.

나. 모델법 체제 유지 v. 독자 노선의 추구

우리나라도 프랑스나 영국처럼 모델법 체제에 얽매이지 말고 독자적인 중재법제를 도입해야 한다는 견해도 가능하다. 장기적으로는 그런 방향을 고려할 수 있으나 현재로서는 이는 시기상조이다. 뿐만 아니라 이는 중재법의 보편타당성을 추구하기 위하여 1999년 모델법을 받아들이기로 한 입법자들의 결단에도 반하므로 적어도 당분간은 모델법의 체제를 유지하되, 꼭 필요한 사항이 있다면 모델법에 없는 규정을 추가하거나 모델법과 달리 규정하는 것이 바람직하다. 그렇게 함으로써 우리나라가 모델법 체제를 수용한 국가라는 점을 대외적으로 널리 알 수 있다.

다. 1999년 개정 중재법 체제의 유지와 개선

근자에 논의되는 개정작업의 필요성은 일차적으로 개정 모델법이 제기한 개선점을 중재법에 반영할 것인가에 의해 비롯된 것이다. 따라서 금번 개정은 1999년 개정 중재법 체제를 가급적 유지하면서 그 연장선상에서 추진하는 소개정을 추구하는 것이 바람직하다. 그렇지 않으면 1999년 개정작업을 반복하는 것이 되어 불필요한 시간, 비용과 노력을 낭비할 우려가 있다. 따라서 1999년 개정작업 시 충분히 논의되어 결정된 사항은 원칙적으로 뒤집지 않는 것이 좋다. 물론 1999년 개정작업 시 충분히 논의되지 않은 사항(예컨대 중재가능성의 문제)이나 반드시 개선할 필요가 있는 사항(예컨대 중재판정의 집행가능선언의 방법을 완화하는 문제)은 예외이다.[15] 장래에 중재법의 대개정(예컨대 중재법의 속지주의를 폐지하는 등 모델법 체제를 벗어나기 위한 방안과, 중재법을 중재만이 아니라 조정 등 다른 대체적 분쟁해결을 포함하는 포괄적 입법으로 전환하는 방안 등)을 검토할 필요가 있겠지만 아직은 그 때가 아니라고 본다.

이하의 여기의 논의는 이러한 이해를 전제로 한다.

Ⅲ. 중재법 개정의 주요 착안점

중재법 개정의 주요 착안점은 아래와 같다. 개정 모델법이 제시하는 착안점들인 ①-③을 먼저 다루고 이어서 저자가 생각하는 중요도에 따라 논의한다.

① 중재합의의 방식(서면요건), ② 중재판정부의 임시적 처분과 사전명령, ③ 외국중재판정의 승인 및 집행을 위한 서류요건, ④ 외국중재판정의 승인과

15) 이 점에서 1999년 개정 작업의 자료가 충분히 남아 있지 않은 것은 유감이다.

집행가능선언(또는 집행허가)요건의 완화(즉, 집행판결 제도의 완화), ⑤ 중재가능성, ⑥ 분쟁의 실체의 준거법, ⑦ 중재판정의 취소의 소와 배제합의, ⑧ 국제상사중재에서 소비자의 보호, ⑨ 대한상사중재원의 지위와 권한과 ⑩ 기타 논점들(법원의 전문성 보장, 중재대리, 중재의 비밀보장, 중재비용, 지연손해금 내지 지연이자, 집행권원의 보충 등)이 그것이다.

1. 중재합의의 방식

중재법은 중재합의의 방식을 규정하는데 개정 모델법은 서면성을 완화하거나 폐지하므로 그 수용 여부를 검토할 필요가 있다.

가. 중재법의 규정

중재법(제8조)은 구 중재법과 마찬가지로 중재합의가 서면에 의할 것을 요구하는데, 이는 대체로 모델법(제7조 제2항)을 따른 것이다. 중재법(제8조 제3항)은 서면에 의한 중재합의로 인정되는 경우를 열거한다.[16] 중재합의의 서면요건은 중재합의에 관한 서면증거가 있어야 한다는 것이 아니라, 합의 자체가 서면으로 이루어질 것을 요구한다. 따라서 양당사자가 서명한 계약서, 또는 일방당사자가 작성한 문서가 서로 교환된 경우에는 이 요건이 구비되지만, 서면청약을 구두로 승낙하거나 구두청약을 서면으로 승낙하는 것과, 당사자 간의 구두합의를 사후에 서면으로 확인하는 것은 비록 국제거래에서는 실제로 널리 사용되고 있지만 서면요건을 구비하지 못한다. 독일에서는 이를 '완전한 서면방식'(volle Schriftform) 또는 '이중서면성'(doppelte Schriftlichkeit)이라고 설명한다. 모델법에 관하여도 이렇게 설명하며, "외국중재판정의 승인 및 집행에 관한 1958년 UN협약"(United Nations Convention on the Recognition and Enforcement of Foreign Arbitral Awards)("뉴욕협약")의 경우에도 같다.[17]

나. 개정 모델법의 소개

주목할 것은, 2006년 6월-7월에 개최된 UNCITRAL 제39차 본회의에서 모

16) 제3항 제1호는 '당사자들이 서명한 문서에 중재합의가 포함된 경우'를 열거하나 '기명 · 날인'도 함께 규정했어야 한다. 중재법의 해석상 그 경우 서면성이 부정되지는 않겠으나, 특히 국내중재의 경우에 통상적으로 사용되는 방법인 기명 · 날인을 명시하지 않은 점은 아쉽다.
17) 참고문헌은 석광현, 국제중재법, 488-489면 참조.

델법(제7조)을 개정하여 제7조의 두 가지 선택지, 즉 Option Ⅰ과 Option Ⅱ를 채택하였다는 점이다.[18)]

***Option I* 제7조 중재합의의 정의와 방식**

1. "중재합의"란 계약적이든 비계약적이든 일정한 법률관계에 기초하여 당사자 사이에 이미 발생하였거나 발생할 분쟁의 전부 또는 일부를 중재로 해결하기로 하는 당사자 간의 합의를 말한다. 중재합의는 계약에서 중재조항의 일부로 또는 독립한 합의의 형식으로 이루어질 수 있다.
2. 중재합의는 서면으로 이루어져야 한다.
3. 만약 중재합의 또는 계약이 구두, 행위 기타 어떤 다른 수단에 의하여 이루어진 것인지 여부와 관계없이 그 내용(its content)이 기록되었다면 그 중재합의는 서면에 의한 것으로 본다.
4. 중재합의의 서면요건은 전자적 의사표시에 의하여도 충족될 수 있는바, 이에 포함된 정보는 사후 참조를 위하여 이용될 수 있도록 접근 가능한 것이어야 한다. 전자적 의사표시란 전자문서(data message)의 수단으로 당사자가 하는 어떤 형태의 의사표시를 의미한다. 전자문서란 전자, 자기, 광학적 또는 기타 유사한 수단에 의하여(전자문서교환(EDI), 전자우편, 전보, 전신 또는 전화복사기(telecopy)를 포함하나 이에 한하지 않는다) 생성, 송신, 수신 또는 저장된 정보를 말한다.
5. 더 나아가 일방 당사자가 서로 교환된 신청서와 답변서의 내용에서 중재합의의 존재를 주장하고 상대방이 이를 다투지 아니하면 중재합의는 서면에 의한 것이다.
6. 계약에서 중재조항을 포함한 다른 문서에 대한 인용이 있고, 그 인용이 당해 계약조항의 일부를 구성한다면 중재합의는 서면에 의한 것이다. 제8조 제4항

***Option II* 제7조 중재합의의 정의**

"중재합의"란 계약적이든 비계약적이든 일정한 법률관계에 기초하여 당사자 사이에 이미 발생하였거나 발생할 분쟁의 전부 또는 일부를 중재로 해결하기로 하는 당사자 간의 합의를 말한다.

Option Ⅰ은 서면합의일 것을 요구하는 점에서 뉴욕협약과 같지만 그 어떤 방식이든 간에 중재합의의 내용이 기록되면 서면요건이 충족된 것으로 봄으로써 서면요건을 완화하고 있다. 이에 따르면 서면청약을 구두로 승낙하거나 구두청약을 서면으로 승낙하는 것과, 당사자 간의 구두합의를 사후에 서면으로 그 내용을 확인하는 경우 모두 서면요건을 구비한다(제7조 제3항).[19)] 이는 국제

---

18) 소개는 노태악 · 구자헌, "최근 UNCITRAL 모델 중재법의 개정논의 결과와 국내법에의 시사—중재합의의 서면성과 중재판정부의 임시적 처분을 중심으로", 국제규범의 현황과 전망—2006년 국제규범연구반 연구보고—(2006), 473면 이하 참조. 본문의 국문은 대체로 위 노태악 · 구자헌, 474면, 477면을 따랐다. 노태악, "UNCITRAL 모델중재법 및 중재규칙 개정에 따른 국내법 개정의 필요성 검토", 국제사법연구 제16호(2010), 111면 이하도 참조.

19) UNCITRAL Model Law on International Commercial Arbitration 1985 With amendments as

연합의 1996년 모델전자거래법과 2005년 전자계약협약(United Nations Convention on the Use of Electronic Communications in International Contracts)을 참조하여 전자적 의사표시에 의하여도 서면성이 충족됨을 명시하는 점에서도(제7조 제4항) 의미가 있다.

Option Ⅰ에 따르면 서면 중재합의가 없더라도 일방 당사자가 중재합의의 존재를 다투지 않고 중재절차에 참가하는 경우에는 '묵시적 합의'(implied agreement)에 의하여 중재합의의 존재가 긍정된다.[20] Option Ⅰ은 대체로 영국 1996년 중재법(제5조 제3항과 제4항)을 모델로 한 것이라고 한다.[21] 운송인이 일방적으로 작성하여 송하인에게 교부하는 선하증권은 중재법에 따르면 엄밀하게는 서면성을 충족하는 것으로 보기 어렵지만 Option Ⅰ에 따르면 서면성을 인정하는 데 큰 어려움이 없다.

반면에 Option Ⅱ는 서면요건을 전면 폐지하는 것이다.

어느 선택지에 의하든 국내법으로 중재합의의 방식요건을 완화하거나 폐지할 경우 뉴욕협약과의 관계가 문제된다. 뉴욕협약(제2조 제2항)은 중재합의의 서면요건을 요구하기 때문이다. 국내법이 더 완화된 중재합의의 방식을 정한 경우 뉴욕협약(제7조)에 따라 그 조항이 적용될 수 있다. 뉴욕협약 제2조 제2항과 제7조 제1항의 해석에 관하여, UNCITRAL이 2006. 7. 7. 제39차회기에서 채택한 권고안(제2항)은 이 점을 명확히 한다. 왜냐하면 뉴욕협약(제7조)은 문면상 중재판정의 집행의 맥락에서만 최혜권리조항을 규정하나 이는 중재합의의 맥락에서도 타당하기 때문이다.

다. 우리의 입법론

UNCITRAL은 Option Ⅰ과 Ⅱ 간에 어느 것을 선호하는지를 밝히지 않고 결정을 각국의 입법자에게 맡기는데,[22] Option 1은 종래의 국내입법과 법원판결에 반영된 실무와 일치한다는 장점이 있다고 한다.[23] 종래 관할합의와 중재

---

adopted in 2006 (2008), Part Ⅱ에 수록된 Explanatory Note by the UNCITRAL Secretariat on the Model Law on International Commercial Arbitration, para. 19. 이하 이를 "사무국 주석"이라 한다.

20) Nigel Balckaby and Constantine Partasides with Alan Redfern and Martin Hunter, Redfern and Hunter on International Arbitration, Fifth Edition (2009), para. 2-16.

21) Gary B. Born, International Commercial Arbitration, Volume Ⅰ(2009), p. 606.

22) 사무국 주석, para. 19.

23) Redfern/Hunter(註 20), para. 2-18.

합의에 서면요건을 요구해 온 점을 고려한다면 서면요건을 전면적으로 폐지하는 Option Ⅱ는 중재합의의 존재에 관한 입증을 어렵게 하는 것으로서 좀 과격한 것으로 보이고 Option Ⅰ이 더 적절하다고 본다.

Option I은 기록의 주체와 시기를 제한하지 않고, 단순히 중재합의의 내용(content)이 기록될 것을 요구할 뿐인데, 어느 정도 구체적 내용이 기록되어야 하는지는 불분명하나 중재합의의 본질적 요소(essentialia negotii), 즉 당사자들이 '분쟁을 중재에 부탁하기로 하는 합의'가 기록되면 족할 것으로 보인다.[24)][25)] 또한 Option Ⅱ에 따르더라도 중재합의의 존재를 입증할 증거가 필요하므로 Option I과 Option Ⅱ자의 실제 적용결과는 매우 유사할 것이다.[26)]

만일 우리가 Option Ⅰ을 따라 중재법을 개정한다면 과거 대법원 2004. 12. 10. 선고 2004다20180 판결은 기초를 상실하게 될 것이다. 위 사건은, 원고가 베트남 상사중재원에 중재판정을 신청하고 이에 대하여 피고가 중재 당시 아무런 이의를 제기하지 아니함으로써 일종의 묵시적인 중재합의가 이루어졌다고 볼 수 있는 사건인데, 대법원 판결은 비록 묵시적 합의가 이루어졌다고 한들 뉴욕협약 제2조에 정한 유효한 중재합의가 있었다고 볼 수는 없다고 판시하였다.[27)]

참고로 2011. 5. 1. 발효한 개정 프랑스 민사소송법(제1507조)은 국제중재에 관하여 방식요건을 전면 폐지하였다.[28)] 한편, 2011년 홍콩 개정중재법(Arbitration Ordinance)과 2012년 싱가포르 국제중재법(International Arbitration Act)은 모두 Option 1을 채택하였다.

---

24) 대법원 1990. 4. 10. 선고 89다카20252 판결은, 뉴욕협약(제2조)에 의하면 동 협약이 적용되는 중재합의는 '분쟁을 중재에 부탁하기로 하는 서면에 의한 합의'로서 족하고 중재장소나 중재기관 및 준거법까지 명시할 것을 요건으로 하지는 않는다는 취지로 판시하였다.

25) 그렇다면 당사자들 간에 구두로 중재합의가 이루어진 경우 일방 당사자가 중재신청서에서 중재합의가 있다고 기재하면 그것으로써 서면요건이 구비되는 것인지, 나아가 일방 당사자가 중재신청서에서 중재합의가 있다고 기재하면 비록 당사자들이 중재합의의 존재를 다투더라도 이는 중재합의의 성립의 문제이고 서면성은 구비되는 것인가라는 의문이 있으나 그렇게까지 넓게 인정하기는 어렵다.

26) Born(註 21), p. 606.

27) 저자는 뉴욕협약의 해석상 위 판결이 잘못이라고 비판하였다. 비록 서면에 의한 중재합의의 존재가 부정되더라도 '금반언(estoppel)의 법리'에 의하여 상대방 당사자는 그 후 유효한 중재합의의 존재를 부정할 수 없다는 것이다. 상세는 석광현, 국제중재법, 343면 이하 참조.

28) 2011년 개정 프랑스 민사소송법 중 중재편(제4편)의 소개는 안건형 · 유병욱, "프랑스 개정 민사소송법의 주요내용과 시사점", 민사소송 제15권 제2호(2011), 110면 이하; 조희경, "프랑스의 2011년 개정된 중재법이 우리에게 주는 시사점에 대한 소고", 홍익법학 제15권 제2호(2014), 269면 이하 참조. [밑줄 부분은 이 책에서 새로 추가한 것이다.]

2. 임시적 처분[29)]

가. 중재법의 규정

> **제18조(임시적 처분)** ① 당사자 간에 다른 합의가 없는 경우에 중재판정부는 어느 한쪽 당사자의 신청에 따라 결정으로 분쟁의 대상에 관하여 필요하다고 인정하는 임시적 처분을 내릴 수 있다. 이 경우 중재판정부는 피신청인이 임시적 처분을 갈음하여 제공할 담보의 금액을 정할 수 있다.
> ② 중재판정부는 임시적 처분의 신청인에게 적절한 담보를 제공할 것을 명할 수 있다.

(1) 임시적 처분을 할 수 있는 중재판정부의 권한

법제에 따라서는 중재판정부에게 임시적 처분을 할 수 있는 권한을 부여하지 않는다.[30)] 구 중재법과 달리, 중재법(제18조 제1항 제1문)은 모델법(제17조 1문)을 따라 중재판정부가 임시적 처분을 할 수 있음을 명시한다. 중재법의 문언상으로는 모델법과 마찬가지로 일방 당사자의 신청에 따라 상대방에 대한 신문 없이 하는 일방적 임시적 처분(*ex parte* interim measures)(이하 "일방적 처분"이라 한다)이 가능한 것처럼 보이나 이는, 양 당사자는 중재절차에서 동등한 대우를 받아야 하고 변론할 수 있는 충분한 기회를 가져야 한다는 중재절차의 대원칙에 반하므로 허용되지 않는다고 본다.[31)] 그러나 개정 모델법은 아래에서 보는 바와 같이 사전명령의 형식으로 일방적 처분을 도입하고 있다.

(2) 중재판정부가 할 수 있는 임시적 처분의 유형

국제상사중재에서 내려지는 임시적 처분의 유형은 그 목적에 따라 첫째, 손해를 회피하기 위한 처분(현상유지를 위한 임시적 처분도 이에 포함), 둘째, 장래 중재판정의 집행을 촉진하기 위한 처분(자산동결처분도 이에 포함)과, 셋째, 중재절차의 진행을 촉진하기 위한 처분 등으로 구분할 수 있다.[32)] 그 밖에도 증거

---

29) 상세는 석광현, 국제중재법, 439면 이하 참조.

30) 예컨대 중국 민사소송법상으로는 중재위원회는 직접 임시적 처분을 할 수는 없고 당사자의 신청을 인민법원에 이송할 수 있을 뿐이라고 한다. 윤진기, 중국중재제도(1998), 141면.

31) 보전처분의 밀행성에 익숙한 우리 법률가들로서는 이는 다소 의외일 수 있다. 그러나 대부분의 중재 선진국들은 그러한 권리를 중재법에 포함시키지 않았다고 한다. 예컨대 Refern/Hunter, para. 7-22 참조. 개정 모델법이 중재인이 일방적으로 내릴 수 있는 사전명령제도를 임시적 처분과 별도로 도입하면서 그 효력을 20일로 제한하고 집행력을 부정한 것은 모델법상 일방적 처분은 허용되지 않음을 전제로 한 것이라고 본다.

32) A/CN.9/WG.II/WP.119, paras. 16-18, A/CN.9/468, para. 81 참조. 이 부분은 노태악 · 구자헌

보전에 관한 임시적 처분이 있다.

주의할 것은, 중재법(제18조 제1항)은 "당사자 간에 다른 합의가 없는 경우에 중재판정부는 어느 한쪽 당사자의 신청에 따라 결정으로 분쟁의 대상에 관하여 필요하다고 인정하는 임시적 처분을 내릴 수 있다"고 규정하므로 임시적 처분은 "분쟁의 대상에 관하여 중재판정부가 필요하다고 인정하는 임시적 처분"에 한정된다는 점이다. 따라서 예컨대 분쟁의 대상(즉 계쟁물)에 처분금지가처분이나 점유이전금지가처분 등은 가능하나, 둘째 유형에 속하는, 중재의 대상이 아닌 피신청인의 다른 재산에 대한 가압류 기타 처분을 할 수는 없다.[33] 따라서 그 범위를 넘는 그 밖의 현상유지를 위한 임시적 처분도 허용되지 않는다.[34]

또한 중재법상 중재판정부는 셋째의 유형, 즉 訴訟留止命令(또는 소송금지명령. anti-suit injunction) 기타 중재절차의 진행을 촉진하기 위한 임시적 처분을 할 수는 없다. 참고로 법원의 소송유지명령이 허용되는 영국에서도 중재판정부의 소송유지명령은 과거 별로 관심의 대상이 아니었으나 근자에는 중재판정부의 소송유지명령의 사례가 증가하고 있고, 특히 유럽사법재판소가 2009. 2. 10. Allianz v. West Tankers 사건 판결[35]에서 중재지가 영국인 경우 중재합의의 실효성을 보장하기 위하여 영국법원이 내리는 소송유지명령은 브뤼셀체제와 양립하지 않는다고 판시한 결과 중재판정부의 소송소유지명령이 증가할 것이라고 한다.[36]

다만 중재법상 당사자는 합의에 의하여 중재판정부가 할 수 있는 임시적 처분의 범위를 제한하거나 확장할 수 있고, 이는 중재규칙의 지정에 의하여도 가능하다.[37] 예컨대 ICC 중재규칙(제28조 제1항)은 당사자가 달리 합의하지 않는 한 중재판정부는 당사자의 신청에 따라 적절하다고 간주되는 임시적 처분을

(註 18), 490면 이하 참조.

33) 목영준, 상사중재법(2011), 187면. Alan Redfern and Martin Hunter with Nigel Balckaby and Constantine Partasides, Law and Practice of International Commercial Arbitration, Fourth Edition (2004), paras. 7-26, 7-27.

34) Redfern/Hunter(註 33), para. 7-28.

35) C-185/07.

36) Thomas Raphael, The Anti-suit injunction (2008), para. 7.41. 영국법상 소송유지명령에 관하여는 석광현, "국제상사중재에서 중재합의와 소송유지명령", 선진상사법률연구 통권 제50호(2010. 4.), 3면 이하; 석광현, "국제상사중재에서 중재합의와 訴訟留止命令(anti-suit injunction)", 국제사법과 국제소송, 제5권(2012), 649면 이하 참조.

37) Stein/Jonas/Schlosser(註 14), §1041 Rn. 8.

취할 수 있다고 규정하여 중재법보다 넓은 권한을 중재판정부에 부여하는데, 당사자가 ICC 중재규칙을 적용하기로 하였다면 중재판정부는 그러한 임시적 처분을 할 수 있다. 그러나 ICC 중재실무가들은 ICC 중재규칙상으로도 일방적 처분은 허용되지 않는 것으로 해석한다고 한다.[38] 이는 상대방이 중재판정부의 중립성에 대하여 가지는 확신을 훼손하는 것이기 때문이다.[39] 이처럼 중재인의 일방적 처분이 불가능하더라도 당사자는 언제든지 법원에 보전처분을 신청할 수 있다.

(3) 중재판정부가 내린 임시적 처분의 집행

제18조는 중재판정부가 내린 임시적 처분의 집행방법은 규정하지 않는다. 그런데 중재법상 집행판결의 대상이 되는 것은 중재판정에 한정되므로(제37조 이하)[40] 중재판정부가 결정으로서 하는 임시적 처분은 집행판결의 대상이 되지 않는다. ICC 중재규칙(제28조 제1항)에 따르면 중재인은 임시적 처분을 명령 또는 판정의 형태로 할 수 있으므로 중재인이 판정의 형식을 취하는 경우 이는 우리 중재법상으로도 집행의 대상이 될 수 있을 것이다. 하지만 그렇더라도 우리나라에서 집행의 대상이 되는 것은 종국판정에 한정된다고 해석되므로[41] 그에 해당하지 않는 임시적 처분을 판정의 형태로 했다고 해서 당연히 집행의 대상이 될 수 있는 것은 아니다. 그렇게 되면 임시적 처분은 상당부분 의미를 상실하므로 독일 민사소송법(제1041조 제2항)처럼 명문의 규정을 두어 법원이 재량에 따라 위 결정을 집행할 수 있도록 할 필요가 있다.[42]

(4) 개정 모델법의 소개

개정 모델법은 제Ⅳ장A로 '임시적 처분과 사전명령'(또는 예비명령. interim measures and preliminary orders)이라는 장을 신설하여 상세한 규정을 둔다.[43] 2010

---

38) Yves Derains and Eric A. Schwartz, A Guide to the ICC Rules of Arbitration Second Edition (2005), p. 299.

39) Derains/Schwartz(註 38), p. 299.

40) 중재법은 중재인이 절차에 관하여 하는 판단을 결정의 형식으로, 본안에 관하여 하는 판단을 판정의 형식으로 하도록 이원화하고 있다. 목영준(註 33), 186면.

41) 석광현, 국제중재법, 300면 참조.

42) 그러나 중재판정부는 강제력을 행사할 수 없고 임시적 처분의 국제적 집행은 쉽지 않지만, 중재판정부의 모든 명령은 당사자 간에 구속력이 있으므로 임시적 처분이 무의미한 것은 아니고, 본안을 판단할 중재판정부의 임시적 처분을 당사자들이 무시하는 것은 용감하거나 어리석은 행동이라는 점에서 임시적 처분은 사실상 상당한 구속력이 있다는 견해도 있다. Redfern/Hunter(註 33), para. 7-30 참조.

43) 문언은 http://www.uncitral.org/uncitral/en/uncitral_texts/arbitration/1985Model_arbitration.html 참조. 소개는 노태악 · 구자헌(註 18), 492면; 한민오, "국제상사중재에 있어서 중재판정부의

년 개정된 UNCITRAL 중재규칙(제26조)은 임시적 처분을 도입하였으나 사전명령에 대하여는 논란이 있어 채택하지 않았다.

제Ⅳ장A 임시적 처분과 사전명령
제1절 임시적 처분
제17조 임시적 처분을 명할 수 있는 중재판정부의 권한
제17조A 임시적 처분을 하기 위한 조건
제2절 사전명령
제17조B 사전명령의 신청과 사전명령을 하기 위한 조건
제17조C 사전명령을 위한 특별제도
제3절 임시적 처분과 사전명령에 적용되는 조항
제17조D 변경, 정지, 종료 / 제17조E 담보제공
제17조F 개시(disclosure) / 제17조G 비용과 손해배상
제4절 임시적 처분의 승인과 집행
제17조H 승인과 집행 / 제17조I 승인 또는 집행의 거부근거

개정 모델법은 "분쟁의 대상에 관하여 필요하다고 인정하는 임시적 처분"이어야 한다는 모델법상의 제한을 삭제하고, 임시적 처분을 위한 요건을 명시한다. 즉, 제17조A에 의하면 임시적 처분을 하기 위하여는 ① 처분이 인용되지 않을 경우 신청 당사자에게 회복할 수 없는 손해의 위험이 있고, ② 처분이 인용되지 않을 경우 신청 당사자에게 발생하는 손해가, 처분을 인용할 경우 상대방에게 발생하는 손해보다 실질적으로 더 커야 하며, 또한 ③ 신청 당사자가 본안에서 이길 만한 합리적 가능성이 있어야 한다.[44]

일방적 처분의 허용 여부는 개정 모델법을 성안하기 위한 UNCITRAL 회의에서 논란의 대상이 되었다. 즉 미국측 대표단은 개정 모델법에 일방적 처분을 할 수 있는 권한을 포함시켜야 한다는 견해를 주장하였으나 일부 대표단은

임시적 처분에 관한 연구", 서울대학교 대학원 법학석사학위논문(2012. 2.), 67면 이하 참조.

44) 근자에는 임시적 처분을 하기 위한 실체적 기준을 정하는 준거법도 논의되고 있는데, 이에 대하여는 ① 중재지법, ② 당사자 간의 계약의 준거법과 ③ 국제적 기준(중재판정 등으로부터 도출되는)이라는 세 가지 견해가 있다. 그러나 어느 국가가 개정 모델법을 채택한다면 이는 중재지법설을 성문화하는 것이 되고, 그 경우 현재 발전중에 있고 사안별로 그리고 임시적 처분의 유형별로 개별화할 필요가 있는 기준이 고착화되는 결과가 된다. 이런 이유로 국제적 기준을 지지하는 논자는 개정 모델법(제17조A)에 대해 비판적이다. Gary B. Born, International Commercial Arbitration, Volume Ⅱ (2009), p. 1976 이하 참조. 그 밖에 제17조A에 대한 구체적 비판과 논의는 위 Born, p. 1976, Fn. 187과 p. 1980 이하 참조. 이는 국제상사중재의 독자적 입장에서 임시적 처분의 법리를 체계적으로 정립하려는 노력을 보여준다.

그에 대해 비판적인 견해를 취하였다.[45] 개정 모델법 제17조B는 타협안을 규정하는데,[46] 이에 따르면 일방 당사자는 상대방에 대한 통지 후에 내려지는 임시적 처분(interim measures)의 신청과 동시에 일방적 처분인 사전명령(preliminary orders)이라는 긴급구제를 신청할 수 있다.

임시적 처분은 관할법원에 집행을 신청할 수 있고 법원은 승인거부사유가 없는 한 이를 승인하고 집행해야 하는 반면에(제17조H), 사전명령은 20일간만 유효하며 집행의 대상이 되지 않는다(제17조B, 제17조C). 예컨대 상대방 당사자가 관련 재산을 은닉하는 등 임시적 처분에 대한 신청의 공개가 처분의 목적을 좌절시키는 경우 중재인은 사전명령을 할 수 있다. 나아가 개정 모델법(제17조 제2항)은 현상유지를 위한 임시적 처분과 소송유지명령(anti-suit injunction)도 내릴 수 있음을 명시한다[47](다만, 법원의 소송유지명령이 가능하다면 그것이 더 실효적이다). 즉 제17조 제2항은 b호는 "중재절차 자체에 현재의 또는 임박한 해를 끼치거나 영향을 미칠 행위를 방지 또는 금지하는 행위를 취하는 것"을 임시적 처분에 포함시킴으로써 중재판정부에 의한 소송유지명령이 가능함을 밝히고 있다.[48]

나. 기관중재규칙의 태도

임시적 처분에 관하여 국제중재규칙(제28조 제1항)은 다음과 같이 규정한다.

> **제28조 보전 및 임시적 처분** ① 당사자들이 달리 합의하지 않는 한, 중재판정부는 관련서류를 수령하는 즉시 당사자 일방의 신청에 의해 적절하다고 생각되는 보전 및 임시적 조치를 명할 수 있다. 중재판정부는 적절한 담보의 제공을 조건으로 그러한 조치를 명할 수 있다. 그러한 조치는 중재판정부가 적절하다고 생각하는 바에 따라 이유를 기재한 명령 또는 판정 등의 형식으로 한다.

한편 위에 언급한 ICC 중재규칙(제28조 제1항)은 다음과 같이 규정한다.

> **제28조 보전적 및 중간적 처분** 1. 당사자가 달리 합의하지 않는 한, 기록이 송부되는 즉시, 중재판정부는 당사자 일방의 요청에 의하여 중재판정부가 적절하다고 인정하는 중간적 또는 보전적 처분을 명할 수 있다. 중재판정부는 이와 같은 처분을 요청하는 당사자가 적절한 담보를 제공하는 것을 조건으로 그러한 처분을 발할 수 있다. 그러한 처

45) Redfern/Hunter(註 20), para. 5-29.
46) Redfern/Hunter(註 20), para. 5-30.
47) 다만 '소송유지명령'이라는 용어를 사용하지는 않는다.
48) 노태악 · 구자헌(註 18), 494면.

분은 중재판정부가 적절하다고 판단하는 바에 따라 이유를 붙인 명령 또는 판정의 형태를 취하여야 한다.

중재판정부의 임시적 처분에 관하여 중재법(제18조)이 분쟁의 대상에 관한 임시적 처분만을, 그것도 결정의 형식으로 허용하는 것과는 달리, 국제중재규칙(제28조)은 명령 또는 판정의 형식으로 하게 하고, 그 범위를 분쟁의 대상에 관한 것에 한정하지 않는 점에서 ICC 중재규칙(제23조 제1항)과 유사하다. 주의할 것은, 위에서 본 바와 같이 ICC 중재규칙의 해석상 일방적 처분은 허용되지 않는다는 점이다.

다. 임시적 처분에 관한 중재법, 국제중재규칙(ICC 중재규칙)과 개정 모델법의 비교

국제중재규칙의 해석상 일방적 처분이 가능한지는 분명하지 않으나 ICC 중재규칙의 해석론을 참작하면 어려울 것이다. 임시적 처분의 취급에 관한 중재법, 국제중재규칙(ICC 중재규칙)과 개정 모델법의 태도를 비교하면 아래와 같다.

≪임시적 처분의 취급에 관한 규범 간 비교≫

	중재법	국제중재규칙 ICC 중재규칙	개정 모델법
중재인의 권한	있음	있음	있음
일방적 처분	논란 여지[49]	논란 여지[50]	일방적 사전명령 가능하나 일방적 임시적 처분 불가능
임시적 처분 유형	분쟁대상에 관한 것에 한정	집행보전을 위한 것과 중재절차 진행에 관한 것도 가능	집행보전을 위한 것과 중재절차 진행에 관한 것도 가능
임시적 처분과 사전명령의 구분	하지 않음	하지 않음	구분함 사전명령은 20일간 유효
임시적 처분 형식	결정	명령 또는 판정	판정 또는 기타 형식
임시적 처분 집행	불가	규정 없음. 집행지법에 따를 사항	사전명령은 불가능 임시적 처분은 가능

49) 우리 중재법상으로도 부정설이 타당한 것으로 본다.

50) ICC 중재규칙의 해석상으로는 불가능하다고 본다는 점은 위에서 언급하였다. 국제중재규칙

라. 입법론

(1) 중재법의 경우

중재법을 개정함에 있어서는 우선 개정 모델법을 채택할지를 검토할 필요가 있다. 이에 대해 우리가 1999년 모델법을 전면적으로 수용하였으므로 개정 모델법도 전면 수용하는 것이 일관성이 있다는 견해가 가능하나 좀더 면밀하게 검토할 필요가 있다. 임시중재를 고려한다면 개정의 필요성을 인정할 여지가 있지만, 기관중재를 생각하면 국제중재규칙 또는 ICC 중재규칙과 같은 중재기관규칙에 의하여 임시적 처분의 범위가 확대되어 있으므로 중재법을 개정할 실제적 필요성은 크지 않다. 다만 일방적 처분, 즉 사전명령을 가능하게 하려면 중재법을 개정할 필요가 있다. 그러나 종래 우리나라에서는 중재인의 임시적 처분이 실무상 별로 활용되고 있지 않으므로 중재법을 개정하여 모델법 수준의 임시적 처분을 수용하는 것은 다소 시기상조라고 본다. 위에 언급한 것처럼 2010년 개정된 UNCITRAL 중재규칙(제26조)이 사전명령제도를 채택하지 않은 점을 고려하면 더욱 그러하다. 반면에 임시적 처분을 중재판정의 형식으로 하고 이를 집행할 수 있도록 하는 방안은 지금으로서도 고려할 수 있으나, 종래 뉴욕협약상 종국판정만이 승인 및 집행의 대상이 될 수 있다는 해석론이 유력한 점을 고려하면 위와 같은 개정은 중요한 변경을 수반하는 것이라는 점에서 좀더 정밀한 검토가 필요하고, 아래에서 보듯이 이는 국제중재규칙에 의해 가능하므로 중재법을 개정할 필요성이 크지는 않다고 볼 수도 있다.[51)]

싱가포르 국제중재법은 임시적 처분에 관하여 개정 모델법을 따르지 않으나 홍콩법(Part 6. 제35조-제45조)은 이를 따르고 있다.

(2) 국제중재규칙의 경우

국제중재규칙은 ICC 중재규칙을 받아들임으로써 중재판정부가 할 수 있는 임시적 처분의 범위를 중재법보다 확대하고 있다. 즉, 당사자는 합의에 의하여 중재판정부가 할 수 있는 임시적 처분의 범위를 제한하거나 확장할 수 있고, 이는 중재규칙을 지정하는 방법으로도 가능하므로, 우리 중재법이 적용되는 경

상으로도 부정설이 타당한 것으로 본다.

51) 한민오(註 43)는 대체로 개정 모델법에 따른 입법을 지지하면서 구체적인 범위를 검토한다. 이강빈, "국제상사중재에서 중재판정부의 권한과 임시적 처분에 관한 연구", 중재연구 제18권 제2호(2008), 122면은 사전명령을 받은 당사자가 이행하지 않을 경우 중재판정부로부터 불리한 임시적 처분이 내려질 수 있다는 우려와 압박감이 사전명령의 실효성을 가질 수 있으므로 이를 도입하자는 견해를 피력한다. [밑줄 부분은 이 책에서 새로 추가한 것이다.]

우에도 당사자들이 ICC 중재규칙을 적용하기로 합의하였다면 그에 따라 좀더 넓은 범위의 임시적 처분이 가능하다.

나아가 임시적 처분을 판정의 형식으로 할 수 있도록 규정하므로 그의 집행도 가능하다는 견해도 주장될 수 있다는 점에서[52] 중재법보다는 한단계 진보한 것이다. 중재인의 임시적 처분의 실효성을 고려하면 국제중재규칙의 이런 태도는 긍정적으로 평가할 여지도 있다. 하지만 당사자는 중재절차의 개시 전 또는 진행 중에 법원에 보전처분을 신청할 수 있고(중재법 제10조) 우리 민사집행법상 법원은 다양한 보전처분을 할 수 있으므로 만일 중재지가 한국인 경우에 관한 한 그것으로서 실효적인 구제가 가능하다고 볼 여지도 있다. 다른 한편으로는 법원의 보전처분은 외국에서 승인 및 집행되기 어렵고, 또한 우리 법상 법원은 소송유지가처분(anti-suit injunction)을 할 수 있는지는 의문이므로[53] 중재판정부의 임시적 처분을 확대할 현실적 이유가 있다고 볼 수도 있다.

(3) 중재법과 국제중재규칙의 병행

우리가 중재법을 개정하여 개정 모델법을 받아들이는 데 있어서 한 가지 우려되는 것은, 현재 국제중재규칙에 따르면 예컨대 사전명령은 허용되지 않으므로, 가사 우리가 사전명령이 가능하도록 중재법을 개정하더라도 국제중재규칙도 개정하지 않는다면 중재법의 개정은 무의미하게 될 수 있다는 점이다.[54] 이 점은 ICC 중재규칙을 적용하는 경우에도 마찬가지이다. 즉 ICC 중재규칙상 사전명령은 허용되지 않으므로 가사 중재법이 사전명령을 허용하는 것으로 개정되더라도 당사자들은 ICC 중재규칙을 적용하기로 합의하였으므로 중재판정부로서는 사전명령을 할 수 없게 된다는 견해가 주장될 수 있다. 임시적 처분에 관한 중재법의 규정은 임의규정인데 당사자들이 국제중재규칙이나 ICC 중재규칙을 적용하기로 합의한 경우 그 규칙이 허용하는 임시적 처분만 가능하고 중재법에 규정된 임시적 처분은 배제한 것으로 해석될 여지가 있기 때문이다. 따라서 임시적 처분에 관하여 중재법의 규정을 개정한다면 국제중재규칙도 함

52) 만일 중재법과 뉴욕협약상 종국적 중재판정만이 집행의 대상이라고 보면 이를 부정한다.

53) 소송유지명령에 관하여는 우선 석광현(註 36), 3면 이하 참조.

54) 이런 이유로 우리 중재법, 국내중재규칙과 국제중재규칙 3자 간에는 정합성이 있어야 한다. 그래야만 중재법의 개정도 의미를 가질 수 있다. 그런데 우리는 모델법을 받아들여 중재법을 전문개정하고, 그 후 최소한의 수정만을 가하여 기존 중재규칙을 국내중재규칙으로 전환하였으며, 중재법 및 기존 중재규칙에 대한 충분한 고려 없이 주요 중재기관의 규칙을 취합하여 국제중재규칙을 성안한 결과 3자 간에는 정합성이 부족하다. 그 결과 모델법의 수용도 절반의 성공에 그치고 말았다.

께 개정해야 한다.

(4) 긴급중재인제도의 도입 여부

주목할 만한 것은, 2012. 1. 1. 시행된 개정 ICC 중재규칙(제29조)은 중재판정부 구성 전의 임시적 처분을 위한 긴급중재인제도를 도입하고 있다는 점이다. 이는 우리 중재법, 개정 모델법, 국내중재규칙과 국제중재규칙이 알지 못하는 것이다. 이런 제도를 우리 법제에 도입할지는 앞으로 좀더 검토할 문제이나 중재법에 넣을 사항은 아니고 필요하다면 중재규칙에 규정을 둘 수 있을 것으로 생각된다. 그 때까지는 법원의 보전처분을 이용해야 할 것이다.

3. 외국중재판정의 승인 및 집행을 위한 서류요건[55)]

외국중재판정의 승인 및 집행에 관하여 중재법(제37조)은 아래와 같이 규정한다.

> **제37조(중재판정의 승인과 집행)** ① 중재판정의 승인 또는 집행은 법원의 승인 또는 집행판결에 따라 한다.
> ② 중재판정의 승인 또는 집행을 신청하는 당사자는 다음 각 호의 서류를 제출하여야 한다. 다만, 중재판정 또는 중재합의가 외국어로 작성되어 있는 경우에는 정당하게 인증된 한국어 번역문을 첨부하여야 한다.
> 1. 중재판정의 정본 또는 정당하게 인증된 그 등본
> 2. 중재합의의 원본 또는 정당하게 인증된 그 등본

뉴욕협약이 적용되는 외국중재판정의 승인 및 집행과 관련하여 제37조의 서류요건을 개선하자면 다음과 같다.

첫째, 제37조 제2항 1호와 2호의 "정당하게 인증된 그 등본"은 "정당하게 증명된 그 등본"으로 수정하는 것이 바람직하다(중재법처럼 증명을 요구한다는 전제 하에[56)]). 일반적으로 '인증'(authentication)은 문서의 서명(signature)이 진정한 것임을 증명하는 것이고, '증명'(certification)은 등본(원본 전부의 사본)이 원본의 진정한 사본임을 증명하는 것이기 때문이다. 즉 인증은 서명에 관한 것이고 증명은 전체로서의 문서에 관한 것이라는 말이다.[57)] 또한 그렇게 수정하는 것이

---

55) 서류요건의 상세는 석광현, 국제중재법, 339면 이하 참조.
56) 만일 개정 모델법을 따라 증명요건을 포기한다면 이는 불요이다.
57) Albert Jan van den Berg, The New York Arbitration Convention of 1958 (1981), p. 251. 다

뉴욕협약의 국문번역과 일관성이 있다.

또한 제37조 제2항에서 "정당하게 인증된 한국어 번역문"은 "… 정당하게 증명된 한국어 번역문"으로 수정하는 것이 바람직하다. 번역문의 경우 그 서명이 진정한 것임을 인증하는 것이 아니라 번역의 정확성(뉴욕협약의 원래의 취지를 따를 경우) 또는 번역문이라는 사실(대법원 판결[58])을 따를 경우)을 증명하는 것이기 때문이다.

둘째, 현행 중재법 제37조를 보면 중재법은 중재판정의 원본 대신 정본을 요구하는 점과, 번역문의 번역 주체를 제한하지 않는 점에서 뉴욕협약(제4조)보다 완화되어 있다. 그런데 중재법 제37조와 뉴욕협약의 관계는 분명하지가 않다. 따라서 중재법 개정 시 양자의 관계를 명확히 할 필요가 있다. 과거 저자는 뉴욕협약이 우선 적용됨을 명확히 했었더라면 좋았을 것이라는 견해를 피력하였지만, 여기에서는 개정 모델법을 따라 중재법 제37조의 요건을 완화하자는 입법론을 제시하므로 뉴욕협약이 아니라 중재법 제37조의 완화된 요건이 우선 적용됨을 분명히 하는 것이 바람직하다.

그런데 개정 모델법(제35조 제2항 1문)은 중재판정 정본의 인증요건과, 중재합의서의 제출요건을 폐지하였다. 또한 개정 모델법(제35조 제2항 2문)은 법원이 중재판정의 번역문을 요구할 수 있다고만 규정하고 그 증명을 요구하지 않는다. 개정 모델법이 중재합의서의 제출요건을 폐지한 것은 중재합의의 방식에 관한 개정 모델법 제7조의 취지를 반영한 것이다.[59]) 우리도 이런 태도를 반영하기 위해 중재법을 개정하는 방안을 전향적으로 검토할 필요가 있다. 이를 따른다면 제37조를 아래와 같이 단순화할 수 있다.

제37조(중재판정의 집행) ① 중재판정의 집행은 법원의 집행판결[60])에 따라 한다.
② 중재판정의 집행을 신청하는 당사자는 중재판정의 정본(또는 원본)[61]) 또는 그 등본을 제출하여야 한다. 다만, 중재판정이 외국어로 작성되어 있는 경우에는 한국어 번역문을 첨부하여야 한다.

만 우리 민사소송법상으로는 인증기관이 공증한 등본을 인증등본이라고 한다.

58) 예컨대 대법원 1995. 2. 14. 선고 93다53054 판결.

59) 개정된 사무국주석, para. 53.

60) 물론 아래(4.)에서 보듯이 집행판결 요건을 집행결정으로 완화한다면 집행결정이 되어야 할 것이다.

61) 원본이 수통 작성되어 당사자가 이를 제출한다면 그것을 불허할 이유는 없기에 원본을 추가하였다.

4. (외국)중재판정의 승인과 집행가능선언(또는 집행허가)요건의 완화

여기에서는 뉴욕협약이 적용되는 중재판정을 중심으로 논의한다.

가. 승인판결의 필요성

제37조 제1항은 "중재판정의 승인 또는 집행은 법원의 승인 또는 집행판결에 따라 한다"고 규정한다. 그러나 여기에서 중재판정의 승인은 법원의 승인 또는 승인판결에 의한다는 부분은 적절하지 않다.

국내(또는 내국)중재판정은 승인요건을 구비하면 법원의 확정판결과 같은 효력을 가지며(중재법 제35조), 외국중재판정의 승인은 외국판결의 승인과 마찬가지로 법원의 승인을 요하는 것도 아니고, 법원의 승인판결을 요하는 것은 더더욱 아니다. 예컨대 중재판정에 의하여 기판력이 발생한 뒤 소송절차 또는 다른 중재절차에서 그것이 다투어지는 때에는, 중재판정의 승인요건이 구비된다면, 법원 또는 중재판정부는 선행 중재판정의 기판력을 인정하지 않을 수 없는데, 이것이 바로 중재판정의 승인이다. 그런데 중재법의 문면에 따르면, 이 경우 선행 중재판정의 기판력을 인정하기 위해서는 관할법원의 승인판결을 받아야 한다. 그러나 이는 잘못이므로 입법론상 승인판결이 필요하다는 부분을 삭제하는 것이 바람직하다. 마찬가지로 제2항에서도 굳이 승인을 언급할 필요는 없다.

여기에서 주목할 것은 대법원 2009. 5. 28. 선고 2006다20290 판결이다. 위 판결은 "뉴욕협약이 적용되는 외국중재판정의 일방 당사자에 대하여 외국중재판정 후에 구 회사정리법에 의한 회사정리절차가 개시되고 채권조사기일에서 그 외국중재판정에 기하여 신고한 정리채권에 대하여 이의가 제기되어 정리채권확정소송이 제기된 사건에서, 우리 법원의 별도의 승인판결은 없었음에도 불구하고 홍콩중재판정은 뉴욕협약의 승인거부사유가 없는 한 기판력이 있다고 판시함으로써 외국중재판정에 대하여 자동승인제가 타당함을 분명히 판시하였다.

나. 승인의 효력과 본질

중재법 제35조는 "중재판정의 효력"이라는 표제 하에 "중재판정은 양쪽 당사자 간에 법원의 확정판결과 동일한 효력을 가진다"고 규정하는데, 이는 구 중재법(제12조) 및 독일 민사소송법(제1055조)과 같지만 모델법에는 없는 조항이다. 일본 중재법(제45조 제1항)도 유사한 규정을 두나 중재지에 관계없이 동조를 적용하는 점에 차이가 있다.[62] 주의할 것은 제35조는 내국중재판정에 관한 조항이라는 점이다. 이는 적용범위를 정한 중재법 제2조 제1항으로부터 명백하다. 따라서 내국중재판정의 기판력의 범위는 우리 법원 판결의 그것과 동일하다. 반면에, 외국중재판정에 대하여는 제35조가 적용되지 않는다. 외국중재판정의 효력은 제37조 이하에 의해 규율되는데, 예컨대 외국중재판정의 기판력의 범위에 관하여는, 중재판정지국법에 의하는 견해(효력확장설), 승인국법에 의하는 견해와 판정지국법을 원칙으로 하되 승인국법에 의한 제한을 두는 견해 등이 가능하다. 일부 논자는 승인은 "법원이 중재판정에 대해 우리 법원의 확정판결과 같은 효력을 인정하여 주는 것"이라고 하나[63] 밑줄 부분은 중재법에 반한다. 입법론적으로 일본 중재법을 따르는 방안의 타당성은 의문이다.

다. 집행가능선언(또는 집행허가)요건의 완화(즉, 집행판결 제도의 완화)

(1) 문제의 소재

중재법(제37조 제1항)은 중재판정의 집행은 법원의 집행판결에 따라 한다고만 규정한다. 이는 중재판정을 집행하기 위하여는 법원이 중재판정의 집행이 가능함을 선언하거나[64] 중재판정에 기한 강제집행을 허가하는 재판이 필요하고 법원은 이런 재판을 판결의 형식으로 한다는 의미이다. 이처럼 중재판정의 집행가능선언(또는 집행허가)의 방법은 입법정책의 문제이다. 중재법은 국내(또는 내국)중재판정과 외국중재판정의 집행은 우리 법원의 집행판결, 즉 변론을 거친 판결의 형식에 의하도록 한다. 그러나 종래 이를 완화하자는 주장이 있다. 1992년 작성된 중재법개정시안(제27조)[65]은 중재판정의 집행을 용이하게 하고

---

62) 입법론으로는 제35조는 중재판정의 형식과 내용 등에 관한 조항(중재법 제32조)에 이어 중재판정에 관한 제5장에서 함께 규정하고, 제36조만을 '중재판정에 대한 불복'으로 제6장으로 규정할 수도 있다. 독일 민사소송법은 그런 체제를 취한다.

63) 목영준(註 33), 270면; 양병회 외(註 13), 229면(이호원 집필부분).

64) 민사집행법 제26조 제1항은 "외국법원의 판결에 기초한 강제집행은 대한민국 법원에서 집행판결로 그 적법함을 선고하여야 할 수 있다"고 규정한다. '그 적법함'이라는 것은 강제집행이 적법하다는 것을 선고한다는 의미한다.

65) 조문은 아래와 같다.
"제27조 (중재판정의 집행) ① 중재판정에 의하여 하는 강제집행은 법원의 집행결정으로 그 적법함을 선고한 때에 한하여 할 수 있다. 이 경우에 재판 전에 상대방을 심문하여야 한다. 다만 법원이 특히 필요하다고 인정하여 구술변론을 경유한 경우에는 집행판결에 의하여야 한다." 해설은 김홍규, "仲裁法 改正試案 및 解說", 중재학회지 2권(1992), 1면 이하 참조.

자 원칙적으로 이를 법원의 집행결정에 의하도록 하고, 법원이 특히 필요하다고 인정하거나 또는 집행결정에 대하여 이의가 제기된 경우 예외적으로 판결절차에 의하도록 하였으나 채택되지 않았다.

하지만 집행판결을 받기 위하여 변론절차가 필수적이고 제1심판결 전에는 집행절차로 나아갈 수 없는데, 중재절차와 집행판결절차를 이중으로 요구하는 것은 당사자의 부담을 가중시키고 중재판정만으로는 무용하다는 좌절감을 당사자들에게 줄 수 있다는 비판은 설득력이 있다.[66] 이 견해는 집행력을 부여하는 단계에서는 독일처럼 서면심리에 의한 간이한 절차에 의하여 집행명령을 하고, 다만 집행명령 신청 자체에서 집행취소사유가 발견되거나, 상대방이 집행취소의 소를 제기하는 경우에만 변론절차를 거쳐 판결의 형식으로 집행력을 부여하며, 집행취소사유가 사후에 발견되어 상대방이 회복할 수 없는 손해를 입을 것에 대비하여 담보를 제공받는 방안을 검토하자고 제안한다.[67]

참고로 독일 민사소송법(제1063조)과 일본의 중재법(제45조 제1항, 제46조)은 집행판결이 아니라 집행결정에 의하여 중재판정을 집행할 수 있음을 선언하도록 한다.[68] 독일에서는, 중재판정 취소사유가 고려되는 때, 즉 근거 있게 주장되는 때 법원은 구술변론을 열어야 하고(제1063조 제2항), 일본에서는, 법원은 구술변론 또는 당사자 쌍방이 입회할 수 있는 심문[69]의 기일을 거쳐야만 집행신청에 대하여 결정할 수 있다(제44조 제5항, 제46조 제10항).

(2) 집행가능선언(또는 집행허가)요건의 완화를 위한 입법방향[70]

중재법의 집행가능선언(또는 집행허가)의 요건을 완화하기 위하여 저자가 구상하는 입법방향은 아래와 같다.

① 집행결정으로의 전환. 필요적 (구술)변론을 열어야 하는 집행판결을 고집할 것이 아니라 이를 법원이 서면심리를 기초로 하는 집행결정으로 전환한다.

② 법원은 재량에 따라 변론을 열 수 있으나, 그렇지 않더라도 반드시 審問을 거쳐야 한다(민사소송법 제134조 제2항 참조). 법원은 원칙적으로 서면심리를 기초로 재판할 수도 있도록 하면서도 반드시 심문(審問)을 거치도록 한다.

---

66) 이태희, "중재판정의 효율적 집행과 취소사유에 대한 고찰", 중재 제314호(2004 겨울), 8면.
67) 이태희(註 66), 8면.
68) 그러나 독일 민사소송법과 일본 민사집행법(제24조)은 외국판결의 집행을 위하여는 여전히 집행판결을 요구한다.
69) 일본어 조문은 '審尋'이다.
70) 상세는 석광현, "외국중재판정의 승인 · 집행제도의 개선방안", 국제사법연구 제16권(2010), 162면 이하; 석광현, 국제사법과 국제소송 제5권(2012), 708면 이하 참조.

심문이라 함은, 서면심리를 보충하기 위하여 당사자 · 이해관계인 · 그 밖의 참고인에게 특별히 방식 없이 적당한 방법으로 서면 또는 말로 개별적으로 진술할 기회를 주는 절차를 말하는데, 반드시 공개법정에서 행할 것을 요하지 않고 심문실에서 할 수 있으며, 변론처럼 반드시 당사자 쌍방에 진술의 기회를 주어야 하는 것도 아니다.[71] 필요적 심문을 요구하면서, 법원이 승인거부사유가 존재한다는 합리적인 의심이 있는 경우 재량에 따라 구술변론을 열 수 있도록 한다.

③ 집행결정의 집행력과 기판력 인정. 집행결정에 의하여 우리나라에서 집행력이 부여되어야 하고, 승인요건의 구비 여부에 대한 판단에는 기판력이 인정되어야 한다. 민사소송법상 결정은 원칙적으로 기판력이 없지만, 예컨대 소송비용에 관한 결정(제110조, 제114조)과 간접강제 수단으로 하는 배상금의 지급결정(민사집행법 제261조)과 같이 실체관계를 종국적으로 해결하는 결정은 예외적으로 기판력이 있다.[72] 이 점에서 집행결정은 특수한 결정이 되어야 한다.

④ 집행결정에 대하여는 즉시항고 등의 방법으로 불복할 수 있도록 해야 한다.

⑤ 집행결정에는 가집행을 붙일 수 있어야 하고, 원칙적으로 가집행을 붙이는 방향으로 실무처리를 해야 한다. 가집행선고에 관한 일반이론에 따라 담보부가집행선고를 할지 무담보부가집행선고를 할지는 법원의 재량에 속하므로 법원의 결정에 맡길 수도 있을 것이다.

⑥ 집행결정 후 승인거부사유가 발견되어 상대방이 회복할 수 없는 손해를 입을 것에 대비하여, 변론을 열지 않은 경우에는 담보를 제공하도록 하는 방안도 고려할 필요가 있다.

⑦ 외국중재판정의 집행에 대해 집행결정제도를 도입하더라도 당분간 외국판결에 대하여는 현행 민사집행법상의 집행판결제도를 유지한다. 외국판결과 비교할 때 외국중재판정의 집행을 용이하게 할 필요성이 크고, 무엇보다도 뉴욕협약이 적용되는 외국중재판정의 집행은 승인거부사유가 없는 한 집행할 조약상의 의무를 지기 때문이다. 나아가 중재에 대해 우호적인 태도를 취한다는 관점에서 중재판정에 관하여는, 그것이 내국중재판정이든 외국중재판정이든 간에 원칙적으로 집행결정에 의하는 방안이 바람직하다. 다만 장차 우리나라가 외국판결의 집행에 관하여 양자조약 또는 다자조약을 체결할 경우 그런 조약에

71) 이시윤, 신민사소송법 제5판(2009), 270면.
72) 이시윤(註 71), 557면.

기한 외국판결의 집행 시 집행결정을 받아들일 수 있다.

1999년 중재법의 개정과정에서 집행판결절차를 단순화하고자 결정의 형식으로 하자는 제안에 대하여는 ① '결정의 집행력'의 처리에 어려움이 있고, ② 또한 결정에는 기판력이 없으므로 또 다른 문제를 야기할 소지가 있고, ③ 판결로 하더라도 실무상 결정으로 하는 경우와 별다른 차이가 없다는 점을 고려하여 판결의 형식을 취하였다고 한다.[73] 이런 비판은 집행결정을 통상의 결정으로 본다면 타당하다. 그러나 저자의 주장은, 집행결정을 통상의 결정으로 구성할 것이 아니라 중재법에 특별규정을 둠으로써 통상의 결정과 달리 취급하자는 것이다. 즉 현재의 집행판결을 집행결정으로 대체하더라도 그에 대해 민사소송법학상 결정에 관한 법리를 전면적으로 적용할 것이 아니라 특칙을 도입하자는 것이다. 예컨대 결정이므로 임의적 변론에 의한다는 점과, 즉시항고에 의하여 불복하도록 하는 점은 결정에 관한 통상의 법리에 따라도 좋지만, 소송비용 부담자를 정할 필요가 있고, 이유를 기재한 결정서를 작성하여 고지하고 이를 송달할 필요가 있으며, 법원에 대한 기속력뿐만 아니라 기판력도 있어야 하고 그에 의하여 외국중재판정에 대해 집행력을 부여해야 한다는 점에서 결정에 관한 통상의 법리를 따를 수 없다는 것이다. 결국 새로 도입할 집행결정은 판결과 결정의 합성물(hybrid)의 성질을 가져야 한다. 위 입법방향이 민사소송법상 결정의 법리와 상충될 때는 특별규정을 두어서 처리할 필요가 있다.

집행판결의 완화와 관련하여 흥미로운 것은 근자의 새로운 견해이다. 즉 장문철 교수는 아래와 같은 취지로 주장한다.[74]

> 대법원규칙인 "각종 분쟁조정위원회 등의 조정조서 등에 대한 집행문부여에 관한 규칙" 제2조 및 제 4조에 따르면 조정조서, 중재조서 또는 조정서 기타 명칭의 여하를 불문하고 재판상 화해와 동일한 효력이 있는 문서에 대한 집행문 부여를 받고자할 경우 관할지방법원에 조서의 정본을 제출하여 집행문부여의 신청을 할 수 있다(대법원규칙 제1768호(2002. 6. 28 일부개정 2002. 7. 1 시행) "각종 분쟁조정위원회 등의 조정조서"). 따라서 중재법에서 중재판정이 법원의 확정판결과 동일한 효력이 있다는 점만 규정하고 중재판정의 집행방식에 대해 언급을 하지 않는다면 해당 대법원규칙에 따라 중재판정에 대한 집행문 부여만으로 집행이 가능한 것으로 볼 수 있다.[75] 이러한 방식이 영미법계에서 보는 중재판정 집행에 대한 법원의 허가(leave)에 해당하는 절차와 유사한 것으로 볼 수도 있다.

---

73) 하용득(註 1), 23면.

74) 장문철(註 4), 8면 이하.

그러나 다음의 이유로 위 견해를 지지하기는 어렵다.

첫째, 민사집행법상 집행문이라 함은 집행권원에 집행력이 있다는 것과 누가 집행당사자인가를 집행권원의 끝에 덧붙여 적는 공증문서이므로,[76] 위 규칙이 언급하는 "… 중재조서 … 기타 명칭의 여하를 불문하고 재판상 화해와 동일한 효력이 있는 문서"라 함은 집행력이 있는 문서를 가리키는 것으로 해석해야 한다. 즉 중재조서라고 해서 바로 위에 해당하는 것은 아니고 집행력이 있는 중재조서가 있다면 그에 해당할 수 있다는 말이다. 그러나 아래에서 보듯이 현행 중재법상 중재판정이나 중재법(제31조 제3항)이 말하는 '화해 중재판정'은 집행력을 가지지 않으므로 그에 해당하지 않는다.

둘째, 중재법 제35조는 "중재판정은 양쪽 당사자 간에 법원의 확정판결과 동일한 효력을 가진다"고 규정하고 있으나 이는 정확한 것은 아니다. 왜냐하면 피신청인에게 일정한 의무의 이행을 명하는 이행판정은 확정판결과 같이 기판력을 가지기는 하지만 집행력을 가지지는 않고 집행력은 집행판결에 의하여 비로소 발생하기 때문이다. 이 점은 중재법 제37조 제1항이 명시하는 바이다.[77] 일반인들의 중재합의를 권유하기 위하여 제35조를 홍보하는 것은 좋지만 그것이 집행판결이 필요 없다는 식의 것이어서는 아니 된다. 따라서 논리적으로는 제35조의 문언을 수정하여 중재판정에 기하여 집행을 하자면 법원의 허가가 필요하다는 취지를 담는 것이 정확하다.[78] 다만 저자로서는 자칫 중재의 활성화를 저해할 것을 우려하여 그러한 규정을 조문에 명시하자고 제안하지는 않는 것일 뿐이다.

---

75) 김봉석 박사는 한 걸음 더 나아가, 중재판정 자체를 집행권원으로 인정하지 않고 집행판결과 집행문을 받도록 하는 것은 논리적으로 모순이고 중재제도의 활성화를 저해하므로, 중재법을 개정하여 집행판결 없이 집행문을 받을 수 있게 하자는 견해를 피력한 바 있으나(김봉석, "仲裁判定에 의한 執行判決의 節次와 그 問題點", 중재연구 제13권 제1호(2003), 171면), 私人인 중재인의 중재판정 그 자체에 집행력을 인정하는 것은 너무 나간 것이다.

76) 이시윤, 신민사집행법 제5판(2009), 138면.

77) 집행판결의 법적 성질을 확인판결로 보면 설명이 달라지겠지만 그 경우에도 집행판결을 거치지 않으면 집행이 불가능하다는 점에는 차이가 없다. 흥미로운 것은 1965년 "국가와 타방국가 국민 간의 투자분쟁의 해결에 관한 협약"(ICSID 협약 또는 워싱턴협약) 제54조 제1항인데, 이는 중재법 제35조와 유사하게 각 체약국은 동 협약에 따라 내려진 중재판정을 구속력 있는 것으로 승인하고 이를 당해 국가 법원의 final judgment와 같이 취급하여 동 국가 내에서 이러한 판정에 따른 금전상의 의무를 집행하여야 한다고 규정한다.

78) 일본 중재법 제45조 제1항은 "중재판정(중재지가 일본 내에 있는지 여부를 묻지 않는다. 이하 이 장에서 같다)은 확정판결과 동일한 효력을 가진다. 다만, 당해 중재판정에 근거하여 민사집행을 하려면 다음 조의 규정에 의한 집행결정이 없으면 아니 된다"고 규정함으로써 이 점을 명확히 한다.

셋째, 중재법 제35조는 중재지가 외국인 외국중재판정에는 적용되지 않는다. 이는 중재법 제2조 제1항으로부터 명백하다.

넷째, 위 견해가 분명히 주장하는 것은 아니지만, 아마도 중재판정에 관한 집행가능선언(또는 집행허가)의 형식을 법원의 판결이나 결정이 아니라 허가에 의하여 가능하게 하자는 취지도 포함되어 있는 것으로 보인다. 그러나 우리 민사소송법상 이런 식의 법원의 허가라고 하는 개념은 낯선 것이다. 우리 민사소송법상으로는 소송지휘의 맥락에서도 그것이 단순한 사실행위가 아니라 어떤 형태로든 재판이 필요하다면 이는 법원이 할 경우 판결이나 결정이고 재판장, 수명법관, 수탁판사가 그 자격에서 할 경우 명령의 형식을 취하게 된다.[79] 따라서 법원의 단순한 허가에 의하여 집행력을 부여하는 것은 우리 민사소송법과 민사집행법상 낯선 것이며 만일 입법에 의하여 이를 가능하게 하더라도 그 허가를 어떤 형식의 재판에 의하여 하게 할지를 정할 필요가 있고 그 법적 지위를 명확히 할 필요가 있는데, 판결이 아니라면 결정이 적절하다는 것이다. 이와 관련하여 영미법계 국가들의 제도를 좀더 면밀하게 체계적으로 검토할 필요가 있음은 물론이나,[80] 그런 제도가 우리 민사소송법 체계와 정합성이 있는지를 검토해야 한다.

라. 승인 및 집행가능선언(또는 집행허가)요건의 심사와 법원의 인식의 중요성

실무상 중요한 것은 외국중재판정과 내국중재판정의 승인 및 집행을 담당하는 우리 법원의 인식이다. 예컨대 대법원 2009. 5. 28. 선고 2006다20290 판결의 사안에서 원고는 피고를 상대로 홍콩에서 ICC 중재에 따른 중재판정을 받았다. 원고는 그 후 피고의 정리절차가 개시되자 채권을 신고하였고 관리인이 이를 부인하자 정리채권확정소송의 소를 제기하였다. 여기에서 우리 법원이 정리채권 및 의결권을 확정하는 판결을 함에 있어서, 홍콩중재판정에 구속되는지가 문제가 되었다. 그 사건에서 원고가 중재신청을 한 것은 1996. 3. 28.이고 최종 중재판정이 내려진 것은 1998. 7. 14.인데, 그 사건은 거의 12년이 지난 뒤 대법원 2010. 4. 29. 선고 2010다3148 판결에 의하여 비로소 확정되었다. 이 사건은 정리절차 및 관련 당사자의 형사사건이 개재되는 등 이례적 사건이었던

79) 이시윤(註 71), 317면.

80) 이에 관한 상세한 논의는 이 글의 범위를 넘는다.

탓에 일반화하기는 어렵지만, 국제상사중재가 과연 종국적이고 신속한 분쟁해결수단인지를 의심하게 하는 사건이다. 특히 원심은 독자적으로 증거를 종합하여 전면적으로 사실인정을 하고 법률적 판단을 한 다음, 그에 터잡아 원고가 허위의 주장과 증거를 제출하여 이에 속은 중재인으로부터 중재판정을 편취하였으므로 뉴욕협약상 승인거부사유가 존재한다고 판단하였다.

위 2009년 대법원 판결은 우리 법원이 외국중재판정에 대한 실질재심사를 합리적인 범위로 제한하여야 한다는 점을 보여주는 판결이다. 우리 법관들에게 그러한 인식이 확산될 때 비로소 국제상사중재가 제 기능을 할 수 있게 될 것이다. 즉 중요한 것은 중재법제의 정비와 함께, 국제상사중재와 국내상사중재를 바라보는 법관들의 인식이 달라져야 한다는 점이다. 이 점을 강조하기 위하여, 비록 중국처럼 고정기간을 명시할 것은 아니지만,[81] 법원은 사건을 신속하게 처리해야 한다는 취지의 조문을 중재법에 두는 방안도 고려할 수 있다.

5. 중재가능성: 중재법의 문제

중재법 제2조 제2항은 "이 법은 중재절차를 인정하지 아니하거나 이 법의 중재절차와는 다른 절차에 따라 중재에 부칠 수 있도록 정한 법률과 대한민국에서 발효 중인 조약에 대하여는 영향을 미치지 아니한다"고 규정하는데, 이는 모델법 제1조 제5항에 기초한 소극적 규정이다. 중재법은 제1조와 제3조 제1호에서 중재의 대상인 분쟁이 사법(私法)상의 분쟁일 것을 요구할 뿐이고 더 이상 중재가능성(또는 중재적격. arbitrability) 일반에 관하여 규정하지 않는다.[82] 사법상 분쟁요건은 모델법에는 없는 것인데 여기에서 다양한 의문이 제기된다.[83]

81) 중국 최고인민법원의 1998년 중국의 외국 중재판정 승인과 집행의 비용수취 및 심사기간 문제에 관한 규정은, 외국중재판정을 승인 및 집행할 경우 승인 및 집행신청을 수리한 날부터 2개월 내에 결정을 내려야 하며, 특별한 사정이 없는 한 결정을 내린 후 6개월 내에 집행을 완료하여야 한다고 규정하고, 승인과 집행을 거절할 경우 '외국중재판정 사법해석'에 따라 수리한 날부터 2개월 내에 최고인민법원에 보고할 것을 규정한다고 한다. 최광호, "중국 국제사법상의 쟁점—국제투자를 중심으로—", 국제사법연구 제16호(2010), 296면.

82) 다만 한국법에 따른 중재가능성의 결여는 중재법상 중재판정 취소사유이고(제36조 제2항 제2호 가목). 승인국 법에 따른 중재가능성의 결여는 뉴욕협약상 승인 거부사유이다(제5조 제2항 a호).

83) 중재가능성에 관하여는 석광현, 국제중재법, 26면 이하 참조.

가. 중재가능성에 관한 규정을 두지 않은 것은 타당한가

구 중재법(제2조)은, "중재계약은 사법상의 법률관계에 관하여 당사자 간에 발생하고 있거나 장래에 발생할 분쟁의 전부 또는 일부를 중재에 의하여 해결하도록 합의함으로써 효력이 생긴다. 다만, 당사자가 처분할 수 없는 법률관계에 관하여는 그러하지 아니하다"고 규정하였는데, 학설은 "당사자가 처분할 수 있는 사법상의 법률관계"를 "재산권에 관한 법률관계로서 당사자 간에 화해로써 종결될 수 있는 것"이라고 해석하였다. 그런데 중재법(제3조 제2호)은 '중재합의'의 정의에서 당사자의 처분가능성을 삭제하였다. 중재법이 중재가능성에 관하여 더 이상 규정하지 않은 것은 모델법을 따랐기 때문일 것이나, 중재가능성의 일응의 기준을 제시할 필요가 있고, 구 중재법에 규정이 있었던 점과, 특히 중재법은 모델법과 달리 국내중재를 함께 규율하는 점을 감안하면 규정을 두었어야 한다. 중재법이 중재가능성의 기준을 명확히 하지 않은 것은 유감이다. 독일 구 민사소송법(제1025조 제1항)은 화해가능성을 기준으로 중재적격을 판단하였으나, 현행 민사소송법(제1030조 제1항)은 "모든 재산권에 관한 청구는 중재합의의 대상이 될 수 있다. 비재산권에 관한 청구에 대한 중재합의는 당사자가 그 분쟁에 대해 화해를 체결할 수 있는 때에 한하여 법적인 효력을 가진다"고 규정함으로써 중재가능성을 확대하였다. 모든 재산권에 관한 청구에 대해 중재가능성을 인정하는 점은 1989년에 개정된 스위스 국제사법(제177조 제1항)도 같다. 일본 중재법(제13조 제1항)은 여전히, 법령에 특별한 정함이 있는 경우를 제외하고는, 화해가능성이 있는 민사상의 분쟁일 것을 요구하면서 이혼 또는 파양의 분쟁을 제외한다.

나. 중재의 대상을 사법상의 분쟁에 한정한 것은 타당한가

중재법이 사법(私法)상의 분쟁에 대하여만 중재가능성을 인정하는 것이 타당한지는 의문이다. 외국에서는 독점금지법 관련 분쟁의 중재가능성을 인정하는 경향이 강한데, 우리 법체계상 독점금지법(또는 독점규제 및 공정거래에 관한 법률)은 경제법 내지 사회법에 속하는 법이므로 그에 관련된 모든 유형의 분쟁을 사법상의 분쟁으로 볼 수 있는지는 의문이다. 또한 지적재산권의 유효성에 관한 분쟁의 경우도 유사한 문제가 있다. 중재법의 해석론으로 공법상 분쟁의 중재가능성을 정면으로 인정하는 견해가 있는데[84] 그러한 결론이 부분적으로 바람직하더라도 해석론으로는 무리이다. 다만 공법상의 쟁점이 선결문제인 경우에는 중재인이 판단할 수 있다. 예컨대, 특허침해소송에서 특허권의 유효성이 선결문제로 다투어진다면 중재인은 특허권의 유효성에 대해 판단할 수 있다는 것이다.

다. 중재법의 해석론과 입법론

중재법의 해석론으로는 사법상의 분쟁일 것에 추가하여 ① 구 중재법에서처럼 여전히 재산권에 관한 법률관계로서 화해가능성이 있어야 한다는 견해와, ② 완화된 견해가 주장될 수 있다. 후자에는 예컨대 첫째, 스위스 국제사법처럼 재산권상의 분쟁이어야 한다는 견해와, 둘째, 독일 민사소송법처럼 재산권상의 분쟁의 중재가능성을 인정하고, 비재산권상의 분쟁이더라도 화해가능성이 있으면 중재가능성을 인정하는 견해도 가능할 것이다.

이런 입법례와 국제적 경향을 고려할 때,[85] 입법론으로서는 중재가능성을 확대하는 방안을 고려할 필요가 있다. 만일 재산권상의 분쟁의 중재가능성을 인정하면(화해가능성의 유무에 관계없이) 지적재산권도 재산권이므로 등록에 의하여 발생하는 특허권과 상표권과 같은 지적재산권의 유효성에 대하여도 중재가능성을 인정할 여지가 있다. 그러나, 특허권 분쟁을 해결하는 권한의 배분은 특허심판원·특허법원과 통상 법원 간의 관할배분과도 관련되므로 지적재산권 분쟁의 합리적 해결이라는 좀더 거시적이고 정책적 관점에서 신중히 판단할 필요가 있다. 어쨌든 중재가능성에 관하여 중재법에서 좀더 명확한 기준을 제시할 필요가 있다. 중재법에서는 원칙적 기준만을 제시하고 관련 개별법률에서 좀더 명확한 기준을 제시하는 방안도 고려할 수 있다.

6. 분쟁의 실체에 적용될 법

분쟁의 실체의 준거법에 관하여는 다른 기회에 상세히 논의하였으므로[86] 여기에서는 간단히 정리하고, 입법론에 초점을 맞춘다.

---

84) 장문철(註 1), 102면.
85) 싱가포르 국제중재법(제11조 제1항)은 중재합의가 공서위반이 아니면 중재가능성을 인정한다.
86) 석광현, 국제중재법, 145면 이하 참조.

가. 중재법의 태도

제29조(분쟁의 실체에 적용될 법) ① 중재판정부는 당사자들이 지정한 법에 따라 판정을 내려야 한다. 특정 국가의 법 또는 법 체계가 지정된 경우에 달리 명시된 것이 없으면 그 국가의 국제사법이 아닌 분쟁의 실체(實體)에 적용될 법을 지정한 것으로 본다.
② 제1항의 지정이 없는 경우 중재판정부는 분쟁의 대상과 가장 밀접한 관련이 있는 국가의 법을 적용하여야 한다.
③-④ (생략)

(1) 당사자들의 지정이 있는 경우(제29조 제1항)

국제상사중재의 경우 당사자들은 특정국가의 법체계뿐만 아니라 상인법(*lex mercatoria*, law merchant)[87] 또는 법의 일반원칙(general principles of law)을 분쟁해결의 준거규범으로 합의할 수 있다는 것이 요즈음의 경향이다. 모델법 제28조 제1항도 “중재판정부는 당사자들이 분쟁의 실체에 적용되도록 선택한 법규(rules of law)에 따라 분쟁을 판단하여야 한다”고 하여, 당사자들이 선택할 수 있는 규범을 ‘rules of law’라고 명시한다. 이는 준거법의 분열(*dépeçage*)을 가능하게 하고, 상인법을 분쟁해결의 준거규범으로 합의할 수 있도록 하기 위한 것이다. 그런데, 중재법 제29조 제1항은 ‘법’이라 하고, 제29조 제2항은 국가의 ‘법’이라고 함으로써 용어상 양자를 구별하지 않는다.[88] 그 결과 중재법의 문언에 따르면, 당사자들이 UNIDROIT의 국제상사계약원칙 기타 상인법을 준거규범으로 합의할 수 있는지에 대해 의문이 제기될 수 있으나, 사견으로는 ‘국가의 법’이라고 규정하는 제29조 제2항과 달리 제1항은 단순히 ‘법’이라고 규정하는 점을 고려하여 이를 긍정한다. 그렇다면 제1항에서 ‘법규’ 또는 ‘법의 규칙’이라는 표현을 사용함으로써 그 취지를 명확히 하는 편이 바람직하다.[89] 우리나라가 가입한 1965년 “국가와 타방국가 국민 간의 투자분쟁의 해결에 관한 협약”[90](ICSID 협약 또는 워싱턴협약) 제42조 제1항도 ‘rules of law’를 이미

87) 이는 대체로 국제상거래에서 통용되는 통일규범을 의미한다.
88) 일본 중재법(제36조)의 문언은 우리 중재법과 유사하다.
89) 국제상사중재에서 국제상사계약원칙이나 상인법을 계약의 준거규범으로 인정하려는 취지는, 계약의 내용으로 편입하는 경우와 달리, 그 경우 객관적 준거법의 강행법규의 적용을 배제할 수 있다고 보기 때문이다. 다만 그 경우에도 국제적 강행법규의 적용은 배제되지 않는다. UNIDROIT, Principles of International Commercial Contracts (2004), p. 3, p. 11 참조.
90) Convention on the Settlement of Investment Disputes between States and Nationals of Other States.

'법률의 규칙'이라고 번역한 점도 고려하면 더욱 그러하다.

(2) 당사자들의 지정이 없는 경우(제29조 제2항)

국제상사중재에서 객관적 준거법의 결정에 관하여는 다음 쟁점들이 있다. 첫째, 중재인은 실체의 준거법을 결정함에 있어서 저촉규범(또는 국제사법)을 우선 적용해야 하나, 아니면 저촉규범의 중개를 생략할 수 있나. 둘째, 만일 중재인이 저촉규범의 중개를 거쳐야 한다면 그 저촉규범은 중재지의 것이어야 하나. 셋째, 저촉규범의 중개를 거치든 아니든 간에, 중재인은 어느 국가의 실질법(체계)(national system of law)을 적용해야 하나.

모델법 제28조 제2항은 "당사자들이 지정하지 않은 때에는 중재판정부는 그가 적용될 수 있다고 보는 국제사법에 따라 결정되는 법(the law determined by the conflict of laws rules which it considers applicable)을 적용하여야 한다"고 하여 중재인이 국제사법의 중개를 통하도록 하고, 'law'라고 하여 어느 국가의 법이 준거법이 될 것을 요구한다. 반면에, ICC 중재규칙(제21조 제1항)은 "당사자들은 중재판정부가 분쟁의 본안에 대하여 적용할 법규를 자유로이 합의할 수 있다. 그러한 합의가 없는 경우 중재판정부는 그가 적절하다고 결정하는 법규(the rules of law which it determines to be appropriate)를 적용하여야 한다"고 하여 저촉규범의 중개를 거치지 않도록 하고 rules of law를 적용할 수 있도록 규정한다. 그런데, 중재법 제29조 제2항은 "국가의 법을 적용하여야 한다"고 규정함으로써,[91] 첫째 논점에 관하여는 모델법과 달리 통상적 국제사법의 중개를 요구하지 않는 점에서 ICC 중재규칙과 유사하나, 셋째 논점에 관하여는 특정 국가의 법이 아닌 규범(예컨대 상인법)의 적용가능성을 배제한다. 장래에는 제2항을 유지할 수도 있고, 아니면 좀더 전향적으로 ICC 중재규칙과 같은 입장을 취하는 것도 고려할 수 있다.

(3) 입법론의 정리

입법론으로는 제29조 제1항에서 '법' 대신 '법규' 또는 '법의 규칙'이라는 표현을 사용함으로써 그 취지를 명확히 하는 편이 바람직하나, 제2항은 유지할 수도 있고, 아니면 좀더 전향적으로 ICC 중재규칙과 같은 입장을 취할 수도 있다. 다만 후자를 따를 경우 중재인에게 과도한 재량을 부여하는 문제가 발생할 우려가 있음은 부인하기 어렵다. 어쨌든 국제중재규칙이 이미 ICC 중재규칙의 태도

---

91) 이는 국제사법 제26조 제1항과 유사하다.

를 따르므로[92] 기관중재에 관한 한 제29조 제2항의 개정 실익은 제한적이다.

7. 중재판정의 취소의 소와 배제합의: ICC 중재의 경우[93]

가. 중재판정의 취소에 대한 우리 중재법의 태도

중재판정에 관하여 중대한 하자가 있는 경우 중재판정의 취소의 소와 같은 법원에 의한 '司法的 再審査'(judicial review)가 허용된다. 중재판정의 취소에 관하여 중재법은 모델법을 따른다. 중재의 장점으로 단심제를 강조하거나, 특히 중재조항에서 분쟁을 finally(최종적으로) 해결한다고 명시할 경우, 당사자들은 중재판정 취소의 소가 가능하다는 점을 의아하게 생각하지만 재판에 중대한 하자가 있으면 재심이 가능한 것처럼 중재에서도 중재판정 취소의 소가 가능하다. 법원 판결이 비록 재심에 의하여 취소될 가능성이 尙存하더라도 재심은 통상의 불복방법이 아니므로 그것이 확정된 종국판결이 되는 것처럼, 중재판정에 비록 취소사유가 있더라도 이는 통상의 불복방법이 아니므로 중재판정이 분쟁을 최종적으로 해결하는 것이라고 해도 잘못은 아니다.

나. 중재판정 취소의 소의 제한

그런데 중재합의 시 또는 중재판정 전에 당사자들이 합의로써 중재판정의 취소의 소를 전면 배제하거나 취소사유를 일부 배제할 수 있는지가 문제된다. 이처럼 중재판정 취소의 소 기타 중재판정에 대하여 중재절차 내든 또는 법원에서든 어떠한 형태의 이의 또는 불복 또는 구제수단(recourse)을 제기하는 권리를 포기하는 합의를 '배제합의'(exclusion agreement)라고 한다. 배제합의의 개념에 관하여는 다소 논란이 있으나, 여기에서는 중재판정에 대한 취소 기타 중재판정의 효력을 상실시키는 소를 제기할 수 있는 권리를 포기하는 합의라는 넓은 의미로 사용한다.[94]

---

92) 국제중재규칙 제25조 제1항은, "당사자는 분쟁의 본안에 관하여 중재판정부가 적용할 실체법 및 법원칙(the substantive laws or rules of law)에 대하여 자유롭게 합의할 수 있다. 그러한 합의가 없는 경우 중재판정부는 적절하다고 판단하는 실체법이나 법원칙을 적용한다"고 규정함으로써 ICC 중재규칙과 프랑스 민사소송법의 태도를 따른다.

93) 상세는 석광현(註 12), 21면 이하 참조.

94) Girsberger *et al.* (Hrsgs.), Zürcher Kommentar zum IPRG, 2. Auflage (2004), Art. 192 Rz. 1(Siehr 집필부분); Andreas Bucher/Pierre-Yves Tschanz, International Arbitration in Switzerland (1989), para. 144 참조.

다. ICC 중재규칙에 관한 종래의 논의

배제사유와 관련하여 흥미로운 것은 ICC 중재규칙이다. 즉 ICC 중재규칙(제34조 제6항, 구 중재규칙 제28조 제6항)은 다음과 같이 규정한다.

> 모든 판정은 당사자들을 구속한다. 당사자들은 동 규칙에 따라 분쟁을 중재에 회부함으로써 모든 판정을 지체없이 이행할 것을 확약하고, 또한 그러한 권리포기가 유효하게 이루어질 수 있는 한도 내에서 모든 방식의 구제수단을 포기한 것으로 본다.[95]

제2문에서 "모든 방식의 구제수단을 포기한 것으로 본다"는 것은 바로 배제합의를 의미하는데, 그것의 허용 여부가 국가에 따라 상이하므로 밑줄 부분을 명시한 것이다.

1998년 개정 전 구 ICC 중재규칙[96]에 따르기로 한 경우 동 규칙 제24조에 의하여 종래 유효한 배제합의가 있는 것으로 해석되었고, 영국의 1996년 중재법 하에서도 마찬가지이다.[97] 그러나 스위스 국제사법(제192조 제1항)은 명시적 선언을 요구하기 때문에 ICC 중재규칙에 의하기로 합의하는 것만으로는 유효한 배제합의가 아니라고 보았다.[98] 따라서 ICC 중재규칙을 따를 경우 중재지가 어디인지에 따라 위 조항의 효력을 검토할 필요가 있다. 문제는 한국에서 행해지는 ICC 중재의 경우인데 이는 항을 바꾸어 아래(라.)에서 논의한다.

흥미로운 것은, 최근에 개정된 프랑스 민사소송법(제1522조)은 배제합의의 효력을 인정한다는 점이다. 다만 그런 합의는 특정한 합의에 의하여야(par convention spéciale) 한다.

---

95) 영문은 "Every Award shall be binding on the parties. By submitting the dispute to arbitration under these Rules, the parties undertake to carry out any Award without delay and shall be deemed to have waived their right to any form of recourse insofar as such waiver can validly be made."이다.

96) 1998년 개정되기 전의 ICC 구 중재규칙(제24조)은 다음과 같이 규정하였다.
"1. The arbitral award shall be final. 2. By submitting the dispute to arbitration by the International Chamber of Commerce, the parties shall be deemed to have undertaken to carry out the resulting award without delay and to have waived their right to any form of appeal insofar as such waiver can validly be made."

97) Derains/Schwartz(註 38), p. 320.

98) Bucher/Tschanz(註 94), para. 293; Girsberger *et al.* (Hrsgs.)(註 94), Art. 192 Rn. 18(Siehr 집필부분). 이는 특정한 배제합의를 요구하는 것으로 해석되었다. Derains/Schwartz(註 38), p. 321.

라. 우리 중재법상의 해석론과 입법론

종래 우리 중재법상 중재합의가 유효한지에 관하여는 별로 논의가 없다. 다만 재심에 관한 논의가 있으므로 이를 살펴본다.

민사소송법 제455조에 따르면 재심의 소송절차에는 각 심급의 소송절차에 관한 규정을 준용하는데, 민사소송법 제394조는 "항소권은 포기할 수 있다"고 규정하고 제425조는 이를 상고에 관하여 준용하므로 재심의 소권은 상소권과 마찬가지로 포기할 수 있는 것으로 해석된다. 그런데 민사소송법 제394조의 해석상 제1심판결 선고 전에 항소권을 포기할 수 있는가에 관하여는 학설이 나뉘는바 통설은 항소권은 제1심판결에 의하여 비로소 성립하고, 사전 포기를 허용할 경우 항소권을 부당하게 해칠 염려가 있다는 이유로 이를 부정한다.[99] 이에 따르면 재심의 소권은 구체적인 재심소권이 발생한 후에, 즉 판결이 선고되어 확정된 후에 비로소 포기할 수 있다.[100] 이러한 논의를 참조하면, 중재법의 해석으로는 중재판정 전에 취소의 소를 배제하는 합의의 효력은 부정해야 할 것이다. 재심의 소에 관한 논의를 원용하지 않더라도, 중재판정 취소의 소는 중재판정에 절차적 또는 실체적으로 중대한 하자가 있어서 법원의 통제가 필요하다고 판단하는 경우이므로 사전 포기를 허용할 것은 아니다. 법원이 직권으로 판단할 취소사유의 경우에는 더욱 그러하다.

취소사유를 정한 중재법 제36조 제2항은 "법원은 다음 각 호의 어느 하나에 해당하는 경우에만 중재판정을 취소할 수 있다"고 규정하는데 위에서 본 바와 같이 이는 "당사자 간에 다른 합의가 없는 경우에"라는 표현을 두지 않고 있을 뿐만 아니라 그 취지에 비추어도 강행규정이라고 할 것이므로 배제합의는 허용되지 않는다고 본다.

반면에 판례[101]에 의하면 1심중에 불상소의 합의를 할 수 있다고 하므로 異見도 주장될 수 있다. 그러나 상소포기와 재심의 소의 포기를 동일시하기는 어렵고, 위에 적은 이유로 저자는 그에 동의하지 않는다.

이와 관련하여 예컨대 중재지가 한국인 경우 당사자들이 중재절차의 준거법을 스위스법으로 합의하면 스위스 국제사법에 따라 취소사유를 배제할 수 있

99) 김상원 외(편), 주석 신민사소송법(Ⅶ)(2004), 110면(이인복 집필부분).

100) 김상원 외(편), 주석 신민사소송법(Ⅵ)(2004), 104면(이동흡 집필부분).

101) 예컨대 대법원 1987. 6. 23. 선고 86다카2728 판결; 대법원 2007. 11. 29. 선고 2007다52317, 52324 판결; 대법원 2002. 10. 11. 선고 2000다17803 판결 참조.

나라는 의문이 있으나, 중재법은 중재지가 한국인 경우에 적용되는데(제2조 제1항 1문) 당사자는 중재법의 강행규정을 배제할 수는 없으므로 이는 허용되지 않는다. 즉 속지주의를 취하는 우리 중재법상, 중재절차를 형성하는 계약자유는 허용되지만(중재법 제20조 제1항) 중재절차의 준거법을 지정하는 당사자자치는 허용되지 않는다는 것이다.[102] 그러나 이를 허용하는 견해도 있다.[103]

근자에 한국을 중재지로 하는 ICC 중재가 늘어나고 있으므로 입법론으로서는 제36조에 항을 신설하여 중재합의 시 또는 중재판정 전에 당사자들이 합의로써 중재판정의 취소의 소를 전면 배제하거나 취소사유를 일부 배제할 수 없음을 명시함으로써 법적 불확실성을 배제하는 것이 바람직하다. 장기적으로는 프랑스 민사소송법의 태도를 고려할 필요가 있으나, 이를 일반적으로 수용하는 것은 주저되고 다만 장차 우리나라가 예컨대 일본기업과 중국기업이 선호하는 중재지가 되는 데 도움이 된다면, 스위스 국제사법(제192조 제1항)의 예를 따라 한국과 별로 관련이 없는 분쟁에 관한 한, 배제합의 특히 제36조 제2항 제1호의 취소사유의 배제를 허용하는 정도는 고려할 수 있다.

8. 국제상사중재에서 소비자의 보호[104]

오늘날 실질법의 영역에 있어 계약자유의 원칙은 상당한 제한을 받게 되었고 이는 특히 사회·경제적 약자인 소비자를 보호하기 위한 법규에서 현저한데 이러한 조항들은 당사자들이 합의에 의하여 적용을 배제할 수 없는 강행규정의 성질을 가진다. 이러한 현상은 준거법은 물론 국제재판관할의 맥락에서도 의미가 있다. 국제사법(제27조)은 국제재판관할의 맥락에서 소비자를 보호하기 위한 규정을 두어, 소비자는 그 상거소지 국가에서 상대방에 대하여 제소할 수 있도록 하고, 반면에 상대방은 소비자의 상거소지 국가에서만 소비자에 대하여 제소할 수 있도록 제한하면서, 관할합의는 분쟁 발생 후에 체결하거나 또는 소비자에게 법정 관할법원에 추가하여 다른 법원에 제소하는 것을 허용하는 경우로

102) Holtzmann/Neuhaus(註 10), pp. 35-36은 모델법은 뉴욕협약과 달리 속지적 기준을 따른다고 하면서 이런 취지를 분명히 밝히고 있다.

103) 손경한, "중재 자치와 중재의 준거법", 국제사법연구 제17호(2011), 431면은 중재절차의 준거법에 관하여도 당사자의 선택을 허용한다.

104) 이 점은 석광현, 국제중재법, 98면 이하에서 지적하였다. 근로자의 보호에 관하여도 유사한 고려가 필요하다.

한정한다. 국제거래에서 소비자보호의 필요성은 중재합의의 경우에도 존재한다. 그러나 국제사법과 중재법은 국제중재의 맥락에서 소비자보호를 위한 규정을 전혀 두고 있지 않고 우리나라에서는 이에 대한 논의도 부족하다.

가. 약관의 규제에 관한 법률("약관규제법")의 불충분성

우선 고려할 것은 약관규제법이다. 불공정한 내용의 약관을 규제하여 건전한 거래질서를 확립함으로써 소비자를 보호하는 것을 목적으로 하는 약관규제법(제14조)은 고객에게 부당하게 불리한 소제기의 금지조항을 무효라고 규정한다. 중재조항은 여기에서 말하는 "소제기의 금지조항"에 포함되므로 고객에게 불리한 중재합의는 무효이다. 문제는 '부당하게' 불리한이라는 기준이 매우 추상적이라는 점이다. 한편 중재합의의 방식에 관하여는 약관규제법도 아무런 특칙을 두지 않는다. 이런 조항은 국내거래에서는 미흡하기는 하지만 어느 정도 기능을 할 수 있다. 반면에 국제거래에 관한 한 약관에 의한 중재합의의 남용으로부터의 소비자보호에 관한 한 약관규제법은 더욱 미흡하므로 적절한 규제의 수준과 방법을 강구해야 한다. 특히 대법원 판결이, 국제적으로 통용되는 운송업, 금융업 및 보험업의 약관 등에 대하여 약관규제법 제14조는 물론, 나아가 약관의 내용통제에 관한 일반원칙을 정한 제6조도 적용되지 않는다고 보므로[105] 필요성이 더욱 크다. 중재에 의한 분쟁해결이 확대되는 경향을 고려한다면 이는 시급한 문제이다.

나. 국제중재에서의 소비자보호의 방향

종래 우리나라에서도 중재에서 소비자보호의 문제에 관한 논의가 없는 것은 아니다. 예컨대 정선주 교수는 영국과 독일의 입법례를 소개하면서 중재합의의 시기와 방식, 정보제공의무와 소비자보호입법의 배제의 관점에서 소비자를 보호하는 방안을 검토한다.[106] 그러나 이는 주로 국내중재의 맥락에서의 논의이고 국제중재에 대한 고려는 부족하다.

참고로 독일 민사소송법(제1031조 제5항)은 "소비자가 관련된 중재합의는 반드시 당사자 중 1인의 자필서명이 있는 문서에 포함되어야 한다"고 규정함으

105) 대법원 1999. 12. 10. 선고 98다9038 판결 참조.

106) 정선주, "소비자중재에서 소비자보호의 문제", 법학 제49권 제1호(통권 제146호)(2008. 3.), 236면 이하. 김광수, "국제소비자분쟁의 해결방안", 계간 중재(2008년 봄), 29면 이하는 국제소비자분쟁의 실태와 사례 등을 소개하나 국제소비자중재에 특유한 쟁점은 다루지 않는다.

로써 소비자의 보호를 위하여 중재합의의 방식에 관한 특칙을 두고 있는데, 이는 참고할 만하다.[107] 또한, 일본 중재법은 사회·경제적 약자인 소비자와 근로자를 보호하기 위한 특칙을 둔다. 즉 일본 중재법은 소비자가 체결한 중재합의를 해제할 수 있도록 규정한다(부칙 제3조).[108] 다만 이는 일본 중재법 시행 후 소비자 또는 근로자가 장래의 분쟁을 해결하기 위하여 체결한 중재합의에 적용되는 것으로서 관련 법제가 정비될 때까지의 잠정적인 조치이다.[109]

사견으로는, 국제중재의 맥락에서 소비자보호는 우선 정선주 교수가 언급한 중재합의의 시기 제한(국제사법 제27조 제6항도 관할합의에 관하여 유사한 조문을 둔다) 등 여러 가지 맥락을 국제거래에 어떻게 반영할 것인가의 문제이다.

나아가 국제중재에 특유한 사항으로서 관할법원을 제한하는 국제사법처럼 중재지를 소비자의 상거소지 국가로 제한하는 방향도[110] 법정지와 중재지의 역할의 異同을 감안하면서 검토할 필요가 있다. 또한 우리 국제사법(제27조와 제28조)은 소비자를 보호하기 위한 협의의 국제사법상의 조치로서 당사자자치를 부분적으로 제한하는 데 반하여 중재법은 그에 상응하는 규정을 두고 있지 않으므로 소비자계약의 경우 당사자자치를 어떻게 제한할지도 검토해야 한다. 소비자를 보호하자면 국제사법(제27조 제1항-제3항)과 유사한 조문을 두어 당사자자치를 제한할 필요가 있다. 독일에서도 조문은 우리와 비슷한데, 소비자계약에 관한 중재의 경우 중재법이 정한 당사자자치 원칙이 전면 타당한지 아니면 소비자보호를 규정한 국제사법의 특칙이 적용되어야 하는지에 관하여는 논란이 있다.[111]

독일처럼 중재합의의 방식을 제한하는 방향을 도입할지도 문제인데, 그 경우 전자상거래도 고려할 필요가 있다.[112] 그러나 이처럼 중재합의의 방식의 규

107) 브라질 중재법도 부합계약의 경우 유사한 요건을 요구한다고 한다. Born(註 44), p. 623.

108) 일본 중재법은 개별근로관계 분쟁에 관하여 근로자가 체결한 중재합의를 무효라고 규정한다(부칙 제4조).

109) 상세는 近藤昌昭 외 4인(註 5), 305면 이하 참조.

110) 중재법상 국제중재합의에 국제사법 제27조를 유추적용하여 분쟁 발생 후에 체결되는 중재부탁계약과 달리 분쟁발생 전에 중재합의를 하는 중재조항은 중재지가 소비자의 상거소 소재지인 경우에만 허용된다고 볼 수 있는지는 논란의 여지가 있다.

111) Karl Heinz Schwab/Gerhard Walter, Schiedsgerichtsbarkeit, 7. Auflage (2005), Kapitel 55 Rn. 6 참조. Rolf Schütze, Schiedsgerricht und Schiedsverfahren, 4. Auflage (2007), §8 Rn. 197은 독일법의 해석상 민사소송법(중재편)에 조문이 없으므로 독일 국제사법의 조문은 적용되지 않는다고 본다.

112) 예컨대 아마존의 사이트를 보면 소비자와의 분쟁은 워싱턴주법에 따르고, 분쟁은 워싱턴주 시애틀에서 American Arbitration Association의 중재규칙에 의하여 해결하도록 되어 있다.

제로 접근하는 데 반대하면서 소비자의 보호는 유효성(validity)의 문제로 해결할 것이라는 견해도 주장될 수 있다. 영국(중재법 제91조)이나 아일랜드(중재법 제31조)의 예에서 보듯이 일정금액 이하의 분쟁에서는 중재를 규제하거나 제한하는 국가도 있다.

어느 경우든 보호 대상이 되는 소비자의 범위가 중요한데, 그에 관하여는 국제사법 제27조를 참조하여 제27조 제1항에 해당하는 소비자(수동적 소비자)는 물론이고 합리적인 범위의 능동적 소비자의 경우도 보호할 필요가 있다고 본다.[113] 그 구체적인 내용은 앞으로 더 검토해야 할 것이나, 한편으로는 소비자의 정당한 이익을 보호하면서도 다른 한편으로는 가급적 소비자중재의 활성화라는 목적을 동시에 조화롭게 달성할 수 있는 방안을 강구해야 할 것이다.

나아가 장기적으로는 집단분쟁해결수단으로서 소비자 집단중재도 검토할 필요가 있다.[114]

9. 대한상사중재원의 지위와 권한에 관한 문제

가. 대한상사중재원의 지위[115]

대한상사중재원은 국내외 상거래에서 발생하는 상사분쟁을 해결 예방함으로써 상거래질서를 확립하여 국민의 편익을 증진함을 설립목적으로, 민법 제32조(비영리법인의 설립과 허가) 및 산업자원부 설립허가 제142호(1970년 3월 21일)에 의거하여 설립된 사단법인이다.[116] 중재법(제40조)은 정부는 중재법에 따라 국내외 상사분쟁(商事紛爭)을 공정·신속하게 해결하고 국제거래질서를 확립하기 위하여 지식경제부장관이 지정하는 상사중재(商事仲裁)를 하는 사단법인에 대하여 필요한 경비의 전부 또는 일부를 보조할 수 있다고 규정하는데 그에 따라 대한상사중재원은 정부의 경비 보조를 받고 있다. 중재법 제40조가 상정하는 중재기관이 대한상사중재원만이 아니고 그 밖에도 전주에 주소를 둔 한국중재원이 있으며 장래에 다른 중재기관이 생겨날 여지도 있으나 지금으로서는 가

113) 국제사법(제27조)은 수동적 소비자만 보호하지만 로마Ⅰ규정(제6조)처럼 일정한 요건 하에 능동적 소비자를 포함할 필요가 있다는 말이다.

114) 한충수, "소비자 집단분쟁해결 수단으로서의 집단중재의 도입가능성", 국제사법연구 제17호(2011), 475면 이하 참조.

115) 중재기관의 태양과 기능 등에 관하여는 장문철, 현대중재법의 이해(2000), 311면 이하 참조.

116) 대한상사중재원 홈페이지(http://www.kcab.or.kr/jsp/kcab_kor/kcab/kcab_02.jsp?sNum=2&dNum=0) 참조.

장 중요한 대한상사중재원을 중심으로 논의한다.

우선 중재의 활성화에 수반하여 대한상사중재원의 전문성을 제고하고 중재를 보다 활성화하기 위한 국가·사회적 노력을 기울여야 한다. 이런 면에서 근자에 법무부·서울시·대한변호사협회의 지원 하에 대한상사중재원이 서울 종로구에 서울국제중재센터를 개원하기 위한 작업을 추진중인 것은 환영할 만한 일이나 국가·사회적 지원이 단순한 장소와 물적 설비의 지원에 그쳐서는 아니 된다. 장래 대한상사중재원의 전문성 제고와 국제상사중재의 활성화라는 목표가 어느 정도 달성된 뒤에는 대한상사중재원 기타 중재기관을 인사와 예산 등의 면에서 정부기관으로부터 독립한 기구로 운영할 수도 있을 것이다.

또한 중재법은 아래에서 보듯이 중개기관의 중재규칙 제정, 개정에 대한 대법원장의 승인권한을 명시하는 외에 중재기관에 관한 규정을 두지 않으므로 중재법상 중재기관이 가지는 권한은 없다. 국가에 따라서는 임시중재에서 중재인 선정에 관하여 중재기관에 일정한 권한을 부여하기도 하나[117] 중재법은 당사자들이 중재인을 선정하지 못할 경우 중재인 선정권한을 법원에 주고 있을 뿐이고 중재기관에게 그런 권한을 주지는 않는다. 장기적으로는 그런 권한을 대한상사중재원에 부여하는 것을 고려할 수 있을 것이다.

나. 중재규칙의 제정, 개정에 대한 대법원의 통제 필요

중재법(제41조)에 따르면, 상사중재기관으로 지정받은 대한상사중재원은 중재규칙을 제정하거나 변경하는 때에는 대법원장의 승인을 얻어야 한다. 이는 중재규칙이 합리적인 내용을 담도록 보장하기 위한 것이다. 그럼에도 불구하고 대법원장의 승인권이 적절히 행사되고 있는지는 매우 의문이다. 저자가 이런 의견을 피력하는 것은 2007년 국제중재규칙의 제정과정에서 많은 오류가 대법원장의 승인과정에서 제대로 걸러지지 않았기 때문이다. 지금 당장 그런 통제를 제거하는 것은 시기상조이더라도 앞으로 대한상사중재원의 전문성이 좀더 제고되면 적절한 시기에 중재규칙에 대한 대법원의 통제를 삭제해도 좋을 것으로 생각한다.

117) 홍콩 중재법 제24조는 일정한 경우 Hong Kong International Arbitration Centre(香港國際仲裁中心. HKIAC)에 중재인 선정권한을 준다.

다. 법원의 중재판정 원본 보관의 필요성[118)]

뉴욕협약의 중요한 업적의 하나는 이중집행판결(또는 이중집행가능성언)(double exequatur)의 요건을 폐지한 것이었는데, 그 결과 중재판정은 판정지국에서의 기탁 또는 등록이 없이 외국에서 집행될 수 있다. UNCITRAL 사무국은 뉴욕협약의 태도를 모델법에 수용함으로써 모든 국제상사중재판정이 판정지국과 외국에서 기탁 또는 등록 없이 집행될 수 있도록 할 것을 제안하였고, 모델법은 이에 따라 중재판정 정본의 당사자들에 대한 교부만을 규정하고, 법원에의 기탁 또는 등록을 요구하지 않는다. 그러나 중재법(제32조 제4항)은, 구 중재법(제11조 제4항)과 같이 중재판정의 정본을 각 당사자에게 송부하도록 하고, 중재판정의 원본을 송부사실을 증명하는 서면과 함께 관할법원에 송부·보관하도록 한다. 임시중재의 경우 중재인에게 중재판정의 원본을 장기간 보관하도록 요구하는 것은 무리이므로 법원에 보관하게 한 것이다. 이는 법원으로부터 중재판정에 대한 공적 인증을 받고, 중재판정의 존재에 관한 입증을 용이하게 함으로써 중재판정의 지속적인 사용을 보장하기 위한 조치이다. 그렇다면 기관중재의 경우 중재기관이 중재판정의 원본 또는 정본을 보관할 것이므로 법원에 보관하게 할 이유가 없다. 따라서 적어도 기관중재에 관한 한 법원의 보관의무를 면제하는 것이 바람직하다.

10. 기타 논점들

여기에서는 기타 논점들을 언급한다.[119)]

가. 법원의 전문성 보장

현재 우리 법원에 중재, 특히 국제상사중재에 정통한 법관은 많지 않은 것으로 보인다. 따라서 앞으로는 중재에 관하여 전문성을 가진 법관을 양성하고 중재관련 사건을 집중시킴으로써 중재에 대한 법원의 감독과 지원을 좀더 효율적으로 하는 방안을 모색할 필요가 있다. 국제사회에서 대한상사중재원의 국제

118) 이 점은 석광현, 국제중재법, 82면 이하에서 지적하였다.

119) 그 밖에도 개정을 요하는 중재법상의 기술적인 문제점들이 있으나 그에 대한 논의는 생략한다. 상세는 석광현, 국제중재법, 62면 이하 참조.

중재가 선호되기 위하여는 우리 법원의 적절한 감독과 지원이 필수적이기 때문이다. 이를 위하여는 중재사건을 전담하는 재판부를 신설하거나, 적어도 외국중재판정에 관하여는 관할을 서울중앙지방법원 또는 국제사건전담재판부를 두고 있는 법원으로 집중시켜 관련 전담부에서 소송진행을 신속하게 하고 전문성을 심화시켜 가는 방안도 검토할 필요가 있다.[120]

나. 중재대리

민사소송법상 소송대리인은 원칙적으로 변호사, 법무법인이 아니면 아니되는데 이를 '변호사대리의 원칙'이라 한다. 우리 법상으로는 민사소송에서 변호사강제주의를 취하지 않으므로 본인소송을 할 수 있지만 대리인을 선임하여 변론하게 하는 경우에는 대리인을 법률 전문가인 변호사에 한정하는 취지이다.

한편 중재를 보면, 국내중재규칙(제8조)에 따르면 변호사 또는 상당하다고 인정되는 자는 중재사건을 대리할 수 있고, 국제중재규칙(제7조, 제26조 제3항)에 따르면 당사자가 선정한 자는 국제중재사건을 대리할 수 있다. 따라서 종래 국내중재규칙과 국제중재규치상 외국 변호사도 당사자를 대리할 수 있다. 그러나 변호사법(제109조 제1호)은 우리나라의 변호사가 아니면서 금품을 받거나 받을 것을 약속하고 … 소송사건・비송사건・가사조정 또는 심판사건・행정심판 또는 심사의 청구나 이의신청 기타 행정기관에 대한 불복신청사건, … 그 밖에 일반의 법률사건에 관하여 감정・대리・중재・화해・청탁・법률상담 또는 법률관계 문서작성 그 밖의 법률사무를 취급하거나 이러한 행위를 알선한 자를 처벌하도록 규정하고 있으므로, 엄밀하게는 외국변호사의 대리는 국내중재든 국제중재든 허용되지 않는다.[121] 하지만 종래 우리나라에서는 외국변호사의 국제중재 대리를 사실상 허용하고 있고, 법률시장이 일부 개방되었으므로 거시적인 관점에서 이 문제를 전향적인 방향으로 명확히 정리할 필요가 있다.

흥미로운 것은 외국법자문사법이다. 즉 그에 따르면 외국법자문사는 소송대리를 할 수는 없으나 국제중재사건의 대리는 할 수 있다(제24조 제3호). 여기에서 국제중재사건이란 한국을 중재지로 하고, 외국법자문사의 원자격국의 법

120) 이준상, "우리법원에서의 중재판정의 승인, 집행재판의 실무와 개선장안—월드뱅크그룹의 2010년 IAB 보고서의 검토를 겸하여—", 국제규범의 현황과 전망—2010년 국제규범연구반 연구보고 및 국제회의 참가보고—(2011), 77면도 참조.

121) 문언대로 해석하자면 변호사가 아닌 자는 중재인도 할 수 없다는 것이 된다.

령, 원자격국이 당사국인 조약 또는 일반적으로 승인된 국제관습법이 적용되거나 또는 적용될 수 있는 민사·상사의 중재사건을 말한다(외국법자문사법 제2조 제7호).[122] 그러나 외국법자문사법은 외국법자문사에게만 적용되므로 외국법자문사가 아닌 외국변호사가 중재대리를 할 수 있는가는 변호사법상으로는 여전히 문제가 있다. 위에서 언급한 바와 같이 이를 입법적으로 해결할 필요가 있다.

다. 중재의 비밀보장

일반적으로 분쟁해결의 비밀보장(confidentiality)은 중재의 특성의 하나로 인식되고 있다. 즉 법원의 재판은 공개주의를 취하는 데 반하여 중재는 그렇지 않으므로 대외적으로 민감한 사건이거나 비밀로 취급할 성질의 분쟁에 관하여는 중재가 적절한 해결방법이 될 수 있다. 국내중재규칙(제9조)은 중재절차의 비공개주의를, 국제중재규칙(제26조 제4항, 제52조)은 중재의 심리, 중재절차와 그 기록의 비공개주의를 명시하나, 중재법은 비공개주의를 명시하지 않는다. 중재의 이러한 전통적 태도에 대하여 근자에는 공익과 관련된 중재, 특히 국제조약에 근거한 국가-투자자 간의 분쟁 해결을 위한 '투자조약중재'(또는 투자협정중재. investment treaty arbitration)의 경우 심리 자체의 비밀은 보장하지만, 중재판정 및 그 밖의 중재절차는 달리 취급할 것이라는 견해가 유력하다. 이러한 경향에 따르면 중재절차에서 제출된 문서 또는 정보 나아가 중재판정은 공익상 정당한 이유가 있는 경우 비밀보장의 대상이 되지 않는다.

홍콩 중재법(제18조)은 중재절차와 중재판정에 관한 정보의 공개를 금지하는데, 이런 입법태도는 상대적으로 소수에 속한다. 싱가포르의 국제중재법은 이를 명시하지 않는다. 흥미로운 것은, 최근에 발효된 프랑스 민사소송법이 비밀유지조항을 삭제한 점이다. 이는 투자조약중재에서 중재절차의 투명성을 제고하여 프랑스를 매력적인 중재지로 만들기 위한 전략의 결과라고 한다.[123] 그러나 당사자들이 선택한 기관중재규칙에 따르면 족하고 임시중재의 경우에도 당사자의 합의에 맡기면 족할 것으로 생각되므로 우리의 입장에서는 굳이 중재법을 개정하여 비밀유지조항을 신설할 필요는 없다고 본다.

나아가, 앞으로 늘어날 것으로 보이는 대한민국을 상대로 하는 투자조약중

---

122) 외국법자문사법의 문제점은 석광현, "대한상사중재원의 2007년 국제중재규칙의 주요내용과 그에 대한 평가", 서울대학교 법학 제49권 제1호(통권 146호)(2008. 3.), 93면 이하에서 지적한 바 있다.

123) 안건형·유병욱(註 26), 115면.

재를 고려하여 중재법을 개정할 필요성이 있는가도 검토할 필요가 있으나 이는 국제조약에 근거를 가지고 있고 중재절차에 관하여도 관련 국제조약, ICSID 협약 또는 UNCITRAL 중재규칙 등에 의하여 규율되고 중재법이 적용될 여지는 별로 없으므로[124] 그와 관련하여 중재법을 개정할 필요는 별로 없는 것으로 본다.

라. 중재비용[125]

모델법은 중재비용에 관하여 명시적인 규정을 두고 있지 않는데, 이는 주요 국제중재규칙이 비용에 관하여 상세한 규정을 두고 있거나, 당사자들이 중재비용의 처리에 관하여 합의하기 때문으로 보인다. 구 중재법하에서는 상사중재규칙이 중재비용에 관한 규정을 두고 있었고, 개정된 국내중재규칙(제61조 이하)과 국제중재규칙(제45조 이하)도 중재비용에 관한 규정을 두고 있다. 그러나, 당사자 간에 중재비용에 관한 합의가 없을 수 있고, 특히 변호사 보수의 처리가 문제된다. 따라서, 중재법에 중재비용에 관한 규정을 둘 필요가 있다. 상세는 중재규칙에 맡길 수 있지만 "당사자가 달리 합의하지 않는 한, 중재인은 중재비용의 부담에 관하여 중재판정에서 판단해야 한다"는 점과 중재인의 대강의 판단기준 등 기본적 원칙은 중재법에서 명시하는 것이 바람직하다.[126]

마. 지연손해금 내지는 지연이자

소송촉진 등에 관한 특례법 제3조에 따르면, 금전채무의 이행을 명하는 판결을 선고할 경우 법원은, 소장이 채무자에게 송달된 날의 다음 날부터는 연 100분의 40 이내의 범위에서 대통령령으로 정하는 이율에 따른 지연손해금의 지급을 명할 수 있지만 채무자가 그 이행의무의 존재 여부나 범위에 관하여 항쟁하는 것이 타당하다고 인정되는 경우에는 그 범위에서 이를 적용하지 아니한다. 이는 법정이율을 현실화함으로써 채권자에 대하여는 제소 이후부터라도 이행지체로 인한 실손해를 배상받을 수 있도록 하고, 채무자에 대하여는 법정이율이 현실이자율보다 낮은 것을 이용하여 악의적으로 채무이행이나 소송을 지연시키고 상소권을 남용하는 것을 막고, 사실심판결 선고 후 채무의 신속한

124) 위에서 언급한 바와 같이 중재법은 사법상의 분쟁을 염두에 두고 있다. 투자조약중재에서는 공법상의 분쟁도 당연히 중재의 대상이 된다. 이 점에서도 투자조약중재에 중재법을 적용하는 것은 적절하지 않다.

125) 이는 석광현, 국제중재법, 97면에서 지적하였다.

126) 독일 민사소송법(제1057조)과 일본 중재법(제48조와 제49조)은 중재비용에 관하여 명시한다.

이행을 확보하려는 것이다.[127)]

중재판정부가 중재판정에 의하여 피신청인이 신청인에게 일정 금원의 지급과 중재비용의 부담을 명할 경우 이자를 붙일 수 있는지에 관하여 중재법에는 아무런 규정이 없다. 나아가 중재법에는 위 특례법에 상응하는 조문도 없다. 문제는 중재판정부가 중재지가 한국이라는 이유로 위 특례법의 조문을 적용할 수 있는가이다. 지연손해금을 실체의 문제로 이해하는 대법원 판결에 따르면 중재지가 우리나라이더라도 중재판정부가 위 조문을 적용할 근거는 없다. 저자는 지연손해금은 당사자의 권리·의무에 관한 것이므로 실체에 속하지만, 특례법상의 지연손해금은 한국에서의 소송을 촉진하기 위한 소송정책적 고려에 기하여 부과하는 소송상의 제도이므로 법정지법인 한국법에 따른다고 보지만 이를 중재에도 적용할 근거는 없다. 따라서 입법론으로는 당사자가 달리 합의하지 않으면, 중재판정에서 지급을 명하는 금액과 당사자간에 지급해야 할 중재비용에 대해 판정 후 실제 지급할 때까지의 기간에 대해 중재인이 적절하다고 판단하는 이율로 계산한 이자의 지급을 명할 수 있도록 명시하는 방안을 고려할 필요가 있다.

참고로 홍콩 중재법(제79조와 제80조)과 싱가포르 국제중재법(제20조)도 유사한 조항을 둔다. 양자는 중재판정 이후의 기간에 대하여는 판결에 적용되는 이율을 적용하도록 하나 우리 민사소송법에는 그런 이율이 없고 위 특례법의 조문은 과도한 것으로서 중재에까지 적용하기에는 부적절하므로 중재판정 전에는 채권의 준거법에 따라 결정되는 지연손해금의 이유를 적용하는 것으로 보고 중재판정 후의 이율만을 규정하자는 것이다.

바. 집행권원의 보충[128)]

집행판결절차에서 우리 법원은 승인요건이 구비되면 외국중재판정에 대해 집행을 허가하는 임무만을 담당하므로 원칙적으로 외국중재판정을 보충하거나 변경할 수 없지만 이에는 예외가 있다.[129)]

외국중재판정의 주문에 지연이자에 대한 언급이 없더라도, 만일 외국중재판정의 효력의 준거법상 지연이자가 발생한다면 채권자는 지연이자를 받을 수

127) 헌법재판소 2000. 3. 30. 선고 97헌바49 전원재판부 결정.

128) 이 점은 석광현, 국제중재법, 334면 이하에서 지적하였다.

129) 외국판결에 관한 Rinhold Geimer, Anerkennung ausländischer Entscheidungen in Deutchland(1995), S. 167f. 참조.

있어야 하므로 그의 집행 또한 가능해야 한다. 다만 기술적으로 이를 집행 대상에 포함시켜 강제집행을 허가할지, 아니면 외국중재판정의 주문에 대해서만 강제집행을 허가하고 그와 별도로 집행국 법원이 지연이자의 지급을 명할지는 견해가 나뉜다.[130] 서울지방법원 1997. 4. 10. 선고 96가합64616 판결은 후자를 따라 영국 중재판정에 대해 영국 중재법(Arbitration Act 1950)(제20조)과 재판법(Judgement Act 1838)(제17조)[131]을 적용하여 중재판정에 대한 강제집행을 허가하는 외에 중재판정금에 대한 중재판정일 다음날부터 영국중재법 및 재판법 소정의 연 8푼의 비율에 의한 이자의 지급을 명하였다.[132] 일본에서는 외국판결에 관하여 이런 입장을 취한 최고재판소 판결들이 있으나 학설은 나뉜다. 또한 외국판결의 주문의 내용과 범위가 명확하지 않은 경우 승인국 법원은 해석에 의해 이를 보충할 수 있다고 본 하급심판결들도 있는데,[133] 이는 아마도 외국중재판정의 경우에도 유사한 태도를 취할 것이다.

또한 중재판정의 주문 중에는 강제집행의 대상이 되기 위하여 충분히 특정되지 않은 사항이 포함되는 경우가 있는데 이를 어떻게 처리할지도 문제된다. 이러한 집행권원의 보충과 관련한 문제는 해석론에 의하여 해결할 여지도 있으나 명시적인 조문을 두는 방안도 고려할 수 있다.

Ⅳ. 맺음말

우리나라는 1999년 모델법을 수용함으로써 국제적으로 검증된 중재법을 가지게 되었으나 위에서 지적한 바와 같이 개선할 필요가 있다. 특히 개정 모델법을 고려하면 첫째, 우리도 중재합의의 서면요건을 완화할 필요가 있고, 둘째, 중재인이 할 수 있는 임시적 처분을 확대하는 데는 큰 이견이 없으나, 일방

---

130) 외국판결에 관한 김수형, "外國判決의 執行", 국제사법연구 제4호(1999), 507면; 김상원 외(편), 주석 민사집행법(Ⅱ)(2004)(서기석 집필부분), 134-135면 참조.

131) 동조는 "재판이 선고된 모든 부채에 대하여는 재판의 등록 시점으로부터 법정이율로 이자가 발생하고 동 이자는 執行令狀에 의하여 부과될 수 있다"라고 규정한다.

132) 서울지방법원, 국제거래·상사소송의 실무(1997), 487면 이하 참조.

133) 渡辺惺之, "香港高等法院でなされた第3當事者訴訟を含む一連の訴訟にかかる訴訟費用の負擔命令について執行判決を認めた事例", 判例時報 1670号, 209면 참조. Reinhold Geimer, Internationales Zivilprozessrecht, 6. Auflage (2009), Rz. 3160도 외국의 집행권원을 구체화할 필요가 있음을 인정한다.

적 처분인 사전명령제도를 도입할지는 좀더 검토할 필요가 있으며, 셋째, 중재판정의 승인 및 집행을 위하여 제출할 서류요건을 완화할 필요가 있다. 나아가 중재판정의 집행을 위한 집행판결제도를 집행결정으로 대체함으로써 중재판정의 집행이 보다 신속하게 이루어질 수 있도록 해야 한다. 이상의 논의는 저자가 이미 발표한 바 있는 쟁점들을 정리한 것이다. 법무부에서 중재법 개정 T/F를 구성하여 작업을 진행중이므로 시간의 경과에 따라 다양한 쟁점들이 제기될 것인데, 그에 대하여는 다른 기회에 논의할 생각이다. 우리나라에서 국제상사중재를 활성화하고 한국이 국제상사중재에서 중요한 지위를 점할 수 있게 하기 위해서는 유능한 중재인들의 양성을 포함하여 국제중재를 위한 인프라가 구축되어야 하고, 중재에 대한 우리 기업들의 인식이 개선되어야 함은 물론이지만, 이는 국제상사중재법에 대한 학계와 실무계의 교육과 연구의 강화 없이는 불가능하다. 근자에 우리나라에서 국제상사중재의 실무가 활성화되는 것은 환영할 일이지만 학계의 역할은 대단히 미흡하다. 앞으로는 능력 있는 실무가들이 학계의 발전에도 기여해줄 것을 기대한다.

후 기

[2016년 개정 중재법]

1999년 중재법은 한글화를 위하여 2010년 일부 개정되었으며, 2016. 5. 29. 다시 개정되어 2016. 11. 30.부터 시행되고 있다. 2016년 중재법은 2006년 UNCITRAL 개정 모델법을 수용한 것인데 저자가 위 글에서 제시한 방안을 대체로 채용하였다. 2016년 중재법에 관하여 저자는 아래 3개의 논문을 발표하였고 이를 이 책에 수록하였다.

- 석광현, “2016년 중재법에 따른 국내중재판정의 효력, 취소와 승인・집행에 관한 법리의 변화”, 한양대학교 법학논총(2017. 3.), 461면 이하(이 책 [5] 논문)

- 석광현, “2016년 중재법에 따른 중재판정부의 임시적 처분: 민사집행법에 따른 보전처분과의 정합성에 대한 문제 제기를 포함하여”, 국제거래법연구 제26집 제1호(2017. 7.), 107면 이하(이 책 [4] 논문)

- 석광현, “2016년 중재법의 주요 개정내용과 문제점”, 전북대학교 법학연구 통권 제53집(2017. 8.), 213면 이하(이 책 [3] 논문)

[중재법과 중재규칙의 정합성]

저자는 위(Ⅱ.2.나)에서 적은 바와 같이 중재법과 대한상사중재원 중재규칙(국내중재규칙과 국제중재규칙) 간의 정합성의 부족을 비판하였는데 2016년 국제중재규칙과 국내중재규칙이 모두 개정된 결과 정합성이 상당히 제고되었다. 그러한 개정이 이루어지는 과정에서 저자의 지적이 나름 의미가 있었을 것으로 생각한다. 다만 아직도 미흡한 점이 없지는 않다.

[2] 외국중재판정의 승인 · 집행제도의 개선방안

前 記

이 글은 저자가 2016년 개정 전 구 중재법 하에서 국제사법연구 제16권(2010), 151면 이하에 게재한 글을 다소 수정·보완한 것으로 국제사법과 국제소송 제5권에 수록된 바 있다. 말미의 후기에 적은 바와 같이 2016년 중재법의 주요 개정내용은 이 책 [5] 논문에 별도로 수록하였다. 이 글은 2016년 개정의 배경을 더 정확히 파악하는 자료로서 의미가 있기에 여기에 수록한다. 참고할 사항은 말미의 후기에 적었다.

Ⅰ. 머리말

1. 논점의 정리

중재라 함은 당사자 간의 합의로 분쟁을 법원의 재판에 의하지 아니하고 중재인의 판정에 의하여 해결하는 절차이다(중재법 제3조 제1호). 중재판정은 중재인이 당사자의 중재합의에 의하여 부여받은 권한에 기하여 중재의 대상, 즉 당사자 간의 법률관계에 관한 분쟁의 해결을 위하여 하는 판단행위를 의미한다. 외국중재판정은 "외국중재판정의 승인 및 집행에 관한 1958년 국제연합협약"(United Nations Convention on the Recognition and Enforcement of Foreign Arbitral Awards)(이하 "뉴욕협약"이라 한다)에 의하여 승인 및 집행이 국제적으로 널리 보장되는데, 이는 종래 통일된 국제규범이 없어 승인 및 집행이 보장되지 않고, 그것이 가능하더라도 그 요건이 국가에 따라 구구한 국제소송[1)]과 비교할 때 크게 다르다. 최근 2012년 6월 현재 146개국[2)]이 뉴욕협약에 가입함으로써 분

1) 2005년 6월 개최된 헤이그국제사법회의의 제20차 회기에서 채택된 "전속적 관할합의에 관한 협약"을 주목할 필요가 있다. 만일 발효된다면 이는 국제소송에서 뉴욕협약에 상응하는 기능을 할 것이다. 상세는 2007년 간행된 Trevor Hartley & Masato Dogauchi, Explanatory Report on the Hague Convention on Choice of Court Agreements; 석광현, "2005년 헤이그 재판관할합의협약의 소개", 국제사법연구 제11호(2005. 12.), 192면 이하 참조.

2) 우리나라는 1973년 가입하였다. 가입국 현황은 http://www.uncitral.org/uncitral/en/uncitral_texts/arbitration/NYConvention_status.html 참조.

쟁해결의 실효성을 확보할 수 있다는 점이 국제상거래의 분쟁해결수단으로 중재가 선호되는 큰 이유 중의 하나이다.[3]

1999년 12월 말 전문개정된 우리 중재법은, 국제연합 국제무역법위원회(UNCITRAL)[4]의 1985년 "국제상사중재에 관한 모델법"(Model Law on International Commercial Arbitration)(이하 "모델법"이라 한다)을 전면 수용하되, 국제중재와 국내중재를 함께 규율하는데,[5] 최근 2010. 3. 31. 법률 제10207호로써 한글화를 위하여 일부 개정되었다(이하 현행 중재법을 "중재법"이라 한다). 1999년 중재법 개정에 의하여 우리나라도 국제적으로 검증된 중재규범을 가지게 되었다. 독일은 1998. 1. 1. 신 민사소송법에 의하여, 일본은 2004. 3. 1. 시행된 중재법에 의하여 각각 모델법을 받아들였고 양국도 우리처럼 국제중재와 국내중재를 함께 규율하므로, 독일이 민사소송법의 일부로 다루는 점을 제외하면, 3국의 중재법은 매우 유사하다.[6] 또한 독·일은 우리와 민사소송법제가 유사하므로 양국의 중재법제에 대한 연구는 우리에게 많은 시사점을 준다. 외국판결의 집행을 위하여 3국은 모두 집행판결을 요구하고 있고 외국중재판정의 집행을 위하여 우리는 집행판결을 요구하나 독일과 일본은 집행결정을 요구한다.[7]

1999년 개정 전의 구 중재법은 외국중재판정의 승인 및 집행에 관하여 규정하지 않았으나, 중재법은 별도의 장(제7장)을 두어 국내중재판정과 외국중재판정을 구별하고, 후자를 다시 뉴욕협약이 적용되는 것과 아닌 것으로 구분한다. 뉴욕협약이 적용되는 외국중재판정의 승인 및 집행은 동 협약에 의하므로

---

3) 석광현, 국제상사중재법연구 제1권(2007), 5면. 이하 이 책을 "석광현"이라 인용한다.

4) 이는 '국제상거래법위원회' 또는 '국제거래법위원회'라고도 번역한다.

5) 국제상사중재의 관점에서 중재법을 다룬 글로는 석광현, "改正仲裁法의 몇 가지 문제점—國際商事仲裁를 중심으로—", 국제사법과 국제소송 제2권(2001), 471면 이하 참조. 중재법 개관은 장문철, "改正仲裁法 해설", 인권과 정의 제284호(2000. 4.), 99면 이하; 하용득, "仲裁法의 改正經過 및 主要內容", 중재 통권 제295호(2000년 봄), 6면 이하; 이호원, "개정 중재법에 관한 소고", 중재 302호(2001. 12.), 5면 이하; 이호원, "改正仲裁法에 관한 小考", 二十一世紀 韓國民事法學의 課題와 展望: 心堂宋相現敎授華甲紀念論文集(2002), 442면 이하 참조.

6) 독일은 '중재절차의 신규율을 위한 법률'(SchiedsVfG)에 의해 독일 민사소송법(ZPO) 중 중재편(제10편 제1025조—제1066조)을 개정하였다. 일본 중재법에 관하여는 상세는 近藤昌昭 외 4인, 仲裁法コンメンタール(2003); 三木浩一/山本和彦 編, 新仲裁法の理論と實務(2006) 참조.

7) 영국에서는 뉴욕협약이 적용되는 외국중재판정의 승인 및 집행은 1996년 중재법(Arbitration Act 1996) 제3부에 의하여 규율되고, 미국에서는 연방중재법(Federal Arbitration Act) 제2장에 의하여 규율된다. 2011. 5. 1. 발효한 개정 프랑스 민사소송법(제1516조)에 따르면, 집행가능선언(*exequatur*)절차는 당사자의 신청에 따라 대심적 절차에 의하지 않고(*n'est pas contradictoire*) 진행된다. 개정 프랑스 민사소송법 중재편의 소개는 안건형·유병욱, "프랑스 개정 민사소송법의 주요내용과 시사점", 민사소송 제15권 제2호(2011), 110면 참조.

중재법의 개정에 의하여 달라진 것이 없으나 법적 근거가 명시된 데 의의가 있다. 저자는 전에 뉴욕협약에 따른 외국중재판정의 승인 및 집행에 관하여 상세한 글을 발표한 바 있는데,[8] 여기에서는 저자에게 주어진 주제, 즉 "외국중재판정의 승인·집행제도의 개선방안"에 초점을 맞추어 우리나라가 법정지인 것을 전제로 뉴욕협약이 적용되는 경우를 중심으로 검토하고 마지막으로 뉴욕협약이 적용되지 않는 경우를 검토한다. 구체적인 쟁점과 논의 순서는 아래와 같다.[9]

첫째, 외국중재판정의 승인·집행의 개념과 양자의 관계(Ⅱ.).

둘째, 현행법상 외국중재판정의 승인과 개선방안(Ⅲ.).

셋째, 현행법상 외국중재판정의 집행과 개선방안(Ⅳ.).

넷째, 현행법상 외국중재판정의 승인·집행을 위하여 제출할 서류와 개선방안(Ⅴ.).

다섯째, 뉴욕협약이 적용되지 않는 외국중재판정의 승인·집행에 관한 현행 법제와 개선방안(Ⅵ.)

외국중재판정의 승인·집행제도의 개선방안이라면 뉴욕협약과 중재법의 개선을 생각할 수 있으나, 우리가 뉴욕협약을 개정할 수는 없으므로 여기에서는 뉴욕협약을 구체적으로 실행하는 과정에서 제기되는 중재법의 문제점을 지적하고 이를 개선하는 방안을 제시한다.

모델법의 개정과 뉴욕협약상의 서면요건을 완화하여 해석하기 위한 UNCITRAL의 권고가 있으나,[10] 이는 다른 발표에서 고려될 것이므로 여기에서는 논의하지 않는다.

---

8) 저자는 그곳에서 특히 중재법의 개정에 따라 뉴욕협약의 해석이 달라져야 하는 점을 지적하였다. 즉, 중재법이 영토주의를 취한 결과 중재판정의 국적 판단기준이 달라져야 하고, 중재지가 한국 안인 경우 당사자는 외국법을 중재절차의 준거법으로 지정할 수 없으며, 중재법이 승인판결의 개념을 도입함으로써 체계상의 혼란을 초래한 점 등을 지적하였다.

9) 우리나라의 중재법제에서 중요한 의미를 가지는 것은 뉴욕협약, 중재법과 대한상사중재원의 국내중재규칙과 국제중재규칙이다. 특히 중재절차의 진행단계에 있어서는 중재법과 국제중재규칙의 중층구조를 이해하기 않으면 아니 된다. 하지만 외국중재판정의 승인 및 집행에 관한 한 국제중재규칙은 의미가 없으므로 여기에서는 뉴욕협약과 중재법을 중심으로 논의한다. 2007년 2월 시행된 '국제중재규칙'은 기존의 중재규칙과 병존하였으나, 대한상사중재원이 2011. 9. 1. 양자를 개정하여 기존의 중재규칙을 국내중재규칙으로 전환한 결과 국제중재에는 국제중재규칙만이 적용된다.

10) 권고의 내용은 석광현, 586면 이하 참조.

2. 중재법의 규정과 모델법과의 異同

제2조(적용 범위) ① 이 법은 제21조에 따른 중재지(仲裁地)가 대한민국인 경우에 적용한다. 다만, 제9조와 제10조는 중재지가 아직 정해지지 아니하였거나 대한민국이 아닌 경우에도 적용하며, 제37조와 제39조는 중재지가 대한민국이 아닌 경우에도 적용한다.
② 이 법은 중재절차를 인정하지 아니하거나 이 법의 중재절차와는 다른 절차에 따라 중재에 부칠 수 있도록 정한 법률과 대한민국에서 발효(發效) 중인 조약에 대하여는 영향을 미치지 아니한다.
제6장 중재판정의 효력 및 불복
제35조(중재판정의 효력) 중재판정은 양쪽 당사자 간에 법원의 확정판결과 동일한 효력을 가진다.
…
제7장 중재판정의 승인과 집행
제37조(중재판정의 승인과 집행) ① 중재판정의 승인 또는 집행은 법원의 승인 또는 집행판결에 따라 한다.
② (생략)[11]
제38조(국내 중재판정) 대한민국에서 내려진 중재판정은 제36조 제2항의 사유가 없으면 승인되거나 집행되어야 한다.
제39조(외국 중재판정) ① 「외국 중재판정의 승인 및 집행에 관한 협약」을 적용받는 외국 중재판정의 승인 또는 집행은 같은 협약에 따라 한다.
②「외국 중재판정의 승인 및 집행에 관한 협약」을 적용받지 아니하는 외국 중재판정의 승인 또는 집행에 관하여는 「민사소송법」 제217조, 「민사집행법」 제26조 제1항 및 제27조를 준용한다.

모델법(제35조 제1항)은 내국(또는 국내)[12]중재판정인가 외국중재판정인가에 관계없이 동일한 요건과 절차에 따라 중재판정을 승인·집행하도록 규정한다. 모델법의 성안과정에서, 성공적인 뉴욕협약의 존재에도 불구하고 중재판정, 특히 외국중재판정의 집행에 관한 규정을 둘 필요가 있는지는 논란이 있었으나 결국 규정을 두었는데, 가장 큰 이유는 국제상사중재에서 중재지의 중요성을 약화하려는 것이었다.[13] 또한 뉴욕협약이 적용되지 않는 외국중재판정에 관하여 규정하지 않으면 모델법이 불완전하고,[14] 뉴욕협약의 비당사국들로서는 뉴

11) 제37조 제2항의 조문은 아래(Ⅴ.2.가.)에 있다.
12) 이하 양자를 호환적으로 사용한다.
13) Howard M. Holtzmann and Joseph E. Neuhaus, A Guide To The UNCITRAL Model Law On International Commercial Arbitration: Legislative History and Commentary (1989), p. 1007. 이하 위 책을 "Holtzmann/Neuhaus"라고 인용한다.
14) Holtzmann/Neuhaus, p. 1007.

욕협약에 가입하는 것보다 모델법의 채택이 더 용이할 것이라는 점도 고려되었다. 일본 중재법(제45조)은 모델법을 따르나, 중재법은 이와 달리 독일 민사소송법처럼 ① 내국중재판정과 ② 외국중재판정을 구분하여 전자는 중재판정 취소사유가 없는 한 승인 · 집행하고(제38조), 후자는 경우를 나누어 ②-A 뉴욕협약이 적용되는 외국중재판정에 대하여는 동 협약을 적용하고, ②-B 뉴욕협약이 적용되지 않는 외국중재판정에 대하여는 외국판결의 승인 · 집행에 관한 민사소송법 제217조, 민사집행법 제26조 제1항 및 제27조를 준용한다(제39조).

Ⅱ. 외국중재판정의 승인 · 집행의 개념 및 양자의 관계

일정한 요건이 구비되면 외국중재판정은 우리나라에서 자동적으로 효력을 가진다. 이 점은 외국판결과 같다. 즉 외국중재판정의 '승인'(recognition)이란 우리 법원이 외국중재판정에 대하여 적법하게 내려진 것으로서 그 효력을 인정하는 것인데, 뉴욕협약상 외국중재판정의 효력은 승인의 거부사유(이하 "승인거부사유"라 한다)가 없으면 우리나라에서 자동적으로 인정된다.[15] 그런데 중재판정에서 진 자가 중재판정을 자발적으로 이행하지 않으면, 이긴 자는 우선 상업적 또는 기타 압력을 행사할 수 있고, 그럼에도 불구하고 이행하지 않으면 상대방의 재산소재지에서 중재판정을 집행할 필요가 있는데, 우리나라에서는 우리 법원의 집행판결이 있는 때에 한하여 집행할 수 있다. 즉 외국중재판정의 '집행'(enforcement)이란 중재판정에서 이긴 자가 중재판정의 내용을 법적으로 실현시키는 행위를 말한다.[16] 이 점은 외국판결의 집행의 경우에도 마찬가지다.[17] 다만 엄밀하게는 외국중재판정의 집행은 외국중재판정의 집행가능 선언 절차와, 그에 기한 실제의 강제집행절차로 구성된다.

---

15) 중재법 제37조의 해석상 논란은 아래(Ⅲ.)에서 논의한다.

16) 목영준, 상사중재법(2011), 271면. 이하 이 책을 "목영준"이라 인용한다.

17) 대법원 2010. 4. 29. 선고 2009다68910 판결은 "민사집행법 제26조 제1항에서 정한 집행판결제도는, 재판권이 있는 외국의 법원에서 행하여진 판결에서 확인된 당사자의 권리를 우리나라에서 강제적으로 실현하고자 하는 경우에 다시 소를 제기하는 등 이중의 절차를 강요할 필요 없이 그 외국의 판결을 기초로 하되 단지 우리나라에서 그 판결의 강제실현이 허용되는지 여부만을 심사하여 이를 승인하는 집행판결을 얻도록 함으로써 당사자의 원활한 권리실현의 요구를 국가의 독점적 · 배타적 강제집행권 행사와 조화시켜 그 사이에 적절한 균형을 도모하려는 취지에서 나온 것"이라고 판시하였다.

중재에서 이긴 자는 통상 집행판결(또는 상응하는 재판)을 구하는데, 중재판정의 집행은 논리적으로 승인을 전제로 한다. 그러나 승인과 집행이 항상 함께 문제되는 것은 아니고 승인만이 문제될 수 있다.[18] 예컨대 외국중재판정에서 패한 자가 한국에서 다시 중재신청을 하는 경우, 상대방은 중재판정의 승인, 즉 기판력의 확장을 통하여 중재절차의 진행을 막을 수 있다. 이런 이유로 집행은 '검'의 기능을 하는 데 반하여 승인은 '방패'의 기능을 한다고 비유하기도 한다.

Ⅲ. 현행법상 외국중재판정의 승인과 개선방안[19]

1. 쟁 점

문제는 승인거부사유가 없는 경우 뉴욕협약이 적용되는 외국중재판정이 우리 법원의 재판 없이 한국에서 자동적으로 효력을 발생하는가이다. 위에서 저자는 자동승인된다고 했으나 근자에 다른 견해가 있기 때문이다. 민사소송법 제217조에 따른 외국판결의 승인은 승인요건이 구비되는 한 우리 법원의 재판 없이 자동적으로 이루어지는 반면에, UNCITRAL이 1997년 5월 채택한 "국제도산에 관한 모델법"(Model Law on Cross-Border Insolvency)과 일본의 승인원조법을 따른 "채무자 회생 및 파산에 관한 법률"(제5편)에 의한 외국도산절차의 승인은 우리 법원의 승인결정에 의하여 비로소 행해진다.[20] 전자를 '자동승인제', 후자를 '결정승인제'라고 부른다.

중재법 제37조 제1항에 따르면, 중재판정의 승인을 위하여 '승인'이 필요한지 아니면 '승인판결'이 필요한지가 다소 애매하나, 중재판정의 집행은 법원

18) Emmanuel Gaillard and John Savage (eds.), Fouchard, Gaillard, Goldman, On International Commercial Arbitration (1999), para. 1667 이하 참조. 이하 이 책을 "Fouchard/ Gaillard/ Goldman"이라 인용한다.

19) 이 점은 석광현, "사기에 의하여 획득한 외국중재판정의 승인과 공서위반 여부", 2010. 9. 29. 서울지방변호사회 판례연구회 발표용 초안, 9면 이하에서 주장한 바 있다.

20) 통합도산법 제628조 제3호는 "외국도산절차의 승인이라 함은 외국도산절차에 대하여 대한민국 내에 이 편의 지원처분을 할 수 있는 기초로서 승인하는 것을 말한다"고 명시하고, 제631조 이하에서는 외국도산절차의 승인신청과 승인결정에 관하여 규정한다. 다만 외국법원의 면책재판 또는 회생계획인가결정에 따른 면책의 효력이 외국판결 승인경로와 외국도산절차의 승인경로 중 어느 것을 통하여 승인되는지는 종래 논란이 있으나 대법원 2010. 3. 25.자 2009마1600 결정은 전자를 취하였다. 저자는 후자를 지지한 바 있다.

의 집행판결에 의하므로 그것과의 균형상 중재판정의 승인은 법원의 '승인판결'에 의한다는 취지로 보인다. 그렇다면 중재판정의 승인은 우리 법원의 승인판결을 요하고, 중재판정의 집행은 우리 법원의 집행판결을 요한다는 것이 된다. 예컨대 중재판정에 의하여 기판력이 발생한 후에 소송절차(또는 다른 중재절차)에서 동일한 분쟁의 대상이 다투어지는 경우, 승인요건이 구비된다면, 법원(또는 중재판정부)은 선행 중재판정의 기판력을 인정하지 않을 수 없는데, 이것이 바로 중재판정의 승인이다. 그런데 제37조 제1항을 위와 같이 해석하면, 이 경우 선행 중재판정의 기판력을 인정하기 위해서는 먼저 중재법 제7조 제4항에 따른 관할법원의 승인판결을 받아야 한다는 것이 된다. 근자에는 중재법의 해석론으로서 그런 견해가 실제로 주장되고 있다.[21)]

2. 중재법의 해석론

가. 자동적 승인의 타당성

중재법 제35조에 따르면 내국중재판정은 우리 법원의 확정판결과 같은 효력을 가진다. 한편 외국중재판정에 대하여 중재법은 명시적으로 규정하지 않으나, 외국중재판정은 승인요건을 구비하면 당연히 효력을 발생하는 것이지, 법원의 승인을 요하는 것이 아니고 법원의 승인판결을 요하는 것은 더더욱 아니라고 이해되었다. 즉, 중재판정의 승인의 효력발생 시기를 포함한 승인의 절차적 문제는 법정지법에 따를 사항인데[22)] 종래 그와 같이 이해되었다. 구 중재법(제14조 제1항)과 독일 민사소송법(제1060조 제1항)이 승인에 관하여 침묵한 채 집행만을 규정하는 것은 그 때문이다. 이 점은 일본의 현행 중재법도 같다.[23)] 물론 우리 중재법상으로도 확인의 이익이 있으면 당사자가 중재판정의 승인을 구하기 위하여 확인의 소를 제기할 수 있으나(그 경우 법원은 '승인판결'을 할 것

---

21) Beomsu Kim and Benjamin Hughes, "South Korea: Receptive to Foreign Arbitration Awards?", Asian-Counsel Special Report on Dispute Resolution, December 2009/ January 2010, p. 35는 "It should be noted that Section 37(1) of the Act clearly provides that the recognition or enforcement of a foreign arbitral award shall be granted by the judgment of a court. Thus, absent a judgment from a Korean court granting enforcement, a foreign arbitral award may have no practical legal effect in Korea."

22) Albert Jan van den Berg, The New York Arbitration Convention of 1958 (1981), p. 244. 이하 이 책을 "van den Berg"라 인용한다.

23) 중재판정의 승인에 관한 일본 중재법 제45조와 집행결정에 관한 제46조를 보더라도 확인은 아무런 절차를 요하지 않는다.

이다),[24] 외국중재판정의 효력을 인정받기 위해 승인판결을 받아야 하는 것은 아니라는 말이다.

이처럼 승인요건을 구비한 외국중재판정은 우리나라에서 법원의 확인절차 없이 승인되는데, 이를 '자동적 승인'(automatische Anerkennung)이라고 한다. 이것이 위에서 언급한 자동승인제이다. 따라서 승인요건을 구비한 외국중재판정은 당해 외국에서 효력을 발생한 시점에서 한국 내에서도 효력을 발생한다고 보는 것이 논리적이다. 우리 법원 또는 행정관청이 승인요건의 구비 여부를 확인하더라도 이는 단지 선언적인 의미를 가질 뿐이고 그 때에 비로소 국내에서 효력을 발생하는 것은 아니다.

외국판결의 승인이 자동승인의 원칙에 따른다는 점은 위에서 언급하였는데, 중재법 제39조 제2항을 보면 뉴욕협약이 적용되지 않는 외국중재판정의 승인에 대하여는 민사소송법 제217조가 준용되므로 그러한 외국중재판정도 자동승인됨을 알 수 있다. 물론 이 경우에도 제37조 제1항의 문언을 강조하면서 승인판결이 필요하다고 주장할 여지도 없는 것은 아니겠으나, 외국판결의 승인에 관한 민사소송법 제217조를 준용하면서 외국판결의 승인보다 어렵게 할 이유는 없다. 그렇다면 중재법이, 뉴욕협약이 적용되지 않는 외국중재판정의 승인보다 뉴욕협약이 적용되는 외국중재판정의 승인을 어렵게 만들 이유는 없으므로 결국 제37조 제1항의 문언에도 불구하고 뉴욕협약이 적용되는 외국중재판정은 승인요건이 구비되면 자동승인된다고 보아야 한다. 이런 이유로 제37조 제1항의 문언은 잘못이다. 저자는 1999년 중재법 개정 전 이 점을 지적함으로써[25] 제37조가 현재와 같이 입법되는 것을 막고자 하였으나 받아들여지지 않았다. 반면에 제37조 제1항의 문언을 옹호하는 논자는 중재판정의 승인이 집행을 위한 필수요건일 뿐만 아니라 중재판정을 다른 절차에서 원용하는 경우 승인에 독자적 존재가치가 있음에 비추어 저자의 비판은 부당하다고 반론하나,[26] 저자는 승인의 독자적 존재가치를 부정하는 것이 아니라, 중재법 제37조 제1항이, 외국중재판정의 집행을 위하여 집행판결이 필요하듯이, 마치 외국중재판정

24) 독립된 판결에 의하여 중재판정을 승인하게 할지는 입법론의 문제인데, 우리 중재법은 항변으로서 중재판정의 승인을 주장하는 것과 함께 법원에 중재판정의 승인판결을 구할 수 있게 한 것이라고 한다. 목영준, 271면; 이호원, "仲裁判定의 執行判決節次", 민사소송 제9권 제1호(2005), 265면.

25) 석광현, "중재법 개정안에 대한 관견", 법률신문 제2822호(1999. 9. 20.), 14면.

26) 이호원(註 24), 266면.

의 승인도 승인판결을 받아야 하는 것처럼 규정하는 것이 잘못이라는 것이다. 위에서 언급한 바와 같은 제37조 제1항의 해석론이 실제로 주장되고 있음을 보면 저자가 우려했던 이유를 이해할 수 있을 것이다.

나. 승인의 효력

중재판정의 승인은 개념적으로는 판결의 승인과 유사하다. 승인의 결과 중재판정의 가장 중요한 효력인 기판력(*res judicata* effect, *l'autorité de chose jugée*)이 우리나라에까지 확장되는 것이 승인의 효력 또는 효과이다.[27] 다만 외국중재판정이 외국에서 집행력이 있더라도 이는 우리나라에 당연히 미치는 것은 아니고 국내에서 집행판결을 받아야 비로소 발생한다. 이런 의미에서 집행판결은 우리나라에서 집행력을 부여하는 형성판결이다.

문제는 기판력의 판단기준이다.

중재법 제35조는 중재판정은 법원의 확정판결과 동일한 효력을 가진다고 규정하는데 이 조문은 모델법에는 없다. 제35조는 내국중재판정에 관한 조항이고 외국중재판정에는 적용되지 않는다.[28] 반면에 외국중재판정의 효력은 제37조 이하에 따른다. 일부 논자는, 승인은 "법원이 중재판정에 대해 우리 법원의 확정판결과 같은 효력을 인정하여 주는 것"이라고 하나[29] 이는 근거가 없다. 외국중재판정을 승인함으로써 그 효력이 우리나라에까지 미치지만 그 효력이 우리 확정판결과 동일하여야 한다는 근거는 없다. 우리나라에서 승인된 외국중재판정의 효력(특히 기판력)의 판단기준에 관하여는 ① 외국판결의 경우처럼 중재지국법에 의할 것이라는 견해, ② 승인국법에 의할 것이라는 견해와 ③ 중재지국법을 원칙으로 하되 승인국법에 의한 제한을 인정하는 절충적인 견해 등이 가능하다. ①설에서는, 중재지국법상 중재판정이 당해 국가의 판결과 동일한 효력이 있다면 그것이 우리나라에 확장되는 것이라고 설명하고, ②설에서는, 외국중재판정에 대해 우리 중재판정에 상응하는 효력을 부여한다고 설명할 수 있을 것이다. 외국판결의 경우 종래의 다수설은 효력확장설을 취하므로[30] 동일

27) van den Berg, p. 244.

28) 중재법 제2조 제1항 참조. 이 점은 독일 민사소송법 제1055조도 같다.

29) 목영준, 270면; 양병회 외, 주석중재법(이호원 집필부분)(2005), 229면 참조. 이 책은 이하 "주석중재법/집필자"로 인용한다.

30) Peter Schlosser, Das Recht der Internationalen Privaten Schiedsgerichtsbarkeit, 2. Auflage (1989), Rn. 903. 외국판결의 승인의 경우는 석광현, "民事 및 商事事件에서의 外國裁判의 承認 및 執行", 국제사법과 국제소송 제1권(2001), 338면 이하 참조.

한 법리를 외국중재판정에 적용한다면 외국에서 가지는 효력이 우리나라에 확장된다는 것이 된다.[31)]

일본 중재법(제45조 제1항 본문)은 중재지가 일본 내에 있는지 여부를 묻지 않고 중재판정은 확정판결과 동일한 효력을 가진다고 함으로써 외국중재판정에 대하여도 확정판결과 동일한 효력을 부여하는데, 그것이 일본의 확정판결인지 아니면 중재지인 외국의 확정판결인지는 문면상으로는 분명하지 않다. 당분간 이 문제는 해석론에 맡겨둘 사항이라고 본다.

3. 자동승인에 관한 대법원 판결의 태도

최근 대법원 2009. 5. 28. 선고 2006다20290 판결은 "뉴욕협약이 적용되는 외국중재판정의 일방 당사자에 대하여 외국중재판정 후에 구 회사정리법[32)]에 의한 회사정리절차가 개시되고 채권조사기일에서 그 외국중재판정에 기하여 신고한 정리채권에 대하여 이의가 제기되어 정리채권확정소송이 제기된 경우, 외국중재판정은 확정판결과 동일한 효력이 있어 기판력이 있으므로, 정리채권확정소송의 관할 법원은 위 협약 제5조에서 정한 승인 및 집행의 거부사유가 인정되지 않는 한 외국중재판정의 판정주문에 따라 정리채권 및 의결권을 확정하는 판결을 하여야 한다"고 판시하였다.

즉 당해 사건에서 홍콩중재판정에 대한 우리 법원의 별도의 승인판결은 없었는데, 위 대법원 판결은 그럼에도 불구하고 홍콩중재판정은 뉴욕협약의 승인거부사유가 없는 한 우리 법원의 승인판결이 없이도 기판력이 있다고 판시한 것이다. 즉 위 대법원 판결은 그러한 외국중재판정에 대하여는 자동승인제가 타당함을 분명히 판시한 것으로서 타당하다. 위 대법원 판결이 '확정판결'이라고 한 것은 아마도 우리 법원의 확정판결을 지칭하는 것으로 짐작된다. 만일 그렇다면 홍콩 중재판정이 우리 법원의 판결과 같은 효력을 가지는지 근거가 무엇인지 궁금하다. 위 판결이 그 근거를 제시하지 않는 점은 유감이다.

---

31) 외국판결의 경우 독일에서는 전통적으로 효력확장설이 다수설이었다. Reinhold Geimer, Internationales Zivilprozessrecht, 6. Auflage (2009), Rz. 3879 참조. 그러나 근자에는 절충설이 점차 유력해지고 있다.

32) 2005. 3. 31. 법률 제7428호 채무자 회생 및 파산에 관한 법률 부칙 제2조로 폐지된 회사정리법을 말한다.

4. 개선방안

입법론으로서도 이를 개정하여 그 취지를 명확히 하는 것이 바람직하다. 따라서 제37조 제1항은 "중재판정의 승인 또는 집행은 법원의 승인 또는 집행판결에 의한다"고 하나, 여기에서 '승인'을 삭제하고 "중재판정의 집행은 법원의 집행판결에 의한다"고 수정하는 것이 옳다.

Ⅳ. 현행법상 외국중재판정의 집행과 개선방안

뉴욕협약(제3조)은 "각 체약국은 중재판정을 다음 조항에 규정한 조건 하에서 구속력 있는 것으로 승인하고 그 판정이 원용될 영토의 절차 규칙에 따라서 그것을 집행하여야 한다"고 규정한다. 그런데 외국중재판정의 집행은 논리적으로 두 단계로 구분된다. 하나는 집행국에서 외국중재판정을 집행할 수 있다고 선언 또는 확인하는(예컨대 집행허가) 절차이고, 다른 하나는 그에 기해서 실제로 강제집행을 하는 절차이다.[33] 후자, 즉 외국중재판정에 기한 실제의 강제집행절차는 민사집행법이 정한 바에 따르므로 국내판결 또는 국내중재판정에 기한 강제집행과 다를 바 없다. 문제는 전자인데, 중재법(제37조 제1항)에 따르면 외국중재판정을 집행하기 위해서는 우리 법원의 집행판결을 받아야 한다. 집행판결 또는 집행가능선언(*exequatur*)은 대륙법계의 제도로 외국판결의 집행시에도 필요하다.[34] 이는 중재판정부에게는 강제력이 없기 때문이다. 집행력은 관념적인 것이 아니라 중재판정의 내용을 실제로 실현하므로 이를 집행기관의 판단에 맡기는 대신 신중을 기하여 소로써 주장하게 하고, 법원이 심사 후 판결로써 집행을 허가하도록 하는 것이다.[35]

---

33) Mauro Rubino-Smmartano, International Arbitration Law and Practice, Second revised edition (2001), para. 34.6.

34) 외국판결의 집행에 관하여 영미법계는 상대적으로 완화된 '등록제도'(registration system)를 취하나, 대륙법계는 보다 엄격한 '집행판결제도'(*exequatur* system)를 취한다. 그 밖에도 법원의 허가에 따라 바로 집행하거나, 중재판정에 기하여 새로운 소를 제기하도록 하는 등 다양한 제도가 있다.

35) 외국판결의 집행의 맥락에서 선고된 것이기는 하나 집행판결의 취지는 위(註 17)에 언급한 대법원 2010. 4. 29. 선고 2009다68910 판결 참조.

1. 집행판결제도[36)]

집행판결에 관하여는 다양한 절차법적 문제가 있는데 이는 민사집행법에 의하여 규율되지만 중재법이 특칙을 두는 범위 내에서는 후자가 우선한다.

가. 집행판결의 법적 성질

집행판결 청구의 소의 법적 성질에 관하여 이행소송설, 확인소송설과 형성소송설 등이 있는데,[37)] 외국에서 집행력을 가지는 외국중재판정이 한국에서 승인되더라도 그 집행력이 한국 내에까지 확장되는 것이 아니라, 우리 법원의 집행판결에 의해 비로소 부여된다고 볼 것이므로 형성소송설이 타당하다.[38)] 따라서 현행법상으로는 집행판결은 형성판결이다.

민사집행법상 강제집행을 하기 위해서는 근거가 되는 권리의 존재와 범위를 밝힌 공적 증서인 집행권원(Volstreckungstitle, Schuldtitel)이 필요하다. 집행판결은 집행의 기본인 청구권의 존부와 범위를 확정하는 것은 아니라는 이유로 종래 다수설은 집행판결과 외국중재판정이 일체로서 집행권원이 된다고 본다.[39)] 집행판결은 가집행선고가 있거나, 확정되어야 집행권원이 되고, 집행을 하기 위하여는 집행문을 받아야 한다.

나. 집행판결의 요건과 절차

집행판결절차는 집행판결청구의 소를 제기함으로써 개시된다. 집행판결절

---

36) 상세는 석광현(註 30), 346면 이하 참조.

37) 그 밖에 확인기능과 형성기능을 함께 갖는 판결을 구하는 것이라는 구제소송설도 있다. 이시윤, 신민사집행법(2004), 103면(여기에서 대체하지는 않았지만 이는 5판(2009)이 있다). 대법원 2003. 4. 11. 선고 2001다20134 판결은 "… 집행판결은 외국중재판정에 대하여 집행력을 부여하여 우리나라 법률상의 강제집행절차로 나아갈 수 있도록 허용하는 것으로서 그 변론종결 시를 기준으로 하여 집행력의 유무를 판단하는 재판이므로"라고 판시하였다(밑줄은 저자가 추가함). 앞의 밑줄 부분은 집행판결에 의하여 새로이 집행력을 부여하는 것처럼 설시하여 형성판결설을 취한 것으로 보이나, 뒤의 밑줄 부분은 이미 존재하는 집행력의 유무를 판단하는 재판이라고 함으로써 확인판결설을 취한 듯한 인상을 준다. 대법원 판결이 후자를 "… 그 변론종결 시를 기준으로 하여 집행력을 부여할지를 판단하는 재판이므로"라고 설시했더라면 좋았을 것이다. 평석은 석광현, 373면 이하 참조.

38) 이시윤(註 37), 103면; 김봉석, "仲裁判定에 의한 執行判決의 節次와 그 問題點", 중재연구 제13권 제1호(2003), 185면도 동지.

39) 김상원 외(편집대표), 주석 민사집행법(Ⅱ)(2004)(서기석 집필부분), 135면(이는 외국판결에 관한 설명이다). 다만 실제로는 집행판결의 주문에 집행할 청구권이 표시되어 있으면 집행판결만이 집행권원이 된다고 봐도 무방하다.

차는 강제집행절차가 아니고 특별한 종류의 판결절차이므로 그에 의해 강제집행이 개시되지는 않는다. 외국중재판정에 기한 집행판결청구의 소의 토지관할에 관하여는 중재법이 특칙을 두므로 그에 따른다. 중재법(제7조 제4항)에 따르면 중재판정의 집행청구의 소는 ① 중재합의에서 지정한 법원, ② 중재지를 관할하는 법원, ③ 피고 소유의 재산소재지를 관할하는 법원, ④ 피고의 주소 또는 영업소, 이를 알 수 없는 경우에는 거소, 거소도 알 수 없는 경우에는 최후로 알려진 주소 또는 영업소를 관할하는 법원이 관할한다. 따라서 원고는 위 관할법원 중 하나를 선택하여 제소할 수 있다.40) 외국중재판정의 경우에는 ③과 ④가 주로 적용될 것이다. 위 조항에 따라 우리나라의 어느 법원이 토지관할을 가지면 우리나라가 국제재판관할을 가지는 점은 별 의문이 없다(국제사법 제2조 참조). 문제는 위 조문에 근거가 없더라도 국제사법 제2조를 기초로 국제재판관할이 인정될 수 있는가인데, 당사자 또는 분쟁이 된 사안이 한국과 실질적 관련이 있다면 우리나라의 국제재판관할을 긍정해야 할 것이다.

2. 집행판결제도에 대한 비판

외국중재판정의 집행을 허가하는 재판의 형식을 어떻게 정할지는 입법정책의 문제이다. 중재법(제37조 제1항)은 구 중재법과 같이, 내국중재판정과 외국중재판정의 집행은 우리 법원의 집행판결, 즉 변론을 거친 판결의 형식에 의하도록 요구한다. 집행판결을 받기 위하여 변론절차가 필수적이고 제1심판결 전에는 집행절차로 나아갈 수 없다. 이처럼 중재절차와 집행판결절차를 이중으로 요구하는 것은 당사자의 부담을 가중시키고 중재판정만은 무용하다는 좌절감을 줄 수 있다는 비판은 설득력이 있다.41)

우리 법원은 종래 외국중재판정의 승인 및 집행에 있어서 매우 우호적인 태도를 보여주고 있다. 그러나 실제로 외국중재판정 후 집행판결을 받는 데까지 너무 오랜 기간이 걸린 사안도 있다. 국내 통계자료는 보지 못하였지만42)

---

40) 목영준, 305면.

41) 이태희, "중재판정의 효율적 집행과 취소사유에 대한 고찰", 중재 제314호(2004 겨울), 8면.

42) 세계은행의 통계에 따르면 우리나라에서는 국내중재판정의 집행판결은 173일(약 25주) 걸리는 데 반하여 외국중재판정의 집행판결은 평균 162.4일(약 23주) 정도 걸린다고 한다. 위 사이트를 보면 이는 상소하지 않은 경우 그렇다고 한다. 세계은행의 사이트(http://iab. worldbank.org/Data/Explore%20Economies/Korea#/Arbitratingdisputes)는 "from filing an application to a writ of execution attaching assets"까지의 기간을 말하는데 이는 집행판결청구의 소의 1심 접수시

비근한 예로 두 개의 사례를 들 수 있다.

하나는 베트남 중재판정의 집행을 구한 사건이다.

베트남 회사인 원고가 한국 회사인 제조사를 상대로 손해배상 등을 구하는 중재신청을 하여 1999. 2. 6. 베트남 상공회의소 내 베트남 국제중재원(이하 "베트남 상사중재원"이라 한다)의 중재판정을 받았다. 이에 기하여 원고는 한국 법원에 집행판결 청구의 소를 제기하였다. 이에 대해 제1심판결과 제2심판결이 있었는데 후자인 서울고등법원 2001. 2. 27. 선고 2000나23725 판결은 청구이의 사유가 있다고 보아 공서위반을 이유로 중재판정의 일부만 집행을 허가하였다. 그러나 대법원 2003. 4. 11. 선고 2001다20134 판결[43]은 청구이의사유가 없다고 보아 파기 환송하였다. 이에 대해 서울고등법원 2004. 3. 26. 선고 2003나29311 판결은 원고는 뉴욕협약 제4조가 정한 서류들을 반드시 제출해야 함에도 불구하고 정당하게 인증된 중재판정의 원본(베트남어로 작성된 것)만을 제출했을 뿐이고 그 번역문과, 중재합의의 원본 또는 등본 및 그 번역문 등을 전혀 제출하지 못했다는 이유로 원고의 청구를 기각하였다. 다만 위 서울고등법원판결은 원고가 중재판정을 신청하고 이에 대해 피고가 아무런 이의를 제기하지 않은 점에 비추어 볼 때, 적어도 중재판정 시에는 당사자 간에는 중재합의가 있었다고 보았다. 그러나 대법원 2004. 12. 10. 선고 2004다20180 판결[44]은 원심판결과 달리 엄격한 형식에 따른 번역문이 제출되지 않았다는 이유만으로 집행판결청구를 배척할 수는 없다고 보면서도, 원고가 중재판정을 신청하고 이에 대하여 피고가 중재 당시 아무런 이의를 제기하지 아니함으로써 일종의 묵시적인 중재합의가 이루어졌다 한들 뉴욕협약 제2조에 정한 유효한 중재합의가 있었다고 볼 수는 없다는 이유로 원심판결을 파기하였다. 그 후 제2차 환송 후 원심판결이 선고되었고 이에 대해 상고가 있었으나 마침내 대법원 2006. 10. 13. 선고 2005다69342, 69359 판결로 상고가 기각되었다. 이 사건을 보면 베트남에서 중재판정을 받아 집행판결 청구의 소를 제기한 원고는 7년 8개월의 세월을 기다렸음에도 불구하고 결국 목적을 달성하지 못하였다. 저자는 대법원이

부터 집행문 부여시까지라고 한다. 이준상, "우리법원에서의 중재판정의 승인, 집행재판의 실무와 개선장안—월드뱅크그룹의 2010년 IAB 보고서의 검토를 겸하여—", 국제규범의 현황과 전망—2010년 국제규범연구반 연구보고 및 국제회의 참가보고—(2011), 58면. 그러나 국내중재판정보다 외국중재판정의 집행판결이 더 짧은 기간에 이루어진다는 점은 이해하기 어렵다.

43) 평석은 석광현, 373면 이하 참조.

44) 평석은 석광현, 343면 이하 참조.

위 사건에서 중재합의의 서면성을 부정한 것은 뉴욕협약에 금반언의 법리가 포함되어 있음을 간과한 것으로서 잘못이라고 비판하였다.[45] 판례의 태도는 시정되어야 마땅하다.

다른 하나는 홍콩중재판정의 승인이 문제되었던 사건으로 위에서 언급한 사건이다.

이 사건에서 홍콩중재판정이 우리나라에서 기판력이 있다는 점이 대법원에서 확정되는 데 약 12년이 걸렸다. 대법원 2009. 5. 28. 선고 2006다20290 판결에서 원고는 피고를 상대로 홍콩에서 ICC 중재에 따른 중재판정을 받았다. 그 후 원고는 피고의 정리절차가 개시되자 채권을 신고하였으나 관리인이 이를 부인함에 따라 정리채권확정의 소를 제기하였다. 여기에서 우리 법원이 정리채권 및 의결권을 확정하는 판결을 함에 있어서, 홍콩중재판정에 구속되는지가 문제가 되었다. 그 사건에서 원고가 중재신청을 한 것은 1996. 3. 28.이고 최종 중재판정이 내려진 것은 1998. 7. 14.인데, 그 사건은 거의 12년이 지난 대법원 2010. 4. 29. 선고 2010다3148 판결에 의하여 비로소 확정되었다. 이 사건은 회사정리절차 및 관련 당사자의 형사사건이 개재되었던 매우 이례적 사건이었던 탓에 일반화할 것은 아니지만, 국제상사중재가 과연 최종적이고 신속한 분쟁해결수단인지를 의심하게 하는 사건이다.

3. 독일과 일본의 입법례

우리나라처럼 외국중재판정의 집행을 위하여 집행판결제도를 두고 있던 독일과 일본의 입법례를 살펴본 뒤 우리 중재법상의 개정방향을 논의한다. 저자가 주목하는 논점은 ① 절차의 개시방법, ② 재판의 형식, ③ 구술변론[46]의 요부, ④ 집행력과 기판력의 유무, ⑤ 불복방법, ⑥ 가집행의 가부와 ⑦ 외국판결의 집행과의 異同이다.

가. 독일 민사소송법

1998년 개정된 독일 민사소송법 제10편 제8장(중재판정의 승인과 집행의 요

---

45) 석광현, 366면 이하 참조.

46) 우리 민사소송법상 변론은 구술변론을 의미하므로 여기에서는 '구술변론'과 '변론'을 호환적으로 사용한다.

건)은 아래와 같다.[47] 여기에서 인용하는 조문은 달리 표시가 없으면 독일 민사소송법을 가리킨다.

제1060조 국내중재판정
(생략)
제1061조 외국중재판정
⑴ 외국중재판정의 승인과 집행은 1958. 6. 10.자 외국중재판정의 승인과 집행에 관한 협약(연방관보 1961년 Ⅱ, 121면)에 따른다. 중재판정의 승인과 집행에 관한 기타 다른 국가 간 조약규정은 그대로 존속한다.
⑵ 집행가능선언(Vollstreckbarerklärung)을 기각함으로써 법원은 당해 중재판정이 국내에서 승인될 수 없다는 사실을 확정한다.
⑶ 집행가능선언 후 외국에서 중재판정이 취소된 때에는 집행가능선언의 취소를 신청할 수 있다.
제1062조 관할
⑴ 중재합의에서 지정한 고등법원이나 그러한 합의가 없는 때에는 중재절차가 행해지는 지역을 관할하는 고등법원은 다음의 신청에 관하여 재판관할권을 가진다.
1-2 (생략)
3. 중재판정부의 임시적 혹은 보전적 처분의 집행, 취소 또는 변경(제1041조)
4. 중재판정의 취소(제1059조)나 집행가능선언(제1060조 이하) 또는 집행가능선언의 취소(제1061조)
⑵ 전항 제1호 전단, 제3호 또는 제4호에서 독일의 중재지가 없는 때에는 피신청인의 주소나 거소 또는 피신청인의 재산소재지나 중재의 소로써 청구하려고 하는 대상물 또는 처분과 관련된 대상물의 소재지를 관할하는 고등법원(또는 Kammergericht[48])이 관할한다.
⑶ (생략)
⑷ 증거조사를 지원하거나 기타 다른 법원의 행위(제1050조)에 대해서는 그 행위가 행해질 지역의 구법원이 관할권을 가진다.
⑸ (생략)
제1063조 총칙규정
⑴ 법원은 구술변론 없이 결정으로 재판한다. 재판전 상대방은 심문되어야 한다.
⑵ 법원은 중재판정의 취소신청이 있거나 중재판정의 승인과 집행가능선언 신청에 대해 제1059조 제2항의 취소사유가 고려되는 때에는 구술변론을 명하여야 한다.
⑶ 민사부의 재판장은 상대방에 대한 사전심문 없이, 신청인으로 하여금 신청에 대한 재

47) 독일 조문의 국문번역은 장문철 · 정선주 · 강병근 · 서정일, UNCITRAL모델중재법의 수용론(1999), 105면 이하: 대한상사중재원, 외국중재법규집 제1집(2005), 175면 이하 참조. 위 번역은 대체로 전자를 따랐으나 '집행선고'를 '집행가능선언'이라고 변경하였다. 초안의 번역은 정선주, "독일의 仲裁法 改正案에 관하여", 중재학회지 제6권(1996), 186면 이하 참조. 영문번역은 목영준, 475면 이하 참조.
48) 이는 베를린의 고등법원을 가리킨다.

판이 행해질 때까지 중재판정에 근거하여 강제집행을 행하거나 제1041조에 따라 중재판정부의 임시적 혹은 보전척 처분(die vorläufige oder sichernde Maßnahme)을 집행하도록 명할 수 있다. 중재판정에 의한 강제집행은 보전을 위한 처분의 범위를 넘어서는 아니 된다. 신청상대방은 신청인이 집행하려고 하는 수액에 상당하는 담보를 제공함으로써 강제집행을 면할 수 있다.

(4) 구술변론이 명하여지지 아니하면, 신청과 진술은 법원사무관 등의 면전에서 구술로 행해져 조서에 작성될 수 있다.

제1064조 중재판정의 집행의 특수성

(1) 중재판정에 대한 집행가능선언의 신청에는 중재판정서 원본이나 증명된 등본을 함께 제출하여야 한다. 증명은 법원의 재판절차를 대리할 수 있는 변호사에 의해서도 행해질 수 있다.

(2) 중재판정의 집행을 선고한 결정은 가집행될 수 있다.

(3) 국가간 조약에서 달리 합의하지 않는 한 제1항과 제2항은 외국의 중재판정에도 적용한다.

제1065조 상소

(1) 연방대법원에 대한 특별항고는 제1062조 제1항 제2호와 제4호의 재판에 불복하는 경우에 허용된다. 그 밖에는 제1062조의 절차에서 행해진 재판에 대하여는 불복할 수 없다.[49)]

(2) (생략)

독일 민사소송법(제1061조)은 모든 외국중재판정에 대하여 뉴욕협약을 적용한다.

① 절차의 개시 방법 외국중재판정의 집행을 허가하는 절차는 집행판결청구의 소가 아니라 집행결정을 구하는 신청에 의하여 개시된다. 신청에 대하여는 소장의 요건이 유추적용되지만 소가 아니므로, 원고의 주소 또는 거소가 독일에 없다는 이유로 민사소송법 제110조에 따라 소송비용담보를 요구할 수 없다.[50)]

② 재판의 형식 민사소송법(제1063조 제1항 1문)에 따르면 법원은 외국중재판정의 집행을 허가하는 재판을 결정으로 해야 한다. 법원이 구술변론을 연 때에도 결정으로 재판하는 점은 다를 바 없다.[51)] 집행결정에는 이유를 기재

49) 장문철 · 정선주 · 강병근 · 서정일(註 47), 122면의 번역은 아래와 같다.
"(1) 연방대법원에 대한 특별항고는 제1062조 제1항 제2호와 제4호의 재판에 불복하는 경우에 허용되는데, 이는 이들 재판이 종국판결로 행해졌더라면 상고가 허용될 수 있는 때에 한한다. 제1062조의 절차에서 행해진 재판에 대하여는 불복될 수 없다."

50) MünchKomm ZPO, 3. Auflage (2008), §1063 Rn. 1.

51) Karl Heinz Schwab/Gerhard Walter, Schiedsgerichtsbarkeit, 7. Auflage (2005), Kapitel 28 S. 298(이하 "Schwab/Walter"라고 인용한다); Stein/Jonas/Schlosser, Kommentar zur Zivilprozess-

하여야 하고,[52] 민사소송법 제91조 이하에 따라 비용부담에 관하여 판단하여야 한다.[53] 집행결정은 양 당사자에게 송달하여야 하고(민사소송법 제329조 제3항),[54] 송달에 의하여 비로소 효력을 발생한다.[55]

③ 구술변론의 요부 　　집행결정을 하는 법원은 반드시 구술변론을 해야 하는 것은 아니지만, 재판에 앞서 상대방을 심문하여야 한다(제1063조 제1항 2문). 그러나 중재판정 취소의 소가 제기되거나, 또는 중재판정의 승인 또는 집행의 신청 시 중재판정 취소사유가 고려되는 때(in Betracht kommen), 즉 근거 있게 주장되는 때에는 법원은 반드시 구술변론을 명하여야 한다(제1063조 제2항).

④ 집행력과 기판력의 유무 　　집행결정은 실질적 확정력, 즉 기판력을 가진다.[56] 결정의 형식으로 내려지는 재판이지만 기판력을 가지므로 집행결정 신청이 기각되었음에도 불구하고 다시 집행결정 신청을 하면 기판력에 저촉된다.[57] 집행결정은 당연히 집행력을 가진다.

⑤ 불복방법 　　법원의 집행결정에 대하여 당사자는 연방대법원에 법의 위반을 이유로 하는 항고(Rechtsbeschwerde)[58]를 제기할 수 있다(제1065조 제1항). 집행결정 신청에 대하여는 고등법원이 관할을 가지므로 그런 항고를 연방대법원에 하는 것은 자연스럽다.[59] 조문은 명시하지 않지만 이는 구 민사소송법 하에서 집행결정이 종국판결에 의하여 선고되었더라면 연방대법원에 상고가 가능하였을 경우에만 가능하다고 한다.[60]

⑥ 가집행의 가부 　　집행결정은 가집행될 수 있다(제1064조 제2항). 이것이 누락되면 제321조와 제716조에 의하여 보충된다. 나아가 집행결정을 하기 전에라도 민사부의 재판장은 상대방에 대한 사전심문 없이, 신청인으로 하여금

---

ordnung, 22. Auflage Band 9 (Ⅱ/2002), Anhang § 1063 Rn. 1, 11. 독일에서도 과거에는 구술변론을 열지 않는 경우에는 결정에 의하여, 구술변론을 여는 경우에는 판결에 의하여 집행을 허가하였다(이하 "Stein/Jonas/Schlosser"라고 인용한다). Schwab/Walter, Kapitel 28 Rn. 14.

52) Stein/Jonas/Schlosser, §1063 Rn. 12.

53) Stein/Jonas/Schlosser, §1063 Rn. 13; Schwab/Walter, Kapitel 28 Rn. 12.

54) Musielak, ZPO, 7. Aulage (2009), §1063 Rn. 8.

55) Schwab/Walter, Kapitel 28 Rn. 9.

56) Schwab/Walter, Kapitel 30 Rn. 30; Kapitel 28 Rn. 15.

57) Stein/Jonas/Schlosser, §1063 Rn. 12.

58) 장문철 · 정선주 · 강병근 · 서정일(註 47), 122면은 이를 '특별항고'라고 번역한다.

59) 상세는 Schwab/Walter, Kapitel 28 Rn. 15; Kapitel 31 Rn. 19.

60) Stein/Jonas/Schlosser, §1065 Rn. 1.

신청에 대한 재판이 행해질 때까지 중재판정에 근거하여 강제집행을 행하도록 명할 수 있다(제1063조 제3항). 다만 후자는 임시적 혹은 보전적 처분(die vorläufige oder sichernde Maßnahme)에 한정된다.

⑦ 외국판결의 집행 외국중재판정의 경우와 달리, 외국판결의 집행을 위하여는 여전히 집행판결이 필요하다(민사소송법 제328조).

나. 일본 중재법

일본 중재법의 관련 조문은 아래와 같다.[61] 여기에서 인용하는 조문은 달리 표시가 없으면 일본 중재법을 가리킨다.

제8장 중재판정의 승인 및 집행결정

제45조(중재판정의 승인)

① 중재판정(중재지가 일본국 내에 있는지 여부를 묻지 않는다. 이하 이 장에서 같다)은 확정판결과 동일한 효력을 가진다. 단, 당해 중재판정에 기하여 민사집행을 하기 위하여는 다음 조의 규정에 의한 집행결정이 없으면 아니 된다.

② 전항의 규정은, 다음에 드는 사유 중 어느 것이 있는 경우(제1호부터 제7호까지에서 드는 사유에서는 당사자 중 일방이 당해 사유의 존재를 증명한 경우에 한한다)에는 적용하지 않는다.

1-9. (생략)

③ (중재판정의 일부 승인에 관한 조문. 번역 생략)

제46조(중재판정의 집행결정)

① 중재판정에 기하여 민사집행을 하고자 하는 당사자는 채무자를 피신청인으로 하여 법원에 대해 집행결정(중재판정에 기하여 민사집행을 허락하는 취지의 결정을 말한다. 이하 같다)을 요구하는 신청을 할 수 있다.

② 전항의 신청을 할 때는 중재판정서의 사본, 당해 사본의 내용이 중재판정서와 동일한 것을 증명하는 문서 및 중재판정서(일본어로 작성된 것을 제외한다)의 일본어에 의한 번역문을 제출해야 한다.

③-⑤ (생략)

⑥ 제1항의 신청과 관련되는 사건에 대한 제5조 제3항 또는 전항의 규정에 의한 결정에 대해서는 즉시항고를 할 수 있다.

⑦ 법원은 다음 항 또는 제9항의 규정에 의해 제1항의 신청을 각하하는 경우를 제외하고 집행결정을 해야 한다.

⑧ 법원은 제1항의 신청이 있는 경우에 대해 전조 제2항 각호에서 드는 사유 중 어느 것이 있다고 인정하는 경우(동항 제1호부터 제7호까지에서 드는 사유에서는 피신청인이

61) 영문번역은 목영준, 507면 이하 참조. 이는 일본상사중재협회(JCAA)의 홈페이지(http:// www.jcaa.or.jp), 보다 정확히는 http://www.jcaa.or.jp/e/arbitration/civil.html에 수록된 번역이다.

당해 사유의 존재를 증명한 경우에 한정한다)에 한하여 당해 신청을 각하할 수 있다.
⑨ (중재판정의 일부 집행에 관한 조문. 번역 생략)
⑩ 제44조 제5항 및 제8항의 규정[62]은 제1항의 신청에 대한 결정에 대해 준용한다.

① 절차의 개시 방법 　중재판정에 기하여 민사집행을 하고자 하는 당사자는 채무자를 피신청인으로 하여 법원에 대해 집행결정을 요구하는 신청을 할 수 있다(제46조). 그러나 이것이 반드시 소가 아니라 신청인지는 명확하지 않다.

② 재판의 형식 　집행을 허가하는 재판은 집행결정에 의한다(제45조 제1항, 제46조 제1항). 법원이 구술변론을 열거나 당사자에게 심문의 기회를 준 경우에도 결정으로 재판한다는 취지로 보인다. 중재법은 명시하지 않으나 특히 불복신청권을 보장하기 위한 취지에서 중재결정을 당사자에게 고지하는 경우 결정에 관한 통례인 '상당하다고 인정하는 방법'(민사소송법 제119조)이 아니라 판결과 마찬가지로 송달을 필요로 한다는 견해가 있다.[63]

③ 구술변론의 요부 　법원은 구술변론 또는 당사자 쌍방이 입회할 수 있는 심문[64]의 기일을 거쳐야만 집행신청에 대하여 결정할 수 있다(제46조 제10항, 제44조 제5항). 즉, 법원은 반드시 구술변론을 해야 하는 것은 아니나 당사자에게 심문의 기회를 주어야 한다.

④ 집행력과 기판력의 유무 　집행결정은 당연히 집행력이 있을 것이고, 나아가 조문에서 명시하지는 않으나 당연히 기판력이 인정될 것이다. 즉 집행결정이 있게 되면 승인요건의 구비에 대해 법원의 기판력이 인정되어야 할 것이다.

⑤ 불복방법 　집행결정 신청에 대한 법원의 결정에 대하여 당사자는 즉시항고를 할 수 있다(제46조 제10항, 제44조 제8항). 이 경우 즉시항고의 기간은 통상의 경우(1주간)와 달리 2주간으로 연장되어 있다(제7조).

---

62) 제44조 1. 당사자는 다음에서 드는 사유가 있을 때는 법원에 대해 중재판정의 취소신청을 할 수 있다(이하 제1항 생략).
2.-4.(생략)
5. 법원은 구술변론 또는 당사자 쌍방이 입회할 수 있는 심문의 기일을 거치지 않으면, 제1항의 신청에 대한 결정을 할 수 없다.
6.-7.(생략)
8. 제1항의 신청에 대한 결정에 대해서는 즉시항고를 할 수 있다.

63) 安達榮司, "外國仲裁判斷の取消, 承認・執行", 國際私法學會シンポジウム(2004. 5.), JCAジャーナル 제51권 12호(2004. 12.), 69면.

64) 일본어 조문은 '審尋'이다.

⑥ 가집행의 가부 이에 관한 조문은 잘 보이지 않는다.

⑦ 외국판결의 집행 외국중재판정의 경우와 달리, 외국판결의 집행을 위하여는 여전히 집행판결이 필요하다(민사집행법 제24조).

이러한 이유로 일본에서는 집행결정은, 법원에 의한 소송지휘로서 민사소송절차의 정서를 위하여 발령하는 통상의 부수적 결정이 아니라, 독립하여 당사자 간의 권리의무관계를 형성 또는 심사하고, 또한 집행력을 창조하는 이른바 '독립적 결정'이라고 설명한다.[65]

4. 우리나라에서의 제안과 사견

가. 기존의 제안

(1) 1992년 제안

우리나라에서도 종래 집행판결제도를 완화하자는 주장이 있다. 실제로 1992년 작성된 중재법개정시안(제27조)[66]은 중재판정의 집행을 용이하게 하고자 원칙적으로 법원의 집행결정에 의하도록 하고, 법원이 특히 필요하다고 인정하거나 또는 집행결정에 대하여 이의가 제기된 경우 예외적으로 판결절차에 의하도록 하였다. 그러나 이는 채택되지 않았다.

(2) 1999년 중재법 개정과정의 제안

1999년 중재법의 개정과정에서 집행판결절차를 단순화하고자 결정의 형식으로 하자는 견해도 있었지만 아래(나.) 기재한 이유로 채택되지 않았다고 한다.

(3) 1999년 개정 중재법 하의 제안

이태희 변호사는 집행력을 부여하는 단계에서는 독일처럼 서면심리에 의한 간이한 절차에 의하여 집행명령을 하고, 다만 집행명령 신청 자체에서 집행취소사유가 발견되거나, 상대방이 집행취소의 소를 제기하는 경우에만 변론절

65) 安達榮司(註 63), 69면. 집행판결절차에서 청구이의의 사유를 주장할 수 있다는 것이 종래 우리의 학설과 판례이고 저자도 이를 지지한다(상세는 석광현, 373면 이하 참조). 다만 집행결정절차를 도입할 경우 그런 법리를 유지할 수 있을지는 좀더 검토할 필요가 있다. 安達榮司(註 63), 70면 이하는 채무자에게 선택권을 인정한다.

66) 조문은 아래와 같았다.
"제27조(중재판정의 집행) ① 중재판정에 의하여 하는 강제집행은 법원의 집행결정으로 그 적법함을 선고한 때에 한하여 할 수 있다. 이 경우에 재판 전에 상대방을 심문하여야 한다. 다만 법원이 특히 필요하다고 인정하여 구술변론을 경유한 경우에는 집행판결에 의하여야 한다." 해설은 김홍규, "仲裁法 改正試案 및 解說", 중재학회지 2권(1992), 1면 이하 참조.

차를 거쳐 판결의 형식으로 집행력을 부여하며, 집행취소사유가 사후에 발견되어 상대방이 회복할 수 없는 손해를 입을 것에 대비하여 담보를 제공받는 방안을 검토하자고 제안한 바 있다.[67]

김봉석 박사는, 중재판정 자체를 집행권원으로 인정하지 않고 집행판결과 집행문을 받도록 하는 것은 논리적으로 모순이고 중재제도의 활성화를 저해하므로, 중재법을 개정하여 집행판결 없이 집행문을 받을 수 있게 하자는 견해를 피력한다.[68] 그러나 私人인 중재인의 중재판정 그 자체에 집행력을 인정하는 것은 너무 나간 것이며,[69] 외국의 입법례에서 보지 못하였다.

나. 집행결정의 도입에 대한 비판

위에서 언급한 바와 같이 1999년 중재법의 개정과정에서 집행판결절차를 단순화하고자 결정의 형식으로 하자는 견해도 있었지만, ① '결정의 집행력'의 처리에 어려움이 있고, ② 또한 결정에는 기판력이 없으므로 또 다른 문제를 야기할 소지가 있으며, ③ 판결로 하더라도 실무상 결정으로 하는 경우와 별다른 차이가 없다는 점을 고려하여 판결의 형식을 취하였다고 한다.[70]

다. 사견: 집행판결제도의 완화를 위한 입법방향

앞으로 좀더 철저하게 검토를 해야겠지만, 집행판결제도의 요건을 완화함으로써 집행을 촉진하기 위하여 저자가 잠정적으로 구상하는 입법방향은 아래와 같다. 이는 전에 하였던 제안[71]을 좀더 구체화한 것이다.

① 절차의 개시 방법　　우리 중재법(제37조 제2항)은 중재판정의 승인 또는 집행을 신청하는 당사자라는 표현을 사용하나 실무상 당사자는 집행판결청구의 소를 제기하고 있고, 위에서 언급한 바와 같이 집행판결절차는 강제집행절차가 아니고 특별한 종류의 판결절차이므로 이는 소의 제기이다. 그러나 집행결정제도로 전환한다면 소의 제기가 아니라 신청으로 전환할 수 있을 것이다.

② 재판의 형식　　필요적 구술변론을 열어야 하는 집행판결을 고집할

---

67) 이태희(註 41), 8면. 여기의 집행취소사유는 민사집행법(제49조)의 집행취소사유를 말하는 것으로 보인다.
68) 김봉석(註 38), 171면.
69) 이태희(註 41), 8면도 동지.
70) 하용득(註 5), 23면.
71) 석광현, 339-340면.

것이 아니라 집행결정으로 전환한다.[72] 집행명령에 의하자는 견해도 있으나,[73] 법관에 의한 명령이 아니라 법원의 재판형식으로 하는 것이 옳다는 점에서 결정의 형식이 바람직하다. 또한 일부 견해는 구술변론을 연 경우에는 집행판결을 해야 한다고 하고,[74] 1992년 제안된 개정안도 마찬가지인데 그것이 판결과 결정에 관한 일반이론에 부합하는 것이기는 하나 독일 민사소송법을 보면 반드시 그렇게 해야 하는 것은 아니다. 물론 구술변론을 거친다면 재판의 형식이 판결인지 결정인지가 가지는 의미는 반감된다.

③ 구술변론의 요부 　법원은 원칙적으로 서면심리를 기초로 재판할 수도 있도록 하면서도 반드시 심문(審問)을 거치도록 함으로써 심문심리를 하게 해야 한다(민사소송법 제134조 제2항 참조). 심문이라 함은, 서면심리를 보충하기 위하여 당사자 · 이해관계인 · 그 밖의 참고인에게 특별히 방식 없이 적당한 방법으로 서면 또는 말로 개별적으로 진술할 기회를 주는 절차를 말하는데, 반드시 공개법정에서 행할 것을 요하지 않고 심문실에서 할 수 있으며, 변론처럼 반드시 당사자 쌍방에 진술의 기회를 주어야 하는 것도 아니다.[75] 여기에서는 필요적 심문을 요구하면서, 법원이 승인거부사유가 존재한다는 합리적인 의심이 있는 경우 재량에 따라 구술변론을 열 수 있도록 한다. 심리는 서면심리, 심문심리와 변론심리로 구분되는데, 변론심리가 심문심리와 다른 점은 법정변론기일에 양 당사자를 불러 쌍방에게 진술의 기회를 주고 변론기일에 구술로 진술한 자료만을 재판의 기초로 하여야 한다는 점이다.[76]

④ 집행력과 기판력의 유무 　집행결정에 의하여 우리나라에서 집행력이 부여되어야 하고, 승인요건의 구비 여부에 대한 판단에는 기판력이 인정되어야 한다. 민사소송법상 결정은 원칙적으로 기판력이 없지만, 예컨대 소송비용에 관한 결정(제110조, 제114조)과 간접강제 수단으로 하는 배상금의 지급결정(민사집행법 제261조)과 같이 실체관계를 종국적으로 해결하는 결정은 예외적으

---

72) 집행결정 외에도 단순히 법원의 허가를 받자거나 등록제도를 도입하자는 견해도 주장될 수 있으나 집행판결제도에 익숙한 우리로서는 쉽게 수용하기 어렵다. 장문철, "중재법의 개정방향", 계간중재 2011년 봄, 9면은 법원의 결정 또는 허가가 적절하다고 하나 그 허가가 어떤 성질의 것인지는 논의하지 않는다.

73) 이태희(註 41), 8면.

74) 이태희(註 41), 8면.

75) 이시윤, 신민사소송법 제4판(2008), 270면(여기에서 대체하지는 않았지만 이는 5판(2009)이 있다); 이시윤(註 37), 392면.

76) 이시윤(註 37), 392-393면.

로 기판력이 있다.[77] 이 점에서 집행결정은 특수한 결정이 되어야 한다.

⑤ 불복방법　　집행결정에 대하여는 즉시항고에 의하여 불복할 수 있도록 해야 한다.[78]

⑥ 가집행의 가부　　중재판정의 집행판결에 대하여는 가집행을 붙일 수 있고 실제로 가집행을 붙일 필요성이 크다는 점이 인정되고 있다.[79] 그런데 민사소송법 이론이 따르면 결정은 즉시 집행력이 발생하므로 원칙적으로 가집행 선고를 붙일 수 없다.[80] 그러나 여기에서 말하는 결정이 집행력이 있다고 하더라도, 집행결정이 즉시 외국중재판정에 대해 집행력을 발생시키는 것은 아니라고 본다. 그렇다면 집행결정에 가집행을 붙일 수 있어야 하고, 원칙적으로 가집행을 붙이는 방향으로 실무처리를 해야 한다. 다만 집행결정 후 승인거부사유가 발견되어 상대방이 회복할 수 없는 손해를 입을 것에 대비하여, 일부 논자의 제안처럼[81] 변론을 열지 않은 경우에는 반드시 담보를 제공하도록 하는 방안도 고려할 수 있다. 아니면 가집행선고에 관한 일반이론에 따라 담보부가집행선고를 할지 무담보부가집행선고를 할지는 법원의 재량에 속하므로[82] 법원의 결정에 맡길 수도 있을 것이다.

⑦ 외국판결의 집행　　외국중재판정의 집행에 대해 집행결정제도를 도입하더라도 당분간 외국판결에 대하여는 현행 민사집행법상의 집행판결제도를 유지한다. 외국판결과 비교할 때 외국중재판정의 집행을 용이하게 할 필요성이 크고, 무엇보다도 외국중재판정, 특히 뉴욕협약이 적용되는 외국중재판정의 집행은 승인거부사유가 없는 한 집행할 조약상의 의무를 지기 때문이다. 나아가 중재에 대해 우호적인 태도를 취한다는 관점에서 중재판정에 관하여는, 그것이 내국중재판정이든 외국중재판정이든 간에 원칙적으로 집행결정에 의하는 방안

---

77) 이시윤(註 75), 559면.

78) 민사집행법 제15조 제6항에 따르면 집행절차에 관한 집행법원의 재판에 대한 즉시항고는 원칙적으로 집행정지의 효력이 없고, 다만 항고법원(재판기록이 원심법원에 남아 있는 때에는 원심법원)은 즉시항고에 대한 결정이 있을 때까지 담보를 제공하게 하거나 담보를 제공하게 하지 아니하고 원심재판의 집행을 정지하거나 집행절차의 전부 또는 일부를 정지하도록 명할 수 있으며, 담보를 제공하게 하고 그 집행을 계속하도록 명할 수 있다. 반면에 민사소송법 제447조에 따르면 즉시항고는 집행을 정지시키는 효력을 가진다.

79) 주석중재법/이호원, 243면. 이는 대법원 2004. 12. 20. 선고 2003다62019 판결도 동지라고 소개한다.

80) 이시윤(註 75), 597면.

81) 이태희(註 41), 8면.

82) 이시윤(註 75), 598면.

이 바람직하다.[83] 이런 태도를 취한다면, 장차 우리나라가 외국판결의 집행에 관하여 양자조약 또는 다자조약을 체결할 경우 그런 조약에 기한 외국판결의 집행 시 집행결정을 자연스럽게 받아들일 수 있을 것이다.

라. 집행결정의 도입에 대한 과거 비판의 검토

위(나.)에서 본 것처럼 1999년 중재법의 개정과정에서 집행판결절차를 결정으로 단순화하자는 제안이 있었으나 비판이 제기되어 관철되지 못하였는데, 여기에서는 그 비판을 검토한다.

(1) 집행결정의 결정이라는 성질로 인한 비판

첫째 비판은 집행결정이 결정이라는 데서 비롯되는 것이다. 즉 ① '결정의 집행력'의 처리에 어려움이 있고, ② 또한 결정에는 기판력이 없으므로 또 다른 문제를 야기할 소지가 있다는 것이다. 이런 비판은 집행결정을 통상의 결정으로 본다면 타당하다. 그러나 저자의 주장은, 집행결정을 통상의 결정으로 구성할 것이 아니라 중재법에 특별규정을 둠으로써 통상의 결정과 달리 취급하자는 것이다. 즉 현재의 집행판결을 집행결정으로 대체하더라도 그에 대해 민사소송법학상 결정에 관한 법리를 전면적으로 적용할 것이 아니라[84] 특칙을 도입할 필요가 있다는 것이다. 예컨대 결정이므로 임의적 변론에 의한다는 점과, 즉시항고에 의하여 불복하도록 하는 점은 결정에 관한 통상의 법리에 따라도 좋지만, 소송비용 부담자를 정할 필요가 있고, 이유를 기재한 결정서를 작성하여 고지하고 이를 송달할 필요가 있으며, 법원에 대한 기속력뿐만 아니라 기판력도 있어야 하고 그에 의하여 외국중재판정에 대해 집행력을 부여해야 한다는 점에서 결정에 관한 통상의 법리를 따를 수 없다는 것이다.

결국 새로 도입할 집행결정은 판결과 결정의 합성물(hybrid)의 성질을 가져야 한다. 일본 중재법은, 집행결정에 기판력과 집행력을 부여하면서도 결정의

83) 이태희(註 41), 8면도 동지(다만 이 글은 국내중재판정에 관한 글로 보인다). 이에 대해 토론과정에서 정선주 교수는 사인이 내린 중재판정보다는 외국법원의 판결을 더 존중해야 하는 것이 아닌가라는 의문을 표시하였다. 하지만 저자로서는 뉴욕협약이 적용되는 경우는 물론이고 그렇지 않은 경우 나아가 국내중재판정의 경우에도 중재에 대해 우호적인 태도를 취한다는 관점에서 모두 집행결정제도를 도입해야 할 것으로 본다. 외국판결은 외국의 주권행사의 산물이라는 점에서 그 효력을 승인하는 데 거부감이 클 수 있지만 중재판정은 私人의 판단이라는 점에서 거부감이 작다고 할 수 있기 때문이다. 외국판결의 경우 집행판결제도를 유지하되 조약에 의하여 승인과 집행을 보장해야 할 때에는 집행결정제도를 도입할 수 있을 것이다.

84) 판결과 결정은 여러 가지 점에서 차이가 있다. 상세는 이시윤(註 75), 534면; 호문혁, 민사소송법 제8판(2010), 558면 이하 참조.

법리를 가급적 유지하려는 데 반하여, 독일 민사소송법은 정치한 규칙을 두면서 집행결정이 판결과 결정의 합성물이라는 점을 좀더 선명하게 드러내고 있다고 본다. 이러한 집행결정 제도를 중재법에 도입함에 있어서는 민사소송법・민사집행법 전문가의 역할이 중요하다고 본다.

(2) 실무상 차이가 없다는 비판

둘째 비판은, 집행재판을 판결로 하든 결정으로 하든 실무상 별 차이가 없다는 점이다. 그렇더라도, 판결로 하도록 하면 항상 판결에 의해야 하고 구술변론을 거쳐야 하므로 결정에 의할 가능성이 원천적으로 봉쇄되지만, 결정에 의할 수 있는 길을 열어둔다면 일정한 제한된 범위의 사건에서나마 결정으로 할 수 있는 가능성이 열리는 점에서 실익이 있다. 결정으로 하더라도 별 차이가 없다면 오히려 결정으로 변경하는 데 반대할 이유는 없지 않을까 생각된다. 즉 법원이 사안에 따라 탄력적으로 운영하되 필요적 심문심리의 방법에 의함으로써 운용의 묘를 살릴 수 있을 것으로 생각된다.

이처럼 법원이 사안에 따라 심문심리를 하거나 구술변론을 열 수 있다면, 실무상 중요한 것은 외국중재판정에 기한 집행재판을 하거나 외국중재판정을 승인하는 우리 법원의 인식의 전환이다. 즉 법원의 역할은 외국중재판정에 대한 실질재심사를 하는 것이 아니라 승인요건의 구비 여부만을 심사하는 것인데, 그 경우 실질재심사를 할 수 있지만 실질재심사도 전면적인 것이 아니라 제한적인 것이라는 점을 법원이 분명히 인식해야 한다는 점이다. 아래 사건은 법원의 인식이 중요함을 보여준다.

위에서 언급한 대법원 2009. 5. 28. 선고 2006다20290 판결에서 원고는 피고를 상대로 홍콩에서 ICC 중재신청을 하여 유리한 중재판정을 받았다. 그 후 원고는 피고의 회사정리절차가 개시되자 채권을 신고하였으나 관리인이 부인함에 따라 정리채권확정의 소를 제기하였다. 법원이 정리채권 및 의결권을 확정하는 판결을 함에 있어서 홍콩중재판정에 구속되는가의 여부가 문제가 되었다. 그 사건에서 원고의 중재신청 시점과 대법원 판결 확정 시까지는 약 12년이 경과되었다. 특히 원심판결은 독자적으로 증거를 종합하여 전면적으로 사실인정을 하고 법률적 판단을 한 다음, 그에 터잡아 원고가 허위의 주장과 증거를 제출하여 이에 속은 중재인으로부터 중재판정을 편취하였으므로 뉴욕협약상 승인거부사유가 존재한다고 보았다. 그러나 이는 잘못이고, 대법원 판결처럼 외국중재판정에 대한 실질재심사를 합리적인 범위로 제한하여야 하는데, 위 대법원 판결은 바로 이 점을 보여주는 판결로서 큰 의의가 있다. 중요한 것은 법제의 정비와 함께, 국제상사중재를 바라보는 법관의 인식 전환이라는 것이다.

또한 법원이 집행재판의 심리를 신속하게 해야 한다는 점을 강조하기 위하여, 비록 중국처럼 고정기간을 명시할 것은 아니지만,[85] "법원은 사건을 신속하게 처리해야 한다"는 취지의 조문을 중재법에 두는 방안도 고려할 수 있다.

이와 함께 중재사건, 특히 국제상사중재사건을 다루는 법관의 전문성을 제고하기 위하여 외국중재판정에 대하여 관할을 서울중앙지방법원 또는 국제사건전담재판부를 두고 있는 법원으로 집중시켜 관련 전담부에서 소송진행을 신속하게 하는 방안도 검토할 필요가 있다.[86]

V. 현행법상 외국중재판정의 승인·집행을 위하여 제출할 서류와 개선방안

뉴욕협약(제4조)은 외국중재판정의 승인·집행을 구하는 당사자가 제출할 서류를 열거하는데, 중재법 제37조 제2항도 그와 유사하지만 다소 차이가 있는 규정을 두고 있다.

1. 뉴욕협약상 외국중재판정의 승인·집행을 위하여 제출할 서류

가. 제출할 서류와 제출시기

외국중재판정의 승인·집행을 구하는 당사자는 신청 시에[87] ① 정당하게 인증된 중재판정 원본(또는 정당하게 증명된 그 등본)과 ② 중재합의의 원본(또는

85) 중국 최고인민법원의 1998년 중국의 외국 중재판정 승인과 집행의 비용수취 및 심사기간 문제에 관한 규정(關于承認和執行外國仲裁裁決收費及審査期限問題的規定)은, 외국중재판정을 승인 및 집행할 경우 승인 및 집행신청을 수리한 날부터 2개월 내에 결정을 내려야 하고, 특수사정이 없는 한 결정을 내린 후 6개월 내에 집행을 완료하여야 하며, 승인과 집행을 거절할 경우 '외국중재판정 사법해석'에 따라 수리한 날부터 2개월 내에 최고인민법원에 보고할 것을 규정한다고 한다. 최광호, "중국 국제사법상의 쟁점—국제투자를 중심으로—", 국제사법연구 제16호(2010), 296면.

86) 이준상(註 42), 77면도 참조.

87) 뉴욕협약의 표현을 따른 것이다. 우리 법만을 생각하면 청구 시가 될 것이나 법제가 다양하므로 이런 표현을 사용한다. 다만 우리 국문번역문에서는 '신청서'라고 잘못 번역되어 있다.

정당하게 증명된 그 등본)을 제출해야 한다(제4조 제1항).[88] '인증'(authentication)은 문서의 서명(signature)이 진정한 것임을 증명하는 것이고, '증명'(certification)은 등본(즉 원본 전부의 사본)이 원본의 진정한 사본임을 증명하는 것이므로, 인증은 서명에 관한 것이고 증명은 전체로서의 문서에 관한 것이다.[89] 서류 제출은 집행판결청구의 소의 소송요건이 아니라 법원이 승인하거나 집행판결을 하기 위한 요건이므로 위 서류는 제소 후 소송절차에서 제출해도 된다.

나. 인증 또는 증명의 준거법과 주체

중재지 또는 집행신청을 받은 국가 중 어느 국가의 법에 따라 권한 있는 기관이 인증 또는 증명을 하면 된다. 인증 또는 증명의 주체는 국가에 따라 상이하나 대체로 법원공무원, 공증인 또는 외교관(또는 영사관)이다. 실무상으로는 중재판정지국에 있는 집행신청을 받은 국가의 외교관(또는 영사관)에 의한 인증 또는 증명을 받는 것이 안전하다. 중재판정부가 중재판정의 원본을 인증하거나 중재판정의 등본을 증명하는 경우 또는 의장중재인(또는 중재기관 사무국)이 중재판정의 등본을 증명하는 경우 그것으로 족하다. 중재합의의 경우, 당사자들이 대부분 계약서원본을 보유하므로 증명된 등본을 제출할 실제적인 필요는 작으나, 당사자들이 원본의 제출을 원치 않는 경우 증명된 등본을 제출할 필요가 있다. 중재판정의 등본을 증명할 수 있는 자는 중재합의의 등본을 증명할 수 있고, 중재합의의 등본은 공증인도 증명할 수 있는데, 공증인은 중재판정지든 우리나라 공증인이든 관계없다.[90]

다. 뉴욕협약에 따른 번역문의 증명 주체와 증명 대상

뉴욕협약(제4조 제2항)에 따르면, 중재판정이나 중재합의가 한국어로 작성되지 않은 경우 중재판정의 집행을 구하는 당사자는 한국어 번역문을 제출해야 한다. 제2항은, 번역문은 '공적인 또는 선서한 번역관'(an official or sworn translator) 또는 외교관(또는 영사관)에 의하여 증명되어야 한다고 하여 신청 당사자

---

88) 모델법(제35조 제2항)도 중재합의서의 제출을 요구하나 2006년 개정된 모델법은 이 요건을 폐지하였다. 독일 민사소송법(제1064조)과 일본 중재법(제46조)은 중재합의서의 제출요건을 이미 폐지하였다.

89) van den Berg, p. 251.

90) 서동희, "外國仲裁判定의 한국내 집행과 관련된 몇가지 문제", 중재 제298호(2000년 겨울호), 66면.

의 의무를 경감한다. 우리나라에는 '공적인 번역관'(official translator) 또는 '선서한 번역관'(sworn translator)제도가 없는데, 종래 실무상 중재판정지국에 있는 우리 외교관(또는 영사관)에 의한 확인 또는 우리 공증인의 번역공증의 방법을 취하는 것으로 보이나, 뉴욕협약상 공증인은 번역문을 증명할 수 있는 자가 아니다.

제4조 제2항이 번역문의 증명을 요구하는 취지는 번역문의 정확성을 증명하라는 것이다. 그러나 대법원 1995. 2. 14. 선고 93다53054 판결은 "제4조 제2항의 취지는 번역관 또는 외교관들에 의해서 중재판정 등이 직접 번역되어야 한다는 것은 아니고, 그들에 의해서 당해 중재판정의 번역문임이 증명되면 족하고, 위 규정에서 증명이란 당해 중재판정을 번역한 번역문이라는 사실확인일 뿐 외교관(또는 영사관)의 서명이 반드시 필요한 것은 아니고, 또한 그 번역의 정확성까지 증명하여야 하는 것은 아니라"(밑줄은 저자가 추가)는 취지로 판시하였다. 위 대법원 판결은 뉴욕협약의 요건을 완화한 것으로 번역에 관한 한국의 특수한 상황을 고려한 것이나,[91] 뉴욕협약의 취지에는 반한다. 이는 궁극적으로 번역문의 정확성을 확인하는 제도를 도입함으로써 해결해야 한다.

2. 중재법상 외국중재판정의 승인·집행을 위하여 제출할 서류

위에서 본 것처럼 외국중재판정의 승인·집행을 구하는 당사자가 제출할 서류요건은 뉴욕협약에 따르는데, 중재법 제37조 제2항은 서류요건을 뉴욕협약과 다소 달리 규정한다. 여기에서 첫째, 중재법의 문언이 적절한지와, 둘째, 뉴욕협약과 중재법의 관계가 문제된다.

가. 중재법(제37조 제2항)의 문언의 적절성

중재법(제37조 제2항)은 다음과 같다.

> ② 중재판정의 승인 또는 집행을 신청하는 당사자는 다음 각호의 서류를 제출하여야 한다. 다만, 중재판정 또는 중재합의가 외국어로 작성되어 있는 경우에는 정당하게 인증된 한국어 번역문을 첨부하여야 한다.
> 1. 중재판정의 정본 또는 정당하게 인증된 그 등본
> 2. 중재합의의 원본 또는 정당하게 인증된 그 등본

91) 서동희(註 90), 66면, 註 9도 동지.

중재법(제37조 제2항)의 기초가 모델법(제35조 제2항)은 “the duly <u>authenticated</u> original award or a duly <u>certified</u> copy thereof, and the original arbitration agreement referred to in article 7 or a duly <u>certified</u> copy thereof”라고 하여 뉴욕협약(제4조 제1항)과 거의 동일하다. 중재법(제37조 제2항)을 뉴욕협약의 국문본과 비교하면 다음과 같은 차이가 있다.

뉴욕협약(제4조)	중재법(제37조 제2항)
정당하게 인증된 판정 원본 또는 정당하게 증명된 그 등본	중재판정 정본 또는 정당하게 인증된 그 등본
중재합의 원본 또는 정당하게 증명된 그 등본	중재합의 원본 또는 정당하게 인증된 그 등본
(중재판정/중재합의) 증명된 번역문	(중재판정/중재합의) 정당하게 인증된 한국어 번역문

그런데 ‘정본’이란 특히 정본이라고 표시한 문서의 등본으로서 원본과 같은 효력이 인정되는 것이고[92] 그 자체는 원본은 아니다. 그리고 중재법(제37조 제2항)의 “정당하게 인증된 그 등본”을 “정당하게 증명된 그 등본”으로 수정하는 것이 뉴욕협약의 국문번역문과도 일관되고, 영문에 충실할 뿐만 아니라 위에서 본 인증과 증명의 개념에도 부합한다.[93] “정당하게 인증된 한국어 번역문”도 마찬가지로 “정당하게 증명된 한국어 번역문”이 적절하다. 번역문의 경우 그 서명이 진정한 것임을 인증하는 것이 아니라 번역의 정확성(뉴욕협약의 원래의 취지를 따를 경우) 또는 번역문이라는 사실(대법원 판결을 따를 경우)을 증명하는 것이기 때문이다.

중재법은 뉴욕협약과 비교하여, 첫째, 정당하게 인증된 중재판정의 원본이 아니라 중재판정의 정본을 요구하는 점과, 번역문의 경우 정당하게 인증되면 족하고 번역의 주체를 제한하지 않는 점에서 뉴욕협약보다 완화되어 있다. 중재법의 문언상으로는 외국중재판정의 승인 및 집행의 경우에도 제37조가 적용되는데, 중재법 제39조 제1항이 “외국중재판정의 승인 및 집행에 관한 협약의 적용을 받는 외국중재판정의 승인 또는 집행은 동 협약에 의한다”고 규정하므로 뉴욕협약이 적용되는 외국중재판정의 승인 및 집행에도 중재법 제37조 제2

92) 이시윤(註 75), 448면.

93) 이호원(註 24), 269면 註 17도 그렇게 해석한다. 그러나 실무상 ‘인증등본’이라는 표현도 사용하므로 인증된 등본이라는 표현이 틀렸다는 말은 아니다.

항이 적용되는지가 문제된다.

저자로서는, 뉴욕협약과 거의 동일한 내용을 정한 모델법에 기초한 중재법의 문언이 왜 뉴욕협약의 국문본과 다르게 된 경위를 잘 알지 못하지만, 제39조 제1항의 문언을 고려할 때 아마도 입법자들이 뉴욕협약의 요건을 완화할 의도를 가진 것은 아니고, 이러한 차이는 단순히 번역상의 문제가 아닐까 생각된다. 만일 그렇다면, 뉴욕협약이 적용되는 외국중재판정의 승인 및 집행의 경우에는 제39조 제1항의 결과 뉴욕협약에 따라야 하고 중재법 제37조 제2항을 적용할 것은 아니다.[94] 그렇다면 1999년 12월 중재법 개정 시 뉴욕협약이 우선 적용됨을 명확히 했었더라면 좋았을 것이다.[95]

그러나, 만일 입법자가 이런 차이를 의도하였다면 뉴욕협약 제7조 제1항에 따라 완화된 중재법(제37조 제2항)이 적용될 수 있으므로 뉴욕협약 제7조 제1항을 검토할 필요가 있다.

나. 뉴욕협약과 더 유리한 권리조항(more favorable right provision)[96]

뉴욕협약(제7조 제1항)은, 뉴욕협약의 규정들은 체약국이 체결한 중재판정의 집행에 관한 다른 다자 또는 양자협정의 효력에 영향을 미치지 않으며, 또한 어떠한 관계당사자가 집행국의 법령이나 조약에 의하여 허용된 방법과 범위 내에서 그 판정을 원용할 수 있는 권리를 박탈하지 아니한다고 규정한다. 이는 뉴욕협약의 요건이 미비되더라도 보다 유리한 국내법령이나 조약에 따른 승인 · 집행을 가능케 하는 것으로 외국중재판정의 승인 · 집행을 촉진하려는 뉴욕협약의 목적상 당연한 것이다.[97] 그러나 뉴욕협약과 국내법(또는 다른 국제조약)을 비교하여 그 중 유리한 것을 적용할 수 있을 뿐이지, 일부에 관하여는 뉴욕협약을, 다른 부분에 관하여는 국내법(또는 다른 국제조약)을 취하여 합성된 규범을 적용할 수는 없다.[98] 제7조가 승인 · 집행을 구하는 당사자에게 보다 유

94) 이호원(註 24), 268면.

95) 참고로 독일 민사소송법(제1064조 제1항)도 중재판정의 승인 및 집행을 구하는 당사자가 제출할 서류를 열거하는 점은 중재법 제37조 제2항과 유사하나, 소송대리인인 변호사가 증명할 수 있음을 명시한다. 나아가 제1064조 제3항은 국제협약이 우선하여 적용됨을 명시하는데 다만 그 취지에 관하여는 논란이 있다. Stein/Jonas/Schlosser, § 1065 Rn. 4 Fn. 3.

96) 이하는 석광현, 335면 이하 참조. 일본의 논의는 김언숙, "일본법상 외국중재판정의 승인집행—적용법규와 승인거부사유를 중심으로—", 중재연구 제20권 제3호(2010. 12.), 25면 이하 참조.

97) van den Berg, p. 82.

98) van den Berg, pp. 85-86; Schwab/Walter, Kapitel 42 Rn. 25.

리한 법령이나 조약에 따라 집행을 신청할 수 있도록 선택권을 부여하는지, 아니면 법원이 당사자에게 유리한 법령 등을 적용할 의무를 지는지는 논란의 여지가 있으나 전자가 타당하다.[99)]

3. 중재법의 개정방안

이상의 논의를 정리하면 아래와 같은 중재법의 개정방안이 도출된다.

첫째, 제37조 제2항에서 "정당하게 인증된 한국어 번역문"은 "… 정당하게 증명된 한국어 번역문"으로 수정하여야 한다. 마찬가지로 제37조 제2항 1호와 2호의 "정당하게 인증된 그 등본"은 "정당하게 증명된 그 등본"으로 수정하는 것이 바람직하다.

둘째, 입법자의 의도가 중재법을 통하여 뉴욕협약의 요건을 완화하고자 하는 것이 아니었다면, 중재법 제37조 제2항보다 뉴욕협약이 우선함을 명시하는 것이 바람직하다.

셋째, 반면에 만일 입법자가 뉴욕협약 제4조의 요건을 완화하고자 의도한 것이었다면 뉴욕협약 제7조 제1항에 따라 완화된 중재법(제37조 제2항)이 적용될 수 있다. 2006년 개정 모델법(제35조)은 중재판정 원본의 인증요건과, 중재합의서의 제출요건을 폐지하였는데, 독일 민사소송법(제1064조)과 일본 중재법(제46조)도 중재합의서의 제출요건을 폐지하였다. 또한 개정된 모델법(제35조 제2항)은 법원이 중재판정의 번역문을 요구할 수 있다고만 규정하고 그 증명을 요구하지 않으며 일본 중재법(제46조 제2항)도 같다. 우리도 이런 태도를 따르기 위해 중재법을 전향적으로 개정하는 방안을 고려할 필요가 있다.[100)] 만일 그렇게 완화한다면 중재법 조문이 보다 유리한 법으로서 적용될 것이다.

---

99) 목영준, 287면; 주석중재법/이호원, 404면도 동지.

100) 대법원 2004. 12. 10. 선고 2004다20180 판결이 뉴욕협약 제4조 제1항은 당사자들 간에 중재판정이나 중재합의의 존재 및 내용에 관한 다툼이 있는 경우에 증거방법을 제한한 규정이고, 원고가 문서의 원본 또는 등본 대신 사본을 제출하더라도 상대방이 이의하지 않고 성립을 인정하면 적법한 원본이나 등본의 제출에 해당한다고 판시하고, 제4조 제2항은 중재판정과 중재합의의 엄격한 형식의 번역문을 요구하나 이는 그에 한정하는 것은 아니며, 만약 당사자가 형식을 불비한 부실한 번역문을 제출한 경우 제출자의 비용부담으로 전문번역인에게 번역을 의뢰함으로써 이를 보완시킬 수도 있다고 판시한 점도 고려할 필요가 있다.

Ⅵ. 뉴욕협약이 적용되지 않는 외국중재판정의 승인·집행에 관한 현행 법제와 개선방안[101)]

1999년 개정 전 구 중재법에는 규정이 없었으나[102)] 중재법 제39조 제2항은 뉴욕협약이 적용되지 않는 외국중재판정의 승인·집행에 관하여 민사소송법 제217조, 민사집행법 제26조 제1항 및 제27조를 준용한다. 이와 관련하여 다음을 검토할 필요가 있다.

1. 외국중재판정의 법적 성질

중재법 제39조와 같은 명문의 규정이 없던 과거에는 외국중재판정의 법적 성질이 무엇인가를 결정하고 그로부터 그의 승인 및 집행에 법원칙을 도출하려는 시도가 있었다. 외국중재판정의 법적 성질을 외국판결이라거나 그에 준하는 것으로 볼 수 있다면 외국판결의 승인 및 집행에 관한 원칙을 적용하거나 유추적용할 수 있기 때문이었다. 이에 관하여는 중재합의를 소송계약으로 보고 중재판정을 판결에 유사한 소송행위로 보는 견해와, 중재합의를 사법상의 채권계약의 일종으로 보아 중재판정도 이 계약으로 발생한 당사자 사이의 실체법상 법률행위로 보는 견해가 대립하였다.[103)] 그러나 1999년 개정 중재법은 제39조를 두고 있으므로 견해의 대립은 대부분 의미를 상실하였다.

2. 민사소송법과 민사집행법의 준용의 문제점

첫째, 민사집행법 제26조 제1항은 중재법 제37조 제1항에 의하여 이미 대체되었으므로 이를 준용할 이유가 없다. 즉, 민사집행법 제26조 제1항은 "외국법원의 판결에 기초한 강제집행은 대한민국 법원에서 집행판결로 그 적법함을

101) 이는 석광현, 95면 이하를 다소 줄이면서 보완한 것이다.
102) 따라서 구 중재법 하에서 뉴욕협약이 적용되지 않는 외국중재판정의 경우 이를 ① 외국판결로 보는 견해, ② 구 민사소송법 제203조를 준용하여 조리에 의해 해결할 것이라는 견해, ③ 국제사법과 국제민사소송법에 기초한 조리에 의할 것이라는 견해, ④ 국내중재판정에 관한 규정을 유추적용하는 견해와 ⑤ 뉴욕협약을 유추적용하는 견해 등이 있었다. 학설의 소개는 장문철, 국제사법총론(1996), 217면 이하 참조.
103) 견해의 소개는 이호원, "외국중재판정의 승인과 집행: 뉴욕협약을 중심으로", 재판자료 제34집(1986), 659면 이하 참조.

선고하여야 할 수 있다"고 규정하는데, 중재법 제37조 제1항은 "중재판정의 승인 또는 집행은 법원의 승인 또는 집행판결에 따라 한다"고 규정하므로 민사집행법 제26조 제1항을 다시 준용할 이유가 없다는 것이다.

둘째, 입법기술적으로 중재법이 정하는 내용은 준용의 범위를 명백히 벗어나는 것이다. 민사소송법 제217조는 외국판결의 승인을 위하여 다음 요건을 요구한다. 즉 ① 확정판결일 것, ② 판결국이 국제재판관할을 가질 것, ③ 패소한 피고가 송달을 받았을 것, ④ 판결의 승인이 한국의 공서에 반하지 아니할 것과 ⑤ 외국과 한국 간에 상호보증이 있을 것이 그것이다. 중재법 제39조 제2항의 기초자들은 중재법에서 민사소송법 제217조를 준용할 경우, 제217조 제1호가 정한 ② '판결국이 국제재판관할을 가질 것'이라는 요건은 아마도 ① 유효한 중재합의가 존재할 것, ② 중재판정이 중재합의의 범위에 속할 것과 ③ 분쟁의 대상이 중재가능성(또는 중재적격)이 있을 것이라는 취지로 해석하기를 기대하였을 것이다. 그러나 이러한 복잡한 해석상의 변형을 요구하는 것은 입법기술로서의 준용의 범위를 명백히 넘는다.[104]

3. 중재법의 개정방안

사견으로는 민사소송법을 준용할 것이 아니라 다음과 같이 개선할 필요가 있다.

첫째, 중재법은 뉴욕협약이 적용되는 외국중재판정과 그 밖의 외국중재판정을 구별하여 달리 취급하나, 상호주의유보를 철회함으로써 비체약국의 외국중재판정에 대하여도 뉴욕협약을 적용하는 것이 바람직하다. 상호주의를 요구할 경우, 외국중재판정이 승인거부사유가 없더라도 비체약국의 중재판정이라는 이유만으로 승인·집행을 거절하게 되므로, 정당한 권리를 가지고 중재판정에서 이긴 당사자의 이익을 침해하는 것이 되어 불합리하기 때문이다. 외국판결의 승인·집행에서 상호주의를 요구하는 것은, 우리나라만이 입을 수 있는 불이익을 방지하고 국제관계에서 형평을 도모하며[105] 판결국에 대한 보복을 가하여 당해 외국으로 하여금 우리나라의 재판의 승인·집행요건을 완화하도록 함

104) 이호원, "改正仲裁法에 관한 小考", 二十一世紀 韓國民事法學의 課題와 展望: 心堂宋相現敎授華甲紀念論文集(2002), 458면도 동지.

105) 대법원 2009. 6. 25. 선고 2009다22952 판결.

으로써 국제관계에서 형평을 도모한다는 정책적인 고려에 기초한 것인데, 중재지국에 그런 의미를 부여하기는 어렵다. 특히 중재지는 중재판정에 중재지라고 기재된 장소로서 순전히 법적인 개념이기 때문이다. 참고로 독일은 1998년 민사소송법의 개정을 계기로 상호주의유보를 철회하였고, 일본은 이를 철회하지는 않았지만 내국중재판정인가 외국중재판정인가에 관계없이 동일한 요건과 절차에 따라 중재판정을 집행하도록 규정하는 모델법을 따르므로 사실상 상호주의유보를 철회한 것으로 볼 수 있다.106)

둘째, 이 경우에도 뉴욕협약이 적용되는 외국중재판정의 경우처럼 외국중재판정의 집행을 위하여 집행판결을 요구할 것이 아니라 집행결정제도로 전환하는 것이 옳다.

위 두 가지 방안을 수용하자면 중재법 제39조 제2항을 삭제하고 제1항과 통합하되 이를 독일 민사소송법 제1061조 제1항과 유사하게 아래처럼 수정하면 될 것이다.

제39조(외국 중재판정) 외국 중재판정의 승인 또는 집행은 「외국 중재판정의 승인 및 집행에 관한 협약」에 따라 한다.

Ⅶ. 뉴욕협약의 국문번역문의 수정

다른 기회에도 지적하였지만 뉴욕협약의 국문번역문은 잘못을 포함하고 있으므로 바로 잡아야 한다. 외교통상부가 이 작업을 게을리하고 있는 것은 이해할 수 없다. 잘못된 번역문은 뉴욕협약을 처음 접하는 국민들을 오도한다.

제4조 제1항: 외국중재판정의 집행을 구하는 당사자는 <u>신청 시</u>에(at the time of the application) ① 정당하게 인증된 중재판정의 원본(또는 정당하게 증명된 그 등본)과 ② 중재합의의 원본(또는 정당하게 증명된 그 등본)을 제출하여야 한다(제4조 제1항). 우리 국문번역문은 신청 시에를 '신청서에'라고 잘못 번역하고 있다.

제4조 제2항: 중재판정이나 중재합의가 원용된 국가의 공용어로 작성되지 않은 경우 중재판정의 집행을 구하는 당사자는 공용어 번역문을 제출하여야 한

106) Shunichiro Nakano, International Commercial Arbitration under the New Arbitration Law of Japan, The Japanese Annual of International Law No. 47 (2004), p. 114.

다. 제2항은, 번역문은 공적인 또는 선서한 번역관(an official or sworn translator) 또는 외교관(또는 영사관)에 의하여 증명되어야 한다고 하는데, 우리 국문번역문은 이를 “공증인 또는 선서한 번역관”이라고 잘못 번역하고 있다. 즉 ‘official translator’는 공적인 번역관이지 공증인이 아니다. 대법원 2004. 12. 10. 선고 2004다20180 판결과 대법원 1995. 2. 14. 선고 93다53054 판결은 ‘공적 기관인 번역관’이라고 번역한 바 있다.

제5조 제1항 e호(또는 마호): 이는 “the award has not yet become binding on the parties, or has been set aside or suspended by a competent authority of the country in which, or under the law of which, that award was made”인데, 정부가 공포한 번역문은 “판정이 당사자에 대한 구속력을 아직 발생하지 아니하였거나 또는 판정이 내려진 국가의 권한 있는 기관이나 또는 그 국가의 법령에 의거하여 취소 또는 정지된 경우”이다. 그러나 밑줄 부분은 “판정이 중재판정의 기초가 된 법령이 속하는 국가의 권한 있는 기관에 의하여”라고 수정해야 한다. 즉, 중재판정을 취소할 수 있는 국가는 중재판정지국만이 아니라 중재절차의 준거법 소속국이라는 의미이다. 대법원 2003. 2. 26. 선고 2001다77840 판결도 이 점을 정확히 지적한 바 있다.

제6조: 판정의 취소 또는 정지를 요구하는 신청이 제5조 1항의 (마)에 규정된 권한 있는 기관에 제기되었을 경우에는 판정의 원용이 요구된 기관은 그것이 적절하다고 인정될 때에는 판정의 집행에 관한 판결을 연기할 수 있고 또한 판정의 집행을 요구하는 당사자의 신청에 의하여 타방당사자에 대하여 적당한 보장을 제공할 것을 명할 수 있다. 본문 중 밑줄친 ‘판결’을 ‘재판’으로 번역하는 것이 정확하다는 지적이 있다.[107] 영문은 ‘decision’인데, 우리는 집행판결제도를 가지고 있지만 집행결정제도를 가지고 있는 국가도 있으므로 판결을 고집할 이유가 없다. 저자도 위 지적에 동의한다. 공식언어는 아니지만 참고로 독일어 번역은 이를 ‘Entscheidung’이라고 하여 재판이라는 용어를 사용한다.

*뉴욕협약의 번역문은 말미에 기재한 바와 같이 수정되었다. 이 책의 뒤에는 수정된 번역문을 수록하였다. [밑줄 부분은 이 책에서 새로 추가한 것이다.]

107) 주석중재법/이호원, 403면, 註 112.

Ⅷ. 맺 음 말

지금까지 중재법을 중심으로 외국중재판정의 승인·집행제도의 개선방안을 검토하였다. 중재법이 모델법을 받아들인 것이라는 점에서 상대적으로 입법작업이 쉬웠다고 할 수 있다. 그럼에도 불구하고 중재법의 기초자들과 입법자들이 의도적으로 모델법과 달리 규정한 것도 있고, 모델법을 국문으로 옮기는 과정에서 몇 가지 문제점이 발생한 것도 사실이다. 또한 무엇보다도 중요한 것은, 우리의 집행판결제도를 집행결정제도로 완화함으로써 외국중재판정의 승인·집행을 촉진하고 나아가 국제상사중재가 국제거래분쟁의 효율적인 해결수단으로서 기능할 수 있도록 개선할 필요가 있다는 점이다. 물론 이는 중재법제의 개선만으로 가능한 것이 아니고, 우리 법원이 실질재심사는 원칙적으로 금지되며, 승인요건의 구비 여부를 심사하기 위하여 필요한 범위 내에서 실질재심사가 허용되더라도 실질재심사는 제한적으로 이루어져야 함을 충분히 인식하면서 국제상사중재의 지원자 또는 후견자로서의 역할을 신속하게 제대로 수행할 때 비로소 달성될 수 있다는 점을 강조하고자 한다.

후 기

1999년 중재법은 한글화를 위하여 2010년 일부 개정되었으며, 2016. 5. 29. 다시 개정되어 2016. 11. 30.부터 시행되고 있다. 2016년 중재법은 2006년 UNCITRAL 개정 모델법을 수용한 것이다. 위 글에서 다룬 쟁점에 관하여 대체로 저자의 제안에 따라 개정이 이루어졌으나 반드시 동일한 것은 아니다. 예컨대 저자는 중재판정의 집행판결에 대하여는 가집행을 붙일 수 있고 실제로 가집행을 붙일 필요성이 크다는 점이 인정되고 있음을 고려하여 집행결정에 대하여도 가집행을 붙일 수 있도록 하자고 제안하였으나 결정은 집행력이 있다는 이유로 채택되지 않았다. 저자는 위에서 다룬 쟁점이 2016년 중재법에서 실제로 어떻게 달라졌는지를 검토하는 아래 논문을 발표하였고 이를 이 책에 논문 [5]로 수록하였다.

- 석광현, "2016년 중재법에 따른 국내중재판정의 효력, 취소와 승인·집행에 관한 법리의 변화", 한양대학교 법학논총(2017. 3.), 461면 이하

뉴욕협약의 구 번역문은 1973. 2. 19. 관보 제6380호에 공포되었던 "조약 제471호(외국 중재판정의 승인 및 집행에 관한 협약)"이나 정부는 이를 개정 한글맞춤법에 따라 수정하고 국민이 조약 내용을 쉽게 이해할 수 있도록 순화하여 2015. 3. 16. 정정 공

포하였다. 이처럼 위에서 지적한 오류 중 일부가 위 정정공포된 번역문에 반영되었음은 다행이나 아직도 일부(제5조 제1항 마호)는 반영되지 않았다.

제2장 2016년 중재법에 따른 변화

[3] 2016년 중재법의 주요 개정내용과 문제점

[4] 2016년 중재법에 따른 중재판정부의 임시적 처분: 민사집행법에 따른 보전처분과의 정합성에 대한 문제 제기를 포함하여

[5] 2016년 중재법에 따른 국내중재판정의 효력, 취소와 승인·집행에 관한 법리의 변화

[3] 2016년 중재법의 주요 개정내용과 문제점

前 記
이 글은 저자가 전북대학교 법학연구 통권 제53집(2017. 8.), 213면 이하에 수록한 글로서 명백한 오타와 오류를 제외하고는 원칙적으로 수정하지 않은 것이다. 다만 사소하게 수정한 부분은 밑줄을 그어 표시하였다. 2016년 개정 전의 구 중재법의 개정방향에 관하여 발표한 글(아래 각주 3에 인용한 글)은 이 책 [1]에 수록되어 있다. 양자를 연계하여 읽으면 개정의 배경과 내용의 전모를 더 정확히 파악하는 데 도움이 될 것으로 생각한다. 참고할 사항은 말미의 후기에 적었다.

Ⅰ. 서론

1966년 처음 제정된 중재법(이하 "1966년 중재법"이라 한다)은 국제연합 국제거래법위원회(이하 "UNCITRAL"이라 한다)가 1985년 채택한 "국제상사중재에 관한 모델법"(이하 "모델법"이라 한다)의 전면 도입을 계기로 1999년 전부개정되었고(이하 "1999년 중재법"이라 한다), 그 후 한글화를 위하여 2010년 일부 개정되었으며(이하 "2010년 중재법"이라 한다), 2016. 5. 29. 다시 개정되어 2016. 11. 30.부터 시행되고 있다(이하 "2016년 중재법"이라 한다). 2016년 중재법은 2006년 UNCITRAL 개정 모델법(이하 "개정 모델법"이라 한다)[1]을 수용한 것이다. 저자는 1999년 중재법에 대해 개정 의의와 문제점을 지적하는 논문을 2000년 발표하였고,[2] 2014년에는 중재법의 개정 방향을 제시하는 논문을 발표하였으며,[3] 특히 중재판정의 승인 및 집행에 관한 개정방향을 제시하는 논문을 발표하였다.[4] 저자는 중재법 개정위원회(이하 "개정위원회"라 한다)와, 그에 앞서 법무부

1) 2006년 6월과 7월에 개최된 제39차 본회의에서 UNCITRAL은 모델법을 개정하였다. 즉 제4장의2(Chapter IV bis)로 '임시적 처분과 사전명령'이라는 장을 신설하여 그에 관한 상세한 규정을 둔다.

2) 이 글은 당초 석광현, "개정중재법의 몇 가지 문제점—국제상사중재를 중심으로—", 중재 제298호(2000년 겨울), 15면 이하와 석광현, 국제사법과 국제소송 제2권(2001), 471면 이하에 수록되었고 수정되어 석광현, "개정중재법의 주요 내용과 문제점 —國際商事仲裁를 중심으로—", 국제상사중재법연구 제1권(2007), 55면 이하에 수록되었다.

3) 석광현, "중재법의 개정방향: 국제상사중재의 측면을 중심으로", 서울대학교 법학 통권 제164호(제53권 제3호)(2012. 9.), 533면 이하를 말한다.

4) 이는 석광현, "외국중재판정의 승인·집행제도의 개선방안", 국제사법연구 제16권(2010),

가 구성한 개정작업반에도 참여하였기에 이 글을 쓰면서 남다른 감회를 느낀다.[5] 여기에서는 주요 개정 착안점을 선정하여 아래와 같이 조문 순으로 논의한다.

첫째, 중재가능한 분쟁대상의 확대 시도(제1조, 제3조 제1호)(Ⅲ.), 둘째, 중재합의의 서면요건 완화(제8조)(Ⅳ.), 셋째, 판정권한을 부정한 중재판정부의 결정에 대한 불복 허용(제17조)(Ⅴ.), 넷째, 중재판정부의 임시적 처분과 사전명령(제18조 이하)(Ⅵ.), 다섯째, 증거조사에 관한 법원의 지원 강화(제28조)(Ⅶ.), 여섯째, 법원의 중재판정 원본 보관의무 삭제(제32조 제4항)(Ⅷ.), 일곱째, 중재비용과 지연이자에 관한 조문 신설(제34조의2와 제34조의3)(Ⅸ.), 여덟째, 중재판정의 효력과 취소(제35조와 제36조)(Ⅹ.), 아홉째, 중재판정의 승인 및 집행에 관한 개정(제37조)(Ⅺ.)과 2016년 중재법에 반영되지 않은 개정의 착안점들(Ⅻ.)이 그것이다. 마지막으로 개정작업 과정에서 느낀 아쉬움과 개선할 점을 언급한다(XIII.). 논의에 앞서 개정의 경위와 특징을 간단히 소개한다.[6]

Ⅱ. 2016년 중재법을 위한 개정의 경위와 특징

1. 2016년 중재법을 위한 개정의 경위[7]

법무부는 국내 및 국제중재활성화와, 한국을 국제중재의 허브로 만들려는 계획의 일환으로 중재법을 더 중재친화적인 내용으로 개정하려는 의도에서 중재법을 개정하기로 하고 2012년 7월 개정작업반(또는 "중재법 개정 T/F")을 구성

151면 이하를 말한다.

5) 저자는 註 3과 註 4에 인용한 저자의 논문이 2016년 중재법의 성안에 기여하였다고 믿는다. 가급적 객관적으로 저자의 개인적 견해를 피력하고자 한다. [밑줄 부분은 이 책에서 새로 추가한 것이다.]

6) 위 논점 중에서 여덟째와 아홉째인 중재판정의 효력, 취소와 승인 및 집행에 관한 논점과 넷째 논점인 임시적 처분에 관하여는 이미 상세히 논의하였다. 전자는 석광현, "2016년 중재법에 따른 국내중재판정의 효력, 취소와 승인·집행에 관한 법리의 변화", 한양대학교 법학논총 (2017. 3.), 461면 이하; 후자는 석광현, "2016년 중재법에 따른 중재판정부의 임시적 처분: 민사집행법에 따른 보전처분과의 정합성에 대한 문제 제기를 포함하여", 국제거래법학회지 제26집 제1호(2017. 7.), 107면 이하를 말한다.

7) 2016년 중재법을 성안하기 위한 개정작업의 경위는 강태훈, "중재판정 집행재판의 개정에 관한 검토", 저스티스 통권 제151호(2015. 12.), 356면 이하 참조.

하였다.[8] 개정작업반은 2012년 1차(7월 17일), 2차(7월 24일), 3차(8월 1일), 4차(8월 14일), 5차(9월 14일) 회의를 개최하는 등 약 두 달에 걸쳐 활동하였고 개정의 착안점을 선정하였다. 당시 법무부는 개정작업반의 의견을 들어 여러 용역을 발주하였다. 법무부는 2013년 3월 개정위원회를 구성하였고 동 위원회는 개정작업반의 작업을 기초로 2014. 10. 31.까지 20회에 걸쳐 회의를 열어 각 개정논점에 관하여 검토한 후 개정초안을 작성하였다.[9] 법무부는 개정초안을 기초로 중재법 일부개정법률안(이하 "중재법 개정안"이라 한다)을 2015. 8. 4. 입법예고하였고 2015. 10. 14. 공청회를 개회한 뒤 이를 정부안으로 하여 국회에 제출하였다.

2. 2016년 중재법을 위한 개정작업의 특징

2016년 개정의 주요동기는 1999년 중재법을 실무에 적용하는 과정에서 발생한 문제점들을 개선하기 위한 것이 아니라, 일차적으로 개정 모델법을 수용하기 위한 것이었다. 그럼에도 불구하고 개정위원회에는 변호사 위원이 많았다. 중재실무에 종사하지 않는 저자는 위에서 언급한 것처럼 중재법의 개정을 촉구하였고, 이는 개정 모델중재법을 수용하자는 것이었는데 주요 착안점은 아래 세 가지였다. 첫째와 둘째는 개정 모델중재법에서 연원하는 것으로 첫째, 중재합의의 서면요건을 완화하고, 둘째, 임시적 처분에 관하여 상세한 규정을 도입하며, 그 밖의 착안점으로 셋째, 중재판정의 강제집행을 위한 집행판결요건을 집행결정요건으로 전환하는 것이었다(이하 전자를 "집행판결제", 후자를 "집행결정제"라 한다).

---

8) 개정작업반은 정선주 교수, 윤병철 변호사, 김갑유 변호사, 이준상 (당시) 부장판사와 저자로 구성되었다. 리서처로서 김앤장의 조건희 변호사와 태평양의 조아라 변호사가 참여하였고 법무부에서는 장준희 검사, 장준호 검사와 장유미 연구관이 참여하였다.

9) 당초 개정위원회는 위원장인 이호원 교수, 위원인 신희택 교수, 허해관 교수, 윤병철 변호사, 김갑유 변호사, 임성우 변호사, 김세연 변호사, 고영국 박사, 김경배 대한상사중재원 중재사업본부장, 강태훈 부장판사와 저자 등 11명으로 구성되었다. 다만 초기 참여한 고영국 박사는 중간부터 불참하여 공식적인 위원인지 애매하다. 법무부의 임수민 위원이 개정위원회의 작업을 지원하였다.

Ⅲ. 중재가능한 분쟁대상의 확대 시도(제1조와 제3조 제1호)

1. 중재가능성 개관

중재가능성(또는 중재적격. arbitrability, *arbitrabilité*)이라 함은, 어떠한 분쟁이 중재에 의하여 해결될 수 있는 성질의 분쟁인가의 문제이다.[10] 중재에 의하여 분쟁을 해결하기 위하여는 당해 분쟁이 중재가능성이 있어야 한다. 중재가능성이 없으면 중재합의가 무효일 수 있으므로 중재인은 중재판정을 내릴 수 없고, 중재판정을 내리더라도 중재판정 취소의 사유가 되며(중재법 제36조 제2항 제2호 가목), 승인 및 집행 거부사유(이하 "승인 거부사유", "집행 거부사유"라 하고, 포괄적으로 "거부사유"라 한다)가 된다(중재법 제38조, 제39조). 추상적으로는, 어떤 분쟁이 당사자 간의 이해관계에만 관련된 경우 중재가능성을 인정할 수 있으나, 당사자 간의 이해관계를 넘어 공익에 관련된 경우에는 중재가능성은 부정된다.[11] 예컨대 국가가 특정유형의 분쟁에 관하여 특별한 분쟁해결제도를 두는 경우에는 국가가 그러한 분쟁의 해결에 대하여 특별한 국가적 이익(special national interest)을 가진다고 볼 수 있으므로 중재가능성이 부정될 수 있다.[12] 국가에 따라서는 당사자, 특히 사회·경제적 약자인 소비자, 투자자와 임차인의 이익을 보호하기 위하여 중재를 불허하므로 분쟁대상의 중재가능성은 국가별로 검토해야 한다. 즉 어떤 성질의 분쟁에 대하여 중재를 허용할지는 각국이 사법정책적 판단에 따라 결정할 사항이다.

2. 우리 중재법의 변천

1973년 중재법 제2조는 "중재계약은 私法상의 법률관계에 관하여 당사자

10) 목영준, 상사중재법(2011), 56면. 독일 민사소송법(제1030조)은 이를 '객관적 중재능력이라 한다. 중재합의를 체결할 수 있는 당사자의 능력을 위와 대비하여 '주관적 중재능력'이라고 한다. Rolf A. Schütze, Schiedsgericht und Schiedverfahren 3. Auflage (1999), Rn. 73. 손경한, "중재합의의 준거법과 주관적 중재적격성—동진쎄미켐중재사건을 중심으로—", 국제사법연구 제23권 제1호(2017. 6.), 397면 이하는 중재합의의 효력이 미치는 당사자임을 가리켜 '주관적 중재적격성'이라는 개념을 사용하나 이는 일반적인 용례는 아니다. 이와 별개로 중재에서도 당사자적격이 문제될 수 있다.

11) Steward E. Sterk, Enforceability of Agreements to Arbitrate: An Examination of the Public Policy Defense, 2 Cardozo L. Rev. 481, 483 (1981) 참조.

12) Albert Jan van den Berg, The New York Arbitration Convention of 1958 (1981), p. 369 참조.

간에 발생하고 있거나 장래에 발생할 분쟁의 전부 또는 일부를 중재에 의하여 해결하도록 합의함으로써 효력이 생긴다. 다만, 당사자가 처분할 수 없는 법률관계에 관하여는 그러하지 아니하다."고 규정하였다. 학설은 "당사자가 처분할 수 있는 私法상의 법률관계"의 의미를 재산권에 관한 법률관계로서 당사자 간에 화해로써 종결될 수 있는 것이라고 해석하였다.[13] 여기에서 화해라 함은 민사소송법상의 화해를 가리키는 것으로 보인다.

1999년 중재법은 제3조 제2호에서 "'중재합의'라 함은 계약상의 분쟁인지의 여부에 관계없이 일정한 법률관계에 관하여 당사자 간에 이미 발생하였거나 장래 발생할 수 있는 분쟁의 전부 또는 일부를 중재에 의하여 해결하도록 하는 당사자 간의 합의를 말한다"고 하여 당사자의 처분가능성을 삭제하였고, 다만 제1조(목적)와 제3조 제1호(중재의 정의)에서 私法상의 분쟁일 것을 요구하였다. 모델법이 중재가능성을 규정하지 않는 것은, 그것이 모델법을 채택하는 국가의 국내 실체법에 대한 간섭으로 이해되었고, 그의 완전한 목록을 작성하거나 일반적으로 타당한 정의규정을 두는 것이 불가능하였기 때문인데,[14] 우리가 모델법을 따른다는 명목으로 1999년 중재법에서 중재가능성의 기준을 삭제한 것은 잘못이었다.[15]

3. 저자가 제시한 1999년 중재법의 해석론과 입법론

1999년 중재법은 삭제 근거를 제시하지 않았기에 해석상 불확실성을 초래하였다. 저자는 해석론으로 私法상의 분쟁일 것에 추가하여 ① 1973년 중재법에서처럼 재산권에 관한 법률관계로서 화해가능성이 있을 것을 요구하는 견해와, ② 문언을 중시하는, 완화된 견해가 주장될 수 있고 후자에는 다양한 가능

13) 이태희, 國際契約法 理論과 實務, 증보판(1990), 111면.

14) Klaus Peter Berger, "Entstehungsgeschichte und Leitlinien des neuen deutschen Schiedsverfahrensrechts", in Das neue Recht der Schiedsgerichtsbarkeit, Berger, Klaus Peter (Hrsg.)(1998), S. 23-24.

15) 뜻밖에도 정선주, "2016년 개정 중재법 소고", 민사소송 제21권 제1호(2017. 5.), 32면은 "1999년 중재법에 대해 표현만 바뀐 것일 뿐 실질적인 내용이 바뀐 것은 아니라고 볼 수 있는데, 왜냐하면 여전히 중재합의에 대한 해석에서는 "당사자가 처분할 수 없는 법률관계"는 당연히 중재대상이 아니라고 보기 때문이다"라고 설명한다. 그러나 '처분가능성'이라는 핵심적 개념요소를 삭제하고 해석은 동일하다는 주장은 수긍하기 어렵다. 문언의 삭제에도 불구하고 해석론을 유지하자면 강력한 근거가 있어야 한다.

성이 있다고 보았다.[16] 한편 저자는 입법론으로 1998. 1. 1. 발효된 독일 개정 민사소송법(제1030조 제1항) 또는 1989년 개정된 스위스 국제사법(제177조 제1항)을 모델로 삼아 중재가능성을 확대하자는 제안을 하였다.[17]

4. 2014년 개정위원회에서의 논의와 개정위원회 초안

개정위원회는 위와 같은 제안을 받아들여 중재가능성의 범위를 확대하되, 독일 민사소송법의 태도를 중재법에 규정하기 위한 초안을 다음과 같이 작성하였다.

제1조(목적) 이 법은 중재(仲裁)에 의하여 재산권상의 분쟁 및 당사자가 화해에 의하여 해결할 수 있는 비재산권상의 분쟁을 적정·공평·신속하게 해결함을 목적으로 한다.
제3조(정의) 1. ""중재"란 당사자 간의 합의로 재산권상의 분쟁 및 당사자가 화해에 의하여 해결할 수 있는 비재산권상의 분쟁을 법원의 재판에 의하지 아니하고 중재인(仲裁人)의 판정에 의하여 해결하는 절차를 말한다.

1999년 중재법에서 삭제되었던 화해가능성이 중재가능성의 판단기준으로 재등장하였으나 금번에는 비재산권상의 분쟁의 경우로 한정되었다. 개정위원회에서 저자는 위 문언에 원칙적으로 찬성하지만 불확실성을 배제할 필요성을 지적하였다. 첫째, 특허권의 성립과 유무효에 관한 분쟁의 중재가능성. 둘째, 회사 관련 분쟁의 중재가능성. 셋째, 이혼과 파양의 중재가능성이 그것이었다. 특히 저자는 당사자 간에만, 즉 상대적 효력(이하 "상대효"라 한다)만 있는 중재판정의 허용 여부가 중재가능성 판단에 미치는 영향을 검토해야 함을 지적하였다. 그러나 개정위원회에서 더 심도 있는 논의는 이루어지지 않은 채 위 문언이 채택되었다.

16) 이는 당초 석광현, "개정중재법의 몇 가지 문제점 —국제상사중재를 중심으로—", 중재 제298호(2000년 겨울호), 20면에서 제시한 견해이다.
17) 석광현, 국제상사중재법 연구 제1권(2007), 28면.

5. 2016년 중재법의 조문과 해석: 국회의 문언 수정과 해석론 상의 혼란

가. 2016년 중재법의 조문

중재법 제1조와 제3조 제1호는 아래와 같이 규정함으로써 중재의 대상이 사법상의 분쟁이어야 하는지에 관하여 외관상 상충된다.

제1조(목적) 이 법은 중재(仲裁)에 의하여 사법(私法)상의 분쟁을 적정·공평·신속하게 해결함을 목적으로 한다.
제3조(정의) 이 법에서 사용하는 용어의 뜻은 다음과 같다.
1. "중재"란 당사자 간의 합의로 재산권상의 분쟁 및 당사자가 화해[18]에 의하여 해결할 수 있는 비재산권상의 분쟁을 법원의 재판에 의하지 아니하고 중재인(仲裁人)의 판정에 의하여 해결하는 절차를 말한다.

나. 2016년 중재법의 해석론에 관한 일반적 논점

(1) 사법상의 분쟁이어야 하나

국회의 심사보고서와 검토보고서는 "다만, 중재법의 목적이나 중재의 대상이 기본적으로 사법상의 분쟁이라는 점에서 제1조(목적)에서는 현행처럼 "사법상의 분쟁"을 그대로 유지하고, 제3조(정의)에서만 중재 대상을 개정안처럼 "재산권상의 분쟁 및 당사자가 화해에 의하여 해결할 수 있는 비재산권상의 분쟁"으로 하는 방안이 적절해 보임"이라고 기술한다. 개정위원회는 중재가능성이 있는 분쟁의 범위를 모든 재산권상의 분쟁과 화해가능성이 있는 비재산권의 분쟁으로 확대하였음에도 불구하고, 국회는 뚜렷한 근거 없이 개정안의 문언을 수정했을 뿐만 아니라, 사법상의 분쟁이라는 요건을 제1조에서만 명시하고 제3조에서는 명시하지 않음으로써 해석상의 혼란을 야기하였다. 이는 대단히 유감스러운 일이다.[19]

---

18) '화해'의 의미에 관하여는 민법상의 화해, 민사소송법상 화해라는 견해와 중재법 독자의 개념이라는 견해 등이 가능하다. 독일 학설은 Jörn Schulze, Grenzen der objektiven Schiesfähigkeit im Rahmen des §1030 ZPO (2003), S. 22ff. 참조(그는 실체법설을 지지한다). 일본 학설은 小島武司 · 猪股孝史, 仲裁法(2014), 76면 참조(이는 중재법 독자적 개념을 지지한다).

19) 정선주(註 15), 34면도 "법무부 개정안대로 제1조와 제3조를 모두 개정하는 것이 바람직하였을 것이라고 지적한다.

문제는 2016년 중재법의 해석론인데 개정위원회에 참여하였던 위원들 간에 상충되는 견해가 이미 제시되었다.[20] 저자는 해석론으로는 '사법(私法)상의 분쟁'일 것이 요구된다고 본다. 목적조항인 제1조의 기능에 관하여는 논란의 여지가 있지만, 구 중재법상 존재하던 문언이 유지되고 있음을 무시할 수는 없다. 결국 2016년 중재법은 '사법상의 분쟁'이어야 한다는 요건을 폐기하는 데 실패하였고 단지 1999년 중재법의 흠결을 보충하면서 법적 불확실성을 부분적으로 제거한 셈이다.[21] 입법론으로는 제1조에서도 사법상의 분쟁일 것이라는 요건을 삭제해야 한다.

(2) 중재판정의 상대효를 인정하는 것이 적절할 것이라는 요건이 필요한가와 판단기준

1999년 중재법의 해석상, 대세적으로 법률관계의 획일적 또는 통일적 확정을 요구하는 사건의 경우(이는 인사관계와 회사관계의 경우 현저하다) 법률관계의 상대효만을 인정하는 것은 부적절하므로 중재가능성을 부정하는 견해가 유력하였다.[22] 이에 따르면 2016년 중재법 하에서도 상대효만 인정하는 것이 부적절하면 중재가능성을 부정할 수 있다.[23] 따라서 ① 중재가능성 판단에서 '중재판정의 상대효를 인정하는 것이 적절한 법률관계일 것'이라는 요건이 필요한지와, ② 만일 그렇다면 판단기준이 문제된다. 2016년 중재법은 이를 직접 해결

20) 예컨대 임성우, "중재와 소송의 교차지점에서 발생하는 문제", 2016. 11. 18. 법원행정처와 서울국제중재센터가 공동으로 개최한 개정 중재법의 실무적 쟁점 및 운영방안 심포지엄 자료, 122면은 사법상의 분쟁일 것을 요구하면서 그 구체적인 범위를 종전보다 확대하였다고 한다(이하 이 자료를 "개정 중재법 심포지엄 자료"라고 한다). 반면에 김갑유, "개정 중재법의 주요 내용과 의미", 법률신문 제4427호(2016. 7. 4.), 12면; 김갑유 외, 중재실무강의, 개정판(2016), 342면은 사법상의 분쟁일 것을 요구하지 않는다고 본다.

21) 국회의 검토보고서(5면)와 심사보고서(5면)는, "외국 기업 등이 지자체 등과 <u>약간의</u> 공법적 성격을 갖춘 재산권적 분쟁을 하는 경우"에는 중재가능성을 긍정하나 근거는 제시하지 않는다(밑줄은 저자 추가). 이는 양병회 외, 註釋 仲裁法(2005), 190면(장문철·박영길 집필부분)은 5면과 유사하나, 공법상의 쟁점이 선결문제로 제기되는 경우를 가리키는 것이라면 타당하나 그 밖의 경우 기준은 대단히 모호하다. <u>예컨대 우리 정부 또는 지방자치단체가 '사회기반시설에 대한 민간투자법'에 따라 외국기업과 체결하는 실시협약의 법적 성질이 공법상의 계약이라면 그로부터 발생하는 분쟁이 중재가능성이 있는지가 문제된다. 실시협약의 법적 성질은 정홍식, "해외 민관협력(PPP)의 주요 법률적·실무적 쟁점", 국제거래법연구 제27집 제1호(2018. 7.), 126면 이하 참조.</u> [밑줄 부분은 이 책에서 새로 추가한 것이다.]

22) 목영준(註 10), 65면 이하; 강수미, "중재의 대상적격에 관한 연구", 법무부 연구용역 보고서(2013), 18면. 다만 상대효의 의미와 상대효만을 인정하는 것이 부적절한지를 판단하는 기준은 불분명하였다.

23) 따라서 비재산권상의 분쟁으로서 비록 화해가능성이 있더라도 상대효만을 인정하는 것이 부적절할 수도 있다.

하지 않으므로 이는 결국 판례와 학설에 따른다. 형성적 중재판정의 경우 형성력의 본질에 비추어 중재법 제35조에도 불구하고 대세적 형성력을 인정할지, 아니면 제35조를 중시하여 대세적 형성력과 중재가능성을 부정할지 문제이다.

저자의 연구가 아직 부족하므로 여기에서는 ①만 간단히 논의한다. 중재판정은 당사자 간에 확정판결과 같은 효력을 가진다(2016년 중재법 제35조). 상대효만을 가지는 중재판정의 사례로는 첫째, 상응하는 법원 판결과 달리 기판력이 당사자에게만 미치는 경우,[24] 둘째, 상응하는 법원 판결과 달리 형성력이 당사자에게만 미치는 경우[25]와 셋째, 복수 당사자들 간에 합일확정을 요구하는 분쟁에서 일부 당사자만이 중재합의를 체결한 경우 등을 들 수 있다.[26] 한국에서는 우선 중재법(제35조)의 해석상 중재판정의 형성력에 관한 법리를 정립해야 한다. 일반론으로 중재판정부가 법률관계의 변동을 선언하는 내용의 중재판정, 즉 형성력이 있는 중재판정을 할 수 있음은 별 의문이 없다. 그러나 우리의 관심사는, 형성판결을 상정하는 다양한 법률관계(예컨대 특허 취소, 회사 관련 소송과 이혼 또는 파양소송)에서 별도의 법적 근거가 없는 현재 중재판정으로써 형성판결을 대체할 수 있는가이다. 만일 가능하다면, 그런 형성력이 있는 중재판정이 대세효가 있는지가 문제인데 그에 관하여는 중재법 제35조를 근거로 하는 부정설[27]과 형성력의 본질을 근거로 하는 긍정설이 있다.[28]

---

24) 법원 판결의 기판력도 통상 당사자에게 미치므로 별로 다르지 않으나 확정판결은 당사자, 변론을 종결한 뒤의 승계인 또는 그를 위하여 청구의 목적물을 소지한 사람에게 효력이 미친다(민사소송법 제215조, 제218조 제1항). 이 원칙이 중재판정에도 적용되는지 아니면 중재판정의 효력은 전적으로 중재법에 의하는지는 독일에서 논란이 있다. Karl-Heinz Böckstiegel *et al.* (eds), Arbitration in Germany—The Model Law in Practice—(2015), Part Ⅳ, para. 19 (Schäfer 집필부분) 참조. 이하 이를 "Böckstiegel *et al.*"이라고 인용한다. 나아가 아래에서 보듯이 소송에서 법원 판결의 기판력이 확장되는 명문의 규정이 있는 경우도 이에 해당한다.

25) 미국 특허법처럼 법률에서 상대효만을 명시하기도 하므로 형성력을 인정한다고 해서 반드시 대세적 효력을 인정해야 하는 것은 아니다. 즉 미국 특허법은 특허권의 유효성에 대한 중재가능성을 인정한다. 35 U.S.C. §294. 다만 (c)항에 따르면 중재판정의 효력은 당사자 간에만 미치고 제3자에게는 미치지 않는다(An award by an arbitrator shall be final and binding between the parties to the arbitration but shall have no force or effect on any other person). 그런 효력이 기판력인지 형성력인지 등은 더 검토할 필요가 있다. 특허권 관련 분쟁의 중재가능성에 관한 비교법적 논의는 우선 M.A. Smith *et al.*, "Arbitration of Patent Infringement and Validity Issues Worldwide", 19 Harv. J.L. &Tech. 299 (2006) 참조.

26) 엄밀하게는 셋째는 중재가능성의 문제는 아니다. 하지만 아래 독일 연방대법원 2009. 4. 6. 판결(NJW 2009, 1962)에서 보듯이 위 쟁점과 중재가능성의 관련성을 인정하기도 한다.

27) 강수미, "중재판정의 효력에 관한 연구", 중재연구 제27권 제1호(2017. 3), 73면은 "소송당사자 외의 제3자에게도 원칙적으로 형성력이 미치는 형성판결과 달리, 중재판정의 경우에는 중재법 제35조 본문, 당사자 간의 중재합의에 기초한 분쟁해결방법이라는 중재제도의 특성 등을 고려하면 당사자 간에서만 형성력이 발생한다"는 취지로 설명한다. 小島武司・猪股孝

(3) 중재가능성을 제한할 수 있는 다른 근거

그 밖에 중재가능성을 제한하는 근거로는 아래를 생각할 수 있다.

첫째, 중재법 제2조 제2항에 다른 제한. 제2조 제2항은 "이 법은 중재절차를 인정하지 아니하거나 이 법의 중재절차와는 다른 절차에 따라 중재에 부칠 수 있도록 정한 법률과 대한민국에서 발효(發效) 중인 조약에 대하여는 영향을 미치지 아니한다"고 규정하므로 그에 따른 중재가능성에 대한 제한을 고려해야 한다. 특히 노동법 분야의 중재를 생각할 수 있으나,29) 그 밖에 여기에서 논의하는 분야에 관한 한 그런 제한을 인정하기는 어렵다.

둘째, 공서위반의 문제. 중재를 하는 것이 한국의 선량한 풍속 기타 사회질서에 반하는 경우에는 중재는 허용될 수 없다. 그 경우 중재합의가 무효일 수 있고 중재가능성을 부정할 수도 있다. 문제는 중재법(제3조)에 따라 중재가능성이 인정되더라도 공서를 근거로 중재가능성을 부정할 수 있는지이다. 예컨대 이혼사건의 화해가능성을 긍정하고 따라서 중재가능성이 있어야 함에도 불구하고 이혼사건의 중재가 공서위반이라고 볼 수 있는가이다. 이는 불가능한 것은 아니나 논리적으로 부자연스럽다. 이와 관련하여 예컨대 국제적 강행규정이 적용되어야 하는 사안에서 중재가능성이 부정되는가도 문제된다. 가사 중재지가 외국이더라도, 제3국인 한국의 국제적 강행규정이 당해 사안과 밀접한 관련이 있다면 중재판정부가 이를 적용할 가능성이 전면 부정되는 것은 아니므로 사전에 중재가능성을 부정할 것은 아니고,30) 오히려 사후에 중재판정의 승인

史(註 18), 438-439면도 일본 중재법의 해석론으로 중재판정의 형성력은 중재판정의 기판력이 미치는 사람에 한정된다고 한다. 대세적 효력 부정설은 통일적인 권리관계의 확정을 구하지 않으면 아니되는 사항(인사관계 또는 회사관계에 관한 사항 등)에 관하여는 중재가능성을 부정한다. 양병회 외(註 21), 190면(손용근 · 이호원 집필부분); 小島武司 · 猪股孝史(註 18), 438면.

28) 정선주, "한국과 독일의 중재판례 비교연구", 민사소송 제20권 제2호(2016. 11.), 31면은 독일 유력설(Karl Heinz Schwab/Gerhard Walter, Schiedsgerichtsbarkeit, 7. Aufl., Kap. 21 Rn. 12; Stein/Jonas/Schlosser, ZPO, § 1060 Rn. 2)을 따라 법률관계의 변동을 내용으로 하는 중재판정의 형성력과 그 대세적 효력을 인정한다. [밑줄 부분은 이 책에서 새로 추가한 것이다.]

29) 석광현(註 17), 37면 참조.

30) Gary B. Born, International Commercial Arbitration, 2nd Eidition, Volume Ⅰ (2014), p. 950도 同旨. 미국 연방대법원의 1985년 *Mitsubishi Motors Corp. v. Soler Chrysler-Plymouth, Inc.* 사건 판결(473 U.S. 614)이 독점금지법 관련 분쟁의 중재가능성을 긍정한 것도 同旨로 이해된다. 그러나 이헌묵, "국제적 강행법규에 대한 중재가능성", 국제거래법연구 제22집 제2호(2013. 12.), 40-41면은 "중재합의의 효력을 주장하는 자에게 국제적 강행법규가 중재절차에서 적용될 것이란 점에 대한 입증책임을 지우고, 이러한 입증에 실패하면 중재가능성의 부재로 중재합의가 무효가 된다는 취지로 주장한다. 그러나 동의하기 어렵고, 위 글은 제목 자체도 다소 이례적이다.

및 집행단계에서 통제하는 것이 적절하다고 본다.

셋째, 특수기구에 의한 분쟁해결의 상정. 국가가 일정 유형의 분쟁을 해결하고자 특수기구를 설치하여 그를 위한 권한을 통상의 법원에도 허용하지 않고 그 기구에만 인정하는 경우에는 중재가능성을 부정할 여지가 있다.

넷째, 전속적 국제재판관할규칙으로부터의 추론. 종래 유력설은 소송의 맥락에서 일정한 법률관계에 관한 분쟁에서 특정국가의 전속관할을 인정한다.[31] 그렇더라도 그러한 분쟁의 중재가능성이 당연히 부정되는 것은 아니다.

소결. 결국 어떤 유형의 분쟁을 중재에 의하여 해결할지는 각국 입법자들이 정책적으로 판단할 사항이다. 사인 간의 분쟁을 소송에 의해 해결하는 것이 당연했던 과거에는 별로 문제되지 않았으나 중재에 의한 분쟁해결이 확대되고 있는 현재로서는 중재가능성의 유무를 판단하는 기준이 중요하다. 중재가능성을 넓게 인정하면 자율적인 분쟁해결, 단심에 의한 분쟁해결 기타 중재가 가지는 장점을 살릴 수 있지만, 공익과 밀접하게 관련되는 분쟁의 경우 사인의 결정인 중재에 맡기는 것은 부적절하다. 앞으로 다양한 분쟁을 중재로써 해결하려는 당사자들의 욕구가 강해질수록 중재가능성의 경계획정이 중요한 쟁점으로 부각될 것이다. 그 과정에서 국가별로 속도와 범위는 다르겠으나 점차 확대되는 방향으로 이행할 것으로 예상된다.[32] 2016년 중재법 하에서도 중재가능성의 유무에 관한 판단이 쉽지 않으므로 명확한 기준을 정립할 필요가 있다.

그런 맥락에서 중재가능성의 유무를 결정하는 준거법도 중요한 논점이다.[33]

---

31) 특허권에 관한 대법원 2011. 4. 28. 선고 2009다19093 판결은 "등록을 요하는 특허권의 성립에 관한 것이거나 유·무효 또는 취소 등을 구하는 소는 일반적으로 등록국 또는 등록이 청구된 국가 법원의 전속관할로 볼 수 있"다고 판시하였다.

32) 이런 경향을 반영하여 일부 논자는 심지어 '중재불가능성의 사망'을 운위하기도 한다. Karim Youssef, "The Death of Inarbitrability", Loukas A. Mistelis & Stavros L. Brekoulakis, Arbitrability: International & Comparative Perspectives (2009), p. 47 이하 참조. 즉 현재로서는 중재가능성의 범위에 관한 국제적 컨센서스는 존재하지 않는다. 김인호, "중재가능성의 합리적 경계획정을 통한 국제중재의 증진", 비교사법 제23권 제3호(2016. 8.), 1185면은 이를 전제로 "국제적으로 통일적으로 통용되는 중재가능성의 법리를 도출하는 것은 현실성이 없으나 중재가능성을 부정하는 입법이나 판례를 생성함에 있어서 해당 국가에 특유한 조치가 아니라 국제적으로 수용될 수 있는 한계 내에 머물러야 할 것"이라고 지적한다.

33) 이에 관한 근자의 논의는 김인호(註 32), 1155면 이하; 손경한, "중재 자치와 중재의 준거법", 국제사법연구 제17호(2011. 12.), 426면 이하 참조.

다. 2016년 중재법에 따른 중재가능성의 분야별 검토

20016년 중재법에 따른 중재가능성은 분쟁 유형별로 검토할 사항이다.[34] 상세는 다른 기회로 미루고 여기에서는 일부 분야만 언급한다.[35]

(1) 특허권의 성립과 유무효에 관한 분쟁의 중재가능성

특허권의 성립과 유무효에 관한 분쟁은 사법상의 분쟁이 아니므로 중재가능성이 없다.[36] 우리 법상 특허권의 부여는 행정행위이므로 그에 관한 분쟁은 사법상의 분쟁이 아니다. 반면에 특허권에 관한 라이선스계약과 특허권 침해로 인한 분쟁은 종전과 같이 중재가능성이 있다.[37] 나아가 특허권에 관한 라이선스계약과 특허권 침해에 관한 국제상사중재에서 상대방이 특허권의 무효나 부존재를 주장하는 경우 중재인은 이를 판단할 수 있다.[38]

사법상의 분쟁일 것을 요구하지 않는 독일에서는 1998년의 중재법개정에 의하여 특허무효분쟁도 중재가능성이 있게 되었다는 긍정설과 부정설이 나뉘고 있다.[39]

(2) 회사 관련 분쟁의 중재가능성

우리 상법에서 보듯이 회사의 설립 관련 소송 또는 주주(또는 사원)총회결의 관련 소송(양자를 묶어서 "회사 관련 소송"이라 한다)의 경우 청구를 인용한 판결은 제3자에 대하여도 효력이 있다(상법 제376조 제2항, 제380조, 제190조 본문). 따라서 상법(위 조문과 제186조)은 그 경우 전속적 토지관할을 규정한다.[40] 회사

---

34) 1999년 중재법의 해석론은 석광현(註 17), 29면 이하 참조.

35) 상세는 Mistelis/Brekoulakis(註 32), p. 1 이하 참조.

36) 만일 2016년 중재법이 사법상 분쟁일 것을 요구하지 않았다면 논란이 있을 수 있을 것이다. 한국은 특허권과 같이 등록을 함으로써 발생하는 분쟁, 특히 그의 성립과 유효성에 관한 분쟁을 통상의 법원이 아니라 특허심판원과 특허법원에 맡긴다. 이런 특허분쟁 해결 메커니즘의 이원적 구조 하에서 특허권의 유무효에 대해 일반법원이 원칙적으로 재판할 수 없으므로(진보성 또는 신규성이 없는 경우 예외 허용) 2016년 시행된 지식재산권 침해소송 관할집중(즉 특허침해 손해배상, 생산금지 등 사건의 1심이 전국 5개 지방법원으로 집중되고 2심을 특허법원이 관할)에 관계없이 중재가능성이 없다고 본다. 만일 중재판정의 형성력의 대세효를 부정한다면 그도 중재가능성을 부정하는 논거가 된다.

37) 이 점은 석광현, 국제사법과 국제소송 제2권(2001), 565면 이하 참조.

38) 석광현(註 37), 568면 참조.

39) Böckstiegel *et al.*, Part Ⅳ, para. 19 (Schäfer 집필부분); Richard Kreindler *et al.*, Commercial Arbitration in Germany (2016), para. 2.55는 등록지재권의 유무효에 관한 분쟁의 중재가능성에 관하여는 견해가 나뉘나 당사자 간에 효력을 가지는 중재는 가능하다는 것이 다수설이라고 한다. 후자를 Kreindler *et al.*라고 인용한다. 강수미, "지적재산권분쟁에 있어서 중재의 대상적격", 민사소송 제14권 제1호(2010. 5.), 145면 소개도 참조.

40) 국제사법이론상 그 경우 회사에 대해 일반관할을 가지는 법원의 전속적 국제재판관할을 인

관련 분쟁은 대체로 재산권상의 청구이므로[41] 중재가능성이 있다. 다만 상대효만을 인정하는 것이 적절한가는 문제된다.

첫째, 회사 관련 소송의 경우 법원 판결(예컨대 사원총회결의 취소판결)의 효력이 제3자에게 확장되는데(상법 제376조, 제190조 등)[42] 이를 기판력의 주관적 범위의 확장으로 이해하면[43] 중재판정은 법원 판결과 달리 상대효만을 가지므로 중재가능성을 부정할 여지가 있다. 가사 이것이 형성력의 확장이더라도 중재법 제35조를 존중하여 중재판정의 형성력도 상대효만을 가진다고 보면 대세효와 중재가능성을 부인하게 된다.[44] 이처럼 상법은 별도 조문을 두어 판결의 대세효를 명시하는데, 상응하는 조문을 두지 않은 중재법의 해석상 가사 중재가능성을 인정하더라도 중재판정의 대세효를 인정하기는 어렵다.

둘째, 사원총회결의 하자의 경우 만일 주주 전원이 중재합의의 당사자가 아니라면 그 자체로서 문제가 있다(따라서 이런 분쟁은 폐쇄회사의 경우에 주로 문제될 것이다). 엄밀하게는 이는 중재가능성의 문제는 아니나 그와 같이 관계자 전원이 중재합의의 당사자일 것을 전제로 중재가능성을 긍정하기도 한다.[45]

한편 회사설립의 하자에 관한 소의 경우에도 유사한 논의가 타당하다.

정한다. 이는 분쟁의 성질상 법률관계를 획일적으로 처리할 필요가 있기 때문이다.

41) Böckstiegel *et al.*, p. 933 et seq. paras. 16, 17 (Duve/Wiemalasena 집필부분)은 회사 관련 소송을 재산권상의 청구와 아닌 것으로 구분한다.

42) 상법학자들이 회사 관련 소송의 화해가능성을 부정하는 것도 이런 이유에서이다. 김건식, 회사법(2015), 319면. 대법원 2004. 9. 24. 선고 2004다28047 판결도 同旨.

43) 이는 기판력의 주관적 범위의 확장이라는 것이 다수설이나(이철송, 회사법강의 제22판(2014), 581면; 임재연, 회사소송, 개정판(2014), 142면, 168면; 이시윤, 신민사소송법, 제8판(2014), 647면), 근자에는 형성력의 확장으로 보는 견해도 있다. 정선주(註 28), 31면 註 32; 호문혁, 민사소송법, 제12판(2014), 745면. 이를 형성력으로 보면 사원총회결의무효판결과 사원총회결의부존재판결을 확인판결로 보는 대법원 판결의 태도와 충돌한다.

44) 강수미, "중재의 대상적격의 의의 및 내용", 중재연구, 제19권 제1호(2009. 3.), 19면은 중재가능성을 부정한다.

45) 이에 관한 독일 판례는 주목할 만하다. 독일 연방대법원 2009. 4. 6. 판결(NJW 2009, 1962, 1964f.)은 소송절차에서 제공되는 법적 보호가 중재절차에서도 보장되는 것을 전제로 유한회사 사원총회결의 관련 분쟁의 중재가능성을 긍정하였다. 그 요건은 아래 4가지이다. ① 정관상 모든 사원이 중재합의에 동의하였을 것, ② 모든 사원이 중재절차의 개시와 진행에 관하여 통지를 받고 원하는 경우 절차에 참가할 수 있을 것, ③ 모든 사원이 중재인 선정에 참여할 수 있는 기회를 가질 것과 ④ 동일한 사원총회 결의에 관련된 모든 분쟁을 동일 중재판정부에서 해결하는 것이 중재합의에 의하여 보장될 것이다. 소개는 BeckOK ZPO/ Wilske/Markert ZPO §1055 Rn. 7-8.3; Kreindler *et al.*, paras. 2.55 & 1.78; Böckstiegel *et al.*, §1030, para. 17(Tittmann/Handefeld 집필부분); Böckstiegel *et al.*, p. 929 이하, para. 22(Duve/Wiemalasena 집필부분); 정선주(註 28), 31면 참조. 독일에서는 판례를 기초로 작성된 중재조항의 문언이 실무상 사용되고 있다고 한다.

(3) 이혼과 파양의 중재가능성

주목할 만한 것은, 일본 중재법(제13조 제1항)이 "중재합의는 법령에 특별한 정함이 있는 경우를 제외하고 당사자가 화해를 할 수가 있는 민사상의 분쟁(이혼 또는 파양의 분쟁을 제외한다)을 대상으로 하는 경우에 한하여 그 효력을 가진다"고 규정함으로써 이혼 또는 파양사건의 중재가능성을 부정하는 점이다. 즉 일본 신인사소송법(제37조 제1항, 제44조)은 이혼과 파양의 소에서 화해를 허용함에도 불구하고[46] 일본 중재법은 중재가능성을 명시적으로 부정한다.[47] 이 점을 고려하여 저자는 개정위원회에서 우리도 이혼과 파양의 중재가능성을 부정하는 조문을 둘지 검토할 필요가 있음을 지적하였으나, 개정위원회는 이를 받아들이지 않았다. 그 근거는 불분명하나 조문이 없어도 동일한 결론에 이를 것이라는 점이라고 짐작된다. 사견으로는 조문을 두는 편이 나았을 것이다.[48]

2016년 중재법의 해석상 이혼과 파양은 사법상의 분쟁으로 비재산권상의 분쟁이므로 중재가능성의 유무는 일차적으로 화해가능성의 유무에 달려 있다. 일부 학설처럼 이혼과 파양은 성질상 당사자가 임의로 처분할 수 없는 사항이라는 이유로 화해가능성을 부정하면 중재가능성도 부정된다.[49] 반면에 다수설과 실무처럼 이혼 및 파양에 대해 화해가능성을 긍정한다면[50] ① 중재가능성

---

46) 일본에서는 과거에도 재판상 이혼과 재판상 파양에서 화해를 허용하였다. 小島武司・猪股孝史(註 18), 79면.

47) 신분관계의 변동은 본인의 의사에 따라야 하고 제3자의 판단에 맡기는 경우 반드시 법원의 심리판단에 의하여야 한다는 취지라고 한다. 小島武司・猪股孝史(註 18), 78면 이하 참조.

48) 한편 독일에서는 민사소송법에 일본 중재법과 같은 명문의 규정이 없어도 이혼과 파양 등의 중재가능성을 부정한다. 독일에서는 화해가능성을 부정하기 때문이다. Schwab/Walter(註 28), Kap. 4, Rn. 2; MünchKomm, ZPO, 4. Auflage (2013), §1030, Rn. 17 (Munch 집필부분); Kreindler *et al.*, para. 2.50; Böckstiegel *et al.*, §1030, para 21 (Trittmann/ Hanefield 집필부분). 독일에서는 이혼과 파양 등 신분관계 형성에 관한 사건에서 재판권한의 국가독점(Entscheidungsmonopol)을 인정한다.

49) 1999년 중재법의 해석론으로 강수미(註 44), 18면과 강수미(註 22), 16면은 이혼・파양사건의 중재가능성을 부정한다. 근거는 "중재의 대상적격 판단기준으로서의 처분가능성은 당사자 간의 합의로 분쟁해결내용을 자유로이 정할 수 있을 뿐 아니라 법원의 재판이 아닌 사인인 제3자의 판정에 의해 분쟁을 해결하는 방법을 선택하는 것이 허용되는 경우에 인정된다"고 하고 구체적 기준을 제시하지 않는데 이는 결국 동어반복으로 보인다.

50) 재판상 이혼과 재판상 파양은 가사소송법상 나류 가사소송사건인데(제2조 제1항), 그런 사건에서는 원칙상 재판상 화해가 금지되나 법원 실무는 재판상 이혼에 대해서는 이를 허용한다. 다만 재판상 화해는 잘 이용되지 않고 대부분 화해권고결정의 형태로 진행된다고 한다. 현소혜, "가사소송사건에서의 처분권주의", 가족법연구 제30권 제3호(통권 제57호)(2016. 11.), 340면 이하는 부정한다. 2017. 3. 22. 입법예고된 "가사소송법 전부개정법률안" 제41조는 이혼의 재판상화해를 명시적으로 허용한다(이 점을 알려주신 윤진수 교수님께 감사드린다). 민사소송법 다수설은 가사소송사건은 원칙적으로 화해할 수 없으나 임의로 처분할 수

을 인정하면서 대세효를 부정하는 견해,[51] ② 중재가능성을 인정하면서 대세효를 인정하는 견해, ③ 상대효만 인정하기에는 부적절한 법률관계이므로 중재가능성을 부정하는 견해가 주장될 수 있다. 아직 단정하기는 이르나 저자는 ③을 지지하고 싶다.

한편 이미 이혼이 성립한 경우의 재산분할이나 위자료 청구 등에 대하여는 중재가능성을 인정할 수 있을 것이다.

Ⅳ. 중재합의의 서면요건 완화(제8조)

1999년 중재법은 중재합의의 방식을 규정하였는데 개정 모델법은 서면성을 완화하거나 폐지하였으므로 그 수용 여부가 문제되었다. 2016년 중재법은 개정 모델법을 받아들여 서면요건을 완화하였다.

1. 1999년 중재법의 태도

1999년 중재법(제8조)은 중재합의가 서면에 의할 것을 요구하는데 이는 모델법(제7조 제2항)을 따른 것이다. 이는 중재합의 자체가 서면으로 이루어질 것을 요구한다. 따라서 양당사자가 서명한 계약서와 일방당사자가 작성한 문서가 서로 교환된 경우에는 이 요건이 구비되지만, 서면청약을 구두로 승낙하거나 구두청약을 서면으로 승낙하는 것과, 당사자 간의 구두합의를 사후에 서면으로 확인하는 것은 서면요건을 구비하지 못한다. 독일에서는 이를 '완전한 서면방식(volle Schriftform)' 또는 '이중서면성(doppelte Schriftlichkeit)'이라 한다. 모델법의 경우도 같고[52] "외국중재판정의 승인 및 집행에 관한 1958년 UN협약"

있는 사항인 이혼과 파양 등의 경우에는 예외적으로 화해가능성을 긍정한다. 이시윤(註 43), 574면; 호문혁(註 43), 776-777면.

51) 만일 이혼의 중재가능성을 인정하면서 상대효만 인정한다면 파행적 신분관계가 발생한다. 외국이혼재판이 한국에서 승인되지 않는 경우에도 파행혼이 발생하나 후자는 장소적 파행임에 반하여 전자는 대인적 파행이다.

52) Howard M. Holtzmann, Joseph E. Neuhaus, Edda Kristjánsdóttier and Thomas W. Walsh, A Guide To The 2006 Amendments to The UNCITRAL Model Law On International Commercial Arbitration: Legislative History and Commentary (2015), p. 34. 이하 위 책을 "Holtzmann *et al.*"이라고 인용한다.

(United Nations Convention on the Recognition and Enforcement of Foreign Arbitral Awards)(이하 "뉴욕협약"이라 한다)의 경우에도 같다.

2. 2016년 중재법의 개정 모델법 수용

개정 모델법은 중재합의의 방식에 관하여 제7조의 두 가지 선택지, 즉 Option Ⅰ과 Option Ⅱ를 채택하였다.[53] Option Ⅰ은 대체로 영국 1996년 중재법(제5조 제3항과 제4항)을 모델로 한 것이다.[54] UNCITRAL은 양자 중 어느 것을 선호하는지를 밝히지 않고 결정을 각국의 입법자에게 맡기는데[55] Option Ⅰ은 종래의 국내입법과 법원판결에 반영된 실무와 일치한다는 장점이 있다.[56] 서면요건을 전면 폐지하는 Option Ⅱ[57]와 달리 Option Ⅰ은 서면합의일 것을 요구하나, 서면의 교환을 요구하지 않으면서 어떤 방식이든 간에 중재합의의 내용이 기록되면 서면요건이 충족된 것으로 보아 서면요건을 완화한다. 이처럼 중재합의의 서면성을 완화하는 이유는, 이후 중재의 실무가 발전하여 국제거래분쟁의 해결수단으로서 선호되고 있으므로 중재합의의 서면성을 요구함으로써 당사자에게 재판을 받을 권리의 포기가 가지는 중요성에 대하여 경고하는 기능은 과거처럼 중요하지 않다는 것이다.[58]

---

53) 소개는 노태악·구자헌, "최근 UNCITRAL 모델 중재법의 개정논의 결과와 국내법에의 시사—중재합의의 서면성과 중재판정부의 임시적 처분을 중심으로", 국제규범의 현황과 전망—2006년 국제규범연구반 연구보고—(2006), 473면 이하; 노태악, "UNCITRAL 모델중재법 및 중재규칙 개정에 따른 국내법 개정의 필요성 검토", 국제사법연구 제16호(2010), 111면 이하 참조.

54) Gary B. Born, International Commercial Arbitration, 2nd Eidition, Volume Ⅰ (2014), p. 699.

55) UNCITRAL Model Law on International Commercial Arbitration 1985 With amendments as adopted in 2006 (2008), Part Ⅱ에 수록된 Explanatory Note by the UNCITRAL Secretariat on the Model Law on International Commercial Arbitration, para. 19 참조. 이하 이를 "사무국 주석"이라 한다.

56) Nigel Blackaby and Constantine Partasides with Alan Redfern and Martin Hunter, Redfern and Hunter on International Arbitration, Fifth Edition (2009), para. 2-18.

57) Option II 제7조에 따르면, "중재합의"란 계약적이든 비계약적이든 일정한 법률관계에 기초하여 당사자 사이에 이미 발생하였거나 발생할 분쟁의 전부 또는 일부를 중재로 해결하기로 하는 당사자 간의 합의를 말한다.

58) Holtzmann *et al.*, p. 35. 국제거래에서 중재의 효용에 관하여는 오석웅, "국제거래분쟁의 처리방법으로서의 중재제도의 효율성과 과제", 원광법학 제22집 제2권(2006), 21면 이하도 참조. [밑줄 부분은 이 책에서 새로 추가한 것이다.]

Option I **제7조 중재합의의 정의와 방식**
1. [중재합의의 정의 생략]
2. 중재합의는 서면으로 이루어져야 한다.
3. 만약 중재합의 또는 계약이 구두, 행위 기타 어떤 다른 수단에 의하여 이루어진 것인지 여부와 관계없이 그 내용이 기록되었다면(if its content is recorded in any form) 그 중재합의는 서면에 의한 것으로 본다.
4. 중재합의의 서면요건은 전자적 의사표시에 의하여도 충족될 수 있는바, 이에 포함된 정보는 사후 참조를 위하여 이용될 수 있도록 접근 가능한 것이어야 한다. 전자적 의사표시란 전자문서(data message)의 수단으로 당사자가 하는 어떤 형태의 의사표시를 의미한다. 전자문서란 전자, 자기, 광학적 또는 기타 유사한 수단에 의하여(전자문서교환(EDI), 전자우편, 전보, 전신 또는 전화복사기(telecopy)를 포함하나 이에 한하지 않는다) 생성, 송신, 수신 또는 저장된 정보를 말한다.
5. 더 나아가 일방 당사자가 서로 교환된 신청서와 답변서의 내용에서 중재합의의 존재를 주장하고 상대방이 이를 다투지 아니하면 중재합의는 서면에 의한 것이다.
6. 계약에서 중재조항을 포함한 다른 문서에 대한 인용이 있고, 그 인용이 당해 계약조항의 일부를 구성한다면 중재합의는 서면에 의한 것이다.

저자는 과거 관할합의와 중재합의에 서면요건을 요구해 온 점을 고려한다면 서면요건을 전면적으로 폐지하는 Option Ⅱ는 중재합의의 존재에 관한 입증을 어렵게 하는 것으로서 좀 과격한 것으로 보이고 Option Ⅰ이 더 적절하다는 견해를 피력하였다.

3. 2016년 중재법에 따른 중재합의의 방식

2010년 중재법	2016년 중재법
제8조(중재합의의 방식) ① 중재합의는 독립된 합의 또는 계약에 중재조항을 포함하는 형식으로 할 수 있다. ② 중재합의는 서면으로 하여야 한다. ③ 다음 각 호의 어느 하나에 해당하는 경우는 서면에 의한 중재합의로 본다. 1. 당사자들이 서명한 문서에 중재합의가 포함된 경우 2. 편지, 전보(電報), 전신(電信), 팩스 또는 그 밖의 통신수단에 의하여 교환된 문서에 중재합의가 포함된 경우 3. 어느 한쪽 당사자가 당사자 간에 교환된	**제8조(중재합의의 방식)** ①-② 좌동 ③ 다음 각 호의 어느 하나에 해당하는 경우는 서면에 의한 중재합의로 본다. 1. 구두나 행위, 그 밖의 어떠한 수단에 의하여 이루어진 것인지 여부와 관계없이 중재합의의 내용이 기록된 경우 2. 전보(電報), 전신(電信), 팩스, 전자우편 또는 그 밖의 통신수단에 의하여 교환된 전자적 의사표시에 중재합의가 포함된 경우.

문서의 내용에 중재합의가 있는 것을 주장하고 상대방 당사자가 이에 대하여 다투지 아니하는 경우 ④ 계약이 중재조항을 포함한 문서를 인용하고 있는 경우에는 중재합의가 있는 것으로 본다. 다만, 그 계약이 서면으로 작성되고 중재조항을 그 계약의 일부로 하고 있는 경우로 한정한다.	다만, 그 중재합의의 내용을 확인할 수 없는 경우는 제외한다. 3. 어느 한쪽 당사자가 당사자 간에 교환된 신청서 또는 답변서의 내용에 중재합의가 있는 것을 주장하고 상대방 당사자가 이에 대하여 다투지 아니하는 경우 ④ 계약이 중재조항을 포함한 문서를 인용하고 있는 경우에는 중재합의가 있는 것으로 본다. 다만, 중재조항을 그 계약[59]의 일부로 하고 있는 경우로 한정한다.

2016년 중재법(제8조)은 Option Ⅰ을 채택하였다.[60] 따라서 그에 따르면 서면청약을 구두로 승낙하거나 구두청약을 서면으로 승낙하는 것과, 당사자 간에 구두합의가 이루어지고 사후에 서면으로 그 중재합의의 내용을 기록하면 모두 서면요건을 구비한다.[61] Option Ⅰ과 중재법에 따르면 양 당사자의 서면 중재합의가 없어도 일방 당사자가 중재합의의 존재를 다투지 않고 중재절차에 참가하는 경우에는 '묵시적 합의(implied agreement)'에 의하여 중재합의의 존재가 긍정된다.[62]

운송인이 일방적으로 작성하여 송하인에게 교부하는 선하증권은 1999년 중재법에 따르면 엄밀하게는 서면성을 충족하기 어렵지만 Option Ⅰ과 2016년 중재법에 따르면 서면성을 인정하는 데 큰 어려움이 없다. Option I과 2016년 중재법 제8조 제3항 제1호는 기록의 주체와 시기를 제한하지 않고, 중재합의의 내용이 기록될 것만을 요구하는데, 중재합의에 대한 동의(consent. 즉 청약과 승낙)가 기록될 것을 요구하는 것이 아니라 중재합의의 내용(content)이 기록되면 족하다.[63] 이메일에 중재합의가 포함된 경우는 방식요건이 구비됨은 조문상 명백하다.[64] 어느 정도 구체적 내용이 기록되어야 하는지는 불분명하나 중재합의

59) 구 법과 달리 그 계약은 서면일 필요가 없다. 중재법의 개정이 선하증권에서 용선계약상 중재조항을 편입하는 경우 중재합의의 방식요건에 어떤 영향을 미치는지는 더 검토할 필요가 있다. 방식요건 구비에 문제가 없다는 견해(임성우, 국제중재(2016), 3.111)와 유보적인 견해(김갑유 외(註 20), 50면)가 보인다.

60) 2011. 5. 1. 발효한 개정 프랑스 민사소송법(제1507조)은 국제중재에 관하여 방식요건을 폐지하였다.

61) Holtzmann *et al.*, p. 35; 사무국 주석, para. 19 참조.

62) Redfern and Hunter(註 56), para. 2-16. 대법원 2004. 12. 10. 선고 2004다20180 판결은 2016년 중재법 하에서는 의미를 상실하였다고 본다. 상세는 석광현(註 17), 343면 이하 참조.

63) Holtzmann *et al.*, p. 34.

64) 김갑유 외(註 20), 44면은 중재합의를 녹음한 경우에도 방식요건이 구비된다고 한다.

의 (본질적) 요소(essentialia negotii), 즉 당사자들이 '분쟁을 중재에 부탁하기로 하는 합의'가 기록되면 족할 것이다.[65] 제4항과 관련하여 개정 모델법의 성안과정에서 위원회와 사무국은 당사자들이 구두 또는 행위를 통하여 중재합의에 이른 경우 구두계약이 표준약관을 언급하는 경우[66]에는 서면요건이 구비되나, 표준약관이 아니라 중재규칙 또는 중재절차를 규율하는 법을 언급하는 경우에는 서면요건이 구비되지 않는 것으로 이해하였다고 한다.[67]

여기에서 이중서면성을 요구하는 뉴욕협약과 2016년 중재법의 관계를 보면 결국 뉴욕협약상으로도 중재합의의 서면성을 구비하는 데 문제가 없다. 왜냐하면 뉴욕협약(제2조 제2항)은 중재합의의 서면요건을 요구하나, 국내법이 더 완화된 중재합의의 방식을 정한 경우 뉴욕협약(제7조)에 따라 국내법 조항이 적용될 수 있기 때문이다.[68]

Ⅴ. 판정권한을 부정한 중재판정부의 결정에 대한 불복 허용 (제17조 제6항과 제9항)

1. 문제의 소재

1999년 중재법 제17조는 중재판정부의 권한판단권한에 대하여 이의가 있는 경우 중재판정부에게 일차적 판정권한을 부여하고, 그에 불복하는 경우 종

65) 개정 모델법의 성안과정에서 내용 대신 'terms'를 고려하였으나 이는 중재절차의 상세를 언급하는 것으로 해석될 우려가 있어 보다 일반적인(generic) 'content'를 선택했다고 한다. Holtzmann *et al.*, pp. 35-36.

66) 예컨대 당사자들이 해난구조계약을 구두로 체결하면서 중재조항을 포함하는 표준약관(예컨대 Lloyd's Open form)을 언급한 경우 등을 든다. Holtzmann *et al.*, p. 36.

67) Holtzmann *et al.*, pp. 36-37. 당사자들 간에 구두로 중재합의가 이루어진 경우 일방 당사자가 중재신청서에서 중재합의가 있다고 기재하면 서면요건이 구비되는가, 즉 그 경우 당사자들이 중재합의의 존재를 다투더라도 이는 중재합의의 성립의 문제이고 서면성은 구비된다고 볼 수 있는지는 논란의 여지가 있으나, 중재합의의 존재를 다투지 않는 경우에 한하여 서면성이 구비된다고 보아야 할 것이다.

68) 뉴욕협약 제2조 제2항과 제7조 제1항의 해석에 관하여, UNCITRAL이 2006. 7. 7. 제39차회기에서 채택한 권고안(제2항)은 이 점을 명확히 한다. 권고문언은 "2. 뉴욕협약 제7조 제1항을 적용함에 있어서 모든 이해관계인이, 중재합의가 유효함을 승인받기 위하여, 그곳에서 중재합의를 원용하려는 국가의 법률 또는 조약에 기하여 가지는 모든 권리를 이용할 수 있도록 허용할 것을 권고한다"는 취지이다.

국적 사법적 통제권한을 법원에 부여한다. 즉 중재판정부의 권한에 관한 결정에 대한 법원의 심사를 규정하면서도 모델법과 동일하게 판정권한을 부정한 중재판정부의 결정에 대하여 규정을 두지 않았다. 이는 그에 대해 다툴 수 없다는 취지인데[69] 그 이유는 당사자는 법원에 제소할 수 있고, 중재판정부에게 의사에 반하여 중재판정을 강제할 수 없기 때문일 것이다.

2. 2016년 중재법

2016년 중재법 제17조는, 중재판정부가 자신의 판정권한을 부정한 경우에도 당사자가 법원에 중재판정부의 권한에 대한 심사를 신청할 수 있도록 불복방법을 도입하고(제6항), 중재판정부의 판단과 달리 법원이 중재판정부의 판정권한을 인정한 경우 후속절차를 명시한다(제9항). 조문은 아래와 같다.

⑥ 중재판정부가 제5항에 따라 선결문제로서 그 권한의 유무를 결정한 경우에 그 결정에 불복하는 당사자는 그 결정을 통지받은 날부터 30일 이내에 법원에 중재판정부의 권한에 대한 심사를 신청할 수 있다.
⑨ 제6항에 따른 신청을 받은 법원이 중재판정부에 판정 권한이 있다는 결정을 하게 되면 중재판정부는 중재절차를 계속해서 진행하여야 하고, 중재인이 중재절차의 진행을 할 수 없거나 원하지 아니하면 중재인의 권한은 종료되고 제16조에 따라 중재인을 다시 선정하여야 한다.

만일 중재판정부가 권한이 없다고 잘못 판단하는 경우에도 당사자가 다툴 수 없다면 중재를 통하여 분쟁을 해결하고자 하는 당사자의 의사를 무시하고, 당사자들이 회피하고자 했던 법원(어느 일방 당사자 국가의 법원)에서 소송수행을 강요하게 되어 부당하므로 이를 막기 위한 것이다.[70] 즉 중재판정부는 권한이 없다고 판단하는 경우 중재신청을 각하할 텐데, 그에 대해서도 중재판정부가 선결문제로 권한이 있다고 판단한 경우와 동일한 절차에 의하여 다툴 수 있게 하자는 것이다.[71][72] 우리 대법원 2004. 10. 14. 선고 2003다70249, 70256 판결

69) 김갑유 외(註 20), 256면.

70) 법무부, 조문별 개정이유서(중재법 일부개정법률안)(2015), [4] 제17조(중재판정부의 판정 권한에 관한 결정), 2. 개정 이유.

71) 법무부(註 70), 2. 개정 이유; 이호원, "중재법 개정 법률안의 주요내용", 민사소송 제19권 제1호(2015. 5.), 361면. 이준상, "중재절차에서의 법원 관여 쟁점에 관한 연구", 2013 법무부 연구용역 보고서, 63면도 同旨. 이 점은 임성우 변호사가 개정위원회에서 강하게 주장한 개

은 중재인이 스스로 그 신청 대상인 분쟁에 대하여 판정을 할 권한이 없다는 이유로 신청을 각하한 중재판정은 취소의 소의 대상이 될 수 없다고 판시하였는데, 유력설도 취소의 소의 대상이 되는 것은 본안에 대하여 종국적인 판단을 내린 중재판정에 한정된다고 본다.73) 그렇다면 중재신청을 각하하는 중재판정에 대하여는 중재판정취소를 구할 수 없으므로 그 경우 중재판정을 받으려는 당사자를 보호할 필요성을 인정할 수 있다.

개정위원회는 제6항의 문언을 수정하여 법원이 중재판정부의 판정권한을 긍정한 경우와 부정한 경우를 포함하도록 하였다.74) 중재판정부가 권한이 없다고 판단하고 중재신청을 각하하였음에도 불구하고 법원이 중재판정부가 판정권한이 있다고 결정하면 결국 중재판정부는 중재절차를 진행해야 한다. 만일 중재판정부가 법원의 판단을 받아들여 중재절차를 진행하면 문제가 없지만 만일 권한이 없다고 판단한 중재판정부가 이를 거부하는 경우에는 이를 강제할 수 없으므로 그 경우에는 기존 중재인의 권한은 종료되고 중재판정부를 새로이 구성할 필요가 있다. 제9항의 문언은 이런 후속절차를 명시한다.75)

참고로 제17조의 개정에 대하여는 첫째 그런 규정을 둘 필요성이 없다는 비판76)과 둘째, 제6항의 문언은 잘못이라는 비판77)이 있다.

정착안점이었다.

72) 국회 검토보고서(15면)는 권한이 없다는 중재판정부의 결정에 대하여도 법원에 불복할 수 있도록 함으로써 하나의 중재절차에서 실체적 중재판정을 받을 수 있도록 하는 점에서 타당하다고 평가하고, 영국 중재법(제30조), 프랑스 민사소송법(제1465조), 싱가포르 국제중재법(제10조), 스위스 국제사법(제186조) 등을 유사 입법례로 소개한다.

73) 양병회 외(註 21), 217면(손용근 · 이호원 집필부분).

74) 이 과정에서 유사한 규정을 두고 있는 싱가포르 국제중재법(제10조)이 참고가 되었다. 그에 관한 소개는 이준상(註 71), 48면 이하 참조.

75) 이와 관련하여 이준상(註 71), 65면; 임성우(註 59), 3.190은 중재판정부가 자신의 판정권한을 부정하는 경우 관련 중재비용의 분담에 관하여 정할 수 있는지는 논란이 있으므로 당사자들로부터 명시적으로 권한을 수권받아 판단하는 것이 바람직하다고 지적한다.

76) 정선주(註 15), 36면 이하는 아래 취지로 비판한다. 첫째, 중재판정부가 부당하게 자신의 판정권한을 부인한 경우 당사자는 법원에 제소할 수 있으므로 중재판정부의 판단에 대해 굳이 법원의 심사를 허용할 필요가 없다(김용진, "중재와 법원 사이의 역할분담과 절차협력관계—국제적 중재합의 효력에 관한 다툼과 중재합의관철 방안을 중심으로—", 중재연구 제27권 제1호(2017. 3.), 88면도 동지(반면에 임성우(註 59), 3.186은 그 경우 법적 진공상태를 초래하므로 규정을 둘 필요가 있다고 한다). 둘째, 법원이 중재판정부가 권한이 있다고 결정한 경우 중재인은 손해배상책임에 대한 염려 없이 사임할 수 있으므로(제17조 제9항) 굳이 당사자의 이의대상으로 삼을 실익이 있는지 의문이다. 셋째, 중재법에서 법원이 중재판정부의 판정권한을 인정한 경우 후속절차를 명시한다면, 반대로 법원이 판정권한을 부인한 경우에 대하여도 후속절차(즉 중재절차가 자동종료되는지, 중재판정부가 중재신청 각하 판정 또는 제33조에 따른 중재절차 종료결정을 내려야 하는지)를 규정하는 것이 적절하다. 이런 비

Ⅵ. 중재판정부의 임시적 처분과 사전명령(제18조 이하)[78]

1. 임시적 처분에 관한 우리 중재법 조문의 변천

구 중재법은 임시적 처분에 대해 침묵하였으나, 1999년 중재법은 모델법을 수용함으로써 중재판정부가 임시적 처분(interim measures)을 할 수 있음을 명시하였다. 2006년 개정 모델법(Chapter IV A)은 '임시적 처분과 사전명령'이라는 장을 도입하였고, 2016년 중재법은 그 중 사전명령에 관한 조문을 제외한 나머지를 수용하였다.

2. 중재판정부의 권한과 임시적 처분의 범위와 유형

2016년 중재법 제18조는 중재판정부가 일방 당사자의 신청에 따라 필요하다고 인정하는 다양한 유형의 잠정적 처분(temporary measure)을 할 수 있음을 명시함으로써 임시적 처분의 범위를 확대하였다. 제18조 제2항의 임시적 처분은 아래의 이행을 명하는 것이다.

첫째, 본안에 대한 중재판정이 있을 때까지 현상의 유지 또는 복원(제1호). 예컨대 중재판정부는 피신청인에게 현상유지를 위하여 부작위의무의 이행을 명할 수 있다. 둘째, 중재절차 자체에 대한 현존하거나 급박한 위험이나 영향을 방지하는 조치 또는 그러한 위험이나 영향을 줄 수 있는 조치의 금지(제2호).

판은 경청할 바 있으나 전면적으로 동의하기는 어렵다. 단적으로 중재판정부가 법원의 판단을 존중하여 중재절차를 진행한다면 실익이 있다. 셋째는 정선주(註 15), 40면, 註 28에서 제시하듯이 해석론으로 해결하면 된다.

77) 정선주(註 15), 37면은 제17조 제6항의 문언(중재판정부가 권한이 없다고 결정한 경우에도 선결문제로 판단할 수 있고 그에 대해 불복하는 당사자가 법원에 중재판정부의 권한에 대한 심사를 신청할 수 있다)은 잘못이라고 지적한다. 중재판정부는 권한이 없다고 판단하면 본안에 대한 판단으로 나가지 않을 것이므로 이런 지적은 타당하다. 당초 개정위원회의 문언은 "중재판정부가 제5항에 따라 선결문제로서 그 권한이 있다고 결정한 경우 또는 그 권한이 없다는 판정을 내린 경우에 그 결정이나 판정에 불복하는 당사자는 그 결정을 통지받은 날부터 30일 이내에 법원에 중재판정부의 권한에 대한 심사를 신청할 수 있다"고 규정함으로써 권한이 있는 경우와 없는 경우를 구별하였다. 그 후 문언이 왜 현재처럼 변경되었는지 저자는 알지 못한다.

78) 이에 관하여는 석광현, "2016년 중재법에 따른 중재판정부의 임시적 처분: 민사집행법에 따른 보전처분과의 정합성에 대한 문제 제기를 포함하여", 국제거래법연구 제26집 제1호(2017. 7.), 107면 이하; 박진수, "개정 중재법에 따른 임시적 처분의 활용 범위 및 실무 개선방안", 2016. 11. 18. 개정 중재법 심포지엄 자료, 3면 이하 참조.

이는 소송유지명령(anti-suit injunction) 기타 중재절차의 진행을 촉진하기 위한 임시적 처분을 포함한다. 셋째, 중재판정의 집행대상인 자산에 대한 보전 방법의 제공(제3호). 넷째, 분쟁해결과 관련된 중요한 증거 보전(제4호).

개정 모델법은 1999년 중재법처럼 임시적 처분을 결정 형식으로 할 것을 요구하지 않고 '중재판정 또는 다른 형식으로' 할 수 있음을 명시한다. 2016년 중재법은 임시적 처분의 형식을 명시하지 않는다.

3. 임시적 처분의 요건

2016년 중재법은 임시적 처분의 요건을 증거보전 이외의 임시적 처분의 요건과 증거보전을 위한 임시적 처분의 요건으로 구분한다.

가. 증거보전 이외의 임시적 처분의 요건(제18조의2 제1항)

이는 아래와 같다. 첫째, 임시적 처분을 받지 못하는 경우 신청인에게 '중재판정에 포함된 손해배상으로 적절히 보상되지 아니하는 손해'가 발생할 가능성이 있을 것. 둘째, 신청인에게 발생할 손해가 임시적 처분으로 인하여 상대방에게 발생할 것으로 예상되는 손해를 상당히 초과할 것. 셋째, 본안에 대하여 합리적인 인용가능성이 있을 것. 넷째, 임시적 처분의 신청인이 위 요건들을 소명할 것. 2016년 중재법이 '소명'이라는 개념을 도입한 이유는 불분명하나, 민사집행법(제279조 제2항, 제301조)이 법원의 보전처분을 위하여 소명을 요구하므로 그와 균형을 맞추기 위한 것으로 짐작된다.[79] 다섯째, 중재판정부가 당사자를 심문하였을 것. 따라서 피신청인을 심문하지 않고 하는 임시적 처분, 특히 일방적 임시적 처분(ex parte interim measures)은 허용되지 않는다. 우리 민사집행법상으로는 밀행성을 인정할 수 있는 법적 근거[80]가 있으나 1999년 중재법과 2016년 중재법에는 법적 근거가 없기 때문이다. 가사 과거에는 논란의 여지가 있었다고 보더라도 2016년 중재법 하에서는 임시적 처분의 상대방 당사자가 변론할 수 없었던 사실은 임시적 처분의 승인 및 집행 거부사유이므로(제18조의

79) 그러나 증명과 대비되는 개념으로서의 '소명'을 요구하는 것은 부적절하다. 석광현(註 9), 120면 참조.

80) 예컨대 민사집행법에 따르면 가압류신청에 대한 재판은 변론 없이 할 수 있고(제280조 제1항), 가압류에 대한 재판의 집행은 채무자에게 재판 송달 전에도 할 수 있다(제292조 제3항). 그러나 중재법에는 유사한 조문이 없다.

8 제1항 제1호 가목 2) 이제는 논란의 여지가 없다.[81]

나. 증거보전을 위한 임시적 처분의 요건(제18조의2 제2항)

증거보전을 위한 임시적 처분의 신청에 대해서는 중재판정부가 적절하다고 판단하는 범위에서 제1항의 요건을 적용할 수 있다.

4. 임시적 처분의 승인 및 집행

개정 모델법은 임시적 처분의 승인 및 집행을 규정하고(제17조H) 이어서 거부사유를 규정하는데(제17조I), 이런 방식은 중재판정의 승인 및 집행에 관한 개정 모델법의 체제(제35조와 제36조)와 같다.[82] 2016년 중재법은 개정 모델법의 태도를 수용하였다.

가. 2016년 중재법의 태도

2016년 중재법(제18조의7)은 임시적 처분의 승인과 집행을 명시한다. 이는 중재판정의 승인과 집행에 관한 모델법 제35조와 유사하다. 임시적 처분의 승인 또는 집행을 신청한 당사자와 상대방 당사자는 그 처분의 변경·정지 또는 취소가 있는 경우 법원에 이를 알려야 한다. 임시적 처분의 승인 또는 집행의 신청을 받은 법원은 필요하다고 인정할 때에는 신청 당사자에게 적절한 담보의 제공을 명할 수 있다. 제4항은 임시적 처분의 집행에 관하여는 민사집행법 중 보전처분에 관한 규정을 준용한다. 다만 2016년 중재법은 개정 모델법과 다른 점이 있다. 즉 개정 모델법(제17조H 제1항)은 중재지를 불문하므로 뉴욕협약의 가입 여부와 무관하게 임시적 처분의 승인 및 집행이 가능하도록 보장하나, 2016년 중재법은 중재지가 한국인 경우에만 적용된다(제2조 제1항).

2016년 중재법은 임시적 처분의 집행을 위한 집행결정에 관하여는 불복에

81) 정선주(註 15), 43면은 2016년 중재법의 해석상 "당사자의 변론권 보장에 관한 제19조의 규정에도 불구하고 중재판정부 역시 법원과 마찬가지로 긴급한 경우에는 상대방 당사자에 대한 사전 심문 없이 일방적 처분을 내릴 수 있"다고 하나 이는 해석론으로서는 무리다.

82) 이처럼 2016년 중재법은 임시적 처분의 승인 및 집행과 중재판정의 승인 및 집행을 구별하므로 가사 임시적 처분을 판정의 형식으로 하더라도 그것이 중재판정의 승인 및 집행에 관한 조문의 적용대상이 될 수는 없고 중재판정의 효력을 가질 수도 없다. 이런 이유로 임시적 처분은 판정의 형식으로 하지 말아야 한다는 견해도 주장될 수 있다. 독일법의 해석상 Kreindler *et al.*, para. 5.87 참조.

관한 규정을 두지 않는다. 해석론으로는 법원의 집행결정에 대하여 즉시항고를 허용할 수 있으나, 우리처럼 3심제를 고집하는 체제 하에서는 불복방법을 제한하지 않으면 법원을 통한 임시적 처분의 집행은 실효성을 상실할 수 있다.

나. 임시적 처분의 승인 및 집행 거부사유

2016년 중재법은 개정 모델법(제18조I)을 따라 제18조의8을 신설하였다.

제18조의8 제1항은 당사자가 주장해야 하는 거부사유(아래 ①부터 ③)와 법원이 직권으로 판단해야 하는 거부사유(아래 ④와 ⑤)를 구분하여 한정적으로 열거한다.

① 임시적 처분의 상대방 당사자가 아래 어느 하나에 해당하는 사실을 소명한 경우. 첫째, 중재합의의 당사자가 준거법에 따라 중재합의 당시 무능력자였거나 중재합의가 무효인 사실 또는 중재판정부의 구성 또는 중재절차가 중재법의 강행규정에 반하지 아니하는 당사자 간의 합의(합의가 없으면 중재법)에 따르지 아니한 사실. 둘째, 임시적 처분의 상대방 당사자가 중재인의 선정 또는 중재절차에 관하여 적절한 통지를 받지 못하였거나 기타 사유로 변론을 할 수 없었던 사실. 셋째, 임시적 처분이 중재합의 대상이 아닌 분쟁을 다룬 사실 또는 임시적 처분이 중재합의 범위를 벗어난 사항을 다룬 사실. ② 임시적 처분에 대하여 법원 또는 중재판정부가 명한 담보가 제공되지 아니한 경우. ③ 임시적 처분이 중재판정부에 의하여 취소 또는 정지된 경우. ④ 법원에 임시적 처분을 집행할 권한이 없는 경우(다만, 법원은 임시적 처분의 집행을 위하여 필요한 범위에서 그 실체를 변경하지 아니하고 임시적 처분을 변경하는 결정을 할 수 있다). ⑤ 법원이 직권으로 인정할 수 있는 중재판정 취소사유(이하 "취소사유"라 한다)가 있는 경우. 이는 임시적 처분의 대상이 한국법상 중재가능성이 없는 경우와 임시적 처분의 승인 또는 집행이 한국의 공서위반이 되는 경우이다.

법원은 거부사유의 존재만을 심사할 수 있다. 즉 실질재심사는 금지된다. 거부사유에 기초한 법원의 판단은, 임시적 처분의 승인과 집행의 결정에 대하여만 효력이 있고(제3항), 자신의 권한에 관한 중재판정부의 판단, 나아가 최종 중재판정의 승인 및 집행을 하는 법원의 심사에 영향을 미치지 아니한다.

2016년 중재법은 거부사유가 있는 임시적 처분의 효력을 명시하지 않으나 거부사유가 있으면 임시적 처분은 승인되지 않으므로 본래의 효력을 가질 수 없을 것이다.

다. 법원에 의한 임시적 처분의 변경(Reformulation)

중재지가 한국이더라도 중재판정부가 우리 민사집행법상 집행할 수 없는 임시적 처분을 내릴 수도 있다. 그 경우 임시적 처분을 집행할 수 있도록 법원이 임시적 처분의 내용을 변경할 수 있게 허용할 필요가 있다. 그런 규정이 없다면, 법원은 국내에서 예정되지 않은 형태의 임시적 처분이 내려진 경우 집행을 거부할 것이다. 이를 고려하여 개정위원회는 개정 모델법을 따라, 법원에 임시적 처분을 집행할 권한이 없는 경우 그 처분의 집행을 거부할 수 있으나, 법원은 집행을 위하여 임시적 처분의 실체를 변경하지 아니하고 필요한 범위에서 임시적 처분을 변경하는 결정을 할 수 있음을 명시하였다.

Ⅶ. 증거조사에 관한 법원의 지원 강화(제28조)[83)]

1. 중재판정부에 의한 증거조사의 한계

국가 주권의 일부인 사법권(또는 재판권)에 기초한 법원의 권한과 달리, 중재판정부의 권한은 중재합의에 기초한 것이므로 중재판정부는 강제력이 없다. 중재판정부는 구술심리기일에 출석한 증인을 신문할 수 있지만, 증인의 출석을 강제하거나 증인에게 선서를 시킬 수 없다.[84)] 실무상 당사자가 필요한 증인을 출석시켜 신문한다. 또한 중재판정부는 제3자에 대하여는 그가 불응하는 한 증거의 제출을 강제하거나 검증에 협조하게 할 수 없다. 이처럼 중재판정부의 증거조사에는 한계가 있으므로 법원의 협조가 필요하다.

모델법(제27조)은 증거조사에 관한 법원의 협조를 규정하는데[85)] 1999년 중

---

83) 기존 논의는 석광현(註 17), 447면 이하 참조.

84) 영미법계에서는 중재인 명의로 증인을 소환할 수 있으나 출석 거부 시 중재인은 법원에 신청하여 법원으로 하여금 소환하게 하여 출석을 강제할 수 있다. 만일 증인이 법원의 소환에 불응하면 법정모욕으로 처벌될 수 있다(미국 연방중재법(제7조), 영국 중재법(제43조, 제44조)). 영국 중재법(제38조)상 중재인은 증인 또는 당사자로 하여금 선서를 받고 증언 또는 진술하게 할 수 있다. 비교법적 검토는 이준상(註 71), 15면 이하; 이준상, "개정 중재법에 따른 증거조사 촉탁 · 협조절차 및 실무상 개선방안", 개정 중재법 심포지엄 자료, 66면 이하, 79면 이하 참조.

85) 제27조는 "중재판정부나 중재판정부의 승인을 받은 당사자는 해당 국가의 관할법원에 증거조사에 필요한 협조를 요청할 수 있다. 법원은 그 권한 범위 내에서 그의 증거조사규칙에 따

재법(제28조)도 이를 받아들였다.[86] 즉 1999년 중재법은 중재 과정에서 제3자에 대한 조사가 필요한 경우, 중재판정부가 법원에 증거조사를 촉탁하고 법원이 그 결과를 송부하도록 규정한다. 1999년 중재법(제28조 제1항)에 따르면 법원에 증거조사를 촉탁(囑託)하거나 증거조사에 대한 협조를 요청하는 주체는 중재판정부만이고 당사자는 아니다.[87] 다만 중재판정부는 직권 또는 당사자의 신청에 의하여 법원에 증거조사를 촉탁할 수 있다. 이 점은 2016년 중재법 하에서도 같다. 촉탁서의 기재사항을 언급하지 않는 모델법과 달리 1999년 중재법(제28조 제2항)은 중재판정부가 조서에 기재할 사항 기타 증거조사가 필요한 사항을 서면으로 지정할 수 있음을 명시한다. 또한 1999년 중재법(제28조 제4항)은 중재판정부는 증거조사에 필요한 비용을 수탁법원에 납부하여야 함을 명시하였다.

2. 2016년 중재법에 의한 개선

이러한 촉탁방식은 사실조회나 문서송부촉탁 등의 경우에는 유효하나, 예컨대 증인을 신문하는 경우에는 법원은 증인이 중재판정부에 출석을 명하는 등으로 협조만 하고 중재판정부에서 직접 신문을 하는 것이 심증 형성을 위하여 바람직하므로 2016년 중재법은 이를 가능하게 한다.[88] 즉 촉탁방식의 경우 법원은 사안을 정확히 알기 어려운 상황에서 증거를 조사해야 하는 불편이 있고, 중재판정부는 그 증거조사 결과를 가지고 올바른 판단을 내리기 어렵다는 점을[89] 고려하여 기존의 '촉탁방식'에 '협조방식'을 추가한 것이다.

이런 이유로 2016년 중재법은 중재판정부가 법원에 증거조사를 촉탁하는 것에 추가하여 중재판정부가 증거조사를 하는 데 있어 법원의 협조를 요청할 수 있도록 하였다(제28조 제2항). 즉 중재판정부가 법원에 증거조사에 대한 협조를 요청하는 경우 법원은 증인이나 문서소지자 등에게 중재판정부 앞에 출석할

라 그러한 요청에 응할 수 있다"라고 규정한다.

86) 독일 민사소송법(제1050조)은 증거조사뿐만 아니라 중재판정부가 권한이 없거나 강제력이 없는 탓에 할 수 없는 행위에 대하여도 중재판정부가 법원의 지원을 신청할 수 있도록 규정한다.

87) 모델법(제27조)은 타협안으로 중재판정부와 당사자를 신청주체로 하되 당사자는 중재판정부의 허가를 받도록 한다.

88) 법무부(註 70), ⑧ 제28조 (증거조사에 관한 법원의 협조), 2. 개정 이유.

89) 중재법 개정안에 대해 법원 내부에서 그런 비판이 있었다고 한다.

것을 명하거나 중재판정부에 필요한 문서를 제출할 것을 명할 수 있도록 명시한다(제5항).[90][91] 이런 관점에서 "증거조사에 관한 법원의 협조"라는 제28조의 제목[92]은 이제 정확한 것이 되었다.

1999년 중재법은 명시하지 않았으나, 2016년 중재법은, 법원이 증거조사를 하는 경우 법원이 증거조사를 함에 있어 중재인이나 당사자는 재판장의 허가를 얻어 그 증거조사에 참여할 수 있도록 명시한다(제3항). 이 점은 증거조사의 실효성을 강화하고, 중재인 및 당사자의 절차참여를 확대하는 점에서 타당하다.[93]

모델법과 1999년 중재법은 협조 거부 근거를 명시하지 않는다. 모델법은 "법원은 그의 증거조사규칙에 따라 그러한 요청에 응할 수 있다"고 함으로써 증거조사에 관한 국내절차법을 편입하고, 법원의 협조의무를 규정하지 않는다. 반면에 1999년 중재법(제28조 제3항)은, 수탁법원은 증거조사를 마친 후 증인신문조서등본 · 검증조서등본 등 증거조사에 관한 기록을 지체없이 중재판정부에 송부하도록 함으로써[94] 국내절차법을 언급하는 대신, 법원이 취할 조치를 명시하고 법원의 협조의무를 명시한다. 중재법의 해석상 중재판정부의 촉탁이 있으면 원칙적으로 법원은 협조해야 하고 요청된 증거조사의 필요성에 대하여 판단할 수 없으나, 요청 자체가 위법하거나 하자가 있는 경우(예컨대 사실조회 기관의 대상이 아닌 곳에 신청하거나 증거조사 촉탁의 방식이 법에 반하는 경우) 법원은 중재판정부에 보정을 요구하거나, 보정이 불가능한 경우 증거조사촉탁 요청을 기각

---

90) 저자는 1999년 중재법의 해석상 법원은 강제력을 사용하여 증거를 직접 조사하거나 증거를 중재판정부에 제출하도록 명령할 수도 있다는 견해를 피력하였다. 석광현(註 17), 449면.

91) 모델법의 성안과정에서 사무국은 법원의 협조를 신청하는 데 필요한 절차적 사항으로서 법원이 강제력을 사용하여 증거를 직접 조사할지, 아니면 증거를 중재판정부에 제출하도록 단순히 명할지에 관한 규정을 둘 것을 제안하였으나 거부되었다. Howard M. Holtzmann and Joseph E. Neuhaus, A Guide To The UNCITRAL Model Law On International Commercial Arbitration: Legislative History and Commentary (1989), p. 734 이하.

92) 모델법(제28조)의 제목은 "Court Assistance in Taking Assistance"이므로 1999년 중재법에서 이를 '협조'라기보다 '지원'이라고 번역하는 편이 적절했을 것이다. 지금도 지원이 더 적절하다고 본다.

93) 중재인과 당사자는 법원의 증거조사 시 증인 또는 감정인 등에게 질문하고 답변을 조서에 남겨 중재절차에 활용할 수 있다. 김갑유 외(註 20), 254면. 그러나 윤남근, "개정 중재법에 따른 증거조사촉탁, 협조절차 및 실무상 개선방안에 관한 토론문", 개정 중재법 심포지엄 자료, 91면은 참여의 방법과 재판장과 중재인의 관계에 대해 의문을 표시한다.

94) 정선주, "중재절차에서 법원의 역할과 한계 —개정 중재법과 UNCITRAL 모델법 등을 중심으로—", 중재학회지 10권(2000), 74면은 법원의 조치내용과, 법원에 대한 협조신청의 구체적 내용을 명시하는 점에서 중재법이 모델법보다 진일보한 것이라고 평가한다.

할 수 있을 것이다.[95)][96)] 이런 해석론은 2016년 중재법 하에서도 동일하다.

3. 2016년 중재법에 대한 비판

법원이 중재판정부의 요청에 따라 증인을 중재판정부에 출석하게 하여 신문하거나 중재판정부로 문서를 보내도록 협조 요청할 수 있도록 규정한 점은, 중재판정부의 증인신문은 선서에 의한 증언의 진실성 담보가 불가능하므로 실효성이 작고 사적 분쟁해결 절차에 국가 공권력을 과도하게 사용하는 점에서 바람직하지 않다는 비판도 가능하다.[97)]

또한 민사소송법 제344조(문서의 제출의무)와 제347조(제출신청의 허가 여부에 대한 재판)는 제3자가 문서를 소지하는 경우 엄격한 요건 하에서 심문 등 절차를 거쳐 문서를 제출하도록 할 수 있다고 규정하는 데 반하여 2016년 중재법은 법원이 중재판정부에 문서를 제출하도록 협조하는 경우 그 요건과 절차를 규정하지 않는 점에서 미비하다는 비판도 가능하다.[98)] 기타 실무적으로 다양한 쟁점이 제기되는데 2016년 중재법은 그 점에서 미흡하다는 지적[99)]은 설득력이 있다. 사실 이 점에 관하여는 개정위원회에 참가한 실무가 위원들이 더 기여를 했었더라면 하는 아쉬움이 있다. 중재에 대한 법원의 지원이라는 관점에서 장래 미비점을 보완할 필요가 있다.

또한 중재판정부의 협조요청에 따라 법원이 증거조사명령을 한 경우 그에 위반한 당사자에게 과태료, 감치 등 민사소송법상 제재를 부과할 수 있는지 문제

95) 이준상(註 84), 70면. 정선주(註 94), 75면 참조(이는 2016년 중재법의 해석론은 아니다). 반면에 강태훈, "개정 중재법에 따른 증거조사촉탁, 협조절차 및 실무상 개선방안에 관한 토론문", 개정 중재법 심포지엄 자료, 96면은 우리 중재법에는 중재법에 따라 법원이 행하는 절차에 대해 민사소송법의 준용을 명시하는 일본 중재법(제10조)과 같은 조문이 없음을 근거로 법원이 달리 판단할 여지를 더 넓게 본다. 윤남근(註 93), 90면은 더 나아가 법원은 증거조사촉탁의 적법성과 정당성을 심사할 수 있다고 한다.

96) 이준상(註 84), 70면은 2016년 중재법은 항고를 불허하는 일본 중재법(제35조 제1항, 제4항)과 달리 법원의 기각에 대한 불복방법을 정하고 있지 않으므로 민사소송법상의 특별항고(제449조 제1항)로만 다툴 수 있다고 본다. 그러나 강태훈(註 95), 97면이 지적하듯이 일본 중재법은 즉시항고를 허용한다. 강태훈(註 95), 97면은 우리 법상 특별항고는 허용되지 않는다고 본다.

97) 중재법 개정안에 대해 법원 내부에서 그런 비판이 있었다고 한다.

98) 중재법 개정안에 대해 법원 내부에서 그런 비판이 있었다고 한다.

99) 이준상(註 84), 68면 이하는 토지관할, 증거조사의 구체적 절차와 증거조사결과의 송부 등에 관한 미비점을 지적한다. 강태훈(註 95), 95면 이하도 이를 보완하는 논의를 한다. 실무적으로는 대법원 예규를 통하여 미비점을 보완할 수 있을 것이다.

된다. 증거조사의 실효성을 고려하면 이를 긍정할 필요가 있지만, 민사소송법상 증인 불출석시 부과할 수 있는 제재는 법원의 증인신문 대상인 증인을 전제로 하는데, 중재판정부가 신문하는 사람을 '증인'과 동일시할 수는 없으므로 부정설이 타당하다.[100] 2016년 중재법의 규정만으로 실질적으로 벌금 또는 인신구속에 해당하는 과태료나 감치처분을 허용하기는 어렵다. 그러나 중재판정부의 촉탁방식에 따라 법원이 직접 증거조사를 하는 경우에는 법원의 증인신문 대상인 증인과 다를 바 없으므로 긍정설이 설득력이 있다.[101]

나아가 외국에 소재하는 증거조사를 위하여 법원의 협조가 필요한 경우에는 증거조사의 촉탁을 받은 우리 법원은 국제민사사법공조 특히 헤이그증거협약이 정한 사법공조를 이용할 수도 있다.[102]

어쨌든 중재판정부와 법원은 증거조사에 관한 법원의 협조가 중재절차를 지연시키는 책략으로 남용되지 않도록 유념해야 한다.

Ⅷ. 법원의 중재판정 원본 보관의무 삭제(제32조 제4항)

뉴욕협약의 중요한 업적 중의 하나는 이중집행판결(또는 이중집행가능성언)(double exequatur)의 요건을 폐지한 것이다. 그 결과 중재판정은 판정지국에서의 기탁 또는 등록이 없이 외국에서 집행될 수 있다. UNCITRAL 사무국은 뉴욕협약의 태도를 모델법에 수용함으로써 모든 국제상사중재판정이 판정지국과 외국에서 기탁 또는 등록 없이 집행될 수 있도록 할 것을 제안하였고, 모델법은

---

100) 이준상(註 84), 76면; 강태훈(註 95), 102면도 동지.

101) 임성우(註 59), 5.232도 同旨. 이준상(註 84), 76면은 긍정할 여지를 인정하나, 강태훈(註 95), 102면은 미국 연방중재법 제7조와 같은 조문이 없음을 근거로 이를 부정한다. 그러나 동조는 중재인의 요구에 불응한 자를 법정모욕죄로 처벌하기 위한 근거규정이다. 즉 중재인의 명령 위반을 제재하기 위해 별도 근거가 필요함은 저자도 동의하나, 법원이 하는 경우에는 그것이 촉탁에 의한 것이더라도 민사소송법이 정한 제재를 부과할 수 있고 이는 일본 중재법(제10)과 같은 조문이 없어도 같다고 본다. 참고로 국제민사사법공조의 맥락에서 외국 법원의 촉탁에 따라 우리 법원이 증거조사를 하는 경우에는 증거조사는 한국법에 따라 이루어지고 법원은 한국법에 따른 제재를 부과할 수 있다(헤이그증거협약 제10조; 오병희, "국제민사사법공조에 있어서의 영상전송(video-link)에 의한 증거조사: 헤이그 증거협약을 중심으로", 사법논집 제50집(2010), 510면; 석광현, 국제민사소송법(2012), 268면 참조)(증거협약 조문이 근거라고 주장할지 모르겠지만). 물론 중재법과는 촉탁주체가 다르지만 중요한 것은 촉탁서를 집행하는 증거조사의 주체이고 양자 모두 수탁법원이라는 점에서 같다.

102) 이준상(註 84), 77면. 상세는 석광현, 증거조사에 관한 국제민사사법공조 연구(2007), 210면 이하 참조.

이에 따라 중재판정 정본의 당사자들에 대한 교부만을 규정하고 법원에의 기탁 또는 등록을 요구하지 않는다.

그러나 1999년 중재법(제32조 제4항)은, 1973년 중재법(제11조 제4항)과 마찬가지로 중재판정의 정본을 각 당사자에게 송부하도록 하고, 중재판정의 원본을 송부사실을 증명하는 서면과 함께 관할법원에 송부·보관하도록 하였다. 임시중재의 경우 중재인에게 중재판정의 원본을 장기간 보관하도록 요구하는 것은 무리이므로 법원에 보관하게 한 것으로 이해할 수 있다. 이는 법원으로부터 중재판정에 대한 공적 인증을 받고, 중재판정의 존재에 관한 입증을 용이하게 함으로써 중재판정의 지속적인 사용을 보장하기 위한 조치이다. 그러나 기관중재의 경우 중재기관이 중재판정의 원본 또는 정본을 보관할 것이므로 별도로 법원에 보관하게 할 이유가 없다. 따라서 저자는 적어도 기관중재에 관한 한 법원의 보관의무를 면제하는 것이 바람직하다는 견해를 피력하였다.[103)]

2016년 중재법(제32조 제4항)은 이런 논의를 고려하여 임시중재든 기관중재든 간에 당사자의 신청이 있는 경우에만 중재판정의 원본을 관할법원에 보관할 수 있도록 규정한다.

Ⅸ. 중재비용과 지연이자에 관한 조문 신설(제34조의2와 제34조의3)

1. 중재비용

모델법은 중재비용에 관하여 규정을 두지 않는데, 이는 주요 국제중재규칙이 비용에 관하여 상세히 규정하거나, 당사자들이 중재비용의 처리에 관하여 합의하기 때문으로 보인다. 그러나 당사자 간에 중재비용에 관한 합의가 없을 수 있고, 특히 변호사 보수의 처리가 문제된다. 따라서 중재법에 중재비용에 관한 규정을 둘 필요가 있다. 저자는 상세는 중재규칙에 맡길 수 있지만 "당사자가 달리 합의하지 않는 한, 중재인은 중재비용의 부담에 관하여 중재판정에서 판단해야 한다"는 점과 중재인의 대강의 판단기준 등 기본적 원칙은 중재법에서 명시하는 것이 바람직하다는 견해를 피력하였다.[104)] 2016년 중재법(제34조의

103) 이 점은 석광현(註 17), 82면 이하에서 지적하였다.

104) 석광현(註 17), 97면. 참고로 독일 민사소송법(제1057조)과 일본 중재법(제48조와 제49조)은

2)은 "중재비용의 분담"이라는 표제 하에 "당사자 간에 다른 합의가 없는 경우 중재판정부는 중재사건에 관한 모든 사정을 고려하여 중재절차에 관하여 지출한 비용의 분담에 관하여 정할 수 있다"는 규정을 신설하였다. 중재비용은 변호사보수를 포함한다.

중재비용 분담에 있어서 소송에서처럼 '각자 부담원칙(American rule)'과 '패소자 부담원칙(English rule)'을 생각할 수 있는데, 2016년 중재법은 어느 방식을 택하는 대신 중재판정부가 제반사정을 고려하여 결정할 수 있도록 유연한 처리방안을 규정하였다. 다만 당사자들이 중재비용에 관하여 달리 합의한 경우에는 그에 따르므로 중재법의 원칙은 '보충적 규칙(default rule)'이다. 다만 실무상(특히 임의중재의 경우) 중재판정부가 중재비용을 부담하는 자와 그 비율을 정하는 데 그칠 수 있어 소송비용액 확정절차와 같은 별도의 중재비용액 확정절차가 필요할 수도 있으므로 독일 민사소송법(제1057조 제2항)[105]과 유사한 조문을 두자는 견해와, 중재판정부가 중재비용의 분담을 정하지 않는 경우 당사자들이 법원에 신청할 수 있도록 하자는 견해가 있었으나[106] 채택되지 않았다.

2. 지연이자 내지 지연손해금

소송촉진 등에 관한 특례법(이하 "특례법"이라 한다) 제3조에 따르면, 금전채무의 이행을 명하는 판결을 선고할 경우 법원은, 소장 또는 이에 준하는 서면이 채무자에게 송달된 날의 다음 날부터는 연 100분의 40 이내의 범위에서 대통령령으로 정하는 이율에 따른 지연손해금의 지급을 명할 수 있지만, 채무자가 이행의무의 존부나 범위에 관하여 항쟁하는 것이 타당하다고 인정되는 경우에는 그 범위에서 그러하지 아니하다. 이는 법정이율을 현실화함으로써 채권자에 대하여는 제소 이후부터라도 이행지체로 인한 실손해를 배상받을 수 있도록 하고, 채무자에 대하여는 법정이율이 현실이자율보다 낮은 것을 이용하여 악의적으로 채무이행이나 소송을 지연시키고 상소권을 남용하는 것을 막고, 사실심

중재비용을 명시한다.

105) 제2항은 "중재절차의 비용이 확정되는 한 중재판정부는 각 당사자가 부담해야 하는 금액에 관하여도 결정하여야 한다. 비용이 확정되지 않거나 중재절차의 종료 후에 비로소 가능한 때에는 별도의 중재판정에서 그에 관하여 결정한다"고 규정한다.

106) 법무부(註 70), ④ 제17조(중재판정부의 판정 권한에 관한 결정), 2. 개정 이유.

판결 선고 후 채무의 신속한 이행을 확보하기 위한 것이다.[107)]

중재판정부가 중재판정에서 피신청인으로 하여금 신청인에게 일정 금원을 지급할 것을 명하고 중재비용의 부담을 명할 경우 이자를 붙일 수 있는지에 관하여 1999년 중재법에는 규정이 없었다. 또한 1999년 중재법에는 특례법에 상응하는 조문도 없었다. 중재지가 한국인 경우 중재판정부가 특례법의 조문을 적용할 수 있는지는 논란이 있었다. 과거 대한상사중재원 국내중재에서 특례법이 적용된 사례들이 있으나 이는 법적 근거가 없다. 더욱이 지연손해금을 실체로 보는 대법원 판결[108)]에 따르면 중재지가 한국이더라도 중재판정부가 특례법을 적용할 근거는 없다. 따라서 저자는 입법론으로는 당사자가 달리 합의하지 않으면, 중재판정에서 지급을 명하는 금액과 당사자 간에 지급해야 할 중재비용에 대해 판정 후 지급 시까지 기간에 대해 중재인이 적절하다고 판단하는 이율로 계산한 이자의 지급을 명할 수 있도록 명시하고 그럼으로써 특례법이 적용되지 않음을 밝힐 필요가 있음을 지적하였다.[109)]

이러한 논의를 고려하여 2016년 중재법 제34조의3은 ‘지연이자’라는 표제하에 “당사자 간에 다른 합의가 없는 경우 중재판정부는 중재판정을 내릴 때 중재사건에 관한 모든 사정을 고려하여 적절하다고 인정하는 지연이자의 지급을 명할 수 있다”는 조문을 신설하였다. 다만 당사자들이 지연이자에 관하여 달리 합의한 경우에는 그에 따르므로 중재법의 원칙은 이른바 ‘보충적 규칙(default rule)’이다. 여기의 지연이자는 변제기로부터 중재판정 시까지, 나아가 중재판정일로부터 완제할 때까지의 지연이자를 포함한다.

이에 대하여는 중재판정부가 중재사건에 관한 모든 사정을 고려하여 적절한 이율을 정하도록 한 것은 중재판정부에 과도한 재량을 부여하므로 특례법의 규정과 같이 어느 정도 지연이율의 범위를 규정할 필요가 있다는 비판이 가능하다.[110)] 2016년 중재법에서는 구체적 기준을 제시하기가 쉽지 않으므로 중재판정부가 제반사정을 고려하여 이율을 정하도록 규정한 것이다.

---

107) 헌법재판소 2000. 3. 30. 97헌바49 전원재판부 결정.

108) 예컨대 대법원 1997. 5. 9. 선고 95다34385 판결 등.

109) 석광현(註 3), 581면 참조. 우리 민사소송법에는 그런 이율이 없고 특례법의 조문은 과도한 것으로서 중재에까지 적용하기에는 부적절하므로 중재판정 전에는 채권의 준거법에 따라 결정되는 지연손해금의 이율을 적용하는 것으로 보고 중재판정 후의 이율만 규정하자는 것이었다.

110) 중재법 개정안에 대해 법원 내부에서 그런 비판이 있었다고 한다.

Ⅹ. 중재판정의 효력과 취소(제35조와 제36조)[111]

1. 국내중재판정의 효력

2016년 중재법 제35조에 따르면, 중재판정은 양쪽 당사자 간에 법원의 확정판결과 동일한 효력을 가지나, 제38조에 따라 승인 또는 집행이 거절되는 경우에는 그러하지 아니하다. 제35조는 모델법에는 없는 조항이고 1966년 중재법(제12조)과 1973년 중재법에 있던 조문이다. 따라서 중재판정은 '형식적 확정력'과 '기판력(또는 실질적 확정력)'을 가지고, 그 밖에도 '중재판정부에 대한 기속력'(또는 자기구속력), '당사자에 대한 구속력'과 '형성력'(물론 형성적 중재판정의 경우)을 가진다.[112] "제38조에 따라 승인 또는 집행이 거절되는 경우"의 취지는 애매하나 저자는 이를 개정위원회의 문언처럼 "제38조에 정한 승인거부사유가 있는 경우"로 이해한다.[113]

2. 취소사유가 있는 국내중재판정의 효력

1999년 중재법 제35조에 따르면, 내국중재판정(또는 국내중재판정. 이하 양자를 호환적으로 사용한다)은 당사자 간에 있어서 법원의 확정판결과 동일한 효력을 가졌다. 한편 제38조는 "대한민국 내에서 내려진 중재판정은 제36조 제2항의 사유가 없는 한 승인 … 되어야 한다"고 규정하므로 제35조와 제38조 간에 충돌이 있었다. 제35조는 모델법에는 없고 독일 민사소송법에서 유래한다. 독일에서는 국내중재판정은 비록 취소사유가 있더라도 취소의 소에 의하여 취소되지 않는 한 효력이 있는데, 이는 독일이 전통적으로 국내중재판정에 대해 더 우호적인 태도를 취하여 집행력 이외의 효력에 대하여 '일종의 무조건적인 법

---

111) 상세는 석광현, "2016년 중재법에 따른 국내중재판정의 효력, 취소와 승인·집행에 관한 법리의 변화", 국제거래법연구 제26집 제1호(2017. 7.), 461면 이하 참조.

112) 여기에서 '당사자에 대한 구속력'은 생소한데 앞으로 구속력의 개념을 명확히 파악할 필요가 있다. 2016년 중재법에 신설된 제38조 제1호 나목 1)은 '중재판정의 당사자에 대한 구속력'이라고 하여 구속력이라는 용어를 중재법에 처음 도입하였다.

113) 그러나 윤진기, "2016년 개정 중재법의 중재판정 집행에 관한 문제점", 중재연구 제26권 제4호(2016. 12.), 13면 이하와 강수미(註 27), 74면 이하는 이를 "당사자의 승인결정 또는 집행결정 신청에 대하여 법원이 중재판정 취소사유의 존재를 이유로 승인 또는 집행 거절의 재판을 하고 그 재판이 확정되는 경우"라는 취지로 이해한다.

률상의 승인(a kind of unconditional statutory recognition)'을 부여하였기 때문이다.[114)]

2016년 중재법 제35조 단서의 취지는, 중재판정은 취소사유(이는 거부사유와 동일하다)가 있으면 비록 법원에 의하여 취소되지 않았더라도 법원의 확정판결과 같은 효력을 가질 수 없다는 것이다. 사실 1999년 중재법의 제35조를 우선시킴으로써 국내중재판정에 강한 효력을 부여하는 독일법의 태도를 따를지, 아니면 제38조를 우선시킴으로써 모델법을 충실히 따를지는 정책적으로 결정할 사항이다.[115)] 우리 입법자는 1999년 중재법에서 모델법에 따른 제38조를 도입하면서 제35조를 존치함으로써 충돌을 초래하였으나,[116)] 2016년 중재법에서 제35조 단서를 추가함으로써 양자의 충돌을 해소하고 모델법을 따르는 방향으로(즉 제38조를 우선시키는 방향으로) 결론을 내린 것이다. 저자는 입법자가 제35조와 제38조의 충돌을 해소한 점은 환영하나,[117)] 제35조를 우선시키는 방향으로 즉 독일식으로 통일했더라면 하는 아쉬움이 있다.[118)]

3. 제35조의 개정이 국내중재판정 취소의 소에 미치는 영향

제35조 단서가 추가된 결과 취소사유가 있는 중재판정은 확정판결과 동일한 효력, 즉 기판력을 가지지 않는다. 그러나 취소사유가 있어도 중재판정은 존재하고, 형식적 확정력과 중재인을 구속하는 기속력은 여전히 인정되므로 이를 배제하기 위하여 중재판정을 취소할 실익이 있다. 한편 종래 중재판정을 취소하는 판결은 형성판결이라고 보았다.[119)] 이는 취소사유가 있는 중재판정도 확정판결과 같은 효력이 있다는 1999년 중재법 제35조 하에서는 타당하였다. 그런데 2016년 중재법 하에서는 취소사유가 있는(즉 승인요건이 구비되지 않은) 중

---

114) Böckstiegel *et al.*, §§1060, 1061, paras. 13 and 14 (Kröll 집필부분).

115) Dennis Solomon, Die Verbindlichkeit von Schiedssprüchen in der internationalen privaten Schiedsgerichtsbarkeit (2007), S. 361 참조.

116) 정선주(註 15), 53면은 여기에서 충돌의 존재를 부정하나, 그것은 취소사유라는 점만을 본 것이나, 문제는 법원판결의 재심사유와 달리 취소사유는 동시에 승인 및 집행 거부사유라는 점이다.

117) 임성우(註 59), 6.108도 제35조의 개정은 매우 적절한 조치라고 한다.

118) 후자를 따르면 제38조에서 집행만 규정하면 된다. 정선주(註 15), 54면은 국내중재판정에 대한 승인제도를 폐지하고, 나아가 독일 민사소송법처럼 중재판정의 집행을 거절하는 법원의 결정이 있으면 중재판정취소의 효과가 인정됨을 명시하는 것이 적절했을 것이라고 한다.

119) 대법원 2004. 10. 14. 선고 2003다70249, 70256 판결; 석광현(註 17), 233면.

재판정은 취소되지 않았더라도 기판력이 없으므로 취소판결은 형성판결이 아니라고 볼 수 있다. 취소사유가 있는 중재판정도 여전히 존재하고, 형식적 확정력과 기속력이 있다면 취소판결은 그런 효력을 소급적으로 상실시키는 점에서 형성판결의 성질이 전무하지는 않지만, 형성판결로서의 성질을 대부분 상실하였다.

4. 취소사유가 있는 국내중재판정의 효력 약화가 초래하는 변화

제35조 단서를 삽입한 이유는 제35조와 제38조의 충돌을 제거하자는 것이었는데, 제35조가 아니라 제38조를 우선시킨 이유는 모델법을 충실하게 따르자는 것이었다. 그 결과 제35조의 문언은 일본 중재법(제45조)과 유사하게 되었다. 유념할 것은, 2016년 중재법은 구 중재법과 비교할 때 중재판정의 효력을 약화시켰다는 점이다. 대한상사중재원을 대표한 개정위원회 위원이 이런 개정방향에 반대하지 않은 것은 다소 의외였다. 즉 이제는 중재판정에 취소사유가 있으면 법원에 의하여 취소되기 전에도 기판력이 없다. 2016년 중재법 하에서는 승인될 수 없는 중재판정은 기판력과 형성력이 없으므로 강학상 의미에서 무효이다. 그렇다면 구 중재법 하에서와 달리 이제는 취소사유가 있어 승인될 수 없는 국내중재판정은 무효이므로 모든 취소사유가 무효사유가 된다. 이런 결론은 거부감이 있으나 2016년 중재법 하에서는 부득이한 면이 있다.

1999년 중재법 하에서는 중재판정에서 이긴 당사자가 중재판정을 전제로 하는 실체법상의 권리를 주장하는 소를 제기한 경우 피고가 취소사유를 항변으로 주장하는 것은 허용되지 않았다.[120] 그런데 2016년 중재법 하에서는 취소사유가 있는 중재판정은 기판력이 없으므로, 중재판정에서 진 당사자가 취소사유를 주장하면서 상대방에 대해 중재판정에 반하는 별소를 제기할 수 있고, 다른 절차에서 중재판정의 효력이 없음을 항변으로 주장할 수 있다.

120) 긍정설도 있었다. 양병회 외(註 21), 218면(손용근 · 이호원 집필부분) 참조.

XI. 중재판정의 승인 및 집행에 관한 개정

1. 중재판정의 집행을 위한 집행결정제의 도입(제37조)

1999년 중재법과 달리 2016년 중재법은 중재판정의 집행을 위하여 집행판결 대신 집행결정을 요구한다. 이는 중재판정에 기한 강제집행을 신속하게 하기 위한 것이다. 제37조는 국내중재판정과 외국중재판정에 모두 적용된다.

당사자가 승인 또는 집행결정을 신청한 때에는 법원은 변론기일 또는 당사자 쌍방이 참여할 수 있는 심문기일을 정하고 당사자에게 이를 통지해야 한다(제37조 제4항). 집행판결제 하에서는 필요적 변론이 요구되었으나, 이제는 임의적 변론 또는 필요적 심문에 의한다.

집행결정에 의하여 한국에서 집행력이 부여되는 것은 명백하나, 승인요건의 구비 여부에 대한 판단에 기판력이 있는지는 문면상 불분명하다. 그러나 여기의 집행결정은 특수한 결정으로서 기판력을 인정해야 한다. 중재판정에 대한 승인결정과 집행결정에 대하여는 즉시항고를 할 수 있으나, 즉시항고는 집행정지의 효력을 가지지 않는다(제37조 제6항과 제7항 본문). 다만 항고법원은 즉시항고에 대한 결정이 있을 때까지 담보를 제공하게 하거나 담보를 제공하게 하지 아니하고 원심재판의 집행을 정지하거나 집행절차의 전부 또는 일부를 정지하도록 명할 수 있고, 담보를 제공하게 하고 그 집행을 계속하도록 명할 수 있다(제37조 제7항 단서). 이는 집행결정이 집행력이 있음을 전제로 하면서 즉시항고에 집행정지효를 인정하지 않는 것이다. 과거 집행결정제의 채택을 주장했던 저자로서는 2016년 중재법의 태도를 환영한다. 국제상사중재가 국제거래분쟁의 효율적인 해결수단으로서 기능하기 위하여는 우리 법원이 중재의 지원자 또는 후견자로서의 역할을 신속하게 수행하여야 한다.

2. 중재판정의 승인 및 집행을 위한 서류요건의 완화(제37조 제3항)

개정 모델법(제35조)은 중재판정 등본의 인증요건과 중재합의서 제출요건을 폐지하였다. 또한 개정 모델법(제35조 제2항)은 법원이 중재판정의 번역문을 요구할 수 있다고 규정하고 그 증명을 요구하지 않는다. 저자는 과거 한국도 이런 태도를 따르는 방안을 고려할 필요가 있다는 견해를 피력하였다. 2016년 중재법은 개정 모델법의 태도를 수용하였다. 이제는 중재판정의 승인 및 집행을 신청하는 당사자는 중재합의를 제출할 필요 없이 중재판정의 정본 또는 사본만 제출하면 되고, 중재판정이 외국어로 작성된 경우에는 한국어 번역문을 첨부하면 되고 번역의 정확성을 증명할 필요가 없다. 2016년 중재법 조문은 뉴욕협약보다 유리하므로 뉴욕협약이 적용되는 외국중재판정의 경우에도 유리한 법으로서 적용될 수 있다(뉴욕협약 제7조 제1항).

3. 국내중재판정 취소의 소와 집행결정의 관계

중재판정에서 진 당사자는 대체로 상대방에게 중재판정에 따른 이행을 함으로써 분쟁이 종료된다. 그러나 진 당사자는 취소사유가 있으면 중재판정 취소의 소를 제기할 수 있고, 이긴 당사자는 중재판정의 집행을 구할 수 있다. 1999년 중재법 시행 전에는 취소사유와 거부사유가 상이하였으므로 중재판정 취소의 소와 집행판결 청구의 소를 별도로 규율해도 이상하지 않았다. 그러나 1999년 중재법에 의해 취소사유와 거부사유가 거의 같게 된 결과 양자를 유기적으로 규율할 필요가 있다. 실무상 진 당사자가 취소의 소를 제기하면 상대방은 승인 및 집행결정을 신청할 것이다. 여기에서 2016년 중재법상 양자의 병합가부와 2016년 중재법상 중재판정 취소소송절차와 집행결정절차의 상호관계가 문제된다.

XII. 2016년 중재법에 반영되지 않은 개정의 착안점들

2016년 중재법에 반영되지 않은 개정의 착안점들도 있는데 아래에서는 일부를 언급한다.

1. 국제상사중재에서 소비자의 보호[121)]

오늘날 실질법의 영역에 있어 계약자유의 원칙은 상당한 제한을 받게 되었

121) 이 점은 석광현(註 17), 98면 이하에서 지적하였다. 근로자의 보호에 관하여도 유사한 고려가 필요하나 그에 대한 논의는 생략한다.

고 이는 특히 사회 · 경제적 약자인 소비자를 보호하기 위한 법규에서 현저한데 이러한 조항들은 당사자들이 합의에 의하여 적용을 배제할 수 없는 강행규정의 성질을 가진다.

국제사법(제27조)은 국제재판관할의 맥락에서 소비자를 보호하기 위한 규정을 두어, 소비자는 그 상거소지 국가에서 상대방에 대하여 제소할 수 있도록 허용하고, 상대방은 소비자의 상거소지 국가에서만 소비자에 대하여 제소할 수 있도록 제한하면서, 관할합의는 분쟁 발생 후에 체결하거나 또는 소비자에게 법정 관할법원에 추가하여 다른 법원에 제소하는 것을 허용하는 경우로 한정한다. 준거법의 맥락에서도 국제사법(제27조)은 소비자를 보호하기 위한 국제사법상의 조치로서 당사자자치를 원칙적으로 허용하면서도 소비자의 상거소지법이 부여하는 보호를 박탈할 수 없도록 제한한다.

국제거래에서 소비자보호의 필요성은 중재합의를 하는 경우에도 존재한다. 예컨대 한국 소비자가 미국 아마존에서 책을 산다고 상정하자. 아마존의 사이트를 보면 소비자와의 분쟁은 워싱턴주법에 따르고, 분쟁은 워싱턴주 시애틀에서 American Arbitration Association의 중재규칙에 의하여 해결하도록 되어 있다. 만일 그것이 관할합의라면 국제사법이 정한 소비자보호의 기제가 작동하는데 반하여 중재합의라는 이유로 소비자보호를 포기하는 것이 적절한가의 문제이다. 문제는 우리 국제사법, 중재법과 약관의 규제에 관한 법률(“약관규제법”)은 국제중재의 맥락에서 소비자보호를 위한 규정을 전혀 두고 있지 않다는 점이다. 따라서 약관규제법의 보호 가능성을 간단히 검토하고, 이어서 국제중재의 맥락에서 소비자보호의 방향을 언급한다.122)

가. 중재합의에 대한 통제수단으로서 약관규제법의 불충분성

불공정한 내용의 약관을 규제하여 건전한 거래질서를 확립함으로써 소비자를 보호하는 것을 목적으로 하는 약관규제법(제14조)은 고객에게 부당하게 불리한 소제기의 금지조항을 무효라고 규정한다. 중재조항은 “소제기의 금지조항”에 포함되므로 고객에게 불리한 중재합의는 무효이다. 문제는 ‘부당하게’ 불리한이라는 기준이 매우 추상적이라는 점이다. 한편 중재합의의 방식에 관하여는 약관규제법도 아무런 특칙을 두지 않는다. 이런 조항은 국내거래에서는 어

122) 상세는 석광현, “해외직접구매에서 발생하는 분쟁과 소비자의 보호: 국제사법, 중재법과 약관규제법을 중심으로”, 서울대학교 법학 제57권 제3호(2016. 9.), 104면 이하 참조.

느 정도 기능을 할 수 있다. 반면에 국제거래에 관한 한 약관에 의한 중재합의의 남용으로부터의 소비자보호에 관한 한 약관규제법은 많이 미흡하므로 적절한 규제의 수준과 방법을 강구해야 한다.

나. 국제중재에서 소비자보호의 방향

추상적으로 말하자면, 한편으로는 소비자의 정당한 이익을 보호하고 다른 한편으로는 가급적 소비자중재의 활성화라는 목적을 동시에 조화롭게 달성할 수 있는 방안을 강구해야 한다. 개정위원회에서 소비자보호를 위한 개정방안을 논의하였다. 그리고 용역도 발주하였고 보고서(정선주 교수)도 받았다. 그러나 소비자보호라는 관점에서 중재법이 개정되지는 않았다. 이는 그 취지에 반대한 탓이 아니라 개정방향에 관한 합의가 이루어지지 않은 탓으로 아쉬운 점이다. 따라서 현재로서는 해석론으로써 문제를 해결할 수밖에 없다. 아래 논의는 그러한 전제에 입각한 것이다.

국제중재에 특유한 사항으로서 관할법원을 제한하는 국제사법처럼 중재지를 소비자의 상거소지 국가로 제한하는 방향도[123] 검토할 필요가 있다. 또한 우리 국제사법(제27조와 제28조)은 소비자를 보호하기 위한 준거법 결정원칙상의 조치로서 당사자자치를 부분적으로 제한하는 데 반하여 중재법에는 상응하는 규정이 없으므로 당사자자치를 어떻게 제한할지도 검토해야 하는데 우선 아래 두 가지 쟁점이 문제된다.

첫째, 중재판정부가 약관인 소비자계약에 포함된 준거법을 적용해야 하는가. 여기에서는 국제사법 제27조의 유추적용 여부가 문제되는데 이는 중재지에 따라 다르다. 즉 중재지가 외국인 경우 중재판정부가 우리 국제사법을 유추적용할 가능성은 거의 없고, 중재지가 한국인 경우에 이를 고려할 수 있으나, 그렇더라도 중재인은 중재지의 국제사법을 적용하거나 유추적용할 의무는 없으므로 부정설이 설득력이 있다.

둘째, 준거법을 적용하는 과정에서 소송에서와 같은 소비자보호의 기제, 즉 약관에 대한 통제가 작동하는가. 이는 약관규제법에 따른 통제(제14조 이외)의 적용 여부의 문제이다. 국제중재에서 분쟁의 실체에 관한 약관규제법(제14조

---

123) 중재법상 국제중재합의에 국제사법 제27조를 유추적용하여 분쟁 발생 후에 체결되는 중재부탁계약과 달리 분쟁발생 전에 중재합의를 하는 중재조항은 중재지가 소비자의 상거소 소재지인 경우에만 허용된다고 볼 수 있는지는 논란의 여지가 있다.

이외)에 따른 통제는 주된 계약의 준거법이 한국법인 경우에 가능하다. 이는 중재지에 관계없이 약관규제법이 준거법의 일부로서 적용되기 때문이다.[124)]

그 밖에 아래 쟁점도 고려할 필요가 있다.

독일 민사소송법(자필서명)처럼 소비자계약의 경우 중재합의의 방식을 제한하는 방향을 도입할지도 문제인데,[125)] 그 경우 전자상거래도 고려할 필요가 있다.[126)] 특히 2016년 중재법은 중재합의의 방식요건을 완화한 탓에 중재합의의 방식상 소비자보호의 문제가 더욱 중요하다. 하지만 개정위원회는 이에 대하여 별도의 조치는 취하지 않았다.

뉴욕협약의 맥락에서 소비자중재가 상사중재인지는 논란의 여지가 있으나 저자는 부정설을 지지한다.[127)]

국제적 소비자분쟁을 모두 소송이나 중재로 해결해야 하는 것은 아니므로 소비자들의 집단적 또는 단체적 권리행사를 가능하게 하고,[128)] 또한 국내 소비자보호기구를 통하거나 관련국 소비자보호기구 간의 공조를 통한 분쟁해결 등 다양한 수단을 모색할 필요가 있다.

어쨌든 소비자보호라는 관점에서 2016년 중재법에서 아무런 개선이 이루어지지 않음에 따라 국내중재든 국제중재든 간에 소비자보호의 문제는 장래의 과제로 남게 되었다. 중재합의의 방식이 완화됨에 따라 소비자보호는 더욱 취약하게 된 면이 있다. 우선은 약관규제법 등의 해석론을 통하여 보호방안을 강구해야 할 것이다.

2. 법원의 전문성 보장

중재절차를 원활하게 진행하고 중재판정의 실효성을 보장하기 위하여 법원의 지원이 필요하고, 중재의 절차적 공정성과 적법성을 담보하기 위하여 법

---

124) 이는 준거법이 외국법이라면 준거법 지정이 무효가 아닌 한 약관규제법(제14조 이외)의 통제는 배제된다는 것이다.

125) 독일 민사소송법(제1031조 제5항)은 소비자와 체결하는 중재합의는 당사자들이 자필서명한 서면에 포함될 것을 요구한다(이는 전자적 방식을 포함한다).

126) 영국(중재법 제91조)의 예에서 보듯이 일정금액 이하의 분쟁에서는 중재를 규제하거나 제한하는 국가도 있다.

127) 석광현(註 122), 117면.

128) 집단중재에 관하여는 한충수, "소비자 집단분쟁해결 수단으로서의 집단중재의 도입가능성 고찰", 국제사법연구, 제17호(2011. 12.), 475면 이하 참조.

원의 감독과 통제가 필요하다.[129] 이는 2016년 중재법 하에서도 같다. 현재 우리 법원에 중재, 특히 국제상사중재의 법리에 정통한 법관은 많지 않다. 앞으로는 중재에 관하여 전문성을 가진 법관을 양성하고 중재관련 사건을 집중시킴으로써 중재에 대한 법원의 지원과 감독을 강화할 필요가 있다. 국제사회에서 한국이 중재지로 선호되고 대한상사중재원의 국제중재가 선호되기 위하여는 우리 법원의 적절한 감독과 지원이 필수적이다. 이를 위하여는 중재사건을 전담하는 재판부를 신설하거나, 적어도 외국중재판정에 관하여는 관할을 서울중앙지방법원 또는 국제사건전담재판부를 두고 있는 법원에 집중시켜 관련 전담부에서 중재관련 소송진행을 신속하게 하고 전문성을 심화시켜 나갈 필요가 있다.

3. 중재대리

민사소송법상 소송대리인은 원칙적으로 변호사, 법무법인이 아니면 아니되는데 이를 '변호사대리의 원칙'이라 한다. 우리 법상으로는 민사소송에서 변호사강제주의를 취하지 않으므로 본인소송을 할 수 있지만 대리인을 선임하여 변론하게 하는 경우에는 대리인을 법률 전문가인 변호사에 한정하는 취지이다.

한편 중재를 보면, 국내중재규칙과 국제중재규칙상 외국 변호사도 당사자를 대리할 수 있다.[130] 그러나 변호사법(제109조 제1호)은 우리나라의 변호사가 아니면서 금품・향응 또는 그 밖의 이익을 받거나 받을 것을 약속하고 … 소송사건・비송사건・가사조정 또는 심판사건・행정심판 또는 심사의 청구나 이의신청 기타 행정기관에 대한 불복신청사건, … 그 밖에 일반의 법률사건에 관하여 감정・대리・중재・화해・청탁・법률상담 또는 법률관계 문서작성 그 밖의 법률사무를 취급하거나 이러한 행위를 알선한 자를 처벌하도록 규정하므로, 엄밀하게는 외국변호사의 대리는 국내중재든 국제중재든 허용되지 않는다.[131] 하지만 종래 한국에서 외국변호사의 국제중재 대리를 사실상 허용하고, 법률시장 개방의 폭이 확대되는 중이므로 이 문제를 전향적으로 정리할 필요가 있다. 흥미로운 것은 외국법자문사법인데, 그에 따르면 외국법자문사는 소송대리를 할

129) 석광현(註 17), 411면.

130) 2016년 개정된 국내중재규칙(제6조)에 따르면 변호사 또는 상당하다고 인정되는 자는 중재사건을 대리할 수 있고, 2016년 개정된 국제중재규칙(제7조, 제30조 제3항)에 따르면 당사자가 선정한 자는 국제중재사건을 대리할 수 있다.

131) 문언대로 해석하면 변호사가 아닌 자는 중재인도 할 수 없다는 것이 된다.

수는 없으나 국제중재사건의 대리는 할 수 있다(제24조 제3호).[132] 그러나 외국 법자문사가 아닌 외국변호사가 중재대리를 할 수 있는가는 변호사법상 여전히 문제의 소지가 있었다. 개정위원회는 법리상 문제가 있음을 인지하였으나 이를 거론할 경우 오히려 논란을 초래할 우려가 있어 규정하지 않았다. 그러던 중 2016. 3. 2. 신설된 외국법자문사법 제24조의2(외국법자문사 아닌 외국변호사의 국제중재사건 대리)는 외국법자문사 아닌 외국변호사가 국제중재사건을 대리할 수 있음을 명시함으로써 문제를 해결하였다.[133] 다만 외국변호사 일반에 적용되는 조문을 외국법자문사법에 두는 것은 체계상 부적절한 것으로 생각한다.

4. 중재의 비밀보장

일반적으로 분쟁해결의 비밀보장(confidentiality)은 중재의 특성의 하나로 인식되고 있다. 즉 법원의 재판은 공개주의를 취하는 데 반하여 중재는 그렇지 않으므로 대외적으로 민감한 사건이거나 비밀로 취급할 성질의 분쟁에 관하여는 중재가 적절한 해결방법이 될 수 있다. 2016년 개정된 국내중재규칙(제12조)은 중재절차와 중재기록의 비공개주의를, 2016년 개정된 국제중재규칙(제30조 제4항, 제57조)은 중재의 심리, 중재절차와 그 기록의 비공개주의를 명시하나, 중재법은 비공개주의를 명시하지 않는다. 중재의 전통적 태도에 대하여 근자에는 공익과 관련된 중재, 특히 조약에 근거한 국가-투자자 간의 분쟁 해결을 위한 '투자조약중재'(또는 투자협정중재. investment treaty arbitration)의 경우 심리 자체의 비밀은 보장하지만, 중재판정 및 그 밖의 중재절차는 달리 취급할 것이라는 견해가 유력하다.[134] 이러한 경향에 따르면 중재절차에서 제출된 문서 또는

---

132) '국제중재사건'이란 한국을 중재지로 하고, 한국 외 국가의 법령, 한국과 외국 간 체결된 조약, 한국 외 국가 간 조약 또는 일반적으로 승인된 국제관습법이 적용되거나 또는 적용될 수 있는 민사·상사의 중재사건이다(외국법자문사법 제2조 제7호). 과거에는 '국제중재사건'이란 한국을 중재지로 하고, 외국법자문사의 원자격국의 법령, 원자격국이 당사국인 조약 또는 일반적으로 승인된 국제관습법이 적용되거나 또는 적용될 수 있는 민사·상사의 중재사건이었으나, 이제는 원자격국 관련성 요건이 삭제됨으로써 그 범위가 대폭 확대되었는데 이것이 적절한지는 다소 의문이다. 다만 한국 법령에 관한 사무는 다룰 수 없다(제24조의2 제3호 단서). 구 외국법자문사법의 문제점은 석광현, "대한상사중재원의 2007년 국제중재규칙의 주요내용과 그에 대한 평가", 서울대학교 법학 제49권 제1호(통권 146호)(2008. 3.), 93면 이하 참조.

133) 제24조의2 제2항은, 원칙적으로 외국변호사는 국제중재사건의 처리와 관련하여 1년에 90일 이상 한국에 체류할 수 없음을 명시한다.

134) 이는 투자중재에서 비밀보장 원칙의 완화로 나타나는데, UNCITRAL은 투자중재의 투명성을 확보하기 위하여, "조약에 근거한 투자자-국가중재에서의 투명성에 관한 법적 기준(a legal

정보 나아가 중재판정은 공익상 정당한 이유가 있는 경우 비밀보장의 대상이 되지 않는다.

흥미로운 것은, 2011년 개정된 프랑스 민사소송법이 비밀유지조항을 삭제한 점인데, 이는 투자조약중재에서 중재절차의 투명성을 제고하여 프랑스를 매력적인 중재지로 만들기 위한 전략의 결과라고 한다.[135] 그러나 당사자들이 선택한 기관중재규칙에 따르면 족하고 임시중재의 경우에도 당사자의 합의에 맡기면 족할 것으로 생각되므로 우리로서는 중재법을 개정하여 비밀유지조항을 신설할 필요는 없다.

5. 투자중재와 관련한 중재법 개정의 착안점

장래 대한민국을 상대로 하는 투자중재가 늘어날 것을 고려한 중재법 개정의 착안점도 검토할 필요가 있었다. 즉 투자중재 중 ICSID 협약에 따르는 않는 'non-ICSID 중재'의 경우 UNCITRAL 중재규칙 또는 ICC 중재규칙이 적용되는데 만일 중재지가 한국이라면 중재법이 적용될 수 있기 때문이었다. 즉 재산권상의 분쟁으로 중재가능성이 확대되면 공법상의 성질을 가지는 투자중재에도 중재법이 적용될 여지가 커질 것으로 예상되었기 때문이다.

개정위원회에는 투자중재 전문가로 알려진 신희택 교수가 위원으로 참여하였기에 저자는 중재가능성의 완화에 수반하여 장래 투자중재에 중재법이 적용될 가능성에 대한 의견을 기대했었다. 실제로 개정위원회 회의석상에서 저자는 신 교수님께 의견 제시를 수차례 요청하였으나[136] 답을 듣지 못하였다. 저

---

standard on transparency in treaty-based investor-State arbitration)"으로서 '투명성규칙'을 성안하였고 이는 2014. 4. 1. 발효되었다. 또한 2014년 7월 개최된 제47차 UNCITRAL 본회의는 '조약에 기초한 투자자—국가 중재에서의 투명성에 관한 국제연합협약'의 내용을 확정하였고 UN총회는 이의 가입을 권고하였다.

135) 안건형 · 유병욱, "프랑스 개정 민사소송법의 주요내용과 시사점", 민사소송 제15권 제2호 (2011), 115면.

136) 저자의 질문은 아래와 같았다. 한국이 중재지인 non-ICSID 투자중재의 경우(예컨대 ICC 중재규칙 또는 UNCITRAL 중재규칙이 적용되는 경우) 중재법의 적용이 문제될 수 있다. Non-ICSID 투자중재에 대하여는 근거가 되는 FTA 또는 BIT가 규율할 것이나 그에 규정이 없는 사항(예컨대 중재인의 권한에 관한 다툼이나, 중재판정 취소의 소)에 대하여 우리 중재법이 적용될 여지가 있기 때문에 중재가능성의 확대에 대비하여 투자중재의 맥락에서 개정의 착안점이 있는지, 있다면 무엇인가라는 점이었다. 이는 1999년 중재법 하에서도 제기되나, 당시 개정위원회에서는 중재 대상을 사법상의 분쟁에 한정하지 않을 예정이었기 때문에 그 쟁점의 중요성이 커졌다.

자는 현재도 그 이유와, 위원장이 신 교수님께 답변을 요구하지 않은 이유를 알지 못한다.

다만 개정위원회의 의도와 달리 국회의 잘못으로 인하여 사법상의 분쟁만이 중재의 대상이 될 수 있게 되었으므로 저자가 제기했던 의문은 실제로는 별로 문제되지 않을 것이다.

6. 뉴욕협약이 적용되지 않는 외국중재판정의 승인과 집행

중재법(제39조 제2항)에 따르면, 뉴욕협약이 적용되지 않는 외국중재판정의 집행에 관하여는 민사소송법 제217조, 민사집행법 제26조 제1항 및 제27조가 준용된다. 여기에서 새로 도입한 집행결정제가 뉴욕협약이 적용되지 않는 외국중재판정에도 적용되는지가 문제된다.[137] 뉴욕협약의 체약국은 이미 156국이므로 이 논점의 실익은 크지 않으나 한국은 상사유보를 하였으므로 만일 저자처럼 소비자분쟁은 상사가 아니라고 본다면 소비자계약에 관한 중재의 경우 실익이 있다.[138]

이는 상충되는 듯한 제37조와 제39조 제2항 중 무엇을 우선시킬지의 문제이다. 제39조 제2항의 문언에 충실하면 뉴욕협약이 적용되지 않는 외국중재판정의 집행에는 민사집행법이 준용되므로 집행판결이 필요하다.[139] 논란의 여지가 있으나, 저자는 아래 이유로 제37조를 우선시켜 집행결정에 의한다는 견해를 지지하고 싶다.

첫째, 중재법 제38조는 국내중재판정, 제39조는 외국중재판정에 적용되고 제37조는 양자 모두에 적용된다. 따라서 제37조와 그에 규정된 집행결정제는 제39조가 정한 외국중재판정에, 그것이 뉴욕협약의 적용 대상이든 아니든 간에 적용된다. 제39조 제2항의 문언만 고집하는 것은 중재법 제37조의 취지에 배치된다.

---

137) 이 쟁점에 대해 주의를 환기시켜준 김민경 판사께 감사드린다.

138) 예컨대 우리가 아마존으로부터 도서를 구입하는 경우 그와 관련된 분쟁은 AAA 중재에 의하여 해결된다. 중재조항은 석광현(註 122), 104면 참조.

139) 김갑유 외(註 20), 360면은 집행판결을 요구하는 것으로 보인다. 손경한 · 심현주, "중재합의에 대한 새로운 고찰", 중재연구 제23권 제1호(2013. 3.), 61면은 "뉴욕협약은 그 광범위한 수용성과 법적 권위로 인하여 이제 국제상사중재에 관한 한 일반적으로 승인된 국제법규의 지위를 획득하였거나 적어도 그에 준하는 지위를 얻었다고 할 것"이라고 기술한다. 나름 설득력이 있으나 우리 중재법은 그런 태도를 취하지는 않는다.

둘째, 중재법 제39조 제2항은 뉴욕협약이 적용되지 않는 외국중재판정의 집행에 관하여는 민사소송법 제217조 등을 준용하나 그 취지는 제37조가 규정하지 않는 범위 내에서만 준용한다는 취지로 볼 수 있다.

셋째, 당사자의 신청이 있는 경우에는 법원은 중재판정을 승인하는 결정을 할 수 있다는 제37조 제1항 단서는 제39조 제2항의 경우에도 적용되어야 한다. 따라서 제37조가 제39조 제1항의 경우에만 적용되고 제39조 제2항의 경우에는 적용되지 않는다고 볼 것은 아니다. 제37조의 다른 조항의 경우에도 마찬가지로 해석해야 한다.

넷째, 과거 입법론으로 뉴욕협약이 적용되지 않는 중재에 대해서도 상호주의유보를 철회하고 집행결정으로 집행을 가능하게 하자는 의견을 피력했던[140] 저자는 2016년 중재법 하에서 뉴욕협약이 적용되지 않는 외국중재판정의 집행을 위하여 여전히 집행판결이 필요하다는 해석론은 수용하기 어렵다.

제39조 제2항에서 집행은 집행결정에 의함을 명시했더라면 좋았을 텐데 그렇게 하지 못한 것은 아쉽다. 이에 관하여 개정위원회에서 논의한 기억은 없다.

7. 대한상사중재원의 지위와 중재규칙의 제정과 승인

가. 대한상사중재원의 지위[141]

대한상사중재원은 국내외 상거래에서 발생하는 상사분쟁을 해결 예방함으로써 상거래질서를 확립하여 국민의 편익을 증진함을 설립목적으로, 민법 제32조(비영리법인의 설립과 허가) 및 산업자원부 설립허가 제142호(1970. 3. 21.)에 의거하여 설립된 사단법인이다.[142] 대한상사중재원은 1999년 중재법(제40조)에 따라 정부의 경비 보조를 받고 있다.[143] 중재의 활성화에 수반하여 대한상사중

140) 석광현, 국제사법과 국제소송, 제5권(2012), 722-723면.

141) 다양한 중재기관에 관하여는 장문철 외, "주요 각국의 중재기관의 독립성과 재정적 지원에 관한 법규 및 운영실태에 관한 연구", 2013년 법무부 연구용역 보고서, 32면 이하 참조.

142) 대한상사중재원 홈페이지(http://www.kcab.or.kr/jsp/kcab_kor/kcab/kcab_02.jsp?sNum=2&dNum=0) 참조.

143) 대한상사중재원의 주무관청이 산업통상자원부에서 법무부로 이관(2016. 6. 15.)되고, 법무부장관의 중재산업 진흥 기본계획 수립의무를 규정하는 "중재산업 진흥에 관한 법률"이 제정됨에 따라, 보조금 지급 대상 상사중재기관 지정권자를 '산업통상자원부장관'에서 '법무부장관 또는 산업통상자원부장관'으로 수정하기 위한 중재법 개정법률안이 2017. 6. 12. 입법예고되었다. http://www.moj.go.kr/ HP/COM/bbs_04/ShowData.do 참조. 그러나 이는 최근까지도 개정되지 않은 것으로 보인다. 위 진흥 법률에 관하여는 성준호, "중재산업진흥법의 주요내용과

재원의 전문성을 제고하고 중재를 보다 활성화하기 위한 국가·사회적 노력을 기울여야 한다.[144] 장래 대한상사중재원의 전문성 제고와 국제상사중재의 활성화라는 목표를 어느 정도 달성한 뒤에는 대한상사중재원 기타 중재기관을 정부로부터 독립한 기구로 운영할 필요가 있다.

1999년 중재법은 아래에서 보듯이 중재기관의 중재규칙 제정, 개정에 대한 대법원장의 승인권한을 명시하는 외에 중재기관에 관한 규정을 두지 않았으나,[145] 2016년 중재법은 1999년 중재법 제12조를 유지하면서 법원에서 전문성 및 신속성을 고려하여 필요할 때 중재인을 선정할 중재기관을 지정할 수 있도록 명시한다.

나. 중재규칙의 제정, 개정에 대한 대법원의 통제

1999년 중재법(제41조)에 따르면, 상사중재기관으로 지정받은 대한상사중재원은 중재규칙을 제정하거나 변경하는 때에는 대법원장의 승인을 얻어야 한다. 이는 중재규칙이 합리적인 내용을 담도록 보장하기 위한 것이다. 대한상사중재원의 전문성이 제고되면 적절한 시기에 중재규칙에 대한 대법원의 통제를 삭제할 수 있을 것이다. 2016년 중재법(제41조)도 대법원장의 승인권한을 여전히 규정하는데, 이는 아직은 시기상조라는 취지일 것이다.

XIII. 개정작업 과정에서 느낀 아쉬움과 개선할 점

1. 개정위원회의 구성

개정위원회의 위원 명단은 위에서 언급하였다. 대체로 중재업무를 다루거

발전적 운용", 중재연구 제27권 제4호(2017. 12.), 35면 이하 참조. [밑줄 부분은 이 책에서 새로 추가한 것이다.]

144) 이와 관련하여 2012년 법무부·서울시·대한변호사협회와 대한상사중재원의 지원 하에 공익사단법인인 서울국제중재센터가 문을 연 것은 환영하나 서울국제중재센터도 단순히 국제중재를 위한 장소와 물적 설비의 지원만을 담당하는 기구에 그쳐서는 아니 된다. 2018. 4. 20 대한상사중재원이 국제중재를 전담할 국제중재센터(KCAB International)를 출범시켰다. [밑줄 부분은 이 책에서 새로 추가한 것이다.]

145) 저자는 그런 권한을 대한상사중재원에 부여하는 것을 고려할 수 있다는 견해를 피력하였다. 석광현(註 3), 576면.

나 연구를 하는 전문가들로 구성된 것이다. 그러나 위원 중에는 중재판정의 집행을 위해 집행판결을 집행결정으로 전환하는 데 반대하는 위원도 있었다. 그들의 주장이 전적으로 틀린 것은 아니고 중재 친화적 개정에도 한계가 있음은 물론이지만, 한국을 매력적인 중재지로 만드는 것이 2016년 중재법 개정의 動因이라는 점을 위원들 전원이 인식하고 공감하였는지는 다소 의문이다. 또한 개정위원회에는 변호사 위원이 많았는데, 이 점은 2016년 개정의 동기가 1999년 중재법의 운용과정에서 실무상 제기된 문제점의 해소가 아니었던 점을 고려하면 다소 의외이다. 아마도 위원으로 참여하기를 희망한 실무가들이 많았기 때문일 것이다.

개정작업반은 개정의 착안점을 선정함으로써 개정위원회의 작업을 위한 기초를 제공한 점에서 일정한 역할을 하였으나, 개정작업반과 개정위원회 작업 간의 연계가 당초 기대만큼 유기적으로 이루어진 것은 아닌 것 같다.

2. 관여 검사들의 역할의 중요성

입법작업을 하는 과정에서 법무부의 검사들이 개정위원회의 회의에 참여한다. 이는 주로 행정적인 업무를 담당하기 위한 것이므로 필요하다. 하지만 담당 검사는 형사분야가 아닌 경우에는 개정작업의 실체에 대해서는 전문성이 없는 경우가 대부분이고, 수사를 담당하다가 법무부에 전보된 검사가 전문성을 가질 것을 기대할 수도 없다. 장래에는 당해 분야에 전문성을 가진 법무부 소속 담당자(그가 검사이든 아니든 간에)가 개정위원회에 참가하는 날이 오기를 기대한다. 우리나라가 입법 과정에서 한 단계 발전하자면 그러한 제도적 개선이 필요하다. 이는 근자에 논의되는 법무부의 문민화와 연계하여 검토할 필요가 있다.

3. 법무부의 용역 관리의 아쉬움

개정작업반과 개정위원회에서는 개정작업에 도움을 받기 위해 여러 건의 용역을 발주하였다. 그 결과 제출된 용역보고서 중에는 "중재의 대상적격에 관한 연구"(강수미 교수), "중재절차에서 임시적 처분제도의 개선 방안"(정선주 교수), "소비자중재와 근로자중재의 제문제"(정선주 교수), "주요 각국의 중재기관의 독립성과 재정적 지원에 관한 법규 및 운영실태에 관한 연구"(장문철 교수 외), "중재절차에서의 법원 관여 쟁점에 관한 연구"(이준상 변호사)와 "중재판정의 승인 및 집행절차의 개선방안 연구"(이호원 교수) 등이 있었다. 모든 용역보고서를 공중이 접근할 수 있도록 한다면 2016년 중재법의 해석에 도움이 되고, 자료가 부족한 한국 중재법학계와 실무계에 크게 도움이 될 것이다. 다만 입법과정에서 발주하는 용역보고서의 경우 쟁점의 논의에 그칠 것이 아니라 조문안을 제시해야 실익이 큼에도 불구하고 일부 용역보고서의 경우 그런 고려가 부족하였다.[146] 요구사항을 분명히 하지 못한 발주자의 잘못인지 모르겠으나 앞으로는 용역 관리에 더 신경을 써야 한다.

4. 개정위원회에 이은 후속작업

개정위원회가 성안한 문언이 그 후 법제처와 국회를 거치는 과정에서 수정된 부분이 있다. 이는 충분히 예견할 수 있고 필요하다면 당연히 수정해야 한다. 다만 그 과정에서 합리적 근거 없이 잘못된 방향으로 수정하는 일은 없어야 한다. 예컨대 위에서 본 제3조 제1호(중재의 정의), 제17조 제6항(중재판정부의 판정 권한에 관한 결정)과 제35조 단서(중재판정의 효력) 등의 경우 수정되는 과정에서 문제가 발생하였다고 생각한다. 앞으로는 이런 일이 발생하지 않도록 유념할 필요가 있다. 이는 법무부가 법률안이 국회를 통과할 때까지 개정위원회 또는 적어도 위원장과 의견교환을 함으로써 달성해야 할 과제이다.

XIV. 맺음말

1958년 뉴욕협약의 채택 이후 중재규범을 통일 내지 조화하기 위하여 꾸준한 국제적 노력이 있었고 한국도 그런 체제에 적극 참여한 결과 어느 정도 국제적으로 검증된 중재규범을 가지게 되었다. 즉 우리나라는 1999년 모델법을 수용함으로써 국제적으로 검증된 중재법을 가지게 되었고, 2016년 중재법을 통하여 개정 모델법을 수용함으로써 미비점을 개선하였다. 2016년 개정의 중요한

146) 이준상(註 71), 92면 이하는 조문시안을 제시하는 점에서 모범적이었다.

착안점은 첫째, 중재합의의 서면요건을 완화한 점, 둘째, 중재인이 할 수 있는 임시적 처분을 확대한 점과 셋째, 중재판정의 집행을 위하여 집행결정제를 도입한 점 등이다. 이는 대체로 저자가 제시한 개정방향과 부합하므로 저자는 2016년 중재법을 환영한다. 다만 중재가능성에 관한 개정위원회의 제안이 국회에서 변질된 것은 유감이고, 중재판정 취소의 성질이 다소 변형된 것은 아쉽다. 어쨌든 개정위원회의 위원장을 맡았던 이호원 교수님을 비롯하여 2016년 중재법이 발효되도록 노력하신 분들의 노고를 치하한다. 중재를 유치하려는 일부 국가들 간에는 경쟁이 심화되고 있는 것이 현재의 상황인데, 앞으로는 2016년 중재법을 실무에 적용하면서 드러나는 문제점을 꾸준히 개선해 나가야 한다. 그 과정에서 중재에 호의적이면서도 필요하다면 한국 독자적인 요소를 가미한 중재법을 성안할 수 있도록 노력해야 한다. 저자는 중재산업 진흥을 위한 근자의 정부와 중재전문가들의 노력을 환영하지만, 그 과정에서 한국 중재법학의 중요성에 대한 인식이 부족한 것이 아닌가 우려된다. 이는 비단 중재법학만이 아니라 우리 법의 국제화현상에 수반하여 공통적으로 제기되는 문제이다. 앞으로 한국 중재법학을 발전시키기 위한 노력이 필수적임을 강조하고자 한다.

후 기

1999년 개정 중재법에 관하여 쓴 글에서는 경과규정을 다루었으나 위 글에서는 경과규정을 다루지 않았다. 주요국 중재법의 비교는 사법정책연구원, 중재 활성화를 위한 법원의 역할(2018), 15면 이하 참조.

저자는 2016년 중재법에 관하여 위 글 외에도 2개의 논문을 발표하였고 이를 이 책에 수록하였다.

- 석광현, "2016년 중재법에 따른 국내중재판정의 효력, 취소와 승인·집행에 관한 법리의 변화", 한양대학교 법학논총(2017. 3.), 461면 이하(이 책 [5] 논문)

- 석광현, "2016년 중재법에 따른 중재판정부의 임시적 처분: 민사집행법에 따른 보전처분과의 정합성에 대한 문제 제기를 포함하여", 국제거래법연구 제26집 제1호(2017. 7.), 107면 이하(이 책 [4] 논문)

위 글의 간행 후에 아래 문헌이 간행되었다.

- 목영준·최승재, 상사중재법, 개정판(2018)

저자는 2007년 국제상사중재법연구 제1권을 간행하면서 머리말에서 목영준 헌법재판소 재판관께서 商事仲裁法論(2000)을 간행한 데 대해 경의를 표시하였다. 그러나 위 개정판은 추상적 찬사를 담은 김화진 교수의 서평(법률신문 제4627호(2018. 8. 13.), 13면)도 있지만 저자가 보기에는 여러 모로 아쉬움이 있다. 개정판은 2016년 중재법에 따른 개정을 반영하기는 하지만 평면적 소개에 그칠 뿐이고 반드시 다루어야 할 논점을 다루지 않는다. 예컨대 중재가능성, 중재판정 취소의 소의 법적 성질과 외국중재판정에 대한 우리 법원의 승인(또는 승인재판)의 요부 등에 관하여 2016년 중재법이 어떤 변화를 초래하였는지에 대하여 위 개정판은 침묵하고 있다. 기대가 컸던 만큼 아쉬움도 크다는 점을 밝혀 둔다.

[4] 2016년 중재법에 따른 중재판정부의 임시적 처분: 민사집행법에 따른 보전처분과의 정합성에 대한 문제 제기를 포함하여

前 記
이 글은 국제거래법연구 제26집 제1호(2017. 7.), 107면 이하에 수록한 글로서 명백한 오타와 오류를 제외하고는 원칙적으로 수정하지 않은 것이다. 다만 사소하게 수정한 부분은 밑줄을 그어 표시하였다. 참고할 사항은 말미의 후기에 적었다.

Ⅰ. 머리말

소송의 경우 판결절차에 의하여 사법상의 의무가 확정되더라도 당사자가 자발적으로 그 의무를 이행하지 않는 때에는 채권자는 국가의 강제력을 빌려 사법상의 의무를 실현할 수 있다. 이를 위한 절차가 '민사집행절차'이다. 그런데 강제집행에 앞서 채권자가 아무런 조치를 취하지 않으면 장래 강제집행이 불가능하게 되거나 회복할 수 없는 손해가 발생할 염려가 있으므로 채권자로서는 채무자 재산의 처분 또는 현상의 변경을 금지함으로써 장래의 강제집행을 보전할 필요가 있다. 이를 위한 절차가 '보전처분절차' 또는 '보전소송'이다.[1] 이는 '잠정적인 구제수단'이다. 우리 민사집행법은 일본을 통하여 독일 민사소송법을 계수한 것으로 현재는 민사집행절차와 보전처분절차를 규율한다.

한편 당사자들은 분쟁해결의 방법으로 중재를 선택한 경우에도 법원에 보전처분을 신청할 수 있다. 문제는 당사자들이 중재판정부에 보전처분에 상응하는 잠정적 구제를 신청할 수 있는가인데 이에 대한 태도는 입법례에 따라 다르다.[2] 과거 우리 중재법은 임시적 처분에 대해 침묵하였으나, 1999년 중재법은 국제연합 국제거래법위원회(UNCITRAL. 이하 "UNCITRAL"이라 한다)가 1985년 채택한 "국제상사중재에 관한 모델법"(이하 "모델법"이라 한다)을 수용함

---

1) 이를 '신속한 판결절차'라고도 부른다. 이시윤, 신민사소송법, 제8판(2014), 36면.

2) 임시적 처분에 관한 각국의 입법례는 손경한 외, "중재판정부의 임시적 처분 등에 대한 법원의 역할", 대법원 용역보고서(2015. 10.), 45면 이하 참조.

으로써 중재판정부가 임시적 처분을 할 수 있음을 명시하였다. UNCITRAL은 임시적 처분제도를 개선하고자 2006년 모델법을 개정하고 제4장의2로 '임시적 처분과 사전명령'이라는 장을 신설하였다(이하 "개정 모델법"이라 한다). 2016. 11. 30. 시행된 우리 중재법(이하 "2016년 중재법"이라 한다)은 임시적 처분에 관한 조문 중 사전명령에 관한 조문을 제외한 나머지 조문을 수용하였다. 법무부는 2013년 3월 중재법 개정위원회(이하 "개정위원회"라 한다)를 구성하였고 동 위원회는 2014. 10. 31.까지 20회에 걸쳐 회의를 열어 각 개정논점에 관하여 검토한 후 개정초안을 작성하였다.3)

여기에서는 2016년 중재법이 도입한 임시적 처분에 관한 조문을 아래 순서로 논의한다. 임시적 처분에 관한 우리 중재법 조문의 변천(Ⅱ.), 중재판정부의 권한과 임시적 처분의 범위와 유형(Ⅲ.), 임시적 처분의 요건(Ⅳ.), 일방적 임시적 처분(*ex parte* interim measures)의 허용 여부(Ⅴ.), 중재판정부의 임시적 처분의 변경, 정지와 취소(Ⅵ.), 임시적 처분에 대한 담보(Ⅶ.), 임시적 처분으로 인한 비용과 손해배상(Ⅷ.), 사정의 변경과 신청 당사자의 고지의무(Ⅸ.), 임시적 처분의 승인 및 집행(Ⅹ.), 법원의 보전처분과 중재판정부의 임시적 처분의 관계(XI.)와 맺음말(XII.). XI에서는 우리 민사절차법상 독일 민사소송법에서 유래하는 '법원의 보전처분'과 모델법에서 유래하는 '중재판정부의 임시적 처분'이라는 잠정적 구제수단이 병존하는 상황에서 양자의 異同에 주목하고 양자의 관계를 논의한다.

Ⅱ. 임시적 처분에 관한 우리 중재법 조문의 변천

1. 임시적 처분에 관한 1999년 중재법의 태도와 개정 모델법

법제에 따라서는 중재판정부에게 임시적 처분을 할 수 있는 권한을 부여하지 않는다.4) 1999년 이전에는 우리 중재법도 임시적 처분에 관하여 규정하지

3) 2016년 중재법을 성안하기 위한 개정작업의 경위는 강태훈, "중재판정 집행재판의 개정에 관한 검토", 저스티스, 통권 제151호(2015. 12.), 356면 이하 참조. <u>저자는 당초 발표한 위 글에서 개정위원회의 일자와 횟수를 잘못 적었기에 본문과 같이 바로 잡았다.</u> [밑줄 부분은 이 책에서 새로 추가한 것이다.]

4) 예컨대 중국 민사소송법상으로는 중재위원회는 직접 임시적 처분을 할 수는 없고 당사자의

않았으나, 1999년 중재법(제18조 제1항 제1문)은 모델법(제17조 제1문)을 받아들여 당사자의 신청에 따라 중재판정부가 결정으로 임시적 처분을 할 수 있음을 명시하였다.[5] 다만 임시적 처분의 종류는 제한적이었고 법원을 통한 집행은 불가능하였다.[6]

한편 개정 모델법은 제4장의2(Chapter Ⅳ A)로 '임시적 처분과 사전명령'이라는 장을 신설하여 모델법 제17조를 유지하면서 정치한 조문을 추가하여 제17조부터 제17조J까지 체계적으로 규정한다.[7] 개정 모델법은 중재판정부가 내릴 수 있는 임시적 처분의 종류와 요건, 사전명령, 법원의 임시적 처분, 임시적 처분의 승인 및 집행에 관한 조문을 신설하였다. 이는 당사자들이 임시적 처분을 요구함에도 불구하고, 모델법과 일부 국내법이 임시적 처분의 범위와 요건을 명시하지 않고 그의 집행을 규정하지 않는 탓에 중재의 효율성이 훼손될 우려가 있다는 실무가들과 중재기관들의 보고서를 기초로 UNCITRAL이 개선의 필요성을 긍정하였기 때문이다.[8] 개정 모델법의 가장 큰 성과 중의 하나는 임시적 처분에 대하여 법원을 통한 집행을 가능하게 한 것인데, 실제로 개정 모델법 채택 후 여러 나라들이 임시적 처분의 집행을 허용하게 되었다.[9] 특히

신청을 인민법원에 이송할 수 있을 뿐이라고 한다. 윤진기, 중국중재제도(1998), 141면. 이탈리아와 아르헨티나 등도 그렇다고 한다. 임성우, 국제중재(2016), 5.133. 비교법적 고찰은 이규호, "중재인의 임시적 처분 및 이에 대한 법원의 역할의 비교법적 분석", 국제사법연구, 제23권 제1호(2017. 6.), 409면 이하 참조.

5) 모델법의 조문은 1976년 UNCITRAL 중재규칙(제26조 제1항, 제2항)을 따른 것이다.

6) 1999년 이후에도 중재법이 일부 개정되었으나 이는 한글화를 위한 것이었고 임시적 처분에 관한 변경은 없었으므로 1999년 중재법과 비교하기로 한다.

7) 개정 모델법의 문언은 http://www.uncitral.org/uncitral/en/uncitral_texts/arbitration/1985Mo del_arbitration. html 참조. 상세는 Howard M. Holtzmann, Joseph E. Neuhaus, Edda Kristjánsdóttier and Thomas W. Walsh, A Guide To The 2006 Amendments to The UNCITRAL Model Law On International Commercial Arbitration: Legislative History and Commentary (2015) 참조. 이하 위 책을 "Holtzmann *et al.*"이라고 인용한다. 우리 문헌은 노태악 · 구자헌, "최근 UNCITRAL 모델 仲裁法의 개정논의 결과와 國內法에의 示唆 —仲裁合意의 書面性과 仲裁判定部의 臨時的 處分을 중심으로", 국제규범의 현황과 전망 —2006년 국제규범연구반 연구보고— (2006), 492면; 강병근, "UNCITRAL 모델중재법의 개정 —제39차 유엔국제 무역법위원회 본 회의를 중심으로—", 한림법학 FORUM, 제17권(2006), 9면 이하; 한민오, "국제상사중재에 있어서 중재판정부의 임시적 처분에 관한 연구", 서울대학교 대학원 법학석사학위논문 (2012. 2.) 참조.

8) Holtzmann *et al.*, p. 165.

9) 법무부, 조문별 개정이유서(중재법 일부개정법률안), 5 제18조(임시적 처분), 2. 개정 이유(입법례 등)에 따르면, 홍콩, 오스트리아, 독일(제1041조), 스위스, 영국 등은 임시적 처분의 집행에 관하여 별도 규정을 두고 있고, 프랑스는 중재판정부가 임시적 처분에 대하여 벌금을 병과할 수 있도록 하고 있으며, 뉴질랜드는 개정 모델법 17조 전부를 도입하였다고 한다.

UNCITRAL은 상황에 따라서는 집행가능한 임시적 처분은 본안에 관한 최종 중재판정만큼이나 중요하다는 견해를 피력하였다.[10] 하지만 이런 식으로 정치한 규칙을 두는 것이 반드시 바람직한지는 논란의 여지가 있다.[11]

개정 모델법상 임시적 처분은 상대방에 대한 통지 후에 내려지고, 당사자는 관할법원에 집행을 신청할 수 있으며 법원은 거부사유가 없는 한 이를 승인하고 집행해야 한다. 한편 사전명령(preliminary orders. 또는 *ex parte* interim measures)은 임시적 처분의 집행을 확보하기 위하여 상대방에 대한 심문 없이 일방 당사자의 신청에 의하여 내려지는 것으로 20일 동안만 효력이 있으며 집행의 대상이 되지 않는다.

2. 2016년 중재법에 의한 임시적 처분에 관한 정치한 규칙의 도입

중재판정부가 임시적 처분을 할 수 있는지와 그 요건은 중재지법, 보다 정확히는 중재절차의 준거법[12]에 따를 사항이다. 이는 중재판정부의 권한에 관한 사항이기 때문이다.[13] 2016년 중재법은 개정 모델법을 수용하여 제3장의2에서 임시적 처분에 관한 정치한 규정을 도입하고 그 집행을 가능하게 하였는데, 이는 2016년 중재법 개정의 중요한 착안점의 하나이다. 2016년 중재법은 개정 모델법의 제17조부터 제17조J[14]까지의 조문 중 사전명령제도에 대한 조문을 제외한 나머지 조문을 수용하였다(임시적 처분에 관한 1999년 중재법과 2016년 중재법의 대비는 아래(Ⅹ.) 참조).[15]

---

10) Holtzmann *et al.*, p. 165.

11) 일부 논자는 현재 발전 중에 있고 사안별로 그리고 임시적 처분의 유형별로 개별화할 필요가 있는 기준이 고착화된다고 비판하였다. Gary B. Born, International Commercial Arbitration, Volume Ⅱ (2009), p. 1976 이하 참조.

12) 우리 중재법상으로는 중재절차의 준거법은 중재지법인 한국법이고 그와 다른 준거법을 선택하는 것은 허용되지 않는다. 석광현, 국제상사중재법연구, 제1권(2007), 76면.

13) Jeffrey Golden and Carolyn Lamm, International Financial Disputes: Arbitration and Mediation (2015), para. 12.19; 한민오(註 7), 37면도 동지. 임시적 처분을 위한 요건의 준거법에 대하여 ① 중재지법, ② 당사자 간의 계약의 준거법과 ③ 국제적 기준(중재판정 등으로부터 도출되는)이라는 세 가지 견해가 있다. 그러나 우리처럼 개정 모델법을 채택한 경우 이는 중재지법설을 성문화한 것이 된다.

14) '제17조J'와 '제17J조' 중 어느 것이 적절한 표기인지는 논란의 여지가 있으나 우리말로는 전자가 익숙한 탓에 전자를 취하였다. 그러나 이는 기술적 문제이다.

15) 참고로 2010년 개정된 UNCITRAL 중재규칙 제26조도 개정 모델법과 유사한 임시적 처분

주의할 것은, 개정 모델법과 달리 2016년 중재법상 임시적 처분의 승인 및 집행은 한국 내에서 내려진 임시적 처분에 한정되는 점이다. 그러나 이는 외국에서 내려진 임시적 처분의 승인 및 집행을 거부한다는 취지는 아니고 그것은 종래와 같이 처리한다는 것이다. 따라서 "외국중재판정의 승인 및 집행에 관한 1958년 뉴욕협약"(이하 "뉴욕협약"이라 한다)이 적용되는 외국의 임시적 처분의 승인 및 집행은 뉴욕협약에 따른다.

Ⅲ. 중재판정부의 권한과 임시적 처분의 범위와 유형

1. 임시적 처분을 할 수 있는 중재판정부의 권한

1999년 이전에는 우리 중재법도 임시적 처분에 관하여 규정하지 않았으나, 1999년 중재법(제18조 제1항 제1문)은 모델법(제17조 제1문)을 수용하여 중재판정부가 당사자의 신청에 따라 결정으로 임시적 처분을 할 수 있음을 명시하였는데 이는 2016년 중재법에서 더욱 확대되었다.

2. 임시적 처분의 범위와 유형

1999년 중재법은 임시적 처분의 종류를 열거하지 않고 "중재판정부는 … 분쟁의 대상에 관하여 … 임시적 처분을 내릴 수 있다"고 규정하였으므로(제18조 제1항) 중재판정부가 할 수 있는 임시적 처분은 '분쟁의 대상에 관한 것'에 한정되었다. 따라서 다툼의 대상(즉 계쟁물)에 관한 처분금지가처분이나 점유이전금지가처분 등은 가능하였으나, 피신청인의 다른 재산에 대한 가압류 또는 동결과 소송유지(留止)명령 기타 현상유지를 위한 임시적 처분은 허용되지 않았다.[16] 반면에 2016년 중재법 제18조는 개정 모델법 제17조를 따라 중재판정부가 일방 당사자의 신청에 따라 필요하다고 인정하는 다양한 유형의 잠정적 처분(temporary measure)을 임시적 처분으로 할 수 있음을 명시함으로써 그 범위

에 관한 정치한 규정을 두고 있으나 사전명령에 관한 조문은 두지 않는다. 중재규칙 성안 과정에서 찬반론의 소개는 이준상, "UNCITRAL 중재규칙 개정작업의 현황과 전망", 국제규범의 현황과 전망(상)(2010), 166면; 임성우(註 4), 5.142 참조.

16) 목영준, 상사중재법(2011), 187면; 석광현(註 12), 73면.

를 확대하였다.[17]

UNCITRAL의 작업반(Working Group을 말한다)은, 임시적 처분의 유형을 규정하면 중재판정부의 재량을 제한할 우려가 있다는 견해도 있었으나 임시적 처분을 명할 수 있는 중재판정부의 권한에 대한 확실성을 제고할 것이라는 이유로 임시적 처분의 유형을 열거하기로 하였다.[18] 작업반은 그것이 임시적 처분이 요구될 수 있는 모든 가능한 상황 또는 임시적 처분이 달성하려는 모든 목적을 커버하는 것으로 보았다.[19] 그렇지만 이는 임시적 처분의 구체적 유형을 망라적으로 규정하는 것은 아니라고 보인다.[20]

제18조 제2항이 열거하는 임시적 처분은 아래 4가지 유형의 이행을 명하는 것이다.

첫째, 본안에 대한 중재판정이 있을 때까지 현상의 유지 또는 복원(제2항 제1호). 예컨대 중재판정부는 피신청인에게 현상유지를 위하여 부작위의무의 이행을 명할 수 있다. 이는 우리 민사보전법상 '임시지위를 정하는 가처분'에 상응한다. 민사집행법상 만족적 가처분(또는 단행가처분)[21]도 가능한데 2016년 중재법은 그에 상응하는 임시적 처분을 언급하지 않는다. 제1호가 "현상의 유지 또는 복원"이라고 규정하므로 현상을 '변경'하는 만족적 가처분에 상응하는 임시적 처분이 가능한가라는 의문이 있을 수 있으나 이는 잠정적이고 중재법 조문이 개정 모델법처럼 예시적 열거라고 보므로 가능하다. 개정위원회도 이를 당연한 것으로 전제하였다.[22][23]

---

17) 강학상 임시적 처분의 유형은 그 목적에 따라 ① 손해를 회피하기 위하여 하는 처분(현상유지를 위한 임시적 처분도 이에 포함된다), ② 장래의 중재판정의 집행을 촉진하기 위한 처분(자산동결처분도 이에 포함된다)과, ③ 중재절차의 진행을 촉진하기 위한 처분이 있다. A/CN.9/WG.II/WP.119, paras. 16-18, A/CN.9/468, para. 81 참조. 이 부분은 노태악・구자헌(註 7), 490면 이하 참조.

18) Holtzmann *et al*., p. 166.

19) Holtzmann *et al*., p. 166.

20) A/CN.9/545, para. 21 참조. 박진수, "개정 중재법에 따른 임시적 처분의 활용 범위 및 실무 개선방안", 2016. 11. 18. 법원행정처와 서울국제중재센터가 공동으로 개최한 개정 중재법의 실무적 쟁점 및 운영방안 심포지엄 자료, 8면도 동지.

21) 민사집행법상 '만족적 가처분'(Befriedigungsverfügung. 또는 '단행가처분')은 임시지위를 정하는 가처분이다. 이시윤, 신민사집행법, 제6보정판(2014), 627면; 권창영, 민사보전법, 제2판(2012), 8면 이하. 정선주, "가처분절차에서의 소명", 민사소송, 제13권 제2호(2009. 11), 265면. 그러나 위 권창영, 9면은 만족적 가처분과 단행가처분을 구별한다.

22) 정선주, "『중재절차에서 임시적 처분제도의 개선 방안』", 2012년도 법무부 연구용역 보고서, 24면도 동지. 다만 김갑유 외, 중재실무강의(2016), 273면은 2016년 중재법 하에서 만족적 처분도 가능하다고 해석할 여지가 있다고 하면서 조심스러운 태도를 취한다. 구 중재법

부작위의무의 이행을 명하는 임시적 처분에 대한 집행단계에서 법원은 채권자의 신청에 따라 간접강제결정(예고결정)을 하고 채무자가 이를 고지받고도 이행하지 않으면 간접강제결정을 집행권원으로 하여 금전집행의 방법으로 배상금을 추징한다.[24] 중재판정부가 스스로 임시적 처분과 함께 간접강제결정을 하고 강제금(또는 제재금)을 부과할 수 있는가라는 의문이 있는데 이는 아래(3.)에서 논의한다.

둘째, 중재절차 자체에 대한 현존하거나 급박한 위험이나 영향을 방지하는 조치 또는 그러한 위험이나 영향을 줄 수 있는 조치[25]의 금지.[26] 제18조는 소송유지명령이라는 용어를 사용하지는 않으나 이 유형은 소송유지명령 기타 중재절차의 진행을 촉진하기 위한 임시적 처분을 포함한다. 소송유지명령을 포함시키는 데 대하여는 UNCITRAL에서 논란이 많았다. 부정설은 이를 허용하지 않는 국가도 많고, 이는 항상 잠정적 조치는 아니라는 점을 지적하였으나, 긍정설은 그것이 점차 확산되고 있고 중재절차를 보호하는 중요한 목적에 봉사한다는 점과, 이를 허용하지 않는 국가에서는 그의 승인 및 집행단계에서 적절히 차단할 수 있다는 점을 지적하였다.[27]

셋째, 중재판정의 집행대상인 자산에 대한 보전 방법의 제공. 작업반은 '자산의 보전'은 자산의 확보를 포함하고 이는 법적 보증 또는 담보의 제공을 요

하에서는 불가능한 것으로 보았다. 목영준(註 16), 187면. 그러나 권영준, 2016. 11. 18. 법원행정처와 서울국제중재센터가 공동으로 개최한 개정 중재법의 실무적 쟁점 및 운영방안 심포지엄 자료, 지정토론1, 42면은 2016년 중재법의 문언을 근거로 예시적 열거라는 견해에 의문을 표시한다.

23) 개정위원회에서 2016년 중재법에서 임시적 처분의 범위를 확대하여 만족적 가처분에 해당하는 효력을 가지는 임시적 처분도 가능하도록 하는 것은 매우 위험할 수 있고, 절차적으로 상대방의 보호가 미흡할 수밖에 없는 임시적 처분에 대하여 그 대상을 당해 분쟁의 대상으로 제한하는 것이 타당하다는 반론이 있었다. 법무부(註 9), 4. 입법추진과정에서 논의된 주요내용 참조.

24) 박진수(註 20), 13면; 법원실무제요, 민사집행[Ⅲ](2014), 600면 이하.

25) 개정 모델법은 위험이나 영향에 관하여 요구되는 증거의 정도를 규정하는데, 당사자가 그런 위험이나 영향을 방지하는 조치를 적극적으로 취해야 하는 경우와 그런 위험이나 영향을 줄 수 있는 조치를 소극적으로 취하지 않아야 하는 경우를 구분한다. 전자의 경우 'would', 후자의 경우 'is likely to cause'를 사용함으로써 전자의 경우 중재판정부가 더 신중하게 행위할 것을 요구한다. Holtzmann *et al.*, pp. 167-168. 그러나 2016년 중재법의 문언에서는 이런 구분이 잘 드러나지 않는다.

26) 표현상의 문제이나 제2항의 본문과 제2호를 묶어서 읽으면 당사자에게 금지를 이행하도록 명한다는 것이 되어 다소 어색하다. 중재판정부가 금지를 명하는 것이지 당사자에게 이행을 명하는 것은 아니기 때문이다.

27) Holtzmann *et al.*, p. 167.

구하는 것으로 이해하였다.[28)] 이는 민사집행법상의 가압류와 가처분 등에 상응하는 임시적 처분과 자산동결명령을 포함한다. 2016년 중재법에서는 가압류와 가처분이라는 도식적 구별은 없으나, 임시적 처분의 효력도 당사자에게만 미치므로 제3자에게 의무를 부과하는 임시적 처분은 원칙적으로 할 수 없고, 가사 하더라도 제3자에게는 효력이 없다.[29)]

넷째, 분쟁해결과 관련된 중요한 증거 보전. 보전의 대상이 되는 증거는 모든 증거가 아니라 관련성과 중요성(relevance and materiality)이 있는 증거에 한정된다.

우리 민사집행법은 독일 민사소송법을 따라 보전처분의 유형을 ① 금전채권의 보전을 위한 가압류와 ② 가처분으로 이원화하고, 후자를 다시 ②-1 '다툼의 대상에 관한 가처분', 즉 금전채권 이외 특정채권의 보전을 위한 가처분과, ②-2 '임시지위를 정하는 가처분(Regelungsverfügung)', 즉 현재의 위험에 대한 보전수단인 가처분으로 분류한다. 우리 민사집행법상 가압류와 '다툼의 대상에 관한 가처분'은 셋째 유형의 임시적 처분에 상응하고, '임시지위를 정하는 가처분'은 첫째 유형의 임시적 처분에 상응하며, 우리 법상 증거보전은 넷째 유형의 임시적 처분에 상응한다. 2016년 중재법은 가압류와 가처분의 도식적 구분을 알지 못하는데 이는 우리 민사집행법의 분류가 당연한 것은 아니라는 점을 보여준다.

개정 모델법은 1999년 중재법처럼 임시적 처분을 결정의 형식으로 할 것을 요구하는 대신 '중재판정 또는 다른 형식으로(whether in the form of an award or in another form)' 할 수 있음을 명시한다. 임시적 처분의 승인 및 집행 단계에서도 임시적 처분이 어떤 형식일 것을 요구하지 않는다. 2016년 중재법도 임시적 처분의 형식을 명시하지 않는다.

제18조 제1항이 명시하듯이 2016년 중재법상 당사자는 합의에 의하여 중재판정부가 할 수 있는 임시적 처분의 범위를 제한하거나 확장할 수 있고 이는 중재규칙의 지정에 의하여도 가능하다.[30)] 다만 제3장의2가 모두 임의규정인지

28) Holtzmann *et al.*, p. 168. A/CN.9/545, para. 26 참조. 2016년 개정 전의 중재법(제18조 제1항 제2문)은 "중재판정부는 피신청인이 임시적 처분을 갈음하여 제공할 담보의 금액을 정할 수 있다"고 규정하였으나 이는 삭제되었다. 그러나 본문처럼 피신청인의 담보제공이 이에 포함된다면 위 조문의 삭제에도 불구하고 이는 여전히 가능하다고 본다.

29) 김갑유 외(註 22), 276면; 박진수(註 20), 10면 이하. 임시적 처분의 효력에 관하여는 보전처분의 효력에서 보듯이 다양한 논점이 제기될 수 있으므로 더 체계적 연구가 필요하다.

30) Stein/Jonas/Schlosser, Kommentar zur Zivilprozessordnung, 22. Auflage, Band 9 (Ⅱ/2002), §

는 더 검토할 필요가 있다.

3. 중재판정부에 의한 간접강제결정과 강제금 부과의 가부

중재판정부가 채무자에게 부대체적 작위의무 또는 부작위의무를 부과하면서 위반 시 늦어진 기간에 따라 일정한 배상을 하도록 명하거나 즉시 손해배상을 하도록 명하는 방법으로 임시적 처분 또는 중재판정과 함께 간접강제결정을 할 수 있는가라는 의문이 있다. 이 점은 종래 논란이 있는데,[31] 저자의 연구가 부족한 탓에 여기에서는 쟁점을 간단히 소개한다.[32]

첫째, 중재판정부가 국가에 귀속되는 독일식의 강제금(Zwangsgeld[33])을 부과할 근거는 없다. 둘째, 중재지의 중재법에 임시적 처분 또는 중재판정 위반에 대하여 간접강제결정에 기한 배상금에 상응하는 금원(이하 편의상 "강제금"이라 부른다)을 부과할 수 있다는 근거 조문이 있으면 중재판정부는 강제금을 부과할 수 있다.[34] 당사자들이 중재판정부가 강제금을 부과할 수 있다는 취지의 합

1041, Rn. 8.

31) 법원이 가처분결정에서 간접강제를 명할 수 있음은 의문이 없고, 본안판결에서는 변론종결 당시에 보아 집행권원이 성립하더라도 채무자가 그 채무를 임의로 이행할 가능성이 없음이 명백하고, 그 판결절차에서 채무자에게 간접강제결정의 당부에 관하여 충분히 변론할 기회가 부여되었으며, 민사집행법 제261조에 의하여 적정한 배상액을 산정할 수 있는 경우에는 그 판결절차에서도 간접강제결정을 할 수 있다. 대법원 2013. 11. 28. 선고 2013다50367 판결. 상세는 오흥록, "간접강제에 대한 몇 가지 검토—집행문 부여 절차, 청구이의의 소를 중심으로—", 민사판례연구, 제37집(2015), 934면 이하 참조.

32) 여기의 논의는 대체로 본안에 관하여도 타당할 것이나 임시적 처분을 심리하는 중재인이 본안 심리를 하므로 당사자는 사실상 심리적 압박을 받게 되어 임시적 처분을 이행할 가능성이 크므로 중재판정부가 굳이 간접강제명령을 하지는 않을 가능성이 크다.

33) 독일 민사소송법상 간접강제로서 부과되는 강제금(Zwangsgeld)은 오로지 강제이행을 목적으로 하는 압박수단이며(제888조 제1항), 채권자의 손해배상 청구권과는 무관하다(동법 제893조 참조). 김형석, "강제이행—특히 간접강제의 보충성을 중심으로—", 서울대학교 법학, 제46권 제4호(통권 제137호)(2005. 12.), 245면.

34) 네덜란드 민사소송법(제1056조)은 중재판정을 따르지 않은 것에 대해 강제금(영문번역은 penalty)을 부과할 수 있음을 명시하는데, 이는 2015년 개정 민사소송법에서도 유지되고 있다. 이는 중재판정에 관한 절(Section Three)에 있는 규정이다. 영문은 http://www.nai-nl.org/down loads/Text%20Dutch%20Code%20Civil%20Procedure.pdf 참조. UNIDROIT의 국제상사계약원칙(제7.2.4조)은 중재인이 사법적 제재금(judicial penalty)을 부과할 수 있음을 명시한다. 제1.11조. 주석 6은 아래와 같은 취지로 설명한다. 위와 같은 태도를 위한 것은 특히 국제상거래에서 대체적 분쟁해결수단으로서 중재인의 역할이 점차 중요해지는 추세에 맞춘 것이다. 중재인이 부과한 제재금의 집행은 법원에 의하거나 법원의 협조가 있어야만 가능하므로 혹시 있을 수 있는 중재인의 권한남용을 막는 적절한 감시가 가능하다. [밑줄 부분은 이 책에서 새로 추가한 것이다.]

의를 한 경우에도 같다.

문제는 2016년 중재법에서처럼 중재법에 조문이 없고 당사자의 합의도 없는 경우에 중재판정부가 임시적 처분을 하면서 채권자에게 귀속되는 프랑스의 아스트렝트(astreinte)[35]나 그를 모델로 삼은 우리 민사집행법에서 보는 바와 같은 강제금의 지급을 명할 수 있는가이다. 이에 관하여는 견해가 나뉠 수 있다.[36] 부정설은 강제금은 집행제도의 일부이거나 이를 보완하기 위한 것이거나 일종의 법정 제재이므로[37] 법원이 담당하는 집행의 영역에 속하고 중재판정부는 할 수 없다거나, 법률상의 근거가 없으면 할 수 없다고 본다. 반면에 긍정설은 아래와 같이 주장할 수 있다. 첫째, 강제금은 기본적으로 손해배상금의 성질을 가지므로 중재판정부도 강제금을 부과할 수 있다. 둘째, 중재판정부의 강제금 지급 명령을 이행하지 않으면 그 집행을 위하여 법원의 집행결정을 받아야 하므로[38] 강제금의 지급을 명하는 것 자체는 집행은 아니라고 본다. 셋째, 중재판정부는 법원보다 유연한 처분을 할 수 있으므로 강제금을 민사제재라고 보더라도 가능하다. 근자에 우리나라에서도 긍정설이 보인다.[39]

---

35) 아스트렝트는 '이행을 명하는 법원의 재판을 채무자가 자발적으로 이행하도록 심리적 압박을 가하기 위하여 판사가 주된 이행명령에 부과하여 선고하는 금전이행명령'이다. 이무상, "프랑스법에서의 아스트렝트(astreinte)에 관한 소고", 법조, 제60권 제9호(통권 제660호) (2011. 9.), 237면. 프랑스의 통설과 판례는 이런 강제금 제도를 채무이행을 확보하기 위하여 채무자의 저항을 분쇄하기 위한 강제수단으로 파악하고, 강제금은 손해배상과 무관하며, 강제금은 국고가 아니라 채권자에게 지급되므로 학설은 이를 민사제재로 파악한다. 김형석(註 33), 256-257면.

36) Gary B. Born, International Commercial Arbitration, Volume Ⅱ, Second edition (2014), p. 2315 이하도 견해를 간단히 소개한다. Born은 간접강제의 맥락에서 논의하는 것은 아니고 중재판정부가 임시적 처분 또는 중재판정의 위반에 대해 제재를 부과할 수 있는가의 문제로 접근하면서 긍정설을 취하는 것으로 보인다.

37) 대법원 2013. 2. 14. 선고 2012다26398 판결은 "간접강제결정에 기한 배상금은 … 심리적 강제수단이라는 성격뿐만 아니라 채무자의 채무불이행에 대한 법정 제재금이라는 성격도 가진다"고 설시하였다. 정선주, "간접강제금의 본질과 소송상의 제문제", 민사소송, 제16권 제1호(2012. 5.), 456면은 우리 법상 간접강제금은 제재적 성격을 가진 손해배상금이라고 한다. 권창영(註 21), 489면은 집행방법이라는 점을 지적하면서 제재금(내지 법적 위약금)이라고 본다. 학설은 권창영(註 21), 487면 이하 참조.

38) 이는 어느 견해든 수용할 것이다. 반면에 법원의 간접강제결정은 강제금의 지급을 명하는 집행권원이 된다(민사집행법 제56조 제1호). <u>우리 법상 간접강제금의 지급을 명하는 외국중재판정의 승인 및 집행이 가능한가에 관하여 박설아, "외국중재판정에 대한 집행결정-집행가능성 요건을 중심으로", 국제거래법연구 제27집 제1호(2018. 7.), 101면은 간접강제금은 결국 금전지급을 명하는 중재판정에 해당하고, 이에 대한 법적구제는 우리 민사집행법상 인정되기 때문에 가능하다고 본다.</u> [밑줄 부분은 이 책에서 새로 추가한 것이다.]

39) 박진수(註 20), 13면. 이는 국내중재를 염두에 둔 것으로 보이나, 아마도 국제중재에서도 중재지가 한국이라면 가능하다고 볼 것이다. <u>Peter Schlosser, "Trans-Border Enforcement of</u>

이와 관련하여 준거법의 문제도 제기된다. 즉 만일 중재판정부가 강제금의 지급을 명할 수 있다면 이는 실체로서 본안의 준거법에 따를 사항인가, 아니면 절차로서 중재지법 내지 중재절차의 준거법에 따를 사항인가라는 의문이 그것이다. 강제금이 손해배상금으로서 실체의 성질을 가지는 점을 강조하면 중재판정부가 강제금의 지급을 명하자면 실체의 준거법상 중재판정부가 피신청인의 일정한 작위 또는 부작위를 명할 수 있어야 한다.[40] 반면에 강제금의 집행적 성격을 강조하면 이는 절차적 성격이 강하므로 중재지법 내지 중재절차의 준거법에 따를 사항이라고 볼 가능성이 크다. 그러나 강제금은 실체와 절차의 성질을 모두 가지므로[41] 판단이 쉽지 않다. 결국은 어느 쪽에 더 비중을 둘지의 문제이다.

법원이 가처분결정 또는 본안판결에서 간접강제를 명할 수 있다면 중재판정부도 명할 수 있다거나 강제금 부과를 임시적 처분 내지 중재판정의 실효성을 강화하기 위한 수단 내지 민사제재라고 보면 긍정할 여지도 있으나, 명시적 규정이 없는 2016년 중재법 하에서는 부정설이 설득력이 있다고 볼 수도 있다.[42][43] 논란을 해소하자면 네덜란드처럼 중재법에 명시하는 방안도 고려할 수 있다. 법정 제재금이라는 성질을 강조하면 법적 근거가 있어야 한다고 볼 수도 있다.

나아가 중재판정부가 임시적 처분 또는 중재판정에서 강제금을 부과하지 않은 경우 집행신청을 받은 법원이 승인 및 집행단계에서 이를 부가할 수 있는지도 문제된다.[44]

Non-Monetary Arbitral Awards", Michael E. Schneider *et al.* (eds.), Performance as a Remedy: Non-Monetary Relief in International Arbitration (2011), p. 338은 소송의 맥락에서 *astreinte*를 강제조치가 아니라 판결의 일부로 보아 외국에서 집행할 수 있다는 견해를 지지한다. [밑줄 부분은 이 책에서 새로 추가한 것이다.]

40) 소송에서는 법계에 따라 다르나 중재에서는 중재규칙 등에 의하여 대체로 이를 허용한다.

41) 김형석(註 33), 280면 이하는 우리 국내법의 맥락에서 간접강제를 정한 민법 제389조는 절차법적 성격과 실체법적 성격이 있다고 한다.

42) Heinrich Nagel/Peter Gottwald, Internationales Zivilprozessrecht, 7. Auflage (2013), §19, Rn. 64는 간접강제 명령은 집행처분(Vollstreckungsmaßnahme)이라고 한다.

43) 중재판정부가 임시적 처분을 하면서 그와 함께 채무자에 갈음하여 작위를 실시할 제3자(보전처분의 경우 통상 집행관)로 하여금 집행권원의 내용을 실현하게 하는 권능을 수여하는 대체집행의 수권결정을 하는 것은 허용되지 않는다. 박진수(註 20), 14면도 동지. 대체집행의 수권결정은 임시적 처분의 집행신청을 받은 법원이 할 사항이라고 본다.

44) 외국법원이 본안판결에서 강제금의 지급을 명한 경우 그 승인 및 집행도 문제된다. 브뤼셀체제에서는 재판국이 부과하는 것을 전제로 재판국 법원이 최고금액을 종국적으로 결정한 경우 그 집행을 허용하나(브뤼셀협약 제43조, 브뤼셀Ⅰ 제49조와 브뤼셀Ⅰbis 제55조) 재판국

4. 긴급중재인의 긴급처분과 임시적 처분

중재판정부의 임시적 처분은 유용한 잠정적 구제이나 이는 일단 중재판정부가 구성되어야 가능하고, 후자는 중재신청을 전제로 한다. 이런 한계를 극복하기 위하여 근자에는 '긴급중재인(emergency arbitrator)' 제도가 이용되고 있다. 이는 당사자의 중재신청을 접수하거나 중재판정부가 구성되기 전에 긴급하게 잠정적 처분을 구할 필요가 있는 경우, 중재기관에서 선정한 단독 긴급중재인으로부터 긴급처분(emergency measures)에 관한 결정을 받을 수 있는 제도를 말한다. 예컨대 독립적 보증의 수익자가 청구를 할 가능성이 있는 경우 보증의뢰인은 긴급중재인의 청구금지명령을 신청하기도 한다. 긴급중재인 제도를 이용하면 당사자는 신청 시로부터 대체로 2주 내에 긴급처분을 받을 수 있는데, 근자에 중재기관들이 경쟁적으로 이를 도입하고 있다. 예컨대 2012년 시행된 "국제상업회의소 중재규칙(Rules of Arbitration of the International Chamber of Commerce)"(제29조)[45]은 중재판정부 구성 전의 임시적 처분을 위한 긴급중재인 제도를 도입하였다. 2016년 6월 개정된 대한상사중재원 국제중재규칙도 같다.[46]

이 하지 않았더라도 집행국이 강제금의 지급을 명할 수도 있다. Reinhold Geimer/Rolf A. Schütze, Europäisches Zivilverfahrensrecht Kommentar, 3. Auflage (2010), A.1 Art. 22, Rn. 267; Thomas Rauscher (Hrsg.), Europäisches Zivilprozess- und Kollisionsrecht: EuZPR/EuIPR (2011), Art 56 Brüssel Ⅰa-VO, Rn. 12 (Mankowski 집필부분). 우리나라에도 네덜란드 중재판정부가 강제금의 지급을 명한 중재판정의 승인 및 집행이 문제된 사건이 있다. 인천지방법원 2015. 2. 10. 선고 2012가합14100 판결은 "네덜란드 민사소송법이 네덜란드를 중재지로 하는 중재절차에서 중재판정 불이행에 대한 간접강제 배상금을 부과할 수 있다고 규정하므로 중재판정부는 간접강제 배상금을 부과할 수 있고, 우리 민사집행법상 중재판정에서 간접강제를 명하는 것이 금지된다고 볼 만한 근거가 없으므로 공서양속에 반한다고 볼 수 없다"는 취지로 판단하였다. 2심인 서울고등법원 2016. 4. 7. 선고 2015나8423 판결은 피고의 항소를 기각하였는데, 1심 판단을 대부분 인용하면서 "특허권의 이전과 같은 의사표시를 할 채무에 관하여는 간접강제가 허용되지 않으나, 이 사건 중재판정 중 간접강제를 명한 부분이 우리나라 실정법에 어긋나는 부분이 있다고 하더라도 곧바로 집행거부사유가 되는 것이 아니라, 해당 중재판정의 집행을 인정하는 경우 그 구체적 결과가 우리나라의 선량한 풍속 기타 사회질서에 반할 때에 한하여 집행을 거부할 수 있으므로, 주문 제5항의 간접강제 부분의 집행을 인정하더라도 공서양속에 반하지 않는다"는 설시를 추가하였다. 위 판결들의 소개는 박설아(註 38), 78면 이하 참조. [밑줄 부분은 이 책에서 새로 추가한 것이다.]

45) 별표 V(긴급중재인규칙)도 있다.

46) 국제중재규칙 별표 3. 긴급중재인에 의한 긴급처분 참조. 2006년에 미국 국제분쟁해결센터(ICDR)가, 2010년 싱가포르국제중재센터(SIAC)가, 2013년에는 홍콩국제중재센터(HKIAC)가, 2014년에는 일본상사중재협회(JCAA)가 각각 긴급중재인 제도를 도입하였다. 긴급중재인 제도에 관한 비교법적 검토는 손경한 외(註 2), 71면 이하 참조.

가. 2016년 중재법의 긴급중재인 제도 미도입

개정위원회에서는 긴급중재인 제도를 중재법에 규정할지를 논의하였으나, 이는 각 중재기관의 중재규칙에서 다루어야 할 제도라고 보아 도입하지 않기로 하였다.[47] 긴급중재인의 임시적 처분의 집행을 가능하게 하는 규정을 둘 여지도 있었으나 규정하지 않았다.

나. 긴급중재인의 긴급처분은 2016년 중재법상 중재인의 임시적 처분인가

2016년 중재법상 긴급중재인은 중재인인가, 또한 긴급중재인의 긴급처분은 중재법에서 말하는 임시적 처분인가라는 의문이 제기된다.

2016년 중재법은 긴급중재인에 관한 근거규정을 두지 않았고, 개념적으로 중재법상 긴급중재인은 중재인이 아니며, 긴급중재인의 긴급처분은 중재판정부의 임시적 처분이 아니므로 이는 중재법에 따른 승인 및 집행의 대상이 되지 않는다.[48] 이를 가능하게 하자면 긴급중재인의 긴급처분의 승인 및 집행을 가능하게 하는 근거규정을 중재법에 둘 필요가 있다. 대한상사중재원의 중재규칙에 근거규정이 마련되었으므로 그에 따른 효력만 가질 수 있다.

흥미로운 것은, 대한상사중재원의 국제중재규칙(제3조 제5항)이 "긴급처분

---

47) 한민오(註 7), 113-114면은 긴급중재인(당해 논문에서는 '특별중재인'이라고 부른다)은 일부 기관중재에서만 통용될 수 있으므로 기관 중재규칙에 규정하면 족하고 중재법에 일반규정으로 둘 것은 아니라고 지적한다.

48) 정교화, "긴급중재인(Emergency Arbitrator) 제도의 현황 및 도입의 필요성", 중재, 제342호(2014), 29면; Richard Kreindler/Reinmar Wolff/Markus S. Rieder, Commercial Arbitration in Germany (2016), para. 5.70도 동지. 그러나 Karl-Heinz Böckstiegel/Stefan Michael Kröll/Partricia Nacimiento (eds), Arbitration in Germany: The Model Law in Practice (2015), §1041, para. 45(Schäfer 집필부분)는 긴급중재인의 처분은 독일 민사소송법 제1041조가 규율하는 중재판정부의 임시적 처분으로 취급되어야 한다고 하나 근거는 제시하지 않는다(이하 "Böckstiegel/Kröll/Nacimiento/집필자"로 인용한다. 임성우(註 4), 5.138은 긴급처분의 집행가능성은 현재로서는 불투명하다고 한다. 반면에 김인호, "긴급중재인이 내린 긴급처분의 효력", 국제거래법연구 제27집 제1호(2018. 7.), 247면은 중재법을 개정하여 긴급중재인의 긴급처분을 중재판정부의 임시적 처분으로 보아 법원을 통하여 집행될 수 있도록 하는 것이 의문을 명확하게 해소하는 방안이라면서도 중재법 개정 전에도 국제중재규칙의 명시적 규정 등을 근거로 긴급중재인의 긴급처분을 중재판정부의 보전 및 임시처분으로 보아 법원을 통한 승인 및 집행이 가능하다고 해석할 수 있다고 한다. 한편 도혜정, "한국 긴급중재인 제도의 긴급성과 집행력에 관하여", 중재연구 제28권 제2호(2018. 6.), 61면은 우리나라 국제상사중재의 긴급처분은 중재판정부가 구성된 후에 중재판정부의 임시적 처분으로서 집행될 수 있다고 하나 그 취지가 다소 불분명하다. [밑줄 부분은 이 책에서 새로 추가한 것이다.]

은 중재판정부가 구성된 시점에 중재판정부가 내린 보전 및 임시처분으로 간주된다"고 규정하는 점이다. 그러나 그로써 중재법 조문의 흠결을 극복할 수는 없다. 중재판정부가 구성된 뒤 중재판정부가 긴급중재인의 긴급처분을 확인하는 임시적 처분을 하면 문제가 없으나, 중재판정부가 조치를 취하기 전에는 중재판정부가 구성되었다는 이유만으로 긴급처분이 자동적으로 임시적 처분으로 전환되는 것은 아니다. 다만 이는 중재판정부가 긴급처분을 확인하는 조치를 취할 때까지의 기간 동안에만 제기되는 문제이므로 실무상 큰 의미는 없다.

근자에 싱가포르와 홍콩이 긴급중재인의 처분도 중재판정부의 판정으로 간주하여 집행할 수 있도록 중재법을 개정한 점[49]을 참고하면 입법론적으로는 우리도 유사한 취지의 조문을 중재법에 두는 방안을 고려할 수 있다. 그러나 집행력을 부여하기 위하여 법원의 집행결정을 요구하는 우리 중재법상 그 실효성은 의문이다.

Ⅳ. 임시적 처분의 요건

개정 모델법과 2016년 중재법은 임시적 처분의 요건을 증거보전 이외의 임시적 처분의 요건과 증거보전을 위한 임시적 처분의 요건으로 구분하여 규정한다.

1. 증거보전 이외의 임시적 처분의 요건(제18조의2 제1항)

2016년 중재법은 제18조의2에서 개정 모델법 제17조를 따라 임시적 처분의 요건을 명시한다. 이는 법원이 보전처분을 하기 위한 민사집행법상의 요건, 즉 피보전권리와 보전의 필요성에 상응하는 것으로 영미법의 영향을 받은 것이다.[50] 민사집행법은 가압류와 가처분을 구별하여 요건에 차이를 두나 중재법은

---

49) 2012년 개정된 싱가포르 국제중재법(제2조 제1항)은 임시중재인을 중재인의 정의에 포함시킨다. 홍콩 Arbitration (Amendment) Ordinance 2013에 따르면 임시적 처분도 법원의 허가를 받아 집행할 수 있다(제22B조). <u>전자는 http://www.siac.org.sg/our-rules/internation al-arbitration-act, 후자는 https://www.elegislation.gov.hk/hk/cap609!en@2018-02-01T00:00:00?xpid=ID_1438403520993_002 각 참조.</u> [밑줄 부분은 이 책에서 새로 추가한 것이다.]

50) 미국법상 잠정가처분을 받으려면 신청인은 회복할 수 없는 손해와 본안의 승소개연성을 설득력 있게 보여주어야 한다. 이규호, "일방적 구제절차에 대한 미국법제 연구", 연세대학교

요건을 통일적으로 규율한다. 민사집행법상의 보전처분은 통상적으로 본안에 관한 소 제기 전에 발령되는 데 반하여 중재법상의 임시적 처분은 중재신청에 따라 중재판정부가 구성될 것을 전제로 한다.

가. 임시적 처분을 받지 못하는 경우 신청인에게 '중재판정에 포함된 손해배상으로 적절히 보상되지 아니하는 손해'[51]가 발생할 가능성이 있을 것(제1항 제1호 전단)

작업반은 일부 국가에서 요구하는 임시적 처분의 요건, 즉 '회복할 수 없는 손해(irreparable harm)'를 규정하는 방안을 고려하였으나 그보다 낮은 정도의 기준을 채택하였다. 회복할 수 없는 손해라는 개념은 다양하게 해석될 여지가 있고, 특히 금전적 보상으로 치유될 수 없는 경우만을 가리키는 것으로 좁게 해석될 우려가 있었기 때문이다.[52] 현행 문언에 따르면 손해배상으로 치유될 수 없는 경우만이 아니라 '비교적 복잡한(comparatively complicated)' 경우도 포함될 수 있는데 중재실무상 그 경우에도 임시적 처분을 하는 것이 드물지 않다고 한다.[53] 손해가 실제로 발생해야 하는 것은 아니고 발생할 가능성이 있는 것으로 족하다.

나. 신청인에게 발생할 손해가 임시적 처분으로 인하여 상대방에게 발생할 것으로 예상되는 손해를 상당히 초과할 것(제1항 제1호 후단)

개정 모델법은 임시적 처분을 기각할 경우 신청인에게 발생할 손해와 임시적 처분을 인용할 경우 상대방[54]에게 발생할 것으로 예상되는 손해를 형량하여 전자가 상당히 초과할 것을 요구한다.[55] 개정 모델법은 임시적 처분의 긴급성(urgency)을 명시하지 않으나, 임시적 처분의 필요성이 충분히 긴급한 것이어

법학연구, 제16권 제1호(2006. 3.), 43면; *New Motor Vehicle Bd. v. Orrin W. Fox Co.*, 434 U.S. 1345, 1347 n. 2 (1977)("A party seeking a restraining order must make a persuasive showing of irreparable harm and likelihood of prevailing on the merits"). UNCITRAL 중재규칙(제26조 제3항)도 개정 모델법과 유사한 규정을 두고 있다.

51) 작업반은 이를 "예외적 손해(exceptional harm)"라고 불렀다. Holtzmann *et al.*, p. 171.

52) Holtzmann *et al.*, p. 170.

53) Holtzmann *et al.*, p. 170. 다만 그것이 정확히 어떤 상황을 말하는지는 분명하지 않다.

54) 개정 모델법은 '임시적 처분이 지향하는 당사자(the party against whom the measure is directed)'라고 하나 2016년 중재법은 '상대방'이라 한다.

55) 이는 "balance of convenience" test를 규정한 것이라고 한다. Holtzmann *et al.*, p. 170, A/CN.9/508, para. 56.

서 임시적 처분에 의하여 방지하고자 하는 손해가 본안에 관한 중재판정에 의하여는 회피할 수 없어야 한다는 견해가 유력하다.[56] 그렇다면 이를 명시하는 것이 바람직하였을 것이다.

다. 본안에 대하여 합리적인 인용가능성(또는 승소가능성)이 있을 것(제1항 제2호)

본안에 관하여 신청인이 이길 합리적인 가능성이 있어야 한다. 이는 승소할 가능성이 패소할 가능성보다 클 것을 말한다. 이는 임시적 처분을 위한 요건이므로[57] 중재판정부가 본안 심리에서 임시적 처분 결정 시의 인용가능성에 대한 판단에 구속되지 않음은 당연한데 중재법은 이를 명시한다.

이에 대해 합리적 승소가능성이라는 요건은 분쟁을 야기할 가능성이 크고, 특히 승소가능성을 판단하자면 어느 정도 본안에 대한 심사를 해야 하는데 임시적 처분은(사전명령도) 본안심사 전에 긴급한 조치를 취하기 위한 것이므로 본안심사를 전제로 하는 승소가능성의 존재를 임시적 처분(사전명령도)의 요건으로 하는 것은 논리적으로 일관성이 없다는 비판이 있다.[58] 우리 민사집행법은 보전처분의 요건으로 본안에 대한 합리적인 인용가능성을 요구하지 않으므로 이런 요건은 우리에게 생소하고, 더욱이 우리처럼 보전처분의 밀행성을 인정하면서 긴급성(또는 신속성)을 요구하는 체제 하에서는 단기간에 승소가능성을 제대로 판단하기도 어렵다.[59] 하지만 여기에서 요구되는 승소가능성은 본안판단을 미리 하는 것이 아니라 잠정적 판단에 기초한 것이다.[60] 만일 합리적 승소가능성을 요구하는 것이 불합리하다면 이를 중재법에 도입하지 말았어야 한다. 우리가 2016년 중재법에서 그런 요건을 도입한 이상 이를 긍정적으로 평가하면서 구체화하기 위해 노력해야 한다. 임시적 처분에서는 밀행성은 허용되지 않으므로 당사자를 심문해야 하고 따라서 합리적 승소가능성에 대한 잠정적 판단이 불가능하지는 않을 것이다.

---

56) Holtzmann *et al.*, p. 171.

57) 개정 모델법은 사전명령의 요건으로도 임시적 처분의 경우처럼 합리적인 승소가능성을 요구한다.

58) 정선주(註 22), 34면 이하.

59) 따라서 밀행성이 완화되는 임시지위를 정하는 가처분의 경우 신청인의 승소가능성을 요구하기도 한다.

60) 즉 "prejudgment of merits"가 아니라 "prima facie case or probability of success on merits"를 요구하는 것은 이런 취지로 이해된다. Born(註 36), p. 2477 이하 참조.

라. 임시적 처분의 신청인이 위 요건들을 소명할 것(제1항)

중재판정부가 임시적 처분을 내리자면 신청인이 위 요건을 모두 소명해야 한다. 개정 모델법은 "satisfy the arbitral tribunal"이라는 표현을 사용하고,[61] 정부가 국회에 제출한 초안도 이에 따라 "제18조 제2항 제1호부터 제3호까지의 임시적 처분은 다음 각 호의 요건이 모두 충족되는 경우에만 내릴 수 있다"고 규정하였는데, 2016년 중재법이 이를 수정하여 '소명'이라는 개념을 도입한 이유는 불분명하다. 아마도 민사집행법(제279조 제2항, 제301조)이 법원의 보전처분을 위하여 소명을 요구하므로 그와 균형을 맞추기 위한 것이 아닐까 짐작된다. 그러나 아래 이유로 이는 부적절하다.

① 우리 법상 '소명'은 '증명'과 대비된다. 증명이라 함은 법관이 요증사실의 존재에 대하여 확신을 얻은 상태를, 소명이라 함은 그보다 낮은 개연성, 즉 법관이 일응 확실할 것이라는 추측을 얻은 상태를 말한다.[62] 그런데 영미 민사소송에서 통상 요구되는 입증의 정도(증명도)는 '증거의 우월(preponderance of evidence)'이다. 따라서 원고(또는 피고) 주장사실이 긍정될 개연성이 50%를 초과하면 법원은 이를 증명된 것으로 취급할 수 있다. 한편 중재에서 증명도는 논란이 있는데[63] 만일 증거의 우월로 족하다면(일반원칙으로서 그렇거나, 아니면 대법원 판결처럼 본안의 준거법이 영미법이라는 이유로)[64] 임시적 처분을 위한 요건의 증명도는 '소명'인데, 본안의 증명도는 '증거의 우위'로 족하므로 입법자가 의도한 "증명(소명보다 높은 증명도를 요구하는) v. 소명"의 대비가 들어맞지 않는

---

61) Holtzmann *et al.*, p. 169.

62) 이시윤(註 1), 445면. 이는 증명은 80-90%, 소명은 50-60%의 심증이라고 한다. 증명도에 관한 영국과 독일의 차이에 관한 근자의 문헌으로는 Julia Caroline Sherpe, "Alleveiation of Proof in German and English Civil Evidence", Rabels Zeitschrift, Band 80 (2016), S. 888ff. 참조. 위 Sherpe, S. 906은 양국의 기준이 라벨만 다를 뿐 기능적 및 본질적으로 같다는 견해(예컨대 ALI/UNIDROIT, Principles of Transnational Civil Procedure, Comment P-21B)를 배척한다.

63) 중재법 제20조 제2항은 "… 이 경우 중재판정부는 증거능력, 증거의 관련성 및 증명력에 관하여 판단할 권한을 가진다"고 규정하나, 이는 증명도를 직접 규정하는 것은 아니다.

64) 소송에서 증명도의 준거법에 관하여 이를 절차의 문제로 보아 법정지법(*lex fori*)을 적용하는 절차법설과 실체의 문제로 보아 당해 법률관계의 준거법(*lex causae*)을 적용하는 실체법설이 있다. 석광현, 국제민사소송법(2012), 317면 이하. 저자는 절차법설을 지지하나 대법원 판례는 실체법설을 지지하는 것으로 보인다. 대법원 2001. 5. 15. 선고 99다26221 판결; 대법원 2016. 6. 23. 선고 2015다5194 판결 참조. 대법원 판례를 따르면 준거법이 영미법이라면 증명도는 영미의 기준에 의한다. 중재의 맥락에서는 기준이 불분명하다.

다. 나아가 민사집행법상 만족적 가처분에서는 더 높은 정도의 소명('고도의 소명')이 필요하다고 보는데,[65] 이런 법리를 임시적 처분에도 적용한다면, 본안의 준거법이 영미법인 때에는 본안에서보다 만족적 임시적 처분에서 더 높은 증명도가 요구되는 역전현상이 발생한다. 따라서 입법론으로는 임시적 처분에서 소명이라는 획일적 기준을 요구할 것이 아니라, 본안의 기준이 무엇이든 간에 그보다 낮은 기준을 적용하도록(다만 소명도 50%를 넘는다면 본안과 임시적 처분에서 증명도가 동일할 수도 있다) 중재판정부에 맡기는 것이 바람직하다.

② 중재지가 한국이더라도 소명의 개념에 익숙하지 않은 중재인들(특히 외국인들)이 있을 수 있다. 따라서 우리 민사소송법(독일 민사소송법에서 유래하는)에 특유한 개념을 고집하는 것은 바람직하지 않다.

마. 중재판정부가 당사자를 심문하였을 것

종래 피신청인을 심문하지 않고 하는 임시적 처분이 가능한지는 논란이 있으나 이는 허용되지 않는다. 제18조의3은 중재판정부가 이미 내린 임시적 처분을 직권으로 변경·정지하거나 취소하려면 그 전에 당사자를 심문(審問)하여야 함을 명시한다. 상세는 아래(3.)에서 논의한다.

2. 증거보전을 위한 임시적 처분의 요건(제18조의2 제2항)

증거보전을 위한 임시적 처분의 신청에 대해서는 중재판정부가 적절하다고 판단하는 범위에서 제1항의 요건을 적용할 수 있다. 증거보전을 위한 임시적 처분에서는 첫째 요건, 즉 "신청인에게 중재판정에 포함된 손해배상으로 적절히 보상되지 아니하는 손해가 발생할 가능성이 있을 것"이라는 요건은 항상 적용되지는 않는다.[66] 유력설은 증거에 대한 위협은 임시적 처분을 촉발하는 다른 손해와는 다르다는 점을 지적하면서 아래와 같이 설명한다.[67] 증거보전처분에서 문제되는 가치는 '중재절차의 공정성'이고, 증거가 멸실되어 중재절차가 불공정하게 된다면 그로 인한 손해는 손해배상을 통하여 회복할 수 없다.

65) 이것이 우리 다수설의 태도이다. 예컨대 권창영(註 21), 267면. 정선주(註 21), 257면과 267면 이하는 통상의 소명과 고도의 소명을 구분하는 데 반대하고, 만족적 가처분에 대해 소명과 증명의 중간단계인 "준증명"을 요구하고 이를 명시하는 입법론을 제안한다.

66) Holtzmann *et al.*, p. 172.

67) Holtzmann *et al.*, p. 172.

또한 증거는 보전되어야 한다는 기대가 있으므로 그러한 기대가 충족되지 않는 경우에는 손해 발생 가능성이 상대적으로 낮더라도 증거보전을 위한 임시적 처분을 해야 할 수도 있다는 것이다. 더 나아가 증거보전을 위한 임시적 처분은 중재인의 재량적 권한에 근거한 절차명령(procedural order)의 형태로 내릴 가능성이 있으므로 중재판정부가 증거보전을 위한 임시적 처분을 내릴 때에는 다른 임시적 처분에 비하여 중재판정부의 폭넓은 재량이 인정된다는 견해[68]도 있다.

3. 일방적 임시적 처분의 허용 여부

가. 1999년 중재법상 일방적 처분의 허용 여부

1999년 중재법상 일방 당사자의 신청에 의하여 상대방에 대한 심문 없이 하는 임시적 처분이 허용되는지는 논란이 있었다. 저자는, 중재법의 문언상 모델법과 마찬가지로 일방 당사자의 신청에 따라 상대방에 대한 심문 없이 하는 일방적 임시적 처분(*ex parte* interim measures)(이하 "일방적 처분"이라 한다)이 가능한 것처럼 보이고, 법원 보전처분의 밀행성에 익숙한 우리 법률가들은 당연히 가능하다고 생각하겠지만,[69] 일방적 처분은 양 당사자가 중재절차에서 동등한 대우를 받아야 하고 변론할 수 있는 충분한 기회를 가져야 한다는 중재절차의 대원칙(중재법 제19조)에 반하는 것이어서 허용되지 않는다고 보았다.[70]

아래(나.)에서 보듯이 개정 모델법이 사전명령제도를 임시적 처분과 별도로 도입한 것은 모델법상으로는 일방적 처분은 허용되지 않음을 전제로 하는 것

---

68) 김갑유 외(註 22), 278면. 독일에서는 법원은 요건이 구비되면 보전처분을 해야 하지만 중재판정부는 절차적 재량을 가진다는 점에서 차이가 있음을 지적한다. Böckstiegel/Kröll/Nacimiento/Schäfer, §1041, para. 10. 우리 법상으로는 임시지위를 정하는 가처분의 필요성 여부 판단에서 법원의 합목적적 재량을 인정한다. 이시윤(註 21), 606면.

69) 민사집행법상 밀행성은 보전처분의 특성의 하나이다. 이시윤(註 21), 531면. 그러나 가압류와 계쟁물에 관한 가처분의 경우와 달리 임시지위를 정하기 위한 가처분의 경우에는 변론기일 또는 채무자가 참석할 수 있는 심문기일을 반드시 열게 하는 민사집행법 제304조를 근거로 임시지위를 정하는 가처분의 경우 원칙적으로 밀행성이 없다거나 후퇴하고 있다고 설명한다. 이시윤(註 21), 531면; 박진수(註 20), 22면. 그러나 권창영(註 21), 67면은 밀행성은 신속성을 뒷받침하는 하나의 근거일 뿐이지 보전소송의 성질은 아니라고 본다.

70) 석광현, "한국에서 행해지는 ICC 중재에서 ICC 중재규칙과 한국 중재법의 상호작용", 한양대학교 국제소송법무, 통권 제3호(2011. 11.), 15면; 석광현, "중재법의 개정방향: 국제상사중재의 측면을 중심으로", 서울대학교 법학, 제53권 제3호(통권 제164호)(2012. 9.), 546면; 김갑유 외(註 22), 274면; 박진수(註 20), 10면; 한민오(註 7), 93면도 동지. 노태악・구자헌(註 7), 493면도 동지로 보인다.

이다.

나. 개정 모델법의 사전명령제도 도입과 2016년 중재법의 미도입

개정 모델법에서 사전명령제도를 도입할지에 관하여는 UNCITRAL에서 논란이 있었는데 결국 다양한 안전장치(safeguards)를 두는 것을 조건(즉 당사자들의 합의로 이를 배제할 수 있고, 사전명령의 효력을 20일로 제한하며 집행력을 부정하는 점 등)으로 도입하였다.[71] 개정 모델법은 사전명령의 형식으로 일방적 처분을 도입한 것이라고 할 수 있으나, 엄밀하게는 사전명령제도는 임시적 처분의 실효성을 보장하기 위한 별개의 예비적 조치이다. 당사자는 임시적 처분의 신청과 동시에 사전명령 신청을 할 수 있다. 모델법상 중재판정부가 취할 수 있는 임시적 처분의 효율성에 비해 진일보한 것이다. 사전명령을 도입한 것은, 그것이 중재에서 당사자의 동등한 대우의 원칙에 반하고, 중재절차를 지연시키고 불공정에 이르게 하는 통로로 남용될 여지도 있으나, 이를 통하여 중재실무의 수요에 부응하고 중재를 더욱 효율적인 분쟁해결 수단으로 만들 것이라는 기대에 근거한 것이다.[72]

저자처럼 구 중재법상 중재판정부의 일방적 처분이 허용되지 않는다고 보면 그에 대한 예외로서 사전명령제도의 도입을 고려할 필요가 있으나, 반대로 중재판정부의 일방적 처분이 허용된다고 보면 사전명령제도를 도입할 이유가 없다. 일방적 처분보다 효력이 제한된 사전명령제도의 도입은 중재판정부의 권한을 제한하기 때문이다.[73] 즉 중재판정부의 일방적 처분이 가능하다면 중재판정부가 일방적 처분을 하고 법원이 이를 승인 및 집행하면 족하다.

개정위원회는 대체로 아래 이유로 사전명령제도를 도입하지 않았다.[74]

---

71) 제17조C(사전명령에 관한 특별한 제도)의 제4항과 제5항은 아래와 같다.
"④ 사전명령은 중재판정부가 이를 내린 날로부터 20일의 기간이 지나면 그 효력이 소멸한다. 그러나 상대방 당사자에게 통지되고 변론할 기회가 부여된 후에는, 중재판정부는 사전명령의 내용을 채택하거나 변경하는 임시적 처분을 내릴 수 있다.
⑤ 사전명령은 당사자를 구속하나, 법원에 의한 집행의 대상이 되지 않는다. 그러한 사전명령은 중재판정을 구성하지 아니한다."

72) Holtzmann *et al.*, pp. 172-173.

73) 예컨대 정선주(註 22), 32면 이하. 저자는 종래 전자를 지지하는데, 개정위원회에서는 1999년 중재법상 일방적 처분은 허용되지 않는다는 견해가 다수였다.

74) 개정 모델법상의 사전명령에 관한 설명은 생략한다. 그에 관하여는 우선 Holtzmann *et al.*, p. 172ff. 참조. 법무부(註 9), 4. 입법추진과정에서 논의된 주요 내용은, 사전명령이 생소한 제도인 점과 사전명령에 대하여는 모델법도 집행력을 인정하지 않아 실익이 적은 점 등을 감안하여 도입하지 않았다고 설명한다. 한민오(註 7), 111면은 사전명령의 도입에 호의적이었다.

첫째, 대체로 대륙법계 국가에서는 사전명령제도를 도입하지 않더라도 법원의 보전처분을 통해서 사전명령과 동일한 효과를 거둘 수 있고, 보전처분은 집행가능하므로 집행될 수 없는 사전명령제도보다 더 효율적이다. 둘째, 도입의 필요성 측면에서 위 개정 모델법 조항이 적용되는 것은 극히 예외적인 경우로 실제 활용될 가능성도 별로 없다. 셋째, 기존 법제도에 없던 새로운 제도를 도입하는 과정에서 신청절차, 효력유지기간 등의 문제를 완벽하게 규정하지 못한다면 오히려 새로운 문제점을 야기할 수 있다. 넷째, 2010년 개정된 UNCITRAL 중재규칙도 사전명령제도를 규정하지 않는다.[75)]

2016년 중재법이 사전명령제도를 도입하지 않은 데 대하여는 비판이 제기된 바 있으나[76)] 그 배경에 대한 이해 없이 비판하는 것은 부적절하다. 즉 중재법의 해석상 일방적 처분이 가능한지를 논의하지 않은 채 사전명령제도의 미도입을 비판하는 것은 옳지 않다.

다. 소결: 2016년 중재법상 일방적 처분의 허용 여부

구 중재법 하의 논의지만 당사자 동등 대우의 원칙은 중재만이 아니라 소송에서도 타당한데 보전처분은 그에 대한 예외이므로 임시적 처분의 경우에도 일방적 처분이 허용된다는 견해도 있었다.[77)] 그러나 1999년 중재법 하에서와 같은 이유로 2016년 중재법상 일방적 처분은 허용되지 않는다고 본다. 민사집행법상의 밀행성은 선험적인 것이 아니라 밀행성을 인정할 수 있는 법적 근거[78)]가 있으므로 비로소 인정되는 데 반하여, 1999년 중재법과 2016년 중재법에는 그러한 법적 근거가 없기 때문이다. 또한 일방적 처분(특히 시간적 제한도

75) UNCITRAL 중재규칙의 국문번역은 신희택, 국제투자분쟁에서의 UNCITRAL 중재규칙 활용 실무(법무부, 2013), 223면 이하 참조.

76) 예컨대 손경한, "중재법 개정을 환영하며", 법률신문 제4423호(2016. 6. 20.), 11면; 윤진기, "2016년 개정 중재법의 중재판정 집행에 관한 문제점", 중재연구, 제26권 제4호(2016. 12.), 36면.

77) 정선주(註 22), 31면; 정선주, "중재법 개정의 방향과 주요 내용", 고려대 법학연구, 제69권(2013), 234면. 참고로 독일에는 견해가 나뉜다. 학설은 Böckstiegel/Kröll/Nacimiento/Schäfer, §1041, para. 19, Fn. 28 참조. Schäfer는 긍정하는데(para. 2) 긍정설은 제1041조 제3항을 유력한 근거로 든다. 즉 법원 재판장은 상대방을 심문하지 않고 집행을 명할 수 있으므로 중재판정부도 당연히 상대방을 심문하지 않고 임시적 처분을 할 수 있다는 것이다. 그러나 우리 중재법에는 유사한 조문이 없다.

78) 예컨대 민사집행법(제280조 제1항)에 따르면 가압류신청에 대한 재판은 변론 없이 할 수 있고, 집행개시의 요건을 정한 제292조 제3항에 따르면 가압류에 대한 재판의 집행은 채무자에게 재판을 송달하기 전에도 할 수 있다. 그러나 중재법에는 유사한 조문이 없다.

없는 일방적 처분)은 중재합의라고 하는 당사자의 합의에 기초한 중재절차의 본질에 정면으로 반한다. 중재법상 근거 없이 민사집행법상 보전처분의 법리를 중재법에 도입할 수는 없으므로 예외조항을 두지 않은 이상 2016년 중재법상 일방적 처분은 허용되지 않는다. 긴급중재인의 경우에도 여러 중재규칙들이 상대방을 심문하도록 요구하는 점을 보면 밀행성을 부정하는 것이 자연스럽다.[79)]가사 과거에는 논란의 여지가 있었더라도, 2016년 중재법 하에서는 임시적 처분의 상대방 당사자가 변론할 수 없었던 사실은 임시적 처분의 승인 및 집행 거부사유이므로(제18조의8 제1항 제1호 가목 2) 이제는 논란의 여지가 없다.[80)]

V. 중재판정부의 임시적 처분의 변경, 정지와 취소

1. 2016년 중재법: 제18조의3

2016년 중재법 제18조의3은 개정 모델법 제17조D를 따라 임시적 처분의 변경, 정지와 취소에 관하여 아래와 같이 규정한다.

제18조의3(임시적 처분의 변경·정지 또는 취소) 중재판정부는 일방 당사자의 신청에 의하여 또는 특별한 사정이 있는 경우에는 당사자에게 미리 통지하고 직권으로 이미 내린 임시적 처분을 변경·정지하거나 취소할 수 있다. 이 경우 중재판정부는 그 변경·정지 또는 취소 전에 당사자를 심문(審問)하여야 한다.

2. 해설

1999년 중재법은 임시적 처분에 대한 이의제기절차 등 권리구제방안을 규정하지 않았으므로 임시적 처분의 존속 여부를 어떠한 절차에 따라 결정할지

79) 예컨대 ICC 중재규칙, 별첨 V 제5조 제2항 참조.

80) 이 글의 교정과정에서 접한 정선주, “2016년 개정 중재법 소고”, 민사소송, 제21권 제1호(2017. 5.), 44면은 2016년 중재법이 임시적 처분절차에서도 변론권의 보장을 요구한다면 신속성과 밀행성이 필요한 경우를 위해 사전명령제도와 같은 일방적 처분의 가능성을 함께 규정했어야 한다고 비판한다. 이는 수긍할 여지가 있다. 하지만 위 정선주, 43면이 사전명령제도를 도입하지 않았음을 근거로 2016년 중재법의 해석상 제19조의 규정에도 불구하고 중재판정부도 긴급한 경우에는 법원처럼 상대방 당사자에 대한 사전 심문 없이 일방적 처분을 내릴 수 있다고 하나 이는 해석론으로서는 무리다.

논란이 있었다. 법원의 보전처분에 준하여 상대방이 이의제기권을 가진다는 견해가 유력하였고, 이에 따르면 임시적 처분을 받은 당사자가 이의를 제기하면 중재판정부가 그 당사자를 심문하여 임시적 처분의 존속 여부를 결정해야 하였다.[81]

이러한 논의를 고려하여 개정위원회는 상대방의 이의제기권과 심문에 관하여 중재법에 명시하기로 하고 제18조의3을 신설하였다. 제18조의3은 임시적 처분을 변경·정지하거나 취소할 수 있는 중재판정부의 재량을 규정하는데, 그 재량의 범위는 일방 당사자의 신청이 있는 경우와 중재판정부가 직권으로 판단하는 경우에 차이가 있다.[82] 일방 당사자의 신청이 있는 경우에는 중재판정부는 완전한 재량을 가진다. 작업반의 논의과정에서 이때에도 상황이 변경되거나 임시적 처분을 내린 조건이 더 이상 충족되지 아니한 경우로 제한하는 방안을 논의하였으나 중재판정부의 재량을 부당하게 제한한다는 이유로 채택되지 않았다.[83] 반면에 중재판정부가 직권으로 판단하는 것은, 특별한 사정이 있어야 하고 또한 당사자에게 미리 통지하여야 한다. 이 경우 중재판정부는 그 변경·정지 또는 취소 전에 당사자를 심문(審問)하여야 한다. 당사자 심문 요건은 일방 당사자의 신청이 있는 경우에도 요구된다.[84]

중재판정부가 직권으로 변경 등을 할 수 있도록 하는 데 대하여는 중재합의의 본질에 반한다거나 임시적 처분을 받은 당사자의 정당한 기대를 좌절시킨다는 등의 비판이 있었으나, 예컨대 임시적 처분이 착오에 의한 것이거나 사기적인 기초에 의하여 내려진 경우에는 중재판정부가 직권으로 변경 등을 할 수 있어야 한다는 견해가 작업반에서 채택되었다.[85] 중재판정부의 이런 권한은 판정일부터 30일 이내에 직권으로 중재판정의 오산·오기, 그 밖에 이와 유사한 오류를 직권으로 정정할 수 있는 권한(제34조 제4항)과 유사하다. 더욱이 2016년 중재법 제18조(개정 모델법 제17조F)는 당사자의 고지의무를 명시하므로 그러한 사항을 고지받은 중재판정부는 직권으로 그런 조치를 취할 수 있어야 한다는 것이다.[86]

---

81) 정선주(註 22), 69면.
82) 이런 구별은 제18조의3의 문언상 다소 불분명하나 개정 모델법을 보면 분명하다.
83) Holtzmann *et al*, p. 176.
84) 개정 모델법은 당사자를 심문하여야 한다는 요건은 명시하지 않는다.
85) Holtzmann *et al*, p. 177.
86) Holtzmann *et al*, p. 177.

Ⅵ. 임시적 처분에 대한 담보

1. 2016년 중재법: 제18조의4

2016년 중재법 제18조의4는 개정 모델법 제17조E 제1항[87]을 따라 중재판정부가 임시적 처분을 신청하는 당사자에게 상당한 담보의 제공을 명할 수 있음을 명시한다. 이는 1999년 중재법 제18조 제2항의 문언과 거의 같다.

2. 해설

임시적 처분을 할 근거가 없음에도 불구하고 중재판정부가 임시적 처분을 할 경우 그로 인하여 상대방 당사자가 손해를 입을 가능성이 있다. 제18조의4는 그 경우 신청인의 손해배상의무의 이행을 담보하기 위한 것이다. 이는 민사집행법 제280조와 같은 취지이다.[88] 개정 모델법상 임시적 처분과 사전명령에서 담보제공이 원칙(norm)이고 예외적인 사정이 있으면 면제된다.[89]

중재판정부가 담보제공을 명할지에 관하여 재량을 가지는 점은 조문상 명백하다. 개정 모델법은 임시적 처분"과 관련된 담보(security in connection with)"라고 명시하나 2016년 중재법은 이런 문언을 두지 않는다. 그러나 여기의 담보는 아래 제18조의6에서 규정하는 바의 임시적 처분을 부과하기 위한 비용뿐만 아니라 임시적 처분을 부과함으로써 상대방 당사자에게 발생하는 결과적 손해에 대한 배상책임을 담보하는 것이어야 한다.

2016년 중재법은 담보제공 시기를 명시하지는 않는데 이 점은 개정 모델법과 같다. 유력한 견해는 이는 임시적 처분의 정지조건일 수도 있고 해제조건일 수도 있다고 한다.[90]

---

87) 제17조E 제2항은 사전명령과 관련한 담보제공 조항이다.

88) 제280조 제2항은 청구채권이나 가압류 이유를 불소명한 때에도 채무자의 손해에 대하여 담보를 제공한 때에는 법원은 가압류를 명할 수 있고, 청구채권과 가압류 이유를 소명한 때에도 법원은 담보를 제공하게 하고 가압류를 명할 수 있다.

89) Holtzmann *et al*, p. 177은 담보 제공의 근거가 되는 자산을 피신청인이 신청인으로부터 박탈한 경우를 예외로 든다. 개정 모델법은 담보제공을 명하기 위한 요건을 규정하면서 임시적 처분과 사전명령을 구분하여 전자의 경우 담보제공을 명할 수 있다고 규정하고, 후자의 경우 중재판정부가 달리 판단하지 않는 한 원칙적으로 담보제공을 명할 의무를 부과한다.

90) Holtzmann *et al*, p. 178.

Ⅶ. 사정의 변경과 신청 당사자의 고지의무

1. 2016년 중재법: 제18조의5

중재판정부가 임시적 처분을 내린 뒤 사정변경으로 인하여 임시적 처분이 부당하게 되는 경우, 신청 당사자에게 사정변경에 관한 고지의무를 부과할지, 나아가 고지의무를 위반하면 불이익을 부과할지가 문제된다. 2016년 중재법 제18조의5는 개정 모델법 제17조F 제1항[91]을 따라 중재판정부는 당사자에게 임시적 처분 또는 그 신청의 기초가 되는 사정에 중요한 변경이 있을 경우 즉시 이를 알릴 것을 요구할 수 있다고 규정한다.[92] 고지의무의 부과 여부는 중재판정부의 재량에 맡겨져 있다.[93]

2. 해설

신청인이 사정변경에 따라 임시적 처분이 부당하게 된 것을 알았거나 알 수 있었던 경우라면 중재판정부에 사정변경 사실을 고지하고 해당 임시적 처분을 취소하도록 할 필요가 있다. 이를 위하여 제18조의5는 중재판정부가 당사자에게 고지의무를 부과할 수 있음을 명시한다. 그러나 2016년 중재법은 개정 모델법과 마찬가지로, 중재판정부가 고지의무를 부과하였고 사정변경이 있음에도 불구하고 신청 당사자가 고지의무를 위반한 경우의 제재를 규정하지 않는다. 작업반 회의에서는, 중재판정부가 임시적 처분을 변경, 정지 및 취소하거나(제18조의3) 손해배상을 명하거나(제18조의6) 아니면 양자를 부과할 수 있다는 견해가 있었고, 작업반 보고서는 국내법이 추가제재를 부과할 수 있을 것이라고 설명한다.[94]

---

91) 제17조F 제2항은 사전명령과 관련한 고지의무 조항이다.

92) 개정 모델법이 사전명령에 관하여 부과하는 고지의무는 임시적 처분의 경우와 다르다. 첫째, 사전명령의 경우 신청 당사자에게 시간적으로 제한된 범위 내에서 고지의무를 부과하나, 임시적 처분의 경우에는 양 당자자에게 부과한다. 둘째, 고지 대상인 정보의 범위가 사전명령의 경우 더 넓다. 임시적 처분의 경우에는 그의 기초가 된 중요정보에 한정되나, 사전명령의 경우에는 중재판정부가 사전명령을 내리거나 유지함에 있어서 의미가 있을 것 같은 모든 사정이다.

93) 문언상 중재판정부가 고지의무를 어떻게 부과하라는 것인지는 분명하지 않다. 고지의무의 중요성을 고려하면 중재판정부의 재량에 맡기는 것보다 중재법에서 직접 당사자에게 고지의무를 부과하는 편이 더 바람직했을지도 모르겠다.

94) Holtzmann *et al.*, p. 180.

Ⅷ. 임시적 처분으로 인한 비용과 손해배상

1. 2016년 중재법: 제18조의6

2016년 중재법은 개정 모델법 제17조G를 따라[95] 임시적 처분으로 인한 손해배상에 관하여 아래와 같이 규정한다. 반면에 구 중재법뿐만 아니라 대한상사중재원 중재규칙도 손해배상책임에 관하여는 규정을 두지 않는다.

> **제18조의6(비용 및 손해배상)** ① 중재판정부가 임시적 처분을 내린 후 해당 임시적 처분이 부당하다고 인정할 경우에는 임시적 처분을 신청한 당사자는 임시적 처분으로 인한 비용이나 손해를 상대방 당사자에게 지급하거나 배상할 책임을 진다.
> ② 중재판정부는 중재절차 중 언제든지 제1항에 따른 비용의 지급이나 손해의 배상을 중재판정의 형식으로 명할 수 있다.

2. 해설

가. 손해배상청구를 위한 요건

임시적 처분을 이유로 손해를 입은 당사자가 손해배상을 구하기 위하여는 임시적 처분이 부당한 것이어야 한다. 그러나 제18조의6은 임시적 처분의 부당성의 판단 기준이나, 가해자의 고의 또는 과실 등 손해배상청구를 위한 요건을 명시하지 않는다.

'부당성' 판단의 주체. 문언상 임시적 처분의 부당성은 중재판정부가 판단하는 것으로 보이나 이것이 법원의 판단을 배제하는 것은 아닐 것이다.

부당성 판단의 시기. 임시적 처분의 부당성을 판단하기 위하여 반드시 최종 중재판정이 있어야 하는 것은 아니고 중재판정 전에도 가능하다.[96] 다만 중재판정이 내려짐으로써 임시적 처분의 부당성 여부를 판단할 수 있는 경우 그때는 중재판정부의 임무가 종료되어 중재판정부로부터 부당성에 대한 판단과 구제를 받기 어렵다. 그 경우 중재판정부의 임무가 종료되지 않도록 임시적 처분의 부당성에 대한 확인을 구하는 청구나 손해배상청구를 중재절차 진행 중 반대신청으로 제기할 필요가 있다. 제18조의6 제2항은 부당한 임시적 처분으로

---

95) 개정 모델법과 달리 2016년 중재법은 이를 제1항과 제2항으로 구분한다.

96) Holtzmann *et al.*, p. 180 참조.

인한 비용과 손해배상청구가 당연히 중재합의의 범위에 속하는 것으로 취급한다.[97]

나아가 2016년 중재법은 중재판정에서 손해배상을 받지 못한 경우 법원에서 소를 제기할 수 있는지는 명시하지 않지만 제18조의6이 이를 배제하는 취지는 아닐 것이다.[98]

손해배상책임의 성질. 민사소송법(제215조 제2항)은 '부당 가집행'의 경우 가집행을 신청한 당사자에게 가집행으로 인한 손해를 배상할 것을 명하여야 한다고 규정함으로써 무과실책임을 인정하나,[99] 종래 '부당한 보전처분'의 경우에는 원칙적으로 일반 불법행위책임으로 구성하여 보전처분 신청인의 고의 또는 과실을 요구하되, 신청인이 본안소송에서 패소한 경우 고의 또는 과실을 추정한다.[100] 부당 임시적 처분으로 인한 손해배상책임의 성질은 중재법 해석의 문제인데, 부당 가집행의 법리와 부당 보전처분의 법리 중 어느 것을 따를지 문제된다. 중재법이 손해배상의무를 명시하면서 고의 또는 과실을 요구하지 않으므로 무과실책임이라고 보는 것이 설득력이 있다.[101] 참고로 모델법 조문의 모델이 된 독일 민사소송법(제1041조 제4항)은 신청인의 무과실책임으로 구성한다.[102]

손해의 개념. 중재법은 "임시적 처분으로 인한 비용이나 손해"라고 규정한다. 이는 집행으로 인하여 발생한 손해라기보다 '임시적 처분의 발령'으로 인하여 발생한 손해라고 본다. 만일 이를 전자로 해석하면 별도의 집행절차 없이

97) 이에 대해서는 그런 중재합의를 당연히 인정할 수는 없다는 입법론적 비판이 있으나(박준선, "상사중재 활성화를 위한 중재판정부의 임시적 처분 제도의 개선", 중재연구, 제26권 제2호(2016. 6.), 123면 참조) 동의하기 어렵다.

98) 김갑유 외(註 22), 283면도 동지. 독일 민사소송법상 그와 같이 해석한다. 다만 제1041조 제4항은 우리 조문과 차이가 있다. Musielak, Hans-Joachim/Voit, Wolfgang, Zivilprozessordnung, 14. Auflage (2017), ZPO §1041 Rn. 13 (Voit 집필부분).

99) 민일영·김능환(편), 주석 민사소송법(Ⅲ), 제7판(2012), 342면(강승준 집필부분); 대법원 1979. 9. 25. 선고 79다1476 판결.

100) 대법원 1995. 4. 14. 선고 94다6529 판결; 대법원 1999. 4. 13. 선고 98다52513 판결 등 참조. 권창영(註 21), 770면 참조.

101) 구 중재법 하에서 정선주(註 22), 61면은, 임시적 처분이 당사자에게 진술기회를 부여한 뒤 내려지고, 임시적 처분의 신청 당사자와 상대방 간의 이익 균형, 본안 중재판정에 대한 상소가 불가능한 점 등을 감안하면 부당 가집행의 경우처럼 무과실책임을 인정하는 것이 타당하다면서, 무과실책임을 인정하는 규정을 둘 필요가 있다고 지적하였다.

102) 독일 민사소송법(제1041조 제4항)은 제945조를 모방한 것인데, 후자의 해석론은 '무과실책임'이라고 한다. Münchener Kommentar zur ZPO 4. Auflage (2012) §945 Rn. 3 (Drescher 집필부분), §1041 Rn. 49 (Münch 집필부분) 참조.

당사자가 자발적으로 임시적 처분을 이행한 경우에는 추후 해당 처분이 사정변경 등으로 부당하게 되었고 이로 인하여 당사자가 손해를 입었더라도 배상을 청구할 수 없는 부당한 결과가 되기 때문이다.

손해배상의 범위 등. 만일 중재법에 규정을 두지 않으면 손해배상의무의 존부, 요건과 효과의 준거법이 문제되나 중재법에 규정함으로써 이 문제를 피할 수 있다.[103] 하지만 2016년 중재법도 손해배상의무에 관한 기본원칙을 규정할 뿐 모든 사항을 규율하지는 않으므로 그 효과, 특히 손해배상의 범위(예컨대 비용이 변호사 보수를 포함하는지, 손해배상이 간접손해 또는 결과적 손해를 포함하는지)의 준거법을 결정할 필요가 있다.[104] 이를 불법행위로 성질결정하고 불법행위지법을 적용하는 것보다는, 중재지법인 우리 법에 따르는 것이 당사자들이 예견하기 쉬우므로 바람직하다.[105]

나. 손해배상 등의 절차

손해배상을 구하기 위해서는 상대방 당사자가 임시적 처분의 부당함을 주장하고 손해배상을 청구해야 한다. 이 경우 중재판정부가 손해배상의 지급을 명하는 형식은 중재판정인데, 이는 집행을 위하여 또는 그에 대해 취소의 소를 제기할 수 있어야 하기 때문이다.[106] 제2항에서 '언제든지'라고 규정하는 것은 임시적 처분에 관한 절차에 한정하지 않고 중재절차의 어느 단계에서든 손해배상을 명할 수 있음을 분명히 하기 위한 것이다.[107]

중재판정부가 임시적 처분을 내린 후 그 처분에 따른 집행의 결과 채권자가 물건을 인도받거나 사용, 보관하는 경우 해당 임시적 처분이 부당하다고 인정할 때에는 중재판정부가 이를 취소하면서 인도한 물건의 반환처럼 현상을 복원하는 임시적 처분을 할 수 있는지도 문제된다. 제18조의6은 비용 및 손해배상만을 규정하고 원상회복을 명시하지 않으나 민사집행법 제308조(원상회복재

103) 소송의 맥락에서 법원의 부당가집행으로 인한 손해배상의무의 준거법에 관하여는 석광현, "가집행선고의 실효로 인한 가지급물 반환의무의 준거법", 전북대학교 법학연구 제51집(2017. 2.)", 524면 참조.

104) Holtzmann *et al.*, p. 180은 본문과 같은 견해를 담은 작업반 보고서를 인용하는데 그치고, 견해를 밝히지는 않는다.

105) MünchKomm/Münch, §1041 Rn. 56은 손해배상의 범위 등을 해설하면서 준거법을 언급하지 않은 채 독일 민법에 기초하여 설명한다.

106) 그것이 작업반의 합의된 의견이었다고 한다. Holtzmann *et al.*, p. 181.

107) 그것이 작업반의 합의된 의견이었다고 한다. Holtzmann *et al.*, p. 181.

판)를 유추적용하여 가능하다는 견해[108]가 있다.

제18조의6에 대해서는, 부당한 보전처분의 손해배상책임에 관하여 이론과 실무가 충분히 정립된 독일과 달리 법원의 보전처분에 관하여서도 손해배상책임규정이 없고 판례에서도 이를 제한적으로 인정하는 우리나라가 명문의 규정을 둔 것은 성급했다는 비판이 있다.[109] 이 견해는 예컨대 임시적 처분의 부당성이 언제 인정될 수 있는지와 손해의 범위(집행으로 인한 손해만인지 발령으로 인한 손해까지 포함하는지) 등에 관한 의견을 먼저 모은 뒤 입법하는 것이 바람직했다는 취지로 보이나 선뜻 수긍하기 어렵다. 어쨌든 이미 입법이 된 이상 그런 의문은 해석론으로서 해결할 사항이다.

Ⅸ. 임시적 처분의 승인 및 집행

개정 모델법은 임시적 처분의 승인 및 집행을 규정하고(제17조H) 이어서 승인 및 집행거부사유를 규정하는데(제17조I), 이런 구성방식은 중재판정의 승인 및 집행에 관한 개정 모델법의 체제(제35조와 제36조)와 동일하다.[110] 2016년 중재법은 이러한 개정 모델법의 태도를 수용하였다.

1. 임시적 처분의 효력과 승인의 의미

임시적 처분은 당사자에 대한 구속력을 가지나 집행력과 기판력은 없다. 또한 형성적 성질의 임시적 처분의 경우에는 형성력을 가진다. 중재판정부는 특별한 사정이 있는 경우에는 당사자에게 미리 통지하고 직권으로 임시적 처분을 변경·정지하거나 취소할 수 있으므로(제18조의3) 임시적 처분은 중재판정과 달리 중재판정부에 대한 기속력(또는 자기구속력)을 가지지 않는다.[111] 2016년

108) 박진수(註 20), 15면.

109) 정선주(註 80), 46-47면.

110) 반면에 2016년 중재법 제18조의7과 제18조의8은 개정 모델법 제17조H와 제17조I를 따르면서도, 2016년 중재법 제37조부터 제39조는 모델법 제35조와 제36조 체제를 따르지 않으므로 체제상 일관성이 부족하다. 다만 개정 모델법상으로도 임시적 처분과 중재판정의 승인 및 집행은 차이가 있다. 첫째, 제35조와 제36조는 중재판정을 언급하나 임시적 처분에서는 처분의 형식을 묻지 않는다. 둘째, 제35조와 제36조는 증명책임을 분배하나, 임시적 처분에서는 이를 언급하지 않는다. Holtzmann *et al.*, p. 181 참조.

111) Kreindler/Wolff/Rieder(註 48), para. 5.93도 동지. 이런 조문이 없던 1999년 중재법 하에서

중재법은 임시적 처분 자체에 대한 불복은 규정하지 않는다.

중재판정은 승인요건을 구비하면 별도의 절차 없이 승인되는데 이런 자동 승인의 원칙이 임시적 처분에도 타당하다.[112] 하지만 중재판정 승인의 핵심은 그의 기판력을 인정하는 것인데 임시적 처분은 기판력이 없으므로[113] 그 승인은 별 의미가 없다. 2016년 중재법(제18조의7)은 임시적 처분의 승인을 명시하는데, 개정 모델법 제17조H 제1항이 명시하는 것처럼(“An interim measure issued by an arbitral tribunal shall be recognized as binding”) 승인은 임시적 처분이 당사자에 대한 구속력이 있음을 인정하는 것이나[114] 임시적 처분의 맥락과 중재판정의 맥락에서 구속력의 본질은 불분명하므로[115] 더 검토할 필요가 있다.

임시적 처분에 대한 집행은 중재판정에 대한 집행과 같이 법원의 집행결정에 의한다. 결국 임시적 처분은 기판력은 없으나 법원의 집행결정에 의하여 집행력이 부여된다.

2. 임시적 처분의 승인 및 집행

가. 2016년 중재법: 제18조의7

2016년 중재법 제18조의7은 대체로 개정 모델법 제17조H를 따라[116] 임시

는 중재판정부에 대한 기속력이 있었다. 이 점을 지적해 준 박이세 변호사에게 감사한다.

112) 개정 모델법 제17조H 제1항은 이런 취지로 보이나 그 원칙이 2016년 중재법 제18조의7에 제대로 반영되었는가는 다소 의문이다. 석광현, “2016년 중재법에 따른 국내중재판정의 효력, 취소와 승인·집행에 관한 법리의 변화”, 한양대학교 법학논총(2017. 3.), 478면 참조.

113) 이는 임시적 처분이 중재판정의 형식을 취하더라도 같다. 즉 2016년 중재법 제35조 제1문은 중재판정의 효력에 관하여 “중재판정은 양쪽 당사자 간에 법원의 확정판결과 동일한 효력을 가진다”고 규정하나 임시적 처분은 비록 중재판정의 형식을 취하더라도 확정판결과 같은 효력은 없다. 확정판결과 같은 효력의 핵심은 기판력인데 임시적 처분에 기판력을 인정할 것은 아니기 때문이다. 그러나 중재판정에 대하여는 별도의 집행절차가 마련되어 있으므로 임시적 처분의 형식은 중재판정이어서는 아니 된다는 견해도 있다. Kreindler/Wolff/Rieder(註 48), para. 5.87. 이는 만족적 가처분에 상응하는 임시적 처분은 중재판정으로 할 수 있고 이는 중재판정으로서 기판력을 가진다고 본다. Kreindler/Wolff/Rieder(註 48), para. 5.88.

114) Holtzmann *et al.*, p. 183.

115) 2016년 중재법에 신설된 제38조 제1호 나목 1)은 중재판정의 당사자에 대한 ‘구속력’이라고 하여 구속력이라는 용어를 처음 도입하였으나 그 본질은 논란의 여지가 있다. 석광현(註 112), 463면 이하 참조. 당사자에 대한 구속력이라는 개념을 별도로 인정할 필요가 있는지는 의문이다. 흥미로운 것은, 법원의 가처분에는 기판력이 없으나 동일한 사항에 대하여 달리 판단할 수 없다는 기판력 유사의 구속력은 인정한다는 견해가 있는 점인데 이를 ‘한정적인 기판력’이라고 부른다. 이시윤(註 21), 651면.

116) 다만 제4항은 개정 모델법에는 없다.

적 처분의 승인 및 집행에 관한 조문을 아래와 같이 신설하였다.[117)]

제18조의7(임시적 처분의 승인 및 집행) ① 중재판정부가 내린 임시적 처분의 승인을 받으려는 당사자는 법원에 그 승인의 결정을 구하는 신청을 할 수 있으며, 임시적 처분에 기초한 강제집행을 하려고 하는 당사자는 법원에 이를 집행할 수 있다는 결정을 구하는 신청을 할 수 있다.
② 임시적 처분의 승인 또는 집행을 신청한 당사자 및 그 상대방 당사자는 그 처분의 변경·정지 또는 취소가 있는 경우 법원에 이를 알려야 한다.
③ 중재판정부가 임시적 처분과 관련하여 담보제공 명령을 하지 아니한 경우나 제3자의 권리를 침해할 우려가 있는 경우, 임시적 처분의 승인이나 집행을 신청받은 법원은 필요하다고 인정할 때에는 승인과 집행을 신청한 당사자에게 적절한 담보를 제공할 것을 명할 수 있다.
④ 임시적 처분의 집행에 관하여는 「민사집행법」 중 보전처분에 관한 규정을 준용한다.

나. 해설

(1) 개정의 배경과 임시적 처분의 승인 및 집행의 허용

1999년 중재법 제18조는 임시적 처분의 집행방법을 규정하지 않았다. 그런데 1999년 중재법상 '중재판정'만이 집행판결의 대상이었으므로(제37조 이하) 결정의 형식을 취하는 임시적 처분은 집행판결의 대상이 아니었다.[118)][119)] 그 결과 1999년 중재법 제18조는 상당부분 의미를 상실하였기에 저자는 독일 민사소송법(제1041조 제2항)처럼 법원이 결정형식을 취하는 임시적 처분의 집행을

117) 임시적 처분의 집행 허가에 대하여 개정위원회에서 부정적 견해도 있었는데 그 근거는 아래와 같다. 이의 허용은 법원의 보전처분보다 임시적 처분이 효율적임을 전제로 하나 그런 전제는 저렴하고 신속한 보전처분이 내려지는 우리 현실과 맞지 않고, 임시적 처분 중에서 만족적 가처분(예컨대 금원지급을 명하거나 경기참가금지 가처분 등)은 중재판정에 의하여 달성하려는 결과를 사실상 조기에 실현시킬 정도로 중요한데, 경험이 적은 중재인이 그러한 중대한 문제에 관하여 적정한 판단을 할 수 있을지 의문이므로(신청담당 판사도 만족적 가처분에 관한 기준을 정립하는 데 상당한 경험이 요구됨), 임시적 처분의 집행을 허가할 경우 재판을 받을 권리 내지 권리구제의 적정한 실현에 도움이 되기보다 위험할 수 있다는 것이다. 법무부(註 9), 4. 입법추진과정에서 논의된 주요 내용 참조.

118) 석광현, 국제사법과 국제소송, 제2권(2001), 483-484면. 양병회 외, 주석중재법(양병회 · 정선주 집필부분)(2005), 82면도 동지. 그러나 결정이든 판정이든 모두 중재판정부의 판정의 일종이라며 반대하는 견해도 있다. 민병국, "중재인의 임시적 처분(臨時的 處分)", 중재, 제319호(2006 봄), 88면.

119) 사실 모델법의 성안과정에서 사무국은 중재판정부가 법원에게 임시적 처분의 집행에 조력을 요청할 수 있다는 문언을 두었으나, 논의과정에서 각국의 절차법이 규율하는 사항과 법원의 권한에 관련되므로 다수 국가들이 수용할 수 없을 것이라는 이유로 삭제되었다.

가능하게 하자는 의견을 피력하였다.[120]

이러한 배경 하에서 2016년 중재법 제18조의7은 임시적 처분의 승인과 집행을 명시한다. 이는 중재판정의 승인과 집행에 관한 모델법 제35조와 유사하다. 중재판정부의 임시적 처분이 집행력이 있어야 하므로, 개정 모델법은 '중재판정부에서 달리 정하지 않는 한(unless otherwise provided by the arbitral tribunal)" 이라고 규정하나 2016년 중재법 제18조의7은 그런 문언을 명시하지 않는다. 하지만 결론은 동일하다. 2016년 중재법 하에서는 임시적 처분은 형식에 관계없이 승인 및 집행할 수 있다.

법무부 자료는,[121] 2016년 중재법이 임시적 처분의 집행을 가능하도록 한 이유는, 중재판정 전에 필요한 잠정적 구제를 반드시 법원의 보전처분에 의하도록 하는 것은 중재를 통한 분쟁해결을 원하는 당사자들의 의사를 위축시키고, 임시적 처분에 집행력을 부여함으로써 중재절차를 실효적으로 촉진하는 데 도움이 되며, 대부분의 중재 선진국이 임시적 처분의 집행을 허용한다는 점 등에 있다고 설명한다.

(2) 법원에 대한 임시적 처분의 변경 등 고지의무(제2항)

임시적 처분의 승인 또는 집행을 신청한 당사자와 상대방 당사자는 그 처분의 변경·정지 또는 취소가 있는 경우 법원에 이를 알려야 한다. 이는 임시적 처분의 변경·정지 또는 취소가 있는 경우 법원으로 하여금 집행결정을 변경·정지 또는 취소할 수 있도록 하려는 것이다. 고지의무는 임시적 처분의 존속기간 동안 존속한다. 어떤 상황에서 법원이 집행결정을 변경·정지 또는 취소할 수 있는지와 당사자의 고지의무 위반에 따른 책임은 모두 준거법인 국내법에 따를 사항이다.[122] 개정 모델법은 문면상 임시적 처분의 신청인에게만 고지의무를 부과하나 2016년 중재법은 상대방에게도 고지의무를 부과하는 점에서 다르다.

(3) 법원의 담보제공명령(제3항)

임시적 처분의 승인 또는 집행의 신청을 받은 법원은 필요하다고 인정할

---

120) 석광현, "중재법의 개정방향: 국제상사중재의 측면을 중심으로", 서울대학교 법학, 제53권 제3호(통권 제164호)(2012. 9.), 548면. 그러나 비록 중재판정부가 법원처럼 강제력을 행사할 수 없고, 보전처분의 국제적 집행은 용이하지 않지만, 중재판정부의 모든 명령은 당사자 간에는 구속력이 있을 것이므로 중재판정부의 임시적 처분이 무의미한 것은 아니다.

121) 법무부(註 9), 2. 개정 이유(입법례 등) 참조.

122) Holtzmann *et al.*, pp. 183-184.

때에는 신청 당사자에게 적절한 담보의 제공을 명할 수 있다. "필요하다고 인정할 때"라 함은 첫째, 중재판정부가 임시적 처분과 관련하여 담보제공 명령을 하지 아니한 경우와 둘째, 제3자의 권리를 침해할 우려가 있는 경우이다. 따라서 중재판정부가 임시적 처분과 관련하여 담보제공 명령을 하였다면 법원은 중재판정부의 결정을 재심사하거나, 담보제공에 관하여 중재판정부의 결론과 달리 고려할 수 없다.[123] 중재법은 명시하지 않으나 필요하다고 인정할 때라 함은 예컨대 중재판정부의 판정권한에 대해 이의가 있는 경우를 들 수 있다.[124]

(4) 임시적 처분의 집행(제4항)

제4항은 임시적 처분의 집행에 관하여는 민사집행법 중 보전처분에 관한 규정을 준용한다. 이는 개정 모델법에는 없는 조항인데 그 이유는 각국의 국내법이 결정할 사항이기 때문일 것이다. 제4항은 당초 개정위원회 초안에는 없었던 조항으로 법원의 제안을 반영한 것인데 내용적으로 타당하다. 유력설은 제4항이 임시적 처분의 승인·집행에 관한 심리와 불복절차의 근거규정이 된다고 한다.[125]

어쨌든 민사집행법 제292조 제1항에 따르면 가압류에 대한 재판의 집행은 채권자에 재판을 고지한 날로부터 2주일을 넘긴 때에는 하지 못하고, 민사집행법 제301조는 이를 가처분의 집행에 준용한다. 따라서 임시적 처분의 경우에도 유사한 집행기간의 제한이 적용될 것이나, 기산점이 중재판정부의 임시적 처분의 고지인지 아니면 집행결정의 고지인지는 분명하지 않다. 이 기간은 집행에 착수해야 한다는 의미이므로 실제 집행이 가능하게 되는 후자를 기준으로 해야 한다는 견해[126]가 설득력이 있는 것으로 본다.

(5) 임시적 처분의 승인 및 집행을 위한 중재지 요건

개정 모델법과 2016년 중재법 간에는 중요한 차이가 있다. 즉 개정 모델법(제17조H 제1항)은 중재지를 불문하므로 뉴욕협약의 가입 여부와 무관하게 임시적 처분의 승인집행이 가능하도록 보장한다. 그러나 2016년 중재법은 중재지가 한국인 경우에만 적용된다(제2조 제1항). 이와 같이 제한한 이유와 중재지가 외국인 경우 중재판정부의 임시적 처분의 승인 및 집행은 아래(5.)에서 논의한다.

---

123) Holtzmann *et al.*, p. 184.
124) Holtzmann *et al.*, p. 184.
125) 박진수(註 20), 25-26면.
126) 박진수(註 20), 30면.

(6) 임시적 처분을 위한 법원의 집행결정에 대한 불복

2016년 중재법은 중재판정의 집행을 위한 법원의 집행결정에 대하여는 즉시항고가 가능함을 명시하면서도(제37조 제6항), 임시적 처분의 집행을 위한 집행결정에 관하여는 상응하는 규정을 두지 않는다. 여기에서 임시적 처분을 위한 법원의 집행결정에 대해 불복할 수 있는가라는 의문이 제기된다. 우선 제37조를 유추적용할 여지가 있으나, 보전처분의 신청을 배척하는 재판에 대한 불복방법에 관한 민사집행법 제281조 제2항, 제301조를 준용하여 즉시항고로 불복할 수 있다는 견해가 보인다.[127] 하지만 임시적 처분을 위한 집행결정에 대해 불복의 길을 열어두는 것은 바람직하지 않다. 따라서 비록 해석론으로서는 임시적 처분을 위한 법원의 집행결정에 대하여 즉시항고를 허용하는 것이 설득력이 있더라도, 우리처럼 3심제를 고집하는 체제 하에서는 불복방법을 제한하지 않을 경우 법원을 통한 임시적 처분의 집행은 실효성을 상실할 가능성이 크다. 이 점은 입법상 아쉬운 점이다. 독일에서는 중재판정과 임시적 처분의 집행결정은 고등법원의 관할에 속하며 임시적 처분의 집행결정에 대하여는 불복을 불허하는 것으로 보인다.[128]

3. 임시적 처분의 승인 및 집행 거부사유

가. 2016년 중재법: 제18조의8

2016년 중재법은 개정 모델법(제18조I)을 따라 아래와 같이 제18조의8을 신설하였다.

> **제18조의8(승인 및 집행의 거부사유)** ① 임시적 처분의 승인 또는 집행은 다음 각 호의 어느 하나에 해당하는 경우에만 거부될 수 있다.
> 1. 임시적 처분의 상대방 당사자의 이의에 따라 법원이 다음 각 목의 어느 하나에 해당한다고 인정하는 경우
>   가. 임시적 처분의 상대방 당사자가 다음의 어느 하나에 해당하는 사실을 소명한 경우

127) 박진수(註 20), 31면 이하 참조. 이는 집행신청을 인용하는 법원의 결정에 대하여도 같이 보고, 나아가 중재판정을 위한 집행결정에 대한 집행정지보다 제한적으로, 단행적, 만족적 임시적 처분에 한정하여 엄격한 요건 하에 집행정지를 허용하고 그에 대하여 불복할 수 없도록 하는 것이 타당하다고 한다.

128) 독일 민사소송법 제1065조와 제1062조.

1) 제36조 제2항 제1호 가목 또는 라목에 해당하는 사실
2) 임시적 처분의 상대방 당사자가 중재인의 선정 또는 중재절차에 관하여 적절한 통지를 받지 못하였거나 그 밖의 사유로 변론을 할 수 없었던 사실
3) 임시적 처분이 중재합의 대상이 아닌 분쟁을 다룬 사실 또는 임시적 처분이 중재합의 범위를 벗어난 사항을 다룬 사실. 다만, 임시적 처분이 중재합의의 대상에 관한 부분과 대상이 아닌 부분으로 분리될 수 있는 경우에는 대상이 아닌 임시적 처분 부분만이 거부될 수 있다.

나. 임시적 처분에 대하여 법원 또는 중재판정부가 명한 담보가 제공되지 아니한 경우

다. 임시적 처분이 중재판정부에 의하여 취소 또는 정지된 경우

2. 법원이 직권으로 다음 각 목의 어느 하나에 해당한다고 인정하는 경우

가. 법원에 임시적 처분을 집행할 권한이 없는 경우. 다만, 법원이 임시적 처분의 집행을 위하여 임시적 처분의 실체를 변경하지 아니하고 필요한 범위에서 임시적 처분을 변경하는 결정을 한 경우에는 그러하지 아니하다.

나. 제36조 제2항 제2호 가목 또는 나목의 사유가 있는 경우

② 제18조의7에 따라 임시적 처분의 승인이나 집행을 신청받은 법원은 그 결정을 할 때 임시적 처분의 실체에 대하여 심리해서는 아니 된다.

③ 제1항의 사유에 기초한 법원의 판단은 임시적 처분의 승인과 집행의 결정에 대해서만 효력이 있다.

나. 해설

(1) 승인 및 집행 거부사유(제1항)

임시적 처분의 승인 및 집행 거부사유(이하 "승인거부사유", "집행거부사유"라 하고, 포괄적으로 "거부사유"라 한다)는 한정적 열거이다.[129] 이는 당사자가 주장해야 하는 거부사유와 법원이 직권으로 판단해야 하는 거부사유로 구분된다. 이런 구분은 중재판정의 취소(제36조), 국내중재판정의 승인 및 집행에 관한 제38조와 뉴욕협약에서도 같다.

(가) 임시적 처분에서 진 당사자가 신청할 수 있는 거부사유(제1항 제1호)

① 임시적 처분의 상대방 당사자가 다음의 어느 하나에 해당하는 사실을 소명한 경우. 여기에서는 거부사유의 존재를 누가 입증해야 하는지와 입증의 정도가 문제된다.

입증책임을 보면, 2016년 중재법은 임시적 처분의 집행에 저항하는 당사

129) 개정 모델법 제17조I의 각주는 입법국이 개정 모델법 조항을 수용하면서, 위에 열거된 사유보다 적은 수의 거부사유만을 규정하는 것은 무방하나 이를 추가하는 것은 허용되지 않음을 명시한다. 이 점은 모델법 제35조 제2항에 부가되었던 각주와 같은 취지이다.

자가 증명책임(또는 입증책임)을 부담하는 점을 명시한다. 이와 달리 개정 모델법은 중재판정의 승인 및 집행에 관한 제35조에서는 뉴욕협약을 따라 당사자가 증거를 제출할 것을 요구하면서도, 제17조I에서는 누가 증거를 제출해야 하는지를 언급하지 않고 단순히 "if the court is satisfied"라고만 규정한다.

입증의 정도(standard of proof)를 보면, 2016년 중재법은 거부사유를 규정한 제18조의8 제1항 제1호에서는 당사자의 '소명'을 요구하는데, 이는 중재판정의 승인 및 집행의 거부사유에 관하여 '증명'을 요구하는 제38조 제1호와 다르다. 개정 모델법의 성안과정에서 임시적 처분의 집행의 경우 중재판정의 집행과 비교할 때 더 낮은 정도의 입증을 요구하는 것이 설득력이 있으나, UNCITRAL에서 다수설은 개정 모델법에서 이를 상세히 명시하기보다 국내법에 맡기는 편이 적절하다고 보았다고 한다.[130] 개정 모델법은 제17조I에서 단순히 "if the court is satisfied"라고 규정한다. 법원에 대하여 소명을 요구하는 것은 우리 법이 결정할 사항이므로 2016년 중재법의 태도는 수긍할 수 있다.[131]

여기에서 당사자가 소명할 사실은 아래와 같다.

첫째, 중재합의의 당사자가 준거법에 따라 중재합의 당시 무능력자였거나 중재합의가 무효인 사실 또는 중재판정부의 구성 또는 중재절차가 중재법의 강행규정에 반하지 아니하는 당사자 간의 합의(그러한 합의가 없는 경우에는 중재법)에 따르지 아니한 사실. 이는 중재판정의 취소사유를 정한 제36조 제2항 제1호의 사유를 가져온 것이다.[132]

둘째, 임시적 처분의 상대방 당사자가 중재인의 선정 또는 중재절차에 관하여 적절한 통지를 받지 못하였거나 기타 사유로 변론을 할 수 없었던 사실. 임시적 처분의 상대방 당사자가 변론할 수 없었던 사실은 거부사유이므로, 중재판정부가 상대방에 대한 심문 없이 일방적으로 내린 임시적 처분은 승인 또는 집행을 할 수 없다.

셋째, 임시적 처분이 중재합의 대상이 아닌 분쟁을 다룬 사실 또는 임시적

---

130) Holtzmann *et al.*, p. 182. 그러나 개정 모델법에 관한 사무국의 해설자료는 이를 설명하지 않는다.

131) 정부안은 '증명'이라고 규정하였으나 법원측에서 소명으로의 수정을 요구한 것으로 보인다. 2016년 중재법(제36조 제2항 제1호)은 중재판정의 취소사유에 관하여는 당사자가 법원에 증명할 것을 요구한다.

132) 당초 법무부 초안에서는 '가목 내지 라목'에 해당하는 사실이었는데 현행법은 나목과 다목의 사유를 2목과 3목에서 풀어 쓴다. 기술적 사항이기는 하나 저자는 현재처럼 수정된 이유를 알지 못한다.

처분이 중재합의 범위를 벗어난 사항을 다룬 사실.[133] 다만 임시적 처분이 중재합의의 대상에 관한 부분과 대상이 아닌 부분으로 분리될 수 있는 경우에는 아닌 부분만이 거부될 수 있다.

② 임시적 처분에 대하여 법원 또는 중재판정부가 명한 담보가 제공되지 아니한 경우. 만일 당사자의 담보제공이 항상 정지조건이라면 이 거부사유는 불필요할 것이다. 그러나 위에서 본 것처럼 담보제공은 해제조건일 수도 있으므로, 즉 임시적 처분을 내리면서 일정한 기한을 유예할 수도 있으므로 이를 명시할 실익이 있다.[134]

③ 임시적 처분이 중재판정부에 의하여 취소 또는 정지된 경우. 개정 모델법은 법원에게 임시적 처분을 취소할 수 있는 권한을 부여하지 않는다. 그러나 법원이 임시적 처분을 취소할 수 있는 입법례도 있을 수 있다. 따라서 개정 모델법(제17조I 제1항)은 임시적 처분이 중재판정부에 의하여 또는 그러한 권한을 가지는 법원에 의하여 취소 또는 정지된 경우를 거부사유로 명시한다. 그러나 2016년 중재법은 중재판정부에 의한 취소 또는 정지만을 언급하는데, 이는 우리 법상 법원이 중재판정부의 임시적 처분을 취소할 수 있는 권한을 가지지 않는다고 보기 때문일 것이다.[135]

(나) 법원이 직권으로 적용할 수 있는 거부사유(제1항 제2호)

④ 법원에 임시적 처분을 집행할 권한이 없는 경우. 다만, 법원이 임시적 처분의 집행을 위하여 필요한 범위에서 그 실체를 변경하지 아니하고 임시적 처분을 변경하는 결정을 할 수 있다. 이러한 법원의 변형(또는 변경)권한은 아래 (5.)에서 별도로 논의한다.

---

133) 이에 대해 정선주(註 80), 45면은 위 셋째 사유를 거부사유로서 명시한 것은 임시적 처분의 대상을 확대한 것과 상충된다고 지적한다. 예컨대 매매대금의 지급을 구하는 중재사건에서 중재합의의 대상인 분쟁은 매매대금지급의무의 유무인데, 중재판정부가 매매대금의 지급을 구하는 소를 제기하지 못하도록 하는 처분을 내린다면 이는 중재합의의 대상인 분쟁이 아니라 법원에 제소할 수 있는지에 관한 분쟁을 다룬 것이라고 지적한다. 그러나 '중재합의 대상인 분쟁'을 좁게 해석하여 이를 부정하는 이유는 잘 이해되지 않는다.

134) Holtzmann *et al.*, pp. 186-187.

135) 한편 개정 모델법(제17조Ⅰ)은 법원이 중재판정부의 임시적 처분을 취소하거나 중지한 경우를 거부사유로 열거하면서 여기의 '법원'은 중재지 또는 중재절차의 준거법 소속국의 법원임을 명시한다. 개정위원회의 논의과정에서 우리 중재법상 중재절차의 준거법은 항상 우리 중재법이라는 이유로 후자는 삭제하고 전자만을 규정하였다(저자는 1999년 개정 중재법의 해석상 이런 견해를 취한다. 석광현(註 12), 76면 이하 참조. 박준선(註 97), 128면은 이 점을 오해하는 것 같다). 그러나 국회에서 임시적 처분의 취소 또는 중지의 주체가 중재판정부로 한정되었다. 저자는 그 이유를 알지 못한다.

⑤ 법원이 직권으로 인정할 수 있는 중재판정 취소사유가 있는 경우. 이는 임시적 처분의 대상이 한국법상 중재가능성이 없는 경우와 임시적 처분의 승인 또는 집행이 한국의 공서위반이 되는 경우이다.

거부사유 중 위 ①과 ⑤는 중재판정의 승인 및 집행 거부사유(중재법 제38조, 제36조 제2항)와 동일하지만, ②, ③과 ④는 임시적 처분에 특유한 거부사유이다.

(2) 법원 심사의 효력과 범위(제2항과 제3항)

2016년 중재법은 제2항과 제3항을 별도로 규정하나, 개정 모델법은 양자를 묶어서 규정한다. 임시적 처분의 승인이나 집행의 신청을 받은 법원은 임시적 처분의 실체를 심리해서는 아니 된다(제2항). 이는 '실질재심사 금지의 원칙'이 임시적 처분에도 타당함을 선언한 것이다. 즉 법원은 거부사유의 존재만을 심사할 수 있다. 거부사유에 기초한 법원의 판단은, 그것이 긍정적이든 부정적이든 간에 임시적 처분의 승인과 집행의 결정에 대하여만 효력이 있고(제3항), 자신의 권한에 관한 중재판정부의 판단, 나아가 최종 중재판정의 승인 및 집행을 하는 법원의 심사에 영향을 미치지 아니한다.[136)]

(3) 거부사유가 있는 임시적 처분의 효력

개정 모델법과 2016년 중재법은 이 점을 명시하지 않으나 거부사유가 있으면 임시적 처분은 승인되지 않으므로 임시적 처분의 본래의 효력을 가질 수 없을 것이다. 이를 규명하자면 우선 거부사유가 없는 임시적 처분의 효력을 파악하고(위 1.에서 언급한 것처럼) 거부사유가 있는 경우 임시적 처분이 무효인지, 남은 효력이 무엇인지를 해명해야 한다. 저자는 다른 기회에 제35조와 제38조의 충돌을 지적하면서 거부사유가 있는 중재판정의 효력을 논의한 바 있고 여기에서도 유사한 문제가 제기되나, 임시적 처분은 확정판결과 같은 효력을 가지지는 않으므로 이론 구성이 다르게 될 것이다.[137)] 이 부분은 이론적인 문제이지만 더 검토해야 할 사항이다.

136) Holtzmann *et al.*, p. 189.

137) 즉 중재판정의 경우 거부사유가 있더라도 무효인 중재판정과 마찬가지로 기속력과 형식적 확정력은 있다고 볼 수 있으나 임시적 처분의 경우에는 그런 설명도 부적절하다. 석광현(註 112), 465면 이하 참조.

4. 법원에 의한 임시적 처분의 변경(Reformulation)[138]

가. 2016년 중재법: 제18조의8

위에서 언급한 제18조의8 제1항 제2호 가목은 개정 모델법(제17조I 제1항 b호 I목)을 따라 법원에 임시적 처분을 집행할 권한이 없는 경우에는 법원이 임시적 처분의 승인 및 집행을 직권으로 거부할 수 있고, 다만 법원은 필요한 범위에서 실체를 변경하지 않으면서 임시적 처분을 변경할 수 있다고 규정한다.[139] 위 조문이 상정하는 것은, 법원이 중재판정부의 임시적 처분을 집행할 권한이 없는 경우이지, 법원이 중재판정부의 임시적 처분에 상응하는 보전처분을 할 권한이 없는 경우가 아니다. 예컨대 가사 우리 민사집행법상 법원이 소송유지명령을 할 수 없다는 견해를 취하더라도 여기에서 말하는 법원이 중재판정부가 내린 소송유지명령을 집행할 권한이 없는 경우에 해당하는 것은 아니다.

나. 해설

(1) 2016년 중재법에 따른 법원의 임시적 처분의 변경

중재지가 한국이더라도 중재판정부가 우리 민사집행법상 집행할 수 없는 임시적 처분을 할 가능성이 있다. 그 경우 집행절차의 효율성을 확보하자면 임시적 처분의 집행이 가능하도록 합리적인 범위 내에서 법원의 임시적 처분 내용 변경을 허용할 필요가 있다. 그런 규정이 없다면 법원은 국내법에서 예정되지 않은 형태의 임시적 처분이 내려진 경우 집행을 거부할 것이다.

이 점을 고려하여 개정위원회는 법원에 임시적 처분을 집행할 권한이 없는 경우 법원은 그 처분의 집행을 거부할 수 있으나, 법원은 집행을 위하여 임시적 처분의 실체를 변경하지 아니하고 필요한 범위에서 임시적 처분을 변경하는 결정을 할 수 있음을 명시하였다.[140] 이는 법원에게 임시적 처분의 실체를 변경할 수 있도록 허용하는 것이 아니라 단지 절차적 변경을 허용하는 취지이

---

138) 개정 모델법의 영문에 충실하자면 '변형' 또는 '재구성'이 좋을 것으로 생각되나 여기에서는 중재법에 따른다.

139) 독일 민법시행법 제1041조 제2항도 유사한 취지로 규정한다. "임시적 처분의 집행을 위하여 필요한 경우에는 법원은 명령을 다르게 표현할 수 있다(Es kann die Anordnung abweichend fassen, wenn dies zur Vollziehung der Maßnahme notwendig ist)."

140) 실제로 임시적 처분의 집행을 허용하는 국가들이 법원에 그 정도 권한은 부여하는 것으로 보인다고 한다. 법무부(註 9), 4. 입법추진과정에서 논의된 주요 내용 참조.

다.[141] UNCITRAL 사무국이 언급한 사례는 첫째, 임시적 처분이 집행국의 법과 실무상 집행명령에 제시되어야 하는 특정 세부사항이나 집행의 실시과정을 다루거나 다루지 않는 경우[142]와, 둘째, 임시적 처분이 일방 당사자로 하여금 상대방 당사자에게 문서제출을 명하는데 집행국법상 법원을 구속하는 법률상 보호되는 정보를 포함하는 문서가 있어서 그를 제외하지 않으면 집행할 수 없는 경우 그런 문서를 제외하는 방향으로 임시적 처분을 변경하는 것이다.[143]

(2) 중재판정의 집행과 특정성 요건

위에서 본 것처럼 "법원에 임시적 처분을 집행할 권한이 없는 경우"의 사례로 사무국은 임시적 처분이 집행국의 법과 실무상 집행명령에 제시되어야 하는 특정 세부사항을 다루지 않은 경우를 든다. 근자에 우리나라에서 중재판정의 승인 및 집행의 맥락에서 중재판정의 내용이 구체적으로 특정되지 않았기 때문에 집행할 수 없는 경우 법원이 집행판결을 할 수 있는지가 논란이 되었다. 왜냐하면 우리 민사집행법상 집행판결 또는 집행결정의 형식으로 집행가능 선언을 하자면 중재판정이 집행이 가능한 정도로 특정되어야 하기 때문이다. 이를 '특정성원칙(Bestimmtheitsgrundsatz)'이라 한다.[144] 따라서 그 요건이 구비되지 못하는 중재판정 또는 판결은 집행할 수 없다.[145]

위에서 본 중재법 제18조의8 제1항 제2호는 임시적 처분의 맥락에서 이런 특정성 요건의 엄격성을 완화하기 위한 것인데,[146] 문제는 과연 어떤 경우가

---

141) Holtzmann *et al.*, p. 189.

142) 그 취지는 분명하지 않다.

143) A/CN.9/WG.Ⅱ/WP. 110, para. 72. 박진수(註 20), 14면은 집행대상이 특정되지 않은 가압류와 처분금지 대상인 재산을 특정하지 아니한 채 채무자의 일반채산의 처분 내지 국외반출을 금지하는 내용의 임시적 처분을 발령한 경우도 법원이 집행할 권한이 없는 경우에 해당할 여지가 있다고 본다.

144) 판결의 경우도 같다. BeckOK ZPO, §723, Rn. 8 (Bach 집필부분); Heinrich Nagel/ Peter Gottwald, Internationales Zivilprozessrecht, 7. Auflage (2013), §15 Rn. 242 참조.

145) NDS Limited 사건에서 제1심판결(서울남부지방법원 2013. 1. 31. 선고 2012가합15979 판결)은, 집행권원은 그 자체로서 집행이 가능할 만큼의 특정성과 자기완결성을 갖추어야 함을 전제로 당해 사건에서 위 요건이 구비되지 않았다고 보아 집행을 불허하였다. 반면에 제2심판결(서울고등법원 2014. 1. 17. 선고 2013나13506 판결)은 중재판정의 주문에 따른 집행이 불능하더라도 집행판결을 구할 법률상의 이익은 인정된다면서 강제집행을 허가하였다. 위 사건이 대법원에 계속 중 원고가 소를 취하하였다. 다만 이는 중재판정에 관한 논의이다. 이 점은 외국판결 집행의 맥락에서도 문제되는데, 이에 관하여는 대법원 2017. 5. 30. 선고 2012다23832 판결을 검토할 필요가 있다. 그의 소개는 박설아(註 38), 88면 이하 참조. [밑줄 부분은 이 책에서 새로 추가한 것이다.]

146) Böckstiegel/Kröll/Nacimiento/Schäfer, §1041, para. 22; para. 36ff.는 독일 민사소송법 제1041조 제2항의 해석상 동지.

그런 요건에 해당하는지이고 나아가 법원이 변형할 수 있는 범위이다.

(3) 외국재판의 집행과 특정성 요건

재판의 특정성요건은 중재 특유의 문제는 아니고 외국재판의 집행에서도 문제된다. 이 점을 고려하여 2017년 4월 현재 진행 중인 헤이그국제사법회의의 재판프로젝트에서 작성된 협약 초안(제9조)은, 재판이 집행국에서 이용가능하지 않은 구제를 규정하는 경우에는 그 구제는 가능한 범위 내에서 재판국의 구제에 상응하는 효력을 가지는 구제로 적절히 조정되어야 한다고 명시한다.[147] 헤이그국제사법회의의 자료[148]를 보면 이는 예컨대 재판국이 특허침해사건에서 법원의 명령을 따르지 않은 당사자에게 'recurring penalty payment'(이는 '정기적 강제금 지급'으로 보인다)을 명하였는데 집행국이 그런 지급의 강제를 알지 못하는 경우 등을 염두에 둔 것으로 보인다.

5. 외국중재판정부가 내린 임시적 처분의 승인 및 집행

가. 개정 모델법의 미수용

개정 모델법(제17조H 제1항)은 중재판정부가 내린 임시적 처분은 구속력 있는 것으로 승인되어야 한다는 점과 중재지를 불문하고 제17조I의 규정에 따라 관할법원에 집행신청할 수 있음을 명시한다. 이는 뉴욕협약의 가입 여부와 무관하게 임시적 처분이 외국에서 승인 및 집행되도록 하려는 것이다. 그러나 2016년 중재법은 개정 모델법의 태도를 받아들이면서도 중대한 제한을 부과하였다. 즉 제18조의7은 중재지가 한국인 경우에만 적용된다.

나. 2016년 중재법의 태도와 그 배경

저자는 개정위원회에서 위의 제한을 도입하자고 제안하였는데 그 이유는

---

147) 조문은 아래와 같다.

"**Article 9 Equivalent effects**

A judgment recognised or enforceable under this Convention shall be given the same effect it has in the State of origin. If the judgment provides for relief that is not available under the law of the requested State, that relief shall, to the extent possible, be adapted to relief with effects equivalent to, but not going beyond, its effects under the law of the State of origin."

148) Explanatory Note Providing Background on the Proposed Draft Text and Identifying Outstanding Issues drawn up by the Permanent Bureau, Preliminary Document No 2 of April 2016 for the attention of the Special Commission of June 2016 on the Recognition and Enforcement of Foreign Judgments, paras. 206 and 207.

다음과 같다.

첫째, 2016년 중재법 개정은 한국이 국제거래에서 중재지로서 선호되도록 하려는 조치이므로 중재지가 외국인 경우에까지 묶어서 처리할 것은 아니다. 둘째, 이런 개정이 초래할 변화를 정확히 예측하기 어려우므로 처음에는 다소 조심스럽게 접근하는 것이 바람직하다. 셋째, 종래 외국중재판정의 승인 및 집행은 뉴욕협약이나 민사소송법과 민사집행법의 준용을 통해서 처리하는데 그에 따르면 임시적 처분은 승인 또는 집행되지 않는 것으로 해석되므로 그런 상태를 한국만 급격히 변경할 것은 아니다. 넷째, 외국중재판정의 승인 및 집행에 관하여 모델법(제35조 제1항)은 내국중재판정인가 외국중재판정인가에 관계없이 동일한 요건과 절차에 따라 승인·집행하도록 하는 데 반하여,[149] 1999년 중재법은 양자를 구별하여 달리 취급하므로 이런 구별을 임시적 처분에도 유지하자는 것이다.

따라서 2016년 중재법 하에서 외국중재판정부가 내린 임시적 처분의 승인 및 집행은 제18조의7이 아니라, 뉴욕협약(중재지가 뉴욕협약 당사국인 경우) 또는 민사소송법과 민사집행법에 의한다(중재지가 뉴욕협약 당사국이 아닌 경우). 일부 논자는 2016년 중재법이 개정 모델법을 따르지 않은 점을 비판하나 2016년 개정법의 취지는 중재지가 외국인 경우 외국중재판정부의 임시적 처분의 승인 및 집행을 거부하려는 것이 아니라, 이처럼 뉴욕협약 또는 민사소송법과 민사집행법의 준용에 의하도록 하려는 것이다. 따라서 2016년 중재법이 외국에서 내려진 임시적 처분을 승인·집행할 수 없도록 하였다는 설명[150]은 옳지 않다.

X. 임시적 처분에 관한 1999년 중재법과 2016년 중재법의 대비

임시적 처분에 관한 1999년 중재법과 2016년 중재법을 비교하면 아래와 같다.

---

149) 독일 민사소송법(제1061조)은 모든 외국중재판정에 대하여는 뉴욕협약을 적용하고, 일본 중재법(제45조 이하)은 모델법의 태도를 따른다.

150) 윤진기(註 76), 36면.

≪임시적 처분에 관한 1999년 중재법과 2016년 중재법의 대비≫

	1999년 중재법	2016년 중재법
형식	결정	조문 없음
유형	제18조 제1항	제18조
요건	제18조 제1항	제18조의2
일방적 임시적 처분의 가부	논란 있음	불가
사전명령	조문 없음	조문 없음
변경/정지/취소	조문 없음	제18조의3
신청인의 담보제공	제18조 제2항	제18조의4
피신청인의 담보제공	제18조 제1항 제2문	조문 없음
사정변경과 고지의무	조문 없음	제18조의5
부당 처분 시 손해배상	조문 없음	제18조의6
승인 및 집행	조문 없음	제18조의7
승인 및 집행 거부사유	조문 없음	제18조의8

XI. 법원의 보전처분과 중재판정부의 임시적 처분의 관계

1. 보전처분과 임시적 처분의 병존 및 당사자의 선택[151)]

2016년 중재법의 결과 임시적 처분의 대상이 확대되고 종류가 구체화되었으며, 임시적 처분도 법원의 집행결정을 통하여 집행할 수 있게 되었다. 더욱이 중재판정부가 내린 보전처분을 당사자들이 의도적으로 무시하는 것은 용감하거나 어리석은 행동이므로 중재판정부의 임시적 처분은 사실상 상당한 구속력이 있다. 또한 예컨대 지식재산권의 국제적 침해와 같이 사안에 따라서는 보전처분을 받자면 다수 국가의 법원에 보전처분을 신청해야 하는 데 반하여 중재에서는 하나의 중재판정부로부터 임시적 처분을 받으면 족하므로 오히려 임시적 처분이 실효적 구제수단일 수도 있다. 따라서 당사자들은 상황에 따라 법원의 보전처분과 중재판정부의 임시적 처분을 선택적으로 또는 중첩적으로 이용할 수 있다.[152)]

151) 보전처분과 임시적 처분의 대비는 박진수(註 20), 21-22면 참조. 과거에도 중재규칙이 중재법보다 넓은 임시적 처분을 허용하였으므로 중재법 개정의 의미는 제한적일 수 있다.

152) 법무부(註 9), 5. 입법 효과는, 중재판정부의 임시적 처분의 최대 약점이던 집행 문제가 해결됨에 따라, 당사자들이 법원에 의한 보전처분보다 중재판정부에 의한 임시적 처분을 적극

2. 중재판정부의 소송유지명령 허용과 법원의 중재금지가처분 재판의 불허

2016년 중재법 하에서는 중재판정부는 소송유지명령을 할 수 있다. 반면에 중재절차의 진행을 막기 위하여 당사자가 중재절차의 개시 전 또는 진행 중에 법원에 중재절차를 금지하는 가처분을 신청하거나 본안판결을 신청하는 것은 허용되지 않는다.[153] 1999년 중재법 도입 전에도 한국에서는 중재절차의 진행을 막기 위한 법원의 가처분은 허용되지 않는 것으로 해석되었다.[154] 더욱이 1999년 도입된 중재법 제6조는 "법원은 이 법에서 정한 경우를 제외하고는 이 법에 관한 사항에 관여할 수 없다"고 규정하여 법원이 중재법에 관한 사항에 개입할 수 있는 범위를 중재법이 정한 경우로 한정하므로 그 밖의 경우 법원은 중재절차에 대한 사법적 통제를 할 수 없다.[155] 따라서 중재판정부와 법원의 권한상 불균형이 존재하나 이는 중재합의의 실효성을 보장하기 위한 국가의 정책적 고려의 산물이라고 할 수 있다.

3. 2016년 중재법의 개정이 민사집행법에 따른 법원의 보전처분에 미치는 영향

2016년 중재법은 중재판정부의 임시적 처분에 관하여 정치한 규정을 도입하였다. 그러나 중재법 제10조는 중재합의의 당사자는 중재절차의 개시 전 또는 진행 중에 법원에 보전처분을 신청할 수 있음을 명시하고, 제18조 이하는 중재판정부의 임시적 처분에 관하여 규정하므로 보전처분과 임시적 처분은 직

활용할 것으로 보인다고 한다. 다만 위에서 논의한 것처럼 집행의 어려움이 완전히 해소된 것은 아니다. 다만 보전처분과 임시적 처분의 충돌도 발생할 수 있다. 이헌묵, "중재판정부의 임시적 처분과 법원의 보전처분의 관할의 충돌", 법조, 제65권 제1호(통권 제712호)(2016. 1.), 129면 이하 참조.

153) 위의 가처분과 여기의 본안을 모두 'anti-arbitration injunction'이라고 부르는데, 영국에서는 전자를 'interlocutory injunction', 후자를 'final injunction'이라고 부르는 것으로 보인다. 영국법상의 anti-suit injunction에 관한 Peter Schlosser, "Anti-suit injunctions zur Unterstützung von internationalen Schiedsverfahren", RIW (2006), S. 492 참조.

154) 즉 대법원 1996. 6. 11. 자 96마149 결정은, 당해 중재절차가 허용될 수 없더라도 ① 법원에 중재절차의 위법확인을 구하는 본안소송을 제기하거나 ② 중재판정이 있은 후에 중재판정취소의 소를 제기하여 중재절차의 위법을 다투는 것은 별론으로 하고, 막바로 중재절차의 위법을 들어 법원에 중재절차정지의 가처분을 구할 수는 없다고 판시하였다.

155) 상세는 석광현(註 12), 435면 이하 참조.

접적인 관련이 없다. 하지만 임시적 처분에 관한 정치한 조문의 도입은 보전처분에 간접적 영향을 줄 수 있다. 이는 첫째, 중재판정부의 소송유지명령에 대한 법원의 강제집행 허가, 둘째, 중재법의 개정이 법원의 소송유지명령의 가능성에 미치는 영향, 셋째, '잠정적 구제에 관한 우리 민사절차법의 내적 정합성'이라는 관점에서 검토할 필요가 있다. 마지막으로 증거보전처분절차와 보전처분절차의 관계를 언급한다.

가. 중재판정부의 소송유지명령에 대한 법원의 강제집행 허가

중재지가 한국인 경우 중재판정부는 중재합의에 기초하여 소송유지명령을 할 수 있다(2016년 중재법 제18조 제2항 제2호). 중재판정부가 소송유지처분을 하였다면 우리 법원으로서는 거부사유가 없는 한 그의 집행을 허가하여야 한다. 가사 법원은 스스로는 소송유지명령을 할 수 없더라도 그것이 중재판정부의 소송유지명령의 강제집행을 거부할 이유는 되지 않는다.

나. 중재법의 개정이 법원의 소송유지명령 가능성에 미치는 영향

2016년 중재법에 따라 중재판정부는 중재합의에 근거하여 소송유지명령을 할 수 있는데 과연 우리 법원은 중재합의에 근거하여 보전처분이나 본안으로서 소송유지명령을 할 수 있는지가 문제된다. 중재판정부는 소송유지명령을 할 수 있는 데 반하여 법원은 이를 할 수 없다는 것은 균형이 맞지 않고 어색하므로 저자는 중재합의를 기초로 법원이 소송유지명령을 할 수 있다는 견해를 피력하였다.[156] 당사자가 보전처분을 신청한다면 피보전권리와 보전의 필요성이 있어야 하는데 이 경우 피보전권리를 인정할 수 있다는 것이다. 이미 지적한 것처럼 중재합의의 법적 성질이 소송계약이라는 도그마에 빠져 상식적 접근방법을 외면하고, 소송유지명령을 할 수 있는 법원의 권한을 부정하면서

156) 석광현, 국제사법과 국제소송, 제5권(2012), 673면 이하 참조. 종래 실무는 다소 소극적으로 보이고 근자에는 독일의 유력설을 따른 부정설이 보인다. 김용진, "중재와 법원 사이의 역할 분담과 절차협력 관계: 국제적 중재합의 효력에 관한 다툼과 중재합의관철 방안을 중심으로", 중재연구, 제27권 제1호(2017. 3.), 100면. 영국법상으로는 당사자의 일방이 중재합의에 반하여 제소하거나 소송을 수행하는 것을 금지하기 위한 법원의 소송유지명령이 허용된다. 위 석광현, 652면 이하 참조. 이규호, "국제상사중재와 국제소송의 경합", 국제사법연구(제16호), 99면도 가처분으로서는 가능하다고 본다. 반면에 위 이규호, 99면은 법원의 관여를 최소화할 필요가 있으므로 중재합의에 기한 이행을 명하는 이행명령은 우리 법상 활용할 수 없다고 본다. [밑줄 부분은 이 책에서 새로 추가한 것이다.]

그 권한을 중재판정부에 일임하는 것은 어리석다.157) 요컨대 2016년 중재법에 의하여 상황이 달라진 이상 민사집행법의 해석론으로도 중재합의가 있는 경우 그의 실효성을 보장하기 위하여 법원도 소송유지명령을 할 수 있다고 보아야 한다.158) 만일 그런 해석론이 불가능하다면 입법에 의하여 가능하게 해야 한다.

다. 잠정적 구제에 관한 우리 민사절차법의 내적 정합성: 2016년 중재법이 민사집행법에 제기하는 문제점

개정 모델법 제17조J159)는 법원의 보전처분에 관하여 별도 조문을 두나, 2016년 중재법은 이를 수용하지 않았다. 그 근거는 제10조가 있기 때문이었다. 그러나 제10조에 상응하는 조문은 개정 모델법 제9조에 있으므로 이런 설명은 정확하지는 않다. 만일 우리가 제17조J를 도입하였다면 중재와 소송의 동조(同調)가 어느 정도 가능했겠지만, 현재로서는 보전처분은 민사집행법에 따라, 임시적 처분은 중재법에 따라 각각 규율된다. 즉 우리 민사절차법상 당사자의 잠정적 구제수단으로는 민사집행법이 정한 법원의 보전처분과 중재법이 정한 중재판정부의 임시적 처분이 병존하는데, 양자는 그 요건과 효과가 상이하다. 중재는 당사자 간에만 효력이 미치고 집행력이 없으므로 양자의 효과가 다름은 쉽게 이해되나, 요건의 상이가 필연적인 것은 아닌데160) 이와 관련하여 몇 가지 의문이 제기된다.

첫째, 법원의 보전처분은 독일 민사소송법을, 중재판정부의 임시적 처분은 UNCITRAL의 모델법을 각 따른 것이다. 민사집행법은 보전처분의 유형을 가압류와 가처분으로 이원화하고, 후자를 다시 ②-1 '다툼의 대상에 관한 가처분'과 ②-2 '임시지위를 정하는 가처분'으로 분류하면서 어느 경우든 피보전권리와 보전의 필요성을 요구한다. 그러나 중재판정부의 임시적 처분은 이런 분류를 따르지 않으며, 요건으로도 피보전권리와 보전의 필요성이 아니라 신청인

---

157) 석광현(註 156), 673면 이하 참조.

158) 박진수(註 20), 12면은 중재법의 시행으로 우리 법원이 보다 적극적인 태도를 취할 가능성이 있음을 지적한다.

159) 제17조J. 법원에 의한 보전처분
중재지가 입법국 내에 있는지에 관계없이 법원은 소송절차에 관하여 가지는 것과 동일하게 중재절차에 관한 보전처분을 명할 권한이 있다. 법원은 그 권한을 국제상사중재의 특성을 고려하여 국내법의 절차에 따라 행사하여야 한다.

160) 양자의 이동의 정리는 박진수(註 20), 21-22면의 표 참조.

측의 손해발생 가능성과 승소가능성 등을 요구한다.[161] 따라서 당사자가 어느 구제수단을 신청하는지에 따라 결론이 다를 수 있다. 만일 양자의 차이[162]가 소송과 중재의 성질상의 차이에 기인한다면 별 문제가 없다. 그러나 개정 모델법에 도입된 임시적 처분의 요건은 중재에 특유한 법리라기보다 영미 법원의 보전처분의 법리를 반영한 것이라는 점에서 문제가 있다.[163]

둘째, 보다 구체적으로 만일 보전처분과 임시적 처분의 요건의 차이가 전부 소송과 중재의 성질상의 차이에 기인하는 것이 아니라 어느 법제를 받아들였는가라는 연혁적 이유에 기인한다면, 양자를 비교하여 더 좋은 방향으로 수렴시킬 수 있는지를 검토해야 한다. 예컨대 민사집행법상으로도 금전채권의 보전을 위하여 가압류만 고집할 것이 아니라 채무자 소유 자산의 동결명령과 같은 가처분도 고려할 여지가 있다.[164] 요컨대 중재법상 임시적 처분에 관한 법제를 정비하였으므로, 우리가 보전처분법제를 당장 개정해야 하는 것은 아니지만, '잠정적 구제에 관한 한국 민사절차법의 내적 정합성 제고'라는 관점에서 보전처분법제를 재음미할 필요가 있다는 것이다.[165] 아니면 민사집행법 전문가들의 의견을 들어 중재법의 임시적 처분법제를 재음미할 여지도 있다. 민사집행법만을 다루는 전문가들과 중재법만을 다루는 전문가들에게는 '잠정적 구제에 관한 한국 민사절차법의 내적 정합성 제고'는 관심사항이 아니겠지만 한국법의 관점에서는 이에 관심을 가져야 한다.[166] 다만 저자도 개정위원회에서 이

161) 한국에서는 보전처분을 위하여 피보전권리가 필요하나, 임시지위를 정하기 위한 가처분의 경우에는 피보전권리는 실체법상의 청구권이 아니라 '다툼이 있는 권리관계의 존재'를 요구한다. 권창영(註 21), 227면 이하 참조. '피보전권리'라는 용어는 오해의 소지가 있다.

162) 위에서 언급한 요건의 차이 외에도 상대방을 심문하지 않고 하는 일방적 구제는 보전처분에서는 허용되는 데 반하여 임시적 처분에서는 허용되지 않는 점도 다르다.

163) 독일은 모델법을 수용하면서도 임시적 처분에 관하여 상대적으로 자세한 규정을 두었다. 물론 개정 모델법만큼 상세하지는 않다. 독일 민사소송법은 임시적 처분의 요건을 일반적으로 규정하므로(제1041조) 우리와 같은 잠정적 구제 간의 내적 정합성의 문제는 발생하지 않거나 발생하더라도 훨씬 완화된 형태로 나타날 것이다.

164) 물론 현재로서는 특정되지 않은 재산에 대한 가압류와 처분금지는 법원이 집행할 권한이 없는 경우에 해당할 수 있다.

165) 저자는 양자의 관계를 검토하자는 것이지 양자를 당장 수렴시키자는 것은 아니다. 현행 보전처분제도의 타당성에 대한 검토가 이루어지고 있으므로(예컨대 정영환 외, "권리구제 효율성의 제고를 위한 민사집행 개선방안 연구", 2012년 법무부 용역 보고서) 그 맥락에서 2016년 중재법도 고려하자는 것이다.

166) 2016년 대한상사중재원도 국제중재규칙(제32조)과 국내중재규칙(제35조)에 임시적 처분에 관한 조문을 개정 또는 도입하면서 2016년 중재법을 받아들였다. 얼핏 국제중재규칙이 상세한 요건을 규정하지 않음으로써 중재판정부에게 더 큰 재량을 준 것처럼 보이나 국제중재규칙이 적용되는 사안에서도 중재지가 한국이라면 2016년 중재법이 적용되므로 그렇지는 않다.

런 문제점을 제기하지 못하였다. 이는 저자 개인적으로 가급적 개정 모델법을 충실히 수용한다는 방침을 일찍 정한 탓이나, 당시에는 현재만큼 문제의식이 선명하지 못하였기 때문이기도 하다.

셋째, 이와 관련하여 종래 우리나라의 영구적 보전처분과 달리 단기간 동안만 효력을 가지는 보전처분(예컨대 미국의 잠정명령(temporary restraining order. TRO))을 도입하는 방안도 고려할 필요가 있다.167) 우리는 수용하지 않았지만, 개정 모델법이 임시적 처분과 별도로 사전명령을 규정하면서 20일 동안만 효력을 부여하는 것도 그와 일맥상통한다. 이러한 문제제기는 보전처분에 관한 통일규범을 성안하려는 국제적 노력과도 관련된다. 통일규범은 대륙법계와 영미법계의 타협을 도모할 수밖에 없기 때문이다. 가사 그런 작업이 우리와 직접 관련이 없다고 믿더라도 2016년 중재법에 영미 보전처분의 법리가 이미 유입되었으므로 이제는 상황이 달라졌다는 것이다.168)

라. 증거보전처분절차와 보전처분절차의 관계

2016년 중재법은 증거보전처분과 보전처분을 임시적 처분으로 통일적으로 처리하면서 그 요건상의 차이를 허용한다. 반면에 우리 법은 민사집행법에서 규율하는 보전처분절차와 별개로 증거보전처분을 민사소송법(제375조부터 제384조)에서 규율한다. 즉 민사소송법(제375조)에 따르면, 증거보전은 소송절차 내에서 본래의 증거조사를 행할 기일까지 기다리면 그 증거방법의 조사가 불가능하거나 또는 증거를 사용하기 곤란하게 될 사정이 있는 경우에 당사자의 신청에 따라 본안 소송절차와 별도로 미리 증거조사를 하여 그 결과를 확보하는 절차

양 규칙 간의 실제적 차이는 면밀하게 검토할 필요가 있다.

167) 미국 연방민사소송규칙(FRCP) 제65조 (b) 참조. 이규호, "임시의 지위를 정하는 가처분과 관련하여 잠정명령 제도의 도입에 관한 연구", 민사소송, 제17권 제2호(2013. 11.), 417면 이하; 김기정 외, "미국의 TRO(Temporary Restraining Order)에 대한 이해 및 TRO 유사 잠정명령 도입에 관한 제안", 김능환 대법관 화갑기념: 21세기 민사집행의 현황과 과제, 민사집행법 실무연구 Ⅲ(통권 제5권)(2011), 213면 이하 참조.

168) 예컨대 근자에 유럽법률협회와 UNIDROIT가 공동 추진하는 "유럽민사소송규칙의 초국가적 원칙(Transnational Principles to European Rules of Civil Procedure)" 프로젝트에서는 보전처분에 관한 소위원회를 구성하여 EU 차원에서 보전처분과 관련된 통일규범을 수립하고자 한다. Working Group on Provisional and Protective Measures. https:// www.europeanlawinstitute.eu/fileadmin/user_upload/p_eli/Projects/Report_Provisional_Protective_Measures.pdf 참조. 과거에도 국제법협회(International Law Association)는 1996년 헬싱키 결의에 의하여 "국제소송에서 보전처분에 관한 원칙(Principles on Provisional and Protective Measures in International Litigation)"을 채택한 바 있다.

이다. 이처럼 한국에서는 법원의 증거보전은 민사집행법이 규율하는 보전처분 절차가 아니라 판결절차의 부수절차[169]로서 민사소송법이 규율한다.

XII. 맺음말

위에서는 2016년 중재법에서 신설된 임시적 처분에 관한 조문을 검토하였다. 2016년 중재법은 개정 모델법을 수용함으로써 임시적 처분의 대상을 확대하고 종류를 구체화하였으며, 임시적 처분의 요건 등 임시적 처분을 둘러싼 다양한 논점을 명확하게 하였고, 임시적 처분의 약점이던 집행의 문제를 개선하였다. 따라서 당사자들은 장래 법원의 보전처분과 중재판정부의 임시적 처분을 필요에 따라 선택적으로 또는 경합적으로 활용할 것으로 기대된다. 국제상사중재를 유치하려는 국가 간 경쟁이 심화되는 현실에서 국제거래 당사자들에게 한국을 중재지로서 더욱 매력적인 곳으로 만들자면 중재친화적인 내용을 중재법에 담을 필요가 있으므로 우리 입법자들도 개정 모델법을 수용하여 임시적 처분에 관한 조문을 도입한 것이다. 따라서 2016년 중재법의 해석과 적용에서도 그런 취지를 충분히 고려해야 한다. 특히 우리 법원도 중재제도에 대한 불신을 극복하고 더욱 중재친화적인 모습을 보여야 한다. 여기에서는 임시적 처분을 둘러싼 다양한 논점을 다룬 탓에 논의가 다소 산만한 감이 있는데, 장래에는 이를 기초로 개별 쟁점을 깊이 논의하게 되기를 희망한다.

한 가지 지적할 것은, 잠정적 구제수단으로서 독일법 전통에 충실한 민사집행법상 법원의 보전처분과 개정 모델법에 충실한 중재법상 중재판정부의 임시적 처분이라는 이질적 제도가 병존하게 되었으므로 양자의 장단점을 비교검토한 뒤 양자를 수렴시키거나 개선하는 방안을 모색할 필요가 있다는 점이다. 이 과정에서 잠정적 구제에 관한 법제를 조화시키려는 국제적 노력에도 관심을 가져야 한다. 물론 중재판정부의 임시적 처분에 대하여도 깊이 있는 연구를 해야 한다. 저자는 중재산업 진흥을 위한 근자의 정부와 중재전문가들의 노력을 환영하지만, 그 과정에서 한국 중재법학의 중요성에 대한 인식이 별로 보이지 않음은 유감이다. 자칫 잘못하면 한국에는 중재 실무만 남고 중재법학계는 고사할 것이다.

---

169) 이시윤(註 1), 511면.

후 기

위에 추가한 박설아(註 38), 69면 이하와 김인호(註 48), 235면 이하 외에도 저자의 위 글이 발표된 뒤에 아래의 문헌들이 보인다.

- 유병욱, "국제상사중재에서 중재판정부에 의한 임시적 처분에 관한 고찰—우리나라 개정 중재법과 UNCITRAL 모델중재법을 중심으로—", 무역상무연구 제76권(2017. 12.), 21면 이하

- 도혜정, "한국 긴급중재인 제도의 긴급성과 집행력에 관하여", 중재연구 제28권 제2호(2018. 6.), 45면 이하

- 목영준 · 최승재, 상사중재법, 개정판(2018). 이에 관하여는 논문 [3]의 후기 참조.

[5] 2016년 중재법에 따른 국내중재판정의 효력, 취소와 승인 · 집행에 관한 법리의 변화

> 前 記
> 이 글은 한양대학교 법학논총(2017. 3.), 461면 이하에 게재한 글로서 명백한 오타와 오류를 제외하고는 원칙적으로 수정하지 않은 것이다. 다만 사소하게 수정한 부분은 밑줄을 그어 표시하였다. 참고할 사항은 말미의 후기에 적었다.

Ⅰ. 머리말

1966년 처음 제정된 중재법(이하 "1966년 중재법"이라 한다)은 1999년 국제연합 국제거래법위원회(UNCITRAL)가 1985년 채택한 "국제상사중재에 관한 모델법"(이하 "모델법"이라 한다)의 전면 도입을 계기로 전부개정되었고(이하 "1999년 중재법"이라 한다), 그 후 한글화를 위하여 2010년 일부 개정되었으며(이하 "2010년 중재법"이라 한다), 2016. 5. 29. 다시 개정되어 2016. 11. 30.부터 시행되고 있다(이하 "2016년 중재법"이라 한다). 흥미로운 것은 2016년 개정의 주요동기는 1999년 중재법을 적용하여 실무를 처리하는 과정에서 발생한 다양한 문제점을 개선하려는 것이라기보다는, 첫째, 중재합의의 서면요건 완화와 둘째, 임시적 처분에 관하여 상세히 규정한 2006년 UNCITRAL 개정 모델법(이하 "2006년 개정 모델법"이라 한다)[1])을 수용하기 위한 것이었다. 셋째, 그에 추가하여 과거 지적된 문제점의 하나로 중재판정의 강제집행을 위한 집행판결요건을 집행결정요건으로 전환하는 것이었다(이하 전자를 "집행판결제", 후자를 "집행결정제"라 한다). 저자는 2016년 중재법을 성안하기 위한 중재법 개정위원회에 위원으로 참여한 바 있다.[2]) 물론 여기의 의견은 저자의 개인적 의견이다. 여기에서는 개정의 착안점 중에서 중재판정의 효력, 취소와 승인 및 집행과 관련된 논점들이

---

1) 2006년 6월과 7월에 개최된 제39차 본회의에서 UNCITRAL은 모델법을 개정하였다. 즉 제4장의2(Chapter Ⅳ bis)로 '임시적 처분과 사전명령'이라는 장을 신설하여 그에 관한 상세한 규정을 둔다.

2) 2016년 중재법을 성안하기 위한 개정작업의 경위는 강태훈, "중재판정 집행재판의 개정에 관한 검토", 저스티스 통권 제151호(2015. 12.), 356면 이하 참조.

2016년 중재법에서 어떻게 개정되었는지를 다루고, 기타 개정의 논점은[3] 다른 기회에 논의한다.

여기에서 다루는 구체적 논점과 논의 순서는 아래와 같다. 첫째, 국내중재판정의 효력에 관한 중재법 제35조의 개정(Ⅱ.). 이는 취소사유가 있는 국내중재판정이 기판력이 있는가의 문제로 제35조와 제38조의 충돌에 관한 문제이다, 둘째, 중재판정의 강제집행을 위한 집행결정제의 도입(Ⅲ.). 이는 집행판결제를 대신하여 도입된 집행결정제를 둘러싼 여러 논점에 관한 것이다. 셋째, 중재판정의 승인 및 집행 신청을 위하여 제출할 서류요건의 완화(Ⅳ.). 넷째, 국내중재판정의 승인결정 또는 집행결정과 중재판정 취소의 관계(Ⅴ.). 다섯째, 중재판정의 강제집행을 위한 집행결정제의 도입으로부터 파생되는 문제점(Ⅵ.).

여기의 논의는 주로 국내중재판정에 관한 것이다. 따라서 이하 단순히 '중재판정'이라고 하더라도 문맥에 반하지 않는 한 국내중재판정, 즉 중재지가 한국인 중재판정을 말한다. 그것은 국내중재에서 내려진 것일 수도 있고 외국적 요소가 있는 국제중재에서 내려진 것일 수도 있음은 물론이다.

Ⅱ. 국내중재판정의 효력에 관한 중재법 제35조의 개정

2010년/1999년 중재법과 2016년 중재법 조문은 아래와 같다.

2010년/1999년 중재법	2016년 중재법
제35조(중재판정의 효력) 중재판정은 양쪽 당사자 간에 법원의 확정판결과 동일한 효력을 가진다. **第35條(仲裁判定의 효력)** 仲裁判定은 當事者間에 있어서 法院의 確定判決과 동일한 효력을 가진다.	**제35조(중재판정의 효력)** 중재판정은 양쪽 당사자 간에 법원의 확정판결과 동일한 효력을 가진다. 다만, 제38조에 따라 승인 또는 집행이 거절되는 경우에는 그러하지 아니하다.

* 좌측의 조문 중 위의 것은 2010년 중재법, 밑의 것은 1999년 중재법 조문이다. 이하 같다.

3) 2016년 중재법에 반영된 개정의 주요 착안점은 위에서 언급한 중재합의의 서면요건 완화, 임시적 처분에 관한 상세한 규칙의 도입과 집행결정제 도입 외에 ① 중재가능성의 확대, ② 자신의 판정권한을 부정한 중재판정부의 결정에 대한 법원에의 불복 허용, ③ 증거조사에 관한 법원의 협조 강화, ④ 법원의 중재판정 원본 보관의무 삭제, ⑤ 중재비용, 지연이자 등에 관한 규정 신설, ⑥ 중재판정의 효력에 관한 제35조와 제38조의 충돌 해소와 ⑦ 중재판정의 승인 및 집행을 위하여 제출할 서류요건의 완화 등이다.

1. 국내중재판정의 효력

2016년 중재법 제35조는 모델법에는 없는 조항이고 1966년 중재법(제12조)과 1973년 중재법에 있던 조문이다.[4] 따라서 중재판정은 가장 중요한 '형식적 확정력'과 '기판력(또는 실질적 확정력)'을 가지고, 그 밖에도 '중재판정부에 대한 기속력'(또는 자기구속력),[5] '당사자에 대한 구속력'(이는 아래에서 보듯이 논란이 있다)과 '형성력'(물론 형성적 중재판정의 경우)을 가진다.[6] 다만 중재판정의 기판력이 법원 판결의 기판력과 완전히 동일한 것은 아니라고 본다.[7]

확정판결의 효력에 익숙한 법률가들에게도 '당사자에 대한 구속력'은 생소하다. 2016년 중재법에 신설된 제38조 제1호 나목 1)은 '중재판정의 당사자에 대한 구속력'이라고 하여 구속력이라는 개념을 중재법에 처음 도입하였다. 구속력을 언급하지 않았던 구 중재법 하에서 유력설은 구속력은 '당사자들로 하여금 중재판정의 내용에 따를 의무를 지우는 효력'이라거나,[8] 중재판정의 내용에 따를 당사자의 의무라 설명한다.[9] 이러한 설명은 구속력의 개념을 규정하려는 시도로서 의미가 있지만 아래 이유로 이런 설명의 타당성은 의문이다.

첫째, 중재판정의 내용에 따를 의무라는 것이 당사자들이 중재판정에 구속

---

4) 중재법의 연혁은 양병회 외, 註釋 仲裁法(2005), vii 이하(이주원 · 장문철 집필부분) 참조. 이하 "양병회/집필자"로 인용한다.

5) 이는 민사소송법학에서는 말하는 기속력의 개념과 같다.

6) 양병회/손용근 · 이호원, 178면 이하; 손용근, "중재판정의 효력에 관한 일반적 고찰", 법조 제577호(2004. 10.), 190면. 확정력의 상세는 정선주, "중재판정의 효력—확정력을 중심으로—", 민사소송 제9권 제2호(2005), 2면 이하 참조. 기속력과 구속력을 묶어서 '구속력'이라고도 하나, 이 글에서는 중재판정부에 대한 것은 기속력, 당사자에 대한 것은 구속력이라 구분하여 사용한다. 참고로 정선주, "한국과 독일의 중재판례 비교연구", 민사소송 제20권 제2호(2016. 11.), 31면은 독일 유력설(Schwab/Walter, Schiedsgerichtsbarkeit, 7. Aufl., Kap. 21 Rn. 12; Stein/Jonas/Schlosser, § 1060 Rn. 2)을 따라 법률관계의 변동을 내용으로 하는 중재판정의 형성력을 인정하고 이는 대세적 효력을 가진다고 본다. [밑줄 부분은 이 책에서 새로 추가한 것이다.]

7) 다수설은 두 가지 차이를 인정한다. 첫째, 법원이 직권으로 참작해야 하는 판결의 기판력과 달리 중재판정의 기판력은 직권으로 참작되지 않고, 둘째, 집행재판 확정 시까지 당사자는 합의로써 기판력을 배제할 수 있다. 이호원, "중재판정의 승인의 개념, 효력 및 절차에 관한 연구", 중재연구 제23권 제1호(2013. 3.), 8면. 정선주(註 6), 13면 이하는 중재판정의 존부는 직권조사사항이라면서도 중재판정이 당사자의 합의에 기초하고 있음을 고려하여 처분의 자유를 인정한다.

8) 목영준, 상사중재법(2011), 295면. 위 목영준, 225면은 본문의 의무를 넘어서 '당사자들이 통상의 불복방법으로는 중재판정의 내용에 대하여 불복할 수 없는 효력'이라고 설명한다. 하지만 이는 형식적 확정력과 같은 의미로 보인다.

9) 양병회/손용근 · 이호원, 190면; 김갑유 외, 중재실무강의, 개정판(2016), 247면.

되어 그에 반하는 주장을 할 수 없다는 취지인지, 아니면 이를 넘어 중재판정으로부터 어떤 소송법적 또는 실체법적 의무를 부담한다는 취지인지 불분명하고, 둘째, 위 견해는 기판력과 별개로 구속력의 개념을 인정하는 듯하나 양자의 차이가 무엇인지 밝히지 않는다. 셋째, 중재법 제35조에 따르면 중재판정은 확정판결과 동일한 효력이 있는데, 민사소송법이론상 판결에서는 '당사자에 대한 구속력'은 별도로 언급하지 않고 오히려 기판력으로 설명하므로[10] 기판력과 구별되는 구속력이라는 개념을 인정하는 것은 제35조와 상용되지 않는 면이 있다. 일부 논자는 독일이나 일본과 달리 당사자에 대한 구속력이라는 개념을 '중재판정에 특유한 효력'이라고 설명하는데[11] 그 자체가 제35조에 반하는 것으로 볼 수 있다. 오히려 제35조의 해석상 중재판정의 구속력은 '실질적 확정력(즉 기판력)'과 같거나 유사하고,[12] 통상의 불복방법으로 다툴 수 없게 된 때, 즉 형식적 확정력 발생 시 발생한다고 보는 것이 설득력이 있다(다만 이는 임시적 처분의 승인을 설명하기 어렵다). 중재판정이 당사자에게 통지된 때 발효한다고 보는 국가도 있으나, 우리 중재법상으로는 중재판정은 선고 시에 성립되고 효력을 발생한다고 본다(민사소송법 제205조 참조). 만일 선고 절차 없이 중재판정문을 당사자에게 송부한다면 그 때 효력이 발생할 것이다.

이와 달리 구속력을 기판력과 별개로 독자적으로 개념규정하자면 필요성과 실익, 기판력과의 차이 등에 관한 정치한 이론구성이 필요하다. 그 과정에서 "외국중재판정의 승인 및 집행에 관한 1958년 뉴욕협약"(이하 "뉴욕협약"이라 한다) 제5조 제1항 e호[13]와 중재법 제38조 제1호도 검토해야 한다. 또한 중재법

---

10) 이시윤, 신민사소송법, 제8판(2014), 607면.

11) 양병회/손용근·이호원, 174-175면; 김갑유 외(註 9), 247면. 이 견해들은 구속력을 별도로 설명하는 이유는 영미에서 사용되는 'binding'이라는 개념을 고려한 것이라 한다. 하지만 중재법(제38조)과 뉴욕협약(제Ⅴ조)에 구속력이라는 개념이 이미 사용되고 있다.

12) 예컨대 정선주(註 6), 14면은 기판력의 객관적 범위를 설명하면서 "일반적으로 기판력이란 법원의 판결내용이 당사자와 기판력의 적용을 받는 제3자에게 기준이 되어, 재판 결과의 법적 효력 내지 권리관계의 존부가 이들 간의 다른 소송에서 구속력을 가지는 것을 의미한다. 이러한 원칙적 내용은 중재판정에 대해서도 그대로 적용된다."고 한다. 이에 따르면 구속력이란 기판력을 의미한다. 뉴욕협약상 구속력의 개념에 관하여는 참고로 이시윤, 신민사집행법(2004), 457면은 민사집행법에 따른 가처분에는 기판력이 없으나 동일한 사항에 대하여 달리 판단할 수 없다는 기판력 유사의 구속력은 인정된다고 하나 그것이 정확히 어떤 의미인지 불분명하다. [밑줄 부분은 이 책에서 새로 추가한 것이다.]

13) 뉴욕협약(제Ⅴ조)은 '구속하는(binding)'이라는 용어를 사용하나 그 개념을 정의하지 않으므로 그 개념과 발생시기의 결정이 문제된다. 국제적으로 논란이 있으나 우리나라에서는 중재판정의 구속력의 개념을 뉴욕협약 자체로부터 도출하여 통상의 불복방법으로 다툴 수 없게 된 상태로 이해하면서 효력발생시기는 중재절차의 준거법에 따를 사항이라고 본다. 석광현,

제18조의7이 신설되어 기판력이 없는 임시적 처분도 승인되는데, 승인이라 함은 결국 구속력을 인정한다는 취지이므로[14] 구속력의 개념 규정 시 제18조의7도 고려해야 한다.[15] '구속하는(binding)'이라는 용어는 뉴욕협약(제Ⅴ조 제1항)에는 이미 사용되고 있으나 중재법에는 2016년 중재법에서 처음 들어온 것으로 보이는데 중재법 제35조와의 관련 하에서 개념을 파악할 필요가 있다.

한편 집행력은 집행을 허가하는 법원의 재판, 즉 집행결정에 의하여 비로소 부여된다. 이런 의미에서 집행허가는 형성적 효력을 가지는 재판이다. 2016년 중재법이 승인결정을 언급하지만 그렇다고 해서 승인결정이 집행력을 가지는 것은 아니다.

중재법은 규정을 두고 있지 않으나 중대한 사유가 있으면 중재판정이 무효가 될 수 있다. 중재판정의 무효사유(또는 당연무효사유 또는 절대적 무효사유. 이는 취소에 의하여 효력을 상실하는 것이 아니라 처음부터 무효라는 의미이다. 이하 무효사유를 이런 의미로 사용한다)는 취소사유보다 제한적이다.[16] 중재판정이 가사 무효이더라도 형식적 확정력과 기속력은 있다는 견해가 유력한데[17] 이에 따르면 취소사유가 있는 국내중재판정은 당연히 형식적 확정력이 있고 기속력이 있다.

국제상사중재법연구 제1권(2007), 298-299면, 각주 249 참조. 뉴욕협약 제Ⅲ조 1문도 영문에서는 '구속하는(binding)'이라는 용어를 사용하나(국문번역도 같다) 프랑스어와 스페인어는 이와 다른 표현을 사용하고 있어서 오히려 '실질적 확정력'으로 이해할 수 있다고 한다. Dennis Solomon, Die Verbindlichkeit von Schiedssprüchen in der internationalen privaten Schiedsgerichtsbarkeit (2007), S. 91.

14) 우리 중재법은 명시하지 않으나 모델법 제17H조 제1항은 "An interim measure issued by an arbitral tribunal shall be recognized as binding …"이라고 하여 구속력이 있는 것으로 승인된다고 명시한다. 이런 문언은 중재판정의 승인에 관한 모델법 제35조 제1항과 같다. 우리 중재법(제18조의7과 제37조)은 양자 모두 '승인'이라고만 한다.

15) 독일에서는 중재판정의 구속력을 'Verbindlichkeit'로 논의한다. Solomon(註 13), S. 91ff. 참조. Solomon(註 13), S. 351ff.는 구속력을 형식적 구속력과 실질적 구속력으로 구분하면서 정치한 이론구성을 시도한다. 그의 견해는 아직 충분히 검토하지 못하였다.

16) 손용근(註 6), 217면; 양병회/손용근 · 이호원, 193면은 중재판정의 내용이 不定 또는 불명이든가 모순되어서 그 의의를 확정할 수 없는 경우, 사실상 불가능한 급부를 명하는 경우와 중재합의가 체결되어 있지 않는데도 내려진 중재판정 등을 든다. Karl-Heinz Böckstiegel/ Stefan Michael Kröll/Partricia Nacimiento (eds), Arbitration in Germany: The Model Law in Practice (2015), §1059, para. 18 (Kröll/Kraft 집필부분)은 명백히 중재가능성이 없는 쟁점을 다룬 중재판정을 예로 든다. 위 책은 이하 "Böckstiegel/Kröll/ Nacimiento/집필자"로 인용한다.

17) 양병회/손용근 · 이호원, 193면은 중재절차를 종료시키는 효과와 기속력이 있다고 하고, 형식적 확정력은 언급하지 않으나 무효인 판결에 관한 법리를 참작하면 이를 긍정할 수 있을 것이다. 이시윤(註 10), 653면 참조.

2. 취소사유가 있는 국내중재판정의 효력

가. 문제의 소재: 중재법 재35조 개정의 배경

1999년 중재법 제35조에 따르면, 내국중재판정(또는 국내중재판정. 이하 양자를 호환적으로 사용한다)은 당사자 간에 있어서 법원의 확정판결과 동일한 효력을 가졌다.[18] 따라서 그의 승인을 문제 삼을 필요는 없었다. 이 점은 1966년 중재법과 1973년 중재법 하에서도 마찬가지였다. 한편 1999년 중재법 제38조는 대한민국 내에서 내려진 중재판정은 제36조 제2항의 사유가 없는 한 승인 … 되어야 한다"고 규정하므로 중재판정도 취소사유가 있으면 승인될 수 없는 것처럼 보인다. 여기에서 제35조와 제38조 간의 충돌이 발생하였다. 만일 제35조를 존중하면, 국내중재판정은 비록 취소사유가 있더라도 법원에 의하여 실제로 취소되지 않는 한 확정판결과 동일한 효력이 있다.[19] 종래 중재판정 취소판결은 중재판정을 취소하여 소급적으로 무효로 하는 형성판결이라고 보았는데 이는 이런 견해와 일관성이 있다.[20][21] 반면에 제38조를 존중하면, 중재판정은 취소사유가 있으면 아직 법원에 의하여 취소되지 않았더라도 승인될 수 없고 따라서 확정판결과 동일한 효력을 가질 수 없다.

제38조는 모델법을 수용한 것이나, 제35조는 모델법에는 없는 조문으로 독일 민사소송법에서 유래한 조문이다.[22] 독일에서는 국내중재판정은 비록 취

---

18) 중재판정의 법적 성질에 관하여는 판결설과 계약설이 있는데 중재법은 판결설의 입장에 선 것이라면서도 판결설이 관철되는 것은 아니라고 한다. 이호원(註 7), 3면 이하 참조. 따라서 중재판정의 법적 성질에 관한 논의의 실익은 제한적이다. 중재판정은 법원의 판결에 준하기는 하나 '독자적 성질의 제도(Rechtsinstitut *sui generis*)'로 볼 수 있지 않을까 생각한다.

19) 정선주(註 6), 2면. 단정하기는 어렵지만 대법원 2005. 12. 23. 선고 2004다8814 판결도 이런 취지로 이해된다. 즉 위 판결은 "중재법에 의한 중재판정이 있으면 기판력에 의하여 대상이 된 청구권의 존재가 확정되고, … 편취된 중재판정에 기한 강제집행이 불법행위로 되는 경우가 있다고 하더라도 <u>당사자의 법적 안정성을 위해 중재판정에 형식적 확정력이나 기판력 등 확정판결과 같은 효력을 인정한 중재법 제35조의 입법 취지나 중재판정의 효력을 배제하기 위하여는 그 중재판정에 취소사유가 존재하는 경우에 중재판정취소의 소에 의하여 그 취소를 구하는 것이 원칙적인 방법인 점</u> 등에 비추어 볼 때 …"라는 취지로 설시하였다(밑줄은 저자가 추가함).

20) 석광현(註 13), 240면.

21) 이는 중재판정 취소판결의 법적 성질을, 법원의 원판결이 취소됨으로써 소급적으로 그 효력을 상실시키는 재심판결과 유사하게 이해하는 것이다.

22) 독일 민사소송법(제1055조)과 일본 중재법(제45조 제1항)에는 현재도 유사한 조문이 있다. 취소사유가 있는 중재판정의 경우 일본 중재법은 문언상 승인에 관한 조문을 우선시키는 것

소사유가 있더라도 취소의 소에 의하여 취소되지 않는 한 여전히 효력이 있는데, 이는 독일이 전통적으로 국내중재판정에 대해 더 우호적인 태도를 취하여 집행력 이외의 효력에 대하여 '일종의 무조건적인 법률상의 승인(a kind of unconditional statutory recognition)'을 부여하였기 때문이다.[23] 1999년 중재법 전의 우리 구 중재법이 독일법에서 유래하는 제35조만 두었을 때에는 우리도 독일처럼 해석하였으나[24] 1999년 모델법 수용을 계기로 제38조를 도입하면서 충돌이 발생하였는데 1999년 중재법에서 충돌을 방치한 것은 아쉬운 일이었다. 저자는 과거 양 조문의 충돌을 지적하면서 제35조를 우선시키는 방향으로 통일하자는 견해를 피력하였으나,[25] 개정위원회에서는 결론을 제시하지 않은 채 어느 방향으로든 충돌을 해소하는 것이 바람직하다는 의견을 개진하였다.[26] 결국 2016년 중재법 제35조에 단서가 추가되었는데 그 문언이 개정위원회 초안과 달라 정확한 의미는 논란이 있다. 아래에서는 이 점을 검토한다.

나. 중재법 개정위원회의 초안

(**제1안**) 중재판정은 양쪽 당사자 간에 법원의 확정판결과 동일한 효력을 가진다. 다만, 제36조 제2항의 사유가 있는 경우에는 그러하지 아니하다.
(**제2안**) 중재판정은 양쪽 당사자 간에 법원의 확정판결과 동일한 효력을 가진다. 다만, 다음 각 호의 어느 하나에 해당하는 경우에는 그러하지 아니하다. (이하에서 제35조에 제1호 및 제2호를 취소사유로 규정)

으로 보이나(제45조 제1항은 중재판정은 확정판결과 동일한 효력을 가진다고 규정하면서도 제2항에서 제1항은 승인거부사유가 있는 경우에는 적용하지 않는다고 규정한다), 학설은 나뉜다. 小島武司·猪股孝史, 仲裁法(2014), 475면 이하 참조. 반면에 독일 민사소송법은 중재법 제35조에 상응하는 제1055조에서 중재판정은 당사자 간에 확정판결과 같은 효력이 있다고 규정하고, 제38조에 상응하는 제1060조 제1항에서는 중재판정의 집행만을 규정함으로써 중재판정의 효력에 관한 조문을 우선시킨다.

23) Böckstiegel/Kröll/Nacimiento/Kröll, §§1060, 1061, paras. 13, 14.

24) 저자는 나아가 1999년 중재법 하에서 제35조와 제38조가 충돌되지만 해석론으로서 독일에서와 마찬가지로 국내중재판정은 비록 취소사유가 있더라도 취소의 소에 의하여 취소되지 않는 한 여전히 효력이 있다는 견해가 설득력이 있다고 보았다. 석광현(註 13), 238면

25) 석광현(註 13), 237면, 註 162. 구체적으로 석광현, "한국에서 행해지는 ICC 중재에서 ICC 중재규칙과 한국 중재법의 상호작용", 한양대학교 국제소송법무 통권 제3호(2011. 11.), 30면에서는 제35조를 우선시키자는 견해를 분명하게 피력한 바 있다. 취소사유가 있더라도 일단 법원의 확정판결과 같은 효력, 즉 기판력이 발생하도록 하고 취소의 소에 의하여 중재판정의 효력을 소급적으로 소멸시키는 것이 타당하다는 것이었다.

26) 개정위원회에서 이 점은 저자가 아니라 다른 위원이 제안한 것이었다. 개정위원회에 앞서 구성되었던 개정작업반에서도 개정의 착안점에 포함시키지 않았던 것으로 기억한다.

개정위원회는, 취소사유가 있으면 중재판정이 비록 취소되지 않았더라도 확정판결과 동일한 효력이 없음을 명확히 하기 위해 단서를 추가하되, 단서에서 중재판정 취소사유라고 규정하는 방안(제1안)과 중재판정 취소사유를 구체적으로 열거하는 방안(제2안)을 선택지로 제안하였다. 양자는 기술적 차이에 불과하다.

반면에 2016년 중재법은 이와 달리 제35조 단서로서 "제38조에 따라 승인 또는 집행이 거절되는 경우"라고 규정한다. 저자는 개정위원회의 초안과 다른 문언이 채택된 경위를 알지 못한다. 2015년 12월 법제사법위원회전문위원 강남일의 검토보고서에 포함된 제35조의 문언은 2016년 중재법 제35조와 같은 문언이다. 그러면서도 위 검토보고서(36면)와 2016년 4월 법제사법위원회의 심사보고서(33면)는 모두 "이러한 논란을 해소하기 위해 중재판정에 승인 및 집행의 거부사유가 존재하는 경우 중재판정이 취소절차에 의해 취소되지 않더라도 기판력이 발생하지 않는다는 점을 명확히 하려는 개정안은 적절함"이라고 밝히고 있다. 이를 보면 국회에 제출된 제35조 단서의 문언은 개정위원회의 문언과 다르고 2016년 중재법의 문언과 같지만 개정위원회의 의도를 변경할 뜻은 없었다고 생각된다.

다. 제35조 단서의 올바른 해석론: 독일법으로부터 모델법으로의 전환

제35조 단서의 문언, 중재법 개정의 배경, 국회 법제사법위원회의 심사보고서 등을 보면 제35조 단서의 취지는, 중재판정은 취소사유(이는 승인거부사유 또는 집행거부사유와 동일하다. 이하 양자를 묶어 "집행거부사유"라고 한다)가 있으면 비록 법원에 의하여 취소되지 않았더라도, 또한 취소의 소를 제기할 수 있는 기간이 도과되었더라도 과거와 달리 법원의 확정판결과 같은 효력을 가질 수 없다는 것이다.[27] 제35조를 우선시킴으로써 국내중재판정에 강한 효력을 부여하는 독일법의 태도를 따를지, 아니면 제38조를 우선시킴으로써 모델법을 충실히 따를지는 정책적으로 결정할 사항인데,[28] 우리 입법자는 과거 1999년 중재

27) 이처럼 중재법의 개정에 의하여 해석론이 달라지게 되었음을 유념해야 한다. 그런데 임성우, 국제중재(2016), 6.106은 저자가 구 중재법 하에서 피력하였던 견해, 즉 중재판정의 취소사유가 있더라도 취소되지 않는 한 중재판정은 여전히 기판력이 있다는 견해를 마치 2016년 중재법의 해석론으로 주장한 것처럼 소개하고 비판하나 이는 잘못이다. 저자의 견해를 구 중재법 하의 해석론이라고 밝히고 2016년 중재법 하에서 저자가 어떤 견해를 취할지 궁금하다는 식의 설명이 정도(正道)였을 것이다.

28) Solomon(註 13), S. 361은 양자를 대비시키면서 두 가지 가능성 중 선택할 수 있음을 지적

법에서 모델법에 따른 제38조를 도입하면서 제35조를 존치함으로써 충돌을 초래하였으나, 2016년 중재법에서 제35조 단서를 추가함으로써[29] 모델법을 따르는 방향으로 결론을 내린 것이다. 요컨대 입법자가 제35조 단서의 문언을 개정위원회의 초안과 달리하는 바람에 다소 불분명하나, 저자는 제35조와 제38조의 충돌이 해소된 점을 기본적으로는 환영한다.[30] 다만 개인적으로 제35조를 우선시키는 방향으로, 즉 독일식으로 통일했더라면 하는 아쉬움이 있다. 이에 따르면 제38조에서는 집행만 규정하면 된다.

따라서 저자는 2016년 중재법은 "제35조 단서를 추가함으로써 기존의 중재판정 취소와 중재판정의 승인 및 집행거절에 관한 법적인 틀을 바꾸어버린 결과를 초래하였다"는 비판[31]에는 동의하지 않는다. 그런 결과는 1999년 중재법에서 이미 반쯤 도입되었고, 2016년 중재법은 양자의 충돌을 해소함으로써 그것이 보다 선명하게 되었을 뿐이다.[32] 구체적인 이유는 아래에서 논의한다.

한다. 따라서 임성우, "중재와 소송의 교차지점에서 발생하는 문제", 2016. 11. 18. 법원행정처와 서울국제중재센터가 공동 개최한 개정 중재법의 실무적 쟁점 및 운영방안 심포지엄 자료, 109면이 쓰듯이, 취소사유가 있는 중재판정의 기판력을 부정하는 것이 논리적으로 당연한 것은 아니다. 실제로 독일 민사소송법은 취소사유가 있더라도 취소되지 않는 한 중재판정의 기판력을 인정하고, 1999년 중재법 전의 우리 중재법도 동일한 태도를 취하였다.

29) 중재판정은 제38조 또는 제39조에 따른 승인 거부사유가 없으면 승인된다는 제37조 제1항 본문도 같은 전제에 선 것이다.

30) 임성우(註 27), 6.108도 제35조의 개정은 매우 적절한 조치라고 한다.

31) 윤진기, "2016년 개정 중재법의 중재판정 집행에 관한 문제점", 중재연구 제26권 제4호(2016. 12.), 19면 이하.

32) 윤진기(註 31), 13면 이하는, 제35조 단서의 "제38조에 따라 승인 또는 집행이 거절되는 경우"를 "당사자가 집행결정 신청을 하고 법원이 이에 대하여 중재판정 취소사유의 존재를 이유로 승인 또는 집행의 거절이 확정되는 경우"로 이해한다. 이는 "당사자가 실제로 집행결정 신청을 하고 법원이 이에 대하여 중재판정 취소사유의 존재를 이유로 집행신청을 기각한 뒤 그 재판이 확정된 경우"라는 취지이다. 제35조 본문의 취지를 살리려는 진의는 이해할 수 있으나 그런 해석은 문언에 반하고, 구 중재법 제35조와 제38조의 충돌을 해소하려는 중재법 개정의 취지에 반한다. 이는 결국 제1안처럼 해석해야 하고(문언도 '거절되는'이지 '거절된'이 아니다), 법무부의 중재법 개정이유와 국회 법제사법위원회의 검토보고서도 같다. 당초 발표한 논문의 교정단계에서 접한 강수미, "중재판정의 효력에 관한 연구", 중재연구 제27권 제1호(2017. 3), 74면 이하는 위 윤진기 교수의 견해와 유사하나, 구 중재법 제35조와 제38조의 충돌에 대한 인식이 없는 것 같다. 사실 제12조(2016년 중재법 제35조에 상응)에 단서를 두지 않고 제14조(2016년 중재법 제38조에 상응)에서 집행만을 규정한 1966년 중재법 하에서는 충돌이 없었으나, 1999년 중재법 제38조에서 모델법을 따라 승인과 집행을 함께 규정한 결과 충돌이 발생하였다. 뜻밖에도 김인호, "중재판정의 기판력의 새로운 구성—시지푸스적 접근을 넘어 스노우 화이트적 접근으로—", 인권과 정의 제468호(2017. 9.), 96면은 문언을 기초로 이 견해를 지지한다. 성준호, "중재판정의 효력-중재법 제35조 규정의 의미와 역할에 관한 논의 중심으로-", 2018. 11. 9. 개최된 한국중재학회 서울ADR페스티벌 학술세미나 발표자료 19면도 동지. 그러나 제35조 단서를 저자와 달리 가사 소수설에 따라 해석하더라도 제

또한 사소한 것이기는 하나 '거절'보다는 '거부'가 제37조 제1항의 문언과 일관성이 있다.

3. 제35조의 개정이 국내중재판정 취소의 소에 미치는 영향

가. 제36조 제1항은 사문화되었나: 기판력이 없는 중재판정을 취소하는 소는 불가능한가

2016년 중재법 제35조 단서를 신설한 데 대하여는 비판이 있다. 즉 일부 논자는 "… 제35조 단서는 제36조 제1항의 규정을 사문화시켜 무의미하게 만들어 버리는 불합리한 결과를 초래하였다"고 비판하고, 나아가 "집행거부사유가 있는 경우 중재판정이 기판력이 없다면 중재판정 자체가 존재하지 않는 것과 같아 취소의 소를 제기할 수 없다"면서, 제36조 제1항의 '취소의 소'라는 표현도 잘못이라고 주장한다.[33] 그러나 저자는 아래 이유로 그런 비판에 동의하지 않는다.

첫째, 제35조 단서가 추가되었으므로 중재판정에 취소사유가 있으면 이제는 확정판결과 동일한 효력, 즉 기판력을 가지지 않는다. 그러나 취소사유가 있더라도 중재판정의 존재 자체를 부정하는 것은 아니다. 즉 취소사유가 있어도 중재판정은 존재하고, 유력설에 따르면 중재판정의 부존재와 달라서 형식적 확정력과 중재인을 구속하는 기속력은 여전히 인정되고, 이를 배제하기 위하여 중재판정을 취소할 실익이 있다.[34][35] 즉 1999년 중재법 하에서와 비교할 때 중재판정 취소의 실익이 대폭 상실되었지만 전혀 없는 것은 아니다. 다만 중재판정 취소판결의 의미와 효과가 크게 달라지게 된 것은 사실이다. 적절한 비유인지 모르겠으나, 과거에는 법원 판결의 재심과 유사한 기능을 하였던 중재판정의 취소가 이제는 다수설에 따른 법원 판결의 무효와 유사한 기능을 가지게 되었지만, 판결의 부존재와는 구별된다는 것이다.[36]

38조와의 충돌이 해소되지 않는다는 문제가 여전히 남게 된다. 제38조는, 동조가 정한 승인거부사유가 있으면 대한민국에서 내려진 중재판정은 승인되지 않는다는 원칙을 선언하고 있기 때문이다. [밑줄 부분은 이 책에서 새로 추가한 것이다.]

33) 윤진기(註 31), 14면 이하 참조.

34) Böckstiegel/Kröll/Nacimiento/Kröll/Kraft, §1059, para. 18.

35) 무효판결에 대하여도 외관을 제거하기 위하여 상소가 가능한지에 대해서는 긍정설이 유력하다. 이시윤(註 10), 653면; 정동윤 · 유병현, 민사소송법 제4판(2014), 771면; 한충수, 민사소송법(2016), 611면. 대법원 판례는 나뉜다.

36) 판결의 무효는 부존재와 달라서 당해 법원을 구속하는 기속력이 있고 심급을 종결시키며, 형식적 확정력도 있다는 것이 다수설이다. 이시윤(註 10), 653면; 정동윤 · 유병현(註 35).

둘째, 만일 제35조 단서의 도입에 의하여 제36조 제1항이 사문화되었다면 동일한 비판은 모델법에 대해서도 타당하다는 것이 된다. 즉 중재판정의 취소를 규정한 모델법 제34조 제1항에 대해서도 이는 중재판정의 승인 및 집행을 규정한 모델법 제35조에 의하여 사문화되었다고 주장해야 한다. 왜냐하면 모델법 하에서는 중재판정에 취소사유가 있으면 그 중재판정은 승인되지 않는데(제35조와 제36조) 그럼에도 불구하고 모델법 제34조 제1항은 그런 중재판정 취소의 소를 규정하기 때문이다. 물론 모델법에는 2016년 중재법 제35조 본문에 상응하는 조문은 없으나 '승인될 수 없는 중재판정의 취소'를 규정하는 것은 2016년 중재법이나 모델법이 다를 바 없기 때문이다. 바꾸어 말하면 만일 위 논자처럼, 2016년 중재법에 따를 경우 집행거부사유가 있는 중재판정은 기판력이 없고 중재판정 자체가 존재하지 않는 것과 같아 취소의 소를 제기할 수 없으며, 취소의 소를 제기하면 법원은 소의 이익이 없어 각하해야 한다면[37] 모델법을 설명할 수 없다. 모델법은 취소사유가 있는 중재판정의 승인 및 집행을 배척하면서도(제35조) 그에 대해 취소의 소를 제기할 수 있도록 규정하기(제34조) 때문이다. 따라서 만일 모델법의 태도가 논리적으로 잘못된 것이 아니라면, 취소사유가 있어 승인될 수 없는 중재판정이더라도 취소의 대상이 될 수 있다고 보아야 한다.[38] 이는 예컨대 취소사유가 있는 중재판정이더라도 무효인 중재판정과 마찬가지로 기속력과 형식적 확정력은 있다고 설명하거나, 아니면 무효인 중재판정이더라도 외관을 제거하기 위해 취소할 수 있다는 식으로 설명할 수 있을 것이다.[39] 이처럼 저자는 취소사유가 있는 중재판정은 실질적으로 무효임에도 불구하고 취소의 소의 대상이 된다고 보지만, 아래에서 보듯이 취소의 소가 과거와 다른 의미를 가지게 되었음은 인정한다. 다만 현재로서는 과연 모델법이 이런 결론을 의도한 것인지, 나아가 모델법이 논리적 모순 없이 잘

771면; 김홍엽, 민사소송법 제5판(2014), 824면. MünchkommZPO/Vorbemekung zu §300, 5. Auflage (2016), Rn. 6 (Musielak 집필부분)도 같다. 그러나 아무런 효력이 없다는 견해도 있다. 한충수(註 35), 608면, 註 2.

37) 윤진기(註 31), 14면.

38) 이는 모델법에 대한 저자의 기본적인 신뢰를 전제로 하는 것이다. 참고로 모델법(제35조)은 중재판정의 승인 및 집행에 관하여 중재지가 어디인지에 따라 구분하지 않는다. 외국중재판정의 경우 한국에서 승인되지 않더라도 외국에서 효력이 있으므로 문제될 것이 없다. 반면에 국내중재판정의 경우에는 여기에서 다루는 2016년 중재법에서와 같은 문제가 발생한다.

39) Böckstiegel/Kröll/Nacimiento/Kröll/Kraft, §1059, para. 18은 비록 취소사유가 있더라도 취소되지 않는 한 중재판정이 효력을 가진다고 보는 독일 민사소송법 하에서 무효인 중재판정을 인정하고 그에 대하여 취소의 소를 제기할 수 있다고 본다.

설명되는지에 대한 의문이 있다. 만일 모델법의 태도가 2016년 중재법과 다르다면 2016년 중재법은 일본 중재법을 따른 결과가 될 것이다.

나. 중재판정 취소판결은 더 이상 형성판결이 아닌가

종래 중재판정 취소의 소는 중재판정을 취소하여 소급적으로 무효로 하는 형성판결을 목적으로 한다고 보았다.[40] 이는 취소사유가 있는 중재판정도 확정판결과 같은 효력이 있다는 1999년 중재법 제35조 하에서는 타당하였다. 그런데 위에서 본 것처럼 2016년 중재법 하에서는 취소사유가 있는(즉 승인요건이 구비되지 않은) 중재판정은 취소되지 않았더라도 기판력이 없으므로 취소판결은 형성판결이 아니라고 볼 수 있다.[41] 취소사유가 있는 중재판정은 기판력이 없으므로 취소판결이 있더라도 기판력이 소급적으로 소멸하는 것이 아니라 단지 확인적 효력만 있기 때문이다.

위에서 본 것처럼, 취소사유가 있는 중재판정도 여전히 존재하고, 형식적 확정력과 기속력이 있다면 취소판결은 그런 효력을 소급적으로 상실시키는 점에서 형성판결의 성질이 전무하지는 않지만, 형성판결로서의 성질을 대부분 상실하였다고 할 수 있다. 반면에 취소사유가 있는 중재판정은 아무런 효력이 없다면 중재판정 취소판결은 전면적으로 확인적 효력만 가진다. 그러나 이런 주장이 새삼스러운 것은 아니다. 1999년 중재법 하에서도 일부 논자는, (예컨대 중재판정에서 이긴 당사자가 중재판정을 전제로 하는 실체법상의 권리를 주장하는 소를 제기한 경우) 저자와 달리 취소사유를 항변으로 주장할 수 있다고 보았고, 그 범위 내에서는 취소의 소가 형성의 소라는 성질은 후퇴한다고 설명하였기 때문이다.[42]

4. 취소사유가 있는 국내중재판정의 효력 약화가 초래하는 변화

유념할 것은, 2016년 중재법은 구 중재법 내지 독일 민사소송법과 비교할 때 중재판정의 효력을 약화시켰다는 점이다. 즉 이제는 취소사유가 있으면 중재판정은 법원에 의하여 취소되기 전에도 기판력이 없다. 이러한 변화가 중재

---

40) 대법원 2004. 10. 14. 선고 2003다70249, 70256 판결.

41) 윤진기(註 31), 19면은 그런 견해를 취한다. 김갑유 외(註 9), 296면은 중재판정 취소의 소를 여전히 형성의 소라고 하나, 이것이 2016년 중재법의 해석론인지는 불분명하다.

42) 양병회/손용근·이호원, 218면.

지로서 한국의 위상을 제고하는 데 유익한지는 애매하다. 중재판정의 효력이 약화된 점에서는 부정적이라고 볼 수 있으나, 모델법을 따랐다는 점에서는 긍정적이기 때문이다. 저자는 개정위원회에서 제35조 단서에 의하여 중재판정의 효력이 약화됨을 지적하고, 대한상사중재원을 비롯한 중재커뮤니티에서 이 점을 분명히 인식해야 한다는 점을 강조하였다. 당시 변호사인 위원들과 대한상사중재원에서 참석한 김경배 위원이 강력히 이의하지 않은 것은 다소 의외였다. 요컨대 제35조 단서를 삽입한 이유는 제35조와 제38조의 충돌을 제거하자는 것이었는데, 과거와 달리 제38조를 우선시킨 이유는 모델법을 충실하게 따르자는 것이었다. 그 결과 제35조의 문언은 일본 중재법(제45조)과 유사하게 되었다.

이러한 중재판정의 효력 약화와 관련하여 다음 논점을 검토할 필요가 있다.

가. 국내중재판정의 취소사유와 무효사유의 관계

위(Ⅱ.1.)에서 언급한 바와 같이 과거에는 중재의 맥락에서도 취소사유와 무효사유는 구별되었고, 무효사유는 취소사유보다 제한적이었다.[43] 이런 현상은 판결의 무효사유와 재심사유가 구별되는 것과 유사하였다. 그런데 2016년 중재법 하에서는 전과 달리 취소사유가 있는 중재판정은 승인되지 않는데, 이제는 승인될 수 없는 중재판정은 무효이고 결국 모든 취소사유가 무효사유가 된 것이 아닌가라는 의문이 제기된다.[44]

2016년 중재법 하에서는 승인될 수 없는 중재판정은 기판력과 형성력이 없으므로 강학상 의미(기판력과 형성력 등이 없음)에서 무효라고 볼 수 있다. 그렇다면 구 중재법 하에서와 달리 이제는 취소사유가 있어 승인될 수 없는 국내중재판정은 무효이므로 모든 취소사유가 무효사유가 된다(그렇더라도 중재판정이 취소되면 소급적으로 기속력과 형식적 확정력이 소멸되는 점에서 무효와는 효과의 면에서 차이가 있다). 이런 결론은 종래 일반적으로 법률행위의 무효와 취소의

---

43) 판결이 무효인 경우에는 재심에 의하여 취소되지 않더라도 기판력이 부정된다. 물론 무효사유는 예컨대 재판권이 없는 피고에 대한 판결, 실재하지 않는 당사자를 상대로 하는 판결, 소가 제기되지 않았음에도 불구하고 한 판결과 법률이 허용하지 않는 법률효과를 긍정한 판결처럼 매우 제한적이다. 이시윤(註 10), 652면.

44) 취소사유가 있으면 중재판정이 부존재한다고 보는 견해가 있으나 저자가 이에 동의하지 않음은 위에서 설명하였다.

구별에 익숙하고, 중재법 제35조 본문에 익숙한 법률가들로서는 거부감이 있으나 2016년 중재법 하에서는 부득이한 면이 있다. 이를 따르면 다소 혼란이 초래된다고 할 수 있지만 이것이 새삼스러운 현상은 아니다. 예컨대 외국중재판정이 있더라도 중재판정에 진 당사자가 승인요건을 구비하지 못한다고 주장하면서 다툴 수 있음은 예나 지금이나 다를 바 없다.[45] 이런 시비를 극복하자면 중재판정에서 이긴 당사자는 결국 우리 법원에 집행결정을 신청하고 그 절차에서 집행거부사유의 유무에 대한 법원의 판단을 받을 것이다. 다만 독일법처럼 제35조를 우선시키는 방향으로 충돌을 해소했더라면 이런 어려움은 피할 수 있었을 것이다.

2016년 중재법 하에서도 위와 달리 종래와 마찬가지로 강학상 인정되는 중재판정의 무효사유와 중재법이 정한 취소사유를 구별하면서 전자의 경우 중재판정은 무효이고 다만 중재절차를 종료하는 효력과 기속력이 있을 뿐이나, 후자의 경우 중재판정은 취소사유가 있을 뿐이라는 견해도 주장될 수 있다.[46] 그러나 후자의 중재판정은 비록 취소되지 않았더라도 승인될 수 없고 따라서 기판력의 부존재 기타 효과의 면에서는 결국 무효사유와 실질적으로 차이가 없으므로 이런 견해의 설득력은 의문이다. 2016년 중재법의 문언은 일본 중재법보다도 더욱 분명하다. 이렇게 본다면 국내중재판정은 무효이더라도 아무런 효력이 없는 것은 아니고, 취소되더라도 국내중재판정이 모든 효력을 소급적으로 상실하는 것은 아니라는 점에서, '중재판정의 무효'와 '중재판정의 취소'라는 용어가 오해의 소지가 있음은 사실이고 따라서 과연 바람직한 표현인지는 다소 의문이다.

나. 취소사유가 있는 국내중재판정에 대해 무효확인의 소가 가능한가

1999년 중재법 하에서는 취소사유가 있으면 중재판정에서 진 당사자는 취소의 소를 제기해야지 취소사유를 주장하여 중재판정 무효확인의 소를 제기하는 것은 확인의 이익이 없어 허용되지 않았다.[47] 그런데 2016년 중재법 하에서

---

45) 1999년 중재법 하에서도 일부 논자는 취소사유를 항변으로 주장할 수 있다고 보았다.

46) 일본의 해석론은 나뉘나 小島武司 · 猪股孝史(註 22), 476면 이하는 구 법 하의 견해를 유지하여 양자를 여전히 구별한다. 다만 이에 소개된 일본 학설들이 독일 민사소송법과 모델법을 대비시키지 않고, 마치 모델법도 독일 민사소송법과 같은 태도를 취하는 것처럼 설명하는 점은 잘 이해되지 않는다.

47) 석광현(註 13), 233면. 양병회 외/손용근 · 이호원, 218면도 同旨.

취소사유가 있는 중재판정은 기판력이 없으므로 이제는 중재판정 무효확인의 소를 제기할 수 있다고 볼 여지가 있다. 하지만 중재법 제36조 제1항이 "중재판정에 대한 불복은 법원에 중재판정 취소의 소를 제기하는 방법으로만 할 수 있다"고 규정하므로 여전히 부정설이 타당하다고 보아야 할 것이다.[48] 이는 중재판정에 대하여 정면으로 불복하는 것이기 때문이다. 하지만 위에서 본 것처럼 취소사유가 있으면 당연무효와 마찬가지라고 이해한다면 중재판정의 취소의 소와 무효확인의 소를 구별하는 것은 설득력이 약하다. 이 점에서 모델법과 2016년 중재법을 일관성 있게 설명하기가 쉽지 않으므로 취소와 무효의 관계를 어떻게 파악할지는 더 고민할 필요가 있다. 어쨌든 중재판정에 기한 집행재판절차에서 취소사유를 항변으로서 주장하는 것은 예나 지금이나 당연히 허용된다.[49]

다. 취소사유가 있는 국내중재판정의 무효를 항변으로 주장할 수 있나

1999년 중재법 하에서는 중재판정에서 이긴 당사자가 중재판정을 전제로 하는 실체법상의 권리를 주장하는 소를 제기한 경우[50] 피고가 취소사유를 항변으로 주장할 수 있는지는 논란이 있었으나 저자는 이는 허용되지 않는다고 보았다. 그 근거는 위 제36조 제1항의 문언과, 중재판정이 취소판결에 의하여 취소되지 않은 이상 기판력이 있기 때문이다.[51] 그러나 위에서 본 것처럼 취소사유를 항변으로 주장할 수 있다는 견해도 있었고, 이런 견해는 취소의 소가 형성의 소라는 성질은 그 범위 내에서 후퇴한다고 설명하였다.

그런데 2016년 중재법 하에서는 취소사유가 있는 중재판정은 기판력이 없으므로, 중재판정에서 진 당사자가 취소사유를 주장하면서 상대방에 대해 중재판정에 반하는 별소를 제기할 수 있고, 다른 절차에서 중재판정의 효력이 없음을 항변으로 주장할 수 있다.[52] 항변은 중재판정에 대하여 정면으로 공격하는

48) 만일 취소사유가 있어도 구속력이 있고 무효는 아니라는 견해를 취한다면 더욱 그러하다.

49) UNCITRAL은 중재판정에 대한 불복(recourse)을 당사자가 능동적으로 중재판정을 공격하는 것(actively "attack" the award)이라고 풀이하면서 이는 허용되지 않지만 당사자가 집행절차에서 항변으로서 주장하는 것은 차단되지 않는다고 설명한다. Explanatory Report, para. 45.

50) 예컨대 원고가 건물명도 청구의 소의 청구원인으로서 원고의 소유권을 인정한 중재판정을 원용하는 데 대하여 피고가 취소사유를 항변으로 제출하는 경우를 들 수 있다. 양병회/손용근・이호원, 218면.

51) 석광현(註 13), 233면.

52) 윤진기(註 31), 18면 이하도 이런 취지로 보인다.

것은 아니라는 점에서 중재판정 무효확인의 소와는 다르고, 이제는 그런 중재판정은 기판력이 없기 때문이다. 이처럼 무효사유가 확장되고 이를 항변으로서 주장할 수 있다면 2016년 중재법에 의하여 다소 혼란이 초래될 여지도 없지 않은데[53] 이는 위(가.)와 연계하여 더 검토할 필요가 있다.

Ⅲ. 중재판정의 강제집행을 위한 집행결정제의 도입

2010년/1999년 중재법과 2016년 중재법 조문은 아래와 같다.

2010년/1999년 중재법	2016년 중재법
第37조(중재판정의 승인과 집행) ① 중재판정의 승인 또는 집행은 법원의 승인 또는 집행판결에 따라 한다. ② … **第37條(仲裁判定의 승인과 執行)** ① 仲裁判定의 승인 또는 執行은 法院의 승인 또는 執行判決에 의한다. ② …	**제37조(중재판정의 승인과 집행)** ① 중재판정은 제38조 또는 제39조에 따른 승인 거부사유가 없으면 승인된다. 다만, 당사자의 신청이 있는 경우에는 법원은 중재판정을 승인하는 결정을 할 수 있다. ② 중재판정에 기초한 집행은 당사자의 신청에 따라 법원에서 집행결정으로 이를 허가하여야 할 수 있다. ③ … ④ 제1항 단서 또는 제2항의 신청이 있는 때에는 법원은 변론기일 또는 당사자 쌍방이 참여할 수 있는 심문기일을 정하고 당사자에게 이를 통지하여야 한다. ⑤ 제1항 단서 또는 제2항에 따른 결정은 이유를 적어야 한다. 다만, 변론을 거치지 아니한 경우에는 이유의 요지만을 적을 수 있다. ⑥ 제1항 단서 또는 제2항에 따른 결정에 대해서는 즉시항고를 할 수 있다. ⑦ 제6항의 즉시항고는 집행정지의 효력을 가지지 아니한다. 다만, 항고법원(재판기록이 원심법원에 남아 있을 때에는 원심법원을 말한다)은 즉시항고에 대한 결정이 있을 때까지 담보를 제공하게 하거나 담보를 제공하게 하지 아니하고 원심재판의 집행을 정지하거나 집행절차의 전부 또는 일부를 정지하도록 명할 수 있으며, 담보를 제공하게 하고 그 집행을 계속하도록 명할 수 있다. ⑧ 제7항 단서에 따른 결정에 대해서는 불복할 수 없다.

중재판정의 승인과 집행에 관한 제37조는 국내중재판정과 외국중재판정에 모두 적용된다(중재법 제2조 제1항 단서).

53) 물론 2016년 중재법 전의 구 중재법 하에서도 취소사유를 항변으로 주장할 수 있었다는 견해를 따른다면 달라진 것이 없다.

1. 중재판정의 승인과 집행의 관계

중재판정의 승인이라 함은 중재판정부가 내린 중재판정의 법적 효력을 인정하는 것을 말하고, 중재판정의 집행이라 함은 중재판정부가 내린 중재판정에 대하여 법원이 집행력을 부여하여 그의 강제실현을 허용하는 것을 말한다.[54)] 이처럼 중재판정의 승인과 집행은 개념적으로 구분되지만 중재판정의 집행은 논리적으로 중재판정이 승인됨을 전제로 한다.[55)] 따라서 집행요건은 승인요건과 동일하나, 우리 법상으로는 법원의 집행가능선언(exequatur, Vollstreckbarerklärung)이 필요하다는 차이가 있다.[56)] 집행가능선언은 2016년 중재법 하에서는 집행결정이나 과거에는 집행판결이었다.

가. 중재법의 변천

1966년 중재법(제14조 제1항)은 "중재판정에 의하여 하는 강제집행은 법원의 집행판결로 그 적법함을 선고한 때에 한하여 할 수 있다"고 규정하였다. 그러나 1999년 중재법(제37조 제1항)은 "중재판정의 승인 또는 집행은 법원의 승인 또는 집행판결에 따라 한다"고 규정하였다. 그 결과 마치 중재판정의 집행을 위하여 법원의 집행판결이 필요하듯이, 중재판정이 법적 효력을 가지기(승인되기) 위하여는 법원의 '승인판결'이 필요하거나,[57)] 아니면 적어도 '법원의 승인'이 필요하다는[58)] 오해를 초래하게 되었다.

---

54) 집행의 개념을 이렇게 이해하면 형성판정의 집행은 문제되지 않으나, 형성적 중재판정의 경우 법원의 집행재판이 필요한지는 논란이 있다. 정선주(註 6), 21면 참조. 형성판정 일반과 의사의 진술을 명하는 중재판정의 집행결정을 구분하여 논의할 필요가 있다. Schwab/Walter, Schiedsgerichtsbarkeit, 7. Aufl., Kap. 21 Rdnr. 12; 강수미, "중재판정의 효력에 관한 연구", 중재연구 제27권 제1호(2017. 3.), 72면도 동지. 의사표시의 의제는 일종의 강제집행이기 때문이라는 것이다. [밑줄 부분은 이 책에서 새로 추가한 것이다.]

55) 예컨대 중재판정에서 이긴 당사자가 그 집행을 구하는 경우에는 승인과 집행을 구하는 것이다. 반면에 중재판정에서 진 당사자가 다시 중재신청을 하거나 소를 제기하는 경우 중재판정의 승인만이 문제되고 집행은 문제되지 않는다.

56) 나아가 집행가능선언을 하자면 중재판정이 집행이 가능한 정도로 특정되어야 하는데 이를 '특정성(Bestimmtheit)' 요건이라 한다. 이 점을 요구한다면 승인요건과 집행요건에 차이가 있게 된다.

57) 중재판정의 집행에 관한 규정만 있었던 과거 중재법 하에서 집행에 관한 제14조가 승인의 경우에도 유추적용된다는 견해가 있었다. 사법연수원, 국제상사중재(1999), 143면, 註 12. 이에 따르면 승인판결이 필요하다는 것이 되나 저자는 이는 잘못이라고 비판하였다.

58) 임성우(註 27), 6.93; 안춘수, 국제사법(2017), 391면.

나. 1999년 중재법 상 법원의 승인판결 또는 법원의 승인이 필요하였나

저자는 과거부터 우리 중재법은 외국판결의 승인에서와 같이 중재판정의 승인에서도 '자동승인의 원칙'을 채택하고 있었고,[59] 1999년 중재법에서 이를 변경할 이유가 없었으므로 동일하게 해석하여야 하며, 따라서 중재판정의 승인을 위하여 법원의 승인판결 또는 법원의 승인이 필요하다는 견해는 잘못이라는 점을 지적하였다.[60] 이를 부연하면 아래와 같다.

저자는 "중재판정의 승인 또는 집행은 법원의 승인 또는 집행판결에 의한다"는 1999년 중재법 제37조 제1항을 해석함에 있어서 이는 일차적으로 "중재판정의 승인은 법원의 승인판결에 의한다"는 취지로 이해하였으나,[61] 그것이 "중재판정의 승인은 법원의 승인에 의한다"는 취지로 해석될 가능성을 부정하지 않았다. 따라서 아래와 같이 설명하였다.[62]

> "외국중재판정은 승인요건을 구비하면 당연히 효력을 발생하는 것이지, 법원의 승인을 요하는 것이 아니고 법원의 승인판결을 요하는 것은 더더욱 아니다."

또한 저자는 그 취지를 명확히 하고자 1999년 중재법 제37조 제1항에서 '승인'을 삭제하고 "중재판정의 집행은 법원의 집행판결에 의한다"고 집행만을 규정하도록 수정하자는 입법론을 제안하였는데, 이는 1999년 중재법 전의 구 중재법으로 회귀하자는 것이었다.[63][64] 그 후 대법원 2009. 5. 28. 선고 2006다

---

59) 채무자회생 및 파산에 관한 법률은 외국도산절차의 승인의 맥락에서는 자동승인제가 아니라 결정승인제를 취하고 있다. 석광현, 국제사법과 국제소송 제5권(2012), 533면 참조. 물론 중재판정의 승인에서도 결정승인제를 취하는 것도 가능하나 그렇게 할 이유가 없었고 실제로 구 중재법도 그런 태도를 취하지 않았다는 것이다.

60) 석광현(註 13), 88면 이하; 석광현, "중재법의 개정방향—국제상사중재의 측면을 중심으로 —", 서울대학교 법학 제53권 제3호(2012. 9.), 556면 이하. 이호원(註 7), 16면 이하도 同旨.

61) 이는 제37조 제1항의 문리해석의 문제이다. 저자가 그렇게 해석한 근거는 문언상 그렇게 읽히는 데다가 "당해 仲裁判定에 관하여 大韓民國의 法院에서 내려진 승인 또는 執行判決이 확정된 후에는 仲裁判定取消의 訴를 제기할 수 없다."고 규정하는 1999년 중재법 제36조 제4항의 해석상 승인은 단순한 승인이 아니라 승인판결을 말하는 것과의 균형상 그렇게 보는 것이 합리적이라고 판단했기 때문이다.

62) 석광현(註 13), 327면.

63) 석광현(註 58), 698면. 이호원(註 7), 20면도 이런 제안을 지지하였다. 따라서 구 중재법 하에서 '중재판정에 대한 승인집행판결'이라는 식의 용어(정선주(註 6), 21면)는 부적절한 것이었다.

64) 구 중재법이 중재판정의 집행만을 규정한 것은, 우선 중재판정의 승인이 자동적으로 행해진다는 것을 의미한다. 국내중재판정의 경우에는 또한 승인요건의 구비를 요하지 않고 당연히

20290 판결도 자동승인의 원칙이 타당함을 확인하였다.[65] 이런 과정을 거쳐 저자는 1999년 중재법 제37조 제1항이 문언이 미흡함에도 불구하고 대법원 판례와 해석론으로써 올바른 결론이 도출된 것으로 믿었기에 2016년 중재법을 위한 개정과정에서는 굳이 위 문언을 개정하자는 제안을 하지 않았다.[66] 그러나 개정위원회는 제37조 제1항을 개정하기로 하였다.

다. 2016년 중재법에 의한 혼란의 해소

저자는 1999년 중재법 하에서도 승인요건을 구비한 중재판정은 자동적으로 승인되고, 다만 확인의 이익이 있는 경우에는 법원이 승인판결을 할 수 있다고 보았던바,[67] 제37조 제1항은 중재판정은 집행거부사유가 없으면 승인되나 다만 법원은 당사자의 신청이 있는 경우에는 중재판정을 승인하는 결정을 할 수 있음을 명시함으로써 1999년 개정에 의해 초래된 오해를 시정하였다. 따라서 저자는 제37조 제1항의 개정을 기본적으로 환영하지만 굳이 규정을 둘 필요가 있는지는 의문이다. 어쨌든 실제로 당사자가 중재판정에 기한 승인결정을 신청하는 일은 별로 없을 것이다.[68] 중재판정에 기하여 강제집행을 하자면 집행결정을 받아야지 승인결정으로는 부족하므로 당사자로서도 후자를 신청할 이유는 없다. 따라서 아래에서는 집행결정을 중심으로 논의한다.

요컨대 1999년 중재법에 의하여 중재판정의 승인에 '법원의 승인판결' 또

확정판결과 동일한 효력이 있다는 것이다.

65) 위 대법원 판결은 "뉴욕협약이 적용되는 외국중재판정의 일방 당사자에 대하여 외국중재판정 후에 구 회사정리법에 의한 회사정리절차가 개시되고 채권조사기일에서 그 외국중재판정에 기하여 신고한 정리채권에 대하여 이의가 제기되어 정리채권확정소송이 제기된 경우, 외국중재판정은 확정판결과 동일한 효력이 있어 기판력이 있으므로, 정리채권확정소송의 관할법원은 위 협약 제5조에서 정한 승인 및 집행의 거부사유가 인정되지 않는 한 외국중재판정의 판정주문에 따라 정리채권 및 의결권을 확정하는 판결을 하여야 한다"고 판시하였다. 즉 당해 사건에서 홍콩중재판정에 대한 우리 법원의 별도의 승인판결은 없었는데, 위 대법원 판결은 그럼에도 불구하고 홍콩중재판정은 우리 법원의 승인판결이 없이도 기판력이 있다고 판시한 것이다. 즉 위 대법원 판결은 그러한 외국중재판정에 대하여는 자동승인제가 타당함을 판시한 것으로서 타당하다. 평석은 석광현(註 58), 697면 이하 참조.

66) 특히 근자에 간행된 이호원(註 7), 16면 이하는 여러 국가의 법제를 비교검토한 뒤 우리 중재법의 해석상 자동적 승인이 타당함을 논증하고 있다.

67) 석광현(註 13), 328면. 이호원(註 7), 17면도 동지.

68) 중재판정의 집행을 원하는 당사자는 집행결정을 신청하고 법원은 그 절차에서 승인요건의 구비 여부를 판단하고 구비된다면 집행결정을 할 것이고 별도로 승인결정을 할 이유는 없다. 윤진기(註 31), 10면, 註 26은 당사자가 승인결정을 받았는데 후에 다시 집행결정을 신청하는 사안을 논의하나 그런 사안은 있더라도 매우 이례적일 것이다.

는 '법원의 승인'이 필요하다는 오해가 초래되었으나, 2016년 중재법은 이런 오해를 불식하고 1999년 개정 전 구 중재법 하의 해석론이 타당함을 명확히 하였다. 국내중재판정은 그 자체로서 기판력 기타 확정판결과 같은 효력이 있는 것이지, 법원의 승인판결 또는 승인에 의하여 비로소 효력을 가지게 되는 것이 아니다.[69] 1999년 중재법에 의하여 불필요한 혼란을 겪은 것은 유감이지만 그 과정을 통해 논점이 분명히 해소되었다면 무의미한 것은 아니라고 본다.

의아한 것은, 개정위원회의 일원이었고 근자에 국제중재에 관한 저서를 간행한 임성우 변호사가 2016년 중재법 하에서도 여전히 중재판정의 승인은 '법원의 행위'라고 쓰는 점이다.[70] 이는 자동승인 원칙에 반하는 설명이다. 임성우 변호사는 1999년 중재법 제37조 제1항은 중재판정의 승인을 위하여 '법원의 승인'이라는 행위가 필요하다는 취지로 이해하면서 그것이 옳다고 하나[71] 그런 설명은 잘못이다. 동조가 일부 논자처럼 법원의 승인판결을 요구하는지 아니면 법원의 승인을 요구하는지는 불분명하나, 어느 쪽이든 간에 잘못이기 때문이다. 중재판정의 승인은 자동적이므로 원칙적으로 승인의 주체는 없고 사안에 따라 법원 또는 다른 중재판정부가 승인요건이 구비되었음을 확인하는 것일 뿐이다. 예컨대 선행 중재판정이 존재하는데 그 쟁점이 뒤에 재판이나 중재과정에서 다투어지는 사안을 상정하자. 그 경우 만일 승인요건이 구비되면, 뒤에 재판하는 법원이, 또는 다른 중재판정부가, 선행 중재판정이 승인요건을 구비함을(즉 승인되었음을) 확인하는 것이다.

---

69) 윤진기(註 31), 10면 이하도 이 점을 명확히 지적한다. 다만 위(Ⅱ.)에서 본 것처럼, 승인요건을 구비하지 못하는 국내중재판정도 1999년 중재법 전에는 기판력이 있었고 1999년 중재법 하에서는 논란이 있었으나 2016년 중재법은 이를 부정한다.

70) 임성우(註 27), 6.64.

71) 임성우(註 27), 6.93. 유감스럽게도 임성우(註 28), 107면은 자동승인이라고 하면서도 "중재판정에 대한 법원의 승인(recognition)이라는 행위는 여전히 필요하다"고 기술한다. <u>근자의 김인호(註 32), 98면도 자동승인원칙을 부정하나 이는 정말 의외이다. 자동승인원칙과 결정승인원칙 중 어느 것을 채택할지는 입법정책의 문제이나, 종래 우리 중재법은 자동승인원칙을 채택했었고, 더욱이 2016년 중재법(제37조 제1항 제1문)은 구 중재법의 문언을 수정하여 자동승인원칙을 더 명확히 규정하였기 때문이다. 오해를 불식하고자 문언을 개정하였음에도 불구하고 아직도 이런 주장을 하는 것은 이해할 수 없다. 정책적으로도 외국재판 승인의 맥락에서 우리 법원의 승인 내지 승인판결을 요구하는 것은 아무런 도움이 되지 않는다. 뉴욕협약이 적용되지 않는 외국중재판정은 중재법 제39조 제2항에 따라 민사소송법이 준용되므로 자동승인되는 데 반하여 오히려 뉴욕협약에 의하여 승인이 보장되는 외국중재판정은 법원의 승인을 필요로 한다고 해석할 수는 없다. 승인의 시기는 예컨대 상충되는 외국판결과 외국중재판정이 병존하는 경우 한국에서 승인될 수 있는지에 영향을 미칠 수 있다. 김인호 교수의 논리를 밀고 나가면 민사소송법상 외국재판의 승인에 대하여도 자동승인원칙을 부정하게 될 텐데 이는 더 큰 잘못을 범하는 것이 될 것이다.</u> [밑줄 부분은 이 책에서 새로 추가한 것이다.]

제37조가 정한 자동승인의 원칙은 국내중재판정만이 아니라 외국중재판정에도 타당하다.

라. 임시적 처분의 승인에 관한 제18조의7과의 일관성

2016년 중재법(제18조의7)은 임시적 처분의 승인 및 집행에 관하여 규정한다. 여기에서 임시적 처분이 승인된다고 하는 것은 임시적 처분이 당사자에 대한 구속력이 있음을 의미한다.[72] 한 가지 의문은, 이러한 중재판정의 자동승인 원칙이 임시적 처분의 승인에도 타당한가, 만일 그렇다면 그 원칙이 임시적 처분의 승인에서는 제대로 반영되었는가라는 점이다.

위에서 본 것처럼 제37조 제1항은 중재판정은 자동으로 승인되고 다만 당사자의 신청이 있는 경우에는 법원이 중재판정을 승인하는 결정을 할 수 있음을 명시한다. 반면에 제18조의7 제1항은 "중재판정부의 임시적 처분의 승인을 받으려는 당사자는 법원에 그 승인의 결정을 구하는 신청을 할 수 있다"고 규정할 뿐이고 임시적 처분의 승인이 자동적이라는 점을 명시하지는 않으므로 차이가 있다. 다만 제18조의7 제1항은 반드시 법원의 승인결정을 받아야 한다거나 법원의 승인이 필요하다고 규정하지는 않으므로 자동승인의 원칙에 반하는 것은 아니다. 그러나 중재판정에 관한 제37조의 변천을 보면 임시적 처분의 승인에 관하여는 자동승인의 원칙이 충분히 반영되지 않았고, 제18조의7과 제37조 간에 일관성이 부족한 것이 아닌가라는 아쉬움이 남는다.

또한 중재판정 승인의 핵심은 그의 기판력을 인정하는 것인데 임시적 처분은 기판력이 없다. 따라서 임시적 처분의 효력이 무엇이고 그의 승인이 가지는 의미가 무엇인가에 대한 이론 구성은 중재판정의 경우와는 달라야 할 것이다.

2. 2016년 중재법에 의한 집행결정제의 도입[73]

가. 집행을 허가하는 재판의 형식

1999년 중재법과 달리 2016년 중재법은 중재판정의 집행을 위하여 집행판결이 아니라 집행결정을 요구한다. 따라서 집행을 구하는 당사자는 우리 법원에서 소를 제기하는 것이 아니라 신청을 하게 된다. 집행결정제의 도입은 독일

72) 2006년 개정 모델법 제17H조 제1항.

73) 독일 민사소송법과 일본 중재법과의 비교는 석광현(註 58), 703면 이하 참조.

과 일본의 중재법을 본받은 것으로 중재판정에 기한 강제집행을 가급적 신속하게 하기 위한 것이다. 그러나 집행판결을 집행결정으로 전환한 것만으로 그러한 목적이 달성되는 것은 아니고 절차진행을 신속하게 하려는 법원의 의지가 필요하다. 소송의 경우 소송목적의 값에 따라 인지금액이 결정되나 신청사건은 정액이라는 점도 차이가 있다(민사소송 등 인지법 제2조, 제10조).

나. 집행결정 시 구술변론의 요부와 결정이유의 기재

당사자가 승인결정 또는 집행결정을 신청한 때에는 법원은 변론기일 또는 당사자 쌍방이 참여할 수 있는 심문기일을 정하고 당사자에게 이를 통지하여야 한다(제37조 제4항). 과거 집행판결제 하에서 법원은 반드시 구술변론을 열어야 했으나, 2016년 중재법 하에서는 법원은 구술변론을 여는 대신 재량으로 심문심리를 할 수도 있으나 서면심리만으로 결정을 할 수는 없다. 심문(審問)이라 함은, 서면심리를 보충하기 위하여 당사자, 이해관계인, 그 밖의 참고인에게 특별한 방식 없이 적당한 방법으로 서면 또는 말로 개별적으로 진술할 기회를 주는 절차를 말하는데, 반드시 공개법정에서 해야 하는 것은 아니고 심문실에서 할 수 있으며, 변론처럼 반드시 당사자 쌍방에게 진술의 기회를 주어야 하는 것도 아니다.[74] 즉 이제는 필요적 변론이 아니라, 임의적 변론 또는 필요적 심문에 의하게 되었다. 민사소송법상 심리에는 서면심리, 심문심리와 변론심리가 있는데, 변론심리의 경우 법원은 법정변론기일에 양 당사자를 불러 쌍방에게 진술의 기회를 주고 변론기일에 구술로 진술한 자료만을 재판의 기초로 하여야 한다. 집행결정제에 대한 가장 큰 우려는 당사자의 절차적 권리 내지 재판받을 권리가 위태롭게 될 가능성이 크다는 것인데[75] 그런 우려가 전혀 근거가 없는 것은 아니지만 법원으로서는 가급적 그런 우려가 현실화되지 않도록 절차를 운영할 필요가 있다. 여기에서 유념할 것은, 당사자들이 분쟁해결의 방법으로 자발적으로 중재를 선택하였고 그에 따라 중재절차가 진행되어 중재판정이 이미 내려졌으므로 법원으로서는 집행거부사유의 존재만을 심사하는 것이지 새로이 재판을 하는 것이 아니라는 점이다.

법원은 승인결정 또는 집행결정을 하는 때에는 원칙적으로 결정이유를 적어야 하지만, 변론을 거치지 아니한 경우에는 이유의 요지만을 적을 수 있다(제

74) 이시윤(註 10), 296면.
75) 강태훈(註 2), 381면.

37조 제5항).

다. 집행결정의 집행력과 기판력

집행결정에 의하여 한국에서 집행력이 부여되는 것은 명백하나,[76] 승인요건의 구비 여부에 대한 판단에 기판력이 인정되는지는 문면상 불분명하다.[77] 민사소송법(제216조 제1항)에 따르면 원칙적으로 기판력을 가지는 것은 확정판결이고 결정은 기판력이 없지만, 예컨대 소송비용에 관한 결정(제110조, 제114조)과 간접강제 수단으로 하는 배상금의 지급결정(민사집행법 제261조)과 같이 양 당사자에게 절차적 기회가 보장되고 또한 실체관계에 관하여 법원의 종국적 판단을 나타내는 것은 판결에 준하는 것으로서 예외적으로 기판력을 인정할 수 있다.[78] 따라서 여기의 집행결정은 특수한 결정으로서 그 기판력을 인정해야 한다.[79] 당사자에게 적당한 방법으로 서면 또는 말로 개별적으로 진술할 기회를 주면 족하지 그가 실제로 진술하거나 변론을 연 경우에만 기판력을 인정할 것은 아니다. 만일 집행결정이 결정이라는 이유로 기판력을 인정할 수 없다면 집행결정의 실익은 반감되므로 중재법에서 기판력이 있음을 명시해야 한다.

독일에서는 중재판정의 집행가능선언은 결정의 형식에 의하는데(제1063조 제1항) 이는 기판력이 있다.[80] 집행결정 신청의 기각도 기판력을 가지므로 기각 후 다시 집행결정 신청을 하면 그에 저촉된다.[81] 일본에서는 논란이 있으나 다

---

76) 집행권원의 하나로 집행결정을 열거하는 독일 민사소송법(제794조 제4a호)이나 일본 민사집행법(제22조 6의2호)과 달리 우리 민사집행법은 이를 열거하지 않는다. 하지만 항고로만 불복할 수 있는 재판은 집행권원의 하나이므로(제56조) 집행결정은 집행권원이 된다. 다만 민사집행법이론상 결정의 내용이 급여를 명하는 것일 때 집행권원이 된다고 하므로(이시윤, 신민사집행법, 제6보정판(2014), 140면) 의문이 전혀 없는 것은 아니다. 집행결정은 중재판정에 기한 집행을 허가하는 것이지 급여를 명하는 것은 아니기 때문이다. 따라서 민사집행법에서 명시하는 편이 바람직하다.

77) 법무부, 조문별 개정이유서(중재법 일부개정법률안)는 "중재판정의 승인결정이나 집행결정에 대하여는 승인요건의 구비 여부에 대한 판단에는 기판력이 인정되고"라고 기술한다.

78) 이시윤(註 10), 614면; 강태훈(註 2), 372면.

79) 이호원, "중재판정의 승인 및 집행절차의 개선방안 연구", 법무부 연구용역(2012), 80면도 同旨. 이는 http://www.prism.go.kr/homepage/theme/retrieveThemeDetail.do?leftMenuLev el=110&cond_brm_super_id=NB000120061201100041870&research_id=1270000-201 200084 참조. 그러나 강태훈(註 2), 374면은 기판력을 부정하는 것으로 보인다.

80) Karl Heinz Schwab/Gerhard Walter, Schiedsgerichtsbarkeit 7. Auflage (2005), Kapitel 28 Rn. 15.

81) Stein/Jonas/Schlosser, Kommentar zur Zivilprozessordnung 22. Auflage Band 9 (Ⅱ/2002),

수설은 집행결정의 기판력을 인정한다고 한다.[82] 기판력의 기준시기는 집행결정의 변론종결 또는 심문종결 시가 될 것이다.

라. 불복방법

중재판정에 대한 승인결정과 집행결정에 대하여는 즉시항고를 할 수 있으나(제37조 제6항), 즉시항고는 집행정지의 효력을 가지지 않는다(제37조 제7항 본문). 다만, 항고법원(재판기록이 원심법원에 남아 있을 때에는 원심법원)은 즉시항고에 대한 결정이 있을 때까지 담보를 제공하게 하거나 담보를 제공하게 하지 아니하고 원심재판의 집행을 정지하거나 집행절차의 전부 또는 일부를 정지하도록 명할 수 있고, 담보를 제공하게 하고 그 집행을 계속하도록 명할 수 있는데(제37조 제7항 단서), 제7항 단서에 따른 결정에 대해서는 불복할 수 없다(제37조 제8항). 이는 법원의 집행결정이 집행력을 가지는 점을 당연한 전제로 하면서, 즉시항고에 집행정지효를 인정하지 않는 것이다. 입법과정에서 이런 접근방법이 타당한지를 둘러싸고 논란이 있었는데 이는 아래(마.)에서 논의한다.

마. 집행결정에 따른 집행력의 발생과 가집행의 가부

(1) 2016년 중재법의 문언

위에서 본 것처럼 2016년 중재법은 집행결정에 대해 당사자가 즉시항고를 할 수 있음을 규정하면서 즉시항고를 하더라도 집행정지효가 없음을 명시하나,[83] 집행결정에 가집행을 붙일 수 있다고 규정하지는 않는다.[84] 개정위원회가 이런 결론을 채택한 이유는, 종래 우리 민사소송법이론에 따르면 결정은 즉시 집행력이 발생하므로 원칙적으로 가집행선고를 붙일 수 없다는 데 있었다.[85]

Anhang § 1063 Rn. 12; Böckstiegel/Kröll/Nacimiento/Kröll, §§1060, para. 49. 다만 기판력의 범위는 불분명하다.

82) 이호원(註 79), 80면; 강태훈(註 2), 374면(논란의 여지를 인정한다).

83) 민사집행법(제15조 제6항)에 따르면 집행절차에 관한 집행법원의 재판에 대한 즉시항고는 원칙적으로 집행정지의 효력이 없고, 다만 항고법원(재판기록이 원심법원에 남아 있는 때에는 원심법원)은 즉시항고에 대한 결정이 있을 때까지 담보를 제공하게 하거나 담보를 제공하게 하지 아니하고 원심재판의 집행을 정지하거나 집행절차의 전부 또는 일부를 정지하도록 명할 수 있으며, 담보를 제공하게 하고 그 집행을 계속하도록 명할 수 있다. 반면에 민사소송법 제447조에 따르면 즉시항고는 집행을 정지시키는 효력을 가진다.

84) 1999년 중재법 하에서는 중재판정의 집행판결에 대하여는 가집행을 붙일 수 있고 실제로 가집행을 붙일 필요성이 크다는 점이 인정되었다.

85) 이시윤(註 10), 666면.

(2) 2016년 중재법에 대한 비판

정부가 제출한 법률안이 국회를 통과하는 과정에서, 법원이 집행결정을 함으로써 즉시 집행권원이 되도록 규정하는 것은 부당하고 오히려 집행결정이 확정되어야 비로소 집행권원이 되어야 한다는 비판이 제기되었다. 즉 개정위원회의 초안에 대하여 법원 측은 집행결정이 즉시 집행력을 가진다면 즉시항고에 대하여 원칙적으로 집행정지효를 인정하고, 즉시항고에도 불구하고 집행을 허용하자면 법원의 별도 조치를 요하는 것으로 수정하자는 견해를 피력하였다.[86] 참고로 일본 민사집행법(제22조 6의2호)은 "확정된 집행결정이 있는 중재판정"을 집행권원으로 규정하므로 집행결정이 즉시 집행력을 가지는 것이 아니라 확정되어야 비로소 집행력을 가진다. 또한 집행결정에 대한 가집행선고는 인정하지 않는다고 한다.[87] 독일에서도 집행결정이 확정되어야 비로소 집행권원이 됨은 일본과 마찬가지이나 독일에서는 제1심에서 집행결정에 가집행을 붙이는 점에서 차이가 있다(민사소송법 제1064조 제2항).[88] 이처럼 논란이 있었으나 결국 개정위원회의 초안이 국회를 통과하여 제37조가 되었다.

(3) 저자의 견해와 2016년 중재법에 대한 평가

저자는 과거에도 독일 민사소송법처럼 중재법에서 집행결정에 가집행을 붙일 수 있음을 명시하는 방안을 지지하였다.[89] 개정위원회에서도 저자는 결정이 집행력이 있더라도, 집행결정이 당연히 중재판정에 대해 집행력을 발생시키는 것은 아니라는 견해를 피력하였다. 즉 중재판정에 기초한 집행결정에 기하여 강제집행을 하는 경우 집행권원이 무엇인지는 논란이 있는데,[90] 집행결정과

---

86) 강태훈(註 2), 383면, 註 81도 "제6항의 즉시항고는 집행정지효력이 있다. 다만, 항고법원(재판기록이 원심법원에 남아 있을 때에는 원심법원)은 즉시항고에 대한 결정이 있을 때까지 담보를 제공하게 하고 그 집행을 계속하도록 명할 수 있다"고 수정하자고 제안하였다.

87) 이호원(註 79), 38면. 강태훈(註 2), 366면은 집행결정 자체가 집행권원이 되므로 가집행선고를 불필요하다고 한다. 하지만 일본에서도 견해가 나뉜다. 예컨대 小島武司·猪股孝史(註 22), 566면은 집행결정에 대해서도 가집행선언을 붙일 수 있다고 본다.

88) Böckstiegel/Kröll/Nacimiento/Schroeder/Wortmann, §1064, para. 12ff.도 법원은 직권으로 제1064조 제2항에 의한 가집행선고를 해야 하는데, 이 경우 가집행을 구하는 원고에게 담보 제공을 명하여야 하는지에 관하여는 논란이 있으나 통설은 불요라고 본다고 한다.

89) 석광현(註 58), 706면, 711면.

90) 서울서부지방법원 2012. 9. 28. 선고 2012가합3654 판결은 "중재판정에 대한 집행판결이 있더라도 중재판정과 집행판결이 결합하여 집행권원이 될 뿐 …"이라고 판시하였다. 윤진기(註 31), 9면은 대법원 2005. 12. 23. 선고 2004다8814 판결을 들어 대법원이 권원 합체설을 따른다고 하나 위 판결은 "중재법에 의한 중재판정이 있으면 기판력에 의하여 대상이 된 청구권의 존재가 확정되고, 그에 대한 집행판결이 확정됨에 따라 현실적 집행력이 발생하는 것이므로"라고 판시할 뿐이므로 그렇게 단정할 수는 없다.

중재판정을 묶어서 집행권원이라고 본다면 집행의 대상은 결국 급여를 명하는 중재판정이므로 중재판정에 집행력을 부여하는 범위 내에서는 가집행을 허용할 수 있다고 본다. 그렇다면 집행결정에 가집행을 붙일 수 있고, 법원으로서는 원칙적으로 가집행을 붙이는 방향으로 실무처리를 해야 하며, 다만 집행결정 후 집행거부사유가 발견되어 상대방이 회복할 수 없는 손해를 입을 것에 대비하여, 변론을 열지 않은 경우에는 반드시 담보를 제공하도록 하는 방안을 고려하거나, 아니면 가집행선고에 관한 일반이론에 따라 담보부가집행선고를 할지 무담보부가집행선고를 할지는 법원의 결정에 맡길 수도 있다는 견해를 피력하였다.

일본 중재법의 접근방법이 보수적이어서 중재판정의 신속한 집행을 가능하게 하려는 취지에 반한다면, 차선책으로 독일 민사소송법의 접근방법을 고려할 수 있었고, 저자는 실제로 그런 제안을 했었다. 그러나 개정위원회는 확정 전에 집행결정에 집행력을 부여하였는데, 이는 독일법 및 일본법과 비교할 때 집행결정에 더욱 강력한 효력을 부여한 것이다.

바. 국내중재판정 집행거부사유의 보완

2010년/1999년 중재법	2016년 중재법
제38조(국내 중재판정) 대한민국에서 내려진 중재판정은 제36조 제2항의 사유가 없으면 승인되거나 집행되어야 한다. **第38條(國內仲裁判定)** 大韓民國내에서 내려진 仲裁判定은 第36條 第2項의 사유가 없는 한 승인 또는 執行되어야 한다.	**제38조(국내 중재판정)** 대한민국에서 내려진 중재판정은 다음 각 호의 어느 하나에 해당하는 사유가 없으면 승인되거나 집행되어야 한다. 1. 중재판정의 당사자가 다음 각 목의 어느 하나에 해당하는 사실을 증명한 경우 가. 제36조 제2항 제1호 각 목의 어느 하나에 해당하는 사실 나. 다음의 어느 하나에 해당하는 사실 1) 중재판정의 구속력이 당사자에 대하여 아직 발생하지 아니하였다는 사실 2) 중재판정이 법원에 의하여 취소되었다는 사실 2. 제36조 제2항 제2호에 해당하는 경우

2016년 중재법이 시행되기 전에는 국내중재판정의 집행거부사유는 중재판정 취소사유와 동일하였다. 그러나 2016년 중재법 제38조는 집행거부사유를 상세히 규정한 결과 양자 간에 차이가 발생하게 되었다. 이런 개정은 국내중재판정의 집행거부사유를 뉴욕협약상 외국중재판정의 집행거부사유와 동일하게 하

고, 증명책임에 관하여도 뉴욕협약의 태도를 받아들이기 위한 것으로 생각된다.[91] 1999년 중재법 제38조의 문언은 독일 민사소송법(제1060조)의 규정과 유사하였는데, 모델법은 집행거부사유를 규정함에 있어 국내중재판정과 외국중재판정을 구분하지 않으면서 뉴욕협약과 동일하게 규정하므로 2016년 중재법의 태도는 모델법에 더 충실한 것이다.

다만 실제로는 위와 같은 개정을 하지 않더라도 결과에는 차이가 없을 것으로 생각한다. 왜냐하면 우리나라에서는 중재판정은 내려짐과 동시에 구속력을 발생하고(위 나목 1) 관련), 또한 중재판정이 취소되었다면 이는 취소사유가 있음을 전제로 하는 것이므로 중재판정의 취소 사실을 별도의 집행거부사유로 열거하지 않아도 된다는 것이다(위 나목 2) 관련).

3. 집행결정제에 따른 법원 실무의 중요성

과거부터 집행판결제를 집행결정제로 전환할 것을 주장했던 저자로서는[92] 2016년 중재법이 집행결정제를 채택한 것을 환영한다.[93] 그러나 중재법의 개정만으로 실제로 중재판정에 기초한 강제집행이 신속하게 이루어지는 것은 아니다. 국제상사중재가 국제거래분쟁의 효율적인 해결수단으로서 기능하기 위하여는 우리 법원이 실질재심사는 제한적으로 이루어져야 함을 충분히 인식하면서 국제상사중재의 지원자 또는 후견자로서의 역할을 신속하게 수행하여야 한다. 저자는 이 점을 지적하면서, 법원이 집행결정의 심리를 신속하게 해야 한다는 점을 강조하기 위하여, 비록 중국처럼 고정기간을 명시할 것은 아니지만 "법원은 사건을 신속하게 처리해야 한다"는 취지의 조문을 중재법에

91) 양자가 완전히 동일하지는 않다. 뉴욕협약 제5조 제1항 마호의 집행거부사유는 "판정이 당사자에 대한 구속력을 아직 발생하지 아니하였거나 판정이 내려진 국가의 권한 있는 기관이나 또는 중재판정의 기초가 된 법령이 속하는 국가의 권한 있는 기관에 의하여 취소 또는 정지된 경우"이므로 중재판정지 또는 중재절차 준거법 소속국의 권한 있는 기관이 중재판정을 취소할 수 있다. 그러나 우리 국내중재판정의 경우 중재절차의 준거법은 한국법이므로(저자는 이렇게 본다) 중재절차의 준거법 소속국을 명시할 필요는 없다. 저자는 개정위원회에서도 이 점을 지적하였고 그 결과가 반영된 것이다. 또한 뉴욕협약은 "중재판정이 정지된(suspended) 경우"도 집행거부사유로 함께 규정한다.

92) 석광현(註 58), 710면 이하 참조.

93) 임성우(註 28), 112면은 2016년 중재법은 독일과 일본보다 한 걸음 더 나간 것으로서 중재친화적인 입법이라고 평가하며, 중재법 개정을 통해 중재판정이 더욱 신속하게 집행될 수 있는 토양이 마련되었다고 한다. 중재법 개정위원회에서 집행판결요건을 집행결정요건으로 전환하는 데 반대의견을 피력하였던 임성우 변호사가 그렇게 설명하는 것은 다소 의외이다.

두는 방안도 고려할 수 있다는 견해를 피력하였다.[94] 다만 저자는 개정위원회에서는 그런 주장을 하지 않았는데, 그의 채택을 기대하기는 현실적으로 어렵다고 생각했기 때문이었다. 요컨대 집행결정제로의 전환의 목적을 달성하기 위하여 중요한 것은 중재를 바라보는 법관의 인식 전환이다. 집행결정제의 도입에 대하여 비판적인 법관[95]은 "간이 · 신속한 집행만을 강조할 것이 아니라 적정하고 공평한 심리를 통하여 당사자의 절차적 권리 보장 내지 재판을 받을 권리를 보호함에 소홀함이 있어서는 아니 되는 것"이라고 지적한다. 이는 틀린 말은 아니지만, 적정하고 공평한 심리를 담당하는 주체로서 중재인은 법관에 미치지 못한다는 생각과 중재제도 자체에 대한 불신에 기초한 것으로 보인다. 집행판결제로부터 집행결정제로의 이행은 중재제도에 대한 상당한 신뢰를 바탕으로 하는 점에서 위의 비판은 설득력이 약하다. 물론 중재인과 중재제도에 대한 신뢰를 제고하기 위하여 우수한 중재인을 확보하는 등 제도적 개선을 할 필요가 있다.

Ⅳ. 중재판정의 승인 및 집행 신청을 위하여 제출할 서류요건의 완화

2010년/1999년 중재법과 2016년 중재법 조문은 아래와 같다.

2010년/1999년 중재법	2016년 중재법
제37조(중재판정의 승인과 집행) ② 중재판정의 승인 또는 집행을 신청하는 당사자는 다음 각 호의 서류를 제출하여야 한다. 다만, 중재판정 또는 중재합의가 외국어로 작성되어 있는 경우에는 정당하게 인증된 한국어 번역문을 첨부하여야 한다. 1. 중재판정의 정본 또는 정당하게 인증된 그 등본 2. 중재합의의 원본 또는 정당하게 인증된 그 등본 ② 仲裁判定의 승인 또는 執行을 申請하는 當事者는 다음 各號의 書類를 제출하여야 한다. 다만, 仲裁判定 또는 仲裁合意가 外國語로 작성되어 있는 경우에는 정당하게 認證된 韓國語의 飜譯文을 첨부하여야 한다.	**제37조(중재판정의 승인과 집행)** ③ 중재판정의 승인 또는 집행을 신청하는 당사자는 중재판정의 정본이나 사본을 제출하여야 한다. 다만, 중재판정이 외국어로 작성되어 있는 경우에는 한국어 번역문을 첨부하여야 한다.

94) 석광현(註 59), 564면.

95) 강태훈(註 2), 384면.

1. 仲裁判定의 正本 또는 정당하게 認證된 그 謄本 2. 仲裁合意의 原本 또는 정당하게 認證된 그 謄本	

2006년 개정 모델법(제35조)은 중재판정 등본의 인증요건과 중재합의서 제출요건을 폐지하였다. 독일 민사소송법(제1064조)과 일본 중재법(제46조)도 중재합의서 제출요건을 폐지하였다. 또한 2006년 개정 모델법(제35조 제2항)은 법원이 중재판정의 번역문을 요구할 수 있다고만 규정하고 그 증명을 요구하지 않으며 일본 중재법(제46조 제2항)도 같다.

저자는 과거 우리나라도 이런 태도를 따르기 위해 중재법을 전향적으로 개정하는 방안을 고려할 필요가 있다는 견해를 피력하였다.[96] 2016년 중재법은 2006년 개정 모델법의 태도를 수용하였다.[97] 따라서 이제는 중재판정의 승인 및 집행을 신청하는 당사자는 중재합의를 제출할 필요 없이 중재판정의 정본 또는 사본만 제출하면 되고, 중재판정이 외국어로 작성된 경우에는 한국어 번역문을 첨부하면 되고 번역의 정확성을 증명할 필요가 없다.

이러한 2016년 중재법 조문은 뉴욕협약보다 유리하므로 뉴욕협약이 적용되는 외국중재판정의 경우에도 유리한 법으로서 적용될 수 있다. 즉 뉴욕협약의 규정들은 관계당사자(정확히는 집행을 구하는 당사자)[98]가 집행국의 법령이나 조약에 의하여 허용된 방법과 범위 내에서 그 판정을 원용할 수 있는 권리를 박탈하지 아니하기 때문이다(뉴욕협약 제7조 제1항. 이른바 'more favorable right provision'). 이는 뉴욕협약의 조건이 미비되더라도 더 유리한 국내법령에 따른 집행을 가능하게 한다.

96) 석광현(註 59), 555면.

97) 대법원 2004. 12. 10. 선고 2004다20180 판결이 뉴욕협약 제4조 제1항은 당사자들 간에 중재판정이나 중재합의의 존재 및 내용에 관한 다툼이 있는 경우에 증거방법을 제한한 규정이고, 원고가 문서의 원본 또는 등본 대신 사본을 제출하더라도 상대방이 이의하지 않고 성립을 인정하면 적법한 원본이나 등본의 제출에 해당한다고 판시하고, 제4조 제2항은 중재판정과 중재합의의 엄격한 형식의 번역문을 요구하나 이는 그에 한정하는 것은 아니며, 만약 당사자가 형식을 불비한 부실한 번역문을 제출한 경우 제출자의 비용부담으로 전문번역인에게 번역을 의뢰함으로써 이를 보완시킬 수도 있다고 판시한 바 있다.

98) 석광현(註 13), 336면 참조.

Ⅴ. 국내중재판정 취소의 소와 집행결정의 관계

1. 문제의 소재

일단 중재판정이 내려지면 진 당사자는 대체로 상대방에게 자발적으로 중재판정에 따라 이행함으로써 분쟁이 종료된다. 그러나 진 당사자는 취소사유가 있으면 중재판정 취소의 소를 제기할 수 있고, 이긴 당사자는 중재판정의 집행을 구할 수 있다. 우리 중재법(제36조 제3항)은 중재판정 취소의 소에 대하여는 단기 제소기간(그의 중재판정 정본 수령일부터 3월 이내)을 규정하나, 집행결정의 신청 기간은 제한하지 않는다.

1999년 중재법 시행 전에는 중재판정의 취소사유와 집행거부사유가 상이하였으므로 중재판정 취소의 소와 집행판결 청구의 소를 별도로 규율해도 크게 이상할 것이 없었다.[99] 그러나 1999년 중재법에 의하여 취소사유와 집행거부사유가 거의 동화된 결과 양자를 유기적으로 규율할 필요가 커졌다. 당사자가 제기한 중재판정 취소의 소가 기각되었다면 취소사유, 즉 집행거부사유의 부존재가 확정되므로 집행결정이 가능함을 의미하고, 반대로 이긴 당사자의 집행결정 신청이 기각되었다면 집행거부사유의 존재가 확정되므로 중재판정 취소판결이 가능하기 때문이다.[100]

실무적으로는 중재판정에서 진 당사자가 취소의 소를 제기하면 상대방은 승인 및 집행결정을 신청할 텐데 2016년 중재법상 양자를 병합할 수 있는지 문제된다. 아래에서는 병합 가능 여부를 검토하고, 2016년 중재법상 중재판정 취소소송절차와 집행결정절차(또는 집행허가신청절차. 이하 양자를 호환적으로 사용한다)의 상호관계를 논의한다. 우선 중재판정 취소의 소를 중심으로 집행결정을 바라보고, 이어서 집행결정을 중심으로 취소의 소를 바라본다. 아래의 논의는 국내중재판정에 관한 것이다. 저자의 연구가 부족한 탓에 우선 문제 제기에 그친다.

---

99) 물론 당시에도 양자의 관계를 고려한 조문이 있었다. 예컨대 제15조는 집행판결 후의 중재판정취소의 소를 일정사유로 제한하는 규정을 두었다. 다만, 당사자가 과실없이 집행판결절차에서 그 취소의 이유를 주장할 수 없었다는 것을 소명한 때에 한한다.

100) 물론 이는 당사자들이 모든 취소사유와 집행거부사유를 주장하는 것을 전제로 한다. 또한 다른 절차적 이유로 신청이나 소가 기각된 경우에는 타당하지 않을 것이다.

2. 국내중재판정 취소소송절차와 집행결정절차의 병합

과거에는 중재판정이 내려진 경우 진 당사자가 중재판정 취소의 소를 제기하는 때에는 중재절차에서 이긴 당사자는 그에 대한 반소로서 집행판결 청구의 소를 제기할 수 있고 그 경우 법원은 두 개의 소를 병합할 수 있었다. 그러나 2016년 중재법에서는 집행판결절차가 집행결정절차로 변경됨으로써 이제는 결정절차 내에서 반소를 제기할 수는 없을 것으로 보인다.[101] 왜냐하면 민사소송법상 청구를 병합하기 위하여는 양 청구가 같은 종류의 소송절차여야 하기 때문이다.[102] 이처럼 병합이 허용되지 않는다면 결국 판결절차인 중재판정 취소소송절차와 집행결정절차가 병행하게 되는데[103] 이는 바람직하지 않다.

윤진기 교수는 중재판정에서 이긴 당사자가 집행결정 신청을 하는 경우 상대방은 중재판정 취소의 소를 제기하여 절차를 지연시킬 가능성이 있고 그렇게 되면 결국 집행결정제를 도입한 취지가 몰각될 우려가 있음을 지적한다.[104] 법원으로서는 가급적 동일한 재판부에서 처리하도록 하고 그렇게 절차를 신속하게 진행해야 할 것이나, 이는 결국 중재판정 취소를 결정절차로 전환하고 양자의 병합을 허용함으로써 해결해야 할 것이다.

3. 국내중재판정 취소의 소 제기기간 도과 후 집행결정절차에서 집행거부사유를 주장할 수 있나: 일부 집행거부사유의 주장 제한(독일법)

중재법상 중재판정에서 진 당사자가 반드시 중재판정 취소의 소를 제기해야 하는 것은 아니고, 상대방이 중재판정에 기한 집행결정을 구하는 절차에서 취소사유를 주장할 수도 있다. 이는 별로 의문이 없다.

그러나 중재판정 취소의 소 제기기간이 도과하면 진 당사자는 더 이상 취소의 소를 제기할 수 없다. 그렇더라도 중재판정에서 진 당사자는 집행결정절차에서 취소사유, 더 정확히는 집행거부사유를 주장할 수 있다. 그 이유는 중재판정 취소제도와 중재판정 집행제도는 별개의 목적을 가지고 있고, 취소의 소

101) 김갑유 외(註 9), 295면도 동지.
102) 이시윤(註 10), 707면.
103) 윤진기(註 31), 21면도 동지.
104) 윤진기(註 31), 21면.

제기기간이 지났다는 절차적 이유로 중재판정 집행재판절차에서 피고의 항변을 봉쇄하는 것은 가혹하다는 것이다.[105] 이 점은 2016년 중재법에 의하여 달라진 것은 아니고 전에도 마찬가지였다.

그러나 독일 민사소송법 하에서는 중재판정 취소의 소 제소기간이 도과된 경우 모델법 및 우리 중재법과 달리 집행결정절차에서 당사자가 주장해야 하는 취소사유(제1059조 제2항 제1호 사유)는 더 이상 주장할 수 없고, 공서위반과 중재가능성 결여만 주장할 수 있다.[106] 이러한 태도는 중재판정의 효력에 대한 다툼을 중재판정 취소의 소로 집중하고 중재판정의 법적 효력을 가급적 조기에 확정하기 위한 것이다.

4. 국내중재판정 취소의 소 기각 후 집행결정절차에서 집행거부사유를 주장할 수 있나: 취소신청 기각 시 법률상 집행결정 의제(프랑스법)

중재판정 취소의 소가 인용되어 중재판정이 취소되었다면 중재판정은 효력을 상실한다. 과거에는 취소판결의 결과 중재판정은 소급하여 효력을 상실하는 것으로 보았다. 그런데 2016년 중재법 하에서는 제35조 단서의 결과 취소사유가 있는 중재판정은 기판력은 없으므로,[107] 중재판정 취소판결은 형식적 확정력과 기속력을 소급적으로 소멸시킬 뿐이고 기판력에 관하여는 기판력 없음을 확인하는 효력만 가질 수 있다. 그렇지만 중재판정 취소판결에 의하여 중재판정 취소사유의 존재 판단에 기판력이 발생한다.

한편 중재판정에서 진 당사자가 제기한 국내중재판정 취소의 소가 기각된

---

105) 목영준(註 8), 262면.

106) Böckstiegel/Kröll/Nacimiento/Kröll/Kraft, §1059, para. 38. 제1060조 제2항은 아래와 같다. “제1059조 제2항의 취소사유가 존재하는 경우에는 중재판정의 집행가능선언 신청은 기각되고 중재판정은 취소된다. (제2문 생략). 제1059조 제2항 제1호의 취소사유는 중재판정 취소의 신청이 상대방에게 송달되지 않고 제1059조 제3항에 규정된 기간이 도과된 경우에도 고려될 수 없다.”

107) 취소사유가 있는 경우 중재판정의 기판력을 부정한다면 만일 당사자의 일방이 중재판정의 기초인 실체법상의 청구에 기하여 소를 제기하더라도 기판력에 의해 구속되지 않으므로 법적 불안정성을 초래한다. 그 경우 중재합의의 효력이 유지된다면 중재합의에 기한 방소항변을 할 수 있을 것이다. 반면에 기판력이 없더라도 중재판정을 내림으로써 중재합의가 효력을 상실하였다고 보면 실체법상의 청구에 기하여 제소할 수 있다. 이처럼 취소사유가 있는 중재판정의 효력 여하에 따라 여러 가지 문제가 파생된다.

뒤에 상대방이 집행결정을 신청할 수 있다. 물론 그 경우 취소사유의 부존재가 확정되었으므로 상대방이 집행결정절차에서 집행거부사유를 주장하는 것은 기판력에 의해 차단될 여지가 있으나 구체적 결론은 기판력의 범위에 의하여 결정된다.[108] 따라서 특별한 사정이 없으면 법원은 집행결정을 할 것이나 이런 절차를 반복하는 것은 절차적 효율성에 반한다.

여기에서 중재판정 취소의 소를 기각하는 법원판결을 집행결정으로 간주할 수 없는가라는 의문이 제기된다. 실제로 입법론으로 중재에서 진 당사자가 국내중재판정 취소의 소를 제기하였으나 법원이 이를 기각하는 재판은 집행결정으로 간주해야 한다는 견해가 주장될 수 있다.[109] 실제로 프랑스 민사소송법(제1527조)은 "중재판정 취소신청을 기각하는 판결은 그 판정의 집행명령(exequatur)과 동일하다고 간주된다"고 규정한다.[110] 위에서 언급한 바와 같이 2016년 중재법 하에서는 중재판정 취소소송절차와 집행결정절차의 병합이 불가능하다면 이 논점의 실무적 의미가 더욱 커지므로 우리도 이 점을 검토할 필요가 있다.[111]

5. 집행결정이 취소의 소에 미치는 영향: 집행결정 후 취소의 소 제기 불허(중재법)

1999년 중재법(제36조 제4항)은 "… 중재판정에 관하여 법원에서 승인[112] 또는 집행판결이 확정된 후에는 중재판정 취소의 소를 제기할 수 없다"고 규정하였다. 이는 중재에서 진 당사자로 하여금 집행판결절차에서 집행거부사유를 모두 주장하게 함으로써 소송경제를 도모하고 법원판결의 상충을 막기 위함이

108) Böckstiegel/Kröll/Nacimiento/Kröll/Kraft, §1059, para. 99. 그러나 기판력의 범위는 소송물에 의하여 결정된다. 구소송물이론을 따르면 소송물은 중재판정의 취소권이고 취소사유 별로 별개의 소송물이 되는 데 반하여, 신소송물이론을 따르면 취소의 대상이 된 중재판정이 동일한 한, 취소사유에 관계없이 하나의 소송물이라고 보는 경향이 있다. 목영준(註 8), 261면 이하; 석광현(註 13), 234면 참조.

109) 최안식, "개정 중재법에 대한 시사점과 개선방안에 대한 소고", 2017. 2. 16. 개최된 한국중재학회 동계학술발표 자료, 17면은 이런 취지로 이해된다.

110) 조희경, "프랑스의 2011년 개정된 중재법이 우리에게 주는 시사점에 대한 소고", 홍익법학 제15권 제2호(2014), 289면.

111) 반면에 외국중재판정의 경우에는 우리 법원이 중재판정을 취소할 수는 없으므로 취소의 소를 기각하면서 중재판정의 집행결정을 하는 것은 불가능하다.

112) 여기에서 '승인'이라 함은 '승인판결'을 의미한다. 문언상 그렇게 읽히고 승인은 자동승인이지 법원에서 하는 것이 아니므로 이를 승인으로 볼 수는 없다.

다.[113] 나아가 집행판결을 함으로써 집행거부사유(즉 취소사유)의 부존재가 확정되었으므로 취소의 소를 허용할 실익이 없는데 이를 불허하는 취지를 명시한 것이라고 설명할 수도 있다. 다만 그 경우 취소사유의 부존재에 대한 판단에 기판력이 인정되는지는 소송물과 기판력의 범위를 어떻게 파악하는지에 따라 달라진다.[114]

그런데 2016년 중재법에서 집행결정제가 도입되고 승인결정의 가능성이 명시적으로 언급되었으므로 개정된 문언은 "… 중재판정에 관하여 대한민국의 법원에서 내려진 승인 또는 집행 결정이 확정된 후에는 중재판정 취소의 소를 제기할 수 없다"고 규정한다. 이는 모델법에는 없는 조문으로, 독일 민사소송법 제1059조 제3항[115] 및 일본 중재법 제44조 제2항과 유사하다.[116]

6. 집행결정 신청의 기각이 취소의 소에 미치는 영향: 집행결정 기각 시 법원의 중재판정 취소(독일법)

중재법상으로는 중재판정 집행결정 신청이 기각되더라도 취소의 소를 제기할 수 있다. 다만 그 경우 실제로는 대체로 취소의 소 제기기간이 도과되었을 것이다. 법원이 집행결정 신청을 기각하는 이유는 다양하나 그 중에서 집행거부사유의 존재를 이유로 기각하는 때에는 취소사유의 존재를 법원이 확정하는 것이므로 중재판정 취소의 가능성을 고려할 수 있다. 그러나 중재법은 아무런 규정을 두지 않으므로 집행결정 신청을 기각하더라도 중재판정이 당연히 취소되지는 않는다. 다만 어떤 집행거부사유가 존재하는 점에 기판력이 미친다면[117] 중재판정 취소의 소를 다루는 법원은 그에 구속되어 다른 사정이 없으면 중재판정을 취소해야 할 것이다. 일부 논자는 집행거부사유의 존재를 이유로 집행결정 신청이 기각되면 중재판정의 기판력이 존재하지 않게 되므로, 과거와

113) 목영준(註 8), 262-263면; 양병회/손용근·이호원, 221면.

114) 윤진기(註 31), 24면, 註 55는 기판력이 미치는지에 대해 의문을 표시한다.

115) 독일 민사소송법은 승인결정은 언급하지 않고 승인결정의 확정을 요구하지도 않는 점에서 다소 차이가 있다.

116) 이호원(註 79), 80면은 "일본은 … 중재법 제44조 제2항에서 중재판정에 대한 집행결정이 확정될 때는 중재판정의 취소신청을 할 수 없다는 명문의 규정을 두고 있는바, 우리도 해석상의 혼란을 피하기 위하여 같은 내용의 규정을 두는 것이 좋을 것이다"라고 하나 이는 착오인 것으로 보인다. 우리 중재법에도 조문이 있었기 때문이다.

117) 이는 소송물과 기판력의 범위를 어떻게 파악하는가에 따라 결정된다.

달리[118] 2016년 중재법 하에서는 중재판정 취소판결이 확정된 것과 동일한 효력이 있다고 한다.[119] 하지만 2016년 중재법 하에서 취소사유가 있어 기판력이 없더라도 중재판정의 존재를 긍정하고 형식적 확정력과 기속력을 인정한다면 취소판결이 있는 것과 다르고, 가사 확정력과 기속력을 부정하더라도 취소된 것과는 여전히 다르다. 물론 실질적으로는 별 차이가 없고, 입법론으로서는 고려할 수 있다.

참고로 중재판정의 집행을 규정한 독일 민사소송법 제1060조 제2항 1문은 중재법과 달리 아래와 같은 규정을 두어 문제를 해결한다. 이 경우 중재판정의 취소는 당사자의 신청 또는 중재판정 취소의 소 제기에 관계없이 이루어지며 취소의 소 제기기간이 도과했더라도 무방하다.[120] 이런 가능성은 집행결정 신청인에게는 매우 부담스럽다.

(2) 제1059조 제2항의 취소사유가 존재하는 경우에는 중재판정의 집행가능선언 신청은 기각되고 중재판정은 취소된다. (2문 이하 생략)

7. 입법적 개선의 고려

위의 논의 결과 장래 입법적 개선을 고려할 필요가 있음을 확인한다. 예컨대 독일 민사소송법이 법원이 중재판정에 기한 집행결정 신청을 기각하는 경우 중재판정을 취소하도록 하는 점이나,[121] 취소의 소 제기기간 경과 후에는 일부 집행거부사유의 고려를 차단하는 점도 검토할 만하다.[122] 취소의 소 기각 시 법률상 집행결정을 의제하는 프랑스 민사소송법의 태도도 참고할 필요가 있다. 요컨대 2016년 중재법에 의하여 취소소송절차와 집행결정절차를 병합할 수 없게 되었는데, 어떤 취소사유(또는 집행거부사유)의 존부에 관한 동일한 분쟁을 양 절차를 통하여 반복하는 것은 바람직하지 않으므로, 이를 취소판결 또는 집

118) 과거에는 비록 취소사유가 있더라도 취소되지 않는 한 중재판정은 여전히 기판력이 있었기 때문이다.

119) 윤진기(註 31), 26면,

120) Schwab/Walter(註 79), Kap. 28, Rn. 4; Böckstiegel/Kröll/Nacimiento/Kröll, §1060, para. 41.

121) 정선주, "중재법 개정의 방향과 주요 내용", 고려법학 제69호(2013. 6.), 302면은 1999년 중재법 하에서 입법론으로 이런 견해를 피력하였다. 이는 취소사유가 있더라도 국내중재판정에 강력한 효력을 부여하는 독일법의 태도이므로 그와 연계하여 고려해야 한다.

122) 제35조보다 제38조를 우선시킨 2016년 중재법 하에서는 후자를 곧바로 수용할 수는 없다.

행결정의 기판력에 맡길 것이 아니라 분쟁을 일거에 해결할 필요성이 커졌다고 할 수 있다.[123] 이는 취소판결과 승인 및 집행결정이 가지는 각 기판력의 범위, 나아가 소송물의 개념과도 관련되므로 이를 체계적으로 검토할 필요가 있다. 다만 중재와 관련해서는 민사소송법학의 소송물이론에 지나치게 얽매이는 것보다는 분쟁의 효율적 해결이라는 실용적 사고가 절실히 요청되고 그런 태도를 해석론과 입법론에 반영해야 한다는 점을 강조하고 싶다.

Ⅵ. 중재판정의 강제집행을 위한 집행결정제의 도입으로부터 파생되는 문제점

1. 집행결정제의 도입과 중재판정 취소의 소의 결정절차화

종래 법원은 중재판정 취소사유가 존재하면 중재판정 취소판결을 하고, 취소사유가 존재하지 않으면 청구를 기각하는 판결을 한다.[124] 그런데 2016년 중재법은 집행판결을 집행결정으로 대체하였다. 개정위원회에서 집행결정제를 도입하는 이상 중재판정 취소의 재판도 판결이 아니라 결정으로 전환하는 것이 일관성이 있다는 견해가 주장되었다.[125] 실제로 우리에 앞서 중재판정의 집행결정제를 도입한 독일과 일본은 중재판정 취소도 판결이 아니라 결정에 의한다.[126]

개정위원회에서 저자는, 중재판정 취소의 소도 결정에 의하는 것이 일관성이 있지만, 중재판정의 집행을 용이하게 하기 위하여 집행결정제를 도입하더라도 중재판정 취소의 경우에는 법원으로 하여금 엄격한 심리를 거쳐서 신중하게 판단하도록 할 필요가 있음을 고려한다면 중재판정의 취소는 여전히 판결로써 할 수도 있다는 견해를 피력하였다. 논의 결과 개정위원회는 중재판정의 취소에 대한 판결절차를 유지하기로 하였다. 그 결과 중재판정의 강제집행을 위하여는 결정제도가 도입되었음에도 불구하고 중재판정의 취소는 여전히 판결절차에 의하는 불균형이 발생하게 되었다.

---

123) 병합을 가능하게 하는 방안도 함께 검토해야 한다.

124) 석광현(註 13), 239면.

125) 이호원 위원장은 개정위원회에서 그런 제안을 하였다. 이호원, "중재판정 집행절차의 개선에 관한 연구", 연세대학교 법학연구 제23권 제1호(2013. 3.), 99면도 참조.

126) 독일 민사소송법(제1059조 제1항, 제1063조 제1항)과 일본 중재법(제44조 제1항, 제8항).

이에 대해 일부 논자는 중재판정의 취소는 중재판정의 효력 자체를 전면적으로 소멸시키는 것이지만, 중재판정의 집행불허를 구하는 것은 중재판정의 존재를 인정하면서도 단지 강제집행만을 허가하지 말아달라는 것이고, 실무상 그러한 내용으로 집행불허를 구하는 사례가 없지 않다는 점에서 양자가 반드시 동일한 절차를 취하여야 할 논리 필연적 관계에 있다고는 할 수 없다고 한다.[127] 하지만 중재판정의 집행거부는 단순히 집행불허의 문제가 아니라 승인 및 집행을 불허하는 것인데, 중재판정 취소절차와 집행결정절차의 유기적 관계를 고려하면 그렇게 보는 것은 바람직하지 않다. 더욱이 중재판정 취소판결이 전과 달리 기판력을 소급적으로 소멸시키는 재판이 아니라 집행거부사유가 존재함을 확인하는 데 주안이 있다는 점도 고려해야 한다.

따라서 장래에는 집행결정제의 도입에 수반하여 중재판정 취소도 결정절차로 전환하는 것이 바람직하다고 생각한다. 이는 위(Ⅴ.)와 아래(2.)의 논의를 고려한 결과이다.

2. 집행결정절차에서 청구이의사유 주장의 가부

중재판정이 내려진 후 예컨대 중재판정에서 진 피신청인의 변제 기타 실체법상의 이유로 중재판정의 기초가 된 채무의 일부가 소멸하였다고 상정하자. 1999년 중재법 하에서는 중재판정에서 이긴 당사자가 법원으로부터 집행판결청구의 소를 제기하여 집행판결을 받은 뒤 피고가 청구이의의 소를 제기하여 집행력을 배제할 수 있었다. 그 경우 집행판결청구의 소의 단계에서 피고의 청구이의사유의 주장을 허용하는 것이 바람직하다. 문제는 과연 그것이 허용되는가인데, 외국중재판정에 관한 대법원 2003. 4. 11. 선고 2001다20134 판결[128]은 이를 정면으로 허용하였다. 이는 무엇보다도 번거로운 절차의 반복을 피하고 소송절차의 경제를 위한 것이다.

그런데 2016년 중재법에 의하여 집행결정제가 도입됨으로써 이제는 그 결정절차 내에서 피신청인이 청구이의사유를 주장할 수 없게 된 것이 아닌가라는 의문이 제기된다. 유력설은 청구이의 소송절차와 집행결정절차는 성질이 다르

127) 강태훈(註 2), 383면.

128) 위 판결에 대한 평석은 석광현(註 13), 373면 이하 참조. 저자는 위 판결의 결론은 타당하나 대법원이 위 사건 중재판정의 집행을 거부하는 근거를 뉴욕협약 제5조 제2항 제2호의 공서에서 구한 것은 부적절하다고 비판하였다.

므로 피신청인은 집행결정절차에서 청구이의사유를 주장할 수 없다고 본다.[129] 이것이 일본의 다수설이라고 한다.[130] 독일에서는 견해가 나뉘나 다수설은 이를 긍정한다고 한다.[131]

만일 집행결정절차에서 청구이의사유를 주장할 수 있다면 이는 집행결정절차와 청구이의의 소를 사실상 묶어서 처리하는 셈인데, 중재판정 취소소송절차와 집행결정절차의 병합이 불가능하다면 양자의 사실상 병합도 불허해야 한다는 유력설을 이해할 수 있다. 그러나 만일 그렇게 한다면 절차적 비효율성이 발생한다. 즉 법원은 당사자의 신청에 따라 일단 집행결정을 한 뒤에 상대방의 청구이의의 소 제기를 기다려 이를 다시 인용해야 하기 때문이다. 따라서 논란의 여지가 있지만, 청구이의사유의 주장을 허용하는 것이 절차를 병합하는 것은 아니고, 무엇보다도 소송경제를 고려하여 집행결정절차에서도 청구이의사유의 주장을 허용해야 하고 법원은 그런 주장이 타당한 때에는 집행결정 신청을 기각할 수 있다고 본다. 만일 저자와 같이 이를 청구이의사유의 주장으로 보는 대신 대법원 2003. 4. 11. 선고 2001다20134 판결[132]에 따른다면 청구이의사유의 주장을 더욱 쉽게 허용할 수 있을 것이다. 대법원 판결은 집행거부사유인 공서위반의 문제로 접근하기 때문이다.

집행결정절차에서 피고가 청구이의사유를 주장할 수 있다고 보는 경우, 피신청인이 집행결정절차에서 청구이의사유를 주장할 수 있었음에도 불구하고 주장하지 않았다면 집행결정의 기판력에 의하여 차단되는 결과 그 후에는 이미 발생한 청구이의사유를 주장할 수 없고, 다만 집행결정의 심리 종결 후에 발생한 사유에 기하여는 청구이의의 소를 제기할 수 있다고 보게 될 것이다.[133] 물론 집행결정절차에서 법원이 석명권을 적절히 행사함으로써 당사자들이 그런

129) 이호원(註 79), 80면; 강태훈(註 2), 382면. 김갑유 외(註 9), 317면은 중재법 개정에 따른 변화를 논의하지 않는다.

130) 이호원(註 79), 80면. 일본 학설의 대립은 小島武司·猪股孝史(註 22), 557면 이하 참조.

131) Böckstiegel/Kröll/Nacimiento/Kröll, §1060, Rn. 38 참조. 다만 이렇게 소개하면서도 Kröll은 그에 반대한다. 연방대법원 판례(BGH NJW-RR 1011, 213, 214)도 같다고 한다. Haimo Schack, Internationales Zivilverfahrensrecht, 6. Auflage (2014), Rn. 1473.

132) 위 대법원 판결은 "중재판정의 성립 이후 채무의 소멸과 같은 집행법상 청구이의의 사유가 발생하여 중재판정문에 터잡아 강제집행절차를 밟아 나가도록 허용하는 것이 우리 법의 기본적 원리에 반한다는 사정이 집행재판의 변론과정에서 드러난 경우에는, 법원은 뉴욕협약 제5조 제2항 나호의 공공질서 위반에 해당하는 것으로 보아 그 중재판정의 집행을 거부할 수 있다"는 취지로 판시하였다.

133) 집행판결제 하의 논의는 석광현(註 13), 397면 이하 참조.

효과를 충분히 인식할 수 있도록 할 필요가 있다.

Ⅶ. 맺음말

지금까지 2016년 중재법에 의해 초래된 중재판정의 효력, 취소와 승인 및 집행에 관한 법리의 변화를 살펴보았다. 2016년 중재법 제35조 단서는 취소사유(즉 집행거부사유)가 있는 중재판정의 효력에 관한 제35조와 제38조의 충돌을 해소한 점에서는 바람직하나 제38조를 우선시킨 점에서 타당성에 의문이 있다. 구 중재법 하에서는 비록 취소사유가 있는 중재판정이더라도 실제로 취소되지 않는 한 확정판결과 동일한 효력이 있었으나, 2016년 중재법 하에서는 취소되지 않았더라도 기판력이 없다. 이는 한국이 2016년 중재법을 통하여 과거 독일법을 따랐던 태도와 결별하고 모델법의 체제로 편입되었음을 의미한다. 독일에서는 독일 민사소송법과 모델법의 차이를 정확히 인식하고 있으나 한국에서는 중재판정의 효력에 관한 입법의 변화에 대한 인식이 부족한 것 같다. 취소사유가 있는 국내중재판정이 무효인지, 그 경우 아무런 효력이 없는지와 그 경우 취소의 소가 가지는 의미 등에 관하여는 더 검토할 필요가 있다.

한편 중재판정의 집행을 위하여 제37조에서 집행결정제를 도입한 것은 바람직하다. 그러나 제도의 개선에 못지않게 중요한 것은 우리 법원이 그 개정취지에 공감하고 실무적으로 이를 뒷받침해야 한다는 점이다. 또한 제37조에서 중재판정의 승인 및 집행을 위한 서류요건을 완화한 것도 바람직하다. 과거 중재판정 취소소송절차와 집행판결절차는 병합할 수 있었으나 2016년 중재법 하에서는 이것이 어렵게 되었다. 따라서 분쟁의 효율적 해결을 위하여 양자의 관계를 개선할 필요가 있다. 마지막으로 집행결정제의 도입으로부터 파생되는 문제점도 더 검토할 필요가 있다.

여기에서 다룬 논점들은 일차적으로 중재법의 해석에 관한 것이나 일부는 민사소송법의 법리와 밀접하게 관련된다. 따라서 민사소송법 학자들이 중재법에 관심을 가져야 하나 현실은 그렇지 못하고, 국제상사중재의 영역에서는 오히려 무역학이나 상학을 하는 분들이 국제상사중재 나아가 국제상사중재법까지도 다루는 경향을 보이고 있다. 다만 누구든 간에 중재법을 연구할 때 소송과 구별되는 중재의 독자성을 충분히 인식해야 한다. 앞으로 2016년 중재법에 관한 논의가 활발하게 이루어지기를 기대한다.

후 기

저자의 위 글이 발표된 뒤에 아래의 문헌이 보인다.

- 윤진기, "2016년 중재법상의 중재판정의 효력에 대한 몇 가지 의문과 별소의 심급 제한", 중재연구 제27권 제4호(2017. 12,), 3면 이하.

위 윤진기, 25면 이하는 2016년 중재법 하에서는 취소사유가 있는 중재판정은 기판력이 없어, 중재판정에서 진 당사자가 취소사유를 주장하면서 상대방에 대해 중재판정에 반하는 별소를 제기할 수 있으므로 중재는 실질적으로 4심제가 된다고 지적한 뒤 이를 막기 위하여 별소의 심급을 제한해야 한다면서 예컨대 "제35조 단서의 사유에 기한 소는 항소법원의 전속관할로 한다"는 취지의 조문을 신설할 것을 제안한다. 그러나 저자는 그보다는 차라리 제35조와 제38조의 충돌을 제35조를 우선시키는 방향으로 정리하는 것, 즉 독일 민사소송법의 태도를 취하는 편이 바람직하다고 본다. 이는 결국 제35조에서는 단서를 삭제하여 본문만 두고, 제38조에서는 승인에 대한 언급을 삭제하고 집행에 관하여만 규정하는 방안이다.

- 목영준·최승재, 상사중재법, 개정판(2018). 이에 관하여는 논문 [3]의 후기 참조.
- 성준호, "중재판정의 효력—중재법 제35조 규정의 의미와 역할에 관한 논의 중심으로—", 2018. 11. 9. 개최된 한국중재학회 서울ADR페스티벌 학술세미나 발표자료 참조.

제 3 장 국제중재에서 소비자의 보호

[6] 해외직접구매에서 소비자의 보호: 국제중재의 맥락에서

[6] 해외직접구매에서 소비자의 보호: 국제중재의 맥락에서

前　記
이 글은 저자가 서울대학교 법학 제57권 제3호(2016. 9.), 73면 이하에 "해외직구에서 발생하는 분쟁과 소비자의 보호: 국제사법, 약관규제법과 중재법을 중심으로"라는 제목으로 게재한 글 중에서 국제중재에 관한 부분만 추출하여 작성한 글로서 명백한 오타와 오류를 제외하고는 원칙적으로 수정하지 않은 것이다. 다만 사소하게 수정한 부분은 밑줄을 그어 표시하였다. 참고할 사항은 말미의 후기에 적었다.

Ⅰ. 머리말

근자에 개인들, 즉 한국에 주소 또는 상거소(常居所. habitual residence)[1]를 둔 소비자(이하 "한국 소비자"라 한다)들이 인터넷을 이용하여 아마존이나 알리바바와 같은 해외 인터넷쇼핑몰(이하 "해외판매자"라 한다)로부터 직접 물품을 구매하거나 용역(또는 서비스)을 제공받는 이른바 해외직접구매(이하 "해외직구" 또는 "해외직접구매"라 한다)[2]가 빠른 속도로 증가하고 있다.[3] 또한 이와 반대로 "천송이 코트"로 일컬어지는 역직구[4]를 활성화함으로써 수출을 촉진하려는 노

1) 유력설은 국제사법상 상거소를 '생활의 중심지'로 이해하면서, 생활의 근거가 되는 곳으로서 '정주의사(*animus manendi*)'를 요구하지 않는 객관주의에 따른 민법(제18조)상 주소개념과 원칙적으로 동일하다고 본다. 석광현, 국제사법 해설(2013), 35면 참조.

2) 해외직구의 대상을 넓게 파악하면 소비자가 인터넷을 통하여 외국의 사업자로부터 물품을 구매하는 것만이 아니라 용역을 제공받는 경우도 포함한다. 한국 소비자가 인터넷을 통하여 체결하는 외국항공사와의 항공운송계약, 외국기관과의 어학연수를 위한 계약 또는 외국 호텔과의 숙박계약 등이 그런 사례이다. '전자상거래 등에서의 소비자보호에 관한 법률' 제2조 제2호에 따르면, 통신판매는 우편·전기통신 등에 의하여 재화 또는 용역의 판매에 관한 정보를 제공하고 소비자의 청약을 받아 재화 또는 용역을 판매하는 것을 말한다. 한편 "전자상거래"란 전자거래('전자문서 및 전자거래 기본법' 제2조 제5호에 따른 전자거래를 말한다. 이하 같다)의 방법으로 상행위(商行爲)를 하는 것을 말한다(위 법률 제2조 제1호).

3) 해외직구가 급증하면서 백화점 매출에 부정적인 영향을 미치자 백화점들은 수입품을 해외직구와 비슷한 가격에 판매하는 '오프라인 직구 매장'을 늘림으로써 대응하였다고 한다. 2014. 10. 21.자 한국경제 기사 참조. 해외직구의 장단점은 강명수, "해외 직구의 법적 쟁점", 유통법연구, 제2권 제1호(2015), 12면 이하 참조.

4) 엄밀하게 말하자면 이는 '역직구'라기보다는 '직매(직접 매도)' 또는 '직판(직접 판매)'이다.

력도 행해지고 있다. 해외직구가 급성장한 이유는 최근 정보통신기술의 발전에 따라 인터넷을 통한 전자상거래 환경이 편리해진 덕인데, 2020년에는 해외직구 시장 규모가 최소 65억 달러에 이를 것이라는 예측도 있다.5) 해외직구계약은 외국법이 규율하는 경우가 많고, 그로부터 발생하는 분쟁을 외국에서 소송 또는 중재에 의하여 해결하기로 정하는 경우가 빈번하다. 따라서 해외직구에서 소비자의 보호는 이론적으로나 실무적으로 매우 중요함에도 불구하고 종래 우리나라에서는 그에 관한 깊이 있는 논의가 부족하다.6) 이는 국제사법(國際私法)과 국제상사중재법에 대한 우리의 관심과 연구가 부족하기 때문이다. 여기에서는 분쟁해결수단으로 중재를 선택한 경우를 전제로 한국 소비자가 해외판매자로부터 물품을 구입하는 해외직구에서 발생하는 소비자보호의 문제를 논의한다.7) 이 경우 한국의 약관의 규제에 관한 법률(이하 "약관규제법"이라 한다)과 중재법 하에서 소비자의 보호가 핵심을 이룬다. 구체적인 논의 순서는 아래와 같다. 해외직접구매의 유형과 계약관계(Ⅱ.), 해외직접구매에서 문제되는 소비자의 개념(Ⅲ.), 해외직접구매계약에서 중재합의와 소비자보호(Ⅵ.)와 맺음말: 해외직접구매의 유형에 따른 소비자보호에 관한 논의의 정리가 그것이다(Ⅳ.). 해외직구에서 소비자보호의 문제는 일반적인 국제거래에서 소비자보호의 문제의 한 유형이나 해외직구는 전자상거래, 즉 인터넷에 의하여 이루어지는 점에 특색이 있다. 해외직구에는 B2C만이 아니라 B2B도 있으나 여기에서는 B2C를 다룬다. 또한 여기에서는 해외직구 기타 전자상거래에 대한 규제법적(행정법적 또는 공법적) 측면이 아니라 사법적(私法的) 측면만을 다룬다. 달리 표현하면 이

---

5) 2015. 11. 16.자 조선일보 기사 참조. 외교부에서 인용한 통계청의 최근 자료에 따르면 우리나라가 온라인쇼핑 거래액 세계 1위 국가라고 한다. 판매 측면에서는 중국(3,732억 원) > 미국(350억 원) > 일본(317억 원) 순이고, 구입 측면에서는 미국(2,669억 원) > EU(792억 원) > 중국(332억 원) 순이라고 한다. https://www.facebook.com/ mofakr.kr/photos/a.119948104732589.17457.114737585253641/1223054594421929/?type=3&theater (2016. 9. 24. 최종방문) 참조. 온라인쇼핑이라고 하므로 아마도 B2C를 말하는 것처럼 보이나 분명하지는 않다.

6) 해외직구에서는 다양한 논점이 제기된다. 예컨대 관세법상의 문제와, 식품위생법, 전파법과 특허법 등의 문제가 있는데 이에 관하여는 우선 강명수(註 3), 16면 이하 참조. <u>우리 헌법 제124조가 '소비자보호'라는 제목 하에, "국가는 건전한 소비행위를 계도하고 생산품의 품질향상을 촉구하기 위한 소비자보호운동을 법률이 정하는 바에 의하여 보장한다"고 명시함으로써 소비자보호를 헌법상의 과제로 제고하고 있음도 주목할 필요가 있다.</u> [밑줄 부분은 이 책에서 새로 추가한 것이다.]

7) 소송의 경우 한국 국제사법 하에서 국제재판관할과 준거법의 맥락에서 소비자 보호는 이 글의 원전인 석광현, "해외직접구매에서 소비자의 보호: 국제사법, 중재법과 약관규제법을 중심으로", 서울대학교 법학 제57권 제3호(2016. 9.), 73면 이하 참조.

는 우리 법의 적용범위의 문제라고 할 수 있다.[8)]

결론을 먼저 요약하면, 2001년 7월부터 시행된 우리 국제사법은 국제재판관할과 준거법에 관하여 소비자보호를 위한 특칙을 도입하였으므로 해외직구에서도 소송의 경우에는 소비자보호를 위한 법적 기초를 구비하고 있는 반면에 중재의 경우에는 중재법에서 그런 법적 기초를 구비하지 못한 탓에 소비자보호를 약관규제법에 맡기고 있는 실정이라 커다란 법적 불확실성이 존재하므로 이를 개선할 필요가 있다. 2016년 중재법의 개정과정에서도[9)] 이를 개선하기 위한 시도가 있었으나 성사되지 못하였음은 아쉬운 일이다.[10)]

Ⅱ. 해외직접구매의 유형과 유형별 계약 당사자

여기에서는 해외직접구매의 유형과 유형별 계약 당사자와 계약관계를 살

---

8) 전자상거래와 관련된 국제재판관할과 준거법 일반(즉 B2B와 B2C)에 관하여는 우선 석광현, 국제사법과 국제소송, 제2권(2001), 111면 이하; 위 석광현, 152면 이하 참조. 안제우, "국제전자상거래에서의 재판관할과 준거법—미국, 유럽연합, 한국간의 비교・검토를 중심으로—", 무역학회지, 제28권 제4호(2003. 9), 549면 이하도 있다.

9) 중재법은 법률 제14176호에 의하여 2016. 5. 29. 일부개정되었고, 개정된 중재법은 2016. 11. 30. 시행되었다. 저도 중재법 개정을 위한 위원회에 위원으로 참여하였다. 2016년 중재법에 관하여는 석광현, "2016년 중재법에 따른 국내중재판정의 효력, 취소와 승인・집행에 관한 법리의 변화", 한양대학교 법학논총(2017. 3.), 461면 이하—이 책 [5] 논문; 석광현, "2016년 중재법에 따른 중재판정부의 임시적 처분: 민사집행법에 따른 보전처분과의 정합성에 대한 문제제기를 포함하여", 국제거래법연구 제26집 제1호(2017. 7.), 107면 이하—이 책 [4] 논문; 석광현, "2016년 중재법의 주요 개정내용과 문제점", 전북대학교 법학연구 통권 제53집(2017. 8.), 213면 이하—이 책 [3] 논문 참조. [밑줄 부분은 이 책에서 새로 추가한 것이다.]

10) 현재 UNCITRAL에서 국제전자상거래 온라인분쟁해결(Online dispute resolution for cross-border electronic commerce transactions)(ODR)을 위한 작업을 추진하고 있으므로 그에도 관심을 가져야 한다. 김도년, "해외 직접구매 소비자분쟁해결방법으로서 ODR", 2014년 한국소비자원・한국소비자법학회 공동학술대회 <해외 사업자로부터 직접구매와 소비자보호> 발표자료(2014. 8. 21.), 25면 이하; 이병준, "국제전자상거래 분쟁해결을 위한 절차규칙에 관한 UNCITRAL의 논의와 그 평가—제26차 실무작업반의 논의를 중심으로—", 중재연구, 제23권 제1호(2013. 3.), 133면 이하; 신군재, "ODR을 통한 해외직구 분쟁해결방안", 중재연구, 제25권 제1호(2015. 3.), 9면; 성준호, "국경넘은 소비자 분쟁에 있어서 ODR", 중재연구, 제25권 제1호(2015. 3.), 25면 이하; 근자의 자료는 http://www.uncitral.org/uncitral/commission/working_groups/3Online_Dispute_Resolution.html 참조. 국내자료는 송유림, "UNCITRAL ODR 제31차 실무작업반 회의 결과보고서", 국제규범의 현황과 전망—2015년 국제규범연구반 연구보고 및 국제회의 참가보고—(2016), 57면 이하 참조. 그러나 위 작업반은 2016년 Technical Note만 채택하고 작업이 종료되었다고 한다. 논의 결과는 남유선, "ODR 규범 제정을 위한 UN의 노력 및 결과", 2016년 국제거래법연구단 국제회의 참가 연구보고서(법무부, 2017), 83면 이하 참조. [밑줄 부분은 이 책에서 새로 추가한 것이다.]

펴본다.[11]

1. 해외직접구매의 유형[12]

해외직접구매는 한국 소비자가 해외 인터넷쇼핑몰과 같은 해외판매자나 구매대행사이트를 통하여 해외물품을 구매한 후 한국으로 배송받는 거래형태를 의미한다. 일반적으로 해외직구는 세 가지 형태로 구분된다. 다만 이처럼 해외직구를 광의로 사용하기도 하나 해외직접배송만을 해외직구라고 부르기도 한다.[13]

○ (**해외직접배송**) 소비자가 중간 유통업체를 거치지 않고 해외판매자로부터 직접 물품을 구매하고 이를 국내로 직접 전달받는 형태

○ (**해외배송대행**) 해외직구 시 국내로 직접 배송받기 어려운 물품을 배송대행자를 이용하여 해외 배송대행지를 거쳐 다시 국내 주소로 배송받는 형태

○ (**해외구매대행**) 해외직접구매의 구매절차, 언어 등에 어려움을 느끼는 소비자가 구매대행사이트(즉 구매대행자)를 이용하여 해외 물품을 구매하고 배송받는 형태

---

11) 관세청은 해외직구 활성화를 통한 수입가격 인하 등 소비자 편의를 높이기 위해 전자상거래 관련 고시를 개정하고 있다. 해외직구 관련 통계는 우선 “최근 5년간 전자상거래 수입(해외직구) 동향” 참조. 건수나 금액상 미국 판매자가 압도적이다. 관세청 홈페이지(http://www.customs.go.kr) 참조.

12) 다음 유형과 그림은 대체로 한국소비자원, 2014. 3. 5.자 보도자료에서 온 것이다. 배윤성, “해외직구 이용실태 및 개선방안”, 2014년 한국소비자원 · 한국소비자법학회 공동학술대회 <해외 사업자로부터 직접구매와 소비자보호> 발표자료(2014. 8. 21.), 2면 이하; 권대우, “해외직접 구매계약에서의 당사자의 권리의무”, 2014년 한국소비자원 · 한국소비자법학회 공동학술대회 <해외 사업자로부터 직접구매와 소비자보호> 발표자료(2014. 8. 21.)[권대우 교수의 발표문은 별도로 배포되었다], 2면; 김현수, “국경 간 전자상거래에서의 소비자계약과 분쟁해결”, 소비자문제연구, 제46권 제2호(2015. 8.), 193면 이하도 동일한 분류방법을 따른다.

13) 이병준, “전자상거래를 통한 해외구매 대행서비스와 관련된 소비자법 및 국제사법상의 쟁점”, 성균관법학, 제26권 제4호(2014. 12.), 419면.

* 위 세 가지 유형 이외의 다른 유형도 있을 수 있다. 예컨대 국내 사업자가 해외판매자의 매장이나 웹사이트에서 물품을 구매해서 한국 소비자에게 판매(전매)하는 유형이다. 이는 엄밀하게는 해외직구가 아니라 전매의 형태이다.

2. 해외직접구매의 유형별 계약 당사자

가. 해외직접구매와 해외직접배송

한국소비자원의 보도자료는 위 세 가지 유형을 모두 해외직접구매라고 부른다. 여기에서는 일단 위 용어를 따른다. 그러나 사견으로는 해외구매를 ① 해외직접구매와 ② 해외구매대행으로 구분하고, 전자를 다시 ①-1 직접배송방식과 ①-2 배송대행방식으로 세분하는 것이 이해하기 쉽다. 후자에는 ②-1 구매대행과 배송대행을 하는 방식(위 표의 설명)과, 위 자료에는 없으나 ②-2 구매대행만 하고 배송은 한국 소비자에게 직접 이루어지도록 하는 방식도 가능하다. 용어의 문제로서 위 자료는 해외구매대행을 '대리구매'와 배송대행의 결합으로 표시하나, '구매대행'과 배송대행으로 표시하는 것이 더 적절하다.

해외직접배송의 경우 한국 소비자가 직접 구매계약(또는 매매계약. 이하 양자를 호환적으로 사용한다)의 당사자가 되는 데 반하여, 구매대행의 경우 대행자가 중간에 개입한다. 구매대행은 실제적인 필요에 따라 형성된 거래구조인데, 대행자가 한국 사업자라면 구매대행과 배송대행을 통하여 국제거래가 국내거래로 전환되는 셈이다.[14] 구매대행과 배송대행자는 통상은 한국 소비자의 대리인은 아니기 때문이다.

해외직접배송의 경우 한국 소비자와 해외판매자 간에 구매계약이 체결된다(예컨대 저자가 아마존의 웹사이트에 들어가 구매계약을 체결하고 서울의 주소지로 배송을 받는 경우). 주의할 것은, 그 경우 구매계약의 목적물이 물품이더라도 대체로 "국제물품매매계약에 관한 국제연합매매협약"(CISG)("매매협약")이 적용되지 않는다는 점이다. 매매협약(제2조 a호 본문)은 개인용 · 가족용 또는 가정용으로 구입된 물품의 매매에 대하여는 매매협약의 적용을 배제하기 때문이다. 이는 오늘날 사회 · 경제적 약자인 소비자를 보호하기 위하여 각국이 다양한 유형의 입법을 가지고 있고, 그런 입법은 대체로 강행법규의 성질을 가지고 있으므로 그 경우 매매협약의 적용을 배제함으로써 국내법의 효력을 침해하지 않기 위한 것이다. 다만 예외적으로 그런 거래에도 매매협약이 적용될 수 있는데, 매매협약의 적용을 원하는 매도인은 개인용 등의 목적을 알지 못하였고 알지 못한 데 대하여 과실이 없음을 입증하여야 하고, 매매협약의 적용배제를 원하는 매수인은 개인용 등의 목적을 입증하여야 한다.[15]

매매협약이 적용되지 않는 매매계약(소비자계약을 포함하여)의 준거법은, 소송의 경우에는 법정지의 국제사법에 의하여 지정되고, 중재의 경우에는 관련 중재규칙 또는 중재법이 정하는 준거법 결정원칙에 의하여 지정된다.

나. 해외구매대행에서 제기되는 기본적인 논점

(1) 계약 당사자의 특정

해외구매대행의 경우 해외판매자와 체결하는 매매계약의 당사자는 누구인가에 관하여 다소 논란이 있다. 즉 당사자가 구매대행자라고 보는 견해[16]와 한

14) Jürgen Basedow, The Law of Open Societies – Private Ordering and Public Regulation of International Relations: General Course on Private International Law, Recueil des Cours, Vol. 360 (2013), para. 177 이하는 이처럼 대행업자라는 일종의 중개기관(엄격하게 법적 의미에서 대리가 아닌)이 개입함으로써 국제거래를 준국내거래화하는 현상에 주목한다. Basedow는 이를 점증하는 국제거래에 내재하는 다양한 문제점들을 극복하기 위하여 사인들이 고안해 낸 다양한 수단의 하나, 그 중에서도 사인 간의 '비국가적 약정(anational private arrangement)'을 이용함으로써 국제사법적 쟁점을 회피하는 방법이라 하고, 이를 국제관계에서 국가가 아니라 사인이 사회적 규범을 형성하는 'private ordering'의 사례로 설명한다. 위 Basedow, para. 136.

15) 석광현, 국제물품매매계약의 법리: UN통일매매법(CISG) 해설(2010), 39-40면.

16) 권대우(註 12), 8면은 구매대행자가 매수인의 지위를 가진다는 점을 명확히 밝히고 있다.

국의 소비자라고 보는 견해가 있는데, 후자는 구매대행자를 소비자의 대리인이라고 파악한다.[17] 전자라면, 위에서 언급한 것처럼 한국 소비자와 해외판매자 간에 직접적 계약관계는 형성되지 않으므로 소비자 보호의 문제는 해외판매자와 소비자 간이 아니라 오히려 구매대행자와 한국 소비자 간에 발생한다. 그 경우 구매대행자가 한국 회사라면 국제사법적 문제는 없고 우리 민·상법이 적용되나, 외국 회사라면 구매대행자와 한국 소비자 간에 국제사법에 따른 소비자보호의 문제가 제기된다.

(2) 구매대행자와 한국 소비자 간에 체결되는 계약의 성질

한국 소비자와 구매대행자 간에 체결되는 계약이 용역제공계약, 즉 서비스계약인지 매매인지 다소 논란이 있다. 이는 계약의 내용에 따라 결정될 것이나 대체로 전자일 것이다. 그 경우 이는 상법상의 위탁매매에 해당하고 구매대행자는 위탁매매인이 될 것이다.[18] 위탁매매에서와 같이 타인의 계산으로 그러나 자기 이름으로 법률행위를 하고, 그 효과는 행위자 자신에게 발생하되 나중에 그가 취득한 권리를 내부적으로 타인에게 이전하는 관계가 이른바 '간접대리'이다. 대행자가 구매대행을 하는 대신 물품을 매수하여 그 물품의 소유권을 일단 취득하고 이를 다시 소비자에게 이전하는 것이라면 이는 구매대행이 아니다. 위탁자와 위탁매매인 간에는 위탁계약이 체결되는데 이는 민법상 위임계약의 성질을 가진다.[19] 다만 이례적이기는 하나 구매대행자가 소비자의 대리인으로서 행위를 하는 경우도 있을 수 있다.[20] 구매대행자가 소비자의 대리인으로서 행위하는 경우에는 매매계약의 당사자가 국제사법 제27조가 정한 소비자에

지정토론자인 고형석 교수가 구매대행에서 계약당사자가 누구인가를 질문한 데 대해 한국소비자원의 배윤성 팀장도 이는 매수인이라고 답하였다.

17) 이병준(註 13), 425면.

18) 자기명의로써 타인의 계산으로 물건 또는 유가증권의 매매를 영업으로 하는 자가 위탁매매인이다(상법 제101조). 저자는 2014. 11. 18. 워크숍에서 발표할 당시, 민법 학자들이 이를 위탁매매로 설명하지 않는 점은 다소 의아하다는 지적을 한 바 있는데, 이병준(註 13), 424면도 이제는 이를 위탁매매인이라고 설명한다.

19) 송옥렬, 상법강의, 제6판(2016), 159면; 권대우(註 12), 7면. 위탁매매인이 위탁자로부터 받은 물건 또는 유가증권이나 위탁매매로 인하여 취득한 물건, 유가증권 또는 채권은 위탁자와 위탁매매인 또는 위탁매매인의 채권자 간의 관계에서는 이를 위탁자의 소유 또는 채권으로 본다(상법 제103조).

20) 이병준 교수는 2014. 8. 21. 개최된 2014년 한국소비자원·한국소비자법학회 공동학술대회에서 배포한 자료에서는 대리인인 경우를 원칙적인 경우로 기술하였으나, 실제 발표 시에는 소비자가 계약당사자인 경우와 구매대행자가 계약당사자인 사안이 있다는 취지로 설명하였고 이병준(註 13), 424면 이하에서는 후자의 취지로 쓰고 있다.

해당하는가는 구매대행자가 아니라 매매계약의 법률효과가 귀속되는 본인을 기준으로 판단해야 한다.[21)]

Ⅲ. 해외직접구매에서 문제되는 소비자의 개념[22)]

소비자의 개념은 소비자보호 관련 법, 약관규제법과 국제사법을 구분하여 살펴볼 필요가 있다. 이는 현재 소비자의 개념이 법률마다 다르기 때문인데, 장기적으로 통일된 소비자 개념을 도입할 수 있는지는 추후 더 검토할 과제이다. 여기에서는 중재의 맥락에서 소비자보호를 논의하므로 국제사법에 관한 논의는 간략하게 다룬다.

1. 소비자보호 관련 법상의 소비자의 개념

소비자기본법(제2조 제1호)은 소비자를 "사업자가 제공하는 물품 또는 용역(시설물을 포함한다)을 소비생활을 위하여 사용(이용을 포함한다)하는 자 또는 생산활동을 위하여 사용하는 자로서 대통령령이 정하는 자"라고 정의한다. 동법 시행령 제2조는 물품 또는 용역(시설물 포함)을 생산활동을 위하여 사용(이용 포함)하는 자의 범위는 제공된 물품 또는 용역("물품등")을 최종적으로 사용하는 자[23)]와 제공된 물품등을 농업(축산업을 포함) 및 어업활동을 위하여 사용하는 자[24)]라고 규정한다. 학자들은 양자를 '이론적(또는 본질적) 의미의 소비자'와 '정책적 의미의 소비자'로 구분하는데,[25)] 후자는 사업자임에도 불구하고 정책

21) Kathrin Sachse, Der Verbrauchervertrag im Internationalen Privat- und Prozeßrecht (2006), S. 123; Bettina Heiderhoff, "Zum Verbraucherbegriff der EuGVVO und des LugÜ", IPRax (2005), Anm. S. 230도 동지. 이것이 독일의 통설이라고 한다. Heinrichts, Palandt BGB §13 Rn. 2. 2004. 7. 20. OLG Hamburg 판결과 2004. 6. 23. OLG Nürnberg 판결도 동지. 이병준(註 13), 428면 이하; 김현수(註 12), 198면도 동지. 그러나 고형석, "해외구매계약에서의 소비자보호에 관한 연구", 민사법의 이론과 실무, 제18권 제1호(2014. 12), 129면 이하는 대리인을 기준으로 소비자계약성을 판단할 것이라고 한다.

22) 소비자와 소비자계약 일반에 관한 논의는 석광현, 국제사법과 국제소송, 제5권(2012), 193면 이하 참조.

23) 다만 제공된 물품등을 원재료(중간재를 포함한다), 자본재 또는 이에 준하는 용도로 생산활동에 사용하는 자는 제외한다.

24) 다만 해양수산부장관의 허가를 받아 원양어업을 하는 자는 제외한다.

25) 이호영, 소비자보호법(2010), 4면; 최난설헌, "불공정조항지침 관련 최근 EU 판례 동향 및

적 차원에서 소비자로 인정되는 자이다. 소비자기본법상의 소비자는 자연인에 한정되지 않는다. 그러나 아래에서 보는 바와 같이, 국제사법의 문언해석상 소비자는 자연인에 한정된다고 본다.[26] 입법론으로는 소비자기본법상의 소비자의 개념을 전자에 한정하는 것이 바람직하다는 견해도 있다.[27]

2. 약관규제법상의 소비자

약관규제법은 제1조 외에서는 '소비자'라는 용어를 사용하지 않고 '고객'이라는 용어를 사용한다. 약관규제법 제2조 제3호에 따르면 "고객"이란 "계약의 한쪽 당사자로서 사업자로부터 약관을 계약의 내용으로 할 것을 제안받은 자"를 말한다. 즉 이는 약관제안자인 사업자의 상대방이므로 그가 자연인인지 법인인지, 소비자 관련 법상의 소비자인지는 묻지 아니한다. 따라서 전형적인 사업자도 고객으로서 약관규제법의 보호를 받을 수 있다. 따라서 B2C만이 아니라 B2B에서도 약관규제법이 적용된다.

약관규제법 제15조와 동법 시행령 제3조는 국제적으로 통용되는 운송업, 금융업 및 보험업의 약관 등에 대하여는 약관규제법의 일부조항(제7조부터 제14조)의 적용을 배제한다.[28] 여기에서 논의하는 해외직구는 그런 예외에 해당하지 않을 것이므로 약관규제법이 적용됨을 전제로 한다.

3. 국제사법상 보호되는 소비자의 개념: 수동적 소비자[29]

국제사법은 소비자보호를 위한 특칙을 둔다. 국제사법 제27조는 소비자, 나아가 소비자계약을 다음과 같이 규정한다.

시사점", 선진상사법률연구, 통권 제74호(2016. 4.), 49면 참조.

26) 석광현(註 1), 327면. 석광현, "국제사법상 소비자계약의 범위에 관한 판례의 소개와 검토: 제27조의 목적론적 축소와 관련하여", 국제사법, 제22권 제1호(2016. 6.), 44면 이하.

27) 권오승, 소비자보호법, 제5판(2005), 5면.

28) 다만 그 경우 배제되는 조문의 범위에 관하여는 논란이 있다. 상세는 석광현, 국제사법과 국제소송, 제3권(2004), 158면 이하 참조.

29) 상세는 석광현(註 1), 326면 이하 참조.

제27조(소비자계약) ① 소비자가 직업 또는 영업활동 외의 목적으로 체결하는 계약이 다음 각호 중 어느 하나에 해당하는 경우에는 당사자가 준거법을 선택하더라도 소비자의 상거소가 있는 국가의 강행규정에 의하여 소비자에게 부여되는 보호를 박탈할 수 없다.

1. 소비자의 상대방이 계약체결에 앞서 그 국가에서 광고에 의한 거래의 권유 등 직업 또는 영업활동을 행하거나 그 국가 외의 지역에서 그 국가로 광고에 의한 거래의 권유 등 직업 또는 영업활동을 행하고, 소비자가 그 국가에서 계약체결에 필요한 행위를 한 경우
2. 소비자의 상대방이 그 국가에서 소비자의 주문을 받은 경우
3. 소비자의 상대방이 소비자로 하여금 외국에 가서 주문을 하도록 유도한 경우

국제사법에서 보호의 대상이 되는 소비자는 직업 또는 영업활동 외의 목적으로 계약을 체결하는 소비자로서 '수동적 소비자(passive consumer)'에 한정되고 '능동적 소비자(active consumer 또는 mobile consumer)'는 포함되지 않는다. 이하 국제사법의 맥락에서는 수동적 소비자를 편의상 '소비자'라 부른다. 수동적 소비자가 되기 위해서는 첫째, 당해 계약이 소비자가 직업 또는 영업활동 외의 목적으로 체결하는 계약이어야 하고,[30] 둘째, 제27조 제1항에 규정된 세 가지 조건 중 어느 하나가 구비되어야 한다. 해외직구에서 특히 문제되는 것은 제1호의 요건이다.

가. 제1호의 요건: 사업자의 지향된 활동과 소비자의 행위

제27조 제1항에서는 제1호 요건(사업자의 지향된 활동과 소비자의 행위)이 특히 문제가 되는데, 예컨대 외국의 사업자가 한국에서 광고에 의한 거래의 권유 등 영업활동을 하거나, <u>한국에서</u> 그러한 활동을 하지는 않았더라도 통신수단을 통하여 <u>한국을 향하여</u>(또는 지향하여) 광고에 의한 거래의 권유 등 영업활동을 한 경우, 즉 통신판매에 의한 판매를 한 경우에도 이에 해당될 수 있다. 구체적인 내용은 아래와 같다.

(1) 사업자의 지향된 활동

예컨대 외국의 사업자가 한국에서 광고에 의한 거래의 권유 등 영업활동을 하거나, <u>한국에서</u> 그러한 활동을 하지는 않았더라도 통신수단을 통하여 <u>한국을 향하여</u>(또는 지향하여) 광고에 의한 거래의 권유 등 영업활동을 한 경우, 즉 통신판매에 의한 판매를 한 경우에도 이에 해당될 수 있다.

---

30) 따라서 국제사법상의 소비자는 소비자기본법에서 정한 본질적 의미의 소비자 중의 일부인 수동적 소비자에 한정되고, 정책적 소비자는 포함하지 않는다.

국제사법 제27조 제1항 제1호에 따르면, 동 조의 특칙이 적용되는 소비자계약이 되기 위하여는 위에서 본 바와 같이 ㉠-1 소비자의 상대방이 계약체결에 앞서 소비자의 상거소지 국가(예컨대 한국 소비자의 경우에는 한국)에서 광고에 의한 거래의 권유 등 직업 또는 영업활동을 행하거나, ㉠-2 그 국가 외의 지역에서 그 국가로, 즉 소비자의 상거소지 국가를(예컨대 한국을) 향하여 광고에 의한 거래의 권유 등 직업 또는 영업활동을 행하고, 또한 ㉡ 소비자가 그 국가에서 계약체결에 필요한 행위를 하여야 한다. 위 ㉠-2의 요건은 인터넷에 의하여 체결되는(또는 전자거래에 의한) 거래형태를 고려한 것으로 소비자의 상거소지 국가를 향한 "targeted activity criterion"(지향된 활동기준)을 도입한 것이다.

그에 따르면 예컨대 소비자가 웹사이트에 들어가 클릭함으로써 주문할 수 있는 상호작용적 웹사이트를 개설한 것은 특정국가를 지향한 영업활동을 한 것으로 볼 수 있다. 그렇다면 한국에 상거소를 가지는 소비자가 스스로 사업자의 웹사이트를 방문하여 인터넷을 통하여 계약을 체결한 경우 능동적 소비자의 요소가 있기는 하지만 제27조의 보호를 받을 수 있다는 것이 된다. 즉 제27조 제1항 제1호의 해석상 단순히 광고만을 게재하고 소비자가 접속할 수 있는 수동적 웹사이트를 개설한 것만으로는 영업활동의 '지향'(directing)에 해당하지는 않지만, 소비자가 들어가 클릭함으로써 주문할 수 있는 상호작용적 웹사이트를 개설한 것은 특정국가를 지향한 광고 기타 영업활동을 한 것으로 볼 수 있다는 것이다.[31] ㉠-2가 규율하고자 하는 목적을 고려하면 이런 견해가 타당하다.[32] 다만 '인터넷의 遍在性(Ubiquität des Internets)'을 고려하면 이 경우 전 세계 모든 국가의 관할에 복종하거나 모든 국가를 지향한 활동을 한 것이 되어 소규모 온라인사업자에게는 예측불가능한 결과가 발생할 수 있다.[33]

31) 알리바바처럼 한국어로 된 웹사이트를 개설한 경우에는 한국을 지향하여 활동하였다는 점은 별 의문이 없을 것이다. 장준혁, "사이버거래에서의 국제분쟁과 준거법", 국제사법연구, 제8호(2003), 128면은 제1호가 너무 광범위하게 규정되었다고 지적하면서 "상당한 정도로" 또는 "상당한 양에 이르도록"이라고 하는 문언을 추가함으로써 제한하자고 제안한다. 장준혁, "계약상 채권관계 등의 준거법지정규칙의 개정에 관한 연구", 법조, 제541호(2001. 10.), 150면 이하 참조. 간단한 논의는 장준혁, "인터넷과 준거법", 남효순 · 정상조 공편, 인터넷과 법률 Ⅱ (2005), 883면 참조.

32) 이병준(註 13), 436면; 김현수(註 12), 197면 이하; 이병화, "국제소비자계약에 관한 국제사법적 고찰", 국제사법연구, 제21권 제1호(2015. 6.), 384면도 동지. 그러나 고형석(註 21), 119면은 반대한다. 광고 이메일 같은 것이 먼저 소비자에게 왔으면 몰라도 그렇지 않으면 능동적 소비자라고 한다.

33) 유럽의 학설은 Christoph Wendelstein, Kollisionsrechtliche Probleme der Telemedizin: Zugleich ein Beitrag zur Koordination von Vertrag und Delikt auf der Ebene des europäischen

(2) 소비자 상거소지국에서 계약체결에 필요한 소비자의 행위

제27조 제1항 제1호에 따르면, 브뤼셀협약(제13조)처럼 소비자계약의 경우 소비자가 상거소를 가지는 국가에서 계약체결에 필요한 행위를 해야 한다. 소비자가 그 국가에서 사업자의 웹사이트에 접속하여 계약체결에 필요한 전자적인 의사표시를 발송하거나 클릭하였다면 이 요건을 구비한다. 즉 그와 같은 행위를 하면 족하지 사실상 또는 법률상 계약체결지가 반드시 한국이어야 하는 것은 아니다. 반면에 한국인이 자발적으로 외국에 여행을 가서 현지에서 기념품을 구입한 경우에는 한국법이 적용될 여지가 없다. 하지만 전자거래에서는 소비자는 상거소지 국가 외의 국가에서도 컴퓨터를 통하여 계약을 체결할 수 있고, 그 경우에도 소비자를 보호할 필요성이 있으므로 "소비자가 상거소를 가지는 국가에서 계약체결에 필요한 행위를 할 것"이라는 위 요건의 타당성에 대해서는 비판이 제기되었다.[34] 또한 인터넷에 의한 거래의 경우 소비자가 계약의 체결을 위하여 필요한 조치를 취한 곳의 결정이 어렵거나 불가능한 경우가 있고 또한 소비자의 상거소지(또는 주소지)와 계약과의 연계를 창설하기 위한 요건으로서 이는 중요성이 없다.

이러한 비판을 고려하여 2002. 3. 1. 개정된 브뤼셀 I 은 국제재판관할의 맥락에서 'targeted activity criterion (지향된 활동기준)'을 도입하면서 위 요건을 폐기함으로써 소비자를 위한 '보호적 관할(protective jurisdiction)'이 일정한 요건하에 '능동적 소비자' 또는 '이동소비자(mobile consumer)'에도 적용되도록 개선하였다. 나아가 2009년 12월 시행된 로마 I (제6조 제1항 b호)은 준거법의 맥락에서 "어떠한 수단에 의하여든 그러한 활동을 그 국가 또는 그 국가를 포함하는 복수의 국가로 지향하고, 그 계약이 그러한 활동의 범위 내에 속하는 경우" 소비자의 상거소지법이 소비자계약의 준거법이 되고, 나아가 당사자가 준거법을 합의한 경우 그 준거법은 소비자의 상거소지법의 강행법규가 부여하는 보호를 박탈하지 못한다고 규정함으로써 브뤼셀 I 과 유사한 기준을 도입하였다.

요컨대 국제사법(제27조 제1항 제1호)은 'targeted activity criterion'(지향된 활동기준)을 도입한 것이기는 하나 소비자가 상거소지 국가에서 "계약체결에 필요

Kollisionsrechts (2012), 222ff. 참조. 고형석(註 21), 143면은 국제사법 제27조가 전자상거래에 적용됨을 명확히 하는 방안을 모색할 필요가 있다고 지적하면서, 로마 I 에 관한 유사한 제안(당사자가 계약을 체결할 때, 사업자가 웹사이트를 통하여 소비자의 상거소지를 의도적으로 목표로 한 경우)을 인용하나 그로써 얼마나 구체화되는지는 다소 의문이다.

34) 석광현, 국제사법과 국제소송, 제3권(2004), 380면.

한 행위를 할 것"을 요구함으로써 그 의미를 반감시키고 있다는 비판을 면하기 어렵다. 따라서 일정한 요건 하에서 능동적 소비자를 포함하도록 국제사법을 개정할 필요가 있다. 이러한 필요성을 인정하여 2018년 작성된 국제사법 전부개정법률안(제43조 제1항 제1호)도 그러한 취지의 개정을 담고 있다.[35]

나. 소비자 범위의 결정기준

요컨대 제27조의 소비자계약의 구체적인 범위는 국제사법상의 소비자의 보호라고 하는 입법취지와 목적을 고려해서 판단해야 한다. 특히 우리 국제사법은 유럽연합(브뤼셀 I bis와 로마 I)이나 일본(법적용에 관한 통칙법(이하 "법적용통칙법"이라 한다))과 달리 국제재판관할과 준거법의 맥락에서 동일한 소비자 개념을 사용하는 점을 유념할 필요가 있다.

4. 중재법상 보호되는 소비자의 개념

중재법은 소비자를 보호하는 별도의 조문을 두고 있지 않다. 따라서 중재법상 보호되는 소비자의 개념은 존재하지 않는다. [밑줄 부분은 이 책에서 새로 추가한 것이다.]

Ⅳ. 해외직접구매계약에서 중재합의와 소비자보호

1. 실제 사례와 문제의 소재

아마존의 홈페이지[36]를 보면 소비자와의 분쟁은 워싱턴주법에 따르고, 분쟁은 워싱턴주 시애틀에서 American Arbitration Association (AAA)의 중재규칙에 의하여 해결하도록 되어 있다. 구체적인 문언은 아래와 같다(Conditions of Use).

---

35) 소개는 석광현, "국제사법 개정안 소개: 2018년 국제사법 개정안에 따른 국제재판관할규칙", 국제사법 전부개정법률안 공청회 자료집, 15면 이하 참조. [본문의 밑줄 부분과 이 각주는 이 책에서 새로 추가한 것이다.]

36) https://www.amazon.com/gp/help/customer/display.html?nodeId=508088 참조.

DISPUTES
Any dispute or claim relating in any way to your use of any Amazon Service, or to any products or services sold or distributed by Amazon or through Amazon.com will be resolved by binding arbitration, rather than in court, except that you may assert claims in small claims court if your claims qualify. The Federal Arbitration Act and federal arbitration law apply to this agreement.
There is no judge or jury in arbitration, and court review of an arbitration award is limited. However, an arbitrator can award on an individual basis the same damages and relief as a court (including injunctive and declaratory relief or statutory damages), and must follow the terms of these Conditions of Use as a court would.
[이하에서는 중재신청 방법, 중재규칙, 비용에 관한 정보와 배심재판 포기 등을 담고 있다.][37)]
APPLICABLE LAW
By using any Amazon Service, you agree that the Federal Arbitration Act, applicable federal law, and the laws of the state of Washington, without regard to principles of conflict of laws, will govern these Conditions of Use and any dispute of any sort that might arise between you and Amazon.

이처럼 해외직구에서 중재합의가 이용되고 있으므로 약관에 포함된 중재조항으로부터 소비자를 보호하는 것은 시급한 문제이다. 위에서 본 것처럼 국제사법(제27조)은 국제재판관할과 준거법의 맥락에서 국제거래의 당사자가 되는 소비자를 보호하기 위한 특칙을 둔다. 분쟁해결수단으로 중재합의를 하는 해외직구의 경우에도 소비자를 보호할 필요성이 있음은 물론이나 우리 국제사법과 중재법에는 이를 위한 규정이 없다.

중재합의의 효력은 여러 장면에서 문제될 수 있다. 첫째, 위와 같은 약관조항이 있음에도 불구하고 한국 소비자가 아마존을 상대로 한국 법원에 제소하는 경우이다. 이 경우 아마존은 약관에 포함된 중재조항을 근거로 항변을 제기할 것이므로 우리 법원으로서는 그 중재합의가 유효한지를 판단해야 한다(이것이 항변단계이다). 둘째, 아마존이 한국 소비자를 상대로 AAA에 중재신청을 한다면 그에 따라 중재절차가 진행될 텐데(이것이 중재단계이다), 만일 그 절차에서 아마존이 이겼음에도 불구하고 한국 소비자가 중재판정을 자발적으로 이행하지 않는다면 아마존은, 물론 금액이 소규모인 경우에는 다소 비현실적이지만,

37) 생략된 부분에 “The arbitration will be conducted by the American Arbitration Association (AAA) under its rules, including the AAA’s Supplementary Procedures for Consumer-Related Disputes.”라는 문언이 포함되어 있다.

미국 중재판정을 한국에서 집행하고자 할 것이다(이것이 중재판정의 승인 및 집행 단계이다).[38]

근자에 우리나라에서 해외직구가 급증함에 따라 그에 대한 사회적 관심이 커졌음에도 불구하고 여기에서 다룬 논점에 대해서는 문제의식조차 별로 없음은 이해하기 어렵다.[39] 이는 우리 사회가 거래의 경제적 측면에는 큰 관심을 가지는 데 반하여 당장 드러나지는 않지만 분쟁 발생 시 소비자에게 큰 영향을 미치는 분쟁해결에 대해 사전에 대처방안을 마련하는 데는 무관심하기 때문이다. 예방법학의 중요성에 대해 무지한 법학계와 법조계도 크게 다르지 않다. 아래에서는 약관규제법과 중재법의 해석론과 입법론을 간단히 논의한다.

2. 약관규제법과 중재법의 해석론

가. 쟁점의 소개

위의 사례에서는 다음과 같은 쟁점들이 제기된다.

첫째, 소비자계약상의 분쟁은 중재가능성(arbitrability)이 있는가(아래 나.).

둘째, 약관인 소비자계약에 포함된 중재조항은 유효한가. 이는 중재조항 자체에 대한 통제로서 약관규제법 제14조의 문제이다(아래 다.).

셋째, 중재판정부는 약관인 소비자계약에 포함된 준거법을 적용해야 하는가. 나아가 준거법을 적용하는 과정에서 소송에서 본 바와 같은 소비자보호의 기제가 작동하는가. 이는 중재에서 분쟁의 실체의 준거법에 대한 통제(편입통제, 해석통제와 내용통제)의 문제이다(아래 라.).

넷째, 소비자계약상의 분쟁은 상사사건인가. 이는 한국도 가입한 "외국중

---

38) 중재법의 논점을 검토함에 있어서는 이처럼 중재단계, 항변단계와 집행단계를 구분할 필요가 있다. <u>여기에서 더 이상 논의하지는 않지만, 한국의 소비자보호 관련 법률을 적용하지 않은 외국중재판정의 승인 및 집행이 우리 공서에 위반되는지가 문제될 수 있다. 한국의 소비자보호 관련 법률을 적용하지 않음으로써 소비자에게 상대적으로 불리한 내용이 되었다는 이유만으로 그 중재판정의 승인 및 집행이 공서위반이 되는 것은 아니지만, 소비자보호 관련 법률 중 일부는 국제적 강행규정일 수 있고 그의 적용을 배제한 중재판정의 승인 및 집행은 사안에 따라 공서위반이 될 가능성을 배제할 수는 없다.</u> [밑줄 부분은 이 책에서 새로 추가한 것이다.]

39) 국내소비자중재를 다룬 이병준, "약관을 통한 소비자중재합의와 그 유효성", 중재연구, 제24권 제1호(2014. 4.), 129면은 "소비자중재가 아직 우리 현실에 실무적으로 존재하지 않지만"이라고 기술하나 이는 부적절하다. 왜냐하면 실제로 국제거래에서 소비자중재합의는 무수히 체결되고 있기 때문이다. 김광수, "국제소비자분쟁의 해결방안", 계간 중재(2008년 봄), 29면 이하도 국제소비자분쟁의 실태와 사례 등을 소개한다.

재판정의 승인 및 집행에 관한 1958년 국제연합협약"(이하 "뉴욕협약"이라 한다)에 따른 상사유보와의 관계에서 의미가 있다(아래 마.)

그 밖에도 집단소송에서 보듯이 소비자들이 집단중재를 이용할 수 있는지도 문제되고, 소비자가 한국의 소비자보호기구를 통해서 또는 국내외 소비자보호기구 간의 협력을 통한 구제를 받는 방안도 고려할 필요가 있으나 이에 대한 논의는 생략한다.

나. 소비자계약상 분쟁의 중재가능성

위에서 본 것처럼 국제사법은 사회·경제적 약자를 보호하기 위한 국제사법상의 조치로서 소비자계약에서 소비자의 상거소 소재지국에 국제재판관할을 긍정하고 그 밖에 소비자에게 불리한 관할합의를 제한한다. 만일 국제사법 제27조를 국제상사중재에 유추적용한다면, 아래(다. (3))에서 보는 바와 같이, 약관에 포함된 중재조항은 중재지가 소비자의 상거소 소재지인 경우에만 허용된다고 볼 여지는 있으나 그로부터 소비자계약 분쟁의 중재가능성을 부정할 수는 없다. 특히 우리 중재법은 국제연합이 1985년 채택한 "국제상사중재에 관한 모델법(Model Law on International Commercial Arbitration)"(이하 "모델중재법"이라 한다)을 기초로 하면서 그 범위를 상사에 한정하지 않고 민사도 포함시켰으므로 소비자중재에도 적용된다. 참고로 독일 민사소송법은 소비자와 체결하는 중재합의는 <u>당사자들이</u>[전에는 당사자 중 1인이라고 잘못 적었기에 바로 잡는다] 자필 서명한 서면에 포함될 것을 요구할 뿐이고(제1031조 제5항) 달리 규정하지 않는데, 이 또한 소비자계약상의 분쟁이 중재가능성이 있음을 당연한 전제로 하는 것이다. 더욱이 미국 연방대법원은 소비자중재가 가능함을 여러 차례 선언한 바 있는데, 1989. 5. 15.의 *Rodriquez de Quijas v. Shearson/American Express, Inc* 사건 판결이 그러한 예이다.[40)]

---

40) 490 U.S. 477 (1989). <u>기타 미국의 논의는 박은옥, "소비자 중재합의의 유효성—미국판례를 중심으로—", 무역상무연구 제77권(2018. 2.), 43면 이하 참조.</u> [밑줄 부분은 이 책에서 새로 추가한 것이다.]

다. 약관에 포함된 중재조항 자체에 대한 통제(약관규제법 제14조와 중재법의 문제)

(1) 중재합의의 준거법

여기에서는 우리 약관규제법과 중재법의 적용 여부를 판단해야 하므로 중재조항의 형식으로 이루어지는 중재합의의 준거법을 결정해야 한다. 이에는 첫째, 중재합의의 성립 및 (실질적) 유효성[41]의 준거법, 둘째, 중재합의의 (절차법적) 효력의 준거법, 셋째, 중재합의의 방식의 준거법과 넷째, 중재합의의 허용요건(또는 적법요건 또는 중재합의에 특유한 유효요건)의 준거법이 문제된다.[42] 주의할 것은 뉴욕협약이 적용되는 범위 내에서는 그를 우선 적용해야 한다는 점인데, 실제로 위 논점의 상당부분에 대하여 뉴욕협약이 규정을 두고 있다.[43]

뉴욕협약은 약관의 내용통제에 관하여 규정하지 않으므로 약관규제법 제14조의 적용 여부는 뉴욕협약이 아니라 준거법인 국내법에 따른다.[44] 한국 소비자가 해외직구계약을 체결하는 경우 약관에 포함된 중재조항(외국을 중재지로 지정하는 중재합의)이 허용되는지는 중재합의의 허용요건(또는 적법요건)의 준거법에 따를 사항인데, 뉴욕협약이 별도의 규정을 두지 않는 범위 내에서는, 이는 중재합의의 방식 및 (절차법적) 효력과 함께 법정지법에 따른다.[45] 만일 중재조

---

41) 여기의 실질적 유효성은 통상 착오, 사기 또는 강박에 의한 의사표시의 하자, 공서양속위반과 강행법규위반 등을 말하는 것으로 형식적 유효성인 방식의 문제와 구별되고, 아래에서 말하는 허용요건과도 구별된다.

42) 석광현, 국제상사중재법연구, 제1권(2007), 104면 참조. 독일의 개관은 Münchener Kommentar zur BGB, 6. Auflage (2015), Vor Art. 1 Rom I-VO, Rn. 89ff. (Martiny 집필부분) 참조.

43) 석광현(註 42), 121면. 다만 우리나라는 뉴욕협약에 가입하면서 상사유보를 하였으므로 만일 소비자계약분쟁이 상사가 아니라면 뉴욕협약은 적용되지 않는다. 이 점은 아래(VI. 2. 마.)에서 논의한다.

44) 반면에 약관의 편입통제에 관하여는, 뉴욕협약이 적용되는 범위 내에서는 통일규범인 뉴욕협약에 따라야 하고 우리 약관규제법을 적용할 것은 아니다. 뉴욕협약은 집행단계에서만 중재합의의 준거법을 명시하는데, 저자는 항변단계와 중재단계에도 이를 유추적용하나 이는 논란의 여지가 있다.

45) 저자는 종래 이처럼 국제중재합의에도 국제재판관할합의에 대한 것과 유사한 법리를 적용하여, 약관규제법상의 내용통제 일반은 계약의 유효성의 문제이지만 제14조는 유효요건의 문제로 파악한다. 석광현(註 42), 115면 이하. 이와 달리 제14조도 중재합의의 유효성의 문제로 성질결정할 여지도 있다. 독일에는 중재조항은 의외조항이라서 민법 제305c조에 따라 무효라는 견해도 있다. 그러나 Jürgen Samtleben, “Schiedsgerichtsbarkeit und Finanztermingeschäfte – Der Schutz der Anleger vor der Schiedsgerichtsbarkeit durch §37h WpHG”, IPRax (2011), S. 473은 뉴욕협약의 서면요건은 그보다 엄격한 국내법을 적용한 편입통제를 불허한다는 이유로 그에 반대한다. 우리 법상 의외조항은 편입통제의 문제인데 이는 뉴욕협약이 적용되는 경우에는 동 협약에 따를 사항이다.

항이 없었더라면 우리 법원이 재판할 수 있었음에도 불구하고 중재조항의 결과 재판할 수 없게 되었다면, 우리 법원에서 중재합의가 유효한지가 항변단계 또는 집행단계에서 제기되는 경우에는, 중재합의의 허용요건을 정한 약관규제법 제14조가 법정지법으로서 적용되고 따라서 그에 의하여 중재조항의 효력이 부정될 수 있다. 약관규제법 제14조를 적용한 결과는 항을 바꾸어 아래 (2)에서 논의한다.

(2) 약관규제법에 의하여 중재조항 자체를 통제하는 방안

약관규제법 제14조는 고객에게 부당하게 불리한 소제기의 금지조항을 무효라고 규정한다. 약관에 포함된 중재조항은 '소제기의 금지조항'에 포함되므로 고객에게 불리한 중재합의는 무효이다. 주의할 것은 고객에게 불리한 소제기의 금지조항이 전면적으로 무효인 것은 아니고 단지 고객에게 "부당하게" 불리한 중재조항만이 무효라는 점인데, 문제는 '부당하게'라는 기준이 매우 추상적이라는 점이다.[46]

어쨌든 여기에서 우리의 관심은 해외판매자와 고객인 한국 소비자 간에 체결되는 약관에 의한 중재합의(즉 중재조항)가 유효한가이다. 이에 대해 유효설, 무효설과 제한적 무효설이 있으나 이는 주로 국내 소비자중재를 염두에 둔 것이다. 학설의 상세는 아래와 같다.[47]

① 소비자에게 중재에 관한 정보제공만 충분히 한다면, 즉 소비자중재에 의해 재판받을 권리가 상실되는 점 등을 충분히 고지한다면 중재합의는 유효라는 견해,[48] ② 소비자중재는 재판받을 권리를 박탈하기 때문에 무효라는 견해[49]—소비자계약의 경우 중재합의는 항상 소비자에게 "부당하게 불리한 조항"이라는 취지로 보인다—와, ③ 다소 제한적으로 중재조항 등이 소비자의 재

46) 중재합의의 방식에 관하여는 약관규제법도 아무런 특칙을 두지 않는다. 특히 국제사법(제27조)에서 보듯이 수동적 소비자에 대하여 실효적인 보호를 부여하는 것이 국제거래에서 소비자보호의 방향임에도 불구하고, 약관규제법은 고객이 소비자인가를 묻지 않고 '약관의 사용'이라는 거래형태에 착안하여 매우 느슨한 보호를 부여한다.

47) 학설은 이병준(註 39), 117면 이하; 양석완, "약관에 의한 중재조항의 효력", 비교사법, 제21권 제2호(통권 제65호)(2014. 5), 928면 이하 참조.

48) 정선주, "소비자중재에서 소비자보호의 문제", 서울대학교 법학, 제49권 제1호(통권 제146호)(2008. 3.), 243면.

49) 손경한, "소비자금융 분쟁의 중재", 중재, 제291호(1999), 78-79면(이병준(註 39), 118면, 註 20에서 재인용). 이은영, 약관규제법(1997), 357면은 무효로 추정된다고 한다. 손경한, "중재계약", 계약법의 특수문제(1983), 132면은 대등하지 않은 당사자 간에서는 그 효력을 긍정하는 것이 형평에 어긋난다고 판단될 경우에 효력을 부정한다.

판청구권을 본질적으로 또는 현저하게 훼손하는 경우나 ODR 조항이 난해하여 소비자가 그 의미를 이해하기 힘든 경우에 한하여 무효라는 견해[50]가 있다. ③은 나름 설득력이 있으나 이는 단순한 예시이지 그에 한정할 것은 아니라는 점에서 애매하다는 비판을 면하기 어렵고, 재판청구권을 본질적으로 또는 현저하게 훼손하는지를 판단하기 위한 명확한 기준을 제시해야 한다. 이런 이유로 저자는 어느 견해도 지지하지 않으며 아래에서 보듯이 약관규제법에 충실한 해석론에 따라야 한다고 생각하나[51] 이는 많이 미흡하므로 장래에는 입법론적 해결을 도모해야 한다. 구체적으로 저자의 견해는 아래와 같다. [밑줄 부분은 이 책에서 새로 추가한 것이다.]

첫째, 중재조항의 형태로 된 중재합의는 '소제기의 금지조항'에 해당한다. 따라서 약관에 포함된 중재조항에는 약관규제법 제14조가 적용된다.[52]

둘째, 약관규제법은 약관제안자의 상대방(즉 고객)에게 부당하게 '불리한 경우'에 한하여 소제기의 금지조항(예컨대 중재조항)이 무효라고 규정하고 있지 소제기의 금지조항이라고 해서 당연히 무효라고 규정하지는 않는다. 즉 중재조항이 약관에 포함되었다는 이유만으로 당연히 무효가 되는 것은 아니다.[53]

셋째, 고객에게 불리한지를 판단하는 기준은 고객이 사업자인지, 소비자인지에 따라 다르다. 특히 국제거래의 경우 그러한데 이는 국제사법 제27조의 적용 여부에 따라 기준이 달라지기 때문이다. 따라서 양자에 동일한 잣대를 적용할 것은 아니다. 예컨대 해외판매자가 한국 소비자와 중재지를 외국으로 합의하는 경우는 소비자에게 불리하지만(국제사법에 따르면 이 경우 소비자는 한국에서 재판받을 권리를 가지므로), 한국 사업자와 동일한 중재합의를 하는 경우에는 한국 사업자에게 당연히 불리한 것은 아니다. 즉 법문에 충실하게 평가의 여지를

---

50) 김선정, "온라인 상사분쟁해결방법의 법적 과제", 경영법률, 제17집 제1호(2006), 581면.

51) 약관규제법 제14조에 따른 검토를 해야 함을 지적하는 점에서는 이병준(註 39), 129면은 저자의 견해와 유사한 듯하나, 그러면서도 무효설, 그 중에서도 고객에게 불리한 때에는 무효로 추정하는 견해로 보인다.

52) 그러나 손경한, "분쟁해결합의에 관한 일반적 고찰", 법조, 제61권 제12호(통권 제675호)(2012. 12.), 69-70면은 약관규제법 제14조를 약관에 포함된 중재조항에도 유추적용한다.

53) 국내 민간건설공사에는 국토해양부가 고시한 '민간건설공사 표준도급계약 일반조건'이, 정부 등의 도급공사에는 기획재정부 예규인 '정부도급공사 표준도급계약서'가 사용되고 있는데 이런 약관도 중재조항을 두고 있다. 또한 우리나라의 건설회사가 외국의 발주자와 건설계약을 체결하면서 중재조항을 포함하는 FIDIC 표준약관을 적용하기로 합의한다면 그에 의한 중재합의는 약관규제법 제14조에도 불구하고 특별한 사정이 없는 한 유효하다. FIDIC 표준약관은 국제엔지니어링컨설팅연맹(FIDIC)이 작성한 건설계약을 위한 표준계약조건을 말한다. 요컨대 B2B 간의 이런 중재합의가 당연히 또는 일반적으로 무효가 되는 것은 아니다.

남겨두어야 한다.

넷째, 고객에게 불리하더라도 당연히 무효가 되는 것은 아니고 ‘부당하게’ 불리한 경우에 한하여 무효이므로, 약관에 포함된 중재조항이 그에 해당하는지를 판단하여야 한다.[54] 부당한지 여부를 판단하는 획일적 기준은 없고 결국 개별사건의 사정을 고려하여 사건 별로 판단할 수밖에 없다.[55] 예컨대 외국사업자가 한국 소비자와 외국에서 중재하기로 합의하는 경우, 특히 소비자가 중재지인 외국에 물리적으로 출석해서 외국어로 중재절차를 진행해야 한다면[56] 소비자에게 부당하게 불리하다고 볼 수 있으나 ODR에서 보는 바와 같이 인터넷 상으로만 중재절차의 진행이 가능하고, 언어장벽을 최소화하는 장치들(예컨대 계약체결에 사용된 언어로 질문과 답변을 유형화함으로써 클릭을 통하여 소비자가 자신의 권리를 행사할 수 있는 등)을 도입한다면 달리 볼 여지도 있을 것이다. 또한 이례적이겠지만 외국사업자가 한국 소비자의 상거소지인 한국에서 한국법에 따라 중재하기로 합의한다면 소송과 비교할 때 중재가 항상 소비자에게 불리하다고 단정할 수 있는지 의문이고,[57] 가사 불리하다고 하더라도 ‘부당하게’ 불리한 것은 아닐 것이다.[58] 즉 법문에 충실하게 평가의 여지를 남겨두어야 한다.

---

54) 이 점은 이병준(註 39), 129면도 동지.

55) 약관의 내용통제에서 개별사건의 구체적 사정을 고려할 수 있는지는 논란이 있다. 윤진수, “한국법상 약관규제법에 의한 소비자보호”, 民法論攷 Ⅵ (2015), 360면, 註 85는 이를 허용하면 동일한 약관조항의 효력이 고객에 따라 다르게 판단될 수 있어서 약관규제법 제5조 제1항(약관은 … 고객에 따라 다르게 해석되어서는 아니 된다)이 정한 약관의 객관적 해석(또는 통일적 해석) 원칙에 어긋난다고 비판한다. 그러나 김진우, “금융거래에서의 약관에 대한 사법적 통제”, 민사판례연구, 제37권(2015), 1120면 이하는 약관을 해석함에 있어서 개별적 사안의 구체적 사정을 고려하지 말아야 한다는 견해에 반대한다. 대법원 2008. 12. 16. 자 2007마1328 결정; 대법원 2013. 2. 15. 선고 2011다69053 판결과 이철송, 상법총칙 · 상행위, 제13판(2015), 54면도 같다.

56) 중재인은 통상 심리 내지 회합을 포함한 중재절차를 중재지에서 진행하지만 반드시 그곳에서 심리, 증거조사 등의 활동을 할 필요는 없고 중재판정을 그곳에서 작성해야 하는 것도 아니므로 결국 중재지는 중재판정에 중재지라고 기재된 장소에 불과하다. 이 점에서 중재지는 ‘중재의 형식적인 법적 주소 또는 본거’ 또는 ‘순전히 법적인 개념(purely legal concept)’이라고 할 수 있다. 석광현(註 42), 24면 참조.

57) 현재는 모르겠으나, 만일 소비자중재를 전문으로 하는 기구를 설립하여 전문성을 확보하여 저렴한 비용으로 신속하게 분쟁을 해결할 수 있게 된다면 소비자에게 소송이 중재보다 항상 유리하다고 단정할 수는 없을 것이다.

58) Samtleben(註 45), S. 473은 약관에서 중재합의를 한다고 불합리하게 불리한 것은 아니라고 명백히 지적하면서 독일 연방대법원 판결들(BGH 10. 10. 1991, BGHZ 115, 324; BGH 13. 1. 2005, BGHZ 162, 9, 16)을 인용한다. 이병준(註 39), 124면 이하는 소비자 중재에 관한 후자의 판결과 BGH, 1. 3. 2007, *JZ* 2008, 358ff.를 소개하고, 127면 이하에서 학설의 상황을 소개한다. 내용통제를 정한 독일 민법 제307조에 근거하여 중재조항은 고객에게 부당하게 불리한 것으로서 원칙적으로 무효이고 약관 제안자에게 특별한 이익 내지 중재의 필요성이 존재하

고객에게 '부당하게 불리한지'를 판단함에 있어서 도움이 되는 대법원 재판이 있다. 즉 대법원 2008. 12. 16. 자 2007마1328 결정은 변호사와 위임인 사이의 계약에서, "사업자와 고객 사이에서 사업자의 영업소를 관할하는 지방법원으로 전속적 관할합의를 하는 내용의 약관조항이 고객에 대하여 부당하게 불리하다는 이유로 무효라고 보기 위해서는 그 약관조항이 고객에게 다소 불이익하다는 점만으로는 부족하고, 사업자가 그 거래상의 지위를 남용하여 이러한 약관조항을 작성·사용함으로써 건전한 거래질서를 훼손하는 등 고객에게 부당하게 불이익을 주었다는 점이 인정되어야 한다. 그리고 전속적 관할합의 약관조항이 고객에게 부당한 불이익을 주는 행위인지 여부는, 그 약관조항에 의하여 고객에게 생길 수 있는 불이익의 내용과 불이익 발생의 개연성, 당사자들 사이의 거래과정에 미치는 영향, 관계 법령의 규정 등 제반 사정을 종합하여 판단하여야 한다"고 판시하고(밑줄은 저자가 추가), 당해 사건에서 제반사정을 고려하여 대구지방법원에 관하여 전속적 관할합의를 하는 내용의 위 사건 관할합의조항이 건전한 거래질서를 훼손하는 것으로서 재항고인에게 부당하게 불이익을 주는 약관조항에 해당한다고 보기는 어렵다고 판시하였다.[59][60] 대법원 2009. 11. 13.자 2009마1482 결정도 유사한 취지이다. 유력한 학설은 부당성의 판단기준으로 계약자유의 내재적 한계, 임의법규, 공서양속(강행규정)과 신의성실의 원칙이라는 네 가지 기준을 제시한다.[61]

한편 약관제안자인 해외판매자의 관점에서는 소비자에 따라 복수의 국가

는 경우에 한해서 예외적으로 유효라는 유력설도 있다. 소비자에게 공간적으로 멀리 떨어진 외국 중재지에 중재를 하라는 것은 내용통제에 걸릴 수 있으나 연방대법원(BGH 26. 6. 1986, BeckRS 1986, 31070067)은 약관 제안자의 본거지의 중재합의는 원칙적으로 허용된다고 판단하였다고 소개한다. 그러나 이는 고객이 상인인 사안이다. 윤진수(註 55), 360면도 중재조항이 반드시 고객에게 부당하게 불리한 것이라고 보기는 어렵다고 한다.

59) 반면에 국내 약관에 관한 대법원 1998. 6. 29. 자 98마863 결정은 "대전에 주소를 둔 계약자와 서울에 주영업소를 둔 건설회사 사이에 체결된 아파트 공급계약서상의 "본 계약에 관한 소송은 서울민사지방법원을 관할법원으로 한다"는 관할합의 조항은 약관규제법 제2조 소정의 약관으로서 민사소송법상의 관할법원 규정보다 고객에게 불리한 관할법원을 규정한 것이어서 사업자에게는 유리할지언정 원거리에 사는 경제적 약자인 고객에게는 제소 및 응소에 큰 불편을 초래할 우려가 있으므로 약관규제법 제14조 소정의 '고객에 대하여 부당하게 불리한 재판관할의 합의조항'에 해당하여 무효"라고 판시하였다. 그러나 이는 당해 약관이 고객에게 불리하다는 점만을 판단하였을 뿐이고 그것이 "부당한지"라는 요건을 소홀히 취급한 것이다.

60) 윤진수(註 55), 360면, 註 85는 위 판례대로라면 동일한 약관조항의 효력이 고객에 따라 다르게 판단될 수 있어서 약관의 객관적 해석 원칙에 어긋난다고 비판하고, 김진우(註 55), 1120면 이하가 그에 반대함은 위에서 언급하였다.

61) 이은영, 약관규제론(1984), 138면 이하 참조. 이는 약관규제법이 제정되기 전의 이론이다.

법원이 국제재판관할을 가지는 것을 막기 위해 관할합의를 통하여 관할을 집중하고, 나아가 중재가 가지는 장점(신속하고 경제적인 최종적 분쟁해결)[62]을 활용하기 위해 중재합의를 할 동인이 있다. 약관제안자로서는 중재조항을 통하여 예측가능성과 위험관리수단을 확보함으로써 거래비용을 낮출 수 있어 결과적으로 다수의 소비자에게 보다 유리한 조건으로 물품을 공급할 수 있다고 주장할 여지도 있다. 미국에서 아래 언급하는 중재공정성법(Arbitration Fairness Act)의 입법이 번번이 좌초하는 데는 이런 이유도 있고,[63] 또한 위에 언급한 것처럼 소비자 분쟁도 중재에 의하여 해결할 수 있고 소비자계약상의 중재합의가 유효하다고 판시한 연방대법원의 판결들도 있기 때문일 것이다.

요컨대 저자는, 해외직구에서 해외판매자가 외국에서 중재하기로 하는 중재조항은 한국 소비자에게 불리하나, 그렇다고 해서 그것이 항상 무효인 것은 아니고 소비자에게 부당하게 불리한 때에 한하여 무효가 된다고 본다. 대법원 판결의 기준에 따르면, 그 중재조항이 고객에게 다소 불이익하다는 점만으로는 부족하고, 사업자가 그 거래상의 지위를 남용하여 이러한 중재조항을 작성・사용함으로써 건전한 거래질서를 훼손하는 등 고객에게 부당하게 불이익을 주었다는 점이 인정되어야 하고, 중재조항이 고객에게 부당한 불이익을 주는지 여부는, 그 중재조항에 의하여 고객에게 생길 수 있는 불이익의 내용과 불이익 발생의 개연성, 당사자들 사이의 거래과정에 미치는 영향, 관계 법령의 규정 등 제반 사정을 종합하여 판단하여야 하므로 일률적으로 판단할 수는 없고 개별사건마다 판단해야 한다는 것이다. 특히 대법원 판결처럼 사업자가 그 거래상의 지위를 남용하여 당해 약관조항을 작성・사용함으로써 건전한 거래질서를 훼손할 것을 요구한다면 해외판매자의 지위에 따라 달라진다는 것인데 그 타당성은 의문이다.[64] 만일 우리가 국제사법이 국제소송에서 소비자에게 부여하는 수준의 보호를 국제중재에서도 부여해야 한다면, 사업자의 주된 사무소 소재지를 중재지로 지정하는 통상적인 해외직구계약의 중재조항은 무효가 될 것이다. 문

---

62) Jeffrey Golden and Carolyn Lamm (Eds.), International Financial Disputes: Arbitration and Mediation (2015), para. 9.75 (Judith Gill and James Freeman 집필부분).

63) 텍사스 등의 주 차원에서는 그런 입법이 이루어진 바 있으나 이는 연방중재법에 반하는 것으로서 강제할 수 없다는 지적이 있다. Gill/Freeman, in Golden and Lamm (Eds.)(註 62), para. 9.73 참조.

64) 거래상 지위의 남용은 공정거래법(예컨대 제23조 제1항 제4호: 자기의 거래상의 지위를 부당하게 이용하여 상대방과 거래하는 행위)에서는 익숙하나 약관규제법의 맥락에서는 다소 생소하다.

제는 우리가 그런 결론을 따를지, 아니면 중재의 특수성을 고려하여 이를 완화할지와, 만일 완화한다면 어느 정도까지 완화할지에 있다. 어쨌거나 명확한 기준이 없는 현재로서는, 해외판매자는 약관에서 소비자에게 소송과 중재를 제시하면서 소비자가 클릭하여 선택할 수 있게 하고, 소비자가 중재를 선택할 경우 법원(그것도 소비자 상거소지국의 법원)에서 재판을 받을 권리가 상실된다는 등의 불이익을 고지하고,[65] 소비자보호 전문기구 등을 중재기관으로 지정하는 등의 조치를 취한다면 그 중재조항이 소비자에게 부당하게 불리한 것으로서 무효가 될 가능성을 상당히 낮출 수 있을 것이다.

(3) 중재법에 의하여 중재조항 자체를 통제하는 방안

우리 중재법은 중재지가 한국인 경우에 적용된다(중재법 제2조 제1항). 더욱이 중재법에는 소비자보호에 관한 규정이 없으므로 중재법으로써 해외직구계약에 포함된 중재조항을 통제할 수는 없다. 다만 국제사법 제27조의 국제재판관할규칙을 중재에도 유추적용하는 견해가 주장될 여지가 있으나 이는 중재지가 한국인 경우에만 가능한 견해이다. 그 경우 구체적 내용은 논란의 여지가 있다. 첫째, 소비자의 상거소지국에 전속관할을 부여하는 분쟁 발생 전의 합의는 무효이므로(제27조 제6항) 분쟁 발생 전에 체결된 중재조항은 무효라는 견해도 가능하나,[66] 둘째, 소비자 상거소지국의 국제재판관할은 허용되므로 소비자

65) 이는 위에서 본 아마존의 약관도 제공한다.

66) 유럽에서는 Unfair Terms in Consumer Contracts Directive 93/13/EC, Annex 1(q) 상 분쟁 발생 전에 체결한 중재합의는 무효라고 한다. 이는 Directive 2011/83/EU of the European Parliament and of the Council of 25 October 2011 on consumer rights amending Council Directive 93/13/EEC and Directive 1999/44/EC of the European Parliament and of the Council and repealing Council Directive 85/577/EEC and Directive 97/7/EC of the European Parliament and of the Council에 의하여 대체되었다. 일반적으로 소비자중재의 경우 유럽연합에서는 사전적 중재합의는 무효임을 전제로, 미국에서는 유효임을 전제로 UNCITRAL의 ODR 협상에 임하는 것으로 소개되고 있다. ODR 예컨대 이병준(註 39), 113면; 송유림(註 10), 62면. 프랑스에서는 민법(제2061조)상 상인만이 중재를 할 수 있으므로 중재조항에 의한 소비자의 중재합의는 무효이다. Christophe Seraglini/Jérôme Ortscheidt, *Droit de l'arbitrage interne et international* (2013), N. 134; 정선주, 소비자중재와 근로자중재의 제문제, 법무부 용역보고서(2013. 11. 15), 43면. 그러나 프랑스에서도 국제중재에서는 판례(파기원 1999. 1. 5. Zanzi 판결)가 이를 허용하였고 학설은 이를 지지하나 현재는 논란의 여지가 있다. 위 Seraglini/Ortscheidt, N. 640. 지침은 각 회원국이 그에 따른 입법을 해야 의미가 있는데 독일의 경우 그 국내법적 근거는 불분명하다. 지침에 관한 논의는 Alexander J. Bělohlávek, B2C Arbitration: Consumer Protection in Arbitration (2012), p. 69 이하 참조. 유럽연합에서는 소비자 ADR을 규율하기 위한 다양한 노력이 행해지고 있고 그 과정에서 지침들을 제·개정하고 있다. 예컨대 Directive 2013/11/EU of the European Parliament and of the Council of 21 May 2013 on alternative dispute resolution for consumer disputes and amending Regulation (EC) No 2006/2004 and Directive 2009/22/EC (Directive on consumer ADR) 등. Gill/Freeman, in Golden and Lamm

의 상거소지국을 중재지로 합의하는 것은 허용된다는 온건한 견해도 주장될 수 있다.[67] 물론 분쟁 발생 후 체결하는 중재부탁계약에는 이런 제한은 없다.

만일 중재조항이 무효라면 당사자 간에는 중재합의와 국제재판관할합의가 없으므로 결국 국제재판관할의 일반원칙에 의하게 된다. 그 경우 각국의 국내법원칙에 따라 국제재판관할이 결정되는데, 한국에서는 국제사법 제27조 제4항과 제5항[68]이 적용되어 한국 소비자는 해외판매자를 상대로 한국에서도 제소할 수 있고, 해외판매자는 한국 소비자를 상대로 한국에서만 제소할 수 있게 된다. 하지만 위의 견해를 따르더라도 중재지가 외국인 경우 중재판정부가 우리 국제사법의 국제재판관할규칙을 유추적용할 가능성은 거의 없으므로[69] 여기에서 논의하는 사안, 즉 한국에 상거소지를 가지는 한국 소비자에 관한 한 이러한 논의는 실익이 없다.

라. 국제중재에서 분쟁의 실체의 준거법에 대한 통제

위에서 보았듯이 국제사법은 소비자를 보호하기 위한 조치로서 소비자계약의 준거법 결정에 있어서 국제계약 일반에 적용되는 원칙에 대한 특칙을 두고 있다.[70] 반면에 중재법은 소비자계약에서 분쟁의 실체의 준거법에 대한 통제(준거법 합의 자체에 대한 통제와 편입되는 준거법을 적용하는 과정에서 약관에 대한 편입통제, 내용통제와 해석통제)를 규정하지 않는다. 그렇다면 국제상사중재에

(Eds.)(註 62), para. 9.74. 소비자 ADR에 관하여는 Michael Stürner, Fernando Gascón Inchausti and Remo Caponi (eds.), The Role of Consumer ADR in the Administration of Justice: New Trends in Access to Justice under EU Directive 2013/11 (2014)에 수록된 논문들 참조.

67) 독일에도 브뤼셀협약 및 브뤼셀 I 의 해석상 유사한 견해가 있었다. 브뤼셀협약의 국제재판관할규칙을 적용하는(또는 유추적용하는) 견해이다. 후자는 브뤼셀협약은 중재에는 적용되지 않으므로 이를 유추적용한다. 이에 따르면 소비자관할을 배제하고 외국중재합의를 하는 합의는 무효이다. Samtleben(註 45), S. 473, Fn. 30 참조. 그러나 Samtleben은 중재합의가 무효라면 뉴욕협약에 따라 중재합의의 효력을 부정할 수는 있으나 이는 중재합의의 준거법에 따라야지 법정지법에 따를 근거는 없다고 반박한다.

68) 조문은 아래와 같다.
"제27조(소비자계약) ④ 제1항의 규정에 의한 계약의 경우에 소비자는 그의 상거소가 있는 국가에서도 상대방에 대하여 소를 제기할 수 있다.
⑤ 제1항의 규정에 의한 계약의 경우에 소비자의 상대방이 소비자에 대하여 제기하는 소는 소비자의 상거소가 있는 국가에서만 제기할 수 있다."

69) 물론 중재지법상 어떤 구제가 가능한지를 별도로 검토해야 할 것이다.

70) 즉 주관적 준거법에 관하여는 당사자자치를 허용하되 소비자 상거소지국의 강행규정의 보호를 관철하고, 객관적 준거법에 관하여는 소비자 상거소지국법을 준거법으로 지정한다.

서 분쟁의 실체의 준거법에 대한 통제에서는 다음의 의문이 제기된다.

첫째, 중재판정부가 약관인 소비자계약에 포함된 준거법을 적용해야 하는가. 여기에서는 국제사법 제27조를 유추적용할 수 있는지가 주로 문제된다(아래 1).

둘째, 준거법을 적용하는 과정에서 소송에서와 같은 소비자보호의 기제, 즉 약관에 대한 통제가 작동하는가. 이는 약관규제법에 따른 통제(제14조 이외)의 적용 여부의 문제이다(아래 2).

(1) 국제사법 제27조의 준거법결정규칙을 유추적용하여 준거법 합의를 통제하는 방안

국제사법은 소비자계약에 있어 국제사법적 차원의 보호조치로서 당사자자치의 원칙을 제한하고, 객관적 준거법의 결정에 관하여도 일반원칙을 수정하여 계약과 가장 밀접한 관련이 있는 국가의 법이 아니라, 소비자의 상거소지법을 준거법으로 지정한다(제27조 제1항 및 제2항). 소비자계약의 경우에 당사자가 준거법을 선택할 수 있으나, 당사자가 준거법을 선택하더라도 객관적 준거법 소속 국가의 (국내적) 강행규정에 의하여 근로자에게 부여되는 보호를 박탈할 수 없다는 점이다. 즉 객관적 준거법 소속국의 국내적 강행규정의 보호가 '최소한의 보호(minimum protection)'로서 관철되는 결과 당사자가 선택한 준거법과 객관적 준거법 중 소비자에게 보다 유리한 법이 적용되는 셈이 된다.

중재에서는 국제사법 제27조의 준거법결정규칙은 직접 적용되지는 않는다.[71] 중재판정부는 중재지의 국제사법에 구속되지 않기 때문이다. 그렇다면 문제는 중재에서 국제사법 제27조를 유추적용할 수 있는지인데 이는 중재지에 따라 다르다. 즉 중재지가 외국인 경우 중재판정부가 우리 국제사법을 유추적용할 가능성은 거의 없고,[72] 중재지가 한국인 경우에 이를 고려할 수 있으나, 그렇더라도 중재인은 중재지의 국제사법을 적용하거나 유추적용할 의무는 없으므로 부정설이 설득력이 있다.[73] 그렇다면 소비자계약에 관한 중재에서는 중

71) 독일에서는 중재법이 정한 당사자자치의 원칙이 타당한지 아니면 국제사법의 특칙이 여전히 적용되어야 하는지에 관하여 견해가 나뉜다. Karl Heinz Schwab/Gerhard Walter, Schiedsgerichtsbarkeit, 7. Auflage (2005), Kapitel 55, Rn. 6 참조. Rolf A. Schütze, Schiedsgericht und Schiedsverfahren, 4. Auflage (2007), Rn. 197은 중재법이 특칙을 언급하지 않으므로 국제사법의 특칙은 적용되지 않는다고 한다.

72) 물론 중재지법상 어떤 구제가 가능한지를 별도로 검토해야 할 것이다.

73) Christoph Reithmann/Dieter Martiny, Internationales Vertragsrecht, 8. Auflage (2015), Rn. 8.425 (Hausmann 집필부분)는 적용은 부정하지만 유추적용을 인정한다. 석광현, "중재법의

재법(제29조)이 정한 당사자자치 원칙이 전면적으로 적용된다. 이를 정리하면 아래와 같다.

≪중재에서 국제사법 제27조의 준거법결정규칙의 유추적용 여부≫

	중재지	
	한국	외국
제27조 유추적용 여부	논란 여지 있으나 저자는 부정	부정 [통상의 해외직구의 경우]

(2) 준거법을 적용하는 과정에서 약관규제법에 따른 통제(제14조 이외)를 적용하는 방안

국제중재에서 분쟁의 실체에 관한 약관규제법(제14조 이외)에 따른 통제는 주된 계약의 준거법이 한국법인 경우에는 가능하다.[74] 이는 중재지에 관계없이 약관규제법이 준거법의 일부로서 적용되기 때문이다.[75] 경우를 나누어 보면 아래와 같다.

≪준거법 적용과정에서 약관규제법에 따른 통제의 적용 여부≫

		중 재 지	
		한국	외국
준거법	한국법	적용	적용
	외국법	부적용	부적용 [통상의 해외직구의 경우]

개정방향: 국제상사중재의 측면을 중심으로", 서울대학교 법학, 제53권 제3호(통권 제164호)(2012. 9.), 574면 참조.

74) Samtleben(註 45), S. 473은 준거법이 독일법이면 내용통제는 가능하나 외국중재에서 준거법이 독일인 사례는 드물 것이라고 지적한다. 중재합의의 성립의 준거법이 아니라 중재합의의 허용요건의 준거법에 따를 사항이라고 보는 저자와는 다르다.

75) 만일 약관규제법이 국제적 강행규정이라면 외국법이 준거법이더라도 일정한 경우 고려되거나 영향을 미칠 수 있으나 국제적 강행규정성은 부정되므로 이는 기대할 수 없다. 약관규제법을 국제적 강행규정이라고 본다면 중재인이 이를 적용해야 하는지는 논란이 있다. 석광현, "국제분쟁해결의 맥락에서 본 국제상사중재", 서울대학교 법학, 제55권 제2호(2014. 6.), 249면; 정홍식, "국제중재에서 국제적 강행법규의 적용가능성", 중재연구, 제23권 제4호(2013. 12), 3면 이하; 이헌묵, "국제적 강행법규에 대한 중재가능성", 국제거래법연구, 제22집 제2호(2013. 12.), 21면 이하 참조.

마. 소비자계약상의 분쟁은 상사사건인가

(1) 뉴욕협약에 따른 상사유보의 의미

해외직구에서 발생하는 것과 같은 소비자계약상의 분쟁이 뉴욕협약에 따른 상사유보에서 말하는 상사(또는 상사사건. 이하 양자를 호환적으로 사용한다)인가는 논란의 여지가 있다.[76] 뉴욕협약은 외국중재판정의 승인 및 집행에 적용됨은 물론이고(집행단계), 그 명칭과 달리 중재합의에도 적용된다(항변단계와 중재단계). 따라서 한국 소비자가 아마존 또는 알리바바를 상대로 우리 법원에 소를 제기하는 경우에도 뉴욕협약이 적용되고, 그 경우 법원은 뉴욕협약 제2조와 중재법 제9조에 따라 피고의 항변이 있으면 소를 각하해야 한다. 그러나 만일 소비자계약분쟁이 상사사건이 아니라면 뉴욕협약 제2조는 적용되지 않는다. 물론 그렇더라도 중재법 제9조가 적용되므로 결론은 동일할 것이나, 중재합의의 제문제를 뉴욕협약이 아니라 한국법에 따라 판단하게 된다는 차이가 있다.

뉴욕협약(제1조 제3항 후단)은, 어떠한 국가든지 유보선언을 한 국가의 국내법상 상사(commercial)라고 인정되는 법률관계로부터 발생하는 분쟁에 한하여 뉴욕협약을 적용할 것을 선언할 수 있다고 규정함으로써 상사유보를 허용하는데 우리나라는 상사유보를 선언하였다.[77] 뉴욕협약은 '상사법률관계'의 범위를 유보선언을 하는 체약국의 국내법에 일임하였기 때문에 상사법률관계인지의 여부를 예측하기는 어렵고, 상사의 개념에 관하여 상이한 이해를 가진 국가들 간에는 그의 성질결정이 용이하지 않지만, 종래 대부분의 국가들이 '상사'의 개념을 넓게 해석하고 있으므로 실제로 큰 문제는 없다고 한다. 마치 국내공서에는 반하더라도 국제공서에는 반하지 않는다고 보는 것과 유사하게, 집행국의 국내법상으로는 상사에 해당하지 않더라도 뉴욕협약상으로는 상사로 볼 수 있을 것이라고도 한다.

우리 법상 상사에 해당하지 않는 것으로는 가사상의 법률관계와 행정사건을 들 수 있다. 근로관계와 통상적인 소비자계약관계에 관하여는 논란의 여지가 있으나 저자는 이는 상사가 아니라는 견해를 지지한다. 민사와 상사의 구별

---

76) 뉴욕협약의 맥락에서 이 점은 석광현(註 42), 257면 이하에서도 언급하였다.

77) 미국과 중국도 같다. 뉴욕협약이 상사유보를 허용한 이유는, 제네바의정서(제1조 제2항)에 유사한 규정이 있었고, 중재법상 상사와 비상사(또는 민사)를 구별하는 일부 대륙법계 국가들이 상사에 한하여 뉴욕협약을 적용하겠다고 주장하였기 때문에 가급적 많은 국가의 가입을 유도하기 위한 것이다.

은 맥락에 따라 다를 수 있으나, 우리나라가 상사유보선언을 하였으니 그에 의미를 부여하자면 뉴욕협약의 맥락에서는 근로관계와 통상적인 소비자계약에 관한 중재는 상사가 아닌 민사로 보자는 것이다.78) 즉 근로관계와 통상적인 소비자계약관계에 관한 분쟁의 중재가능성을 부정하는 것보다는 이를 긍정하되 민사로 본다. 물론 논리적으로는 일방적 상행위인 소비자계약도 상사로 볼 수 있는데, 상사의 범위를 넓게 보는 견해는 소비자계약과 근로계약관계도 상사에 포함시킨다.79) 만일 우리도 소비자계약과 근로계약에도 뉴욕협약을 적용하고자 한다면 상사유보를 철회하는 방안을 고려해야 할 것이다.

(2) 중재법상 상사사건의 의미

소비자계약분쟁이 상사사건인가라는 논점은 뉴욕협약만이 아니라 우리 중재법의 문제이기도 하다. 우리나라는 원래 상사에만 적용되는 모델중재법을 받아들이면서 민사에까지도 확대하였다. 따라서 입법자로서는 모델중재법은 상정하지 않은 사항, 즉 민사에 속하는 소비자와 근로자의 보호를 고려한 조항을 추가했어야 한다는 주장도 가능하다. 아래에서 소개하는 독일 민사소송법(제1031조 제5항)은 이 점을 고려한 것이라고 한다.80) 나아가 우리나라는 1973년 뉴욕협약에 가입하면서 상사유보를 하였지만, 그 후 1999년 모델중재법을 받아들이면서 민사도 함께 규율하기로 결정하였으므로 지금이라도 뉴욕협약상의 상사유보를 철회하는 것이 일관성이 있다고 할 수 있다. 특히 민사사건에도 적용되는 중재법에서 외국중재판정의 승인 및 집행에 관하여 뉴욕협약이 적용되는 상사사건의 외국중재판정에 대하여만 동 협약을 적용하도록 하는 것은 부자연스러운 면이 있다. 따라서 우리도 상사유보를 철회하는 방안을 검토할 필요

---

78) Howard M. Holtzmann and Joseph E. Neuhaus, A Guide To The UNCITRAL Model Law On International Commercial Arbitration: Legislative History (1989), p. 34(이는 모델중재법에 관한 논의이나 뉴욕협약에 관하여도 타당하다고 본다). Manja Epping, Die Schiedsvereinbarung im internationalen privaten Rechtsverkehr nach der Reform des deutschen Schiedsverfahrensrechts (1999), S. 121과 Reithmann/Martiny/Hausmann(註 73), Rn. 8.338도 同旨로 보인다. 하지만 모델중재법의 주석은 상사를 넓게 해석할 것이라고 하면서 항공, 철도 또는 도로에 의한 물품 또는 여객의 운송(carriage of goods or passengers by air, sea, rail or road)도 상사에 포함시킨다. 제1조의 註 2.

79) Gary B. Born, International Commercial Arbitration, Vol. I (2009), p. 271. 다만 이는 중재가능성을 부정할 여지를 언급한다. <u>최기원, "한국기업의 해외진출에 따른 국제간의 분쟁의 해결을 위한 국제상사중재제도에 관한 연구", 서울대학교 법학 제19권 제1호(통권 제39호)(1978. 8.), 216면도 일방적 상행위를 포함시킨다.</u> [밑줄 부분은 이 책에서 새로 추가한 것이다.]

80) Münchener Kommentar zur ZPO, 4. Auflage (2013), §1031, Rn. 44 (Munch 집필부분).

가 있는데, 물론 그러한 방안을 실행하기에 앞서 우리가 이해하는 상사사건의 개념을 명확히 해야 할 것이다.

3. 국제중재에서 소비자보호를 위한 중재법의 개정방향

현재로서는 저자가 이에 관한 구체적인 제안을 할 처지에 있지는 않다. 따라서 여기에서는 종래의 논의상황과 장래의 개정방향만을 간단히 언급하고 상세는 다른 기회로 미룬다.

가. 종래의 논의상황

위에서 언급한 바와 같이 독일 민사소송법(제1031조 제5항)은 "소비자가 관련된 중재합의는 반드시 당사자들의 자필서명이 있는 문서에 포함되어야 한다"고 규정함으로써 소비자의 보호를 위하여 중재합의의 방식에 관한 특칙을 두고 있다. 또한 일본 중재법은 사회・경제적 약자인 소비자를 보호하기 위한 특칙을 두어, 소비자가 체결한 중재합의를 해제할 수 있도록 규정한다(부칙 제3조). 다만 이는 일본 중재법 시행 후 소비자가 장래의 분쟁을 해결하기 위하여 체결한 중재합의에 적용되는 것으로 관련 법제가 정비될 때까지의 잠정적 조치라고 하나[81] 지금도 유지되고 있다.

약관에 포함된 중재조항의 남용으로부터 소비자를 보호함에 있어 약관규제법과 중재법은 미흡하므로 국내거래와 국제거래를 모두 고려해서 적절한 규제의 수준과 방법을 강구할 필요가 있다. 종래 우리나라에서도 이에 관한 논의가 없는 것은 아니다. 예컨대 정선주 교수는 영국과 독일의 입법례를 소개하면서 중재합의의 시기, 중재합의의 방식, 정보제공의무와 소비자보호입법의 배제의 관점에서 소비자보호 방안을 검토한다.[82] 그러나 이는 국내중재에 관한 논의이고 국제중재에 대한 고려는 부족하다.

저자는 중재법의 맥락에서 소비자와 근로자의 보호의 필요성을 지적한 바

---

81) 상세는 近藤昌昭 외 4인, 仲裁法コンメンタール(2003), 305면 이하 참조. 일본 중재법은 개별근로관계 분쟁에 관하여 근로자가 체결한 중재합의를 무효라고 규정한다(부칙 제4조). <u>우리 문헌은 김명수, "중재합의와 소권 포기", 한양대 법학논총 제33집 제2호(2016. 6.), 144면 이하 참조.</u> [밑줄 부분은 이 책에서 새로 추가한 것이다.]

82) 정선주(註 48), 236면 이하; 송민수/윤민섭/나광식, 소비자중재의 법제화에 관한 연구, 한국소비자원 정책연구 13-13 (2013) 참조. 김광수(註 38), 29면 이하는 국제소비자분쟁의 실태와 사례 등을 소개하나 국제소비자중재에 특유한 쟁점을 다루지는 않는다.

있다.[83] 2016년 개정된 중재법의 개정작업을 위하여 법무부가 구성한 중재법개정위원회에 위원으로 참여한 저자는 회의 시에도 소비자와 근로자를 보호하기 위한 특칙을 두자고 제안한 바 있다. 그러한 제안에 따라 중재법개정위원회 차원의 논의가 있었고, 깊이 있는 논의를 위하여 법무부는 소비자계약에 관한 용역을 발주하였으며 정선주 교수가 "소비자중재와 근로자중재의 제문제"에 관한 용역보고서(2013. 11. 15.)[84]를 제출하였다. 그러나 유감스럽게도 위 보고서는 국제거래와 국제중재에 관하여 충분한 논의를 담고 있지 않았기에 중재법개정위원회는 법무부를 통하여 누락된 논점의 보완을 요구하도록 요청하였으나 어떤 이유에서인지 개선되지 않았다. 이는 매우 유감스러운 일이다. 저자도 중재법개정위원회에서 소비자보호를 위한 중재법 개정의 필요성을 제기하고 큰 방향은 제시하였지만 구체적 방향이나 문언을 제시하지는 못하였다. 그 결과 2016. 11. 30. 시행된 개정 중재법에서는 근로자나 소비자를 보호하기 위한 입법적 개선은 이루어지지 못하였고 이는 장래의 과제로 남게 되었다.

나. 장래 중재법의 개정방향

중재법을 개정함에 있어서는 소비자보호와 중재의 활성화라는 목표를 달성할 수 있어야 한다. <u>즉 소비자중재를 전면금지하는 것보다는 한편으로는 적절한 범위 내에서 소비자를 보호하면서 다른 한편으로는 소비자중재를 활성화할 필요가 있고 온라인중재도 활성화하기 위하여 노력할 필요가 있다.</u> [밑줄 부분은 이 책에서 새로 추가한 것이다.] 개정방향에 관한 컨센서스는 우리나라에서나 외국에서도 아직 보이지 않는다. 저자가 생각하는 중재법 개정의 대체적인 방향은 아래와 같다.

저자의 생각으로는 소비자분쟁의 중재가능성(arbitrability)을 아예 배제할 것은 아니고, 일정한 요건 하에 허용하는 것이 바람직하다. 구체적으로 중재합의의 방식을 제한하고, 소송과 중재 간의 선택권을 부여하며, 중재 선택 시 발생하는 법률효과(법원에서 재판받을 권리의 상실, 단심제, 중재판정부의 구성, 중재지와 준거법에 관한 설명 등)에 관한 일정한 범위의 정보를 제공해야 한다. 장기적으로는 소비자보호기구에 의한 중재의 선택 가능성을 보장할 필요가 있다. 다만 2016년 중재법의 개정과정에서 소비자중재에 관한 특칙을 두지 못하였으므로

83) 석광현(註 42), 98면; 석광현(註 73), 572면은 유사한 제안을 담고 있다.

84) 정선주(註 66) 참조.

우리 중재법을 다시 개정하는 것은 당분간 어려울 것이다. 그렇다면 전자상거래소비자보호법에 전자상거래에 따른 소비자중재를 규정하는 방안도 생각할 수 있으나,[85] 그 경우 온라인분쟁해결(ODR)을 고려해야 한다.

참고로 미국에서는 2015년에도 중재공정성법(Arbitration Fairness Act of 2015)의 법률안이 의회에 제출되었다.[86] 이는 연방중재법이 일반적으로 대등한 협상력을 가진 기업 간의 분쟁을 대상으로 하기 때문에 소비자나 근로자처럼 협상력에 제한을 가진 주체에 대해 적용하기에는 적절하지 않음에도 불구하고 미국 연방대법원이 소비자중재나 근로자중재에 대해서도 연방중재법을 그대로 적용하는 것은 문제라는 인식에 기초한 것이다. 위 법률안은 소비자중재와 근로자중재에서는 사전중재합의(pre-dispute arbitration clauses)를 인정하지 않음으로써 소비자와 근로자의 권리를 강화하고자 한다. 위 법률안은 2007년 이래 미국 의회에 제출되고 있지만 비판적인 목소리도 높은 탓에 아직 입법화되지 못하고 있는 것으로 보인다.[87]

V. 맺음말: 해외직접구매의 유형에 따른 소비자보호에 관한 논의의 정리

지금까지 해외직구에서 발생하는 분쟁과 소비자의 보호의 문제를 중재법과 약관규제법을 중심으로 검토하였다. 여기에서는 위 법리가 해외직접구매에 어떻게 적용되는지를 정리하고 입법론을 간단히 제시한다.

85) 근자에는 금융소비자를 위한 중재를 활성화하자는 논의도 있다.

86) 이전 법률안과 미국 판례의 태도는 Sarah Rudolph Cole, "On Babies and Bathwater: The Arbitration Fairness Act and the Supreme Court's Recent Arbitration Jurisprudence", 48 *Hous. L. Rev.* 457 (2011); 정선주(註 66), 40면 이하 참조(위 법률안의 2013년도 제안 설명).

87) 반면에 하충용, "소비자중재합의에서의 'VKI 법리'에 대한 고찰", 중재연구, 제21권 제3호 (2011. 12.), 175면 註 52는 "소비자 중재에 따른 법률적 위험으로 인하여 미국에서는 소비자 중재를 어떠한 형태로든 제한해야 한다는 주장이 제기되었고 매우 제한적인 입법이 이루어졌다"고 하면서 Arbitration Fairness Act of 2007, S. 1782를 인용하나 위 법률안이 채택된 것은 아니다.

1. 중재법과 약관규제법의 해석론

분쟁해결수단이 중재인 경우 해외직접구매를 포함한 국제거래에서 당사자의 권리와 의무를 정확히 이해하자면 약관규제법과 중재법에 따른 보호를 알아야 한다. 다만 한국 중재법은 중재지가 한국인 경우에 적용되므로 그 적용 여부가 명확한 데 반하여, 약관규제법의 적용범위는 복잡하므로—저자는 한국 소비자가 체결하는 직구계약의 준거법이 외국법이면 약관규제법(제14조 이외)의 통제는 적용되지 않지만 제14조는 적용된다고 본다—, 그 적용 여부를 먼저 판단해야 한다. 해외직접구매의 유형별로 이상의 논의를 정리하면 아래와 같다.

가. 해외직접배송: 직접구매와 직접배송

당사자가 분쟁해결수단으로서 중재합의를 한 때에는, 중재지가 한국이라면 한국 소비자의 보호는 중재법과 약관규제법에 따라야 한다. 중재법을 보면, 중재지가 한국인 경우에는 국제사법을 유추적용할 가능성을 생각할 수 있으나 이를 긍정하기는 어렵고, 외국을 중재지로 하는 경우에는 그렇지 않으므로 결국 중재법에 따른 보호수단은 거의 없게 된다. 한편 약관규제법에 따르면 고객에게 부당하게 불리한 중재조항만이 무효인데, 해외직구계약에 포함된 중재조항이 과연 그에 해당하는지도 논란이 있고, 더욱이 약관규제법 자체가 적용되는지의 판단도 쉽지 않으므로 불확실성이 존재한다(만일 그에 해당하면 중재조항은 무효가 되어 결국 소송으로 돌아가므로 한국 소비자는 국제사법 제27조에 의하여 보호된다).

나. 해외배송대행: 직접구매와 배송대행

이 경우에도 해외판매자와 한국 소비자 간에 해외직구계약이 체결되므로 동 계약이 소비자계약이라면 당사자가 분쟁해결수단으로서 중재를 선택한 경우에는 위(가.) 해외직접배송에 관한 설명이 타당하다.

경우에 따라서는 한국 소비자—해외판매자 간의 분쟁해결수단과 한국 소비자—해외배송대행업자 간의 분쟁해결수단이 상이할 수 있다(예컨대 전자는 중재이고 후자는 소송 또는 그 반대의 경우). 이처럼 분쟁해결수단인 소송과 중재가 착종하는 경우나, 양 분쟁을 중재로 해결하는 경우에도 다수당사자 간의 분쟁을 일거에 해결하기는 어렵다.

다. 해외구매대행: 구매대행과 배송대행

이 경우에는 해외판매자와 한국 소비자 간에 계약관계가 존재하지 않고, 해외판매자와 구매대행자 간에 구매계약이 체결된다. 이 경우 구매대행자는 상법상의 위탁매매인이 된다. 따라서 만일 구매대행자가 한국에 있는 한국 회사라면 해외판매자와 구매대행자 간의 매매계약에는 당자자가 배제하지 않는 한 매매협약이 적용된다. 한편 구매대행 및 배송대행자가 해외 사업자라면 대행자와 한국 소비자 간에 체결되는 계약도 소비자계약이 될 수 있고, 당사자가 분쟁해결수단으로서 중재합의를 한 때에는 한국 소비자와 구매대행자의 관계에서는 위(가.) 해외직접배송에 관한 설명이 타당하다.

2. 중재법과 약관규제법의 입법론

전자상거래가 정확히 언제부터 이용되었는지는 논란이 있으나 전자상거래는 전통적인 유통업의 혁명을 가져왔다는 평가를 받고 있다. 전자상거래의 효율성을 보면, 소비자들은 더 싼 값에 더 좋은 재화 또는 용역을 제공받을 수 있으므로 소비자보호를 지나치게 강조함으로써 거래의 효율성을 저해해서는 아니 된다는 주장도 설득력이 있다. 그렇지만 고객의 편의를 지향한다는 전자상거래 사업자가 상대방인 소비자의 보호를 부정하거나 외면하는 것은 정도(正道)가 아니다. 장기적으로는 전 세계적 차원에서 합리적 수준의 소비자보호를 관철함으로써 국제 전자상거래를 더욱 활성화해야 할 것이다. 이런 관점에서 보면 장래 우리 입법론의 방향은 아래와 같다.

중재법은, 2016년 개정과정에서 소비자 보호를 위한 개선방안을 도입하지 못하였기에 소비자보호의 문제를 약관규제법에 맡기고 있는 실정이다. 그러나 약관규제법의 모호성으로 인하여 국내중재에서도 불확실성이 존재하거니와, 국제중재에서는 모호한 약관규제법의 통제가 어느 경우에 적용되는지도 불확실하므로 모호함이 가중된다. 따라서 중재법과 약관규제법을 개정하여 그 내용과 적용 여부를 명확히 해야 하고,[88] 그것이 힘들다면 전자상거래에서 소비자를

88) 과거 약관규제법 제14조는 관할합의와 중재합의에 공통적으로 적용되었다. 그러나 국제소비자계약상의 분쟁을 보면, 관할합의에 대하여는 국제사법 제27조가 명확히 규정하는 탓에 이제는 이를 중재합의와 통일적으로 규율할 수 없게 되었다. 따라서 중재합의를 위한 맞춤형(tailor-made) 규율방안을 도입해야 한다는 것이다.

보호하기 위하여 중재 관련 조문을 전자상거래소비자보호법에 두는 방안도 고려해야 한다. 사견으로는 소비자계약에서 사전중재합의를 전면 불허하고 분쟁발생 후의 중재합의만을 허용하기보다는,[89] 다양한 소비자분쟁조정제도의 장점을 살리면서 그와 연계하여 적정 수준의 소비자보호를 제공함과 동시에 중재제도가 가지는 장점을 살릴 수 있는 합리적인 소비자중재제도를 만들어 가는 것이 바람직하다. 우선 국내 소비자계약을 염두에 두고 소비자중재제도를 설계하면서, 그를 기초로 국제 소비자중재의 특수성을 반영한 국제소비자중재제도를 설계해야 한다. 이를 위해서는 더욱 체계적이고 깊이 있는 연구가 절실히 요구되는데,[90] 가까운 장래에 그에 관한 국제적 컨센서스가 이루어지기를 기대해 본다. 저자는 과거 ODR에 관한 UNCITRAL의 작업도 이런 관점에서 지켜볼 필요가 있다고 하였으나 이 작업이 목적을 달성하지 못하고 2016년 "ODR에 관한 기술지침(Technical Notes on Online Dispute Resolution)("TN". 이에 관하여는 후기에 소개한 문헌 참조)을 채택하는 데 그쳤으므로 적어도 당분간은 그러한 컨센서스를 기대하기는 어렵지 않을까 생각된다. [밑줄 부분은 이 책에서 새로 추가한 것이다.]

그 과정에서 유념할 것은 소비자 개념의 정립이다. 즉 국제사법상 보호의 대상인 수동적 소비자의 개념은 점차 확대되고 있는데, 장차 중재법과 약관규제법에서는 소비자의 개념과 범위를 어떻게 설정할 것인지를 고민해야 한다. 국제사법과 중재법상 소비자의 개념 간의 관계도 고민해야 한다. 즉 국제사법상 보호되는 소비자의 범위를 수동적 소비자에 한정한다면 중재법상으로도 동일한 소비자 개념을 사용하자는 견해가 가능하나 이는 국내중재에서는 타당하지 않다. 따라서 국내중재와 국제중재를 구별하여 소비자 개념 내지 범위를 이원화하는 방안도 검토해야 한다.[91] 이는 장래의 과제로 남긴다.

3. 여기에서 다룬 쟁점의 실무적 중요성과 기타 소비자보호 방안

적어도 한국 소비자가 해외판매자를 상대로 우리 법원에 제소한 경우에는

---

89) 위에서 본 것처럼 국제사법(제27조)은 소비자계약의 경우 분쟁발생 후의 재판관할합의를 허용하고, 사전적 관할합의는 소비자에게 추가적인 선택권을 주는 경우에만 허용한다.

90) 2016년 중재법 개정 시 이를 반영하지 못한 것은 연구의 부족이었다.

91) 해외직구와 관련하여 보호할 필요가 있는 소비자의 개념을 먼저 명확히 하자는 의견에 대하여는 위에서 논의하였다.

알리바바의 관할조항은 무효이고 홍콩법의 선택은 유효할 수 있는데 반하여, 아마존의 중재조항의 효력은 논란의 여지가 있으나 무효라는 견해도 있다. 이런 논의를 이해하기 위해서는 국제사법과 중재법을 알지 않으면 아니 된다. 많은 한국 소비자들이 일상적으로 해외직구를 하고 있고 그 규모가 증가하는 현실을 고려하면 해외직구로부터 발생하는 국제분쟁에서 한국 소비자의 보호는 시급한 현안이지만, 한국소비자원과 소비자단체들은 여기에서 다룬 논점에 대해서는 관심이 부족하다. 또한 역직구는 인터넷을 통해 해외 소비자들에게 물품을 판매하거나 서비스를 제공하려는 많은 우리 기업들의 관심의 대상이다. 하지만 우리나라에는 해외직구의 맥락에서 국제사법의 중요성을 깨닫고 이를 연구하는 사람은 별로 없고 그에 대한 관심도 크지 않다. 우리 사회 특히 기업들은 원래 그렇다고 치부하더라도[92] 법조계와 심지어 법학계조차 국제화가 심화되는 현실 속에서 국제사법과 국제상사중재법의 중요성을 인식하지 못하는 점은 심각한 문제이다. 근자에 국제상사중재에 대한 대형로펌과 우리 사회의 관심은 상당히 커졌으나 이는 B2B에 관한 것이고 B2C에는 별로 관심이 없는 것으로 보인다.

다만 해외직구로부터 발생하는 분쟁을 모두 소송이나 중재로 해결해야 하는 것은 아니므로, 소비자를 보호하기 위한 위의 노력에 더하여, 한국 소비자들의 집단 또는 단체적 권리행사를 가능하게 하고,[93] 또한 한국의 소비자보호기구를 통하거나 더 나아가 관련국의 소비자보호기구 간의 공조를 통한 분쟁해결을 가능하게 하는 등 다양한 수단을 모색할 필요가 있다. 이 글이 해외직구로부터 발생하는 분쟁에서 한국 소비자를 보호함에 있어서 현행법(국제사법, 약관규제법과 중재법)의 해석론을 정확히 파악하는 데 조금이나마 도움이 되기를 희망한다. 현재 법상태를 정확히 파악한 뒤에야 비로소 바람직한 입법론을 정립할 수 있을 것이다.

4. 관련 논점: 해외직구와 용역제공계약

여기에서는 물품의 해외직구만을 다루었으나, 이상의 논의는 계약 목적물

92) 역직구에 관심을 가진 우리 기업들은 소비자 국가의 국제사법 기타 소비자보호 관련 법에도 관심을 가져야 한다. 일부 대기업을 제외하면 이는 기대하기는 어려운 일이다.

93) 집단중재에 관하여는 우선 한충수, “소비자 집단분쟁해결 수단으로서의 집단중재의 도입가능성 고찰”, 국제사법연구, 제17호(2011. 12.), 475면 이하 참조.

의 성질에 따른 차이를 제외하면 용역을 제공하기로 하는 계약에도 대체로 타당하다. 다만 한국 소비자가 외국 사업자로부터 용역을 제공받기로 하는 계약의 경우에 용역제공이 전적으로 소비자의 상거소지 외에서 일어나는 경우[94]에도 국제사법 제27조가 적용되는지는 종래 논란이 있다.[95]

후 기

위 글을 발표한 뒤인 2016년 11월 공정거래위원회는 해외직구와 관련된 표준약관을 제정하였으나 이는 외국회사에는 적용하지 않는다고 한다. 표준약관의 적용범위를 결정함에 있어서는 우선 준거법이 어느 법인지를 보아야 하고, 나아가 소송을 전제로 한다면 국제사법 제27조의 맥락에서 검토해야 한다.

위 글을 발표한 뒤에 아래의 문헌이 간행되었다. 물론 망라적인 목록은 아니다.

- 김도년 · 이동하, "소비자피해구제제도로서 소비자중재에 관한 연구", 중재연구 제28권 제2호(2018. 6.), 67면 이하가 있으나 국제소비자분쟁을 주로 염두에 둔 것은 아니다.

- 한나희 · 하충룡 · 강예림, "소비자중재조항과 집단중재(Class Arbitration)에 관한 미국법원의 판결동향", 중재연구 제28권 제2호(2018. 6.), 91면 이하.

- UNCITRAL의 "ODR에 관한 기술지침"에 관하여는 남유선 · 윤민섭, "UN의 온라인분쟁해결에 관한 기술지침의 주요내용과 시사점 참조", 전북대학교 법학연구 제49권(2016), 441면 이하 참조. TN의 소개는 사법정책연구원, 온라인 분쟁해결(ODR)에 관한 연구(2018), 85면 이하 참조.

- 성준호, "인터넷을 통한 국제소비자거래에서의 분쟁해소방안—ODR을 통한 분쟁해결방안을 중심으로—", 중재연구 제28권 제2호(2018. 6.), 249면 이하.

- 김효정, "국제전자상거래에 의한 소비자중재에서의 소비자보호: 중재가능성 및 중재합의의 유효성을 중심으로", 2018. 10. 26. 개최된 국제거래법학회 추계학술대회 발표 논문.

- 박종삼, "EU의 소비자보호 ODR 분쟁해결제도에 관한 연구", 중재연구 제28권 제4호(2018. 12.), 89면 이하

94) 전형적 사례는 호텔투숙이다. Rauscher/Heiderhoff, EuZPR/EuIPR (2011), Rom I, Art. 6 Rn. 40.

95) 위 판결은 소비자의 상거소지국 이외의 국가에서 전적으로 용역이 적용되는 경우를 다루지는 않았기 때문이다. 어쨌든 저자는 위 판결에 대해 비판적인 견해를 피력하였다. 석광현(註 26)(논문), 60면 이하 참조.

제4장 중재법의 해석론상의 제논점

[7] 국제상사중재에서 중재합의와 訴訟留止命令(anti-suit injunction)

[8] 사기에 의하여 획득한 외국중재판정의 승인과 공서위반 여부

[7] 국제상사중재에서 중재합의와 訴訟留止命令(anti-suit injunction)

前 記
이 글은 선진상사법률연구 통권 제50호(2010. 4.), 3면 이하에 수록한 글을 수정·보완하여 국제사법과 국제소송 제5권, 649면 이하에 이미 수록한 것이다. 참고할 사항은 말미의 후기에 적었다.

Ⅰ. 머 리 말

1. 문제의 소재

중재라 함은 당사자 간의 합의로 당사자 간의 분쟁을 법원의 재판에 의하지 아니하고 중재인의 판정(즉 중재판정)에 의하여 해결하는 절차이다. 중재는 私的 紛爭解決手段으로서 대표적인 대체적 분쟁해결[1]의 수단이다. 일방당사자가, 중재합의를 한 사항에 관하여 제소하는 경우 법원은 상대방의 청구에 따라 당사자들을 중재에 회부하여야 하고,[2] 또한 중재합의에 의하여 당사자는 분쟁을 중재절차에 회부할 수 있으며 중재인은 중재절차를 진행하여 중재판정을 내릴 수 있다. 문제는 일방당사자가 중재합의를 위반하여 외국에 제소할 가능성이 있거나 실제로 제소한 경우 법원, 특히 중재지 법원이 상대방의 신청에 따라 중재합의에 반하는 소의 제기 및 수행을 금지하는 '訴訟留止命令'(anti-suit injunction)[3]을 발할 수 있는가이다. 당사자 간에 특정국가에서만 제소할 수 있

1) 이를 '대안적 분쟁해결'이라고 부르기도 한다.
2) 뉴욕협약은 법원이 취할 조치를 명시하지 않고 각국의 입법에 일임한다. 국가에 따라서는 소송절차를 중지하고 중재판정을 기다리게 하거나 소를 각하한다. 중지하는 예는 미국 연방중재법(제1장 제3조)과 영국 중재법(제9조)이고, 각하하는 예는 우리 중재법(제9조)이다.
3) 국문번역으로는 '소송유지명령' 또는 '소송금지명령'이 적절하나, '再訴禁止假處分'(유영일, "國際民事司法共助에 관한 硏究", 서울대학교 대학원 법학박사학위논문(1995), 35-36면) 또는 '二重訴訟 停止命令'이라고도 한다. 김용진, 國際民事訴訟戰略—國際訴訟實務 가이드—(1997), 164면. 일본에서는 '妨訴的 差止命令' 또는 '訴訟差止命令' 등의 표현이 보인다. 古田啓昌, 國際訴訟競合(1997), 96면. 저자가 소송유지명령이라고 한 이유는 상법 제402조의 유지청구권(留止請求權)을 참조했기 때문이다.

다는 전속적 국제재판관할합의가 있는 경우에도 유사한 문제가 제기된다. 우리나라에서는 소송유지명령이라는 개념 자체가 생소하지만, 실제로 영미법계 국가의 법원은 소송유지명령을 발하고 있고 근자에는 우리 기업이 영국과 미국법원으로부터 소송유지명령을 받아 소를 취하한 사례도 보고되고 있다.[4)]

근자에 세계적으로 소송유지명령에 관한 논의가 활발하게 된 것은, 영국법원이 종래 런던을 중재지로 하는 중재합의(또는 법정지로 하는 전속관할합의)를 보장하기 위한 실효적인 도구로 소송유지명령을 활용하였는데,[5)] 그것이 브뤼셀협약과 브뤼셀 I 규정(또는 브뤼셀규정)으로 구축된 브뤼셀체제(Brussels Regime)와 양립할 수 있는지를 둘러싸고 종래 논란이 있었던바 마침내 유럽사법재판소(ECJ)[6)]가 이는 브뤼셀체제와 양립하지 않는다는 판결[7)]을 선고했기 때문이다. 브뤼셀체제에 속하지 않는 우리로서도 유럽연합의 논의를 살펴봄으로써 중재합의의 본질을 파악하고 우리가 영국법원의 소송유지명령에 대처함에 있어서 시사점을 얻을 수 있다.

2. 국제소송경합, 부적절한 법정지의 법리와 소송유지명령

국내법원에 국제재판관할(권)(이하 "재판관할(권)" 또는 "관할(권)"이라 한다)이 있더라도 외국법원도 국제재판관할을 가지고 외국법원에서 재판하는 것이 정의의 요청에 부합하는 경우 법원이 재량으로 국내법원의 소를 중지하거나 각하하는 소극적 방법이 부적절한 법정지(*forum non conveniens*)의 법리이다. 나아가 X와 Y 간에 국제적 분쟁이 발생한 경우 X는 자국인 A국에서 전소를 제

4) *China Trade and Development Corp. v. M.V. Choong Yong*, 837 F.2d 33 (2d Cir. 1987). 김용진(註 3), 164면 참조. 다만 위 명령은 쌍용해운이 항소하여 취소되었다. 근자의 사례로는 United States District Court Southern District of New York Index No. 97 Civ 9052 (Ro)가 있다고 한다. 정해덕, "미국해사소송에 있어서의 대한민국법상의 소멸시효와 소송중지명령", 한국해법학회지 제31권 제2호(2009. 11.), 80면 이하(이 사건에서는 한국 법원의 소를 취하하지 않았고 오히려 항소에 의하여 미국 법원의 소송유지명령이 취소되었다). 영국법원의 사례는 저자가 개인적으로 전문한 바이다.

5) 이는 최종적(final) 명령일 수도 있고 잠정적(interim 또는 interlocutory) 명령일 수도 있다. Thomas Raphael, *The Anti-suit injunction* (2008), para. 13.01. 이 책을 이하 "Raphael"이라 인용한다.

6) 저자는 종래 "유럽법원"이라고 번역하나, 흔히들 "유럽사법재판소"라고 번역하므로 여기에서는 이를 따랐다.

7) 이는 아래(Ⅲ.)에서 소개하는 2004. 4. 27. *Turner v. Grovit* 사건 판결과 2009. 2. 10. *Allianz v. West Tankers* 사건 판결이다.

기하고 국제소송경합(*lis (alibi) pendens*)의 법리를 활용함으로써 Y의 B국에서의 소송을 중지(또는 각하)시키거나, 그것에 실패하더라도 장래 B국 법원 판결이 A국에서 승인 및 집행되는 것을 차단할 수 있다. 그러나 국제소송경합만으로는 Y가 B국에서 제소하는 것 자체를 봉쇄할 수는 없다. 이 경우 장래 Y가 B국 법원에서 소를 제기하거나 소송을 수행하는 것을 금지하기 위하여는 X는 A국 법원에서 Y를 상대로 소송유지명령을 받는 적극적 수단을 취할 필요가 있다. 소송유지명령은 주로 영미법계국가에서 인정되는데 그에 의하여 외국 소송을 배제하고 국내법원의 배타적 관할권을 확보할 수 있게 된다. 위의 사례에서 X는 A국 법원에 소극적 확인의 소를 제기하고, A국 법원으로부터 Y를 상대로 소송유지명령을 받음으로써 A국 법원에서만 소송절차를 진행하는 이점을 가질 수 있다. 따라서 당사자들은 국제거래 분쟁을 해결하는 과정에서 다양한 소송 전략을 구사할 수 있고 좀더 동태적인 접근이 가능하게 된다.

부적절한 법정지의 법리는 정치하지 않은 국제재판관할규칙을 가진 영미법계의 법원이 개별사건에서 구체적 타당성이 있는 정의로운 국제재판관할의 배분을 실현하기 위한 유연한 수단이다. 이런 의미에서 위 법리는 국제재판관할배분 시 '미세조정'(fine-tuning)을 위한 도구라고 할 수 있다. 소송유지명령도 구체적 타당성을 위한 것으로 부적절한 법정지의 법리와 상호 보완적 기능을 한다.[8)]

3. 논의의 방향

여기에서는 우선 영국법상 법원의 소송유지명령제도를 소개하고(Ⅱ.), 소송유지명령이 브뤼셀체제와 양립할 수 있는지에 관한 최근 유럽사법재판소 판결을 살펴본 뒤(Ⅲ.), 중재판정부의 소송유지명령의 가부와, 중재합의 위반과 손해배상의 문제를 일별한다(Ⅳ.). 마지막으로 한국법상 중재합의에 기초한 법원과 중재판정부의 소송유지명령의 가부, 중재합의의 위반과 손해배상의 문제를 간단히 논의한다(Ⅴ.).

---

8) Ingrid Naumann, Englische anti-suit injunctions zur Durchsetzung von Schiedsvereinbarungen (2008), S. 105. 이 책을 이하 "Naumann"이라 인용한다. 영국 귀족원의 Lord Goff of Chieveley는 브뤼셀협약으로 대표되는 대륙법계 국제재판관할규칙과 영국법의 국제재판관할규칙의 차이를 '문화적 차이'(cultural differences)의 문제라고 지적한 바 있다. *Airbus Industrie v Patel* [1999] 1 A.C. (H.L.) 119, 131.

아래에서 보는 바와 같이 영국법원의 소송유지명령은 첫째, 영국법원이 더 적절한 법정지이고 외국 법원에서의 제소가 상대방을 괴롭히거나 억압적인 것인 경우와, 둘째 당사자 간에 분쟁해결합의(dispute-resolution agreement), 즉 전속적 국제재판관할합의(이하 "전속관할합의"라 한다) 또는 중재합의가 있는 경우에 가능한데, 아래(Ⅱ.와 Ⅲ.)에서는 양자에 공통되는 법리를 다룰 것이나 그 이하에서는 영국법상의 소송중지명령, 그것도 중재합의에 기초한 소송유지명령을 중심으로 논의한다.[9] 미국법상의 소송유지명령[10]에 대하여는 별도의 기회에 논의할 생각이다.

Ⅱ. 영국법상 법원의 소송유지명령

영국법상 원래 소송유지명령은 형평법법원이 보통법법원에서 병행소송을 추구하는 것을 중지함으로써 형평법법원의 우위를 확립하기 위하여 가지는 특권이었다. 오늘날에는 소송유지명령은 Senior Court Act 1981 제37조 제1항에 근거를 두고 있다. 그에 따르면 "High Court는 법원이 보기에 그렇게 하는 것이 공정하고 편리한 모든 경우에 명령에 의하여 (잠정적 또는 최종적이든 간에) 부작위를 명할 수 있다."(The High Court may by order (whether interlocutory or final) grant an injunction [⋯] in all cases in which it appears to the court to be just and convenient to do so.)

---

9) 다만 중재합의의 경우에 관한 논의는 전속관할합의가 있는 경우에도 대체로 타당하다.

10) 최근까지 미국 연방대법원 판결은 없으나 연방항소법원 판결은 완화된 접근방법과 엄격한 접근방법을 취하는 것이 나뉜다. Lawrence Collins, "The *Institut de droit international* and anti-suit injunction", Festschrift für Erik Jayme Band Ⅰ (2004), p. 135 이하. 이규호, "국제상사중재와 국제소송의 경합", 국제사법연구 제16권(2010), 81면 이하는 그에 중도적 접근방법을 추가한다. 김동진, "국제재판관할의 경합에 있어 영미법상의 소송금지명령(Anti Suit Injunction)에 대한 검토", 해상·보험연구 제4호(2004. 3.), 103면 이하; Born/Rutledge, International Civil Litigation in United States Courts (2006), p. 540 이하; Andrew N. Vollmer, "U.S. Federal Court Use of the Antisuit Injunction to Control International Forum Selection", Jack L. Goldsmith (ed.), International Dispute Resolution: The Regulation of Forum Selection, Fourteenth Sokol Colloquium (1997), p. 237 이하도 참조. 소송유지명령에 관한 영국, 독일과 미국의 비교법적 논의는 Markus Lenenbach, "Antisuit Injunctions in England, Germany and the United States: Their Treatment under European Civil Procedure and the Hague Convention", 20 Loyola of Los Angeles Int'l & Comparative Law Journal 257 (1998) 참조.

1. 소송유지명령의 요건

영국법상 소송유지명령은 판례에 의하여 발전된 제도이므로 외국소송을 금지하는 유지명령을 하기 위한 요건이 다소 애매하고 그 설명 방법도 논자에 따라 다양하나, 대체로 ① 피고에 대하여 영국 법원에 대인관할권이 있고, ② 원고가 외국에서 제소되지 않을 권리(right not to be sued abroad)를 가져야 하며, ③ 소송유지명령을 발하는 것이 정의의 목적에 부합하여야 하고, ④ 소송유지명령을 발하는 것이 예양의 원칙에 반하지 않아야 한다. 이를 부연하면 아래와 같다.

가. 영국법원의 국제재판관할권

영국법원이 소송유지명령을 하기 위하여는 우선 영국법원이 피고에 대하여 대인관할권(우리 법의 개념으로는 국제재판관할권)을 가져야 한다. 영국법원이 대인소송에 있어 국제재판관할권을 취득하는 근거는 다음 세 가지이다. 즉 ① 피고가 영국에 현존하는 동안 피고에게 소환장(writ)이 송달된 경우, ② 피고가 영국의 재판관할권에 복종한 경우[11]와 ③ 영국법원이 1999년 민사소송규칙(Civil Procedure Rules)[12] Rule 6.20에 따라 외국에 있는 피고에게 소환장을 송달한 경우이다.[13] 이러한 세 가지 근거는 대인소송에 있어 국제재판관할권에 관한 영국 보통법 원칙의 순전히 절차적인 성격, 즉 피고가 소환장 또는 그에 상응하는 서면(예컨대 originating summons)을 송달받기만 하면 누구든지 영국법원의 국제재판관할권을 획득할 수 있다는 성격으로부터 비롯된 것인데 이는 동

---

11) 여기에는 피고가 송달을 받은 경우, 피고가 본안에 관하여 변론한 경우, 당사자들이 관할합의를 한 경우와 외국에 있는 원고가 영국에서 소를 제기한 경우가 있다.

12) UK SI 1998/3132. 이는 과거에는 Order 11 of the Rules of the Supreme Court에 의하여 규율되었으나 1999년 민사소송규칙(CPR)에 의하여 대체되었다. 과거 Supreme Court는 High Court of Justice, Crown Court 및 Court of Appeal을 말하였으나 2009. 10. 1. 구성된 The Supreme Court는 영국의 최고법원, 즉 대법원을 말하는 것이 되었고, 과거 Supreme Court는 Senior Courts로 명칭이 변경되었다. 본문에서 언급한 Senior Court Act 1981은 전에는 Supreme Court Act 1981이었다. 그러나 2005년 헌법개혁법(The Constitutional Reform Act 2005)에 의하여 2009. 10. 1. 영국 대법원이 설립됨에 따라 혼동을 피할 목적으로 그 명칭이 변경되었다.

13) 석광현, 國際裁判管轄에 관한 研究—民事 및 商事事件에서의 國際裁判管轄의 基礎理論과 一般管轄을 중심으로—(2001), 128면; Christian A. Heinze/Anatol Dutta, "Enforcement of Arbitration Agreements by Anti-suit Injunctions in Europe—From Turner to West Tankers", Yearbook of Private International Law Vol. Ⅸ 2007 (2008), p. 418.

원칙의 가장 큰 특징이다.[14] 위 ③과 관련하여 민사소송규칙 Rule. 6.20은 특정한 관할근거를 열거하고 있는데, 중재합의에 위반한 외국소송을 금지하기 위한 소송유지명령의 경우 제1항, 제3항과 제5항이 의미가 있다.[15] 즉 민사소송규칙 Rule 6.20에 소송유지명령이 포함되어 있지는 않으나 소송유지명령이 분쟁해결합의 위반에 기초한 것인 때에는 계약상의 부작위청구 나아가 계약에 관한 청구라는 이유로 원고는 Rule 6.20 제5항 d호를 원용하여 외국으로 송달할 수 있다고 한다.[16]

나. 금지되는 당사자가 비양심적 방법으로 행동하거나 외국에서의 제소가 분쟁해결합의를 위반한 경우

이와 같이 비양심적 행동의 경우와 분쟁해결합의 위반으로 이원화하기도 하나,[17] 논자에 따라서는 ① 외국에서의 제소가 원고를 괴롭히거나 억압적인 경우와 ② 원고의 법률상 또는 형평법상의 권리를 보호할 필요가 있는 경우로 구분하여 설명하거나,[18] 양자를 묶어 "원고가 외국에서 제소되지 않을 권리(right not to be sued abroad)를 가지는 경우"로 보면서, 외국의 제소가 원고를 괴롭히거나 억압적인 경우 원고는 형평법상의 권리를 가진다고 보고, 반면에 분쟁해결합의 위반의 경우 원고는 법률상의 권리를 가진다고 설명하기도 한다.[19] 영국 법원이 발하는 소송금지명령의 다수는 분쟁해결합의를 위반한 경우이므로 실무상 이것이 더 중요하다.[20] 여기에서는 ① 당사자가 비양심적 방법으로 행동한 경우와 ② 외국에서의 제소가 당사자 간의 분쟁해결합의를 위반하는 경우로 나누어 검토한다.

한 가지 의문은, 분쟁해결합의가 외국에서 제소되지 않을 권리의 근거가 된다고 하는 경우 그의 준거법이 무엇인가라는 점이다. 아래에서 보듯이 영국

---

14) James Fawcett and Janeen M. Carruthers, Cheshire, North & Fawcett Private International Law, Fourteenth Edition (2008), p. 354. 이하 "Cheshire, North & Fawcett"라고 인용한다.

15) Raphael, para. 18.16. 상세는 Raphael, para. 18.18 이하 참조.

16) 이는 Raphael, para. 18.24 이하와 Naumann, S. 17을 따른 것이다. Rules. 6.20이 개정되지 않고 현재도 타당한지는 확인하지 못하였다.

17) Cheshire, North & Fawcett, p. 458.

18) Raphael, para. 4.01. Jonathan Hill, International Commercial Disputes in English Courts (2005), para. 11.2.1은 둘째 사유로 외국에서의 제소가 당사자의 법률상 또는 형평법상의 권리를 침해하는 경우를 든다.

19) Heinze/Dutta(註 13), p. 419 이하. 그러나 Raphael, para. 4.21 이하는 원고를 괴롭히거나 억압적인 경우를 형평법상의 권리를 가지는 경우와 구별한다.

20) 김동진(註 10), 102면. Naumann, S. 44.

법상 그러한 권리가 있더라도 분쟁해결합의를 소송계약으로 보는 독일의 통설에 따르면 그러한 권리가 인정되지 않기 때문에 준거법의 결정은 실익이 있다.[21)]

(1) 당사자가 비양심적 방법으로 행동한 경우

이에 해당하는 사례의 분류는 논자에 따라 다양하나[22)] 유력한 견해에 따르면,[23)] 비양심적 행동(unconscionable conduct)임을 근거로 소송중지명령을 하는 경우는 다시 두 가지로 분류된다. 하나는 외국소송절차가 피고[24)]를 괴롭히거나[25)] 억압적인(vexatious or oppressive) 경우이고,[26)] 다른 하나는 기타 비양심적 행동이 있는 경우이다. 전자의 경우 외국에서 제소되지 않을 권리는 외국법정의 부적절성으로부터 도출되는 데 반하여,[27)] 후자의 경우 외국법정의 부적절성으로부터가 아니라 그 행위 자체로부터 도출된다.[28)]

(가) 외국소송절차가 피고를 괴롭히거나 억압적인 경우

이는 전통적으로 소송유지명령을 하기 위한 중요한 근거이다. 괴롭히거나 억압적이라는 표현은 비양심적 행동을 비판하는 데 사용되는 다른 문구로서 기본적 정의원칙에 근거한 것이다.[29)] 영국과 외국에 이용가능한 법정지가 존재하

---

21) Heinze/Dutta(註 13), p. 420. 이는 법정지법, 중재절차의 준거법(통상 중재지법)과 중재합의의 준거법을 논의한 뒤 중재합의의 준거법에 따른다고 본다. 그 이유는 중재합의의 법적 효과의 문제라는 것이다. 저자도 이를 지지한다. 다만 중재합의가 중재조항의 형식을 취하는 경우 주된 계약의 준거법이 중재합의의 준거법이 되는지 아니면 중재지법인지는 논란이 있다. 저자도 후자를 지지하나(석광현, 국제상사중재법연구 제1권(2007), 117면. 다만 당사자가 주된 계약의 준거법을 선택한 경우 전자를 지지), Heinze/Dutta(註 13), p. 421은 영국에서는 후자를 취한다고 한다. Raphael, para. 7.06 이하는 중재지가 영국이면 영국법을 적용한다는 취지로 보인다. Peter Mankowski, "Ist eine vertragliche Absicherung von Gerichtsstandsvereinbarungen möglich?", IPRax (2009), S. 28ff.는 전속관할합의의 맥락에서 관할합의의 실효성 보장과 관련된 다양한 쟁점을 다루고 있다.

22) Naumann, S. 29ff. 참조.

23) Cheshire, North & Fawcett, p. 458.

24) 피고라 함은 외국소송의 피고를 말하므로 그는 소송유지명령을 구하는 소의 원고가 된다.

25) 이를 "남용적으로 괴롭히고"라고 번역하기도 한다. 이호정, "英國에 있어서의 *forum non conveniens*를 理由로 하는 訴訟의 停止", 서울대학교 법학 제36권 3·4호(통권 99호) (1995), 30-31면.

26) 이 경우를 외국 소송절차의 계속을 허용하는 것이 적극적 부정의를 초래한다고 설명하기도 한다. Hill(註 18), para. 11.2.2. Haimo Schack, Internationales Zivilverfahrensrecht, 5. Auflage (2010), Rn. 860은 양자를 묶어서 "권리남용적인" 경우라고 한다.

27) 즉 이는 국제재판관할의 맥락에서 부적절한 법정지라는 의미이므로 적어도 전자에 관한 한 소송유지명령은 부적절한 법정지의 법리와 밀접하게 관련된다.

28) Cheshire, North & Fawcett, p. 459.

29) Cheshire, North & Fawcett, p. 459.

는 경우(alternative forum case) 외국소송절차가 괴롭히거나 억압적이고(vexatious or oppressive) 또한 영국법정이 자연적 법정이라면 소송유지명령이 허용되는 데 반하여, 외국에만 이용가능한 법정지가 존재하는 경우(single forum case) 비록 외국소송절차가 괴롭히거나 억압적인 것이더라도 소송유지명령은 원칙적으로 허용되지 않고 예외적인 경우에 한하여 허용된다.30) 즉 1999년 Airbus Industrie GIE v Patel 사건 판결에서 귀족원은 영국 법원이 자연적 법정지가 아닌 경우에도 소송유지명령을 발할 수 있는 가능성을 열어 두었는데, Lord Goff of Chieveley는 '극단적인 경우' 예컨대 관할권을 행사하는 외국의 행동이 국제예양상 영국 법원에 통상 요구되는 존경을 박탈하는 사안이라면 영국법원이 당사자 간의 분쟁에 관하여 재판관할권이 없더라도 소송중지명령을 발할 수 있다고 판시하였다.31)

여기에서 소송유지명령에 관한 영국 판례는 부적절한 법정지에 관한 판례의 발전과 관련된다는 점을 주목할 필요가 있다.

영국에서는 부적절한 법정지의 법리가 인정되므로 가사 영국의 기준에 의하여 국제재판관할이 있더라도, 국제재판관할권을 가지는 대체법정지가 있고 그곳이 소송을 심리하기에 적절한 법정이라는 점, 즉 당해 사건이 모든 당사자들의 이익과 정의(justice)의 목적을 위하여 그곳에서 보다 적절하게 심리될 수 있음을 확신하는 때에는 법원은 부적절한 법정지의 법리에 기하여 소송절차를 중지함으로써 재판관할권의 행사를 거부할 수 있다. 즉 영국의 전통적인 재판관할원칙은, 원고가 영국법원에 소를 제기한 경우 피고가 당해 소송이 피고에 대해 'vexatious and oppressive 한'(피고를 괴롭히고 억압적인) 예외적인 경우에 한하

30) Cheshire, North & Fawcett, p. 459. 양자는 1999년 *Airbus Industrie GIE v Patel* 사건 판결에서 Lord Goff of Chieveley가 구분한 것이다.

31) *Airbus Industrie v Patel* [1999] 1 A.C. (H.L.) 119, 140. 그러나 과연 어떤 사안이 그에 해당하는지는 분명하지 않다. 널리 알려진 Laker 항공사 사건에서 영국 항공회사인 레이커사의 파산관재인은 미국, 영국 및 유럽대륙의 항공사들이 미국 독점금지법에 반하는 담합행위에 의하여 레이커사가 파산했다고 주장하면서 위 항공사들을 상대로 미국 연방법원에서 손해배상을 구하는 소를 제기하였다. 영국법상으로는, 담합행위를 이유로 미국법에 상응하는 손해배상은 인정되지 않았으므로 이는 single forum case에 해당한다. 당시에는 아직 미국 소송의 당사자가 아니었던 레이커사의 은행인 Midland Bank의 신청에 따라 영국의 High Court는 레이커사가 미국의 소송을 Midland Bank에게까지 확장하는 것을 금지하는 소송유지명령을 발하였다. *Laker Airways Limited v. Sabena, Belgian World Airways*, 731 F.2d 909 (DC. Cir. 1984) 등. 이를 계기로 영국법원과 미국법원이 상호 상대방 국가에서의 소송유지를 명하는 일련의 소송유지명령과 유지명령에 대한 유지명령이 발해졌다. Naumann, S. 40. 결국은 영국 귀족원이 영국 법원의 소송유지명령을 취소함으로써 사태가 해결되었다.

여 재판관할권의 행사를 거부하는 것이었다. 그러나 영국은 그 후 귀족원의 1973년 The Atlantic Star 사건 판결, 1978년 MacShannon v Rockware Glass Ltd. 사건 판결을 통하여 'vexatious and oppressive test'를 버리고 보다 완화된 입장을 취하였으며, 1984년 The Abidin Daver 사건 판결에서 스코틀랜드와 동일한 법리를 받아들였고 마침내 지도적 판결인 1987년 Spiliada Maritime Corporations v Cansulex Ltd. 사건 판결에서 Lord Goff of Chieveley는 'more appropriate forum test'를 채택하였다. Spiliada Maritime Corporations v Cansulex Ltd. 사건 판결에서 Lord Goff of Chieveley는 법정지의 적절성을 판단함에 있어 분쟁이 법정지와 얼마나 실재적이고(real) 실질적인 관련을 가지는지를—이런 관련을 가지는 법정지가 자연적 법정지이다—결정해야 하고, 그를 위해서는 증인의 편의, 쟁점에 대한 준거법, 당사자들이 거주하거나 영업을 영위하고 있는 장소 등을 고려해야 한다고 판시하였다.[32)]

1981년 Castanho v Brown & Root (U.K.) Ltd. 사건 판결에서 Lord Scarman은 MacShannon v Rockware Glass Ltd. 사건 판결에 설시된 부적절한 법정지의 기준을 그대로 소송유지명령에 적용하였으나, 1987년 SNI Aérospatiale v Lee Kui Jak 사건 판결에서 Lord Goff of Chieveley는 부적절한 법정지의 법리에 따라 영국 소송을 중지하기 위한 기준을 그대로 소송유지명령에 적용할 수 없다고 설시하였는데,[33)] 그렇지 않으면 영국법원이 판단하기에 영국법원이 자연적 법정지라는 이유만으로 당사자의 외국 소송수행을 금지할 수 있게 되어 소송유지명령의 범위가 확대될 우려가 있기 때문이다.[34)] 즉 영국법원이 소송유지명령을 발하기 위하여는 영국법원이 자연적 법정지여야 하고, 더 나아가 외국에서의 소송이 피고를 괴롭히거나 억압적인 것이어야 한다.[35)]

과연 어느 경우에 외국소송절차가 괴롭히고 억압적인지를 판단하는 것은 어려운데, 영국법원은 유지명령이 내려지지 않을 경우 외국절차에서 피고에게 발생될 부정의와, 명령이 내려질 경우 외국절차의 원고에게 발생될 부정의 간

32) 영국의 부적절한 법정지의 법리에 관하여는 우선 석광현(註 13), 132면 이하; 이호정(註 25), 28면 이하 참조.

33) SNI *Aérospatiale v Lee Kui Jak* [1987] A.C. 871, 895-6 (P.C.). 영국 판결의 전개는 Raphael, para. 4.36 Fn. 136 참조. SNI는 *Société Nationale Industrielle*의 약자이다.

34) Naumann, S. 35.

35) 위에서 본 바와 같이 외국에서의 소송이 괴롭히거나 억압적이어야 한다는 요건은 부적절한 법정지의 법리에서는 폐기되었으나, 소송유지명령에서는 alternative forum case의 경우 여전히 필요하다는 것이다.

의 균형을 찾기 위해 노력해야 하고, 결국 소송중지명령의 발령 여부는 분쟁과 외국법정지 간의 관련성의 강도에 달려 있는 것으로 보인다.[36)] 즉 외국법정지가 적절한 법정지이거나, 또는 최소한 부적절한 법정지가 아닌 경우에는 영국법원은 통상적으로 소송중지명령을 통하여 간섭하지 않을 것이다.

(나) 기타 비양심적 행동이 있는 경우

위의 사안 외에도 피고의 비양심적 행동이 있는 경우 소송유지명령이 허용되는데, 이에 해당하는 사례로 1985년 British Airways Board v Laker Airways Ltd. 사건 판결[37)]에서 Lord Diplock은 피고가 영국법상 예컨대 공시행위에 의한 금반언(estoppel in pais), 약속에 의한 금반언, 선정(election), 포기, 실효와 같은 항변을 가지기 때문에 외국에서 제소되지 않을 권리를 가지는 경우를 언급하였다. 또한 1987년 South Carolina Insurance Co. v Assurantie N.V. 사건 판결[38)]에서 법원은 법원의 적법절차에 간섭하는 행동도 비양심적 행동에 포함한다고 판시하였다. 예컨대 귀족원의 2004년 Turner v Grovit 사건 판결에서 보듯이, 영국 소송의 당사자인 피고가 기존 영국 소송절차를 좌절시키거나 방해할 목적으로 외국에서 악의적으로 소송을 추구하는 경우가 이에 해당한다고 한다.[39)] Turner v Grovit 사건 판결에서 Lord Hobhouse는, 금지되는 당사자의 비양심적 행동뿐만 아니라, 원고가 그러한 행동에 대해 이의할 수 있는 권리가 있고 나아가 그 행동을 금지하기 위하여 정당한 이익을 가져야 할 필요성을 강조하였는데, 이 경우 이미 진행중인 영국 소송절차를 보호할 필요가 있으므로 원고는 소송유지명령에 의하여 보호받을 정당한 이익(legitimate interest)을 가진다고 판단하였다.[40)]

(2) 외국에서의 제소가 당사자 간의 분쟁해결합의를 위반한 경우

외국에서의 제소가 당사자 간에 체결된 분쟁해결합의(dispute-resolution agreement), 즉 영국법원에 관할을 부여하는 전속관할합의 또는 영국을 중재지로 하는 중재합의에 위반한 경우 영국법원은 소송유지명령을 할 수 있다. 이 경우 소송유지명령을 하는 근거는, 만일 이를 허용하지 않으면 원고는 그의 계약상의 권리를 박탈당하게 되는데 그 경우 손해배상은 명백히 부적절한 구제수단이

36) Hill(註 18), para. 11.2.8.

37) [1985] A.C. 58, 81. Cheshire, North & Fawcett, p. 465도 참조.

38) [1987] A.C. 24, 41 HL. Cheshire, North & Fawcett, p. 465도 참조.

39) Cheshire, North & Fawcett, p. 466.

40) *Turner v Grovit* [2001] UKHL 65 at [24].

기 때문이다.[41]

분쟁해결합의 위반은 위에서 언급한 비양심적 행동의 경우와 비교할 때 다음과 같은 차이가 있다.[42] 분쟁해결합의가 있는 경우 첫째, 당사자는 외국에서 제소되지 않을 계약상 권리를 가지므로 상대방에 대하여 그 권리를 강제할 정당한 이익이 있고, 이를 위반하는 당사자의 행위는 그 자체로 비양심적 행동이 된다. 둘째, 당사자는 분쟁해결합의를 강제할 수 있는 권리를 가지므로 이를 배제하기 위하여는 상대방이 소송유지명령을 허용하지 말아야 할 강력한 이유를 증명해야 한다. 셋째, 분쟁해결합의 위반의 경우 소송유지명령을 조심스럽게 발해야 한다는 원칙은 적용되지 않는다. 넷째, 분쟁해결합의 위반의 경우 합의 위반이 아닌 경우와 동일한 정도로 예양원칙을 고려할 필요가 없다.

전속관할합의위반을 이유로 영국법원이 소송유지명령을 한 사례는 예컨대 Donohue v Armco Inc. 사건 판결을 들 수 있는데, 이 판결에서 Lord Bingham은 당사자가 특정한 법원에 전속관할을 부여하는 합의를 한 경우 그 합의의 범위에 속하는 청구에 관하여 합의한 법원 이외의 법원에서 제소한 때에는, 합의되지 않은 법원에서 소를 제기하는 당사자가 그 법정에서 제소하는 강력한 이유를 증명하지 않는 한, 계약상 거래의 준수(compliance with the contractual bargain)를 보장하기 위하여 영국 법원은 (합의되지 않은 외국에서의 제소를 금지하거나 기타 그 상황에서 적절한 절차에 의하여) 통상적으로(ordinarily) 재량을 행사한다고 판시하였다.[43]

한편 일방당사자가 중재합의에 위반하여 제소하거나 소송을 수행하는 것을 금지하기 위하여 영국법원이 소송유지명령을 허용한 지도적 판결은 Aggeliki Charis Compania Maritima SA v Pagnan SpA (The Angelic Grace) 사건 판결이다.[44] 사안의 개요는 다음과 같다.[45]

선박소유자와 용선자 간에 분쟁이 발생하였다. 소유자들은, 문제된 사건으로부터 발생하는 청구와 반대청구는 런던에서 중재에 의하여 적절히 해결될 수 있고, 용선자들이 그 청구에 관하여 런던 중재 이외의 방법으로 제소하는

---

41) Cheshire, North & Fawcett, p. 475.

42) Cheshire, North & Fawcett, p. 470.

43) *Donohue v Armco Inc.* [2002] 1 All ER 749, 759 (at [24]).

44) *Aggeliki Charis Compania Maritima SA v Pagnan SpA* (*The Angelic Grace*) [1995] 1 Lloyd's Rep. 87 (C.A.)(Cheshire, North & Fawcett, p. 474 참조).

45) Sir Peter Gross, "Anti-suit injunctions and arbitration", [2005] Lloyd's Maritime and Commercial Law Quarterly 1, 12 참조.

것을 금지하는 소를 런던에서 제기하였다. 그 후 소유자들은 런던에서 중재를 개시하였다. 이탈리아에 있는 용선자들에게 송달이 행해진 뒤 용선자들은 이탈리아 법원에 제소하였다. 용선자들은 중재조항의 범위에 관한 결정과 모든 청구와 반대청구가 중재가능성이 있는가라는 문제에 관한 결정을 목적으로 영국법원의 관할에 복종하였고 영국법원은 이를 긍정하였다. 그럼에도 불구하고 용선자들은 정당한 근거를 제시함이 없이 이탈리아 법원의 소송을 계속하였다.

1심법원의 Rix 판사는 이탈리아 소송에 대해 유지명령을 발하였다. 항소법원의 Millett 판사도 당사자 간에 유효한 중재합의가 있고 외국법원에 소송이 계속중인 경우 이는 '계약위반'(breach of contract)이 되므로 영국법원은 외국소송절차를 계속하는 것을 금지할 수 있는 본래적 권한이 있고, 그 경우 법원으로서는 소송유지명령에 대한 신청이 신속하게 그리고 외국소송이 상당히 진행되기 전에 제기되었다면 주저할 필요가 없다고 판시하였다.

이처럼 영국법상으로는 분쟁해결합의의 경우 통상의 채권계약의 경우와 마찬가지로 당사자는 계약상의 권리를 가지며 상대방은 그에 따른 의무를 부담한다.[46] 즉 그러한 계약상의 권리는 절차의 문제와 관련되지만 영국법상은 다른 계약상의 권리와 마찬가지로 실체법상의 권리라고 한다.[47] 분쟁해결합의 위반에 기한 소송유지명령의 근거는 "계약은 지켜져야 한다"(*pacta sunt servanda*)는 원칙에 있다는 것이다.

The Angelic Grace 사건 판결과 달리 좀더 엄격한 요건 하에 소송유지명령을 할 것이라는 태도를 취한 영국법원 판결들도 있으나 이는 소수이고 그 후의 판결들은 전자를 따른다.[48]

영국 법원들은 브뤼셀체제의 회원국인 다른 국가 법원에 제기된 소송에 대하여도 중재합의위반을 이유로 소송유지명령을 발하였고, 심지어 국제재판관할의 맥락에서 유럽사법재판소의 2004년 Turner v Grovit 사건 판결이 선고된 뒤

46) Raphael, para. 14.02. 나아가 합의를 위반한 당사자가 아직 제소하지 않았으나 합의된 절차에서 협력을 거부한 것만으로도 손해배상책임이 있다고 한다.

47) Males, [1998] Lloyd's Maritime and Commercial Law Quarterly 543, 552(Naumann, S. 67에서 재인용).

48) Naumann, S. 54ff. 온건한 태도를 취한 판결로는 *Philip Alexander Securities & Futures Ltd. v Bamberger* [1996] CLC 1757 (C.A.) 사건 판결과 *Toepfer International GmbH v Cargill* France SA [1998] 1 Lloyd's Rep. 379 (C.A.) 사건 판결을 들 수 있다. 상세는 Gross(註 45), p. 15 이하; Naumann, S. 55ff. 참조.

에도 그렇게 하였다.[49] 그러나 중재합의를 다룬 2009년 Allianz v West Tankers 사건 판결이 선고된 이후로는 이는 허용되지 않는다.

다. 소송유지명령이 정의의 목적에 부합할 것

소송유지명령의 유래가 형평법에 있다는 사실로부터 알 수 있듯이, 그리고 이제는 Senior Court Act 1981이 명시하듯이, 영국법원이 소송유지명령을 내리기 위하여는 '정의의 목적'(ends of justice)이 이를 요구하여야 한다.[50] 여기의 정의라 함은 영국의 관념에 따른 정의를 의미하는데, 법원은 이를 판단함에 있어서 장래 소송이 어떤 형태로 어느 곳에서 제기되어야 하는지에 주목해야 한다.[51] 여기에서 법원의 재량이 개입하게 된다.

분쟁해결합의 위반의 경우에는, 합의 위반이 확인되면 법원은 단지 소송유지명령을 발해서는 아니 되는 중요한 이유가 있는지만을 심사한다.[52] 드문 경우이지만 소송유지명령이 아니라 손해배상으로 족한 경우가 있다.

또 다른 기준은 당사자가 소송유지명령을 지체없이 신청하였는가이다. Toepfer v Molino Boschi 사건 판결[53]에서는 이탈리아 소송이 상당히 진행되었고 원고가 그의 책임 있는 사유로 영국법원에 늦게 신청하였기 때문에 소송유지명령이 거부되었다.[54] 이는 분쟁해결합의 위반에 기한 소송유지명령의 경우에도 타당하며 법원은 그 판단 시 재량을 가진다.[55]

라. 소송유지명령이 예양의 원칙에 반하지 않을 것

소송유지명령이 대인적인 것이기는 하나 이는 '외국법원에 대한 간접적인 간섭'(indirect interference with the foreign court)[56]이 된다. 따라서 법원은 소송유지명령을 하는 권한을 조심스럽게 행사해야 한다. 외국의 소송절차의 진행정도와, 당사자와 법원이 그의 수행과 관리에 투입한 노력의 정도가 클수록 예양에

49) Cheshire, North & Fawcett, p. 475.
50) Raphael, para. 4.01.
51) Raphael, para. 4.11.
52) Naumann, S. 47.
53) [1996] 1 Lloyd's Rep. 510 (Q.B.D.).
54) Naumann, S. 47.
55) Hill(註 18), para. 11.2.25.
56) *Airbus Industrie GIE v Patel* 사건 판결에서 Goff 경은 그와 같이 언급하였다(Cheshire, North & Fawcett, p. 457 참조). Cheshire, North & Fawcett, p. 456은 "외국법원의 관할권에 대한 묵시적 간섭"(implicit interference with the jurisdiction of a foreign court)이라 한다.

대한 고려의 중요성이 증대되고, 예양의 원칙에 반할 정도에 이르는 경우 소송유지명령은 허용되지 않는다.[57] 그런데 위에서 본 것처럼 영국법원이 소송유지명령을 하는 두 가지 상황은, 첫째 당사자의 비양심적 행동이 있는 경우이고 둘째, 외국에서의 제소가 당사자의 분쟁해결합의를 위반한 경우인데, 후자의 경우 전자와 달리 예양의 원칙은 문제되지 않거나 문제되더라도 전자의 경우보다 훨씬 약하게 작용한다.[58]

예양이라 함은 일반적으로 상이한 국가, 특히 그의 법원과 법제는 적절한 경우 서로에게 상호 존중, 공감과 존경을 나타내는 것을 의미한다.[59] 즉 예양의 원칙으로부터, 소송유지명령을 하는 법원은 외국의 이해관계를 고려하여야 하고 외국의 주권을 침해하거나 간섭하여서는 아니 된다는 원칙이 도출되며, 이는 소송유지명령을 발할지를 결정하는 법원의 재량권을 제약하는 기능을 한다.[60]

이와 관련하여 소송유지명령을 발하는 것인 국제법에 반하는 것은 아닌가라는 의문이 제기되나, 영미에서는 소송유지명령은 외국의 법원에 대하여가 아니라 국내법원의 관할에 복종하는 당사자에 대한 것이므로 그러한 명령이 외국의 사법권에 개입하거나 국제법에 반하는 것은 아니라고 한다.[61] 국제법협회(*Institut de Droit International*)도 영국법의 그것과 크게 다르지 않은 제한적인 상황 하에서 내려지는 소송유지명령은 국제법에 위반되지 않는다는 취지의 결의를 2003년 채택한 바 있다.[62]

---

57) Cheshire, North & Fawcett, p. 456-457.

58) Cheshire, North & Fawcett, p. 457.

59) Raphael, para. 1.11.

60) Naumann, S. 205; Raphael, para. 1.12. Raphael은 소송유지명령의 맥락에서 예양은 그 밖에도 외국 법원의 재판과 재판과정상의 독립성은 기판력과 외국판결의 승인의 규칙을 넘어서 존중되어야 한다는 승인, 각국 법체계는 그의 자연적 영향범위를 가지는데 그 안에서는 다른 국가 법원이 간섭할 수 없으나 그 밖에서는 존중의 정도가 약하다는 관념과, 반대로 법원은 그 자신의 자연적 영향범위 안에 속하는 사항에 관하여는 간섭할 여지가 크다는 관념을 포함한다고 한다.

61) Raphael, para. 1.48.

62) 상세는 Collins(註 10), S. 131 이하. 결의의 원칙 5는 아래와 같다.

"Court which grant anti-suit injunctions should be sensitive to the demands of comity, and in particular should refrain from granting such injunctions in cases other than (a) a breach of a choice of court agreement or arbitration agreement; (b) unreasonable or oppressive conduct by a plaintiff in a foreign jurisdiction; or (c) the protection of their own jurisdiction in such matters as the adminstration of estate and insolvency."

2. 소송유지명령의 효과

소송유지명령은 대인적인 구제수단이므로 소송유지명령이 있다고 해서 외국법원에 계속중인 소송이 직접 중지되지는 않으며, 외국법원도 그 명령을 따라야 하는 것은 아니다. 그러나 피고가 소송유지명령을 위반한 경우 이는 법정모욕이 되므로 그에 따른 제재가 부과되는데, 이는 심한 경우 징역 또는 영국 소재 자산의 몰수를 초래할 수도 있다.[63] 또한 법정모욕을 범한 자의 신청은 그가 혐의를 벗거나 속죄하기 전에는 영국법원에 의하여 받아들여지지 않는다.[64] 물론 피고가 영국 법원의 관할권이 미치는 영역 내에 소재하지 않고 자산도 가지고 있지 않은 경우 법정모욕은 실효성이 없겠지만, 그 경우에도 소송유지명령에 반하여 선고된 외국 법원의 판결은 영국에서 승인 또는 집행될 수 없다.

또한 영국법원의 소송유지명령은 독일이나 우리나라에서 승인 및 집행되지 않는다.[65] 나아가 소송유지명령의 송달의 허용 여부도 논란이 있을 수 있다. 실제로 독일 뒤셀도르프 고등법원(OLG Düsseldorf)의 1996. 1. 10. 결정은 독일 당사자에 대하여 독일 법원에서의 소송을 금지하는 영국법원의 소송유지명령을 독일에서 송달하는 것은 헤이그송달협약(제13조 제1항)[66]에 따른 독일의 주권을 침해하는 것으로 보아 중당당국은 그 송달을 거부할 수 있다고 판단하였다.[67] 우리 법상의 취급은 아래(Ⅴ.4.)에서 논의한다.

---

63) Eady D. and Smith A.T.H., Arlidge, Eadey & Smith on Contempt, 3rd ed. (2005), para. 14-1. Heinze/Dutta(註 13), p. 426, Fn. 64에서 재인용.

64) Heinze/Dutta(註 13), p. 426, Fn. 66에 인용된 문헌들 참조.

65) Schack(註 26), Rn. 863: Reinhold Geimer, Internationales Zivilprozessrecht, 6. Auflage (2009), Rn. 1014.

66) 이는 민사 또는 상사의 재판상 및 재판외 문서의 해외송달에 관한 1965. 11. 1. 협약을 말하는데, 제13조 제1항은 "송달요청서가 이 협약의 규정과 일치할 때, 피촉탁국은 이를 이행하는 것이 자국의 주권 또는 안보를 침해할 것이라고 판단하는 경우에 한하여서만 이를 거부할 수 있다"고 규정한다. 송달협약에 관하여는 석광현, "헤이그送達協約에의 가입과 관련한 몇 가지 문제점", 국제사법과 국제소송 제2권(2001), 287면 이하 참조.

67) 이는 영국이 중재지인 중재합의에 위반한 독일에서의 제소를 이유로 영국법원이 소송유지명령을 발한 사건이다. 판결문은 IPRax (1997), S. 260ff.; Lenenbach(註 10), p. 317 참조. 김동진(註 10), 109면에도 간단한 소개가 있다.

Ⅲ. 브뤼셀체제와 소송유지명령의 관계

위에서 언급한 것처럼, 영국법원이 발하는 소송유지명령이 브뤼셀체제와 양립할 수 있는지를 둘러싸고 논란이 있었던바, 유럽사법재판소(ECJ)는 2004. 4. 27. Turner v Grovit 사건 판결과 2009. 2. 10. Allianz v West Tankers 사건 판결로써 소송유지명령은 브뤼셀체제와 양립하지 않는다는 결론을 내렸다. 이를 가리켜 영국이 발전시켜 온 '보통법 소송원칙의 체계적 해체'(systematic dismantling of the common law principles of procedure)[68]를 보여주는 사례라고 평가하기도 한다. 여기에서는 브뤼셀체제를 소개하고 위 두 개의 판결을 간단히 살펴본다.

1. 브뤼셀체제

민사 및 상사사건의 재판관할과 재판의 집행에 관한 유럽공동체협약(이하 "브뤼셀협약"이라 한다)[69]은 1968년 체결되고 1973년 발효된 이래 체약국[70]이 확대됨에 따라 여러 차례 개정되었는데, 브뤼셀협약의 법형식이 국제조약으로부터 이사회규정(Council Regulation)(이것이 "브뤼셀 I 규정"이다. 이하 "브뤼셀규정"이라 한다)[71]으로 전환되면서도 개정되었다. 브뤼셀규정은 2000년 12월 공포되어 2002. 3. 1.부터 발효되었으나, 덴마크에는 적용되지 않으므로 덴마크에 대한 관계에서는 여전히 브뤼셀협약이 적용된다(이하 양자를 묶어서 '브뤼셀체제'라고 한다). 브뤼셀체제에 의하여 유럽연합의 국제재판관할의 결정과 다른 회원국의 법원이 선고한 재판의 승인 및 집행에 관한 주요 유럽연합국가의 규범이 상당부분 통일되었다. 더욱이 유럽공동체국가들은 자유무역연합 국가들과 1988년 '루가노협약'을 체결함으로써 브뤼셀협약에 의하여 달성된 국제관할의 결정

68) Trevor C. Hartley, "The European Union and the Systematic Dismantling of the Common Law of Conflict of Laws", 54 International and Comparative Law Quarterly (2005), p. 813; Heinze/Dutta(註 13), p. 438.

69) 브뤼셀협약에 관하여는 석광현, "民事 및 商事事件의 裁判管轄과 裁判의 執行에 관한 유럽공동체協約(일명 "브뤼셀협약")", 국제사법과 국제소송 제2권 (2001), 321면 이하 참조.

70) 엄밀하게는 브뤼셀협약의 경우 체약국이고 브뤼셀규정의 경우 회원국이다. 이하 양자를 호환적으로 사용한다.

71) 브뤼셀규정에 관하여는 석광현, "民事 및 商事事件의 裁判管轄과 裁判의 執行에 관한 유럽연합규정(브뤼셀규정)—브뤼셀협약과의 차이를 중심으로—", 국제사법과 국제소송 제3권 (2007), 368면 이하 참조.

과 다른 체약국 재판의 승인 및 집행에 관한 규범을 확대하였고, 브뤼셀규정의 채택을 계기로 2007년 10월 개정 루가노협약을 체결하였다.72)

브뤼셀체제의 국제관할규칙은 다음과 같다. 첫째, 피고가 법정지국가인 회원국에 주소를 가지는 경우 당해 국가가 관할을 가진다. 이것이 일반관할이다. 둘째, 피고가 법정지국가 이외의 회원국에 주소를 가지는 경우, 법정지국가는 브뤼셀협약 또는 브뤼셀규정의 다른 조문에 의하여 특별관할을 가지는 경우에 한하여 관할을 가진다. 셋째, 피고가 회원국에 주소를 가지지 않는 경우 법정지국가는 그 자신의 국내법에 의하여 관할의 유무를 결정한다.

한편 동일한 청구에 관하여 동일한 당사자들 간에 상이한 체약국들의 법원에 소송이 계속한 때에는, 후에 소송이 계속한 법원은 전소가 제기된 법원의 관할이 확정될 때까지 직권으로 소송을 중지하여야 하고, 전소가 제기된 법원의 관할이 확정된 때에는 관할 없음을 선고하여야 한다. 당사자들이 전속관할합의를 한 경우에도 전소가 계속한 법원이 관할합의의 유효 여부를 판단해야 하고, 다른 법원은 비록 당사자들이 국제재판관할을 부여한 법원이더라도 그 때까지 소송을 중지해야 한다.

2. *Turner v Grovit* 사건 판결: 국제재판관할의 맥락

브뤼셀협약에도 불구하고 영국법원은 자연적 법정인 영국법원의 관할을 보호하기 위하여 브뤼셀체제의 회원국에서 계속중이거나 개시될 소송에 대해 유지명령을 발하였다. 그러나 이에 대해 다른 회원국들의 비판이 있었다. 영국 귀족원은 Turner v Grovit 사건에서 유럽사법재판소의 선결적 판단을 요구하였고, 유럽사법재판소는 2004. 4. 27. 판결73)에서 영국법원이 다른 회원국에서의 소송절차를 개시 또는 계속하는 것을 금지하는 명령을 하는 것은 브뤼셀체제와 양립할 수 없다고 판단하였다.

72) 개정 루가노협약은 유럽연합국가들과 덴마크와 노르웨이 사이에서는 2010. 1. 1., 스위스 와 사이에서는 2011. 1. 1. 그리고 아이슬란드와 사이에서는 2011. 5. 1. 발효되었다. 개정 루가노협약의 소개와 국문번역은 한국국제사법학회가 법원행정처에 2009년 5월 제출한 보고서인 "외국 판결의 승인 · 집행에 관한 국제규범과 우리의 대응방안", 31면 이하 참조.

73) C-159/02.

가. 사안의 개요

영국에 주소를 둔 영국인인 터너는 1990년 Chequepoint Group의 사무변호사로 고용되었다. 위 그룹은 Grovit에 의하여 운영되고 주업무는 환전사무소의 운영이었으며, 터너를 고용한 China Security Ltd., 터너의 계약을 승계한 Chequepoint UK Ltd., 영국에 설립된 Harada와 스페인에 설립된 Changepoint로 구성되었다. 터너는 런던에서 업무를 수행하였으나 1997년 5월 마드리드로 전근되었고, 1997년 12월 계약을 승계한 Harada에 사직서를 제출하였다. 1998년 3월 터너는 런던에서 Harada를 상대로 고용법원(Employment Tribunal)에서 제소하여 부당해고로 인한 손해배상을 청구하였고 고용법원과 항소법원은 이를 인용하였다. 1998년 7월 Changepoint는 터너를 상대로 손해배상을 구하는 소를 마드리드 1심법원에 제기하였고, 터너는 송달된 소환장을 수령하지 않고 스페인 법원의 관할권을 다투었다.

터너는 1998년 12월 영국의 High Court에 Grovit, Harada와 Changepoint가 스페인에서 개시된 소송을 수행하는 것을 금지하는 소송유지명령을 (위반 시 penalty를 부과하는 조건으로) 신청하였고 High Court는 임시적 금지명령을 발하였으나 그 연장을 거부하였다. 터너가 항소하자 항소법원은 1999. 5. 28. 피고들에게 스페인 소송을 계속하지 말 것 등을 명하는 소송유지명령을 발하였다. 항소법원은 판결 이유에서, 스페인 소송은 고용법원에서의 그의 청구를 추구하는 데 있어서 터너를 괴롭히기(to vex) 위하여 악의로 제기되었다고 판시하였다. Grovit, Harada와 Changepoint는 영국법원은 브뤼셀협약이 적용되는 외국에서 소송 계속을 금지하는 명령을 할 권한이 없다고 주장하면서 귀족원에 상고하였다. 귀족원은 유럽사법재판소의 선결적 판단을 받기 위해 2001년 12월 아래 질문을 회부하였다.

> "다른 협약 국가에서 소송절차를 개시하거나 계속할 우려가 있는 피고에 대하여, 그들이 영국법원의 적절한 소송을 좌절시키거나 방해할 의도와 목적으로 악의로 행위하는 때에, 이를 금지하는 명령을 하는 것이 브뤼셀협약에 저촉되는지."

나. 유럽사법재판소의 판결

유럽사법재판소는 영국법원이 다른 체약국에서 소송절차를 개시 또는 계속하는 것을 금지하는 명령을 발하는 것은 브뤼셀체제와 양립할 수 없다고 판단하였다. 그 근거로 유럽사법재판소는 ① 상호신뢰의 원칙과 ② 중복제소에 관한 브뤼셀체제와 저촉되는 재판의 위험을 제시하였다. 상세는 아래와 같다.

(1) 상호신뢰(mutual trust)[74]

가장 중요한 근거는 브뤼셀체제의 근저를 이루는 원칙, 즉 체약국이 다른 체약국의 법제와 사법제도에 대한 상호신뢰의 원칙에 있다. 브뤼셀규정의 전문 16항과 17항은 상호신뢰를 언급하고 있고, 일부 예외를 제외하고는(예컨대 제35조 제1항) 체약국의 관할권은 다른 체약국의 심사의 대상이 되지 않는다. 소송유지명령은 분쟁을 결정할 외국법원의 관할권을 침해하고, 외국법원의 관할권에 대한 간섭이 되므로 브뤼셀체제의 기초를 이루는 상호신뢰의 원칙과 외국의 관할권 재심사금지의 원칙에 반한다. 그러한 간섭은 소송유지명령이 당사자에 대하여만, 즉 대인적 효력만을 가진다는 사실과, 상대방에 의한 절차의 남용을 방지할 의도를 가지고 있었다는 사실에 의해 정당화될 수 없다. 왜냐하면 피고의 행위의 남용적 성격에 대한 판결은 다른 체약국 법원에 제기한 소송절차의 적정성에 대한 평가를 암시하는데, 그 평가는 외국판결의 승인과 집행의 단계에서만 발생하는 특별한 사안들을 제외하고는, 브뤼셀협약의 기초를 구성하는, 법원이 다른 체약국 법원의 관할권 심사를 금지하는 상호신뢰의 원칙에 반한다.

(2) 저촉되는 재판[75]

소송유지명령이 복수의 소송 그리고 저촉되는 재판의 위험을 최소화할 것이라는 주장은 수용할 수 없다. 첫째, 소송유지명령은 소송경합과 관련소송에 관한 브뤼셀협약의 기제(mechanism)를 위험에 빠뜨리고, 둘째, 소송유지명령에도 불구하고 다른 체약국에서 재판이 선고되거나 또는 저촉하는 소송유지명령들이 선고되어 브뤼셀체제가 그 해결방안을 두고 있지 않는 문제를 발생시킬 수 있다.

3. *Allianz v West Tankers* 사건 판결: 중재합의의 맥락

유럽사법재판소는 2009. 2. 10. *Allianz v West Tankers* 사건 판결[76]에서,

74) 판결문, para. 24.

75) 판결문, para. 30.

76) C-185/07. Nigel Blackaby and Constantine Partasides with Alan Redfern and Martin Hunter, Redfern and Hunter on International Arbitration, Fifth Edition (2009), para. 5.133 이하의 소개

회원국의 법원이 어느 사람에게 다른 회원국에서의 소송절차가 중재합의를 위반하는 것이라는 근거로 소송유지명령을 발하는 것은 브뤼셀체제와 양립하지 않는다고 판시하였다.

가. 사안의 개요

West Tankers가 소유하고 Erg Petroli SpA ("Erg")가 용선한 선박(Front Comor)은 이탈리아 시라쿠사에서 Erg 소유의 jetty[突堤]와 충돌하여 손해를 발생시켰다. 용선계약은 영국법을 준거법으로 지정하고 중재지를 런던으로 하는 중재조항을 두고 있었다. Erg는 보험자(Allianz and Generali)에 대해 보험한도까지 보상을 청구하였고, 초과분에 대하여는 West Tankers를 상대로 런던에서 중재절차를 개시하였다. West Tankers는 손해배상책임을 부정하였다. Erg의 보험자는 보험금을 지급한 뒤 법률상의 대위를 이유로 2003년 7월 West Tankers를 상대로 Erg에게 지급한 금원의 지급을 구하는 소를 시라쿠사 법원에 제기하였다. 즉 보험자가 중재지가 런던인 중재합의에도 불구하고 선박소유자인 West Tankers를 상대로 이탈리아 법원에 제소한 것이다. West Tankers는 2004년 9월 High Court77)에서 보험자가 중재합의에 반하여 시라쿠사 법원에서 개시한 절차를 중지할 것을 요구하는 소송유지명령을 구하였다. 2005년 3월 High Court는 청구를 인용하고 보험자에게 소송유지명령을 발하였고, 보험자는 귀족원에 상고하면서 소송유지명령은 브뤼셀규정에 반한다고 주장하였다. 귀족원은 유럽사법재판소의 선결적 판단을 받기 위해 아래 질문을 회부하였다.

> "회원국의 법원이 어느 사람에게 다른 회원국에서의 소송절차가 중재합의를 위반하는 것이라는 근거로 소송절차를 개시 또는 계속하는 것을 금지하는 명령을 하는 것이 브뤼셀규정과 양립하는지."

만일 중재합의가 없었더라면 West Tankers는 브뤼셀규정 제5조 제3호에 따라, 가해적 사건이 발생한 이탈리아에서 제소될 수 있었다. 그러나 브뤼셀규정 제1조 제2항 d호는 브뤼셀규정은 중재에는 적용되지 않는다고 규정한다. 문

도 참조.

77) 정확히는 High Court of Justice of England and Wales, Queens Bench Division (Commercial Court)이다.

제는 브뤼셀규정의 적용범위로부터 배제되는 사건의 범위이다. 귀족원은 소송유지명령은, 비록 그것이 브뤼셀규정상 관할권을 가지는 법원에 의하여 내려진 것이더라도 브뤼셀규정이 확립한 체제와 양립할 수 없다고 실질적으로 결정한 2003년 Gasser 사건 판결[78]과 *Turner v. Grovit* 사건 판결을 언급하면서도, 그 원칙은 브뤼셀규정의 범위로부터 완전히 배제되는 중재에까지 확대될 수 없다고 판단하였다. 즉 중재합의를 이유로 하는 소송유지명령은 브뤼셀규정과 양립한다는 것이다.[79]

나. 유럽사법재판소의 판결

유럽사법재판소는, 회원국의 법원이 어느 사람에게 다른 회원국에서의 소송절차가 중재합의를 위반하는 것이라는 근거로 소송절차를 개시 또는 계속하는 것을 금지하는 명령을 발하는 것은 브뤼셀규정과 양립하지 않는다고 판단하였는데 그 근거는 아래와 같다. 우선 유럽사법재판소는 ① 중재합의에 기하여 소송유지명령을 위한 절차와 ② 그에 의하여 금지되는 소송절차를 구분하였다. 만일 전자가 브뤼셀규정의 적용범위에 포함된다면 터너 사건 판결에 의하여 이는 브뤼셀규정과 양립할 수 없다. 유럽사법재판소는 어떤 분쟁이 브뤼셀규정의 범위에 포함되는지 여부는 오로지 소송, 보다 구체적으로 문제된 소송이 보호하고자 하는 권리의 성질을 참조해서 결정해야 한다고 보고 소송유지명령에 이르는 소송절차는 브뤼셀규정의 대상에 포함될 수 없다고 판단하였다.[80]

그럼에도 불구하고, 유럽사법재판소는 소송유지명령을 구하는 절차는 민사 및 상사의 재판관할의 충돌에 관한 규칙을 통일하고 재판의 자유로운 이동이라는 목적을 달성하려는 브뤼셀규정의 효력을 약화시키는 효과를 가질 수 있고, 그러한 소송절차가 다른 회원국 법원이 브뤼셀규정에 의하여 부여된 관할권을

78) C-116/02. 이는 전속적 관할합의에 반하는 전소가 다른 체약국에 계속중인 경우, 전속관할합의에 의하여 관할권이 부여된 체약국의 법원이더라도 전속관할합의를 근거로 소송을 진행할 수 없고 여전히 소송경합의 처리에 관한 브뤼셀협약 제21조에 따라서 전소 법원이 관할 없음을 선고 때까지 소송을 중지해야 한다고 판시한 판결이다. 이는 얼핏 이상하게 보이지만 그 경우에도 후소가 계속한 법원은 전소가 계속한 법원이 전속관할합의의 존재를 근거로 관할권이 없다고 판단할 것을 믿고 기다려야 한다는 것이다.

79) 판결문, para. 21.

80) Martin Illmer: “Anti-suit injunctions zur Durchsetzung von Schiedsvereinbarungen in Europa—der letzte Vorhang ist gefallen—”, IPRax (2009), S. 313은 소송유지명령은 엄연히 소송절차이고 중재를 대상으로 하지 않기 때문에 이러한 결론은 부당하다고 비판한다.

행사하는 것을 방지하는 경우 그렇다고 보았다.

유럽사법재판소는 이 사건에서 분쟁의 대상, 즉 그 소송절차에서 보호하고자 하는 권리의 성질이 손해배상이고 따라서 브뤼셀규정의 대상에 포함되므로, 중재합의의 유효성을 포함한 중재합의의 적용가능성에 관한 선결문제도 그 적용범위에 포함된다고 보았다. 즉 중재합의를 이유로 시라쿠사 법원이 관할권이 없다는 항변은, 중재합의의 유효성의 문제를 포함하여 브뤼셀규정의 적용범위에 포함되고 따라서 제1조 제2항 d호와 제5조 제3호에 따라 그 항변과 그 자신의 관할권에 대하여는 전적으로 시라쿠사 법원이 판단하여야 하는데, 만일 영국법원이 소송유지명령을 발할 수 있다면 이는 필연적으로 시라쿠사 법원으로부터 브뤼셀규정에 따라 그 자신의 관할권에 대하여 판단하는 권한을 박탈하는 것이 된다. 또한, 다른 회원국 법원이 브뤼셀규정에 의하여 그에게 부여된 권한을 행사하는 것, 즉 브뤼셀규정의 적용 여부를 결정하는 것을 좌절시킴으로써, 소송유지명령은 회원국들이 다른 회원국의 법제도와 사법제도에 부여하고, 브뤼셀규정에 따른 관할권의 기초를 이루는 신뢰에도 반한다.81)

이처럼 유럽사법재판소는 중재합의에 대하여도 재판관할의 맥락에서와 동일한 접근방법을 취함으로써, 금지되는 소송이 유럽연합의 다른 회원국의 소송인 경우라면 영국이 중재지라는 이유로 소송유지명령을 통하여 중재합의의 실효성을 보장하는 영국법원의 능력을 박탈하였다. 법리적인 면이 아니더라도, 예컨대 국제중재의 또 다른 중심지인 프랑스의 법원은 소송유지명령 제도를 알지 못하는 데 반하여 영국법원만이 소송유지명령을 발할 수 있는 상황을 다른 회원국들에게 받아들이라고 설득하기는 어려웠을 것이다.

그 결과 중재합의의 유효성에 관하여 영국법원과, 소송이 계속한 다른 회원국 법원이 상이한 결론에 이를 가능성이 존재한다. 이러한 상태를 개선하기 위한 입법론으로 브뤼셀규정을 개정하여 중재합의의 유효성에 관하여 중재지 법원에 전속관할을 인정하자는 견해 등이 주장되고 있다.82) 앞으로 브뤼셀규정

81) 유럽사법재판소는 나아가 위 결론은, 당사자가 중재합의를 한 사항에 관하여 소가 제기된 경우 중재합의가 무효, 실효 또는 이행불능이라고 인정하는 경우를 제외하고 일방당사자의 청구에 따라서 당사자를 중재에 회부하여야 하는 것은 체약국 법원이라는 뉴욕협약 제2조 제3항에 의하여도 뒷받침된다는 점을 지적하였다.

82) Burkhard Hess, Thomas Pfeiffer, und Peter Schlosser, The Brussels I Regulation 44/2001: The Heidelberg Report on the Application of Regulation Brussels I in 25 Member States (Study Jls/C4/2005/03)(2008), para. 114 이하, 특히 para. 131. 이러한 사정을 고려하여 유럽연합은 광범위한 논의를 위하여 녹서(Green Paper)(COM (2009) 175)를 발표한 바 있다.

에서 소송과 중재의 관계가 어떻게 정리되는가는 국제거래의 실무에 커다란 영향을 미치게 될 것이므로 이에 대해 관심을 가지고 지켜볼 필요가 있다.

Ⅳ. 영국법상의 기타 논점

1. 중재판정부의 소송유지명령

위의 논의는 법원의 소송유지명령에 관한 것인데, 만일 중재판정부가 이미 구성되었다면 중재판정부가 소송유지명령을 발할 수 있는지도 문제된다. 영국에서도 과거 중재판정부의 소송유지명령은 별로 관심의 대상이 아니었는데, 그 이유는 첫째, 법정모욕에 의하여 뒷받침되는 법원의 소송유지명령과 달리 중재판정부의 소송유지명령은 제재수단이 없어 무용하고, 둘째, 법원이 아니라 중재판정부가 외국 사법제도에 간접적으로 간섭하는 것은 부적절하다는 생각이 남아 있었으며, 셋째, 대륙법계의 교육을 받은 사람에게는 소송유지명령은 낯선 구제수단이었다는 데 이유가 있다고 한다.[83] 그러나 근자에는 상황이 달라져서 중재판정부의 소송유지명령의 사례가 증가하고 있고, 특히 West Tankers 사건에서 유럽사법재판소가 중재합의의 실효성을 보장하기 위한 영국법원의 소송유지명령이 브뤼셀체제와 양립하지 않는다고 판시한 결과 중재판정부의 소송소유지명령이 증가할 것이라고 한다.[84]

2. 중재합의 위반과 손해배상

영국에서는 중재합의에 위반한 제소에 따른 손해배상책임을 인정한다. 즉, 중재합의 위반 시 당사자는 외국에서 소송을 방어하는 데 발생하는 합리적인 비용을 손해배상으로 청구할 수 있다. 영국에는 이를 긍정한 판결들이 여럿 있

Redfern/Hunter(註 76), para. 5.138 참조. 그 후 2010년 12월 위원회는 개정안을 제안하였다. European Commission, "Proposal for a Regulation of the European Parliament and of the Council on jurisdiction and the recognition and enforcement of judgments in civil and commercial matters" COM(2010) 748 final/2. 참조. 조문은 http://ec.europa.eu/justice/policies/civil/docs/com_2010_748_en.pdf 참조.

83) Raphael, para. 7.40.

84) Raphael, para. 7.41.

다.[85] 이 경우 손해배상의 범위와, 분쟁해결합의를 위반한 당사자가 외국소송에서 승소한 경우 손해배상의 가부 등에 관하여는 논란이 있다.[86] 비양심적 행동에 기한 손해배상의 경우 불법행위로 성질결정할 수 있지만, 중재합의 위반에 기한 손해배상은 계약위반으로 성질결정될 것이다.

근자에는 분쟁해결합의를 위반한 당사자의 손해배상책임을 계약서에 명시하거나 더 나아가 손해배상의 예정을 하기도 한다.[87]

Ⅴ. 한국법상 소송유지명령에 관한 試論

여기에서는 한국법상 법원에 의한 소송유지명령(아래 1.), 중재인에 의한 소송유지명령(아래 2.)과 중재합의 위반과 손해배상(아래 3.)을 살펴본다. 종래 우리나라에서는 이 점에 관한 논의가 별로 없으므로 독일에서의 논의를 참조하여 논점과 장래의 논의 방향을 정리한다. 좀더 깊이 있는 검토는 추후의 과제로 미룬다.

1. 법원의 소송유지명령—특히 보전처분으로서

당사자가 합의한 중재지가 한국 안에 있는 경우 우리 법원이 외국 당사자에 대하여 중재합의에 반하는 소의 제기 및 수행을 금지하는 소송유지명령을 할 수 있는가가 문제된다. 우리 법원이 외국에서 제소하였거나 제소하려는 당사자에 대하여 소송유지명령을 하는 것은 통상 가처분의 형태로 제기될 것이다. 우리 민사집행법 제300조 제2항의 임시지위를 정하는 가처분의 일종으로 피고의 외국법원에 대한 소송제기의 금지 및 소송중단을 명하는 가처분의 발령

---

85) Cheshire, North & Fawcett, p. 470. 관할합의를 위반한 경우에도 손해배상을 명한 판결들이 있다. Alexandros T saga 사건. Court of Appeal, [2014] EWCA Civ 1010. http://conflictoflaws.net/2014/english-court-of-appeal-confirms-damages-award-for- breach-of-a-jurisdiction-agreement/ 참조. [밑줄 부분은 이 책에서 새로 추가한 것이다.]

86) Raphael, para. 14.05 이하 참조. 예컨대 신뢰이익의 배상은 용이하나 이행이익의 배상은 어려운 문제를 제기한다. Gross(註 45), p. 54; Mankowski(註 21), S. 29.

87) 전속관할합의의 경우도 같다. 이에 관하여는 Mankowski(註 21), S. 23ff.; Koji Takahashi, “Damages for Breach of Choice of Court Agreements” Yearbook of Private International Law Vol. Ⅹ 2008 (2009), p. 57 이하 참조.

이 가능한 것으로 적극적으로 해석해야 한다는 견해가 있다.88) 반면에 우리 법제상 외국에서의 소송 자체의 중지를 청구하는 소를 제기할 수 있는 실체법적 근거가 없다는 견해도 있는데, 이는 우리 법상 재판관할권이 없는 외국법원에서 소추당하지 않는다는 일반적인 권리는 없다고 한다.89)

우리 민사집행법상 보전처분의 형식으로 소송유지명령을 하기 위하여는 첫째, 우리 법원에 국제재판관할이 있어야 하고, 둘째, 피보전권리가 있어야 하며 셋째, 보전의 필요성이 있어야 한다. 이를 부연하면 아래와 같다.

가. 국제재판관할의 존재

이는 가처분사건의 국제재판관할의 문제이다. 우리 국제사법의 해석으로는 다른 국제재판관할의 경우와 마찬가지로 민사집행법의 보전처분에 관한 토지관할규정(제278조와 제303조)90)을 참작하여 국제재판관할규칙을 도출하므로, 가처분의 경우 본안관할을 가지는 국가의 법원에 국제재판관할을 긍정하고 예외적으로 다툼의 대상(계쟁물) 소재지의 국제재판관할을 긍정할 수 있다.91) 따라서 이런 일반원칙에 따라 외국에서의 소송이 불법행위를 구성한다면 한국이 불법행위지인 경우 국제재판관할을 긍정할 수 있고, 전속관할합의 위반을 근거로 하는 가처분이라면 전속관할법원이 한국 법원이라는 점을 근거로 우리 법원의 국제재판관할을 긍정할 수 있을 것이다.

한편 중재합의 위반을 근거로 하는 가처분의 경우 달리 국제재판관할근거가 없다면 위의 법리에 따라 한국의 국제재판관할을 긍정하기는 어려울 것이다. 아래에서 보듯이 중재합의를 이행할 의무, 즉 중재절차의 실행을 가능하게 하고 촉진하기 위하여 필요한 행위를 하고, 중재인의 판정 또는 기타 분쟁의

88) 김동진(註 10), 112면. 정해덕(註 4), 86면도 우리 법원도 가처분의 방법으로 외국소송에 대한 소송중지명령을 내릴 수 있다는 결론만 언급한다.

89) 김용진(註 3), 162면.

90) 이는 구 민사소송법 제698조, 제717조 제1항, 제721조에 상응하는 조문이다.

91) 한충수, "국제보전소송의 재판관할권—직접관할을 중심으로—", 국제사법연구 제4호(1999), 74면 이하; 김용진, "국제보전처분의 현황과 과제—집행을 위한 한·일간 협력방안 제시를 겸하여", 저스티스 34권 1호(2001. 2.), 220면 이하; 권창영, "국제민사보전법상 국제재판관할", 민사집행법연구회, 김능환 대법관 화갑기념: 21세기 민사집행의 현황과 과제, 민사집행법실무연구 Ⅲ(통권 제5권)(2011), 280면 이하 참조. 마찬가지로 가압류의 경우도 본안관할을 가지는 국가의 법원에 국제재판관할을 긍정하고, 가압류 목적물 소재지의 국제재판관할을 긍정한다. 새로운 해석론의 가능성은 1999년 초안과 2001년 초안(각 제13조)을 참조할 필요가 있다.

해결을 위태롭게 하는 행위를 하지 않을 실체법상의 의무의 이행지는 한국이므로 한국의 국제재판관할을 인정할 수 있다는 주장이 제기될 수 있으나, 중재지는 중재판정에 중재지라고 기재된 장소에 불과하며 '형식적인 법적 주소 또는 본거'[92] 또는 '순전히 법적인 개념'[93]일 뿐이고 중재지에서 어떤 행위가 행해져야 하는 것은 아니므로 중재지를 의무이행지로 보기는 어렵다. 더욱이 외국에서 일정한 행위를 해서는 아니 되는 부작위의무의 이행지에 착안하기는 어렵고 이는 한국도 아니다. 또한 의무이행지관할을 인정하는 경우, 원고의 청구가 주된 의무와 부수의무에 기초한 경우 문제가 된 의무는 주된 의무를 기초로 판단하여야 한다는 점도 고려할 필요가 있다.[94]

다만 현실적 필요성을 고려하면, 중재지가 한국 안이므로 국제사법 제2조에 따라 한국이 실질적 관련이 있다고 보아 국제재판관할을 긍정할 여지는 있지 않을까 생각된다.

나. 피보전권리의 존재

보전처분의 형식으로 소송유지명령을 구할 경우 신청인의 피보전권리가 있어야 하고,[95] 본안의 형식으로 소송유지명령을 구할 경우에도 원고가 피고에 대해 부작위를 요구할 수 있는 권리가 있어야 한다.[96] 따라서 문제는 일방당사자가 중재합의에 반하여 외국에서 소를 제기하려는 상대방에 대하여 소의 제기를 금지하거나 이미 소를 제기하였다면 그 소송의 수행을 하지 말 것을 요구하는 권리가 있는가이다. 분쟁해결합의가 없는 경우에도 피보전권리가 있어야 하므로 경우를 나누어 본다.

---

92) Karl Heinz Schwab/Gerhard Walter, Schiedsgerichtsbarkeit, 7. Auflage (2005), Kapitel 15 Rn. 39.

93) Howard M. Holtzmann and Joseph E. Neuhaus, A Guide To The UNCITRAL Model Law On International Commercial Arbitration: Legislative History and Commentary (1989), p. 839.

94) 석광현, "개정루가노협약에 따른 계약사건의 국제재판관할", 서울대학교 법학 제49권 제4호 (2008. 12.), 427면; 이 책 [8] 참조.

95) 이시윤, 신민사집행법(2004), 427면; 법원행정처, 법원실무제요 민사집행[Ⅳ]—보전처분—(2003), 40면; 김상원 외(편집대표), 주석 민사집행법(Ⅵ)(조관행 집필부분)(2004), 378면 이하, 부작위의 가처분에 관하여는 388면 이하 참조.

96) 독일에서는 예컨대 독일 민법 제826조(제249조 제1항과 결합하여)에 근거한 부작위청구권이 있어야 한다고 한다. 독일 제국재판소(RGZ 157, 136)는 라트비아에서의 이혼소송이 독일법을 회피하기 위한 것이라는 이유로 라트비아에 계속한 이혼소송의 중지를 명한 바 있다. 상세는 Schack(註 26), Rn. 772, Rn. 489; 김동진(註 10), 113면 주 46. Rolf A. Schütze, Deutsches Internationales Zivilprozessrecht unter Einschluss des Europäischen Zivilprozessrechts, 2. Auflage (2005), Rn. 179는 이를 '관할의 편취'의 사례로 설명한다.

(1) 분쟁해결합의가 없는 경우

우선 분쟁해결합의가 없는 경우 우리 법상으로는 일방당사자가 외국법에 따라 국제재판관할이 있는 외국에서 소를 제기하는 것은 그의 권리행사로서 허용되며 이는 원칙적으로 적법하다. 외국법원의 판결이 한국에서 승인 및 집행되지 않더라도 그 이유만으로 외국에서의 소송이 위법한 것은 아니다.[97] 문제는 외국에서의 제소가 권리남용에 해당하는 경우 위 이론에 대한 예외를 인정할 수 있는가, 인정한다면 그 범위는 무엇인가이다.[98]

(2) 중재합의 위반의 경우

위에서 본 바와 같이 우리 법상으로는 독일에서와 마찬가지로[99] 외국에서 소송을 하지 말 것을 요구할 수 있는 실체법상의 부작위청구권이 있는 경우에 한하여 소송유지명령이 가능하고, 영미에서와 같은 광범위한 소송유지명령 또는 소송금지를 청구하는 소송은 허용되지 않는다고 본다. 그렇다면 문제는 중재합의로부터 과연 실체법상의 부작위청구권이 도출되는가이다. 이런 배경 하에서 아래에서는 중재합의의 효력, 법적 성질과 실체법상 의무의 준거법 및 뉴욕협약의 영향을 살펴본다.

(가) 중재합의의 효력

중재합의는 소극적 효력과 적극적 효력을 가진다.[100] 중재합의가 있으면 이는 소극적 소송요건(또는 소송장애)이 되어 법원은 피고의 신청에 따라 소를 각하해야 하는데(중재법 제9조 제1항), 이처럼 중재합의가 소송절차의 진행을 배제하고 법원으로 하여금 중재절차에 회부하도록 하는 효력을 중재합의의 소극적 효력(또는 직소금지의 효력)이라 한다. 한편 중재합의에 의하여 당사자는 분쟁을 중재절차에 회부할 수 있고 중재인은 분쟁을 해결할 권한을 가지며 중재판정을 내릴 수 있는데, 이는 중재합의의 적극적 효력이다.

나아가 당사자는 중재합의의 내용에 따라 신속한 중재절차의 진행을 위하

---

97) Schack(註 26), Rn. 862.

98) 김동진(註 10), 113면은 이 경우에도 허용할 수 있을 것이라고 하는 것 같다.

99) Schack(註 26), Rn. 230, 771; Geimer(註 65), Rz. 1717; Jan Kropholler, Handbuch des Internationalen Zivilverfahrensrecht Band Ⅰ, Kapitel Ⅲ, 1982, Rz. 168. 그러나 예외적인 경우 실체법상의 부작위청구권이 인정되는데, 예컨대 당사자들이 그런 취지의 합의를 하거나, 외국의 소를 취하하기로 합의하거나 또는 화해한 경우이다. Schütze(註 96), Rn. 179는 관할의 편취의 경우에도 이를 인정한다.

100) 독일에서는 이를 소극적 처분효(또는 처분적 효력)와 적극적 처분효라 부른다. Naumann, S. 99 참조.

여 협력할 의무를 부담하는데 이것이 당사자의 협력의무[101] 또는 촉진의무(Förderungspflicht)이다. 문제는 이러한 협력의무 또는 촉진의무가 실체법상 의무인가, 따라서 일방당사자가 협력의무를 이행하지 않을 경우 법원이 이를 강제할 수 있는가, 나아가 이를 위반한 경우 손해배상의무가 발행하는지가 문제된다. 우리나라에는 논의가 많지는 않지만 독일에서처럼 견해가 나뉜다. 즉 긍정설[102]은 중재합의의 당사자들은 중재합의를 이행할 의무, 즉 중재절차의 실행을 가능하게 하고 촉진하기 위하여 필요한 행위를 하고, 중재인의 판정 또는 기타 분쟁의 해결을 위태롭게 하는 행위를 하지 않을 실체법상의 의무를 부담하므로,[103] 일방당사자가 중재합의의 이행을 거부하면 상대방은 법원에 강제이행을 구할 수 있고 의무위반에 대한 손해배상을 청구할 수 있다고 본다. 이에 따르면 중재합의 위반 시 당사자는 외국에서 소송을 방어하는 데 발생하는 일정한 비용을 손해배상으로 청구할 수 있다. 반면에 독일의 다수설은 중재합의는 관할합의처럼 처분행위로서 처분적 효력(Verfügungswirking)만을 가질 뿐이고 의무를 부담시키는 효력(Verpflichtungswirkung)은 없다고 하면서 외국에서 소송을 하지 말 것을 요구할 수 있는 실체법상의 부작위청구권의 존재를 부정하므로 결국 소송유지명령은 원칙적으로 허용되지 않는다고 본다.[104] 부정설은 위와 같은 협력의무는 국가 법원에 의해 이행이 강제될 수 없는 성질의 것이라는 점에서 엄밀하게는 의무가 아니라, 소송상 필요하기는 하지만 그 행위를 할 것인지 여부는 당사자의 재량에 맡겨져 있는 '소송상의 부담'(prozessuale Lasten)일 뿐이라고 한다.[105] 부정설은 당사자가 중재합의에 따른 협력의무를 위반하더라도 이

101) 독일 연방대법원 판결(BGH NJW 1988, 1215)도 협력의무를 긍정하였다. 정선주, "당사자의 무자력과 중재합의관계의 해소", 중재연구 제12권 1호(2002. 8.), 256면도 이를 긍정한다.

102) 목영준, 상사중재법(2011), 59면; 정선주(註 101), 256면, 264면; Rolf A. Schütze, Schiedsgericht und Schiedverfahren, 4. Auflage (2007), Rn. 143.

103) 소송법상의 의무를 부담한다는 견해도 있다. 예컨대 Geimer(註 65), Rn. 1716은 당사자가 전속관할합의를 체결하면 그의 유효성에 관하여 합리적인 의심이 없는 한 관할이 배제된 법원에서 제소하지 않을 소송법상의 의무가 있고, 이를 위반한 경우 제소를 금지할 수는 없지만 손해배상책임은 있다고 한다. 미국에서는 더 나아가 침해를 받은 당사자는 중재를 강제하는 소를 법원에 제기할 수 있다. 미국 연방중재법 제2장 제206조(9. U.S.C. § 206). 반면에 영국에서는 중재합의의 경우 특정이행명령은 실제적이지 않다고 보고 간접적인 강제만을 허용한다. Redfern/Hunter(註 76), paras. 1.54, 1.55.

104) Kropholler(註 99), Rz. 168; Schack(註 26), Rn. 861; Naumann, S. 98-99. 또한 전속관할합의의 경우 각 법원은 자신의 관할권이 유효하게 배제되었는지를 스스로 심사할 수 있어야 하는데 관할권이 부여된 법원이 소송유지명령을 한다면 그러한 심사권한이 무의미하게 된다. Schack(註 26), Rn. 862.

105) 오창석, "파산절차에 있어서의 중재합의의 효력과 중재절차", 중재연구 제12권 1호(2002.

를 굳이 강제할 필요는 없으며, 중재인으로서는 협력하지 않은 데 따른 효과를 부여하면 족하다고 한다.[106)]

(나) 중재합의의 법적 성질

위의 논의는 보다 근본적으로는 중재합의의 법적 성질이 무엇인가와 관련된다. 독일에서는 학설상 중재합의의 법적 성질을 소송계약(Prozessvertrag)으로 보는 견해[107)]가 유력하나, 연방대법원은 관할합의의 경우와 마찬가지로 소송법적 효력을 가지는 실체법적 계약으로 본다.[108)] 이처럼 중재합의를 순전한 소송행위로 보아 처분효만을 인정하는 독일 이론에 따르면 그로부터 실체법적 효력을 도출하기는 어렵다. 즉 중재합의가 있더라도 중재에 의하지 않고 소를 제기하지 않을 의무가 발생하는 것은 아니다. 전속관할합의의 경우도 같다. 이 점에서 중재합의도 다른 채권계약과 같이 당사자의 실체법상의 의무를 발생시킨다고 보는 영국법과 다르다.

독일에서 소송유지명령에 대해 부정적 태도를 취하는 또 다른 근거는, 소송유지명령은 내국의 법관이 외국의 관할질서, 따라서 외국의 주권에 대하여 간섭하는 것이라는 데 있다.[109)]

(다) 실체법상 의무의 준거법

중재합의에 따라 당사자가 협력의무(또는 촉진의무)를 부담하는가는 중재합의의 준거법, 즉 중재합의의 성립 및 유효성의 준거법에 따를 사항이라고 본다. 저자는 전에 중재합의의 효력의 준거법에 관하여 아래와 같이 썼다.[110)]

> "중재합의의 적극적 효력의 준거법은 두 가지를 구분할 필요가 있다고 본다. 첫째, 중재인이 중재절차를 진행할 수 있는 효력에 관한 적극적 효력은 중재지법에 따를 사항이다. 둘

8.), 131면. 독일은 Schwab/Walter(註 92), Kapitel 7 Rn. 20과 Fn. 85에 인용된 문헌들. 소송상의 부담은 실체법상의 간접의무(또는 책무)에 유사한 개념이다. Hans-Joachim Musielak, Zivilprozessordnung, 4. Auflage (2005), Einleitung, Rn. 56. 예컨대 당사자는 소송에서 사실을 주장하고 입증할 필요가 있지만 이를 하지 않고 그로 인한 불이익을 감수할 수 있다.

106) 다만 부정설도 중재비용을 예납할 당사자의 의무는 진정한 의무라고 본다.

107) Heinrich Nagel/Peter Gottwald, Internationales Zivilprozessrecht, 6. Auflage (2007), §16 Rz. 8; Geimer(註 65), Rn. 3786. 독일 학설은 Schwab/Walter(註 92), Kapitel 7 Rn. 37, Fn. 133 참조. 영국에서는 이런 소송계약의 개념을 알지 못하는 것으로 보인다.

108) 1963. 11. 28. 독일 연방대법원 판결. BGHZ 40, 320. 소송법상 합의의 법적 성질에 관하여는 김홍엽, 민사소송법(2011) 447면 이하 참조.

109) Schütze(註 96), Rn. 179.

110) 석광현(註 21), 127면.

> 째, 당사자가 법원을 통하여 중재합의를 강제할 수 있는가는 법정지법에 따라 판단할 사항이다. 그러므로 예컨대 중재지가 뉴욕이고 중재합의의 준거법이 뉴욕주법이더라도 우리 법원에 소가 제기되었다면, 만일 우리 중재법상 중재절차를 강제할 수 없다는 해석론을 취할 경우, 우리 법원은 중재절차를 강제할 수는 없다. 하지만 만일 실체법상의 의무를 긍정한다면 결과적으로 그 범위 내에서는 중재합의의 준거법에 따른다고 볼 여지도 있다."

여기에서는 실체법상의 의무를 긍정하므로 당사자의 협력의무 위반의 준거법은 중재합의의 준거법으로 보는 데 어려움이 없을 것이다.[111)]

(라) 뉴욕협약의 영향

위에서 언급한 바와 같이 뉴욕협약 제2조 제3항은, "당사자들이 본조에서 의미하는 합의를 한 사항에 관한 소송이 제기되었을 때에는 체약국의 법원은 … 일방당사자의 청구에 따라서 중재에 부탁할 것을 당사자에게 명하여야 한다"고 규정한다. 여기에서 소송유지명령은 위 제2조 제3항의 취지에 반한다는 견해가 있다. 그 근거는 중재합의의 유효성에 대해 심사할 수 있는 권한은 위 제2조 제3항에 따라 소가 제기된 법원에 전속하므로, 영국법원이 중재지 법원이라는 이유로 소송유지명령을 내리는 것은 그 국가 소송절차의 완결성에 대한 간접적인 간섭이고 그 주권을 무시하는 것이며, 또한 영국법원과 법정지법원의 판단이 상충될 위험성도 있기 때문이라고 한다.[112)] 그러나 영국에서는 위 제2조 제3항은 중재합의의 대상인 분쟁의 실체에 관한 소송에 적용될 뿐이고, 소송유지명령과 같이 중재절차를 지원하기 위한 부수적 소송에는 적용되지 않는다고 한다.[113)]

생각건대, 뉴욕협약의 위 조항은 브뤼셀체제의 그것과 달리 소송유지명령의 가부와 직접 관련은 없다고 본다. 위에서 언급한 유럽사법재판소의 2003년 Gasser 사건 판결에서 보듯이 브뤼셀체제에서는 전속적 관할합의에 반하는 전소가 다른 체약국에 계속중인 경우, 전속관할합의에 의하여 관할권이 부여된 체약국의 법원도 전속관할합의를 근거로 소송을 진행할 수 없고 여전히 전소법원이 관할 없음을 선고 때까지 소송을 중지해야 하지만, 뉴욕협약의 체약국간에는 그 정도의 강력한 상호신뢰가 존재하는 것은 아니다. 그렇지 않다면 당

111) 본문의 결론에 따르면 당사자가 법원을 통하여 중재합의를 강제할 수 있는가도 법정지법이 아니라 중재합의의 준거법에 따른다는 주장이 가능하다.

112) Naumann, S. 121f.

113) *Toepfer International GmbH v Cargill* France SA [1998] 1 Lloyd's Rep. 379 (C.A.) 385 (Heinze/Dutta(註 13), p. 418 Fn. 26에서 재인용).

사자들이 중재합의와는 별도로 다른 곳에서 소송을 제기하지 않을 의무를 부담한다는 취지의 합의를 하는 것도 허용되지 않을 것이기 때문이다.

(마) 소 결

우리나라에서는 중재합의를 소송계약으로 보는 독일의 통설과 달리 이를 "절차법적 법률관계에 관한 실체법(사법)상의 계약"114) 또는 "소송상의 관계에 대한 실체법상의 계약"115)이라거나 "소송법적 효과를 수반하는 특수한 私法上의 계약"116)이라고 본다. 이에 따르면 당사자들이 중재합의를 체결한 경우 주된 효력은 소송법의 영역에서 발생하지만, 중재합의에 위반하여 소를 제기하지 않겠다는 부수적인 합의의 존재를 인정할 여지가 있다. 당사자들이 중재합의와 별도로 중재합의에 반하여 외국 법원에 제소하지 않을 것을 합의할 수 있다면, 다른 합의가 없는 경우 중재합의 속에 그런 취지가 이미 포함되어 있다고 보는 편이 당사자의 의사와 상식에 부합할 것이다.117) 따라서 당사자 간에 중재지를 한국 안에 두는 중재합의가 있다면, 일방당사자는 '외국에서 제소되지 않을 권리'(right not to be sued abroad)를 가지고 상대방은 이를 재판상 청구하거나 기타 이러한 권리의 침해를 막기 위하여 필요한 조치를 취할 수 있게 될 것이다.118) 실무적으로 중재인이 중재합의에 기하여 소송유지명령을 할 가능성이 점증하고 있고, 예컨대 당사자가 중재지를 서울로 합의하면서 국제상업회의소 중재규칙(Rules of Arbitration of the International Chamber of Commerce)을 적용하기로 한 경우, 중재인은 소송유지명령을 할 수 있는 데 반하여 우리 법원은 이를 할 수 없다는 것은 문제가 있으므로 이를 긍정할 실제적 필요가 있다. 다만 우리 법원의 소송유지명령을 허용한다면, 실제 중재합의에 반하는 소송이 계속한 외국

114) 김홍규, "중재법원(중재판정부)의 자기의 관할권을 판정하는 권한", 중재 제298호(2000), 6면.

115) 오창석(註 105), 126면, 주 34.

116) 손경한, "중재합의", 사법연구 1: 계약법의 특수문제(1983), 123면.

117) 예컨대 Peter Schlosser, "Anti-suit injunctions zur Unterstützung von internationalen Schiedsverfahren", Recht der Internationalen Wirtschaft (2006), S. 486ff.도 중재합의 결과 당사자는 법원에 제소하지 않을 실체법상의 부작위의무를 부담하고, 이는 별소 또는 가처분에 의하여 관철될 수 있다고 본다. 그러나 다수설은 이를 부정한다. 예컨대 Geimer(註 65), Rn. 250d.

118) Peter Schlosser, Justizkonflikt zwischen USA und Europa (1985), S. 37; Jochen Schröder, "The Right not to be Sued Abroad", Festschrift für Gerhard Kegel zum 75. Geburtstag (1987), S. 532와 같은 독일 소수설은 전속관할합의에 관하여 이런 견해를 취한다. 전자는 후자에서 재인용. 이러한 의무를 부수의무라고 본다면 이는 소구가능성이 있는 이른바 '독립적 부수의무'라고 볼 수 있다는 것이다. 지원림, 민법강의 제7판 (2009), [4-20]. 즉 부수의무의 존재를 인정하면 그 위반시 손해배상책임이 발생하지만, 그렇더라도 이를 반드시 강제할 수 있는 것은 아니고 부수의무의 종류에 따라 구별해야 한다는 것이다. 이는 채권총론 일반의 논의이다.

법원의 판단과의 저촉이 발생할 수 있고, 소송유지명령에 대한 소송유지명령(anti-anti-suit injunction)[119)]의 가능성도 배제할 수 없다는 문제가 발생한다.

(3) 전속관할합의 위반의 경우

독일의 소수설은 전속관할합의의 경우 관할권이 부여된 법원 이외의 법원에서는 제소하지 않겠다는 실체법상의 합의를 포함하는 것으로 보나,[120)] 통설은 소송법적 효력 외에 이러한 실체법상의 의무를 부정한다.[121)] 통설에 따르면 관할합의는 처분행위(Verfügungsakt)일 뿐이고 의무를 부담시키지는 않는데, 이렇게 이해한다면 관할합의를 이행하라는 소 또는 위반 시 손해배상을 구하는 소를 제기하는 것은 불가능하게 된다.[122)] 또한 실제적인 필요가 없다는 견해도 있다.

다. 보전의 필요성의 존재

보전처분을 하기 위하여는 다툼 있는 권리관계에 대하여 채권자에게 생길 현저한 손해 또는 급박한 위험을 피하기 위한 필요성, 즉 보전의 필요성이 있어야 한다(민사집행법 제300조 제2항). 중재합의에 위반하여 외국에서 소송이 제기되고 그곳에서 패소하더라도 그 외국판결은 한국에서 승인 및 집행되지 않을 것이므로 소송유지명령을 위한 보전의 필요성이 없다고 주장할지 모르겠으나 이는 근거가 없다. 비록 중재합의에 위반하여 제소되더라도 피고가 중재합의에 기한 항변을 제출하지 않으면 외국법원이 당사자를 중재에 회부하지 않을 가능성이 크므로(뉴욕협약 제2조 제3항) 당사자는 외국소송에 출석하여 중재합의의 항변을 제출할 필요가 있다. 요컨대 중재합의가 있더라도 피고로서는 실제로 외국의 소송에 출석해서 방어하지 않을 수 없고 그에 따른 시간, 노력과 비용이 소요되고 명성에 손상이 발생할 수 있으므로 외국에서의 소송을 금지할 실제적 필요성이 있다고 할 수 있다.[123)]

---

119) 이에 관하여는 Raphael, para. 5.47 이하 참조.

120) Schröder(註 118), S. 531ff. Schröder는 그런 합의는 묵시적으로도 체결될 수 있다고 본다. Kropholler(註 99), Rz. 168 Fn. 348은 명시적 합의가 필요하다고 한다. Kropholler(註 99), Rn. 175는 민소법 제888조에 기한 강제와 손해배상청구는 명백히 남용적인 사안에 한정해야 한다고 한다.

121) Schack(註 26), Rn. 861. 그러나 소송법상의 의무를 인정하는 견해도 있음은 위에서 본 바와 같다. Geimer(註 65), Rn. 1716.

122) Schröder(註 118), S. 531은 이 점을 지적한다.

123) Lenenbach(註 10), p. 303도 동지.

이처럼 중재합의가 있으면 일방당사자는 그에 반하여 외국에서 제소하지 않을 의무가 있고, 외국에서의 소송을 금지할 필요성이 있다고 본다면, 중재합의가 있기만 하면 가처분형식의 소송유지명령은 항상 허용되는가라는 의문이 제기된다. 뉴욕협약 제2조 제3항과 중재법 제9조에서 보듯이 중재합의가 있더라도 그것이 부존재·무효이거나 효력을 상실하였거나 그 이행이 불가능한 경우에는 당사자는 중재합의에 구속되지 않는다. 따라서 우리 법원으로서는 이런 가능성을 검토할 필요가 있다. 나아가 영국법원이 소송유지명령을 발하기 위하여 고려하는 요건 중 소송유지명령이 정의의 목적에 부합할 것과 예양의 원칙에 반하지 않을 것이라는 요건[124]은 결국 우리 법원이 보전의 필요성을 판단하는 과정에서 적절히 고려해야 한다.[125] 예컨대 외국에서의 소송절차가 상당히 진행되어 판결의 선고가 임박한 때에 비로소 소송유지명령을 신청한다면 그 경우에까지 소송유지명령을 발할 것을 아니라고 본다. 다만 비양심적 행동의 경우에 비하여 그 강도가 약할 수밖에 없다.

라. 소송유지명령의 실효성

우리 법상 우리 법원이 소송유지명령을 할 수 있더라도 그 실효성을 확보할 수 있는 수단이 없다면 이는 유명무실하다. 우리 법상은 영국에서와 같이 소송유지명령 위반을 이유로 법정모욕에 따른 제재를 부과하는 것은 불가능하다. 하지만 우리 법원이 소송유지명령을 발하고 피신청인이 그에 반하여 예컨대 외국 법원에 제기한 소를 취하하지 않는 경우 하루에 일정금액의 손해배상을 부과함으로써 간접강제를 하는 것은 가능하므로 실효성이 전혀 없는 것은 아니다.[126] 물론 간접강제를 집행할 현실적 수단이 있어야 할 것이다. 또한 우리 법원의 소송유지명령에 반하는 외국법원의 판결은 우리나라에서 승인 및 집행을 거부해야 할 것이다. 예컨대 전속관할합의 또는 중재합의에 반하는 외국

124) Raphael, para. 8.03 이하는 영국법원이 소송유지명령을 발하지 않을 강력한 이유를 판단하기 위하여 고려할 요소로 분쟁해결합의조항의 성질, 소송의 성질에 관한 요소, 소송유지명령을 신청하는 원고의 행위에 관한 고려와 예양의 원칙을 고려한다.

125) 우리 대법원 판결 중에도 '국제예양'이라는 개념을 쓴 것이 있다. 즉, 대법원 1992. 7. 14. 선고 92다2585 판결은 "… 우리나라와 영사관계가 있더라도 송달을 받을 자가 자국민이 아닌 경우에는 영사에 의한 직접실시방식을 취하지 않는 것이 국제예양이며 …"라고 판시하였다. 또한, 과거 민사사법공조에 관한 법적인 근거가 없을 당시에도 우리 법원은 사법공조를 제공한 바 있는데 그 근거를 국제예양으로 설명하는 경향이 있었다. 우리 법상 국제예양에 어떠한 지위를 부여할 것인가는 좀더 검토를 요하는 문제이다.

126) 김동진(註 10), 113면.

판결은 관할권의 결여 또는 재판권의 결여 또는 공서에 반하는 것으로서 승인될 수 없다.

2. 중재판정부의 소송유지명령[127)]

가. 중재법의 해석

국제상사중재에서 내려지는 임시적 처분의 유형에는 그 목적에 따라 첫째 손해를 회피하기 위하여 하는 처분(현상유지를 위한 임시적 처분도 이에 포함된다), 둘째 장래의 중재판정의 집행을 촉진하기 위한 처분(자산동결처분도 이에 포함된다)과, 셋째 중재절차의 진행을 촉진하기 위한 처분이 있다.[128)] 중재판정부에 의한 임시적 처분에 관하여 침묵하였던 구 중재법과 달리, 중재법(제18조 제1항 제1문)은 국제연합 국제거래법위원회(UNCITRAL)가 1985년 채택한 "국제상사중재에 관한 모델법"(이하 "모델법"이라 한다)(제17조 1문)을 따라 임시적 처분을 할 수 있는 중재판정부의 권한을 명시한다. 다만 중재법 제18조 제1항은 "중재판정부는 … 분쟁의 대상에 관하여 … 임시적 처분을 내릴 수 있다"고 규정하므로 중재판정부가 할 수 있는 임시적 처분은 분쟁의 대상에 관한 것에 한정된다. 따라서 예컨대 다툼의 대상(즉 계쟁물)에 관한 처분금지가처분이나 점유이전금지가처분 등을 할 수는 있으나, 중재의 대상이 아닌 피신청인의 다른 재산에 대한 가압류 기타의 처분을 할 수는 없고, 소송유지명령 기타 중재절차의 진행을 촉진하기 위한 임시적 처분을 할 수는 없다. 여기의 논의는 2016년 개정되기 전 구 중재법상의 것이다. 2016년 중재법은 2006년 개정모델법을 받아들여 임시적 처분에 관한 상세한 규정을 두고 있으므로 이제는 상황이 달라졌다. 상세는 말미에 언급한 것처럼 이 책 [4] 논문 참조. [밑줄 부분은 이 책에서 새로 추가한 것이다.]

또한 우리 중재법상으로는 중재판정부는 위 셋째의 유형, 즉 소송유지명령 기타 중재절차의 진행을 촉진하기 위한 임시적 처분을 할 수는 없다. 하지만 중재법상 당사자는 합의에 의하여 중재판정부가 할 수 있는 임시적 처분의 범위를 제한하거나 확장할 수 있고, 이는 중재규칙의 지정에 의하여도 가능하다. 예컨대 ICC 중재규칙(제23조 제1항)은 당사자가 달리 합의하지 않는 한 중재판

127) 상세는 석광현(註 21), 440면 이하 참조.

128) A/CN.9/WG.II/WP.119, paras. 16-18, A/CN.9/468, para. 81 참조.

정부는 당사자의 신청에 따라 적절하다고 간주되는 임시적 처분을 취할 수 있다고 하여 중재법보다 광범위한 권한을 중재판정부에 부여하는데, 당사자가 ICC 중재규칙을 적용하기로 하였다면 중재판정부는 그에 따른 임시적 처분을 할 수 있다.

나. 모델법 개정안

2006년 6월과 7월에 개최된 UNCITRAL 제39차 본회의에서 채택된 모델법 개정안은 제4장의2(Chapter Ⅳ bis)로 '임시적 처분과 사전명령'이라는 장을 신설하여 그에 관한 상세한 규정을 둔다.[129] 임시적 처분(interim measures)은 상대방에 대한 통지 후에 내려지는 것으로, 관할법원에 집행을 신청할 수 있고 법원은 승인거부사유가 없는 한 이를 승인하고 집행해야 한다. 반면에 사전명령(preliminary orders)은 임시적 처분의 집행을 확보하기 위하여 일방당사자의 신청에 의하여 내려질 수 있으나 20일 동안만 효력이 있으며 집행의 대상이 되지 않는다. 개정안(제17조 제2항)은 현상유지를 위한 임시적 처분과 소송유지명령도 내릴 수 있음을 명시한다(물론 법원의 소송유지명령이 더 실효적이다). 즉 제17조 제2항은 b호는 "중재절차 자체에 현재의 또는 임박한 해를 끼치거나 영향을 미칠 행위를 방지 또는 금지하는 행위를 취하는 것"을 임시적 처분에 포함시킴으로써 중재판정부에 의한 소송유지명령이 가능함을 밝히고 있다.[130] 우리도 모델법의 개정내용을 중재법에 반영하는 방안을 검토할 필요가 있다.[131]

3. 중재합의 위반과 손해배상

이에 대하여는 피보전권리에 관하여 위에서 본 바가 대체로 타당하다. 그러나 손해배상책임을 인정한다고 해서 당연히 소송유지명령을 허용하는 것은

129) 상세는 노태악 · 구자헌, "최근 UNCITRAL 모델 仲裁法의 개정논의 결과와 國內法에의 示唆 —仲裁合意의 書面性과 仲裁判定部의 臨時的 處分을 중심으로", 국제규범의 현황과 전망 —2006년 국제규범연구반 연구보고— (2006), 491면 이하; 한민오, "국제상사중재에 있어서 중재판정부의 임시적 처분에 관한 연구", 서울대학교 대학원 법학석사학위논문(2012. 2.), 42면 이하 참조. 문언은 http://www.uncitral.org/uncitral/en/uncitral_texts/arbitration/1985 Model_arbitration.html 참조.

130) 노태악 · 구자헌(註 129), 494면.

131) 이에 관한 구체적 검토는 한민오(註 129), 103면 이하 참조.

아니다.[132)]

즉, 중재합의의 결과 당사자가 실체법상의 의무를 부담한다고 보는 견해는 당사자는 중재합의를 이행할 의무, 즉 중재절차의 실행을 가능하게 하고 촉진하기 위하여 필요한 행위를 하고, 중재인의 판정 또는 기타 분쟁의 해결을 위태롭게 하는 행위를 하지 않을 실체법상의 의무를 부담한다고 보므로, 일방당사자가 중재합의의 이행을 거부하면 상대방은 의무위반에 대한 손해배상을 청구할 수 있다고 본다. 이 경우 일방당사자는 외국에서 소송을 방어하는 데 발생하는 합리적인 비용과 그 소송에서 부담한 소송비용을 손해배상으로 청구할 수 있다. 이 견해가 설득력이 있다. 손해배상 청구는 중재에 의하여 해결해야 할 것이다.

그러나 부정설은 이러한 협력의무는 국가법원에 의해 이행이 강제될 수 없는 성질의 것이라는 점에서 엄밀하게는 의무가 아니라, 소송상 필요하기는 하지만 그 행위를 할 것인지의 여부는 당사자의 재량에 맡겨져 있는 소송상의 부담이라고 보는데, 이런 견해는 대체로 손해배상의무를 부정하게 된다.

이처럼 논란이 있으므로 실무적인 해결방안으로서는 당사자들이 계약서에서 중재합의 위반에 대한 손해배상책임을 명기하는 방안을 고려할 수 있다.[133)] 더 나아가 그 경우 손해배상액의 예정을 할 수도 있을 것이다.

4. 영국법원의 소송중지명령에 대한 대응

영국법원의 소송유지명령이 있더라도 이는 당사자에 대한 것이고 우리 법원에 대한 것은 아니므로 우리 법원은 그에 구속되지 않는다. 나아가 우리 민사소송법 제217조에 따라 승인의 대상이 되는 재판은 본안에 관한 외국재판, 그 중에서도 종국적 재판과 확정재판에 한정되므로,[134)] 잠정적인 소송유지명령은 물론이고 최종적인 소송유지명령도 승인의 대상이 되지 않는다. 따라서 영국법원의 소송유지명령은 우리나라에서 효력을 가지지 아니한다.

---

132) 예컨대 Schack(註 26), Rn. 863; Geimer(註 65), Rn. 1717은 소송유지명령은 불허하면서도 피해자에게 손해배상청구는 허용한다.

133) 당사자가 전속관할합의에 위반하여 제소한 경우 손해배상을 하기로 하는 문언과 해설은 Adrian Briggs, Agreements on Jurisdiction and Choice of Law (2008), paras. 5.17과 5.51 이하 참조.

134) 석광현, "민사 및 상사사건에서의 외국재판의 승인 및 집행", 국제사법과 국제소송 제1권 (2001), 265면 이하.

영국을 중재지로 하는 중재합의가 있음에도 불구하고 우리 법원에 소가 제기되었음을 이유로 영국법원이 소송유지명령을 발할 경우에는 우리 법원으로서는 뉴욕협약 제2조 제3항과 중재법 제9조 제1항에 따라 중재합의의 효력을 판단하고 예외사유가 없으면 소를 각하하면 되고, 예외사유가 있으면 소송을 진행하면 된다. 그렇더라도 실무상 영국에 재산을 두고 있거나 영국에서 영업을 하는 당사자는 소송유지명령 위반에 따른 제재를 두려워하여 우리 법원의 소를 취하할 것이다.135)

영국법원이 소송유지명령의 송달을 헤이그송달협약에 따라 우리나라에 촉탁하는 경우의 처리는, 우리 법원이 소송유지명령을 할 수 있는가에 따라 다르다. 만일 독일처럼 이것이 불가능하다는 태도를 취한다면 우리 법원도 독일법원처럼 촉탁을 거부할 수 있을 것이나, 사견처럼 분쟁해결합의 위반의 경우 소송유지명령의 가능성을 열어 둔다면 그에 상응하는 사안에서 영국 당국의 촉탁을 거부할 수는 없을 것이다.136)

Ⅵ. 맺 음 말

지금까지 영국의 소송유지명령과 관련된 쟁점들은 논의하였다. 우리에게는 생소하지만 영국법원과 미국법원은 소송유지명령을 발하고 있으며 이는 국제거래에 참가하는 우리 기업들에게 직접적으로, 그리고 소송이 계속한 우리 법원에도 간접적으로 영향을 미치고 있으므로 우리 법률가들도 소송유지명령제도에 대해 좀더 관심을 가지지 않으면 아니 된다. 소송유지명령에 대한 영국과

135) 한편, 분쟁해결합의 위반이 아니라 비양심적 행동을 이유로 영국법원이 소송유지명령을 하는 경우의 처리는 아래와 같다. 우리 법원에 전소가 그리고 영국법원에 후소가 계속중인데 영국법원이 소송유지명령을 발한 경우 우리 법원은 전소를 진행하면 된다. 영국법원에 전소가 그리고 우리 법원에 후소가 계속중인데 영국법원이 소송유지명령을 발한 경우 우리 법원은 소송유지명령을 고려할 필요 없이 국제소송경합에 관한 법리에 따라 처리하면 된다. 석광현, "國際的 訴訟競合", 국제사법과 국제소송 제4권(2007), 182면 이하 참조. 다만 어느 경우든 영국에 재산을 두고 있거나 영국에서 영업을 하는 당사자는 실무상 소송유지명령 위반에 따른 제재를 두려워하여 우리 법원의 소를 취하할 것이다.

136) 김동진(註 10), 109면 이하는 우리 법원도 소송유지명령을 할 수 있다고 하면서도(저자처럼 분쟁해결합의 위반의 경우로 한정하지 않는다), 영국법원이 발령한 소송금지명령의 송달요청에 대하여는 독일법원과 마찬가지로, 상대방이 한국민인 경우 우리 헌법상 인정되는 국민의 재판받을 권리를 침해하는 것이 되며 공서에 반하므로 송달에 협조할 의무는 없다고 한다. 그러나 우리 법원의 소송유지명령을 허용하는 범위 내에서는 그렇게 볼 수는 없다.

독일 및 유럽연합의 논의를 보면서 국제재판관할, 나아가 부적절한 법정지의 법리와 국제적 소송경합의 처리, 소송행위의 개념과 분쟁해결에서의 법원의 역할을 바라보는 법계의 대립을 다시 확인한다. 이 점에서 소송유지명령을 이해하기 위하여는 비교민사소송법적 연구가 필요함을 알 수 있다. 브뤼셀체제 하에서 독일 등 유럽연합 국가들은 영국법원의 소송유지명령으로부터 보호를 받을 수 있지만 우리로서는 영국법원과 나아가 미국법원의 소송유지명령에 대처하기 위해 좀더 체계적으로 연구할 필요가 있다. 사견으로는, 우리 법상으로는 당사자가 외국법에 따라 국제재판관할을 가지는 외국에서 소를 제기하는 것은 적법한 권리의 행사이므로 원칙적으로 외국법원의 소송절차에 간접적으로 간섭하는 소송유지명령을 허용할 근거는 없다.[137] 반면에 전속관할합의와 중재합의와 같은 분쟁해결합의 위반의 경우에는 그의 주된 효력이 비록 소송법상의 효력이라고 하더라도, 그에 포함된 또는 그와 함께 체결된 것으로 볼 수 있는 부수적 합의를 근거로 소송유지명령을 허용할 여지가 있지 않을까 생각된다. 물론 이를 뒷받침하기 위한 정치한 논리를 개발해야겠지만, 전속관할합의와 중재합의의 법적 성질이 소송계약이라는 도그마에 빠져 상식적 접근방법을 외면하고, 더 나아가 소송유지명령을 할 법원의 권한을 부정하고 그 권한을 중재인에게 넘겨주는 것은 어리석은 일이다. 앞으로 우리나라에서도 소송유지명령과 관련한 논의가 좀더 활성화되기를 기대한다.

후 기

[중재합의 위반에 따른 손해배상]

위 글의 발표 후 중재합의 위반에 따른 손해배상에 관하여는 아래 문헌이 보인다. 물론 망라적인 것은 아니다.

- Klause Sachs und Evegenia Peiffer, in Katharina Hilbig-Lugani *et al.* (Hrsgs.), Zwischenbilanz: Festschrift für Dagmar Coester-Waltjen zum 70. Geburtstag, (2015), S. 713ff.

- 김용진, "중재와 법원 사이의 역할분담과 절차협력 관계—국제적 중재합의의 효

---

137) 다만 당사자의 외국에서의 제소가 소권의 남용이거나 명백한 신의칙위반에 해당하는 매우 예외적인 사안에서는 소송유지명령을 허용할 여지도 있지 않을까 생각된다. 영국법상 비양심적 행동은 우리가 말하는 소권남용보다는 범위가 넓으므로 비양심적 행동을 이유로 하는 소송유지명령을 "극히 예외적인 경우인 소권남용에 해당하여 발령되는 소송금지명령"이라고 묘사하는 데(김동진(註 10), 110면)는 동의하기 어렵다.

력에 관한 다툼과 합의관철 방안을 중심으로―", 중재연구 제27권 제1호(2017. 3.), 94면 이하는 Rosenberg/Schwab/Gottwald, ZPR, §66 Rn. 3을 인용하면서 중재합의의 법적 성질을 소송계약으로 파악하면서도 근자에는 중재합의의 당사자들이 중재합의를 이행할 의무를 부담한다는 점을 긍정하고, 나아가 중재합의를 위반하여 소를 제기한 자에 대하여 손해배상청구권을 행사할 수 있다는 견해가 점차 확산되고 있다고 소개한다. 위 김용진, 95면은 위 견해를 지지하는 것으로 보인다. 이는 중재합의로 인하여 '소송상의 부담'만이 발생할 뿐이라는 독일의 전통적 견해와 달리 저자의 의견에 접근한다. 김용진 교수는 저자의 글을 인용하면서 당사자들은 계약서에서 중재합의 위반에 대한 손해배상책임을 명기하는 방안을 고려할 수 있다고 하면서도(95면), 현행법상 중재항변이나 손해배상청구가 가능하므로 굳이 사법마찰의 위험을 내포하는 소송금지명령을 허용할 필요는 없다고 한다(100면).

국제재판관할합의 위반에서도 중재합의에서와 유사한 문제가 제기된다. 근자의 문헌은 Jennifer Antomo, Schadensersatz wegen der Verletzung einer internationalen Gerichtsstandsvereinbarung? (2017) 참조.

[2016년 중재법이 중재합의에 기한 소송유지명령의 가부에 미치는 영향]

위 글의 맺음말에서 지적한 바와 같이 2016년 중재법이 개정됨으로써 중재판정부는 중재합의에 근거하여 소송유지명령을 할 수 있게 되었다. 이러한 변화는 법원이 중재합의에 근거하여 보전처분이나 본안으로서 소송유지명령을 할 수 있는지에 어떠한 영향을 미치는가. 중재판정부는 소송유지명령을 할 수 있는 데 반하여 법원은 이를 할 수 없다는 것은 균형이 맞지 않고 어색하므로 저자는 중재합의를 기초로 법원이 소송유지명령을 할 수 있다는 견해를 피력하였다. 요컨대 2016년 중재법에 의하여 상황이 달라진 이상 민사집행법의 해석론으로도 중재합의가 있는 경우 그의 실효성을 보장하기 위하여 법원도 소송유지명령을 할 수 있다고 보아야 한다. 만일 그런 해석론이 불가능하다면 입법에 의하여 가능하게 해야 한다. 이 점은 이 책에 수록한 [4] 논문에서 지적하였다.

[8] 사기에 의하여 획득한 외국중재판정의 승인과 공서위반 여부

前 記
이 글은 서울지방변호사회 판례연구 제24집(2)(2011), 118면 이하에 수록한 글로서 명백한 오타와 오류를 제외하고는 원칙적으로 수정하지 않은 것이다. 다만 가벼운 수정 부분은 밑줄을 그어 표시하였다. 참고할 사항은 말미의 후기에 적었다.

사건의 표시

[대법원 2009. 5. 28. 선고 2006다20290 판결]

[사안의 개요]

대상판결이 원심판결을 기초로 인정한 사안의 개요는 대체로 아래와 같다. 여기에서 사안의 개요를 비교적 상세히 적은 이유는 중재절차에서 원고의 사기적 행위가 있었는지를 판단하는 데 도움이 되기 때문이다.

가. 하드 우드칩(Hard Wood Chip) 장기공급계약의 체결

정리절차 개시 전의 동해펄프 주식회사(정리절차가 종결된 피고와 구별하여 "동해"라 한다)[1]는 원고(마제스틱 우드칩스 인크(Majestic Woodchips Inc.))에게 동해의 자회사인 미합중국 앨라배마 주 소재 도오핀 프로덕트사(Dauphin Products Inc. 이하 "D.P.I"라 한다)를 매각하면서, 그에 대한 대가로 원고로부터 미화 5,000,000달러를 지급받고, 향후 10년간 동해에 대한 우드칩 독점공급권을 원고에게 부여하는 대가로 미화 합계 5,190,000달러 상당의 칩 공급가격을 할인받기로 하는

* 대상판결에 대하여는 아래에서 인용하는 오영준 판사와 정선주 교수의 평석이 있다. 저자는 이 글을 간단히 줄여서 "사기에 의하여 획득한 외국중재판정의 승인과 공서위반"이라는 제목으로 법률신문 제3880호(2010. 10. 14.)에 기고한 바 있다.

1) 원심판결에 불복하여 원고가 상고하여 그 소송계속 중인 2008. 6. 10. 정리회사 동해에 대하여 정리절차가 종결되고 피고가 소송을 수계하였다.

내용의 우드칩 독점공급계약(이하 "이 사건 계약"이라 한다)을 1994. 1. 22. 체결하였다. 이 사건 계약은 원고를 대리한 강신용과 동해 간에 체결되었다.

나. 중재신청과 절차의 경과

그 후 원고는 1996. 3. 28. 이 사건 계약의 영문계약서를 기초로 동해의 구입물량 미달로 인하여 손해를 입었다고 주장하면서 국제상업회의소 중재재판소에 동해를 상대로 손해배상을 구하는 제1차 중재신청을 하였고, 같은 해 7. 23. 동해가 그의 귀책사유로 이 사건 계약을 위반하여 이 사건 계약이 해지되었고 동해가 우드칩의 국제시가보다 저가에 우드칩을 공급받았다고 주장하면서 국제상업회의소 중재재판소에 동해를 상대로 남은 계약기간 동안의 일실이익 손해배상 및 1994년도 및 1995년도에 공급한 우드칩에 대한 공급가격 차액에 대한 조정보상금 등의 지급을 구하는 제2차 중재신청을 하였다.

중재인으로 선정된 닐 카플란(Neil Kaplan)은 중재지인 홍콩에서 중재절차를 진행하였는데, 중재인은 당사자들의 서명 하에 쟁점정리표를 작성한 후 당사자들로 하여금 쟁점에 따른 모든 증거서류 및 법령자료 등을 제출하게 하고 서로 교환하도록 한 다음, 집중적으로 변론을 열어 증인신문을 하는 등 증거조사를 하였고, 변론기일 후에도 당사자들에게 준비서면을 제출할 기회를 부여하여 원고와 동해는 각기 상세한 준비서면을 제출하였다.

중재절차에서 원고는 동해의 1994년도 및 1995년도 구입물량 미달로 인한 이 사건 계약 위반주장, 동해의 1996년도 선적인수와 신용장개설 거부, 제3의 공급원으로부터 우드칩을 구입함에 따른 원고의 독점공급권 침해 등을 이유로 한 이 사건 계약 위반 주장 및 이를 원인으로 하는 이 사건 계약의 해지 주장, 한글계약서에 기한 계약불성립 주장, 한글계약서 제9.2조와 제9.3조의 불공정성 및 신의칙 위반 등을 이유로 한 무효 주장 혹은 이에 관한 착오·사기를 이유로 한 취소 주장, 동해의 손해배상책임의 범위를 제한한 한글계약서 제9.2조와 제9.3조 등을 삭제한 영문계약서의 유효성 주장, 동해의 이 사건 계약 위반으로 인하여 원고가 입은 손해의 범위 및 제반 비용에 관한 주장 등을 하고 그에 관한 증거를 제출하였으며, 동해는 이에 대하여 한글계약서의 유효 주장 및 통정허위표시를 이유로 한 영문계약서의 무효 주장, 원고 측 증인들의 신뢰성에 관한 이의제기, 동해의 이 사건 계약의 불이행 사실 부인 및 원고의 이 사건 계약 위반 주장, 한글계약서 제9.2조와 제9.3조를 근거로 동해의 원고에 대한 손해배상예정액이 최대 5,190,000달러를 초과하지 못한다는 주장 및 독점공급권의 대가인 5,190,000달러를 자동채권으로 하여 원고의 손해배상채권과 상계한다는 주장, 원고의 손해 범위에 관한 증거의 신빙성 탄핵, 우드칩 공급가격 차액 조정에 관한 중재판정 배제 주장 등을 하고 그에 관한 증거를 제출하였다.

중재인은, 1998. 1. 21. 동해의 자회사인 D.P.I.의 실질적 인수대금 액수, 독점공급권의 대가인 5,190,000달러의 성격, 한글계약서 제9.2조와 제9.3조의 불합리성 유무 및 한글계약서 작성 당시 위 조항의 의미에 대한 원고의 대리인 강신용의 이해 내지 인식 정도 등에 대하여 심리한 후, 판정주문에서 원고와 동해 사이의 이 사건 계약에 적용될 유효한 계약서는 불합리한 한글계약서 제9.2조와 제9.3조를 삭제한 영문계약서이고, 원고와 동해 사이의 연간 최소 공급물량은 영문계약서에 따른 연간 200,000톤이라는 취지의 제1차 중재판정(이하 "이 사건 제1차 중재판정"이라 한다)을 하고, 1998. 4. 2. 제2차 중재판정의 판정주문에서 원고가 청구한 1994년도 및 1995년도의 우드칩 공급가격 차액 조정보상금 중 2,741,341달러 및 이에 대한 지연손해금을 동해가 원고에게 지급하여야 한다는 취지의 판정(이하 "이 사건 제2차 중재판정"이라 한다)을 하였으며, 1998. 7. 14. 최종 중재판정에서는, 동해가 1996년 5월 이후 선적인수 및 신용장개설을 거부하고 제3의 공급원으로부터 우드칩을 공급받음으로써 이 사건 계약을 위반하였으므로 동해는 원고에 대하여 손해배상책임이 있다고 전제한 다음, 그 판정주문에서 동해는 원고에게 1997년부터 1999년까지의 일실이익 5,500,000달러 및 이에 대한 지연손해금과 중재비용 392,260달러를 지급하여야 한다는 취지의 판정(이하 "이 사건 최종 중재판정"이라 한다)을 하였다.

다. 동해의 회사정리절차의 진행과, 원고의 정리채권 신고 및 정리채권확정의 소 제기

그 후 동해는 1998. 8. 31. 울산지방법원으로부터 회사정리절차개시의 결정을 받았고, 원고는 정리채권 신고기간 내에 이 사건 제2차 중재판정 및 최종 중재판정에 기한 채권(이하 "이 사건 중재판정금 채권"이라 한다)을 정리채권으로 신고하였으나, 정리회사 동해의 관리인은 채권조사기일에서 이에 대하여 이의하였다.[2)]

---

2) 그 밖에도 이 사건 계약이 해지됨에 따라 원고가 거양해운 주식회사와 체결한 장기용선계약이 이행불능됨으로써 원고가 거양해운에 손해배상채무를 부담하게 되는 손해를 입었음을 주

원고는 동해의 관리인을 상대로 1998년 울산지방법원에 28,251,372,000원의 정리채권과 동액 상당의 의결권을 가짐의 확정(이하 정리채권 및 그 금액 상당의 의결권 확정을 통틀어 "정리채권확정"이라 한다)을 구하는 이 사건 소를 제기하였다.

라. 강신용에 대한 유가증권위조죄 등 유죄판결의 확정

한편 이 사건 계약 당시 원고를 대리한 강신용은 액면금, 발행일이 백지로 된 약속어음 1장을 동해로부터 견질용으로 교부받아 가지고 있던 중, 1996. 6. 14. 그 백지어음의 금액란에 549억 원이라고 기재하여 백지어음에 대한 보충권을 남용한 혐의로 기소되어 이 사건 제2차 중재판정 및 최종 중재판정 후 유가증권위조 및 동행사죄로 유죄의 형사판결이 선고·확정되었다. 제1심은 1998. 11. 11. 무죄를 선고하였으나, 항소심은 2001. 1. 31. 제1심 판결을 파기하고, 강신용을 징역 6월에 집행유예 1년에 처하는 유죄판결을 선고하였고, 이는 상고심에서 2004. 1. 16. 확정되었다. 항소심 법원은 영문계약서는 원고와 동해가 통정하여 은행 대출 등의 편의를 위하여 작성한 것일 뿐이고 한글계약서가 유효하므로 강신용이 한글계약서에 따라 보충할 수 있는 금액을 넘는 금액을 기입한 행위는 유가증권위조죄를 구성한다고 판단하였다.

[소송의 경과]

1. 제1심판결[3)]

제1심판결은 원고는 정리회사 동해펄프 주식회사에 대하여 금 19,300,066,360원의 정리채권과 동액 상당의 의결권을 가짐을 확정한다고 판결함으로써 원고의 청구를 일부 인용하였다. 즉 원고가 신고한 이 사건 중재판정금 채권에 관하여 이 사건 중재판정을 승인하여 원고의 청구를 인용하였다.[4)]

장하며 그 손해배상청구채권도 정리채권으로 신고하였으나 이 부분은 논외로 한다.

3) 울산지방법원 2003. 7. 31. 선고 98가합8505 판결.

4) 그 밖에도 이 사건 계약의 해지로 인하여 원고가 거양해운에 대한 용선계약상 의무이행을 할 수 없게 되어 거양해운에 대하여 손해배상채무를 부담하게 되는 손해를 입었음을 주장하며 신고한 손해배상청구채권 부분은 근거가 없다는 이유로 원고의 청구를 기각하였는데, 원고는

피고는 이 사건 중재판정은 강신용의 위증 등 사위행위에 의하여 편취된 것으로 승인될 수 없다고 주장한 데 대하여, 제1심판결은 위에서 본 바와 같은 중재절차의 경과를 검토한 뒤 원고의 이 사건 중재절차에서의 주장이 사실과 다름이 객관적으로 명백하지도 않을 뿐더러 원고가 부정한 방법으로 중재인을 기망하였음을 인정할 아무런 증거도 없으므로, 원고가 이 사건 중재판정을 편취하였다고 보기는 어렵고, 이 사건 중재판정을 인정할 경우 그 구체적 결과가 우리나라의 선량한 풍속 기타 사회질서에 반한다고 볼 수도 없다는 이유로 피고의 주장을 배척하였다.

2. 원심판결[5)]

원심은 독자적으로 판시 증거를 종합하여 판시와 같이 전면적으로 사실인정을 하고 법률적 판단을 한 다음, 그에 터잡아 원고가 위 중재절차에서의 주장이 사실과 다름이 객관적으로 명백함에도 불구하고 허위의 주장과 허위의 증거를 제출하여 이에 속은 중재인으로부터 이 사건 제2차 중재판정 및 최종 중재판정을 편취하였으므로 1958년 외국중재판정의 승인 및 집행에 관한 협약[6)] (이하 "뉴욕협약"이라 한다) 제5조 제2항 (나)호의 승인·집행의 거부사유가 존재한다는 이유로, 이 사건 제2차 중재판정 및 최종 중재판정의 판정주문과 달리 이 사건 중재판정금 채권에 관한 정리채권 및 동액 상당의 의결권의 확정을 구하는 원고의 청구를 대부분 각하하였다.

원심판결은 중재인의 판단과 달리 원고와 동해 간에 적용될 계약서는 한글계약서라고 판단하고, 한글계약서에 의하면 원고의 주장과 같이 동해의 책임 있는 사유로 이 사건 계약이 해지되더라도 동해는 한글계약서 제9.3조에 의하여 독점공급권의 대가 5,190,000달러로써 원고에 대한 해지로 인한 손해배상채무를 상계할 수 있어 결국 원고는 손해배상을 받지 못하게 되므로, 한글계약서 제9.3조의 적용을 피하고 같은 조항이 삭제된 영문계약서를 적용하여 동해로 하여금 손해배상을 명하는 중재판정을 받아낼 목적으로, 영문계약서가 구속력 있는 계약서이고, 동해가 책임 있는 사유로 영문계약서에 의한 칩 공급의무를

제2차 중재청구 시 거양해운에 대하여 손해배상의무를 지게 됨으로써 발생하는 손해를 포함하여 중재청구를 하였으나, 그 후 이 부분을 철회하였다.

5) 부산고등법원 2006. 2. 16. 선고 2003나12311 판결.

6) United Nations Convention on the Recognition and Enforcement of Foreign Arbitral Awards.

위반하였다고 허위의 주장을 하고, 이를 입증하기 위하여 허위의 영문계약서를 제출하고 강신용 등으로 하여금 증인신문기일에 영문계약서가 유효하다는 취지의 허위 증언을 하게 함으로써 중재인으로부터 영문계약서를 구속력 있는 계약서로 판단하고 동해로 하여금 원고에게 손해배상금 등의 지급을 명하는 이 사건 중재판정을 받았다고 보았다. 즉 원심판결은 원고는 허위의 주장, 입증을 하여 자기에게 유리한 이 사건 중재판정을 편취한 것인데, 이러한 행위는 우리나라의 형법상 사기죄를 구성하고 그러한 사기죄가 성립하는 행위에 의하여 편취된 중재판정을 인정한다면 우리나라의 선량한 풍속 기타 사회질서에 반한다고 판단하였다.

3. 대법원 판결의 요지

대상판결은 원심판결의 원고 패소 부분 중 이 사건 "중재판정금 채권" 부분을 파기하여 이 부분 사건을 원심법원에 환송하고, 원고의 나머지 상고를 기각하였다. 환송 후 부산고등법원 2009. 11. 25. 선고 2009나7618 판결이 선고되었고 이는 대법원 2010. 4. 29. 선고 2010다3148 판결에 의하여 상고기각되었다. 대법원 판결의 요지는 아래와 같다.[7)]

[1] 외국중재판정의 기판력이 정리채권 확정소송에서도 미치는지와 승인판결의 요부

뉴욕협약이 적용되는 외국중재판정의 일방 당사자에 대하여 외국중재판정 후에 구 회사정리법(2005. 3. 31. 법률 제7428호 채무자 회생 및 파산에 관한 법률 부칙 제2조로 폐지)에 의한 회사정리절차가 개시되고 채권조사기일에서 그 외국중재판정에 기하여 신고한 정리채권에 대하여 이의가 제기되어 정리채권확정소송이 제기된 경우, 외국중재판정은 확정판결과 동일한 효력이 있어 기판력이 있으므로, 정리채권확정소송의 관할 법원은 뉴욕협약 제5조에서 정한 승인 및 집행의 거부사유가 인정되지 않는 한 외국중재판정의 판정주문에 따라 정리채권 및 의결권을 확정하는 판결을 하여야 한다.

7) 대법원 판결의 요지는 로앤비에 수록된 것을 따랐으나 소제목은 저자가 추가한 것이다.

[2] 외국중재판정의 승인 및 집행거부사유인 공서위반의 의미와 판단 방법

뉴욕협약 제5조는 승인 및 집행의 거부사유를 제한적으로 열거하면서, 제2항 (나)호에서 중재판정의 승인이나 집행이 그 국가의 공공의 질서에 반하는 경우에는 집행국 법원은 중재판정의 승인이나 집행을 거부할 수 있도록 규정하고 있는바, 이는 뉴욕협약의 적용을 받는 외국중재판정의 승인이나 집행이 집행국의 기본적인 도덕적 신념과 사회질서를 해하는 것을 방지하여 이를 보호하려는 데 그 취지가 있는 것이므로, 국내적인 사정뿐만 아니라 국제적 거래질서의 안정이라는 측면도 함께 고려하여 이를 제한적으로 해석하여야 하고, 해당 외국중재판정을 인정할 경우 그 구체적 결과가 집행국의 선량한 풍속 기타 사회질서에 반할 경우에 한하여 그 승인이나 집행을 거부할 수 있다.

[3] 사기[8]에 의한 외국중재판정의 편취와 승인거부

뉴욕협약이 적용되는 외국중재판정에 대하여 집행국 법원은 뉴욕협약 제5조의 집행 거부사유의 유무를 판단하기 위하여 필요한 범위 내에서는 본안에서 판단된 사항에 관하여도 독자적으로 심리·판단할 수 있고, 위 협약 제5조 제2항 (나)호의 집행 거부사유에는 중재판정이 사기적 방법에 의하여 편취된[9] 경우가 포함될 수 있다. 그러나 집행국 법원이 당해 외국중재판정의 편취 여부를 심리한다는 명목으로 실질적으로 중재인의 사실인정과 법률적용 등 실체적 판단의 옳고 그름을 전면적으로 재심사한 후 그 외국중재판정이 사기적 방법에 의하여 편취되었다고 보아 집행을 거부하는 것은 허용되지 않는다. 다만, 그 외국중재판정의 집행을 신청하는 당사자가 중재절차에서 처벌받을 만한 사기적 행위를 하였다는 점이 명확한 증명력을 가진 객관적인 증거에 의하여 명백히 인정되고 그 반대당사자가 과실 없이 신청당사자의 사기적인 행위를 알지 못하

8) 엄밀하게는 '사기적 행위'이나 여기에서는 편의상 '사기'라고만 한다.

9) 대상판결은 이 사건에서 중재판정이 편취되었다고 하나, 종래 민사소송법학에서는 당사자가 상대방이나 법원을 속여 부당한 내용의 판결을 받는 경우를 널리 판결의 편취라고 하나, 좁게는 민사소송법 제451조 제1항 제11호의 "당사자가 상대방의 주소 또는 거소를 알고 있었음에도 있는 곳을 잘 모른다고 하거나 주소나 거소를 거짓으로 하여 소를 제기"하여 판결을 취득하는 것을 "공시송달 또는 자백간주에 의한 판결편취(사위판결)"라고 설명한다. 이시윤, 신민사소송법 4판(2008), 593면, 824면. 후자에 따르면 민사소송법 제451조 제1항 제6호와 제7호가 별도로 규정하는 위증 또는 위조된 증거에 의하여 판결을 취득하는 것은 판결편취에 포함되지 않는 것으로 보인다.

여 중재절차에서 이에 대하여 공격방어를 할 수 없었으며, 신청당사자의 사기적 행위가 중재판정의 쟁점과 중요한 관련이 있다는 요건이 모두 충족되는 경우에 한하여, 외국중재판정을 취소·정지하는 별도의 절차를 거치지 않더라도 바로 당해 외국중재판정의 집행을 거부할 수 있다.

[연 구]

Ⅰ. 문제의 제기

이 사건의 쟁점은, 정리채권확정소송의 관할 법원인 우리 법원이 정리채권 및 의결권을 확정하는 판결을 함에 있어서, 당사자 간에 내려진 홍콩의(즉, 중재지가 홍콩인) 중재판정에 구속되는가의 여부이다. 홍콩에 대하여는 뉴욕협약의 효력이 미치는데,[10] 보다 구체적으로 피고는 위 중재판정은 원고의 사기적 행위에 의하여 편취된 것이라고 주장하므로 과연 뉴욕협약상 사기가 승인거부사유가 되는지 그리고 이 사건에서 과연 사기가 존재하는지가 다투어졌다. 여기에서는 외국중재판정의 승인(집행이 아니라)이 문제되므로 승인을 중심으로 논의한다.[11] 즉, 뉴욕협약은 외국중재판정에 적용되고, 국제중재에 관한 판정인지 국내중재에 관한 판정인지는 묻지 않는다.[12] 만일 피고에 대해 구 회사정리법

10) 홍콩은 1977년 4월 21일 영국이 뉴욕협약에 가입함으로써 협약을 채택하였고, 1997년 7월 1일 홍콩이 중국에 반환된 뒤에는 중국이 뉴욕협약의 효력을 홍콩에까지 확장함으로써 여전히 뉴욕협약이 적용된다. 이 사건 중재판정은 모두 1998년에 내려졌으므로 뉴욕협약이 적용된다. http://www.hkiac.org/show_content.php?article_id=393 참조. 영국은 상호주의유보만 하였으나 중국은 상호주의유보와 상사유보를 모두 한 점에 차이가 있다. 원심판결(31면)은 우리나라와 미국이 모두 체약국으로 가입한 뉴욕협약이 적용된다고 하나 이는 오타로 보인다.

11) 뉴욕협약에 따른 외국중재판정의 승인 및 집행에 관한 포괄적인 논의는 석광현, "뉴욕협약에 따른 外國仲裁判定의 承認 및 執行", 國際商事仲裁法研究 제1권(2007), 245면 이하 참조. 여기의 일반적인 법리에 관한 논의는 상당 부분 그곳에서 이미 논의된 사항을 포함한다.

12) Albert Jan van den Berg, The New York Arbitration Convention of 1958 (1981), p. 17 이하(이하 위 책을 "van den Berg"라고 인용한다); Emmanuel Gaillard and John Savage (eds.), Fouchard, Gaillard, Goldman, On International Commercial Arbitration (1999), para. 1668(이하 위 책을 "Fouchard/Gaillard/Goldman"이라 인용한다). 그러나 정선주, "외국중재판정의 승인과 집행을 위한 법원의 심사—공서위반을 중심으로", 민사재판의 제문제 제18권(2009),

에 따른 정리절차가 개시되지 않았다면 원고로서는 우리나라에서 집행력을 획득하고자 집행판결 청구의 소를 제기하였을 것이나 이미 정리절차가 개시되었기 때문에 정리채권 확정의 소를 제기한 것이다.[13] 여기에서 다루는 쟁점은 크게 구분하여 아래 네 가지이다.

첫째, 승인판결의 요부. 뉴욕협약은 외국중재판정의 승인거부사유를 열거하고 있으므로 적극적 승인요건이 구비되고 승인거부사유가 없으면 뉴욕협약이 적용대상인 외국중재판정은 우리나라에서 효력을 가진다. 외국중재판정의 기판력은 정리채권 확정소송에서도 미치는데, 문제는 그 경우 우리 법원의 별도의 승인판결이 필요한지 여부이다. 즉 그러한 외국중재판정이 우리 법원의 재판 없이 한국에서 자동적으로 효력을 발생하는지이다(아래 Ⅱ.).

둘째, 외국중재판정의 승인거부사유인 공서위반의 의미와 판단 방법. 이 점에 관한 한 대상판결은 종래의 판례를 따른 것이므로 비교적 간단히 논의한다(아래 Ⅲ.).

셋째, 사기에 의하여 획득된(또는 획득한.[14] 이하 "사기에 의한"이라고 한다) 외국중재판정의 승인 여부. 여기에서는 사기에 의한 외국중재판정의 승인이 공서에 반하는지, 만일 그렇다면 실질재심사(이를 "실질심사"라고 부르기도 한다) 금지의 원칙과 공서위반의 관계 및 우리 법원이 승인을 거부하기 위한 요건은 무엇인지 등이 문제된다(아래 Ⅳ.).

넷째, 사기에 의한 외국중재판정과 외국판결의 승인 여부의 異同. 사기에

397면은 내국관련성을 검토하여 적용대상을 판단하여야 한다는 견해를 취하나, 이는 법적 불확실성을 초래하는 점에서 바람직하지 않고 뉴욕협약의 취지에도 부합하지 않는다.

13) 정리채권확정의 소는 확인의 소로서 실체법상 권리의 확인의 소이지만, 구 회사정리법은 관할, 소액, 소의 이익, 판결의 효력 등에 관하여 특칙을 두고 있었다. 임채홍·백창훈(집필대표), 회사정리법(상)(2002), 623면. 이 사건에서처럼 관리인만이 정리채권 신고에 대해 이의를 진술한 경우 원고는 정리채권을 신고한 채권자이고 피고는 관리인이 된다. 구 회사정리법상 정리채권자의 권리가 금전지급을 내용으로 하는 것인 경우 정리채권자표의 기재에 의하여 집행력이 인정되지만, 가사 원고가 정리절차 개시 전에 집행판결을 받아 집행권원을 구비하였더라도 정리절차가 개시된 이상 그에 기한 집행은 허용되지 않으며, 정리절차 개시 전에 집행권원을 가지고 있었고 이를 신고하더라도 계획인가 결정 후에는 구 회사정리법 제245조에 의한 집행권원, 즉 정리채권자표의 기재에 의한 강제집행만이 허용된다. 임채홍·백창훈(집필대표), 회사정리법(상)(2002), 386면 이하. 만일 원고가 정리채권확정의 소를 제기하지 않았다면 누가 소를 제기해야 하는지가 구 회사정리법 제152조의 해석을 둘러싸고 문제가 되었을 것이다. 이에 관하여는 임치용, "파산절차의 개시가 중재절차에 미치는 효력" 파산법연구 2(2006), 118면 이하; 임치용, "판례를 통하여 본 국제도산법의 쟁점", BFL 제38호(2009. 11.), 108면 참조.

14) 대상판결처럼 이를 '편취'되었다고 표현하기도 한다.

의한 외국판결의 승인을 다룬 대법원 2004. 10. 28. 선고 2002다74213 판결(이하 "2004년 판결"이라 한다)이 있으므로 대상판결과 2004년 판결의 법리를 비교하여 그 異同을 검토할 필요가 있다(아래 Ⅴ.). 저자는 2004년 판결에 대하여 평석[15]을 발표하였고, 그 후 뉴욕협약이 적용되는 외국중재판정의 승인 및 집행을 다룬 글에서 대법원이 2004년 판결에서 개진한 법리와 동일한 법리를 외국중재판정에도 적용할지 궁금하다는 의문을 표시한 바 있는데[16] 드디어 대상판결이 선고되었기에 양자의 異同에 주목하면서 대상판결에 대한 평석을 쓴다.

Ⅱ. 외국중재판정의 효력과 승인판결의 요부

1. 문제의 소재

주지하는 바와 같이 뉴욕협약은 외국중재판정의 승인거부사유를 열거하고 있으므로 적극적 승인요건이 구비되고 승인거부사유가 없으면 뉴욕협약이 적용대상인 외국중재판정은 우리나라에서 효력을 가진다. 문제는 그러한 외국중재판정이 우리 법원의 재판 없이 한국에서 자동적으로 효력을 발생하는가이다. 민사소송법 제217조에 따른 외국판결의 승인은 승인요건이 구비되는 한 우리 법원의 재판 없이 자동적으로 이루어지는 반면에, 국제연합 국제무역법위원회(United Nations Commission on International Trade Law)(UNCITRAL)가 1997년 5월 채택한 "國際倒産에 관한 모델법"(Model Law on Cross-Border Insolvency)(이하 "모델도산법"이라 한다)과 일본의 승인원조법을 따른 채무자회생 및 파산에 관한 법률(제5편)에 따른 외국도산절차의 승인은 우리 법원의 승인결정에 의하여 비로소 행해진다.[17] 전자를 자동승인제, 후자를 결정승인제라고 부르기도 한다.

---

15) 석광현, "詐欺에 의한 外國判決承認의 公序違反與否와 相互保證", 국제사법과 국제소송 제4권(2007), 239면 이하.

16) 석광현(註 11), 253면 주 34.

17) 통합도산법 제628조 제3호는 "외국도산절차의 승인"이라 함은 외국도산절차에 대하여 대한민국 내에 이 편의 지원처분을 할 수 있는 기초로서 승인하는 것을 말한다"고 명시하고, 제631조 이하에서는 외국도산절차의 승인신청과 승인결정에 관하여 규정한다. 다만 외국법원의 면책재판 또는 회생계획인가결정에 따른 면책의 효력이 외국판결 승인경로와 외국도산절차의 승인경로 중 어느 것을 통하여 승인되는지는 종래 논란이 있으나 대법원 2010. 3. 25.자 2009마1600 결정은 전자를 취하였다. 저자는 후자를 지지한 바 있다. 석광현, "외국도산절차에 따른 면책 효력의 승인", 법률신문 제3763호(2009. 7. 24.), 15면.

2. 중재법의 규정

제6장 중재판정의 효력 및 불복
제35조(중재판정의 효력) 중재판정은 양쪽 당사자 간에 법원의 확정판결과 동일한 효력을 가진다.
…
제7장 중재판정의 승인과 집행
제37조(중재판정의 승인과 집행) ① 중재판정의 승인 또는 집행은 법원의 승인 또는 집행판결에 따라 한다.
② 중재판정의 승인 또는 집행을 신청하는 당사자는 다음 각 호의 서류를 제출하여야 한다. …
제38조(국내 중재판정) 대한민국에서 내려진 중재판정은 제36조 제2항의 사유가 없으면 승인되거나 집행되어야 한다.
제39조(외국 중재판정) ①「외국 중재판정의 승인 및 집행에 관한 협약」을 적용받는 외국 중재판정의 승인 또는 집행은 같은 협약에 따라 한다.
②「외국 중재판정의 승인 및 집행에 관한 협약」을 적용받지 아니하는 외국 중재판정의 승인 또는 집행에 관하여는「민사소송법」제217조,「민사집행법」제26조 제1항 및 제27조를 준용한다.

중재법 제37조에 따르면, 중재판정의 승인을 위하여 '승인'이 필요한지 아니면 '승인판결'이 필요한지가 다소 애매하나, 중재판정의 집행은 법원의 집행판결에 의하므로 그것과의 균형상 중재판정의 승인은 법원의 '승인판결'에 의한다는 취지로 보인다. 그렇다면 중재판정의 승인은 우리 법원의 승인판결을 요하고, 중재판정의 집행은 우리 법원의 집행판결을 요한다는 것이 된다. 예컨대 중재판정에 의하여 기판력이 발생한 후에 소송절차(또는 다른 중재절차)에서 동일한 분쟁의 대상이 다투어지는 경우, 승인요건이 구비된다면, 법원(또는 중재판정부)은 선행 중재판정의 기판력을 인정하지 않을 수 없는데, 이것이 바로 중재판정의 승인이다. 그런데 제37조를 위와 같이 해석하면, 이 경우 선행 중재판정의 기판력을 인정하기 위해서는 먼저 중재법 제7조 제4항에 따른 관할법원의 승인판결을 받아야 한다는 것이 된다. 근자에는 우리 중재법의 해석론으로서 그러한 견해가 실제로 주장되고 있다.[18)]

---

18) Beomsu Kim and Benjamin Hughes, South Korea: Receptive to Foreign Arbitration Awards? Asian-Counsel Special Report on Dispute Resolution, December 2009/January 2010, p. 35은 "It should be noted that Section 37(1) of the Act clearly provides that the recognition or enforcement of a foreign arbitral award shall be granted by the judgment of a court. Thus,

3. 중재법의 해석론

가. 자동적 승인의 타당성

중재법 제35조에 따르면 내국(또는 국내)중재판정은 우리 법원의 확정판결과 같은 효력을 가진다. 한편 외국중재판정에 대하여 중재법은 명시의 규정을 두고 있지 않으나, 외국중재판정은 승인요건을 구비하면 당연히 효력을 발생하는 것이지, 법원의 승인을 요하는 것이 아니고 법원의 승인판결을 요하는 것은 더더욱 아니라고 이해되었고, 그 점은 외국판결과 같다. 즉, 중재판정의 승인의 효력발생 시기를 포함한 승인의 절차적 문제는 법정지법에 따를 사항인데[19] 종래 그와 같이 이해되었다는 것이다. 구 중재법(제14조 제1항)과 독일 민사소송법(제1060조 제1항)이 승인에 관하여 침묵한 채 집행만을 규정하는 것은 그 때문이다. 이 점은 일본의 현행 중재법도 같다.[20] 물론 우리 중재법상으로도 확인의 이익이 있으면 당사자가 중재판정의 승인을 구하기 위하여 확인의 소를 제기할 수 있으나(그 경우 법원은 '승인판결'을 할 것이다),[21] 외국중재판정의 효력을 인정받기 위해 승인판결을 받아야 하는 것은 아니라는 말이다.

이처럼 승인요건을 구비한 외국중재판정은 우리나라에서 법원의 확인절차 없이 승인되는데, 이를 '자동적 승인'(automatische Anerkennung)이라고 한다. 이것이 위에서 언급한 자동승인제이다. 따라서 승인요건을 구비한 외국중재판정은 당해 외국에서 효력을 발생한 시점에서 한국 내에서도 효력을 발생한다고 보는 것이 논리적이다. 우리 법원 또는 행정관청이 승인요건의 구비 여부를 확인하더라도 이는 단지 선언적인 의미를 가질 뿐이고 그 때에 비로소 국내에서 효력을 발생하는 것은 아니다.

외국판결의 승인이 자동승인의 원칙에 따른다는 점은 위에서 언급하였는

---

absent a judgment from a Korean court granting enforcement, a foreign arbitral award may have no practical legal effect in Korea." 다만 이 글은 그러면서 대상판결이 그러한 견해를 따르지 않았음을 인정한다.

19) van den Berg, p. 244.

20) 중재판정의 승인에 관한 일본 중재법 제45조와 집행결정에 관한 제46조를 보더라도 확인은 아무런 절차를 요하지 않는다.

21) 독립된 판결에 의하여 중재판정을 승인하게 할지는 입법론의 문제인데, 우리 중재법은 항변으로서 중재판정의 승인을 주장하는 것과 함께 법원에 중재판정의 승인판결을 구할 수 있게 한 것이라고 한다. 목영준, 상사중재법론(2000), 240면; 이호원, "仲裁判定의 執行判決節次", 민사소송 제9권 제1호(2005), 265면.

데, 중재법 제39조 제2항을 보면 뉴욕협약이 적용되지 않는 외국중재판정의 승인에 대하여는 민사소송법 제217조가 준용되므로 그러한 외국중재판정도 자동승인됨을 알 수 있다. 물론 이 경우에도 제37조 제1항의 문언을 강조하면서 승인판결이 필요하다고 주장할 여지도 없는 것은 아니겠으나, 외국판결의 승인에 관한 민사소송법 제217조를 준용하면서 외국판결의 승인보다 어렵게 할 이유는 없다. 그렇다면 중재법이, 뉴욕협약이 적용되지 않는 외국중재판정의 승인보다 뉴욕협약이 적용되는 외국중재판정의 승인을 어렵게 만들 이유는 없으므로 결국 제37조 제1항의 문언에도 불구하고 뉴욕협약이 적용되는 외국중재판정은 승인요건이 구비되면 자동승인된다고 보아야 한다.

이런 이유로 저자는 제37조 제1항의 문언은 잘못이라고 주장하는 것이다. 저자는 중재법이 개정되기 전에 이 점을 지적함으로써[22] 제37조가 현재와 같이 입법되는 것을 막고자 하였으나 무위로 그쳤다. 반면에 제37조 제1항의 문언을 옹호하는 논자는 중재판정의 승인이 집행을 위한 필수요건일 뿐만 아니라 중재판정을 다른 절차에서 원용하는 경우 승인에 독자적 존재가치가 있음에 비추어 저자의 비판은 부당하다고 하나,[23] 저자는 승인의 독자적 존재가치를 부정하는 것이 아니라, 중재법 제37조가, 외국중재판정의 집행을 위하여 집행판결이 필요하듯이, 마치 외국중재판정의 승인도 승인판결을 받아야 하는 것처럼 규정하는 것이 잘못임을 비판하는 것이다. 위에서 언급한 바와 같은 제37조의 해석론이 실제로 주장되고 있음을 보면 저자가 우려하였던 이유를 이해할 수 있을 것이다.

나. 승인의 효력

중재판정의 승인은 개념적으로는 판결의 승인과 유사하다. 승인의 결과 중재판정의 가장 중요한 효력이라고 할 수 있는 기판력(*res judicata effect, l'autorité de chose jugée*)이 우리나라에까지 확장되는 것이 승인의 효력 또는 효과이다.[24] 다만 외국중재판정이 외국에서 집행력이 있더라도 이는 우리나라에 당연히 미치는 것은 아니고 국내에서 집행판결을 받아야 비로소 발생한다. 이런 의미에서 집행판결은 우리나라에서 집행력을 부여하는 형성판결이다.

---

22) 석광현, "중재법 개정안에 대한 관견", 법률신문 제2822호(1999. 9. 20.), 14면.
23) 이호원(註 21), 266면.
24) van den Berg, p. 244.

문제는 기판력의 판단기준이다.

중재법 제35조는 중재판정은 법원의 확정판결과 동일한 효력을 가진다고 규정하는데 이는 UNCITRAL이 1985년 채택한 "국제상사중재에 관한 모델법"(Model Law on International Commercial Arbitration)(모델중재법)에는 없는 조문이다. 위에서 언급한 바와 같이 제35조는 내국중재판정에 관한 조항이고 외국중재판정에는 적용되지 않는다.[25] 반면에 외국중재판정의 효력은 제37조 이하에 따른다. 일부 견해는, 승인은 "법원이 중재판정에 대해 우리 법원의 확정판결과 같은 효력을 인정하여 주는 것"이라고 하나[26] 이는 법적 근거가 없다. 외국중재판정을 승인함으로써 그 효력이 우리나라에까지 미치지만 그 효력이 우리 확정판결과 동일하여야 한다는 근거는 없다. 우리나라에서 승인된 외국중재판정의 효력(특히 기판력)의 판단기준에 관하여는 ① 외국판결의 경우처럼 중재지국법에 의할 것이라는 견해, ② 승인국법에 의할 것이라는 견해와 ③ 중재지국법을 원칙으로 하되 승인국법에 의한 제한을 인정하는 견해 등이 가능하다. ①설에서는, 중재지국법상 중재판정이 당해 국가의 판결과 동일한 효력이 있다면 그것이 우리나라에 확장되는 것이라고 설명하고, ②설에서는, 외국중재판정에 대해 우리 중재판정에 상응하는 효력을 부여한다고 설명할 수 있을 것이다. 외국판결의 경우 종래의 다수설은 효력확장설을 취하므로[27] 동일한 법리를 외국중재판정에 적용한다면 외국에서 가지는 효력이 우리나라에 확장된다는 것이 된다.[28]

일본 중재법(제45조 제1항 본문)은 중재지가 일본 내에 있는지 여부를 묻지 않고 중재판정은 확정판결과 동일한 효력을 가진다고 함으로써 외국중재판정에 대하여도 확정판결과 동일한 효력을 부여하는데, 그것이 일본의 확정판결인지 아니면 중재지인 외국의 확정판결인지는 문면상으로는 분명하지 않다.

---

25) 중재법 제2조 제1항 참조. 이 점은 독일 민사소송법 제1055조도 같다.

26) 목영준, 상사중재법론(2000), 240면; 주석중재법(이호원 집필부분)(2005), 229면. 후자는 이하 "주석중재법/집필자"로 인용한다.

27) Peter Schlosser, Das Recht der Internationalen Privaten Schiedsgerichtsbarkeit 2. Auflage (1989), Rn. 903. 외국판결의 승인의 경우는 석광현, "民事 및 商事事件에서의 外國裁判의 承認 및 執行", 국제사법과 국제소송 제1권(2001), 338면 이하 참조.

28) Reinhold Geimer, Internationales Zivilprozessrecht, 6. Auflage (2009), Rz. 3879는 이러한 효력확장설을 지지한다.

4. 대상판결의 판단과 그에 대한 평가

가. 자동적 승인의 타당성

대상판결은 “뉴욕협약이 적용되는 외국중재판정의 일방 당사자에 대하여 외국중재판정 후에 구 회사정리법[29]에 의한 회사정리절차가 개시되고 채권조사기일에서 그 외국중재판정에 기하여 신고한 정리채권에 대하여 이의가 제기되어 정리채권확정소송이 제기된 경우, 외국중재판정은 확정판결과 동일한 효력이 있어 기판력이 있으므로, 정리채권확정소송의 관할 법원은 위 협약 제5조에서 정한 승인 및 집행의 거부사유가 인정되지 않는 한 외국중재판정의 판정주문에 따라 정리채권 및 의결권을 확정하는 판결을 하여야 한다”고 판시하였다.

즉 이 사건에서 홍콩중재판정에 대해 우리 법원의 별도의 승인판결은 없었는데, 대상판결은 그럼에도 불구하고 홍콩중재판정은 뉴욕협약의 승인거부사유가 없는 한 기판력이 있다고 판시하였다. 즉 대상판결은 그러한 외국중재판정에 대하여는 자동승인제가 타당함을 분명히 판시한 것이다.[30] 저자와 같은 견해를 취한 대상판결은 타당하다. 입법론으로서도 중재법을 개정하여 그 취지를 명확히 하는 것이 바람직하다고 본다.

나. 승인의 효력

대상판결은 외국중재판정은 확정판결과 동일한 효력이 있어 기판력이 있다고 판시하고 있다. 여기에서 확정판결이 우리 법원의 확정판결인지 홍콩법원의 확정판결인지라는 점이 분명하지 않다.

우선 중재법 제37조는 외국중재판정에는 적용되지 않으므로 제37조가 홍콩중재판정이 우리 법원의 확정판결과 동일한 효력을 가질 근거가 될 수는 없

---

29) 2005. 3. 31. 법률 제7428호 채무자 회생 및 파산에 관한 법률 부칙 제2조로 폐지된 회사정리법을 말한다.

30) 위에 소개한 Kim/Hughes(註 18), p. 35도 대상판결이 그런 태도를 취하고 있음을 인정한다. 그러나 김인호, “중재판정의 기판력의 새로운 구성—시지푸스적 접근을 넘어 스노우 화이트적 접근으로—”, 인권과 정의 제468호(2017. 9.), 98면 각주 30은 위 판결은 우리 법원의 승인이 불필요함을 명확히 한 판결은 아니라고 한다. 그러나 저자는 그에 동의하지 않는다. 만일 그렇다면 대법원은 “외국중재판정은 확정판결과 동일한 효력이 있어 기판력이 있으므로”라고 설시하는 대신 “외국중재판정은 우리 법원이 승인함으로써 확정판결과 동일한 효력이 있어 기판력이 있으므로”라고 판시하고 당해 사건에서 우리 법원이 외국중재판정을 승인한다거나 승인하였다는 취지의 설시를 했을 것이다. [밑줄 부분은 이 책에서 새로 추가한 것이다.]

다. 그렇다면 문제는 다음 두 가지로 귀착된다. 첫째, 홍콩중재법상 홍콩의 중재판정은 홍콩의 확정판결과 같은 효력을 가지는지와 둘째, 우리 중재법의 해석상 외국중재판정이 승인되면 당해 외국에서 가지는 효력이 우리나라에까지 확장되는지, 즉 효력확장설이 타당한지가 문제된다.

우선 첫째의 논점을 보면, 홍콩 중재법을 보면 일응 이를 긍정할 수 있는 것 같다. 즉 홍콩 중재법(Chapter 341 Hong Kong Arbitration Ordinance) 제2GG조는 아래와 같은 것으로 보인다.[31] 다만 아래 규정은 중재판정의 집행만을 언급하고 있으므로 홍콩 중재법을 좀더 검토할 필요가 있다.

2GG. Enforcement of decisions of arbitral tribunal
(1) An award, order or direction made or given in or in relation to arbitration proceedings by an arbitral tribunal is enforceable in the same way as a judgment, order or direction of the Court that has the same effect, but only with the leave of the Court or a judge of the Court. If that leave is given, the Court or judge may enter judgment in terms of the award, order or direction.
(2) Notwithstanding anything in this Ordinance, this section applies to an award, order and direction made or given whether in or outside Hong Kong.

한편 둘째의 논점을 보면, 외국판결의 승인의 경우처럼 효력확장설을 취한다면 이 사건에서 홍콩판결의 효력이 우리나라에까지 확장되고, 대상판결이 말하는 '확정판결'은 홍콩의 확정판결을 가리키는 것이 된다.

사견으로는 대상판결이 '확정판결'이라고만 설시하므로 아마도 우리 법원의 확정판결을 지칭하는 것으로 짐작된다.[32] 그렇다면 홍콩법원판결과 같은 효력을 가지는 홍콩중재판정의 효력을 승인함으로써 우리 법원의 판결과 같은 효력을 가진다고 보는 것인지와, 만일 그렇다면 그 근거는 무엇인지 궁금하다. 대상판결이 위에 소개한 국내의 유력설을 따른 것인지 모르겠지만, 저자가 그런 견해의 부당성을 비판한 바 있음에도 불구하고 대상판결이 이 점에 대해 근거를 제시하지 않는 점은 유감이다.

---

31) 여러 웹사이트를 참조한 결과 이것이 현행 중재법으로 보이고 과거에는 제1항만 있었던 것으로 보이는데, 이 사건 중재판정은 1998년 내려진 것이므로 당시의 홍콩중재법을 확인할 필요가 있다.

32) 위에 소개한 Kim/Hughes(註 18), p. 35와 p. 37도 "… the Korean Supreme Court has recently held that a foreign arbitral award to which the New York Convention applies has the same *res judicata* effect as a final and confirmed judgment of a Korean court, …"라고 씀으로써 대상판결을 그렇게 이해한다.

Ⅲ. 외국중재판정의 승인과 실질재심사 금지의 원칙

첫머리에 언급한 것처럼 이 사건에서는 외국중재판정의 효력(특히 기판력)이 우리나라에도 미치는가, 즉 승인만이 문제되었고 집행은 문제되지 않았으므로 여기에서는 외국중재판정의 승인을 중심으로 논의하고 집행은 간단히 언급한다. 다만 외국중재판정의 집행을 위하여 집행판결이 필요하다는 점을 제외하고는 승인에 관한 논의는 대체로 집행에도 타당하다.

1. 뉴욕협약에 따른 외국중재판정의 승인

가. 외국중재판정의 승인

뉴욕협약은 국제중재라는 건물의 기초를 이루는 가장 중요한 하나의 지주라거나, 또는 아마도 모든 상사법의 역사에서 가장 효과적인 국제입법의 사례라고 주장할 수 있는 협약이라는 찬사를 받았다.[33] 뉴욕협약 제5조는 승인거부사유를 피고(또는 피신청인)가 주장·입증하여야 하는 사유(제1항)와, 승인국 법원이 직권으로 판단할 사유(제2항)로 구분하여 규정한다. 전자는 ① 당사자의 무능력 또는 중재합의의 무효, ② 피신청인의 방어권 침해, ③ 중재인의 권한유월, ④ 중재판정부의 구성 또는 중재절차의 하자, ⑤ 중재판정의 구속력 결여 또는 취소·정지이고, 후자는 ⑥ 중재가능성의 결여와 ⑦ 공서위반이다. 그러나 승인거부사유가 있더라도 승인국 법원은 재량으로 중재판정을 승인할 수 있다(제5조 제1항, 제2항).

우리 민사소송법 제217조는 승인의 적극적 요건을 규정하는 데 반하여, 뉴욕협약은 소극적 규정방식을 취하는데, 이는 입증책임을 전환하여 승인을 용이하게 하려는 것이므로 승인거부사유에 대하여는 이를 주장하는 자가 입증책임을 지나, 법원이 직권으로 판단할 사항은 그렇지 않다. 뉴욕협약에 열거되지 않은 사유로 외국중재판정의 승인을 거부하는 것은 허용되지 않는다. 이 점에서 제5조의 승인거부사유는, 대상판결도 설시한 바와 같이 제한적(또는 망라적)이다.[34] 제5조 제1항은 "… 다음의 증거를 제출하는 경우에 한하여" 거부될 수

---

33) Redfern and Hunter on International Arbitration, Fifth Edition (2009), para. 11-42, Fn. 42에 인용된 Mustill과 Schwebel의 견해.

34) van den Berg, p. 265; Fouchard/Gaillard/Goldman, para. 1693.

있다고 하여 이 점을 명시한다.

나. 외국중재판정의 집행

뉴욕협약 제3조는 "각 체약국은 중재판정을 다음 조항에 규정한 조건 하에서 구속력 있는 것으로 승인하고 그 판정이 원용될 영토의 절차규칙에 따라서 그것을 집행하여야 한다"고 규정한다. 외국중재판정의 집행은 논리적으로 두 단계로 구분된다. 하나는 집행국에서 외국중재판정을 집행할 수 있다고 선언 또는 확인하는(예컨대 집행허가) 절차이고, 다른 하나는 그에 기해서 실제로 강제집행을 하는 절차이다. 前者에 관하여, 중재법 제37조 제1항에 따르면 외국중재판정을 집행하기 위해서는 우리 법원의 집행판결을 받아야 한다. 집행판결(*exequatur*)은 대륙법계의 제도이다. 한편 後者, 즉 실제의 강제집행절차는 민사집행법이 정한 바에 따르므로 내국판결 또는 내국중재판정에 기한 강제집행과 다를 바 없다.

다. 중재판정의 승인과 집행의 관계

중재에서 이긴 자는 통상 집행판결(또는 상응하는 재판)을 구하는데, 중재판정의 집행은 논리적으로 승인을 전제로 한다. 그러나 승인과 집행이 항상 함께 문제되는 것은 아니고 승인만이 문제될 수 있다. 예컨대 외국중재판정에서 패한 자가 한국에서 다시 중재신청을 하는 경우, 상대방은 중재판정의 승인, 즉 기판력의 확장을 통하여 중재절차의 진행을 막을 수 있다. 이 사건에서도 마찬가지이다.

2. 실질재심사 금지의 원칙과 승인거부사유의 심사

가. 실질재심사 금지의 원칙

외국판결의 집행에 관하여 민사집행법 제27조 제1항은 "집행판결은 재판의 옳고 그름을 조사하지 아니하고 하여야 한다"고 규정하는데, 이는 외국판결의 승인의 경우에도 타당하다. 이것이 이른바 '실질재심사(*révision au fond*, review of the merits) 금지의 원칙'인데, 이는 증거의 평가를 포함하여 외국법원이 행한 사실인정과 그에 기초한 법률의 적용을 우리 법원이 재심사하여 그의 옳고 그름을 판단할 수 없다는 것이다. 반면에 뉴욕협약은 실질재심사 금지의 원칙을 명시하지는 않는다. 그 이유는, 뉴욕협약은 승인거부사유를 망라적으로 규정하는데, 중재인의 사실인정 또는 법률적용상의 잘못을 승인거부사유로 규정하지 않기 때문에 실질재심사 금지의 원칙을 규정할 필요가 없기 때문이고, 뉴욕협약상으로도 실질재심사는 금지된다.[35] 따라서 원칙적으로 우리 법원은 중재인의 사실인정과 그에 기초한 법률의 적용이 잘못된 것인지를 재심사할 수 없다.[36]

나. 승인거부사유의 심사를 위한 실질재심사

그러나 실질재심사 금지의 원칙에 대한 예외로서 집행국 법원은 승인거부사유의 유무를 판단하기 위하여 필요한 범위 내에서는 실질을 심사할 수 있다.[37] 대법원 1988. 2. 9. 선고 84다카1003 판결도 "집행국 법원에 중재판정의 내용에 대한 당부를 심판할 권한은 없지만 … 집행조건의 충족 여부 및 집행거부사유의 유무를 판단하기 위하여 필요한 범위 내에서는 본안에서 판단된 사항에 대하여도 집행국법원이 독자적으로 심리판단할 수 있다"고 판시하고, 중재판정부의 판단과 달리 당사자 간의 중재합의의 존재를 부정한 바 있다.

결국 중재인이 행한 사실인정과 그에 기초한 법률의 적용이 잘못된 것이더라도 우리 법원은 원칙적으로 이를 재심사할 수 없고 그에 구속되지만, 그러한 사실인정과 법률의 적용이 승인거부사유와 관련되는 때에는 승인거부사유가 존재하는지를 판단하기 위하여 필요한 범위 내에서는 재심사의 대상이 될 수 있다는 것이다. 그러나 실질재심사 금지의 원칙과 승인거부사유, 특히 공서위반의 심사 간에는 긴장관계가 있음은 사실이고 구체적인 사건에서 그 한계를 어떻게 획정할지는 매우 중요한 그러나 까다로운 문제이다.

3. 대상판결의 판단과 그에 대한 평가

가. 이 사건에서 중재판정의 승인만이 문제되나 아니면 집행도 문제되나

대상판결이 외국중재판정의 '집행'을 언급하는 것은 뉴욕협약의 해석상 승인 및 집행에 동일한 원리가 적용됨을 나타내기 위한 것으로 보인다. 그러나

35) van den Berg, p. 265, p. 269 *et seq.*
36) 독일의 통설도 동지. Geimer(註 28), Rz. 3926a, Rz. 2989.
37) van den Berg, p. 270 *et seq.*

이 사건에서 승인만이 문제되는 데도 마치 집행이 문제되는 것과 같은 듯한 인상을 주는 것은 아쉽다.

예컨대 "… 그 외국중재판정의 집행을 신청하는 당사자가 중재절차에서 처벌받을 만한 사기적 행위를 하였다는 점이 … 바로 당해 외국중재판정의 집행을 거부할 수 있다. … 원고가 사기적인 방법으로 중재판정을 편취하였다고 단정하고 뉴욕협약 제5조 제2항 (나)호의 집행 거부사유의 존재를 인정하여 …"에서 밑줄친 부분은 적절하지 않다는 것이다.

사견으로는, 대상판결이 "… 그 외국중재판정의 효력을 주장하는 당사자가 중재절차에서 처벌받을 만한 사기적 행위를 하였다는 점이 … 바로 당해 외국중재판정의 승인을 거부할 수 있다. … 원고가 사기적인 방법으로 중재판정을 편취하였다고 단정하고 뉴욕협약 제5조 제2항 (나)호의 승인 거부사유의 존재를 인정하여 … "고 표현했더라면 더 적절했을 것이다.

나. 실질재심사 금지의 원칙과 승인거부사유의 심사

대상판결은, 뉴욕협약이 적용되는 외국중재판정에 대하여 집행국 법원은 뉴욕협약 제5조의 집행 거부사유의 유무를 판단하기 위하여 필요한 범위 내에서는 본안에서 판단된 사항에 관하여도 독자적으로 심리·판단할 수 있고, 위 협약 제5조 제2항 (나)호의 집행 거부사유에는 중재판정이 사기적 방법에 의하여 편취된 경우가 포함될 수 있다. 그러나 집행국 법원이 당해 외국중재판정의 편취 여부를 심리한다는 명목으로 실질적으로 중재인의 사실인정과 법률적용 등 실체적 판단의 옳고 그름을 전면적으로 재심사한 후 그 외국중재판정이 사기적 방법에 의하여 편취되었다고 보아 집행을 거부하는 것은 허용되지 않는다. 다만, 예외적으로 아래에서 보는 일정한 요건이 구비된 경우 당해 외국중재판정의 집행을 거부할 수 있다고 판시하였다.

대상판결의 판시는 타당하다. 다만 외국판결의 승인의 맥락에서는 2004년 판결이 사기적인 방법으로 외국판결을 얻었다는 사유는 원칙적으로 승인 및 집행의 거부사유가 될 수 없고, 다만 피고가 판결국 법정에서 위와 같은 사기적인 사유를 주장할 수 없었고 또한 처벌받을 사기적인 행위에 대하여 유죄의 판결과 같은 고도의 증명이 있는 경우에 한하여 바로 우리나라에서 승인 내지 집행을 거부할 수는 있다고 판시한 데 반하여, 대상판결에서는 공서위반으로 인한 승인[38]거부사유에는 중재판정이 사기적 방법에 의하여 편취된 경우가 포함될 수 있으나, 승인[39]국 법원이 당해 외국중재판정의 편취 여부를 심리한다는 명목으로 실질적으로 중재인의 사실인정과 법률적용 등 실체적 판단의 옳고 그름을 전면적으로 재심사한 후 그 외국중재판정이 사기적 방법에 의하여 편취되었다고 보아 승인[40]을 거부하는 것은 허용되지 않는다. 다만, 예외적으로 일정한 요건이 구비된 경우 당해 외국중재판정의 승인을 거부할 수 있다고 판시하였다.

양자를 비교해 보면, 사기에 의한 획득이 원칙적으로 승인거부사유가 되는지에 관한 대법원의 태도가 상이한 것처럼 보이나, 이는 기술적인 차이일 뿐이고 실질적으로 차이가 없는 것이 아닐까 생각된다. 물론 승인거부사유가 되기 위한 요건에는 다소 차이가 있는데 그 점은 아래(Ⅳ.)에서 논의한다.

Ⅳ. 사기에 의한 외국중재판정의 승인과 공서위반 여부

여기에서는 사기에 의한 외국중재판정의 승인과 공서위반 여부와 관련된 제논점을 살펴본다.

1. 승인거부사유인 공서

가. 공서의 개념

선량한 풍속 기타 사회질서, 즉 공서는 승인국의 본질적인 법원칙, 즉 기본적인 도덕적 신념 또는 근본적인 가치관념과 정의관념[41]에 반하는 외국중재판정의 승인을 거부함으로써 국내법질서를 보존하는 방어적 기능을 가지므로 이를 좁게 제한적으로 해석하여야 한다. 이는 우리 민사소송법(제217조 제3호)상 공서위반이 외국판결의 승인 및 집행의 거부사유가 되는 것과 마찬가지이다.

38) 대상판결은 집행이라고 했으나 같은 의미이다.
39) 대상판결은 집행이라고 했으나 같은 의미이다.
40) 대상판결은 집행이라고 했으나 같은 의미이다.
41) 위에 언급한 미국 제2순회구 연방항소법원의 *Parsons & Whittemore* 사건 판결은 이를 "the forum state's most basic notions of morality and justice"라고 표현하였다.

나. 국제적 공서

여기에서 '선량한 풍속 기타 사회질서'란 우리 민법(제103조)이 정한 국내적 공서(internal 또는 domestic public policy)와 구별되는 '국제적 공서'(international public policy)를 말한다.[42][43] 그러나 소수설은 국제공서 개념이 불명확하다는 이유로 국제공서와 국내공서를 구별하지 말 것이라고 한다.[44]

프랑스 신 민사소송법 제1498조와 제1502조(2018년 현재는 제1514조와 제1520조)는 명시적으로 국제적 공서(*ordre public international*)라는 개념을 사용하며, 국제법협회(ILA)의 국제상사중재위원회는 승인거부사유인 공서에 관한 보고서(Report on Public Policy as a Bar to Enforcement of International Arbitral Awards)를 2002년 채택하였는데, 이는 집행거부사유가 되는 것은 국제적 공서임을 분명히 하였다.[45] 동 보고서에 따르면 국제적 공서는 다음 3가지로 구분된다.

첫째, 집행국이 보호하고자 하는 정의와 도덕에 관한 근본적인 원칙. 동 보고서는 집행국의 정의 또는 도덕에 관한 근본원칙의 예로 특히 대륙법계국가의 신의칙과 권리남용 금지의 원칙을 제시하며, 그 밖에도 계약준수의 원칙(*pacta sunt servanda*), 보상 없는 수용의 금지, 차별금지 기타 해적행위, 테러리즘, 집단학살(genocide) 또는 노예제도 금지 등을 들고 있다.[46] 둘째, 경찰법(*lois de police*) 또는 공서규칙이라고 알려진, 집행국의 핵심적인 정치적, 사회적 또는

---

42) van den Berg, p. 361; Fouchard/Gaillard/Goldman, para. 1710 이하 참조. 다만 국제적 공서는 다양한 의미로 사용되는데, 예컨대 '국가적 공서'(national public policy)에 대응하는 개념, 즉 다수 국가의 법에 의하여 공통적으로 인정되는 공서(transnational public policy)를 의미하는 개념으로, 또는 기본적인 인권 또는 최소한의 자연적 정의와 같은 보편적 공서(*ordre public universel*)의 의미로 사용되기도 한다.

43) 사견으로는 '선량한 풍속 기타 사회질서'라고 하더라도 그 의미는 국제중재인지 아니면 국내중재인지에 따라 달리 해석하여야 한다고 본다. 즉 뉴욕협약상 외국중재판정의 승인거부사유인 공서는 국제적 공서에 한정되는 데 반하여, 중재법 제38조를 통하여 내국 중재판정(특히 외국관련이 없거나 약한 경우)에 적용되는 중재법 제36조 제2항의 사유 중의 공서는 국제적 공서만이 아니라 민법(제103조)이 정한 국내적 공서(internal 또는 domestic public policy)를 포함하는 것으로 해석해야 하므로 우리나라의 강행규정도 경우에 따라 그에 포함될 수 있을 것이다.

44) 정선주(註 12), 402면 이하 참조.

45) 상세는 P. Mayer and A. Sheppard, "Final ILA Report on Public Policy as a Bar to Enforcement of International Arbitral Awards", 19 Arbitration International No. 2 (2003), pp. 249-263 참조. 아래는 석광현(註 11), 315면 주 313을 수정·보완한 것이다.

46) Mayer/Sheppard(註 45), p. 256.

경제적 이익에 봉사하는 규칙. 동 보고서는 집행국의 공서규칙의 예로 독점금지법(예컨대 유럽연합의 경쟁법 제81조 EC), 통화규제, 환경보호법, 교역금지, 소비자보호법 등을 들고 있다.[47] 셋째, 국제기구 또는 제3국에 대한 의무를 존중할 승인국의 의무(duty). 이는 제재를 부과하는 UN안전보장이사회의 결의나 집행국이 비준한 국제협약을 준수할 의무 등을 의미한다.[48]

이처럼 승인거부사유가 되는 것은 국제적 공서의 위반에 한정되므로 공서위반을 이유로 외국중재판정의 승인이 거부되는 사례는 실제로 매우 드물다.[49]

다만 국제적 공서는 각 국가의 국제적 공서를 말하는 것이지,[50] 국가공동체에 뿌리내린 '진정하게 국제적 공서'(genuinely international public policy)를 말하는 것은 아니다.[51]

다. 실체적 공서와 절차적 공서

외국판결의 승인 및 집행과 관련한 공서에는 '실체적 공서'와 '절차적 공서'가 포함되는데, 중재판정의 승인 및 집행의 경우도 마찬가지이다. 다만 뉴욕협약 제5조 제1항 b호와 d호가 절차상의 하자로 인한 승인거부사유를 별도로 두고 있으므로 절차적 공서는 보충적인 의미를 가진다. 절차적 공서와 실체적 공서를 구별함으로써 공서를 좀더 체계적으로 이해할 수 있는 장점이 있는데, 위에서 언급한 국제법협회의 보고서도 실체적 공서와 절차적 공서를 구별한다.[52] 대상판결은 2004년 판결과 달리 실체적 공서와 절차적 공서를 구별하는 취지의 설시를 하고 있지 않다.

---

47) Mayer/Sheppard(註 45), p. 256.

48) Mayer/Sheppard(註 45), p. 256. 권고 1(d).

49) Andrew Tweeddale/Keren Tweeddale, Arbitration of Commercial Disputes: International and English Law and Practice (2005), para. 13.43. 이하 위 책을 "Tweeddale/Tweeddale"이라고 인용한다.

50) 국제사법에서는 이를 '공서개념의 국가성'이라고 표현한다.

51) Fouchard/Gaillard/Goldman, para. 1712.

52) van den Berg, p. 300과 Tweeddale/Tweeddale, para. 13.44도 실체적 공서와 절차적 공서를 구분한다. 그러나 Peter Berger, Internationale Wirtschaftsschiedsgerichtsbarkeit (1992), S. 477은 실체적 공서의 개념만을 인정한다고 한다(Stein/Jonas/Schlosser, Anhang §1061 Rn. 150, Fn. 701에서 재인용). 보고서의 권고 1은 'procedural international public policy'와 'substantive international public policy'로 구분한다. 상세는 Mayer/Sheppard(註 45), pp. 249-263 참조.

라. 공서위반 여부의 판단과 법원이 중재인의 사실인정에 구속되는지 여부

위에서 언급한 바와 같이 승인국 법원은 원칙적으로 중재판정의 내용 또는 실질을 재심사할 수는 없으나, 승인거부사유의 존부를 판단하기 위하여 필요한 범위 내에서 실질을 재심사할 수 있다. 다만 공서위반 여부를 판단함에 있어 법원이 중재인의 사실인정에 구속되는지, 아니면 필요한 경우 사실을 재심사할 수 있는지에 관하여는 논란이 있는데, 제한 없이 허용하는 견해와, 절차의 하자가 없고 직접적으로 국가이익이 관련되지 않는 한 재심사를 불허하는 견해가 보인다.[53] 저자는 실질재심사가 가능한 범위 내에서는 우리 법원은 중재인의 사실인정에 구속되지 않지만[54] 그 경우에도 가능한 한 예외적 그리고 제한적으로 이를 허용하는 것이 타당하다고 본다. 즉, 공서위반은 제한적으로 인정할 것이므로 실질재심사가 가능하더라도 이를 지나치게 확대할 것은 아니고 가능한 한 제한하여야 한다는 점에서 저자는 양자를 절충한 견해를 취한다.[55] "법원의 재심사는 중재판정이 뉴욕협약 제5조의 어느 근거에 기하여 그의 집행의 거부를 초래할 사유를 포함하는지를 확인하는 데 엄격히 제한되어야 하고, 법원이 중재인의 사실인정을 평가하는 것을 수반하지는 않는다"는 설명[56]도 같은 취지이다.

---

53) Rainer Hausmann, "Die Aufhebung von Schiedssrpüchen nach neuem deutschen Schiedsverfahrensrecht", Hohloch/Frank/Schlechtriem (Hrsg.), Festschrift für Hans Stoll zum 75. Geburtstag (2001), S. 607 참조(중재판정 취소의 소의 맥락에서). 외국판결의 승인에 관하여 김동윤, "외국판결의 승인 및 집행요건으로서의 공서—대법원 2004. 10. 28. 선고 2002다74213 판결—", 인권과 정의 통권 제353호(2006. 1.), 163면은 전자를 취한다.

54) 외국판결의 승인의 맥락에서 공서위반 여부의 판단에 있어 우리 법원은 외국법원이 인정한 사실에 구속되고, 공서위반의 근거로 새로운 사실을 주장하고 증거를 제출하는 것은 허용되지 않는다는 것이 종래의 다수설이다. 김주상, "外國判決의 承認과 執行", 사법논집 제6집(1975), 509면. Reinhold Geimer, Anerkennung ausländischer Entscheidungen in Deutchland (1995), S. 142f.; Geimer(註 28), Rz. 2990은 직접 국가이익이 관련되는 경우와 사익이 관련되는 경우를 구분한다. 일본에서는 공서위반 여부를 판단하기 위하여 필요한 범위 내에서는 외국법원의 사실인정에 구속되지 않는다는 견해가 점차 유력해지고 있다고 한다. 김동윤, "외국판결의 승인 및 집행요건으로서의 공서—대법원 2004. 10. 28. 선고 2002다74213 판결—", 인권과 정의 통권 제353호(2006. 1.), 161면 참조.

55) 이는 외국판결의 집행에 관하여 저자가 국제사법과 국제소송 제4권(2007), 246면 이하에서 취한 견해와 일관성이 있다. 다만 위에서 언급한 바와 같이 이 점은 좀더 체계적인 검토가 필요하다.

56) van den Berg, p. 271.

2. 사기에 의한 외국중재판정의 승인과 공서위반

원고가 사기(fraud. 또는 기망. 이하 편의상 '사기'라 한다)에 의하여 외국중재판정을 취득한 경우 그 외국중재판정의 승인은 한국의 절차적 공서에 반할 가능성이 있는데, 여기에서 '사기'라 함은 절차에 관한 사기에 의해 중재판정을 취득한 경우를 말한다. 위에서 본 것처럼 뉴욕협약은 절차상의 하자를 승인거부사유로 규정하므로 절차적 공서위반은 보충적인 의미를 가진다. 공서위반이 되면 법원이 직권으로 판단할 수 있다는 데 실익이 있다.

가. 외국중재판정의 승인과 절차적 공서위반

(1) 절차적 공서위반의 사례

우리 법의 절차적 기본원칙이 외국의 중재절차에서 침해된 경우 외국중재판정의 승인은 절차적 공서에 위반된다. 즉 절차적 공서위반 여부는 승인국의 기준에 따라 판단한다. 절차적 기본원칙은 법치국가의 기본원칙으로 중재인의 독립과 공정의 원칙, 법적인 심문(rechtliches Gehör) 보장의 원칙 및 당사자평등의 원칙 등을 포함한다. 이러한 기본원칙에 반하는 경우와, 기판력 또는 기타 구속력이 있는 재판을 무시한 경우 등이 절차적 공서위반이 된다.[57] 또한 중재인의 기피사유가 존재하였고 당사자가 이를 주장하였음에도 불구하고 기피가 허용되지 않았다면 그 중재인에 의한 중재판정의 승인은 절차적 공서에 반한다.[58] 그러나 단순한 절차상의 상위는 공서위반이 아니다.

(2) 절차적 공서위반과 재심사유

외국중재판정에 관하여 민사소송법(제451조 제1항)의 재심사유에 해당하는 사유가 있으면 그의 집행이 절차적 공서위반인가라는 의문이 제기된다. 재심제도가 없는 중재판정의 경우와 달리 외국판결의 경우 이 점은 특히 문제가 된다. 그러나 논리적으로는 민사소송법상 재심사유가 있다면 외국판결에서와 마찬가지로 외국중재판정에 중대한 하자가 있다는 것이므로 그의 집행은 절차적 공서위반이 될 가능성이 크다고 할 수 있지만 항상 그렇다고 단정할 수는 없다. 예컨대 우리 민사소송법상의 재심사유 중 중재판정에 영향을 미칠 중요한

---

57) Stein/Jonas/Schlosser, Anhang §1061 Rn. 151, Rn. 154. 중재인의 공정성의 결여는 절차적 공서위반과 동시에 방어권침해가 될 수 있다. 중재절차의 하자라고 보는 견해도 있다.

58) Schwab/Walter, Kapitel 50 Rn. 5.

사항에 관하여 판단을 누락한 경우(민사소송법 제451조 제1항 제9호) 그의 승인이 당연히 절차적 공서위반이 되는 것은 아니다. 승인 여부는 외국중재판정에 대해 재심을 하는 것은 아니기 때문이다. 나아가 소송의 재심사유에 상응하는 중재판정의 취소사유가 있는 경우에도 유사한 의문이 제기될 수 있으나 외국중재판정의 경우 취소사유는 중재지법에 의해 결정되는 데 반하여 승인거부사유는 승인국법에 따라 결정되므로 승인국이 중재지법의 취소사유를 승인거부사유로 받아들여야 하는 것은 아니다. 이러한 이유로 뉴욕협약(제5조 제1항)도 중재판정의 취소・정지를 승인거부사유로 인정하면서도 승인국・집행국 법원에 중재판정을 승인・집행할 수 있는 재량을 인정한다.

나. 사기에 의한 외국판결의 승인과 절차적 공서위반

종래 사기에 의한 외국중재판정의 승인보다는 사기에 의한 외국판결의 승인이 좀더 활발하게 논의되는 것으로 보인다. 따라서 여기에서는 전자를 먼저 살펴보고 후자를 논의한다.

(1) 외국판결의 승인거부사유인 사기

종래 우리나라에서는 이에 관한 논의가 별로 없으나 영미에서는 외국판결 승인의 거부사유로서 사기가 논의되어 왔다. 따라서 아래에서는 우선 저자가 전에 발표한 글을 요약함으로써 이를 소개한 뒤[59] 중재판정의 맥락에서 사기를 살펴본다.

외국판결 승인의 거부사유인 '사기'(fraud)는 전통적으로 영미법계에서 인정되는 개념인데[60] 영미에서는 공서의 개념이 상대적으로 좁고, 사기를 공서위반의 문제가 아니라 독립적인 승인 및 집행의 거부사유로 본다.[61] 미국 통일외국금전판결승인법(UFMJRA) 제4조는 외국법원판결의 승인거부사유를 의무적 거부사유(a항)와 재량적 거부사유(b항)의 두 가지로 나누어 규정하는데 재량적 거부사유의 하나로 사기에 의하여 판결을 취득한 때를 열거한다.[62]

---

59) 상세는 석광현(註 15), 250면 이하 참조. 다만 아래에서는 통일외국국가금전판결승인법을 추가로 소개한다.

60) 예컨대 상호주의의 결여를 이유로 프랑스 법원 판결의 승인을 거부한 미국 연방대법원의 1895년 *Hilton v. Guyot*, 159 U.S. 113, 16 S.Ct. 139 사건 판결도 사기를 승인거부사유로 든다.

61) Restatement of the Law (Third): The Foreign Relations Law of the United States (1987)("이하 Restatement (Third)"라 한다) 제482조 Comment e. 제482조는 외국재판의 불승인의 근거인데, 제2항 c호는 "the judgment was obtained by fraud"를 열거한다.

62) 조문은 아래와 같다.

참고로 헤이그국제사법회의가 채택하였던 1999년 "민사 및 상사사건의 국제재판관할과 외국재판에 관한 협약(Convention on Jurisdiction and Foreign Judgments in Civil and Commercial Matters)"의 초안(제28조)과 이를 수정한 2001년 초안(제28조)도 사기와 공서를 별도로 규정하고,[63] 2005년 6월 채택된 헤이그국제사법회의의 "법원선택합의에 관한 협약"(제9조)도 마찬가지다.[64] 주목할 것은 우리나라의 유류오염손해배상보장법(제13조 제1항)은 1992년 유류오염손해에 대한 민사책임에 관한 국제협약에 의하여 관할권이 있는 외국법원이 유류오염손해배상청구의 소에 관하여 한 확정판결은 우리나라에서 효력이 있다고 규정하는데, 승인거부 사유의 하나로서 "그 판결을 사기에 의하여 취득한 경우"를 들고 있고 공서위반을 별도로 명시하지 않는다는 점이다.

(2) 외국판결의 승인의 맥락에서 사기의 유형과 절차적 공서위반에 해당하는 사기

미국에서는 종래 외국판결의 승인의 맥락에서 사기를 외재적 사기(extrinsic fraud. '외부적 사기'라고도 번역한다)와 내재적 사기(intrinsic fraud. '내부적 사기'라고 번역한다)로 구분하는데, 외재적 사기는 원고가 외국의 소송절차 외에서의 행위로 인하여 피고가 절차에 참가하여 적절히 변론할 기회를 박탈한 경우에

"불승인의 근거
(a) 외국판결은 다음의 경우 구속력을 가지지 않는다.
(1)-(3) 생략
(b) 외국판결은 다음의 경우 승인할 필요가 없다.
(1) 생략
(2) 판결이 사기(fraud)에 의하여 취득된 때
(3)-(6) 생략

63) 2001년 조문은 아래와 같다.
"제28조 승인 또는 집행의 거부의 근거
1. 재판의 승인 또는 집행은 [오로지] 다음의 경우에 거부될 수 있다.
a)-d) 생략
e) 재판이 절차와 관련된 사기에 의해 획득된 경우
f) 승인 또는 집행이 요청받은 국가의 공서에 명백히 반하는 경우."
1999년 초안도 동일하나 [오로지]는 없다.

64) 조문은 아래와 같다.
"제9조 승인 또는 집행의 거부
다음의 경우 승인 또는 집행은 거부될 수 있다.
a)-c) 생략
d) 재판이 절차와 관련된 사기에 의해 획득된 경우
e) 승인 또는 집행이, 재판에 이르게 된 특정 소송절차가 그 국가의 절차적 공평의 근본원칙과 양립되지 않은 상황을 포함하여 요청받은 국가의 공서에 명백히 반하는 경우
f)-g) 생략"

존재하고, 내재적 사기는 소송절차 내에서의 위증, 불실표시 또는 위조된 증거의 사용 등과 같이 외국의 소송절차 내에서 행위한 경우에 존재한다고 한다.[65)] 미국에서 외국판결의 승인거부사유가 되는 사기는 전통적으로 외재적 사기에 한정되었는데, 그 근거는 내재적 사기에 기한 이의는 실질재심사를 요구하므로 허용되어서는 아니 되고, 이는 판결국에 제출하여야 하기 때문이라고 한다.[66)] 그러나 양자의 구별에 반대하는 견해도 유력하고 실제로 통일외국금전판결승인법도 문면상으로는 양자를 구별하지 않는다. 주목할 것은, 통일외국금전판결승인법(UFMJRA)은 2005년 통일외국국가금전판결승인법(Uniform Foreign-Country Money Judgments Recognition Act (UFCMJRA)으로 개정되었고 실제로 캘리포니아주는 이를 채택하였는데,[67)] 통일외국국가금전판결승인법 제4조 제3항 b호는 "the foreign-country judgment was obtained by fraud that deprived the losing party of an adequate opportunity to present its case(외국국가의 판결이, 패소한 당사자로 하여금 변론할 적절한 기회를 박탈한 사기에 의하여 획득된 경우)"라고 하여 승인거부사유인 사기를 외재적 사기에 한정됨을 문면상 명확히 하는 점이다. 이 점은 2005년 미국법률협회(ALI)가 제안한 외국판결의 승인 및 집행에 관한 연방법(제5조(a)(v))도 같다.[68)]

영국에서는 외국 절차 후에 새로운 증거가 제출된 것이 아니라 외국의 소송절차에서 사기가 주장되었더라도 영국에서 사기를 이유로 외국판결의 승인을 거부할 수 있고 그 경우 실질을 재심사할 수 있다고 한다.[69)] 즉 영국은 외국판결의 승인에서는 외재적 사기와 내재적 사기를 구별하지 않는 것으로 보인다.[70)]

---

65) Barbara Kulzer, Recognition of Foreign Country Judgments in New York: The Uniform Foreign Money Judgments Recognition Act, 18 Buffalo Law Review 30 (1969).

66) 전자는 Catherine Kessedjian, *La Reconnaissance et L'exécution des Jugements en Droit International Privé Aux Étax-Unis* (1987), §480, 후자는 Restatement (Third) 제482조 Comment e.

67) 따라서 우리나라와 캘리포니아처럼 후자를 채택한 주와의 사이에 상호보증의 유무를 판단함에 있어서는 통일외국국가금전판결승인법의 요건을 검토할 필요가 있음을 주의해야 한다.

68) 이 점은 Ronald A. Brand/Paul M. Herrup, The 2005 Hague Convention on Choice of Court Agreements: Commentary and Documents (2008), pp. 208-209 참조.

69) 이러한 원칙을 처음 채택한 것은 *Abouloff v Oppehneimer*, (1882) Q.B.D. 295 (C.A.) 사건판결이라고 한다. James Fawcett/Janeen CarruthersPeter North, Cheshire, North & Fawcett: Private International Law, 14th edition (2008), p. 553.

70) 헤이그국제사법회의의 1999년 초안에 대한 Peter Nygh and Fausto Pocar, Report of the Special Commission, Preliminary Document No. 11 of August 2000, p. 107은 영국에서는 사

참고로 헤이그국제사법회의의 1999년 초안 및 2001년 초안과 2005년 6월 채택된 헤이그국제사법회의의 법원선택합의에 관한 협약도 외재적 사기와 내재적 사기 양자를 구별하지 않는다. 다만 1999년 초안에 대한 보고서는 외국재판 후에 비로소 알게 된 외재적 사기(extraneous fraud)는 승인거부사유가 되지만, 피고가 외국의 재판과정에서 이미 알고 있었고 이를 주장하였으나 받아들여지지 않았던 내재적 사기(intrinsic fraud)는 승인거부사유가 되지 않는다고 설명한다.[71] 그러나 여기에서 말하는 외재적 사기와 내재적 사기는 위에서 소개한 미국의 개념과 차이가 있는 것으로 보인다.

이처럼 영미에서는 사기를 공서위반의 문제와 독립된 승인 내지는 집행의 거부사유로 보나, 우리 민사소송법상으로는 이를 절차적 공서위반으로 보아야 한다.[72] 따라서 절차적 공서위반에 해당하는 사기의 개념은 판결국이 아니라 승인국인 우리 법의 개념에 따라 결정할 사항이다. 이 점은 외국중재판정의 승인의 경우에도 마찬가지이다.

다. 사기에 의한 외국중재판정의 승인과 절차적 공서위반: 사기가 공서위반이 되기 위한 요건

저자는, 사기에 의한 외국판결의 승인에 관한 대법원 2004년 판결을 중재판정에 원용하면, 사기(fraud)에 의하여 중재판정이 획득된 경우 그의 집행은 원칙적으로 공서위반이 될 수 없지만, 중재판정에서 패한 자가 중재절차에서 사기적인 사유를 주장할 수 없었고 또한 처벌받을 사기적인 행위에 대하여 유죄의 판결과 같은 고도의 증명이 있는 경우 그의 승인은 우리나라의 절차적 공서에 반한다고 볼 여지가 있다고 적은 바 있다.[73] 여기에서는 이를 좀더 부연하는데, 이 또한 외국판결의 승인의 맥락에서 저자가 제시한 견해[74]를 외국중재판정에 대입한 것이다. 왜냐하면 저자는 사기에 의한 외국판결의 승인거부와 사기에 의한 (뉴욕협약이 적용되는) 외국중재판정의 승인거부에 기본적으로 동일한 논리가 적용된다고 보기 때문이다.[75]

기의 개념을 넓게 파악하는 데 반하여 호주는 좁게 파악한다고 설명한다.

71) Nygh/Pocar(註 70), p. 107.

72) 김주상(註 54), 583면. Dieter Martiny, Handbuch des Internationalen Zivilverfahrens- rechts; Band III/1 Kap. I (1984), Rz. 1118f. 참조.

73) 석광현(註 11), 323면.

74) 석광현(註 15), 254면 이하 참조.

75) 그러나 영국에서는 외국중재판정의 승인 및 집행의 경우에는 이와 달리 중재인들이 사기의

사건으로는 외재적 사기와 내재적 사기를 구별하여 달리 취급하는 대신, 사기에 의한 외국중재판정의 승인이 문제되는 사안을 실질재심사 금지의 원칙과의 관계에서 다음과 같이 구분할 필요가 있다.[76]

첫째, 피고가 외국의 중재절차에서 사기를 이미 알고 있어 이를 주장하였으나 중재인이 이를 배척한 경우. 이 경우 실질재심사 금지의 원칙에 비추어 승인단계에서 사기의 주장을 하는 것은 원칙적으로 허용되지 않는다. 즉 승인거부사유의 유무를 판단하기 위하여 필요한 범위 내에서는 실질재심사가 허용되지만, 그 경우에도 가능한 한 예외적인 경우에 한하여 절차법적 공서위반을 인정하는 것이 바람직하기 때문이다. 논리적으로는 승인거부사유의 유무를 판단하기 위하여는 실질재심사가 전면적으로 허용된다는 견해도 주장될 여지가 있으나, 다른 승인요건과 달리 공서위반의 문제는 보다 엄격하게 취급할 필요가 있다. 그렇지 않으면 실질재심사의 범위가 지나치게 확대될 우려가 있기 때문이다.

둘째, 예컨대 사기를 주장하는 당사자가 외국중재판정 후에 비로소 사기의 존재를 알게 된 경우와 같이 외국의 중재절차에서 사기를 주장할 수 없었던 경우.[77] 이 경우 승인단계에서 사기의 주장을 할 수 있고, 사기에 기한 외국중재

주장에 대하여 이미 판단한 경우 재심사할 수는 없는데, 그 근거는 중재판정은 사인에 의한 것이므로 외국중재판정은 외국판결과 같은 범주가 아니라 영국의 국내중재판정과 동일한 범주에 넣어져야 하기 때문이라고 한다. Fawcett/Carruthers/North(註 69), p. 660. 그러나 이것이 양자를 달리 볼 합리적 근거가 되는지는 의문이다. 이 점에서 외국판결과 외국중재판정에 동일한 기준을 적용하는 우리 대법원 판례가 더 설득력이 있다고 본다. 다만 Byung Chol Yoon/Brian C Oh, “The Standards for refusing to Enforce an Arbitral Award on Public Policy Grounds: A Korean Case Study” Asian International Arbitration Journal Volume 6, Number 1 (2010), p. 72는, 소송의 경우 피고는 그의 의사에 반하여 소송에 끌려들어갈 가능성이 크고 준거법인 외국법에 익숙지 않아 외국에서 적절한 방어를 하기 어려운 데 반하여 중재합의에 기초한 중재의 경우 당사자는 대체로 동등한 지위에 있고 당사자들이 선정한 중재인을 통하여 분쟁을 해결하므로 자신의 주장을 적절히 제시할 수 있기 때문에 사기를 이유로 외국중재판정의 승인거부를 하기 위하여는 외국판결의 경우보다 더 엄격한 요건이 필요하다고 본다. 이러한 논리라면 우선 관할합의에 기한 판결은 달리 취급해야 한다는 것이 되는데 그런 분류를 하지 않는 점이 이해하기 어렵고, 무엇보다도 사기를 이유로 하는 절차적 공서위반의 내용이 외국판결인가 외국중재판정인가에 따라 달라질 이유는 없을 것으로 생각된다. 반면에 정선주(註 12), 416면은 중재판정은 사인에 의해 엄격한 법정절차를 거치지 않고 나온 결과물이라는 이유로 더 쉽게 재심사를 허용하는 점은 흥미롭다.

76) 안병희, “중재법원과 국가법원과의 상관관계에 관한 연구”, 연세대학교 대학원 법학박사학위논문(2000), 93면은 별도의 요건을 요구하지 않고 사기에 의한 중재판정의 승인은 공서위반이 된다고 한다.

77) 당사자가 외국의 중재절차에서 이미 사기를 알고 있었더라도 어떤 사유로 이를 주장할 수 없었고 또한 주장하는 것을 기대할 수 없었던 경우도 마찬가지이다. Heinrich Nagel/Peter

판정의 승인은 우리의 절차적 공서에 반하는 것이므로 승인을 거부할 수 있다. 예컨대 우리나라에서 집행판결을 구하는 소송에서, 외국의 중재절차에서 승소한 원고가 증인 또는 중재인을 매수하여 중재판정을 취득하였다는 사실을 피고가 외국중재판정 후에 비로소 알게 되어 처음으로 주장하고 입증한 경우를 생각해 보자. 이는 미국에서 말하는 내재적 사기에 해당하지만, 사견에 따르면 이 경우 공서위반의 주장을 할 수 있다는 것이다. 이러한 결론은 외재적 사기와 내재적 사기의 구분이 아니라 실질재심사 금지의 원칙과의 관련에서 도출한 것이다.

셋째, 피고가 외국의 중재절차에서 사기를 이미 알고 있었고 따라서 주장할 수 있었음에도 불구하고 이를 주장하지 않았다가 승인단계에서 비로소 주장하는 경우. 이는 위 첫째와 둘째의 중간영역에 있는 사안으로 실제로는 드물 것이나, 이 경우에도 위 첫째의 경우처럼 승인단계에서 비로소 사기를 주장하는 것은 허용되지 않는다. 피고가 사기를 알고 있었지만 그를 입증할 증거가 없어 주장하지 않은 경우에도 같은데, 그 이유는 피고는 외국법원에서 사기를 주장하고 입증을 위한 노력을 했어야 하기 때문이다.[78] 이 경우 중재인의 판단이 있었던 것은 아니므로 실질재심사 금지의 원칙에서 근거를 구할 수 있는지는 논란의 여지가 있을 수 있으나, 이를 인정하지 않더라도 중재절차의 안정성 보장, 금반언의 법리와 절차법상의 책문권의 상실 등으로 설명할 수 있을 것이다.[79]

Gottwald, Internationales Zivilprozessrecht, 6. Auflage (2007), §16 Rz. 126 참조. 저자는 이 글을 수정하는 과정에서 근자에 Ekkehard Regen, Prozeßbetrug als Anerkennungs- hindernis: Ein Beitrag zur Konkretisierung des ordre public-Vorbehaltes (2008)라는 방대한 독일 박사논문이 있음을 알게 되었으나 참조하지는 못하였다. <u>서평은 Reinhold Geimer, RabelsZ, 2010, S. 898 참조.</u> [밑줄 부분은 이 책에서 새로 추가한 것이다.]

78) 논란의 여지가 있지만 피고가 아예 응소하지 않은 경우는 승인단계에서 사기를 주장할 수 있다고 본다.

79) 외국의 중재절차에서 패한 피신청인이 중재절차 중에서 중재판정부의 구성이나 중재절차의 하자를 알았거나 알 수 있어서 이를 다툴 수 있었음에도 불구하고 다투지 않았다가 우리나라에서 중재판정의 승인 또는 집행을 구하는 단계에서 비로소 이를 다툴 수 있는가에 관하여 중재절차의 안정성 보장, 금반언의 법리와 절차법상의 책문권의 상실 등에 비추어 부정하는 견해가 유력하다. 이호원, “외국중재판정의 승인과 집행”, 재판자료 제34집(1986), 684면; 조재연, “외국중재판정에 대한 집행판결: 뉴욕협약을 중심으로”, 사법연구자료 11집(1984), 179면; 서철원, “외국중재판정의 승인과 집행에 관한 1958년 뉴욕협약: 한국법원에서의 적용사례를 중심으로”, 서울국제법연구 제3권 1호(1996), 136면.

라. 사기에 의한 중재판정의 취소에 관한 미국법의 태도

미국 연방중재법 제10조(a)에 따르면 법원은 중재판정이 사기에 의하여 획득된 경우 당사자의 신청에 의하여 중재판정을 취소할 수 있다. 여기에서 중재판정이 사기에 의한 것이라고 인정하기 위해서는 다음 세 가지 요건이 구비되어야 한다고 판시한 미국 제9순회구 연방항소법원 판결[80]이 있다. 첫째, 중재판정 취소의 신청인이 명확하고 설득력이 있는 증거에 의하여 사기를 입증하고, 둘째, 상대방이 정당한 주의를 기울였더라도 중재 이전에 그 사기를 발견할 수 없었을 것과 셋째, 사기가 중재의 쟁점과 중요한 관련이 있다는 점이 그것이다.[81][82] 이러한 미국 판결을 보면 대상판결은 미국 연방항소법원 판결을 따랐거나 적어도 크게 영향을 받은 것임을 알 수 있다.

---

80) *Lafarge Conseils Et Etudes, SA v. Kaiser Cement & Gypsum Corp* 791 F 2d 1334, 1339 (9th Cir, 1986). 기타 미국 판결은 오영준, "판례해설", 대법원판례해설 79호(2009 상반기), 590면 이하 참조. 이 글은 제목이 없어 편의상 '판례해설'이라고 인용한다. 미국 판례의 소개는 최은희, "외국중재판정의 승인집행판결 거부사유로서의 사기—한국과 미국의 판결을 중심으로—", 서울시립대학교 서울法學 제21권 제1호(2013. 5.), 106면 이하 참조.

81) 위 판결은 아래와 같이 판시하였다. "Kaiser must show that the fraud was (1) not discoverable upon the exercise of due diligence prior to the arbitration, (2) materially related to an issue in the arbitration, and (3) established by clear and convincing evidence. Dogherra v. Safeway Stores, Inc., 679 F.2d 1293, 1297 (9th Cir.), cert. denied, 459 U.S. 990, 103 S.Ct. 346, 74 L.Ed.2d 386 (1982)". 그러나 일반적으로 다음과 같은 요건이 필요하다고 설명한다. (1) the movant must establish the fraud by clear and convincing evidence, (2) the fraud must not have been discoverable upon the exercise of due diligence before or during the arbitration, and (3) the person challenging the award must show that the fraud materially related to an issue in the arbitration. 오영준(註 80), 589면; Byung Chol Yoon/Brian C Oh(註 75), p. 7.

82) 영미 민사소송에서 요구되는 증명도는 '증거의 우월' 또는 '우월한 개연성'인데, 이에 따르면 당사자 주장의 개연성을 형량하여 50%를 초과하면 법원은 이를 증명된 것으로 취급할 수 있다. 다만 영미에서도 예외적인 경우 더 높은 증명도가 요구되는데 '명백하고도 설득력 있는 증거(clear and convincing evidence)에 의한 증명'이라는 개념이 그것이다. 미국법은 설민수, "민사·형사 재판에서의 증명도에 대한 비교법적·실증적 접근", 인권과 정의 제388호(2008. 12.), 82면 이하; 임호, "제법한정 물건청구항의 해석과 입증책임(하)", 저스티스 통권 제136호(2013. 6.), 185면은 미국 판례에 따르면 통상 민사소송에서 증거의 우월로 충분하나 예외적으로 사기, 부당한 위력, 유언의 내용 등 일정 사항에 대하여는 더 높은 clear and convincing evidence가 필요하다고 하고, 김선화, "형사소송에서 자유심증주의에 관한 이론적 연구", 고려대학교 대학원 법학과 박사학위논문(2005), 95면도 유사하게 설명한다. 이 각주는 이 책에서 새로 추가한 것이다.

3. 승인거부와 그에 앞선 중재지의 중재판정 취소의 소의 관계

외국의 중재판정에서 패한 당사자로서는 일반적으로 한국에서의 승인 및 집행단계에서 이를 다투거나, 또는 중재지인 외국에서 중재판정 취소의 소를 제기할 수도 있다. 여기에서 양자의 관계가 문제되는데 첫째, 승인거부사유를 주장하기 전에 먼저 중재지에서 중재판정 취소의 소 기타 구제수단을 소진해야 하는가이고, 둘째, 외국에서 중재판정 취소의 소 제기기간이 도과된 경우 국내에서 취소사유를 승인거부사유로서 주장할 수 있는가이다. 둘째의 논점은 모델중재법이 확산된 결과 중재판정 취소사유와 뉴욕협약상의 승인거부사유가 동조됨으로써 더욱 중요한 의미를 가지게 되었다.

가. 승인거부와 중재지에서 구제의 소진 요부

외국중재판정에서 패한 당사자가 당해 외국에서 중재판정 취소의 소 등의 법적 구제수단을 통하여 절차상의 하자를 시정하기 위한 노력을 하지 않았더라도 우리나라에서 중재판정의 승인단계에서 뉴욕협약상의 승인거부사유를 주장하여 승인(및 집행)을 저지할 수 있는가가 문제된다. 외국판결의 승인과 관련하여서는 견해가 나뉘지만,[83] 중재의 경우 가능하다는 견해가 널리 인정되고 있다. 즉 중재지에서 중재판정 취소의 소를 제기하는 공격적인 태도를 취할지, 아니면 기다렸다가 중재판정의 집행단계에서 소극적으로 저항하는 태도를 취할지는 중재판정에서 패한 당사자의 선택에 달려 있다고 본다.[84]

나. 취소사유·승인거부사유의 차단효(배제효)

우리 중재법에서와 같이 중재판정 취소의 소의 제기기간이 제한되어 있는 경우 그 기간을 도과함으로써 당사자는 더 이상 취소의 소를 제기할 수 없는데 이를 취소사유의 차단효(또는 배제효)(preclusive effect, Präklusionswirkung)라 한다. 문제는 중재지인 외국에서 이런 차단효가 발생한 경우 승인국(또는 집행국)인 우리나라에서도 차단효가 인정되는가라는 점이다. 저자는 이를 부정한다.

83) 상세는 석광현(註 15), 257면 참조.

84) Tweeddale/Tweeddale, para. 13.77 이하 참조. 정선주(註 12), 421면도 동지. 저자는 2004년 판결에 대해 승인거부를 위하여 판결국에서 구제를 소진할 필요는 없다는 취지의 견해를 지지하였고(석광현(註 15), 257면), 나아가 중재의 맥락에서 이 문제에 대해 위와 같이 썼다(다만 그 당시에는 뉴욕협약 제5조 제1항 d호의 맥락에서 논의하였다). 석광현(註 11), 297면.

왜냐하면 중재판정 취소의 소와 집행판결청구의 소는 별개의 목적을 가지는 제도이기 때문이다.[85)]

참고로 독일 민사소송법상 취소사유가 있으면 내국중재판정의 승인은 거부되는 것이 원칙이나, 취소의 소를 제기함이 없이 제소기간이 도과한 경우에는 제2항 제1호의 취소사유(즉 당사자가 주장, 입증하여야 하는 취소사유)는 집행거부사유가 되지 않는다(제1060조 제2항 3문). 이러한 규정이 없는 우리 중재법의 해석으로는 차단효를 부정하는 후자의 견해가 설득력이 있다. 더욱이 위에서 본 바와 같이 외국중재판정에서 패한 당사자가 당해 외국에서 중재판정 취소의 소 등을 통하여 절차상의 하자를 시정하기 위한 노력을 하지 않았더라도 우리나라에서 중재판정의 승인단계에서 뉴욕협약상의 승인거부사유를 주장할 수 있다고 본다면 차단효를 부정하는 견해가 타당하다. 그렇지 않으면 중재에서 이긴 당사자가 중재판정 취소의 소 제기기간 동안 집행판결 청구의 소를 제기하지 않고 기다리는 경우에는, 중재판정에서 패한 당사자가 스스로 중재판정 취소의 소를 제기하지 않으면 결국 차단효에 의하여 그 사유를 주장할 수 없게 되어 중재지에서 구제절차를 먼저 밟아야 한다는 결과가 되므로 중재지에서 구제절차를 소진할 필요가 없다는 의미가 상실될 것이기 때문이다. 그러나 긍정설은, 부정설을 취할 경우 취소의 소 제기기간을 제한하여 가능한 한 빨리 중재판정을 확정하여 분쟁을 종식시키려고 한 법규정의 취지에 반한다고 주장한다.[86)87)]

4. 대상판결의 판단과 그에 대한 평가

가. 승인거부사유와 국제적 공서

대상판결은 "뉴욕협약 제5조는 승인 및 집행의 거부사유를 제한적으로 열

85) 주석중재법/손용근 · 이호원, 221면.

86) 정선주(註 12), 423면. 이 사건에서 만일 긍정설을 따른다면 이 사건에서는 홍콩법상 중재판정 취소의 소 제기기간을 확인하고, 그 기간의 경과 전에 피고가 승인거부사유의 항변을 제출했는가를 검토해야 할 것으로 보인다.

87) 사견으로는 만일 긍정설을 취하더라도, 중재판정의 당연무효사유와 중재법 제36조 제2항 제2호의 취소사유(즉 법원이 직권으로 판단하는 취소사유)는 주장할 수 있다고 보는 것이 설득력이 있다. 당연무효사유는 주석중재법/손용근 · 이호원, 192면 이하 참조. 참고로 독일의 경우 구 민사소송법 하에서는 차단효를 긍정하는 견해가 통설, 판례였는데, 신 민사소송법 하에서는 논란이 있다. Geimer(註 28), Rz. 3906 이하는 참조.

거하면서, 제2항 (나)호에서 중재판정의 승인이나 집행이 그 국가의 공공의 질서에 반하는 경우에는 집행국 법원은 중재판정의 승인이나 집행을 거부할 수 있도록 규정하고 있는바, 이는 위 협약의 적용을 받는 외국중재판정의 승인이나 집행이 집행국의 기본적인 도덕적 신념과 사회질서를 해하는 것을 방지하여 이를 보호하려는 데 그 취지가 있는 것이므로, 국내적인 사정뿐만 아니라 국제적 거래질서의 안정이라는 측면도 함께 고려하여 이를 제한적으로 해석하여야 하고, 해당 외국중재판정을 인정할 경우 그 구체적 결과가 집행국의 선량한 풍속 기타 사회질서에 반할 경우에 한하여 그 승인이나 집행을 거부할 수 있다"고 판시하였다. 이는 승인거부사유의 하나인 공서위반을 국제적 공서위반으로 이해하여온 종래의 판례[88]를 따른 것으로서 타당하다.

나. 사기에 의한 외국중재판정의 승인과 공서위반: 사기가 공서위반이 되기 위한 요건

대상판결은 다음과 같은 네 가지[89] 요건이 모두 구비되는 경우에 사기에 의한 외국중재판정의 승인은 우리 공서에 반한다고 판단하였다.

첫째, 외국중재판정의 집행을 신청하는 당사자가 중재절차에서 처벌받을 만한 사기적 행위를 하였고, 둘째, 위 사기적 행위를 하였다는 점이 명확한 증명력을 가진 객관적인 증거에 의하여 명백히 인정되며, 셋째, 그 반대당사자가 과실 없이 신청당사자의 사기적인 행위를 알지 못하여 중재절차에서 이에 대하여 공격방어를 할 수 없었고, 넷째, 신청당사자의 사기적 행위가 중재판정의 쟁점과 중요한 관련이 있다는 요건이 모두 충족되는 경우여야 한다는 것이다.

첫째의 점에 관하여는 처벌받을 만한 사기적 행위를 판단하는 기준이 중재지법인지 아니면 승인국법인지라는 의문이 있으나, 아마도 승인국법을 가리키는 것으로 보인다. 그렇다면 이것이 우리 법상 소송사기가 되어야 한다는 취지인지 다소 의문이다. 예컨대 판례해설[90]이 소개하는 대법원 2007. 9. 6. 선고 2006도3591 판결은 소송사기가 성립하기 위한 요건을 제시하는데[91] 위 첫 번

88) 예컨대 대법원 1990. 4. 10. 선고 89다카20252 판결과 대법원 2000. 12. 8. 선고 2000다35795 판결 등.

89) 대상판결이 네 가지라고 설시한 것은 아니고 이는 저자의 설명이다. 아래에서 소개하는 미국 판결처럼 세 가지라고 설명할 수도 있다.

90) 오영준(註 80), 593면 참조.

91) 대법원 판결의 설시는 아래와 같다.
"소송사기는 법원을 속여 자기에게 유리한 판결을 얻음으로써 상대방의 재물 또는 재산상

째 요건이 반드시 소송사기가 성립할 것으로 요구하는지는 의문이다. 사견으로는 그보다는 다소 완화해서 볼 수 있을 것으로 생각된다.

둘째의 점에 관하여, 저자는 과거 2004년 판결에 대하여 유죄의 판결과 같은 고도의 증명이라는 생소하고 애매한 개념을 사용한 데 대하여 비판을 제기한 바 있는데,[92] 대상판결이 이를 버린 점은 환영한다. 그러나 판결문 중 사기적 행위를 했다는 점이 "명확한 증명력을 가진 객관적인 증거에 의하여 명백히 인정되고"라는 부분은 미국의 'clear and convincing evidence'라는 개념을 차용한 것으로 보이는데, 이는 미국에서 민사소송에서 통상 요구되는 '증거의 우월'(preponderance of evidence)보다 높은 입증의 정도를 요구하는 개념이다.[93] 우리 민사소송법상 증명은 '고도의 개연성'을 의미하는 확신을 요구하는 것으로 영미법이 요구하는 '증거의 우월'(또는 우월한 개연성)보다 훨씬 높은 입증의 정도를 필요로 하므로,[94] 차라리 사기적 행위를 했다는 점이 "객관적 증거에 의하여 증명될 것"을 요구하는 편이 낫다고 본다.[95] 2004년 판결에서 '고도의 증명'을 요구했던 대법원이 대상판결에서는 달리 설시하였는데 대상판결이 '증명'과 같은 정도의 입증을 요구하는지, 아니면 그보다 낮고 증거의 우월보다는 높은 정도의 입증을 요구하는지와, 또한 이것이 판결과 중재판정의 차이에 기인하는지는 알 수 없다. 2004년 판결과 대상판결을 묶어 보면 입증의 정도는, 형사사건에서 요구되는 합리적 의심을 배제할 정도와 공해소송, 의료과오소송

이익을 취득하는 범죄로서, 이를 쉽사리 유죄로 인정하게 되면 누구든지 자기에게 유리한 주장을 하고 소송을 통하여 권리구제를 받을 수 있는 민사재판제도의 위축을 가져올 수밖에 없으므로, 피고인이 그 범행을 인정한 경우 외에는 그 소송상의 주장이 사실과 다름이 객관적으로 명백하고 피고인이 그 주장이 명백히 거짓인 것을 인식하였거나 증거를 조작하려고 하였음이 인정되는 때와 같이 범죄가 성립하는 것이 명백한 경우가 아니면 이를 유죄로 인정하여서는 아니 되고, 단순히 사실을 잘못 인식하였다거나 법률적 평가를 잘못하여 존재하지 않는 권리를 존재한다고 믿고 제소한 행위는 사기죄를 구성하지 아니하며, 소송상 주장이 다소 사실과 다르더라도 존재한다고 믿는 권리를 이유 있게 하기 위한 과장표현에 지나지 아니하는 경우 사기의 범의가 있다고 볼 수 없고, 또한 소송사기에서 말하는 증거의 조작이란 처분문서 등을 거짓으로 만들어내거나 증인의 허위 증언을 유도하는 등으로 객관적·제3자적 증거를 조작하는 행위를 말한다."

92) 석광현(註 15), 261면 이하 참조.

93) Richard H. Field/Benjamin Kaplan/Kevin M. Clermont, Material for a Basic Course in Civil Procedure, Sixth Edition (1990), p. 656 이하

94) 호문혁, 민사소송법 제8판(2010), 488면.

95) 또한 공서위반 중에서도 유독 사기적 행위의 경우에만 다른 경우와 달리 그런 객관적 증거를 요구할 합리적인 근거가 있는가라는 의문은 여전히 남는다. 최은희(註 80), 102면도 우리 법상으로는 민사소송에서의 일반적 원칙인 고도의 개연성에 의한 증명으로 족하다고 본다.

과 제조물책임소송의 경우처럼 개연성이 완화되는 경우를 논외로 한다면,[96] 아래의 순서로 낮아지는 것으로 보인다.

① 고도의 증명 → ② 증명(고도의 개연성의 확신) / ③ 명확한 증명력을 가진 객관적인 증거에 의하여 명백히 인정 → ④ 증거의 우월

여기에서 과연 2004년 판결이 도입한 ①이 ②보다 고도의 입증을 요구하는지, 그리고 대상판결이 도입한 ③과 우리 민사소송법상의 입증(②) 중 어느 것이 더 고도의 입증을 요구하는지 분명하지 않다. 대상판결은 우리 민사소송법이 알지 못하는 ③을 도입함으로써 법계의 대립을 내면화하여 우리 증거법의 정신분열 현상을 초래하였는데, 이는 입증의 정도에 관한 우리 민사소송법상의 체계에 대한 고려가 부족했다는 비판을 면하기 어렵다. 대법원이 외국법의 개념을 도입할 경우 좀더 신중을 기해야 할 것이다.

셋째, 대상판결이 그 반대당사자가 과실 없이 신청당사자의 사기적인 행위를 알지 못하여 중재절차에서 이에 대하여 공격방어를 할 수 없었을 것을 요구하는 것은, 중재에서 진 당사자가 과실 없이 사기를 알지 못하였고 따라서 과실 없이 공격방어를 할 수 없었던 경우를 가리키는 것으로 보인다. 이는 과실의 유무를 판단하는 과정에서 불확실성을 수반하기는 하지만, 저자가 유형화한 세 가지 사안을 망라하여 보다 추상적 기준을 제시한 것으로 보이는 점에서 일단 환영한다.[97] 넷째, 신청당사자의 사기적 행위가 중재판정의 쟁점과 중요한 관련이 있다는 요건을 요구하는 점도 환영하나, 사견으로는 사기적 행위가 중재판정의 결과에 영향을 미칠 수 있었던 합리적인 개연성이 있으면 된다고 본다.

그러므로 이 사건에서 관건은 과연 위 네 가지 요건이 구비되는가에 있다. 원심판결은 원고가 중재절차에서 허위의 주장과 허위의 증거를 제출하여 이에 속은 중재인으로부터 이 사건 제2차 중재판정 및 최종 중재판정을 편취하였다고 인정한 데 반하여, 대상판결은 다음과 같이 판시하였다.

96) 이시윤(註 9), 488면 이하 참조.

97) 다만, 저자는 위에서 당사자가 외국의 중재절차에서 이미 사기를 알고 있었더라도 어떤 사유로 이를 주장할 수 없었고 또한 주장하는 것을 기대할 수 없었던 경우에는 승인단계에서 비로소 사기를 주장할 수 있다고 하였는데, 이 점은 대상판결과 다른 점이라고 생각된다. 그러나 실제로 어떤 사례가 그에 해당할지는 좀더 검토할 사항이다.

> "이 사건 제2차 중재판정 및 최종 중재판정이 원고의 사기적인 행위에 의하여 편취한 것이라는 피고 측의 주장이 있다 하더라도, 기록상 원고가 위 중재절차에서, 한글계약서 제9.2조와 제9.3조의 유효성 여부, 동해의 이 사건 계약 위반 여부, 원고와 동해 사이의 1994년과 1995년의 우드칩 공급가격에 관한 합의 성립 여부 내지 중재청구권의 상실 여부 등의 쟁점과 관련하여, 중재인을 속여 중재판정을 편취할 목적으로 처벌받을 만한 사기적 행위를 하였다는 점이 명확한 증명력을 가진 객관적인 증거에 의하여 명백히 인정된다고 볼 수 없고, 또한 동해 스스로도 위 중재절차에서 위와 같은 사항에 관하여 원고 제출의 주장 및 증거들을 반박하는 기회를 부여받아 상세한 주장과 증거들을 제출하여 다툰 이상 동해가 과실 없이 원고의 사기적인 행위를 알지 못하여 중재절차에서 이에 대한 공격방어를 할 수 없었다고 볼 수도 없으므로, 원심으로서는 원심의 사실인정과 법률적 판단이 중재판정의 사실인정과 법률적 판단과 다르다고 하여 그러한 사정만으로 곧바로 원고가 사기적인 방법으로 중재판정을 편취하였다고 단정하고 뉴욕협약 제5조 제2항 (나)호의 집행 거부사유의 존재를 인정하여 이 사건 제2차 중재판정 및 최종 중재판정의 판정주문과 달리 이 사건 중재판정금 채권에 관한 정리채권 및 의결권을 확정하는 판결을 할 수 없다고 할 것이다."

요컨대 원심판결과 대상판결의 결론이 다르게 된 것은 법리에 관한 견해 차이가 아니라 이 사건의 구체적인 사실관계에서 대상판결이 요구하는 위 네 가지 요건이 구비되었는가에 관한 판단의 차이에서 비롯된 것이라고 할 수 있다(물론 원심판결은 네 가지 요건을 명확히 제시하지는 않았다). 사실관계를 정확히 파악하지 못하는 저자로서는 대상판결의 판단의 당부를 평가할 위치에 있지는 않지만, 외국중재판정을 대하는 기본적인 자세 내지 태도에 관한 한 대상판결의 설시가 타당하다고 본다. 만일 원심판결처럼 판단한다면, 외국중재판정의 승인 또는 집행을 구하는 모든 소송에서 외국중재판정에서 진 당사자가 사기에 의한 공서위반을 주장할 경우 이는 예외 없이 우리 법원의 전면적인 실질재심사로 이어지게 되어 실질재심사 금지의 원칙이 사실상 형해화될 것이기 때문이다.

다. 승인거부와 그에 앞선 중재지에서 구제의 소진 요부

대상판결은 위에서 언급한 네 가지 요건이 모두 구비되는 경우에 사기에 의한 외국중재판정의 승인은 우리 공서에 반한다고 판단하면서, 그 경우 법원은 외국중재판정을 취소·정지하는 별도의 절차를 거치지 않더라도 바로 당해 외국중재판정의 집행을 거부할 수 있다고 판단하였다. 이는 2004년 판결과 동일한 결론으로서 타당하다. 즉 위에서 언급한 네 가지 요건이 모두 충족되는 경우에는 중재지국에서 외국중재판정을 취소·정지하는 별도의 절차를 거치지 않더라도 바로 당해 외국중재판정의 집행을 거부할 수 있다는 것이다.[98]

흥미로운 것은, 대상판결이 위에서 언급한 네 가지 요건이 모두 충족되는 경우에 한하여, 외국중재판정을 취소·정지하는 별도의 절차를 거치지 않더라도 바로 당해 외국중재판정의 집행을 거부할 수 있다고 판시한 점을 들어, 그 요건이 구비되지 않은 경우에는 집행거부를 위해서 중재판정의 취소·정지절차를 먼저 거쳐야 하는 것으로 해석할 가능성을 열어 두고 있다는 평가가 있다는 점이다.[99] 사견으로는 위 네 가지 요건이 구비되지 않으면 사기가 있었더라도 승인거부사유는 되지 않으므로 당사자로서는 우선 중재지에서 중재판정 취소·정지를 신청하고 승소판결을 받으면 그를 기초로 우리나라에서 승인거부를 구할 수 있을 것이다(뉴욕협약 제5조 제1항 (마)호). 요컨대 그러한 평가가 잘못은 아니지만 오해의 소지가 있다는 것이다. 즉 여기에서 승인거부와 그에 앞선 중재지에서 구제의 소진 요부를 논의하는 것은, 승인거부사유가 존재하는 때 승인거부사유의 주장에 앞서 중재지에서 구제를 소진해야 하는가의 문제이지, 승인거부사유가 존재하지 않는 경우에 중재지에서 중재판정 취소·정지를 먼저 구해야 하는가의 문제가 아니기 때문이다.

V. 사기에 의한 외국판결 및 외국중재판정의 승인과 공서위반 여부

첫머리에 밝힌 바와 같이 저자는 2004년 판결에 대하여 평석을 발표하였으므로 여기에서는 2004편 판결과 대상판결을 비교하여 양자의 異同을 살펴본다. 그렇게 함으로써 양자의 차이가 승인대상이 외국판결인지 아니면 외국중재판정인지로부터 유래하는 것인지, 아니면 대법원이 일관성을 결여한 것인지 아니면 양자의 결합인지를 검토한다.

98) 다만 외국중재판정의 승인만이 문제된 이 사건에서 집행을 언급하는 것은 적절하지 않다는 점은 위에서 지적하였다.

99) 정선주(註 12), 394면.

1. 사기에 의한 외국판결의 승인과 공서위반 여부에 관한 2004년 판결

2004년 판결, 즉 대법원 2004. 10. 28. 선고 2002다74213 판결[100]은 다음과 같은 취지로 판시하였다.

> 민사집행법 제27조 제2항 제2호, 민사소송법 제217조 제3호에 의하면 외국법원의 확정판결의 효력을 인정하는 것이 한국의 공서에 어긋나지 않는다는 점이 외국판결의 승인 및 집행의 요건인바, 외국판결의 내용 자체뿐만 아니라 외국판결의 성립절차에 있어서 공서에 어긋나는 경우도 승인 및 집행의 거부사유에 포함될 것이나, 민사집행법 제27조 제1항이 "집행판결은 재판의 옳고 그름을 조사하지 아니하고 하여야 한다"고 규정할 뿐만 아니라 사기적인 방법으로 편취한 판결인지 여부를 심리한다는 명목으로 실질적으로 외국판결의 옳고 그름을 전면적으로 재심사하는 것은 외국판결에 대하여 별도의 집행판결 제도를 둔 취지에도 반하므로, 위조·변조 내지는 폐기된 서류를 사용하였다거나 위증을 이용하는 것과 같은 사기적인 방법으로 외국판결을 얻었다는 사유는 원칙적으로 승인 및 집행의 거부사유가 될 수 없고, 다만 재심사유에 관한 민사소송법 제451조 제1항 제6호, 제7호, 제2항의 내용에 비추어 볼 때 피고가 판결국 법정에서 위와 같은 사기적인 사유를 주장할 수 없었고 또한 처벌받을 사기적인 행위에 대하여 유죄의 판결과 같은 고도의 증명이 있는 경우에 한하여 승인 또는 집행을 구하는 외국판결을 무효화하는 별도의 절차를 당해 판결국에서 거치지 아니하였다 할지라도 바로 우리나라에서 승인 내지 집행을 거부할 수는 있다.

2. 사기에 의한 외국판결과 외국중재판정의 승인거부에 관한 대법원 판결의 異同

대상판결과 사기에 의한 외국판결의 승인을 다룬 2004년 대법원 판결을 비교하면 아래와 같이 정리할 수 있다.

저자는 위 2004년 대법원 판결에 대하여 대법원이 지나치게 재심의 법리에 의존한 점을 비판하고, 유죄의 판결과 같은 고도의 증명이라는 개념에 대해 의문을 제기한 바 있다. 반면에 2009년 대법원 판결은 재심사유는 물론 소송의 재심에 상응하는 중재판정 취소의 법리를 언급하지 않고, '고도의 증명'이라는 표현도 사용하지 않고 있다.

2004년 판결은 "외국판결의 내용 자체뿐만 아니라 외국판결의 성립절차에

---

100) 이에 대한 평석은 석광현(註 15), 239면 이하 참조.

	외국판결의 승인거부	외국중재판정의 승인거부
[1] 사기에 의한 획득은 승인거부사유인가	원칙적으로는 아니지만 예외적으로 될 수 있다.	표현은 다르나 외국판결의 경우와 실질적으로 동일한 것으로 보인다.[101]
[2] 처벌받을 (만한) 사기에 한하나	그렇다	그렇다
[3] 외재적 사기에 한하나[102]	아니다 무과실 언급하지 않음	아니다 무과실 요구
[4] 법리적 근거	민사집행법 제27조 제1항 재심사유 참작	근거 제시 없음 재심사유 언급 없음
[5] 어떤 증명이 필요한가	유죄의 판결과 같은 고도의 증명	명확한 증명력을 가진 객관적인 증거에 의하여 명백히 인정될 것
[6] 사기와 쟁점의 중요한 관련	언급 없음	필요
[7] 실체적 공서와 절차적 공서의 구분	구분한다	언급하지 않음
[8] 요건 구비 시 전면적 실질재심사의 허부	불허	불허[103]

있어서 공서에 어긋나는 경우도 승인 및 집행의 거부사유에 포함될 것"이라고 하여 강학상 인정되는 실체적 공서와 절차적 공서를 구분하나, 대상판결은 이를 언급하지 않는다. 그러나 이는 견해의 차이라기보다는 설시를 생략한 것으로 짐작된다.

2009년 판결을 2004년 판결과 비교해 보면 양자 간에 본질적인 차이가 있는 것은 아니고 2004년 판결과 비교할 때 대상판결의 법리가 좀더 정치하게 다듬어지고 진보한 것이라는 생각이 들기도 한다. 그러나 2004년 판결은 대법원이 나름대로 이론구성을 시도한 것으로 보이나, 대상판결은 미국 판결의 영향을 크게 받은 탓에 양자 간에 차이가 발생한 것으로 볼 수밖에 없다. 요컨대 저자는 대상판결의 취지를 대체로 지지할 수 있지만, 사기적 행위를 하였다는 점

101) 대법원이 양자의 설시를 다소 달리 한 이유는 잘 이해되지 않는다.

102) 물론 대상판결이 '외재적 사기'라는 용어를 사용하지는 않는다. 이는 미국에서 통용되는 외재적 사기의 개념에 따르면 그렇다는 취지이다.

103) 저자는 외국판결과 외국중재판정의 승인거부를 동일한 기준에 의해 판단한다. 그러나 위에서 언급한 바와 같이 정선주(註 12), 416면은 중재판정은 사인에 의해 엄격한 법정절차를 거치지 않고 나온 결과물이라는 이유로 좀더 쉽게 재심사를 허용한다. 대법원은 전면적인 실질재심사는 허용되지 않는다고 한 점에서 양자에 동일한 기준을 적용한 것으로 보인다.

이 "명확한 증명력을 가진 객관적인 증거에 의하여 명백히 인정되고"라는 설시는 우리 민사소송법이 알지 못하는 미국의 'clear and convincing evidence'라는 개념을 도입한 것으로서 지지할 수 없다. 오히려 "객관적인 증거에 의하여 증명되고"라고 설시하는 것이 우리 민사소송법에 부합하는 것이었다. 대법원이 미국법상의 개념을 즉흥적으로 차용하지 말고 우리 민사소송법체계를 기초로 좀더 신중하게 설시하기를 희망한다.

Ⅵ. 맺음말

대상판결은 뉴욕협약이 적용되는 외국중재판정에 대하여 승인국 법원은 뉴욕협약 제5조의 승인거부사유의 유무를 판단하기 위하여 필요한 범위 내에서는 본안에서 판단된 사항에 관하여도 독자적으로 심리・판단할 수 있다는 종래의 판결을 확인하고, 뉴욕협약 제5조 제2항 (나)호의 승인거부사유에는 중재판정이 사기적 방법에 의하여 편취된 경우가 포함될 수 있다고 판단하면서도, 승인국 법원이 당해 외국중재판정의 편취 여부를 심리한다는 명목으로 실질적으로 중재인의 사실인정과 법률적용 등 실체적 판단의 옳고 그름을 전면적으로 재심사하는 것은 허용되지 않는다고 보았다. 대상판결은 외국중재판정에 대한 실질재심사를 합리적인 범위로 제한하여야 함을 명확히 한 판결로서 커다란 의의가 있다. 다만 실질재심사 금지의 원칙에도 불구하고 승인요건의 구비 여부를 심사하기 위하여 필요한 범위 내에서 외국중재판정의 옳고 그름을 '부분적으로' 재심사할 수 있다고 본다면 그 범위를 어떻게 파악할지에 대하여 앞으로 좀더 검토할 필요가 있다.

또한 대상판결은 ① 외국중재판정의 집행을 신청하는 당사자가 중재절차에서 처벌받을 만한 사기적 행위를 하였다는 점이, ② 명확한 증명력을 가진 객관적인 증거에 의하여 명백히 인정되고, ③ 그 반대당사자가 과실 없이 신청당사자의 사기적인 행위를 알지 못하여 중재절차에서 이에 대하여 공격방어를 할 수 없었으며, ④ 신청당사자의 사기적 행위가 중재판정의 쟁점과 중요한 관련이 있다는 네 가지 요건이 모두 충족되는 경우에 한하여, 외국중재판정을 취소・정지하는 절차를 거치지 않더라도 외국중재판정의 집행을 거부할 수 있다고 판단한 점에 큰 의의가 있다. 대상판결은 대체로 타당하나, 2004년 판결과의 차이를 설시하지 않은 점은 아쉽다. 또한 대상판결은 미국 연방항소법원 판결의 영향을 크게 받았는데, 그렇다면 판결문에서 미국 판결을 인용하는 것이 옳았을 것이다.

저자가 이 사건에서 대상판결이 요구하는 요건의 구비 여부를 판단할 수는 없지만, 사실심 법관들에게는 영문계약서가 구속력이 있고, 동해의 귀책사유로 이 사건 계약이 해지되었다는 중재판정의 결론이 설득력이 없었던 것 같다. 그럼에도 불구하고 제1심 판결은 이 사건 중재판정을 승인한 데 반하여 원심판결은 이 사건 중재판정의 효력을 부정하였다. 가사 원심판결의 판단이 옳더라도 결국 법원이 이 사건 중재판정의 효력을 승인해야 한다면 그로 인해 초래될 不正義는 결국 소송과 비교하여 상대적으로 적정한 판단을 소홀히 하는 중재제도, 특히 이 사건 중재판정과 같은 1인 중재가 가지는 한계이고, 당사자들이 분쟁해결수단으로서 중재를 선택함으로써 수인해야 하는 결과일 것이다.

원고가 이 사건 중재신청을 한 것은 1996년 3월 28일이고 최종 중재판정이 내려진 것은 1998년 7월 14일인데, 이 사건은 대법원 2010. 4. 29. 선고 2010다3148 판결에 의하여 비로소 확정되었다. 원심판결이 상이한 결론을 취하였고, 동해의 정리절차가 개재된 점, 그리고 형사사건의 결론을 참작할 필요가 있었던 점 등 매우 이례적인 사건인 탓에 일반화할 것은 아니지만, 현행법상 국제상사중재가 과연 종국적이고 신속한 분쟁해결수단인지를 의심하게 하는 사건이다. 외국중재판정에 기한 집행판결청구제도를 개선하기 위한 입법론적 제안이 있으나[104] 이를 변론을 요하는 집행판결이 아니라 집행결정으로 전환하더라도 이 사건과 같이 승인만이 문제되는 사건에서는 도움이 되지 않는다. 결국 이런 문제는 대상판결처럼 외국중재판정에 대한 실질재심사를 합리적인 범위로 제한함으로써 달성할 수 있으며, 대상판결은 바로 이 점에서 큰 의의가 있다. 우리 법관들에게 그러한 인식이 확산될 때 비로소 국제상사중재가 제 기능을 할 수 있게 될 것이다.

후 기

[외국중재판정의 자동승인원칙의 명확화]

2016년 중재법(제37조 제1항)은 “중재판정은 제38조 또는 제39조에 따른 승인 거

104) 석광현(註 11), 337면 이하 참조.

부사유가 없으면 승인된다. 다만, 당사자의 신청이 있는 경우에는 법원은 중재판정을 승인하는 결정을 할 수 있다."고 규정함으로써 외국중재판정이 승인요건을 구비하는 경우 자동승인됨을 명확히 하였다. 이는 구 중재법 하에서도 당연한 것으로 이해되었으나 1999년 개정 시 마치 중재판정의 승인을 위하여 우리 법원의 '승인판결' 또는 '승인'이 필요한 것처럼 오해의 소지가 있었기에 이를 바로 잡은 것이다. 그럼에도 불구하고 2016년 중재법 하에서조차 자동승인원칙을 부정하는 견해도 보이는데 이는 개정의 취지를 무시한 것으로 큰 잘못이다.

저자의 발표 후에 간행된 문헌으로는 아래가 보인다.

- 최은희, "외국중재판정의 승인집행판결 거부사유로서의 사기—한국과 미국의 판결을 중심으로—", 서울시립대학교 서울*法學* 제21권 제1호(2013. 5.), 81면 이하

- 이상현, "우리 대법원 판례에 대한 미국 연방법원 판례의 영향에 관한 비교법 연구", 홍익법학 제13권 3호(2012), 420면 이하

제 5 장 ICC 중재규칙과 한국 중재법의 상호작용

[9] 한국에서 행해지는 ICC 중재에서 ICC 중재규칙과 한국 중재법의 상호작용

[9] 한국에서 행해지는 ICC 중재에서 ICC 중재규칙과 한국 중재법의 상호작용

前 記
이 글은 저자가 한양대학교 국제소송법무 통권 제3호(2011. 11.), 1면 이하에 게재한 글로서 명백한 오타와 오류를 제외하고는 원칙적으로 수정하지 않은 것이다. 따라서 아래에서 말하는 중재법은 2016년 개정되기 전의 1999년 중재법을 말한다. 다만 사소하게 수정한 부분은 밑줄을 그어 표시하였다. 참고할 사항은 말미의 후기에 적었다.

Ⅰ. 머리말

1999년 12월 31일자로 개정된 중재법은 국제연합 국제거래법위원회(United Nations Commission on International Trade Law. UNCITRAL)[1)]가 1985년 채택한 "국제상사중재에 관한 모델법"(Model Law on International Commercial Arbitration)(이하 "모델법"이라 한다)을 전면적으로 수용하되, 국제중재뿐만 아니라 국내중재를 함께 규율하는 방법을 택하였다. 그 결과 우리나라도 이제 국제적으로 보편타당성을 획득하게 되었다고 할 수 있다. 한편 2012년 1월 1일 발효되는 "국제상업회의소 중재규칙"(Rules of Arbitration of the International Chamber of Commerce)(이하 "ICC 중재규칙"이라 한다. 반면에 그 전의 중재규칙, 즉 1998년 1월 1일 발효된 중재규칙을 "구 규칙"이라 한다)[2)]은 국제거래의 당사자들이 가장 선호하는 국제상사중재규칙의 하나이다. 실제로 한국에서 ICC 중재규칙에 따른 국제중재가 행해지기도 한다(이는 엄밀하게는 중재지가 한국에 있음을 의미한다. 이하 이런 의미

---

1) UNCITRAL을 '국제상거래법위원회', '국제거래법위원회' 또는 '국제무역법위원회'라고 번역한다.

2) 구 규칙의 상세는 Yves Derains and Eric A. Schwartz, A Guide to the ICC Rules of Arbitration Second Edition (2005); Erik Schäfer/Herman Verbist/Christophe Imhoos, ICC Arbitration in Practice (2005)를 참조. 이하 전자를 "Derains/Schwartz", 후자를 "Schäfer/Verbist/Imhoos"라고 인용한다. 우리 문헌은 안영광, "國際商業會議所의 1998 仲裁規則에 관한 硏究", 한양대학교 대학원 법학석사학위논문(2006) 참조. 국제상업회의소는 과거 "조정 및 중재에 관한 국제상업회의소규칙"(Rules of Conciliation and Arbitration of the International Chamber of Commerce)을 두고 있었으나 이는 ICC 중재규칙으로 개정되었다.

로 사용한다).[3] 1998년 중재규칙을 개정하기 위한 작업이 진행되었고 ICC는 2011. 9. 12. 개정 중재규칙을 공개하였으며 이는 2012. 1. 1.부터 시행된다.[4] 이하에서는 2012년에 시행되는 개정 중재규칙을 중심으로 설명하고 괄호 안에 구 중재규칙을 언급한다. 다만 ICC 중재규칙 관련 문헌은 모두 구 중재규칙에 대한 것임을 밝혀둔다.[5]

우리 기업들과 법률가들은 우리나라를 중재지로 하여 ICC 중재규칙에 따라 국제상사중재를 진행하는 데 아무런 문제가 없는 것으로 믿는데 이는 틀린 것은 아니다. 그러나 이 점은 좀더 면밀하게 검토할 필요가 있다. 여기에서는 ICC의 표준중재조항[6]에 따라 한국에서 행해지는 ICC 중재에서 제기되는 법리적 쟁점을 중심으로 우리 중재법과 ICC 중재규칙의 상호작용을 논의한다. 종래

---

3) 2010년 말 간행된 김갑유, "국제상사중재에서 중재지와 중재규칙의 선택: 한국기업을 위한 지침", 국제사법연구 제16호(2010), 6면에 따르면 1992년 이래 그 무렵까지 우리나라가 중재지인 ICC 중재의 사례가 24건 있었다고 한다. 2010년 각종 통계는 ICC International Court of Arbitration Bulletin Vol. 22/No. 1 (2011) 참조. 흥미로운 것은 근자의 보도에 따르면, 용인경전철(주)은 용인시를 상대로 2011. 2. 18. 실시협약 해지에 따른 지급금 및 손해배상을 구하는 ICC 중재신청을 했다고 하는데 중재지는 서울인 것으로 보인다는 점이다. 보도에 따르면 ICC 중재법원은 "용인시는 용인경전철㈜에 5159억 원을 지급하라"는 판정 결과를 4일 용인시에 통보했는데 이 가운데 4530억 원은 11일까지, 나머지 629억 원은 차후 지급하라는 내용이라고 한다.

4) ICC 중재규칙의 영문과 국문번역은 김갑유 외, 중재실무강의, 개정판(2016), 502면 이하 참조. 이 각주는 이 책에서 새로 추가한 것이다. 그에 따라 아래 각주 번호를 수정하였다.

5) 당초 이 글을 발표할 당시에는 구 중재규칙을 설명한 것이었으나 그 후 위와 같이 변경하였다. 다만 중재규칙에 의하여 신설된 조항에 대한 논의는 추가하지 않았다. 개정의 주요내용은 ① 중재판정부의 사건관리회의 조기개최를 의무화한 점(제24조), ② 중재판정부가 당사자에 대해 비밀유지명령을 할 수 있는 조항을 신설한 점(제22조 제3항), ③ 심리 종결시 중재판정문 초안의 제출 예정일을 사무국과 당사자들에게 고지하도록 한 점(제27조), ④ 중재판정부 구성 전의 임시적 처분을 위한 긴급중재인제도를 도입한 점(제29조)과 ⑤ 다수당사자, 다수의 계약과 중재절차의 병합에 관한 상세한 규정을 둔 점(제7조-제10조)을 들 수 있다. 김갑유, "국제상업회의소 중재규칙 주요 개정내용", 법률신문 제호(2011. 11. 3.), 12면. 안건형, "2012 개정 ICC 중재규칙의 주요 내용과 시사점", 2011년 11월 18일 개최된 한국무역보험학회 제30차 학술발표대회 발표자료는 주요 개정 내용으로 ① 다수당사자 및 다수계약 분쟁 관련 규정의 추가, ② 시간 및 비용의 효율성 제고와 ③ 긴급중재인 제도 도입을 통한 긴급조치 규정 추가를 들고 있다. 이런 사항들은 대체로 중재절차에 관한 것으로서 당사자가 자유롭게 정할 수 있는 성질의 것이므로 중재법과의 관계에서 대체로 별 문제를 야기하지는 않을 것이다.

6) ICC 중재규칙이 제시하는 표준중재조항은 "All disputes arising out of or in connection with the present contract shall be finally settled under the Rules of Arbitration of the International Chamber of Commerce by one or more arbitrators appointed in accordance with the said Rules."이다. 이는 구 규칙 하의 표준중재조항과 같다. 국제상업회의소의 표준중재조항은 이처럼 매우 단순하다. 그렇더라도 유효한 중재합의라는 데는 별 의문이 없다. 그 밖의 사항들은 ICC 중재규칙에 의해 보완된다. 표준중재조항은 선택적 조항(Optional Provisions)으로서 당사자들이 계약의 준거법, 중재인의 수, 중재지와 중재의 언어에 관하여 규정하는 것을 고려할 수 있음을 명시한다.

한국에서 행해지는 ICC 중재가 다수 있었음에도 불구하고 이런 논의가 별로 없었던 것은 국제중재를 다루는 우리 법률가들이 마치 ICC 중재규칙만 이해하면 충분하다고 믿고 우리 중재법이 가지는 의미와, ICC 중재규칙과 우리 중재법의 상호작용에 대하여 무관심한 탓이다.[7] 그러나 저자는 앞으로 한국에서 행해지는 ICC 중재에 관여하는 법률가들과 중재인들은 양자의 상호작용을 숙지해야 한다고 믿는다. 다만 여기에서는 ICC 중재규칙이 규율하지 않거나 규율할 성질의 것이 아니어서 당연히 우리 중재법에 의할 사항들이 아니라,[8] 얼핏 ICC 중재규칙에 의하여 전적으로 규율되는 것처럼 보이지만 실제로는 중재법에 의하여 규율되는 사항들 및 관련 쟁점을 중심으로 논의한다. 이는 대체로 중재절차에 관한 사항이다.

아래에서는 ICC 중재의 특색(Ⅱ.), 한국에서 행해지는 ICC 중재를 규율하는 중재규범(Ⅲ.), 중재판정부의 권한에 대한 중재판정부의 판단(Ⅳ.), 중재인의 기피 사유(Ⅴ.), 중재판정부의 임시적 처분(Ⅵ.), 중재판정부가 선임한 감정인의 기피(Ⅶ.), 분쟁의 실체의 준거법(Ⅷ.), 중재판정의 취소와 배제합의(Ⅸ.), ICC 중재규칙에 따르기로 하는 중재합의(이하 "ICC 중재합의"라 한다)와 주권면제의 포기(Ⅹ.), 한국에서 내려진 ICC 중재판정의 승인 및 집행(Ⅺ.)과 기타의 논점(Ⅻ.)의 순으로 ICC 중재규칙과 우리 중재법의 상호작용을 살펴본다.

Ⅱ. ICC 중재의 특색

중재법은 당사자의 계약자유를 널리 인정하므로 당사자가 선택한 ICC 중

---

7) 논자에 따라서는 ICC 중재법원과 같이 국제상사중재를 전문으로 취급하는 중재기관의 중재규칙에 따라 행해지는 중재를 무국적중재라고 부르기도 하나, 이는 모든 국가의 중재법으로부터 절연된 중재가 아니라 국제화된 중재를 의미하므로 정확한 표현은 아니다. Albert Jan van den Berg, The New York Arbitration Convention of 1958 (1981), p. 31. 무국적중재판정(a-national award)이라 함은, 당사자들의 합의에 의하여 특정 국가(특히 중재판정지)의 중재법으로부터 절연된 중재로부터 내려지는 중재판정을 말한다. 위 van den Berg, p. 29. 즉, 당사자가 중재지를 우리나라로 정하고 ICC 중재규칙을 적용하기로 합의한 경우 우리 중재법이 중재지법으로서 적용되고, 그 경우 중재판정은 한국의 중재판정이지 무국적중재판정은 아니다.

8) 그런 사항은 예컨대 중재합의의 방식, 중재가능성, 승인 및 집행 등이다. W. Laurence Craig/ William W. Park/Jan Paulsson, International Chamber of Commerce Arbitration, 3rd edition (2000), p. 497은 ICC 중재에 가장 빈번하게 영향을 미치는 국내 중재법의 측면은 중재합의의 유효성, 중재대상의 중재가능성, 중재의 전제조건, 임시적 처분과 중재판정의 재심사를 든다. 이하 위 책을 "Craig/Park/Paulsson"이라 인용한다.

재규칙이 사실상 중재절차를 규율한다. 따라서 ICC 중재를 하는 경우 ICC 중재규칙을 숙지해야 함은 물론이다. 많은 국가의 중재법이 취하는 이러한 계약자유의 원칙에 기해서 ICC 중재규칙은 중재지에 관계없이 널리 이용될 수 있다. 여기에서는 ICC 중재의 특색을 간단히 언급한다.[9)]

1. 중재법원, 중재판정부, 사무국간의 유기적인 협력 관계

ICC 중재는 ICC 중재법원, 사무국과 중재판정부의 유기적인 협력 하에 이루어지는 데 특색이 있다. ICC 중재법원은 중재판정부와 중재절차를 관리, 감독하는 핵심기구이다. 중재법원은 법률전문가로 구성된 상설사무국(permanent Secretariat)의 지원을 받으며, 중재합의의 일응의 존재 여부에 관한 판단, 중재인의 선정과 확인, 중재인의 기피의 결정, 일방 당사자가 중재위탁요지서(Terms of Reference, TOR)[10)]의 작성에 불참하거나 서명을 거부하는 경우 중재위탁요지서의 승인, 중재판정문(또는 중재판정서. 이하 양자를 호환적으로 사용한다) 초안의 검토와 예납금의 결정 등의 기능을 수행한다.

2. 중재위탁요지서

ICC 중재규칙의 주요 특징의 하나는 중재위탁요지서의 작성이다. 중재비용이 예치되면 중재법원은 중재기록을 중재판정부에게 전달하는데 중재판정부는 이를 받은 날로부터 2월 내에 중재위탁요지서를 작성하여야 하고 이 문서에는 당사자와 중재판정부가 서명하여야 한다(제18조 제1항, 제2항). 중재위탁요지서의 작성과 동시에 또는 그 직후에 중재판정부는 잠정적인 절차일정표(procedural timetable)를 작성하고 이를 중재법원과 당사자에게 알려야 한다(제18조 제4

9) Leo D'Arcy, Carole Murray and Barbara Cleave, Schmitthoff's Export Trace: The Law and Practice of International Trade, Tenth Edition (2000), p. 494는 ICC 중재의 3대 특징으로 ① 중재위탁요지서의 작성(제18조), ② 중재법원의 판정초안 검토(제27조)와 ③ 중재비용의 당사자간 균등예납(제30조)을 든다. 좀더 실무적 논의는 윤병철, "국제중재의 현황과 실무", 계간중재 2009년 여름(2009), 7면 이하 참조.

10) 이는 그 밖에도 '쟁점정리사항', '쟁점정리', '위탁조건' 또는 '중재부탁사항'(양병회 외, 주석중재법(2005)(조대연 집필부분), 123면)으로도 번역되나 여기에서는 공식번역문을 따른다. 이하 "주석중재법/집필자"로 인용한다. ICC 중재규칙의 국문번역은 위 주석중재법, 436면 이하에도 있으나 이는 공식번역문과는 차이가 있다.

항). 중재위탁요지서는 중재가 중재규칙에 따라 진행되는지의 여부의 확인을 도와주고, 중재판정부가 어떠한 쟁점에 대해 판정을 내려야 하는가를 명확하게 밝혀주며, 중재판정부가 수권된 범위를 넘어 중재판정을 하였는지에 대한 기준을 제시하는 역할 등을 한다.

중재판정부는 discovery의 허용 범위, 주장서면의 제출방식, 증인신문의 방식 등 중재절차에 관한 여러 가지 사항에 관하여 기준을 정한 절차명령(procedural order)을 작성하여 당사자에게 교부하는 것이 관행인데, 최근에는 증거조사에 관하여는 IBA Rules on the Taking of Evidence in International Arbitration[11])를 따르는 것이 관행이 되고 있다.[12)]

3. 중재인의 선정, 확인과 다수당사자

당사자는 합의에 의하여 중재인 수를 1인 또는 3인으로 정할 수 있다.[13)] 당사자들이 단독중재를 선택한 경우 당사자 쌍방은 합의에 따라 단독중재인을 지명하여 중재법원의 확인을 받아야 하고, 3인중재를 선택한 경우 각 당사자는 신청서와 답변서를 통하여 각 1인의 중재인을 지명하고 중재법원의 확인을 받아야 한다(ICC 중재규칙 제12조, 구 규칙 제8조). 3인중재의 경우 의장중재인은 당사자들이 달리 합의하지 않는 한 중재법원이 선정하고, 당사자들이 정한 절차에 따라 지명한 경우 중재법원 내지 사무총장의 확인이 필요하다(제13조, 구 규칙 제9조). 중재인 선정과정에서 중재법원의 확인은 중재법원의 핵심적 역할의 하나이고 ICC 중재를 특징짓는 요소의 하나이다.

ICC 중재규칙(제8조, 제12조 제6항, 구 규칙 제10조)은 신청인 또는 피신청인이 다수이고 분쟁이 3인중재에 회부된 경우 다수당사자들이 합동으로(jointly) 중재인을 지명하는 것으로 명시한다.

---

11) 이는 2010년 5월 19일 개정되었다. 텍스트는 http://tinyurl.com/iba-Arbitration-Guidelines 참조. 우리 문헌은 우선 정홍식, “국제중재절차 내에서 증거조사: 세계변호사협회(IBA)의 개정 증거규칙을 중심으로”, 2011년 9월 29일 한국국제사법학회 제102회 정기연구회 발표문 참조.

12) 김갑유, “국내기업관련 ICC중재의 현황과 절차에서의 실무상 Check Point에 대한 검토”, 2010년 법관연수 국제거래소송의 이론과 실무(2010), 15면.

13) 당사자가 중재인의 수를 합의하지 않은 경우 중재법원은 단독중재인을 선정하는 것이 원칙이지만 3인중재를 선정할 정당한 이유가 있다고 인정하는 때에는 그러하지 아니하다(ICC 중재규칙 제12조 제2항, 구 규칙 제8조 제2항).

4. 중재절차

절차에 관한 규칙이라는 제목의 제19조(구 규칙 제15조) 제1항에 따르면, 중재판정부에서의 절차는 ① 일차적으로 ICC 중재규칙에 의하고, ② ICC 중재규칙에 규정되어 있지 아니한 경우에는 당사자가 정하는 바에 따르며,14) ③ 당사자가 이를 결정하지 못할 경우에는 중재판정부가 정하는 바에 따른다. 이처럼 ICC 중재규칙은 당사자의 절차형성의 자유를 널리 인정한다. 이는 근자의 기관중재규칙의 공통된 특색이라고 할 수 있다. 위에서 언급한 바와 같이 증거조사에 관하여 IBA Rules on the Taking of Evidence in International Arbitration를 따르는 것도 당사자의 합의에 기초한 것이다.

아래(Ⅲ.2.가)에서 설명하는 바와 같이, 우리 중재법은 중재지가 한국인 경우에 강행적으로 적용되므로(중재법 제2조 제1항) 한국에서 행해지는 ICC 중재의 경우 중재절차의 준거법은 한국법이고, 당사자는 외국중재법을 중재절차의 준거법으로 지정할 수 없다.

5. ICC 중재법원의 중재판정 초안의 검토

ICC 중재규칙의 주요 특징의 하나는 ICC 중재법원에 의한 중재판정 초안의 검토(scrutiny)이다. 중재판정문 초안의 사전 검토는 중재법원의 행정적인 성격과 감독적인 성격을 보여주는 가장 중요한 요소이다. ICC 중재규칙(제27조)은 "중재판정부는 판정문에 서명하기 전에 판정문의 초안을 중재법원에 제출하여야 한다. 중재법원은 판정문의 형식을 수정할 수 있으며 또한 중재판정부의 결정의 자유에 영향을 미침이 없이 실체적 쟁점에 관한 주의를 환기시킬 수 있다. 중재판정부는 그 형식에 관하여 중재법원의 승인을 얻기 전까지는 판정을 내릴15) 수 없다"고 규정한다. ICC 중재규칙 부칙Ⅱ 제6조(구 규칙 제6조)는 "중재법원은 판정문의 초안을 검토하는 때에 가능한 한 중재지에서의 강행법

---

14) 이와 관련하여 ICC 중재규칙 중 어느 것이 강행적인지, 즉 당사자가 그와 달리 합의할 수 없는지라는 의문이 제기된다. 다만 분명한 것은 당사자들이 ICC 중재의 본질적 특징이라고 할 수 있는 사항, 즉 중재판정부의 중재위탁요지서의 작성과 중재법원의 중재판정 초안의 사전검토를 배제하는 것은 허용되지 않는다. Schäfer/Verbist/Imhoos, p. 77. 현실적으로 그 경우 ICC 중재절차는 개시될 수 없다.

15) 공식번역문은 '내보낼 수'라고 하나 여기에서는 '내릴 수'라고 하였다. 영문은 "No award shall be rendered …"이다.

규의 요건을 고려한다"는 취지로 규정한다.[16] 이는 ICC 중재규칙(제41조, 구 규칙 제35조)이 중재법원과 중재인은 중재판정이 집행될[17] 수 있도록 모든 노력을 다해야 한다고 규정하는 것과 일관된다.[18]

6. 중재비용 부담

ICC 중재규칙(제30조)은 사무국이 정하는 중재비용을 양당사자가 균분하여 예납하도록 하므로 신청인의 비용부담이 완화되어 중재신청이 보다 용이하다. 그러나 어떤 당사자든지 상대방이 자신의 부담부분을 예납하지 않을 경우 주된 신청 또는 반대신청비용에 관한 예납금을 전액 납부할 수 있다(제30조 제3항).

ICC 중재규칙(제31조 제1항)은 중재비용으로서 ① 중재인의 보수와 경비, ② ICC 관리비용, ③ 중재판정부가 선정한 전문가의 보수와 경비, ④ 중재 당사자에 의하여 발생한 상당한 범위 내의 법률비용과 기타 비용을 열거한다.[19]

원칙적으로 진 당사자가 중재비용을 부담하게 하는 UNCITRAL 중재규칙(제40조)과 달리[20] ICC 중재규칙(제31조 제3항)은 중재비용의 분담을 전적으로 중재판정부의 판단에 맡긴다.[21] 그 결과 다양한 접근방법이 사용되는데 이는 종종 중재인의 법적 배경에 의하여 영향을 받는다.[22] 우리 중재법은 중재비용에 관하여 아무런 규정을 두지 않으므로 한국에서 행해지는 ICC 중재의 경우 중재비용의 처리는 전적으로 ICC 중재규칙에 의하게 된다.

---

16) 공식번역문은 제2행에서 '중재법원'이라고 해야 할 것을 '중재판정'이라고 잘못 적고 있다.

17) 공식번역문은 '집행될'이라고 해야 할 것을 '진행될'이라고 잘못 적고 있다.

18) Schäfer/Verbist/Imhoos, p. 123.

19) 중재와 관련하여 발생하는 중재비용, 즉 광의의 중재비용은 중재절차상의 비용(즉 협의의 또는 고유의미의 중재비용)과 당사자비용으로 구분된다. Nigel Blackaby and Constantine Partasides with Alan Redfern and Martin Hunter, *Redfern and Hunter on International Arbitration*, Fifth Edition (2009), para. 9-87. 이러한 분류에 따르면 ①-③이 고유의미의 중재비용이 된다. 이하 위 책을 "Redfern/Hunter"라고 인용한다.

20) 대한상사중재원의 중재규칙(제61조 제2항)에 따르면, 중재판정이 달리 정하지 아니하는 경우 중재비용은 당사자 쌍방의 균등부담으로 하는 데 반하여, 2007년 2월 1일부터 시행된 국제중재규칙은 고유의미의 중재비용은 원칙적으로 중재에서 진 당사자가 부담하도록 하는 데 반하여, 당사자비용은 당사자 간의 다른 합의가 없는 한 각 당사자가 분담하도록 한다(제40조 제1항, 제41조). 이런 원칙은 2011년 9월 1일부터 발효된 개정 국제중재규칙(제47조 제1항, 제48조)에서도 유지되고 있다.

21) 제31조 제3항은 아래와 같이 규정하다.
"최종 판정은 중재비용을 정하고, 어느 당사자가 이를 부담할 것인지 또는 당사자들이 어떤 비율로 이를 각 부담할 것인지를 결정하여야 한다."

22) 실무의 경향은 Derains/Schwartz, p. 371 이하 참조.

Ⅲ. 한국에서 행해지는 ICC 중재를 규율하는 중재규범

1. 중재규범의 중층구조

우리나라의 일부 실무가들은 ICC 중재의 경우 ICC 중재규칙만 이해하면 되는 것으로 오해하는 경향이 있으나[23] 이는 잘못이다. ICC 중재규칙은 법적 진공상태에 자기완결적인 규범으로 홀로 존재하는 것이 아니다.[24] ICC 중재규칙을 이용하는 경우에도 중재지법의 영향 내지는 중재지의 중재법과의 상호작용을 검토해야 한다. 당사자들이 중재지 선정 시 중재지가 국제중재에 우호적인 선진 중재법을 가지고 있는지를 검토하는 것은, 물론 중재판정의 국적을 결정하는 의미가 큰 것은 사실이나 이런 이유 때문이기도 하다.[25]

그런데 우리 중재법은 중재지가 한국인 경우에 적용된다(제2조 제1항). 따라서 한국에서 행해지는 ICC 중재의 경우 중재절차를 규율하는 규범은 "중재법 + ICC 중재규칙"이라는 중층구조를 취하므로 양자를 유기적으로 파악해야 한다.[26] 즉 ICC 중재규칙과 중재법을 통합한 규범, 즉 양자의 통합본(consolidated version)을 정확히 이해하여야 한다는 것이다. 다만 중층구조의 구체적 모습은 중재절차의 단계에 따라 차이가 있다. 중재절차의 경과를 ① 중재절차 개시단계, ② 중재절차 진행단계와 ③ 중재판정 후 단계로 구분하면 ①과 ② 단계에서는 ICC 중재규칙과 중재법이 함께 적용되는 데 반하여, ③ 단계,

---

23) 대한상사중재원의 국제중재규칙은 이런 이해를 기초로 하고 있는 것으로 보이나 저자는 그런 태도가 옳지 않음을 지적하였다. 석광현, "대한상사중재원의 2007년 국제중재규칙의 주요 내용과 그에 대한 평가", 서울대학교 법학 제49권 제1호(통권 146호)(2008. 3.), 71면 이하 참조. 그러나 이런 태도는 유감스럽게도, 2011년 9월 1일부터 발효된 개정 국제중재규칙에서도 유지되고 있다.

24) Bank Mellat v. Helliniki Techniki SA [1984] Q.B. 291 at 304 사건 판결의 Kerr L.J.의 설시를 따라 흔히 ICC 중재규칙은 "a code that is intended to be self-sufficient in the sense that it is capable of covering all aspects of arbitrations conducted under the rules, without the need for any recourse to any municipal system of law or any application to the courts of the forum"을 제공하는 것으로 설명되고 있으나, 이는 국내법의 도움이 없더라도 ICC 중재규칙이 중재에 필요한 모든 측면을 규율하고 있다는 뜻이지 실제로 중재지 중재법과의 상호작용을 무시해도 좋다는 말은 아니다.

25) 국제상사중재에 관한 유명 저서가 국내법이 중재에 미치는 영향을 국가별로 검토하는 것은 이를 보여준다. Craig/Park/Paulsson, Part V The Impact of National Law, p. 495 이하 참조.

26) Redfern/Hunter, para. 2-13은 이를 국제상사중재는 당사자들과 중재판정부가 채택한 중재규칙뿐만 아니라 '*lex arbitri*'의 적용도 받는다(이중성. dualism)고 설명한다. 이 각주는 이 책에서 새로 추가한 것이다.

특히 중재판정의 취소와 중재판정의 승인 및 집행에 관하여는 거의 전적으로 중재법이 적용된다.

≪한국에서 행해지는 ICC 중재에 적용되는 규범의 중층구조≫

	중재절차 개시단계	중재절차 진행단계	중재판정 후의 단계
적용규범	ICC 중재규칙	ICC 중재규칙	ICC 중재규칙
	중재법	중재법	중재법

* 위 표에서 ICC 중재규칙을 위 칸에 적은 것은 그것이 계약자유의 원칙에 기하여 중재법의 조문을 배제하기 때문이지 그것이 상위규범이라는 취지는 아니다.

** 각 규범이 차지하는 면적은 그의 사실상의 중요성을 반영한다.

2. 우리 중재법상 중재절차에 관한 당사자자치

가. 우리 중재법의 태도

중재법은 중재지가 한국인 경우에 강행적으로 적용된다(제2조 제1항). 그런데 중재법상 당사자들은 중재법의 강행규정에 반하지 아니하는 한 중재절차에 관하여 합의할 수 있고, 합의가 없는 경우에는 중재판정부가 적절한 방식으로 중재절차를 진행할 수 있으나(제20조), 양당사자는 중재절차에서 동등한 대우를 받아야 하고, 자신의 사안에 대하여 변론할 수 있는 충분한 기회를 가져야 한다(제19조). 제19조는 '중재절차의 대헌장의 핵심적 요소'(key element of the Magna Carta of Arbitral Procedure)인데,[27] 중재에서의 적법절차(due process) 원리를 규정한 것으로[28] 광범위한 당사자의 계약자유를 규정한 제20조를 제한한다.[29]

중재법은 당사자의 사적 자치(또는 계약자유)[30]를 널리 인정하므로 당사자

27) Secretariat Note, A/CN.9/264, Art. 19, para. 1.

28) Howard M. Holtzmann and Joseph E. Neuhaus, A Guide To The UNCITRAL Model Law On International Commercial Arbitration : Legislative History and Commentary (1989), p. 550 참조. 이하 "Holtzmann/Neuhaus"라 인용한다.

29) Holtzmann/Neuhaus, pp. 550-551.

30) 협의의 국제사법에서는 '당사자자치'는 준거법을 자유롭게 선택할 수 있음을 의미하는 데 반하여 '사적 자치' 또는 '계약자유'는 계약의 내용을 자유롭게 형성할 수 있음을 의미하므로 양자는 구별된다. 따라서 이런 의미로 당사자자치를 이해한다면 중재절차에서 당사자자치는

가 선택한 ICC 중재규칙[31]이 중재절차를 규율한다. 중재절차 진행단계에 관하여는 더욱 그러하다. 즉 그 경우 사적 자치(또는 계약자유)의 원칙이 허용되는 범위 내에서 중재기관규칙이 적용되고, 당사자가 정하지 않은 사항이 중재지법에 의하여 보충된다. 물론 계약자유의 원칙이 허용되지 않는 범위 내에서는 중재법이 적용된다. 이를 '사적 자치(또는 계약자유)의 원칙'이라 하나 이는 당사자가 중재절차의 준거법을 자유롭게 정할 수 있다는 의미가 아니라 당사자가 중재절차를 자유롭게 형성할 수 있음을 의미한다. 위에서도 언급한 바와 같이, 우리 중재법상 중재지가 한국이면 중재법이 강행적으로 적용되고 그 경우 당사자는 외국중재법을 중재절차의 준거법으로 지정할 수 없다. 이 점에서 모델법은 중재절차의 준거법에 관하여 당사자자치를 허용하는 "외국중재판정의 승인 및 집행에 관한 1958년 국제연합협약"(United Nations Convention on the Recognition and Enforcement of Foreign Arbitral Awards)(이하 "뉴욕협약"이라 한다)의 태도[32]와는 다른데, 이는 모델법의 기초자들이 의도적으로 선택한 결과이다.[33] 모델법의 태도에 대한 비판은 물론 가능하나[34] 해석론으로서는 위와 같은 결론이 불가피하다고 본다. [밑줄 부분은 이 책에서 새로 추가한 것이다.]

허용되지 않는다. 다만 당사자가 중재절차를 자유롭게 형성할 수 있다는 의미로 이해한다면 당사자자치가 허용된다고 할 수 있다. 그런데 국제상사중재에서 중재의 실체의 준거법을 설명할 때에도 당사자자치라는 표현을 사용하므로 그와 일관성이 있자면 당사자자치를 계약자유로 이해하는 것은 용어의 혼란을 초래하므로 바람직하지 않다. 다만 영어권에서는 당사자자치와 사적 자치를 이처럼 엄격하게 구별하지 않는 경향을 보인다.

31) 2004년 간행된 ICC 중재규칙의 공식번역문이 있으나 여기의 번역문은 저자의 번역이며 가끔 공식 번역문을 언급한다.

32) 뉴욕협약 제5조 제1항 d호의 문언은 당사자가 '중재절차의 준거법'을 자유롭게 선택할 수 있다고 규정하는 것이 아니라 당사자가 직접 '중재절차'를 합의할 수 있음, 즉 중재절차의 형성에 관한 당사자의 자유, 즉 계약자유를 명시한다. 그러나 당사자들이 중재절차의 준거법을 자유로이 정할 수 있음, 즉 당사자자치가 허용됨은 d호의 해석상 다툼이 없고, 제1항 e호도 이를 전제로 하고 있다. 석광현, 국제상사중재법연구 제1권(2007), 291면 참조.

33) Holtzmann/Neuhaus, pp. 35-36은, 뉴욕협약은 적용에 관하여 자치기준(autonomy criterion)을 따르는 데 반하여 모델법은 속지적 기준(territorial criterion)을 따른다고 하면서 이런 취지를 분명히 밝히고 있다. 모델법이 속지적 기준을 채택한 이유는 기존 국내법에서 속지적 기준이 널리 채택되고 있었고, 자치기준을 채택하더라도 별로 이용되고 있지 않으며, 모델법이 강행규정에 반하지 않는 한 당사자들에게 중재절차를 자유롭게 형성할 자유를 인정하므로 중재절차에 관하여 외국준거법을 지정할 필요성이 별로 없다고 판단했기 때문이라고 한다. 주석중재법/장문철·박영길, 6면도 이를 소개한다. 반면에 목영준, 상사중재법(2011), 108면과 110면 주 189는 구 중재법 하에서와 마찬가지로 당사자자치의 원칙을 허용한다. 위 책을 "목영준"이라 인용한다.

34) 모델법의 태도에 대한 평가와 그의 부당성에 대한 비판은 Dennis Solomon, Verbindlichkeit von Schiedssprüchen in der internationalen privaten Schiedsgerichtsbarkeit (2007), S. 400f. 참조. 이 각주는 이 책에서 새로 추가한 것이다.

위에서 본 바와 같이 한국에서 행해지는 ICC 중재에 ICC 중재규칙이 적용되더라도 우리 중재법이 중층적으로 적용된다. 다만 우리 중재법상 임의규정은 ICC 중재규칙을 적용하기로 하는 당사자의 합의에 의하여 대부분 배제될 뿐이다. 그렇다면 중요한 쟁점은, 우리 중재법상 어떤 규정이 강행규정이고 어떤 것이 임의규정인가이다.

나. 우리 중재법의 강행법규

중재법은 사적 자치(계약자유)를 널리 인정하지만, 사적 자치(계약자유)를 넘는 범위, 즉 중재법의 강행법규가 적용되는 범위 내에서는 ICC 중재규칙은 그에 반해서는 아니된다.[35] 이 점에서 사적 자치(계약자유)의 한계의 획정이 중요하다. 중재법에는 강행규정과 임의규정이 있는데, 중재법도 "이 법의 임의규정"이라는 표현(제5조)과 "이 법의 강행규정"이라는 표현(제36조 제2항 제1호 라목)을 사용하여 그런 취지를 밝히고 있다. 대체적으로는, 중재법 제18조 제1항에서 보듯이 "당사자 간에 다른 합의가 없는 경우에" 또는 유사한 문언이 포함된 규정은 임의규정이고 그런 문언이 없는 규정은 강행규정이라고 할 수 있으나,[36] 그런 문언이 없다고 하여 강행규정이라고 단정할 수는 없는데 앞으로 그 구체적 범위를 명확히 할 필요가 있다.[37]

---

35) 위에서 본 ICC 중재규칙 부칙Ⅱ 제6조는 "중재법원은 판정문의 초안을 검토하는 때에 가능한 한 중재지에서의 강행법규의 요건을 고려한다"는 취지로 규정하는데 이도 이 점을 고려한 것이다.

36) 주석중재법/장문철 · 박영길, 21면.

37) Stein/Jonas/Schlosser, Kommentar zur Zivilprozessordnung 22. Auflage Band 9 (Ⅱ/2002), § 1027 Rn. 2도 동지. 위 책을 이하 "Stein/Jonas/Schlosser"라 인용한다. 예컨대 우리 중재법상 중재판정의 승인 또는 집행을 구하는 당사자는 제37조에 따라 중재판정서와 중재합의서를 제출하여야 하는데, 비록 당사자가 달리 합의할 수 있다는 문언은 없지만, 당사자들이 합의에 의하여 중재합의서의 제출을 면제하는 등 그 서류요건을 어느 정도 완화할 수 있다. 영국 중재법은 Schedule 1에서 강행규정인 조문을 열거하고 당사사가 이를 배제할 수 없음을 명시한다. 近藤昌昭 외 4인, 仲裁法コンメンタール(2003), 128-145면은 일본 중재법을 분석하여 강행규정인 조문과 그렇지 않은 조문의 일람표를 제시한다. 다만 위 견해도 일률적으로 강행규정의 성격을 부여하지는 않으며 개별조항을 검토할 필요가 있음을 지적한다. 예컨대 우리 중재법 제28조에 상응하는 일본 중재법 제35조 제1항에서도 당사자가 합의로써 법원에 의한 증거조사를 배제할 수 있도록 허용한다.

Ⅳ. 중재판정부의 권한에 대한 중재판정부의 판단

ICC 중재규칙(제6조 제3항, 구 규칙 제6조 제2항 2문)은 "중재판정부의 관할에 관한 모든 결정은 중재판정부 자신이 내려야 한다"고 규정함으로써 널리 알려진 Kompetenz-Kompetenz의 원칙, 즉 중재판정부가 자신의 권한(또는 관할권)에 관하여 판단할 수 있다는 원칙을 명시한다.[38] 이 점은 모델법(제16조)을 받아들인 중재법(제17조)도 같다. 다만 ICC 중재규칙은 이처럼 간단히 규정할 뿐이라 여러 가지 의문을 제기한다.[39] 특히 위 규정이 중재판정부의 권한에 관하여 최종적인 판단권한을 중재판정부에게 주고 법원의 심사를 배제하는 취지인가라는 의문이 있으나,[40] 위 규정은 중재판정부에게 판단권한을 주고 있을 뿐이지 그것이 최종적이라는 취지는 아니므로 법률상 인정되는 통상의 법원에 대한 구제수단은 여전히 이용 가능하다.[41]

한국에서 행해지는 ICC 중재의 경우에도 중재법에 따라 처리해야 한다.[42] 즉 중재법에 따르면, 중재판정부는 이의제기가 있으면 그의 선택에 따라 중재판정부의 권한에 대하여 선결문제로서 결정하거나 본안에 관한 중재판정에서 함께 판단할 수 있다(제17조 제5항). 중재판정부가 선결문제로서 그 권한이 있다고 결정한 경우 이는 법원의 즉각적인 심사의 대상이 된다(제17조 제6항).[43] 중재판정부가 본안에 대한 종국적인 중재판정을 내리기 전에 국가법원이 중재판

---

38) 나아가 제6조 제4항은 "당사자 간의 별도의 합의가 없는 한, 중재판정부는 중재합의의 유효성을 확인하는 경우 계약이 무효 또는 부존재한다는 주장으로 인하여 관할권을 상실하지 아니한다. 계약 자체가 부존재하거나 무효라 하더라도, 중재판정부는 당사자 각각의 권리를 결정하고 당사자의 청구와 항변에 관하여 판정할 관할권을 계속 가진다"고 규정한다. 이는 중재조항의 독립성의 원칙을 명시한 것이다.

39) 예컨대 당사자의 이의가 없어도 중재판정부가 직권으로 판단할 수 있는지, 중재판정부는 이의제기가 있으면 그의 선택에 따라 중재판정부의 권한에 대하여 선결문제로서 결정하거나 본안에 관한 중재판정에서 함께 판단할 수 있는지, 중재판정부의 판단이 중재판정의 성질을 가지고 나아가 그에 대해 법원의 심사를 신청할 수 있는지, 중재판정부가 중재신청을 한 당사자의 신청에 따라 상대방이 통상의 법원에 제소하는 것을 금지하는 명령을 할 수 있는지 등의 문제가 있다. 상세는 Derains/Schwartz, p. 103 이하 참조.

40) 중재판정부에게 최종적인 권한을 주는 조항을 권한-권한조항(Kompetenz-Kompetenz Klausel)이라고 부른다.

41) Derains/Schwartz, p. 105도 중재판정부의 권한에 관한 판단이 법원의 구제수단의 대상이 될 수 있음을 인정하면서 모델법 제16조 제3항(우리 중재법 제17조 제6항에 상응)을 언급하고 있다.

42) 상세는 석광현(註 32), 426면 이하 참조.

43) 반면에 중재판정부가 권한이 없다고 판단하는 경우의 문제는 석광현(註 32), 434면 참조.

정부의 권한의 문제에 관여하는 체계를 '동시통제'(concurrent control)라고 부르는데, 중재법은 중재판정부가 선결문제로 자신의 권한을 긍정한 경우에 한하여 이를 채택한 것이다.

제17조는 "당사자 간에 다른 합의가 없는 경우에" 또는 유사한 문언을 포함하고 있지 않아 강행규정의 외양을 띠고 있고 성질상 강행규정이라고 보아야 한다. 예컨대 중재판정부가 선결문제로서 판단하는 경우 그 형식은 판정이 아니라 결정이 되어야 한다. 중재법(제17조 제5항)이 결정임을 명시하고 있고 나아가 중재법은 중재인이 절차에 관하여 하는 판단은 결정의 형식으로, 본안에 관하여 하는 판단은 판정의 형식으로 하도록 이원화하고 있기 때문이다.

Ⅴ. 중재인의 기피

1. 기피사유

중재법(제13조 제1항과 제2항)에 따르면, 중재인은 그의 공정성이나 독립성에 관하여 의심을 살 만한 사유가 있거나 당사자들이 합의한 중재인의 자격을 갖추지 못한 사유가 있는 경우에만 기피될 수 있는데, 중재인은 그의 공정성이나 독립성에 관하여 의심을 살 만한 사유가 있는 때에는 지체없이 이를 당사자들에게 고지하여야 한다. 중재법 제13조는 "당사자 간에 다른 합의가 없는 경우에" 또는 유사한 문언을 포함하고 있지 않아 강행규정의 외양을 띠고 있고 성질상 강행규정이라고 보아야 할 것이므로 당사자는 기피사유를 확대할 수는 없는 것으로 보인다. 반면에 ICC 중재규칙(제14조 제1항, 구 규칙 제11조 제1항)은 중재인의 기피사유를 그와 같이 제한하지 않고 <u>중재법원이 적절하다고 판단하는 기타 사유</u>를 포함하는 것으로 널리 규정한다.[44] 그러나 중재법 제13조가 강행규정이라면 한국에서 ICC 중재를 하는 경우 중재인의 기피사유는 ICC 중재규칙이 아니라 중재법에 의하여 제한됨을 유념하여야 한다.[45] 다만 이런 차이

44) ICC 중재규칙은 단순히 "독립성의 결여 또는 <u>기타의 이유</u>"라고 규정하나 위와 같이 해석한다. Derains/Schwartz, p. 187.

45) Derains/Schwartz, p. 187은 이처럼 중재법원과 당사자들이 ICC 중재규칙만이 아니라 준거 강행법규를 고려하여야 함을 지적하고 있다. 이와 달리 당사자들이 기피사유를 제한할 수는 없지만 확대할 수는 있다면서 ICC 중재규칙을 적용하기로 합의한 이상 ICC 중재법원이 적

상 큰 차이를 초래하지는 않을 것으로 보인다. 실무적으로는 국제변호사협회가 1987년 공표한 "국제중재를 위한 IBA 윤리"(IBA Ethics For International Arbitration)와 2004년 공표한 "이익충돌에 관한 IBA 지침"(IBA Guidelines on Conflicts of Interest)은 기피사유의 유무를 판단하는 데 참고하고 있으므로 더욱 그러하다.

반면에 중재법 제14조는 중재인의 기피절차는 당사자 간의 합의로 정한다고 규정하므로 기피절차에 관한 한 ICC 중재규칙에 따르면 된다.

2. 기피신청을 기각하는 중재판정부의 판단에 대한 이의

ICC 중재규칙(제14조 제3항, 구 규칙 제11조 제3항)에 따르면, 중재법원은 기피신청에 대하여 기피 대상이 된 당해 중재인, 상대방 또는 당사자 및 중재판정부의 모든 구성원에게 상당한 기간 내에 의견을 제출할 기회를 부여한 뒤에 판단하여야 한다. 그런데 ICC 중재규칙(제11조 제4항, 구 규칙 제7조 제4항)은 "중재인의 선정, 확인, 기피 또는 교체에 대한 중재법원의 결정은 최종적인(final) 것이고 그러한 결정의 이유는 통보되지 아니한다"고 규정하므로 위 조항이 중재인의 기피신청에 관하여 최종적인 판단권한을 중재법원에게 주고 법원의 심사를 배제하는 것인가라는 의문이 제기된다. 그러나 위 조항의 취지는 중재법원에 관한 한 최종적인, 즉 중재법원에서 다시 다툴 수 없다는 취지이지 법률상 인정되는 통상의 법원에 대한 구제수단을 배제하는 것은 아니므로[46] 기피신청을 한 당사자는 중재법원의 기각에도 불구하고 우리 법원에 기피신청을 할 수 있다.

한편 중재법(제14조 제3항과 제4항)은, 당사자는 중재판정부가 기피신청을 기각하는 경우 즉시 법원에 기피신청을 할 수 있도록 하되, 절차의 지연을 피하기 위한 장치로써 법원에 대한 기피신청기간을 제한하고, 법원의 기피결정에

절하다고 판단하는 기타 사유를 들어 기피할 수 있다는 견해도 가능하다. 그러나 중재인의 기피사유를 넓게 인정할 경우 중재절차의 진행을 지연시키는 책략으로 남용될 수 있기 때문에 중재법이 기피사유를 제한하는 것이므로(목영준, 146면) 그렇게 보기는 어렵다. 참고로 近藤昌昭 외 4인(註 37), 132면도 중재법 제13조에 상응하는 일본 중재법 제18조(여기에는 '한하여'라는 제한은 없다)를 동조에 정한 사유 이외의 사유를 기피원인으로 한 수는 없다고 본다.

46) Derains/Schwartz, p. 139. 나아가 위 저자들은 모델법(제13조 제3항)(우리 중재법 제14조 제3항과 제4항에 상응)을 언급하면서 법원에 기피신청을 할 수 있음을 확인하고 있다.

대한 항고를 금지하며, 기피신청이 법원에 계속중인 때에도 중재판정부에게 중재절차를 진행하거나 중재판정을 내릴 수 있는 재량을 부여하는 타협안을 채택하였다. 당사자의 이런 권리는 합의에 의하여 배제될 수 없다.47) 이 점은 모델법(제13조 제3항)을 따른 것이다. 따라서 한국에서 행해지는 ICC 중재의 경우에도 중재판정부가 기피신청을 기각한 경우 기피신청을 한 당사자는 중재법이 정한 바에 따라 법원에 기피신청을 할 수 있다고 본다.

Ⅵ. 중재판정부의 임시적 처분48)

1. 임시적 처분을 할 수 있는 중재판정부의 권한

법제에 따라서는 중재판정부에게 임시적 처분을 할 수 있는 권한을 부여하지 않는다.49) 이에 대해 침묵했던 구 중재법과 달리 중재법(제18조 제1항 제1문)은 모델법(제17조 1문)을 따라 "당사자 간에 다른 합의가 없는 경우에 중재판정부는 일방당사자의 신청에 따라 결정으로 분쟁의 대상에 관하여 필요하다고 인정하는 임시적 처분을 내릴 수 있다"고 규정한다. 상대방에게 알리지 않은 채 일방당사자의 신청에 의한 임시적 처분의 허부에 관하여는 논란이 있는데, 중재법의 문언상 가능한 것처럼 보이지만 이는 양당사자는 중재절차에서 동등한 대우를 받아야 한다는 원칙에 반하므로 허용되지 않는다고 본다.50)

---

47) Craig/Park/Paulsson, para. 29.03.

48) 상세는 석광현(註 32), 72면 이하 참조. 임시적 처분에 관하여는 2016년 중재법에서 커다란 개정이 있었다. 2016년 중재법상 임시적 처분의 상세는 석광현, "2016년 중재법에 따른 중재판정부의 임시적 처분: 민사집행법에 따른 보전처분과의 정합성에 대한 문제 제기를 포함하여", 국제거래법학회지 제26집 제1호(2017. 7.), 107면 이하 참조. [밑줄 부분은 이 책에서 새로 추가한 것이다.]

49) 예컨대 중국 민사소송법상으로는 중재위원회는 직접 임시적 처분을 할 수는 없고 당사자의 신청을 인민법원에 이송할 수 있을 뿐이라고 한다. 윤진기, 중국중재제도(1998), 141면.

50) 저자는 과거 중재법(제18조)의 문언에 따라 일방적 처분이 가능한 것으로 생각했으나 그렇게 보기는 어렵다는 생각이 든다. 2006년 6월-7월에 개최된 UNCITRAL 제39차 본회의에서 채택된 모델법의 개정안은 제4장의2(Chapter IV bis)로 '임시적 처분과 사전명령'이라는 장을 신설하여 그에 관한 상세한 규정을 둔다. 임시적 처분(interim measures)은 상대방에 대한 통지 후에 내려지는 것으로, 관할법원에 집행을 신청할 수 있고 법원은 승인거부사유가 없는 한 이를 승인하고 집행해야 한다. 반면에 사전명령(preliminary orders)은 임시적 처분의 집행을 확보하기 위하여 일방당사자의 신청에 의하여 내려질 수 있으나 20일 동안만 효력이 있으며 집행의 대상이 되지 않는다. 개정안(제17조 제2항)은 현상유지를 위한 임시적 처분과

2. 중재판정부가 할 수 있는 임시적 처분의 종류

국제상사중재에서 내려지는 임시적 처분의 유형은 그 목적에 따라 첫째, 손해를 회피하기 위하여 하는 처분(현상유지를 위한 임시적 처분도 이에 포함된다)과, 둘째, 장래의 중재판정의 집행을 촉진하기 위한 처분(자산동결처분도 이에 포함된다)으로 구분할 수 있다.[51] 그 밖에도 셋째, 중재절차의 진행을 촉진하기 위한 처분이 있다.[52]

주의할 것은, 중재법(제18조 제1항)은 "중재판정부는 … 분쟁의 대상에 관하여 … 임시적 처분을 내릴 수 있다"고 규정하므로 중재판정부가 할 수 있는 임시적 처분은 분쟁의 대상에 관한 것에 한정된다는 점이다. 따라서 다툼의 대상(즉 계쟁물)에 관한 처분금지가처분이나 점유이전금지가처분 등은 가능하나, 중재의 대상이 아닌 피신청인의 다른 재산에 대한 가압류 기타의 처분을 할 수는 없고,[53] 그 밖의 현상유지를 위한 임시적 처분도 허용되지 않는다.[54]

3. 중재판정부의 임시적 처분의 집행

중재법 제18조는 중재판정부가 내린 임시적 처분의 집행방법은 규정하지 않는다. 그런데 중재법에 따르면 법원의 집행판결의 대상이 되는 것은 중재판정에 한정되므로(제37조 이하) 중재판정부가 임시적 처분으로써 하는 결정은 집행판결의 대상이 될 수 없다. 따라서 독일 민사소송법(제1041조 제2항)과 같이 법원이 위 결정을 집행할 수 있도록 할 필요가 있다. 물론 그 경우 집행 여부는 법원의 재량에 따른다. 그러나 이에 대하여는 이견이 있다. 즉 비록 중재판정부는 법원과 같은 정도의 강제력을 행사할 수 없고, 보전처분의 국제적 집행은 용이하지 않지만, 중재판정부의 모든 명령은 당사자 간에는 구속력이 있으므로

訴訟留止命令(anti-suit injunction)도 내릴 수 있음을 명시한다. 상세는 노태악, "UNCITRAL 모델중재법 및 중재규칙 개정에 따른 국내법 개정의 필요성 검토", 국제사법연구 제16호(2010), 125면 이하 참조.

51) A/CN.9/WG.II/WP.119, paras. 16-18.

52) A/CN.9/468, para. 81 참조. 노태악 · 구자헌, "최근 UNCITRAL 모델 仲裁法의 개정논의 결과와 國內法에의 示唆—仲裁合意의 書面性과 仲裁判定部의 臨時的 處分을 중심으로—", 국제규범의 현황과 전망—2006년 국제규범연구반 연구보고—(2006), 488면 이하 참조.

53) 목영준, 187면.

54) Redfern/Hunter, 4th ed. para. 7-28.

중재판정부의 보전처분이 무의미한 것은 아니고, 분쟁의 본안을 판단할 중재판정부가 내린 보전처분을 당사자들이 의도적으로 무시한다는 것은 용감한(또는 어리석은) 행동이라는 점에서 중재판정부의 임시적 처분은 비록 집행할 수 없더라도 사실상 상당한 구속력이 있다는 것이다.[55] 특히 저작권의 국제적 침해와 같이 법원으로부터 보전처분을 받자면 다수 국가의 법원에 신청해야 하는 데 반하여 중재에서는 하나의 중재판정부로부터 임시적 처분을 받으면 족하므로 오히려 실효적인 구제수단이 될 수 있다는 견해도 있다.[56]

4. 당사자의 합의에 의한 변경—한국에서 행하는 ICC 중재

중재법상 당사자는 합의에 의하여 중재판정부가 할 수 있는 임시적 처분의 범위를 제한하거나 확장할 수 있고, 이는 중재규칙의 지정에 의하여도 가능하다.[57] ICC 중재규칙(제28조 제1항, 구 규칙 제23조 제1항)은 당사자가 달리 합의하지 않는 한 중재판정부는 당사자의 신청에 따라 적절하다고 간주되는 임시적 처분을 취할 수 있다고 하여 모델법보다 광범위한 권한을 중재판정부에 부여하는데, 당사자가 ICC 중재규칙을 적용하기로 합의한 경우에는 중재판정부는 그에 따른 임시적 처분을 할 수 있다. 따라서 한국에서 행해지는 ICC 중재의 경우 중재판정부는 우리 중재법에 의한 제약을 받지 아니하고 ICC 중재규칙에 따라 임시적 처분을 할 수 있다. ICC 중재규칙(제28조 제1항, 구 규칙 제23조 제1항)에 따르면 중재인은 임시적 처분을 명령 또는 판정의 형태로 할 수 있으므로 중재인이 판정의 형식을 취하는 경우 이는 우리 중재법상으로도 집행의 대상이 될 수 있을 것이다. 다만 그렇더라도 우리나라에서 집행의 대상이 되는 것은 종국판정에 한정된다고 해석되므로[58] 그에 해당하지 않는 임시적 처분을 판정의 형태로 했다고 해서 당연히 집행의 대상이 될 수 있는 것은 아니다.[59] 따라서 임시적 처분의 집행을 가능하게 하자면 독일 민사소송법처럼 중재법에 명문의 규정을 둘 필요가 있다 2016년 중재법(제18조의7)에서는 임시적 처분도

---

55) Redfern/Hunter, para. 7-30.

56) 이 점을 지적해준 김갑유 변호사께 감사드린다.

57) Stein/Jonas/Schlosser, §1041 Rn. 8도 동지.

58) 저자는 뉴욕협약의 해석에 관하여 이런 견해를 피력하였으나(석광현(註 32), 300면) 이는 국내중재판정의 경우에도 같다고 본다.

59) 이 점에 관하여 주의를 환기시켜준 김갑유 변호사께 감사드린다.

법원의 집행결정에 따라 집행할 수 있게 되었다. 2016년 중재법 개정에 맞추어 대한상사중재원의 국제중재규칙(제32조 보전 및 임시적 처분)은 ICC 중재규칙과 결별하고 개정 모델법을 따르게 되었다. [밑줄 부분은 이 책에서 새로 추가한 것이다.]

주의할 것은, ICC 중재규칙은 명시하지 않지만 ICC 중재실무가들은 일방적 처분은 허용되지 않는 것으로 해석한다는 점이다.60) 이는 상대방이 중재판정부의 중립성에 대하여 가지는 확신을 훼손하는 것이기 때문이다.61) 이처럼 중재인의 일방적 처분이 불가능하더라도 당사자는 중재판정부의 구성 전이든 후이든 간에 법원에 보전처분을 신청할 수 있다.

Ⅶ. 중재판정부가 선임한 감정인의 기피

중재법(제27조 제3항)은 중재판정부가 지정한 감정인(tribunal-appointed expert)의 기피에 관하여 제13조 및 제14조를 준용한다. 이는 모델법이 알지 못하는 우리 중재법의 특색이다.62) 하지만 실무상 중재판정부가 감정인을 지정하는 사례는 흔하지 않고 노련한 중재판정부일수록 이를 꺼린다고 한다.63) 한편 ICC 중재규칙(제25조 제3항, 구 규칙 제20조 제3항)도 중재판정부가 전문가(즉 감정인)를 선임할 수 있음을 명시하나64) 그의 기피에 관하여는 규정하지 않는다. 중재

60) Derains/Schwartz, p. 299. 나아가 세계 주요 중재기관규칙은 일방적 처분의 가능성을 명시적으로 규정하지 않는다. 그러나 2006년 개정된 모델법 제4장의2(Chapter IV bis)는 '임시적 처분과 사전명령'이라는 장을 신설하여 그에 관한 상세한 규정을 둔다. 임시적 처분은 상대방에 대한 통지 후에 내려지는 것으로, 관할법원에 집행을 신청할 수 있고 법원은 승인거부 사유가 없는 한 이를 승인하고 집행해야 하는 데 반하여, 사전명령(preliminary orders)은 임시적 처분의 집행을 확보하기 위하여 일방당사자의 신청에 의하여 내려질 수 있으나 20일 동안만 효력이 있으며 집행의 대상이 되지 않는다.

61) Derains/Schwartz, p. 299.

62) 우리 민사소송법 제336조도 감정인의 기피를 허용한다.

63) 그 이유는 중재판정부가 적절한 감정인을 선정하기 어렵고 그의 감정의견에 대해 양 당사자에게 신문의 기회를 주어야 하며 그의 감정의견을 따를 경우 공평성에 대한 다툼이 제기될 가능성이 크기 때문이라고 한다. 이 점을 지적해준 김갑유 변호사께 감사드린다. 하지만 2010년 개정된 "국제중재에서 증거조사에 관한 국제변호사협회의 규칙"(IBA Rules on the Taking of Evidence in International Arbitration)(제6조)도 중재판정부에 의한 전문가의 선임에 관하여 규정한다. 동 규칙(제6조 제2항)은 중재판정부가 전문가를 선임하는 과정에서 당사자들은 해당 전문가의 자격 및 독립성에 이의가 있다면 이를 중재판정부에 알려야 하고, 중재판정부는 이러한 이의를 인용할지 여부에 대해 즉시 결정하여야 한다고 규정한다.

64) 자격을 갖춘 감정인의 선임을 돕고자 ICC는 1976년 ICC International Centre for Expertise를 설립하여 그로 하여금 중재판정부에 독립적 전문가를 제안한다. Derains/Schwartz, p. 280.

법의 위 조항은 강행규정의 외양을 띠고 있고 성질상 강행규정이므로 ICC 중재에도 적용되고 따라서 당사자들은 중재판정부가 선임한 감정인에 대해 중재법에 따라 기피할 수 있다고 본다. 기피사유를 정한 제13조는 임의규정이 아니므로 ICC 중재에서도 기피가 가능하다는 것이다. 반면에 감정인의 기피를 전혀 규정하지 않는 ICC 중재규칙상 그에 반대하는 견해도 가능하다. 즉 중재인의 기피의 절차를 정한 제14조는 임의규정인데 ICC 중재규칙을 선택한 이상 감정인의 기피는 허용되지 않는다는 것이다. 우리 중재법의 해석론으로는 감정인의 기피가 가능하다는 전자의 견해가 더 설득력이 있으나 논란의 여지가 있다.

Ⅷ. 분쟁의 실체의 준거법

1. 우리 중재법과 ICC 중재규칙의 차이[65)]

당사자들이 분쟁의 실체에 적용할 준거법 또는 준거법규를 지정한 경우 중재인들은 그에 따라 중재판정을 하면 된다. 이는 우리 중재법(제29조 제1항)과 ICC 중재규칙(제21조 제1항, 구 규칙 제17조 제1항)이 모두 분쟁의 실체에 관한 준거법의 결정에 있어 당사자자치를 허용하기 때문이다.

문제는 한국에서 행해지는 ICC 중재에서 당사자들이 분쟁의 실체의 준거규범을 지정하지 않은 경우이다. 즉 이 경우 준거법의 지정이 없는 것으로 보아 우리 중재법에 따르지(이 경우 중재인은 가장 밀접한 관련이 있는 국가의 법을 적용해야 한다), 아니면 ICC 중재규칙이 우선하는지의 문제이다(이 경우 중재인은 적절하다고 판단하는 법의 규칙을 적용할 수 있다). 논란의 여지가 있지만, 우리 중재법(제29조)의 해석상 당사자들이 직접 준거법을 정할 수도 있고, 중재인들에게 결정을 위임할 수도 있으므로 당사자들이 ICC 중재규칙을 적용하기로 하였다면 이는 중재인에게 준거법 또는 준거규범을 결정할 수 있는 권한을 준 것으로 보아 중재인은 ICC 중재규칙에 따라야 한다고 본다.[66)] 따라서 중재판정부는 우리 중재법(제29조)에 따라 분쟁의 대상과 가장 밀접한 관련이 있는 국가의 법을 적용할 것이 아니라, ICC 중재규칙(제21조 제1항 2문, 구 규칙 제17조 제1항

65) 상세는 석광현(註 32), 145면 이하 참조.
66) Stein/Jonas/Schlosser, §1051 Rn. 6; Derains/Schwartz, p. 240 Fn. 111.

2문)에 따라 그가 적절하다고 결정하는 법규(rules of law)를 적용할 수 있다. 이에는 초국가적 법의 규칙(transnational legal rules), 상인법(*lex mercatoria*) 또는 법의 일반원칙(general principles of law)과 UNIDROIT의 국제상사계약원칙이 포함된다.[67] 국제상사계약원칙은 법의 규칙의 개념에 대해 보다 정확하고 예측가능한 내용을 부여하고 있으므로 근자에는 국제상사계약원칙을 언급하는 ICC 중재판정이 증가하고 있다고 한다.[68]

이와 같이 우리 중재법(제29조 제2항)을 적용할 경우 중재판정부는 분쟁의 대상과 가장 밀접한 관련이 있는 국가의 법을 적용하여야 하므로 우리나라에서 발효되지 않은 국제조약이나 국제상사계약원칙 등을 적용할 수 없는 데 반하여 ICC 중재규칙에 따르면 그러한 규정을 적용할 수 있다. 후자의 경우 그러한 준거규범은 단순히 계약의 내용으로 되는 것이 아니라 준거규범이 되기 때문에 객관적 준거법의 국내적 강행규정의 적용을 배제한다. 즉 이 경우 그러한 준거규범의 지정은 실질법적 지정이 아니라 저촉법적 지정으로서의 의미를 가진다는 점을 주의해야 한다.[69]

2. 형평과 선에 의한 중재

중재인이 법규범이 아니라 형평과 선, 즉 공평의 원칙과 양심에 따라 판정할 수 있는가가 문제된다. 중재인이 형평과 선에 따라 판정할 경우 중재인은 *amiable compositeur*(이를 "우의적 중재인"이라고 부르기도 한다)의 역할을 한다. 우의적 중재는 프랑스에서 처음 시작되었는데, 이는 당사자 간의 우의와 신뢰가 중시되는 계약관계, 즉 광산계약이나 기술이전계약처럼 장기간 계약, 합작계약, 장래 거래가 계속될 가능성이 많은 당사자들 간의 계약 또는 특정 국가의 법을 적용하는 것이 상대방에게 부담이 되는 국제거래계약에서 필요하다고

---

67) Derains/Schwartz, p. 236. 이러한 규범을 적용하는 데 대하여 유럽 대륙법계는 지지하고 있으나, 이는 제대로 정의되지 않고, 불확실하며 회피적이고 심지어 가공의 것이라는(mythical) 비판은 영미법계로부터 나오는 경향이 있다고 한다. Derains/Schwartz, p. 236.

68) Derains/Schwartz, pp. 237-238. 최근 자료에 따르면 중재기관별로 볼 때 국제상사계약원칙을 적용한 ICC 중재가 가장 많다고 한다. 안건형, "국제상사중재에서 UNIDROIT 원칙의 적용에 관한 연구", 성균관대학교 대학원 경영학 박사학위 논문(2010. 12.), 68면 이하. 이 논문은 국제상사계약원칙을 적용한 중재사건에 관한 각종 통계를 제시하고 실제 사례를 분석하고 있다.

69) UNIDROIT, Principles of International Commercial Contracts (2004), p. 4는 이 점을 명확히 지적한다.

한다.[70]

중재인에게 우의적 중재인으로서 또는 형평과 선에 따라 판정할 수 있는 권한을 부여하는 조항을 실무상 '형평조항'(equity clause)이라고 부르는데, 그 결과 중재인은 법을 엄격히 적용할 경우 부당한 결과에 이르는 때에는 분쟁을 보다 공평하게 해결하기 위하여 법의 엄격한 적용을 완화할 수 있는 재량을 가지는 것으로 이해되지만 그 우의적 중재인의 구체적인 권한의 범위에 관하여는 논란이 있다.[71] 주의할 것은 형평과 선에 의한 중재가 아닌 통상의 중재는 '법률에 의한 중재'(arbitration at law)이므로[72] 그 경우 중재인이 형평과 선에 의하여 중재판정을 허용하는 것은 중재인의 권한을 넘는 것이 된다는 점이다.[73]

ICC 중재규칙(제21조 제3항, 구 규칙 제17조 제3항)은 "중재판정부는 모든 당사자가 그런 권한을 부여하는 데 동의한 경우에 한하여 형평에 기하여 결정할 권한을 가진다"고 규정하는 데 반하여, 중재법(제29조 제3항)은 "중재판정부는 당사자들이 명시적으로 권한을 부여하는 경우에만 형평과 선(善)에 따라 판정을 내릴 수 있다"고 규정한다.

그렇다면 문제는 한국에서 행해지는 ICC 중재의 경우 중재판정부가 ICC 중재규칙에 기하여 형평에 따라 판정할 수 있는가이다. 저자는 이를 부정한다. 중재법은 모델법을 따라 수권이 명시적으로(expressly) 이루어질 것을 요구하는데, 이는 부주의한 당사자를 오도할 위험을 배제하기 위한 것이므로[74] 단순히 ICC 중재규칙을 적용하기로 하는 중재합의에 의하여 그런 요건이 구비되는 것으로 보기는 어렵기 때문이다.[75] 그러나 실무상 형평과 선에 의한 중재를 허용

---

70) 목영준, 118면.

71) 몇 가지를 예시하자면, ① 중재인이 당사자가 체결한 계약의 구속으로부터 벗어날 수 있는지, ② 중재인이 변화된 상황에 맞추어 계약을 조정할 수 있는지, ③ 중재인이 강행규정으로부터 자유로운지, ④ 중재판정에 이유기재를 생략할 수 있는지, ⑤ 중재절차의 규칙으로부터 벗어날 수 있는지 등이다. 다만 ⑥ 그 경우에도 중재인은 공서에 반하는 중재판정을 할 수는 없다는 점은 널리 인정되고 있으나 공서의 개념에 관하여는 논란이 있다. 우리 문헌은 우선 장복희, "仲裁準據法으로서의 衡平과 善: 友誼的 仲裁人", 중재학회지 6권(1996. 12.), 203면 이하 참조.

72) 목영준, 118면.

73) 우리 대법원 판결 중에는 중재판정서의 이유기재의 요건과 관련하여 "중재판정서에 이유의 설시가 있는 한 그 판단이 실정법을 떠나 공평을 그 근거로 삼는 것도 정당하고"라고 판시한 것이 여럿 있으나(대법원 1989. 6. 13. 선고 88다카183, 184 판결 등) 그것이 당사자의 명시적 수권이 없더라도 중재인이 형평과 선에 따라 판단할 수 있다는 취지라면 곤란하다. 왜냐하면 이는 적어도 중재법이 전면개정된 1999년 12월 31일 이후에는 허용되지 않기 때문이다.

74) Holtzmann/Neuhaus, p. 770.

75) 스위스 국제사법(제187조 제2항)은 문면상으로는 명시적 수권을 요구하지 않지만 해석론은

할지는 중재위탁요지서에 기재할 사항이므로(제23조 제1항 g호, 구 규칙 제18조 제1항 g호), 만일 그곳에 명시적으로 기재된다면 명시적 수권의 요건이 구비되는 데 문제가 없다.

Ⅸ. 중재판정의 취소와 배제합의

1. 중재판정의 취소에 대한 우리 중재법의 태도

중재판정에 관하여 중대한 하자가 있는 경우 중재절차 내에서 또는 중재판정의 취소의 소와 같은 법원에 의한 '司法的 再審査'(judicial review)가 허용된다. 중재판정의 취소에 관하여 중재법은 모델법을 따르고 있다. 특히 중재법(제36조 제2항)의 중재판정 취소의 사유는 모델법(제34조 제2항)을 충실하게 따른 것이다.[76] 중재의 장점으로 단심제를 강조하거나, 특히 중재조항에서 분쟁을 finally(최종적으로 또는 종국적으로) 해결한다고 명시할 경우, 당사자들은 그럼에도 불구하고 중재판정 취소의 소가 가능하다는 점을 의아하게 생각하나,[77] 재판에 중대한 하자가 있으면 재심이 가능한 것처럼 중재의 경우 중재판정 취소의 소가 가능하다. 법원 판결이 비록 재심에 의하여 취소될 가능성이 尙存하더라도 재심은 통상의 불복방법이 아니므로 그것은 확정된 종국판정인 것과 마찬가지로, 중재판정에 비록 취소사유가 있더라도 이는 통상의 불복방법이 아니므

나뉘고 있다. Girsberger *et al.* (Hrsgs.), Zürcher Kommentar zum IPRG, 2. Auflage (2004), Art. 187 Rn. 28 (Heini 집필부분)은 명시적 수권을 요구한다. Schäfer/Verbist/Imhoos, p. 89는 ICC 중재규칙을 설명하면서 중재인들이 형평에 따라 중재판정을 하기 위하여는 당사자들의 명시적 수권이 필요하고 ICC 중재실무상으로도 당사자들이 제17조 제3항에 따라 중재인에게 형평에 따라 중재판정을 하도록 수권하는 예는 드물다고 설명한다. W. Laurence Craig/William W. Park/Jan Paulsson, Annotated Guide to the 1998 ICC Arbitration Rules with Commentary (1998), p. 113은 형평과 선에 따라 판단할 수 있는 중재인의 권한을 명시하는 것이 분별 있는 태도라고 한다.

76) Craig/Park/Paulsson, para. 29.04는 뉴욕협약상 중재판정이 중재지에서 취소된 것은 승인거부사유이므로, 특정국가가 국제상사중재의 중재지가 되기 위하여는 중재지법이 모델법이 정한 취소사유를 충실하게 따르는 것이 중요하다는 점을 지적한다.

77) 예컨대 임영철, "국제중재규칙 제정 및 시행에 대한 전망: 중재이용 고객의 입장에서", 중재 제323호(2007년 봄), 18면은 "'중재가 종국적'[finally resolved]임이 중재합의문에 존재하였음에도 5년의 중재 후 중재판정 취소소송으로 2년(3심)을 추가적으로 진행하여야 했다"고 적고 있다.

로 중재판정이 분쟁을 최종적으로 또는 종국적으로 해결하는 것이라고 해서 잘못은 아니다.[78)]

다만 모델법(제34조 제4항)은 "중재판정 취소의 소가 제기된 법원은 당사자의 신청이 있고 또한 그것이 적절하다고 판단하는 때에는 중재판정부로 하여금 중재절차를 재개하거나 또는 스스로 취소사유를 제거할 다른 조치를 취할 수 있는 기회를 주기 위하여 일정기간 소송절차를 중지할 수 있다"고 규정한다. 이는 중재판정의 취소 또는 유지라는 모델법의 'all or nothing' 방식을 일부 완화하는 기능을 하는데, 취소의 소가 계속중 중재판정부에게 하자를 스스로 치유할 기회를 부여하는 일종의 '환송'(remission)을 규정한 것으로서 주로 영미법계 국가에서 인정되는바, 법원이 중재판정을 취소하고 환송하는 것이 아니라 소송절차를 중지하고 환송할 수 있게 하는 데 특색이 있다.[79)] 우리 중재법과 일본 중재법은 이를 채택하지 않았는데,[80)] 그 이유는 법원과 중재판정부 간에 법적인 관계가 없고, 법원이 취소절차를 정지하여도 중재판정부가 취소사유를 제거하는 것을 기대하기 어려우며, 또 기대할 수 있더라도 법원이 중재판정부가 고려할 사항을 전달하는 것이 적절한지 및 방법도 문제될 수 있고, 취소판결을 한 뒤의 대응을 당사자나 중재판정부에게 위임하는 것이 간명하기 때문이다.[81)]

2. 중재판정 취소의 소의 제한

그런데 중재합의 시 또는 중재판정 전에 당사자들이 합의로써 중재판정의 취소의 소를 전면 배제하거나 취소사유를 일부 배제할 수 있는지가 문제된다. 이처럼 중재합의 시 또는 중재판정 전에 중재판정 취소의 소 기타 중재판정에 대하여 중재절차 내든 또는 법원에서든 어떠한 형태의 이의 또는 불복 또는 구

78) 무국적중재판정의 경우 중재지가 없고 그 결과 중재판정에 대한 취소의 소가 허용하지 않으므로 배제합의와 유사한 면이 있다. 그러나 배제합의의 효력을 인정하더라도 취소의 소가 허용되지 않거나(취소사유의 전면배제를 허용할 경우) 또는 취소사유가 제한될 뿐이고(취소사유의 일부배제를 허용할 경우) 중재판정의 국적까지 부인하는 것은 아니므로 배제합의의 결과 그에 따른 중재판정이 무국적중재판정이 되는 것은 아니다.

79) Holtzmann/Neuhaus, p. 920.

80) 독일 민사소송법(제1059조 제4항)은, 중재판정 취소의 소가 제기된 경우 법원은 취소사유가 있고 적절하다고 판단하는 경우 중재판정을 취소하고 사건을 중재판정부로 환송할 수 있다고 규정함으로써 이를 다소 수정하여 채택하였다.

81) 近藤昌昭 외 4인(註 37), 255면; 주석중재법/손용근 · 이호원, 224면도 동지.

제수단(recourse)을 제기하는 권리(right to challenge awards)를 포기하는 합의를 '배제합의'(exclusion agreement)라고 한다. 배제합의의 개념에 관하여는 다소 논란이 있고, 특히 전통적으로 중재판정에 대하여 법률문제에 관하여 법원에 항소할 수 있고(제69조 제1항), 중재절차에서 법률문제에 관하여 법원의 판단을 받을 수 있는 영국에서는 배제합의는 그러한 권리를 포기하는 것이라고 이해하는 경향이 있다.[82] 그러나 여기에서는 그에 한정하지 않고 중재판정에 대한 취소 기타 중재판정의 효력을 상실시키는 소를 제기할 수 있는 권리를 포기하는 합의라는 넓은 의미로 사용한다. 스위스에서는 이런 의미로 사용한다.[83]

3. ICC 중재규칙에 관한 종래의 논의

배제사유와 관련하여 흥미로운 것은 ICC 중재규칙이다. 즉 ICC 중재규칙(제34조 제6항, 구 규칙 제28조 제6항)은 다음과 같이 규정한다.

> 모든 판정은 당사자들을 구속한다. 당사자들은 동 규칙에 따라 분쟁을 중재에 회부함으로써 모든 판정을 지체없이 이행할 것을 확약하고, 또한 그러한 권리포기가 유효하게 이루어질 수 있는 한도 내에서 모든 방식의 구제수단을 포기한 것으로 본다(Every Award shall be binding on the parties. By submitting the dispute to arbitration under these Rules, the parties undertake to carry out any Award without delay and shall be deemed to have waived their right to any form of recourse[84] insofar as such waiver can validly be made).

제2문에서 "모든 방식의 구제수단을 포기한 것으로 본다"는 것은 바로 배제합의를 의미하는데, 그것의 허용 여부가 국가에 따라 다르기 때문에 "그러한 권리포기가 유효하게 이루어질 수 있는 한도 내에서"임을 명시하는 것이다.

1998년 개정 전 구 ICC 중재규칙[85]에 따르기로 한 경우 동 규칙 제24조에

---

82) 배제합의의 의미를 이렇게 이해한다면 영국에서는 이는 유효하고, 우리나라에서는 이런 문제는 아예 제기되지 않는다.

83) Zürcher Kommentar zum IPRG/Siehr, 2. Auflage (2004), Art. 192 Rz. 1; Andreas Bucher/Pierre-Yves Tschanz, International Arbitration in Switzerland (1989), para. 144는 중재에 대해 이의를 제기하는 권리(the right to challenge awards)를 포기하는 것이라고 설명한다.

84) ICC 중재규칙의 공식번역문은 여기의 'recourse'를 '상환청구에 관한 권리'라고 번역하나 '구제수단'이라고 번역하는 것이 좋다. 독일어번역문은 이를 'Rechtsmitteln'(권리구제수단)이라고 한다.

85) 1998년 개정되기 전의 ICC 구 중재규칙(제24조)은 다음과 같이 규정하였다.

의하여 종래 유효한 배제합의가 있는 것으로 해석되었고, 영국의 1996년 중재법 하에서도 항소가 허용되는 중재의 경우 항소 포기와 법률상의 문제(point of law)에 관한 항소(제69조) 포기는 가능하나 중재법 제67조와 제68조의 '취소'에 대해서는 배제합의는 허용되지 않는다.[86] 그러나 국가에 따라서는 중재판정 취소의 소의 포기는 허용되지 않는다. 스위스 국제사법(제192조 제1항)은 중재판정 취소의 소를 포기하려면 "중재합의 내에서의 명시적 선언 또는 사후의 서면합의(durch eine ausdrückliche Erklärung in der Schiedsvereinarung oder in einer späteren schriftlichen Übereinkunft, *une déclaration expresse dans la convention d'arbitrage ou un accord écrit ultérieur*)"를 요구하기 때문에 ICC 중재규칙에 의하기로 합의하는 것만으로는 유효한 배제합의가 아니라고 보았다.[87] 2011. 5. 1. 발효한 개정 프랑스 민사소송법(제1522조)은 배제합의의 효력을 인정한다. 따라서 ICC 중재규칙을 따를 경우 세계 어디에서나 동일한 결론에 이르는 것이 아니라 중재지가 어디인지에 따라 위 조항의 효력을 검토할 필요가 있다. 문제는 한국에서 행해지는 ICC 중재의 경우인데 이는 항을 바꾸어 아래(4.)에서 논의한다.

"1. 판정은 최종적이다(The arbitral award shall be final).
2. 당사자들은 분쟁을 국제상업회의소에 의한 중재에 회부함으로써 모든 판정을 지체없이 이행할 것을 확약하고, 또한 그러한 권리포기가 유효하게 이루어질 수 있는 한도 내에서 모든 방식의 항소를 포기한 것으로 본다(By submitting the dispute to arbitration by the International Chamber of Commerce, the parties shall be deemed to have undertaken to carry out the resulting award without delay and to have waived their right to any form of appeal insofar as such waiver can validly be made)."

최종적이라는 문언을 구속력이 있다고 수정한 것은 첫째, 임시판정과 같이 구속력은 있으나 최종적이지 않은 중재판정이 있고, 둘째, 최종성이 항소불가능을 의미하는 것이라면 이는 이미 제2문에 포함되어 있다는 것이다. Derains/Schwartz, p. 320. 'recourse'는 'appeal'보다 포괄적인 용어로 이해된다.

86) Derains/Schwartz, p. 320(법률상의 문제에 관한 항소의 포기에 관하여); Craig/Park/Pulsson, para. 8.12. *Arab African Energy Corp. Ltd. v. Olieprodukten Nederland B.V.* [1983] 2 Lloyd's Rep. 419도 이런 취지라고 한다. 영국 중재법상 항소 포기와 중재판정 취소에 대한 배제합의에 관하여는 김민경, "중재판정의 취소에 관한 연구—영국 중재법과 우리 중재법을 중심으로—", 서울대학교 대학원 법학과 석사학위논문(2014), 126면 이하 참조. [본문과 이 각주의 밑줄 부분은 이 책에서 새로 추가한 것이다.]

87) Bucher/Tschanz(註 83), para. 293; Girsberger *et al.* (Hrsgs.), Zürcher Kommentar zum IPRG, 2. Auflage (2004), Art. 192 Rn. 18; Derains/Schwartz, p. 321. 위 문언은 특정한 배제합의를 요구하는 것으로 해석되었다. Derains/Schwartz, p. 321.

4. 우리 중재법상의 해석론

종래 우리 중재법상 중재판정 취소의 소를 제기할 수 있는 권리를 포기하거나 취소의 사유를 일부 포기하는 것이 가능한지에 관하여는 별로 논의가 없다. 다만 중재판정 취소의 소와 유사성이 있는 재심에 관한 논의가 있으므로 이를 살펴본다.

민사소송법 제455조에 따르면 재심의 소송절차에는 각 심급의 소송절차에 관한 규정을 준용하는데, 민사소송법 제394조는 "항소권은 포기할 수 있다"고 규정하고, 제425조는 이를 상고에 관하여 준용한다. 따라서 재심의 소권은 상소권과 마찬가지로 포기할 수 있는 것으로 해석된다. 그런데 민사소송법 제394조의 해석상 제1심판결 선고 전에 항소권을 포기할 수 있는가에 관하여는 학설이 나뉘는데 통설은 항소권은 제1심판결에 의하여 비로소 성립하고, 사전 포기를 허용할 경우 항소권을 부당하게 해칠 염려가 있다는 이유로 이를 부정한다.[88] 이에 따르면 재심의 소권은 구체적인 재심소권이 발생한 후에, 즉 판결이 선고되어 확정된 후에 비로소 포기할 수 있다.[89]

재심의 소에 관한 논의를 참조하면, 우리 중재법의 해석으로는 중재판정 전에 취소의 소를 배제하는 합의의 효력은 부정해야 할 것이다. 재심의 소에 관한 논의를 원용하지 않더라도, 중재판정 취소의 소는 중재판정에 절차적 또는 실체적으로 중대한 하자가 있어서 법원의 통제가 필요하다고 판단하는 경우이므로 사전 포기를 허용할 것은 아니다. 법원이 직권으로 판단할 취소사유의 경우에는 더욱 그러하다.[90]

취소사유를 정한 중재법 제36조 제2항은 "법원은 다음 각 호의 어느 하나

88) 註釋 新民事訴訟法/이인복(Ⅶ)(2004), 110면. 반면에 판례에 의하면 1심중에 불상소의 합의를 하는 것은 유효하다고 하므로(예컨대 대법원 1987. 6. 23. 선고 86다카2728 판결; 대법원 2007. 11. 29. 선고 2007다52317, 52324 판결; 대법원 2002. 10. 11. 선고 2000다17803 판결 참조) 달리 보는 견해도 주장될 수 있다. 그러나 상소포기와 재심의 소의 포기를 동일시하기는 어렵고, 재심의 소의 법리를 차용하지 않더라도 본문과 같이 해석해야 할 것이라는 점에서 저자는 그에 동의하지 않는다.

89) 註釋 新民事訴訟法/이동흡(Ⅵ)(2004), 104면.

90) Stefan Kröll, Karl-Heinz Böckstiegel/Stefan Michael Kröll/Partricia Nacimiento (eds.), Arbitration in Germany: The Model Law in Practice (2015), para. 6 이하(Kröll/Kraft 집필부분)는 중재취소 절차를 배제하는 것은 아니고 영국 중재법상 허용되는 법률문제에 관한 법원에의 상소를 배제하는 취지라고 하고 절차 자체를 배제하는 것은 허용되지 않는다고 한다. 이 각주는 이 책에서 새로 추가한 것이다.

에 해당하는 경우에만 중재판정을 취소할 수 있다"고 규정하는데 이는 문언상 ("당사자 간에 다른 합의가 없는 경우에" 라는 표현이 없으므로) 그리고 그 취지상 강행규정이라고 보아야 할 것이므로 배제합의는 허용되지 않는다고 보는 것이 강행규정이라고 보는 것과도 일관성이 있다.

입법론적으로는, 장차 우리나라가 예컨대 일본기업과 중국기업이 선호하는 중재지가 되는 데 도움이 된다면, 한국과 별로 관련이 없는 분쟁에 관한 한, 배제합의 특히 제36조 제2항 제1호의 취소사유의 배제를 허용하는 것도 고려할 수 있을 것이다.

다만 제36조 제2항 제1호에 열거한 취소사유의 경우 중재판정의 취소를 구하는 당사자가 그 사유를 증명하는 경우에 비로소 법원이 중재판정을 취소할 수 있으므로 당사자는 이를 주장하지 않음으로써 사후적으로 사실상 포기하는 것은 가능하다. 이와 관련하여 예컨대 중재지가 한국인 경우 당사자들이 중재절차의 준거법을 스위스법으로 합의하면 스위스 국제사법에 따라 취소사유를 배제할 수 있는가라는 의문이 있을 수 있으나, 당사자는 중재법의 강행규정을 배제할 수는 없으므로 이는 허용되지 않는다고 본다. 즉 중재절차를 형성하는 계약자유는 허용되지만 중재절차의 준거법을 지정하는 당사자자치는 허용되지 않는다는 것이다.

한편 반대의 경우, 즉 당사자들이 취소사유를 추가 또는 확대하는 합의 또는 우리 중재법이 상정하지 않는 법원에 의한 재심사를 허용하는 합의도 우리 중재법상 무효라고 본다.[91] 참고로 미국에서는 이 쟁점이 *LaPine Technology Corporation v. Kyocera Corporation* 사건 판결[92]을 통하여 부각되었는데, 제9순회구 연방항소법원은 당초 위 판결에서 그런 합의를 유효라고 보았으나 재항소심 판결[93]에서는 무효라고 보았다.[94]

5. 배제합의의 문언

배제합의의 효력을 긍정하는 중재법제 하에서 이용되는 배제합의의 문언을 예시하면 다음과 같다. 이는 우리나라에서는 효력이 없음은 위에서 지적한

91) 주석중재법/손용근 · 이호원, 204면도 동지.
92) 130 F.3d 884 (9th Cir. 1997).
93) *Kyocera Corp. v. Prudential-Bache Trade Services, Inc.*, 341 F.3d 9787 (9th Cir. 2003).
94) 소개는 Redfern/Hunter, para. 10-76 이하 참조.

바와 같다.

The arbitrators' award will be final and binding. Neither party shall seek recourse to a court of law or other authorities to appeal or otherwise set aside the arbitrators' award(중재인들의 판정은 최종적이고 구속력이 있다. 어느 당사자도 중재인들의 판정에 대해 상소하거나 기타 이를 취소하기 위하여 법원 또는 기타 당국에 구제수단에 호소하지 아니한다)."[95]

Ⅹ. ICC 중재합의와 주권면제의 포기

국가 등 주권면제를 향유하는 주체가 이를 포기할 수 있음은 의문이 없다. 나아가, 주권면제는 국가 등이 중재판정부의 권한에 복종하기로 동의하는 것을 금지하지는 않으며, 국가가 중재로써 계약상 분쟁을 해결하기로 하는 합의에 구속됨은 확립된 국제법 원칙이고, 그렇게 복종할 수 있는 능력 자체가 주권의 속성이다.[96] 실제로 국가와 계약을 체결하면서 중재합의를 하는 것은 국내법원에서 재판할 경우 제기될 수 있는 주권면제의 문제를 회피하기 위한 것이고, 중재합의는 주권면제를 묵시적으로 포기하는 것으로 볼 수 있다.[97] 그러나 어떤 국가가 중재합의에 의하여 주권면제를 묵시적으로 포기하더라도 그것이 강제집행절차에까지 미치는지는 논란이 있고 부정설도 유력하다. 부정설을 따르면 국가와 중재합의 시 중재판정을 받을 수는 있지만 당해 외국이 자발적으로 이행하지 않으면 강제집행을 할 수는 없다. 따라서 국가와 중재합의를 하는 당사자는 상대방 국가로 하여금 중재판정의 승인은 물론 집행에 관하여도 주권면제를 포기하도록 계약서에 명시할 필요가 있다.[98] 물론 상대방인 국가로서는 가급적 이를 수용하지 않으려고 할 것이다.

흥미로운 것은, 프랑스의 최고법원인 파기원(*Cour de cassation*)이 국가가

95) 위 문언은 Gary B. Born, International Arbitration and Forum Selection Agreements: Planning, Drafting and Enforcing (1999), p. 82에 제시된 것이다.

96) Redfern/Hunter, para. 11-136 이하.

97) 그러나 엄밀하게 말하자면, 국가가 사인과 중재합의를 하더라도 이는 합의에 의한 주권면제의 포기는 아니고, 국제법주체로서 일방적으로 포기하는 것이라고 할 수 있다. Reinhold Geimer, Internationales Zivilprozessrecht, 6. Auflage (2009), Rn. 519.

98) Redfern/Hunter, para. 11-150. 서철원, "국가와 사인간의 국제중재에 주권면제가 미치는 영향", 서울국제법연구 제1권 제1호(1994. 11.), 225면은 강제집행의 대상이 될 재산을 찾아 상업적 목적을 위한 재산임을 명시하고 처분하지 않기로 하며, 보전처분 등에 의하여 처분을 제한하는 방안을 소개한다.

사인과 ICC 중재합의를 한 경우 국가는 집행단계에서도 주권면제를 포기한 것으로 본 Creighton v. Qatar 사건이다.[99] 실무상 외국 기업이 우리 정부와 중재합의를 하면서 통상은 중재지를 한국으로 지정하지 않겠지만 불가능한 것은 아니므로 이를 검토할 필요가 있다.

1998년 1월 파리 항소법원은 중재합의를 하더라도 집행면제에 대한 포기는 없었다고 보았으나, 2000년 7월 6일 파기원은 위 판결을 파기하고, "당사자들은 내려질 중재판정을 지체없이 이행하기로 하며, 어떠한 형태의 불복도 유효하게 포기하는 것으로 간주된다"는 당시의 구 ICC 중재규칙 제24조에 의거하여, 국가가 ICC 중재에 합의하는 것은 관할권 면제의 포기뿐만 아니라, 집행면제도 포기한 것이라고 판시하였다. 이렇게 본다면 만일 중재합의가 없었더라면 일반원칙[100]에 따라 강제집행의 대상이 되지 않았을 국가의 재산이 집행의 대상이 되는 결과가 초래된다.

문제는 우리나라가 한국에서 ICC 중재를 하기로 합의한 경우 ICC 중재규칙(제34조 제6항, 구 규칙 제28조 제6항)에 따라 집행절차에서도 주권면제를 포기한 것으로 보아야 하는가이다. 우선 이 문제는 법정지법인 우리 법에 따라 판

99) *Société Creighton v. Ministre des Finances de l'Etat du Qatar et autre, Cour de cassation* (1st Civil Chamber), 6 July 2000, Bulletin civil I, no 207, [2001] *Revue de l'arbitrage* 114(이 부분은 August Reinisch, European Court Practice concerning State Immunity from Enforcement Measures, 17 Eur. J. Int'l L. 803, 820 Fn. 111 (2006)에서 재인용). 사안은 아래와 같다(이는 Redfern/Hunter, para. 11.142 이하와 International Law Office에 소개된 자료를 참조한 것이다).
1982년 미국에 사무소를 둔 케이만 아일랜드 회사인 Creighton Ltd.는 카타르국과 계약을 체결하고 카타르국의 수도인 도하에서 여성병원을 건설하기로 하였다. 1986년 카타르국은 만족스럽지 못한 계약이행을 주장하면서 Creighton을 공사현장에서 축출하였다. Creighton은 파리에서 ICC 중재를 신청하여 1993년 10월 유리한 중재판정을 받았다. 카타르국은 프랑스법원에 중재판정 취소의 소를 제기하였으나 실패하였다(카타르국은 중재인의 1인이 Creighton이 중재절차에서 카타르 변호사를 찾는 것을 도와주었고 Creighton과 그의 하수급인간의 분쟁에서 중재인으로 선정되었다고 주장했다). Creighton은 집행을 위하여 카타르 정부가 프랑스 소재 은행에 개설한 은행계좌를 압류하였고 카타르 정부는 압류 취소를 구하였다. 1997년 1월 프랑스 제1심법원은 주권면제를 인정하고 압류를 취소하였고, 1998년 6월 판결에서 프랑스 항소법원도 집행절차에서 주권면제의 포기가 없음을 확인하였다. 그러나 1999. 3. 16. 판결에서 프랑스 파기원은 구 ICC 중재규칙(제28조 제6항)을 근거로 카타르국의 주장을 배척하고 카타르 정부가 집행절차에서의 주권면제도 포기하였다고 판단하였다. 상세는 Redfern/Hunter, para. 11.144 주 207에 소개된 문헌들 참조.

100) 근자의 입법과 관행은 외국재산을 상업적 목적에 사용되는 것과 비상업적, 주권적 또는 공적 목적에 사용되는 재산으로 구분하여, 前者에 대해서는 强制執行을 허용하는 경향을 보이고 있는데, 後者에 속하는 재산으로는 외교공관 및 영사관과 기타 외교적 목적에 직접 사용되는 재산을 들 수 있다. 석광현, "外國國家에 대한 民事裁判權의 行使와 主權免除—制限的 主權免除論을 취한 대법원 1998. 12. 17. 선고 97다39216 전원합의체 판결에 대한 평석—", 국제사법과 국제소송 제2권(2001), 239면 참조.

단할 사항이다. 우리 법상 집행절차에서의 주권면제를 포기할 수 있는데, 명시적 포기가 가능함은 의문이 없으나 문제는 묵시적 포기도 가능한가이다.[101] 종래 판결절차에서의 주권면제와 집행절차에서의 주권면제를 준별하는 점, ICSID 협약도 중재판정의 이행의무와 주권면제의 포기를 별도로 취급하는 점[102] 등을 고려하면 중재판정을 지체없이 이행하기로 하는 확약으로부터 집행절차에서 주권면제의 묵시적 포기를 도출하기는 어렵다.[103] 주권면제의 묵시적 포기를 부정한다면 더욱 그러하다. 위 프랑스 파기원의 판결은 논리적 근거는 약하지만 국제거래분쟁의 해결수단으로서 국제상사중재의 실용성을 제고하려는 매우 전향적인 판결이라고 본다. 어쨌든 국가의 실무가 나뉘어 있는 현재로서는 ICC 중재합의를 할 경우 우리 정부로서는 주의하지 않으면 아니된다.

XI. 한국에서 내려진 ICC 중재판정의 승인 및 집행

1. 뉴욕협약의 적용 여부

뉴욕협약은 외국중재판정에만 적용되므로 중재판정의 국적 결정은 뉴욕협약의 적용 여부와 관련하여 중요한 의미를 가진다. 뉴욕협약(제1조 제1항)은 ① 승인·집행국 이외의 국가의 영토 내에서 내려진 중재판정과 ② 승인·집행국이 내국판정으로 인정하지 않는 중재판정에 대해 동 협약이 적용됨을 명시하므로, 비록 우리 영토 내에서 내려진 중재판정이라도 우리나라가 내국중재판정이라고 인정하지 않는 경우—이른바 '비국내판정'(non-domestic award)—, 뉴욕협약이 적용될 수 있다. ②의 기준에 관하여 구 중재법은 침묵하였는데, 한국에서 내려진 중재판정이더라도 중재절차의 준거법이 외국법인 중재판정이나 당해

---

101) 2004년 채택된 국가와 그 재산의 재판권면제에 관한 국제연합협약(United Nations Convention on Jurisdictional Immunities of States and Their Property) 제18조 a호와 제19조 a호는 강제집행절차에서 명시적 포기만을 허용하는 것으로 보인다.

102) 즉 동 협약 제54조 제1항은 각 체약국은 본 협약에 따라 내려진 판정을 구속력 있는 것으로 승인하고 이를 당해 국가 법원의 최종판결과 같이 취급하여, 동 국가 내에서 이러한 판정에 따른 금전상의 의무를 집행하여야 한다고 규정하면서도 제55조에서는 제54조의 어떠한 규정도 당해 국가 또는 외국의 집행면제에 관한 체약국의 법률에 영향을 미치지 않는다고 명시한다.

103) Stefan Kröll, Neure Entwicklungen im französisehen Recht der Vollstreckung in das Vermögen ausländischer Staaten—Vorbild oder Irrweg?, IPRax (2002), S. 443f. 참조.

분쟁이 한국과 무관한 외국적 요소만을 가지는 경우에는 외국중재판정으로 보아야 한다는 견해가 유력하였다.[104] 그러나, 이러한 구 중재법 하의 해석은 중재법상으로는 유지될 수 없다고 본다.[105] 즉 중재법 제38조는 영토주의에 입각하여 '국내 중재판정'이라는 표제 하에 "대한민국에서 내려진 중재판정은 제36조 제2항의 사유, 즉 중재판정 취소사유가 없으면 승인되거나 집행되어야 한다"고 규정하므로, 중재법 하에서는 한국에서 내려진 중재판정이라면, 가사 중재절차의 준거법이 외국법이거나 당해 분쟁이 한국과 아무런 관련이 없더라도 내국중재판정이고 따라서 이는 뉴욕협약의 적용대상이 아니며, 그에 대하여는 뉴욕협약 제7조 제1항은 적용될 여지가 없다.

요컨대 한국에서 행해지는 ICC 중재, 즉 중재지가 한국인 중재의 경우 그 중재판정은 중재법 제38조에 따라 승인·집행되는 것이고 그에 대하여는 뉴욕협약이 적용되지 않는다.

2. 중재판정 취소사유가 있는 경우 한국 중재판정의 효력

한국에서 행해지는 ICC 중재에서 만일 중재판정 취소사유가 있다면 그 중재판정이 한국에서 기판력을 가지는지가 문제될 수 있다. 이는 중재법 제35조와 제38조의 관계의 문제이다.

중재법 제35조에 따르면 우리나라에서 내려진 중재판정은 양쪽 당사자 간에 법원의 확정판결과 동일한 효력을 가진다. 그러나 중재법 제38조에 따르면 우리나라에서 내려진 중재판정은 중재판정 취소사유가 있으면 승인될 수 없다. 제35조를 중시하면 취소사유가 있더라도 중재판정은 일단 기판력이 발생하는데 반하여, 제38조를 중시하면 취소사유가 있으면 승인되지 않는 결과 기판력이 발생할 수 없기 때문이다. 취소의 소 제기기간이 경과되지 않은 경우는 물론이고 그 기간이 경과되어 당사자가 더 이상 취소의 소를 제기할 수 없게 된 때에도 어느 견해를 따르는가에 따라 차이가 발생한다.

요컨대 제35조와 제38조는 상충된다. 사견으로는, 취소사유가 있더라도 일단 법원의 확정판결과 같은 효력, 즉 기판력이 발생하도록 하고 취소의 소에 의하여 중재판정의 효력을 소급적으로 소멸시키는 것이 타당하므로 제38조에

104) 사법연수원, 국제상사중재(1999), 141면 주 6.
105) 학설의 소개는 석광현(註 32), 92면 이하 참조.

서는 승인을 언급할 필요가 없다. 따라서 제35조의 문언을 그대로 두고 제38조를 "대한민국에서 내려진 중재판정은 제36조 제2항의 사유가 없으면 집행되어야 한다"로 수정하여야 한다.

XII. 기타

1. 증거조사에 관한 법원의 지원

중재법 제28조는 중재판정부에게 법원에 증거조사를 촉탁할 수 있는 권한을 부여한다. 이는 독일 민사소송법 제1050조와 유사하다. 반면에 ICC 중재규칙은 이런 가능성을 염두에 두고 있지 않다. 그렇더라도 한국에서 행해지는 ICC 중재의 경우 중재판정부는 중재법에 따라 우리 법원에 증거조사를 촉탁할 수 있음은 별 의문이 없다.

2. 중재판정 원본의 법원 보관

뉴욕협약의 중요한 업적의 하나는 이중집행판결(double exequatur)의 요건을 폐지한 것이었는데 그 결과 중재판정은 판정지국에서의 기탁 또는 등록 없이 외국에서 집행될 수 있다. UNCITRAL 사무국은 뉴욕협약의 태도를 모델법에 수용함으로써 모든 국제상사중재판정이 판정지국과 외국에서의 기탁 또는 등록 없이 집행될 수 있도록 할 것을 제안하였고,[106] 모델법은 이에 따라 중재판정 정본의 당사자들에 대한 교부만을 규정하고 법원에의 기탁 또는 등록을 요구하지 않는다.

그러나 중재법(제32조 제4항)은, 구 중재법 제11조 제4항과 마찬가지로 중재판정의 정본을 각 당사자에게 송부하도록 하고, 모델법과 달리 중재판정의 원본을 송부사실을 증명하는 서면과 함께 관할법원에 송부·보관하도록 한다. 그 취지는 임시중재의 경우 사인인 중재인에게 중재판정의 원본을 장기간 보관하도록 요구하는 것은 무리이므로 법원에 보관하게 한 것이라고 한다.[107] 이는 법원으로부터 중재판정에 대한 공적 인증을 받고, 중재판정의 존재에 관한 입

---

106) First Secretariat Note, A/CN.9/207, paras. 97-100.
107) 목영준, 200면.

증을 용이하게 함으로써 중재판정의 지속적인 사용을 보장하기 위한 조치이다.[108] 이러한 중재판정 원본의 법원에의 송부·보관은 중재판정의 구속력의 발생요건은 아니며, 단지 중재판정 후의 절차적인 사항에 관한 규정이다.[109] 제32조가 "당사자 간에 다른 합의가 없는 경우에"라는 표현을 사용하지 않으므로 이는 강행규정인 것처럼 보이지만 그렇게 해석할 합리적 이유가 없다는 것이다.[110][111]

위 조문이 임시중재를 염두에 둔 것이라면 ICC 중재규칙[112] 또는 기타 기관중재규칙에 의하여 행해지는 기관중재의 경우 굳이 법원에 보관하도록 할 이유가 없을 것이다. 따라서 입법론으로서는 기관중재의 경우 법원의 보관의무를 면제하는 조항을 두는 편이 좋았을 것이다. 중재법(제32조 제4항)은, "제1항부터 제3항까지의 규정에 따라 작성·서명된 중재판정의 정본(正本)은 제4조 제1항부터 제3항까지의 규정에 따라 각 당사자에게 보내고, 중재판정의 원본은 그 송부 사실을 증명하는 서면을 첨부하여 관할법원에 송부하여 보관한다"고 규정하므로 누가 송부를 해야 하는 주체인지가 명확하지 않으나 문언상 아마도 중재판정부인 것으로 짐작된다. 아니면 기관중재의 경우 당해 중재기관이 송부해도 무방할 것이다. 종래 실무상 대한상사중재원의 중재규칙 하에서는 중재판정의 원본을 관할법원에 송부·보관하도록 하고 있다고 하므로, 조문에 따르면 ICC 중재의 경우에도 중재판정부든 사무국이든 중재판정의 원본을 관할법원에 송부·보관하도록 해야 할 것이다. 그러나 실무상으로는 원본을 법원에 송부하지 않는 것으로 보인다.

3. 중재규칙의 공식번역문의 몇 가지 미비점

중재규칙의 공식번역문 중 눈에 띄는 몇 가지 미비점을 예시하면 아래와

108) 목영준, 199면; First Working Group Report, A/CN.9./216, para. 102.

109) 오창석, "관할법원에 송부·보관되지 않은 중재판정의 효력", 중재연구 제15권 제3호(2005. 12.), 66면, 73면은 이를 훈시규정이라고 한다.

110) 따라서 저자는 문언만에 기초하여 강행규정 여부를 최종적으로 결정하는 데는 반대한다.

111) 이에 대하여 중재절차의 종료단계에서 국가기관이 개입하는 점에서 외국당사자들이 부정적으로 볼 것이라는 비판이 있으나(오창석(註 107), 69면), 법원의 보관은 중재판정의 구속력과 관계없이 당사자의 편의를 위한 것이므로 그 점만 분명히 한다면 반드시 부정적으로 볼 것은 아니다.

112) ICC 중재규칙(제34조 제4항, 구 규칙 제28조 제4항)은 중재판정문 원본은 사무국에 기탁된다고 규정한다.

같다. 아직 개정 중재규칙의 공식번역문은 마련되지 않았으므로 아래의 지적은 구 중재규칙에 대한 것이다.

가. 구 규칙 제4조 제3항 신청서의 기재사항

구 규칙 제4조 제3항은 신청서의 기재사항으로 b) 청구의 원인이 된 분쟁(dispute giving rise to the claim(s))의 본질과 배경에 관한 설명과 c) 가능한 한도까지 표시한 청구 금액을 포함한 청구취지(a statement of the relief sought)를 열거한다. '신청원인'과 '신청취지'라고 번역하는 편이 좋을 것이다.

나. 구 규칙 제6조 제1항 중재재판의 개시일

구 규칙 제6조 제1항은 "관련 당사자가 본 규칙에 의한 중재에 합의한 경우, 그들의 중재합의일 현재 시행중인 규칙을 따르겠다는 합의가 없는 한 중재재판의 개시일(the date of commencement of the arbitration proceedings) 현재시행중인 규칙을 따르겠다는 것으로 간주한다"고 규정한다. 그러나 "중재재판의 개시일"보다는 "중재절차의 개시일"이 적절하다.

다. 구 규칙 제17조 적용법률

구 규칙 제17조 제1항(개정 규칙 제21조 제1항)의 영문과 공식번역문은 다음과 같다.

> The parties shall be free to agree upon the rules of law to be applied by the Arbitral Tribunal to the merits of the dispute. In the absence of any such agreement, the Arbitral Tribunal shall apply the rules of law which it determines to be appropriate. 당사자는 분쟁의 본안에 대하여 중재판정부가 적용하여야 할 법률에 관하여 자유롭게 합의할 수 있다. 이와 같은 합의가 없는 경우 중재판정부는 적절하다고 결정한 법률을 적용해야 한다.

즉 공식번역문은 영문의 'rules of law'를 법률로 번역하고 있으나 이는 law와 rules of law의 차이를 인식하지 못한 것으로 적절하지 않다. 모델법의 성안과정에서 보듯이 중재에서 양자는 다른 의미를 가진다. 오히려 이를 '법규', '법의 규칙' 또는 '법의 원칙'이라고 번역하는 것이 더 적절하다.[113]

---

113) 분쟁의 실체의 준거규범으로서의 law와 rules of law의 차이는 석광현(註 32), 156면 이하 참조. 우리나라가 가입한 1965년 "국가와 타방국가 국민간의 투자분쟁의 해결에 관한 협약"(Convention on the Settlement of Investment Disputes between States and Nationals of

라. 구 규칙 제22조 절차의 종료

구 규칙(제22조, ICC 중재규칙 제27조)의 "closing of the proceedings"는 중재법 제33조가 말하는 중재절차의 종료가 아니라 심리 종결을 의미한다. 이 점은 중재절차의 종료를 정한 중재법[114]과 ICC 중재규칙의 조문을 비교해보면 명확히 알 수 있다.[115] 심리 종결이라 함은 민사소송에서 '변론 종결'에 상응하는 것이다. 그럼에도 불구하고 공식번역문이 이를 '절차의 종료'로 번역한 것은 잘못이고 '심리(의) 종결'이 올바른 번역이다.[116] 이 점은 "① 중재판정부는 당사자가 주장 및 입증을 다하였다고 인정할 때는 심리의 종결을 선언하여야 한다"라고 규정하는 대한상사중재원 국내중재규칙(제43조 제1항)을 보면 쉽게 알 수 있다. 다만 ICC 중재의 실무상으로는 심리가 끝났다고 해서 바로 심리종결을 하는 것은 아니고 실제로 중재인들이 협의를 마치고 중재판정문을 거의 완성한 상태에서 심리종결을 하는 사례가 많다고 한다.[117]

마. 구 규칙 제28조 제6항(중재판정의 취소)(ICC 중재규칙 제34조)

이는 위(Ⅸ.3.)에서 언급하였다.

Other States. ICSID 협약 또는 워싱턴협약) 제42조 제1항도 "중재판정부는 분쟁을 당사자들이 합의한 법규에 따라 결정한다(The Tribunal shall decide a dispute in accordance with such rules of law as may be agreed by the parties)"고 명시한다.

114) 제33조 제2항은 다음 각 호의 어느 하나에 해당하는 경우에는 중재판정부는 중재절차의 종료결정을 하여야 한다고 규정한다.

"1. 신청인이 중재신청을 철회하는 경우. 다만, 피신청인이 이에 동의하지 아니하고 중재판정부가 피신청인에게 분쟁의 최종적 해결을 구할 정당한 이익이 있다고 인정하는 경우는 제외한다.

2. 당사자들이 중재절차를 종료하기로 합의하는 경우

3. 중재판정부가 중재절차를 계속 진행하는 것이 불필요하거나 불가능하다고 인정하는 경우."

115) 영문은 아래와 같다.

"When it is satisfied that the parties have had a reasonable opportunity to present their cases, the Arbitral Tribunal shall declare the proceedings closed. Thereafter, no further submission or argument may be made, or evidence produced, unless requested or authorized by the Arbitral Tribunal."

116) 영문에 충실하자면 '절차의 종결'이라고 번역할 여지는 있다. 참고로 ICC 중재규칙 제22조의 불어본은 '*clôture des débats*'이고, 모델법 제32조의 불어본은 '*clôture de la procédure*'이다.

117) 이 점을 지적해준 김갑유 변호사께 감사드린다.

XIII. 맺음말

지금까지 한국에서 행해지는 ICC 중재에 초점을 맞추어 ICC 중재규칙과 우리 중재법의 상호작용을 검토하였다. 그 결과 그 때 가장 중요한 규범은 ICC 중재규칙이지만, 그것이 전부는 아니고 중재인, 당사자들과 그의 변호사는 우리 중재법도 이해하고 양 규범의 상호작용을 이해하지 않으면 아니된다는 것을 확인하였다. 이상의 논의의 결론은 아래와 같다.

≪한국에서 행해지는 ICC 중재에서 ICC 중재규칙과 한국 중재법의 상호작용≫118)

쟁점과 결론
1. Kompetenz-Kompetenz: 중재판정부의 선결적 판단은 최종적이 아니고 중재법에 따라 법원에 심사를 신청할 수 있다.
2. 중재인의 기피 사유: ICC 중재규칙에도 불구하고 우리 중재법에 따라 제한된다.
3. 중재인 기피신청 기각과 법원에 대한 기피신청: ICC 중재규칙에 규정이 없으나 법원에 기피신청할 수 있다.
4. 일방적 임시적 처분: ICC 중재규칙과 우리 중재법의 해석상 모두 불가능한 것으로 본다.
5. 감정인의 기피: ICC 중재규칙에 규정이 없으나 중재법에 따라 가능하다
6. 객관적 준거법: ICC 중재규칙에 따라 중재판정부가 적절하다고 판단하는 법의 규칙을 적용할 수 있다.
7. 형평과 선에 의한 판단: ICC 중재규칙에도 불구하고 중재법에 따라 당사자들의 명시적 합의가 있어야 가능하다. 다만 명시적 합의요건은 중재위탁요지서의 작성에 의해 충족된다.
8. 배제합의의 가부: 중재법상 중재판정 취소의 소를 배제하는 합의는 허용되지 않는다.
9. 증거조사에 관한 법원의 조력: ICC 중재규칙에 규정이 없으나 중재법에 따라 가능하다.
10. 판정 원본의 법원 보관: ICC 중재규칙에 규정이 없으나 중재법에 따라 보관해야 한다. 실무상은 보관하지 않으나 이는 중재판정의 효력과는 무관하다.

이상의 논의를 통해 우리 중재법은 한국에서 ICC 중재를 행하는 데 대하여 별다른 어려움을 초래하지 않음을 확인하였다. 우선 ICC 중재의 가장 큰 특색인 ① 중재위탁요지서의 작성, ② 중재법원의 판정문 초안 검토와 ③ 중재비용의 당사자 간 균등예납은 중재절차에 관한 사항으로서 전적으로 ICC 중재규칙에 따라 처리된다. 또한 중재인의 임시적 처분(위 4.)과 객관적 준거법의 결정(위 6.)도 당사자의 합의에 기초하여 ICC 중재규칙에 의하여 처리된다.

118) ICC 중재합의가 집행절차에서 주권면제의 포기인가와 ICC 중재판정의 승인 및 집행은 이와 직접관련되지 않으므로 표에서는 제외하였다.

한편 중재인의 판정권한에 관한 다툼(위 1.)과 중재인의 기피의 처리(위 2와 3)에 관하여는 중재법이 ICC 중재규칙을 보충하는 역할을 한다. 다만 ICC 중재규칙이 정한 중재인의 기피사유가 액면 그대로 인정될 수는 없지만 큰 문제는 아니다. 감정인의 기피(위 5.)와 증거조사에 관한 법원의 조력(위 9)에 관하여도 마찬가지이다. 중재판정 원본의 법원 보관(위 10.)은 번거롭기는 하지만 가사 이를 준수하지 않더라도 법적으로 문제될 것은 없다.[119] 다만 형평과 선에 의한 판단(위 7.)에 관하여는, 우리 중재법상으로는 ICC 중재합의만으로는 부족하고 별도의 명시적 합의가 있어야 하나 이는 실무상 중재위탁요지서의 작성에 의해 충족되므로 문제될 것이 없다. 마지막으로 ICC 중재규칙(제28조 제6항)이 배제합의인가에 관하여는(위 8.) 우리 중재법상 이를 부정하더라도 ICC 중재규칙이 그런 상황을 이미 상정하므로 문제될 것이 없다. 이처럼 중재지에 관계없이, 즉 중재지의 중재법에 의한 큰 제약 없이 ICC 중재규칙에 따른 중재를 진행할 수 있다는 점이 ICC 중재의 장점이다. 대한상사중재원의 국제중재규칙도 장기적으로 이런 목표를 추구해야 한다.[120]

다만 이 글에서 저자의 분석은 모든 쟁점을 망라적으로 다룬 것은 아니므로 앞으로 좀더 치밀하게 분석할 필요가 있는데, 그 과정에서 우선 우리 중재법 중 강행규정이 무엇인지를 명확히 파악해야 한다. 이런 작업을 통하여 비로소 한국에서 행해지는 ICC 중재에 적용되는 규범의 전모를 정확히 파악할 수 있게 될 것이다.

후 기

[2017년 ICC 중재규칙의 개정]

위에 언급한 바와 같이 2012년 개정된 ICC 중재규칙은 2017년 다시 개정되어 2017. 3. 1. 발효되었다. 2017년 개정의 목적은 크게 중재절차의 효율성과 투명성을 제고하고, 원칙적으로 미화 200만 달러 미만의 사건에 대하여 낮은 비용에 의한 신속하고

119) 입법론적으로는 기관중재의 경우 중재판정 원본의 법원 보관요건을 면제하는 것이 바람직하다는 점은 위에서 언급하였다.

120) 그러나 대한상사중재원의 국제중재규칙이 세월이 흘러 ICC 중재규칙처럼 국제화되기 전, 특히 시행 후 초기 단계에서는 중재지가 한국인 경우가 대부분일 것이므로 중재법과 국제중재규칙의 정합성에 대한 법적, 정책적 고려가 긴요하다. 이러한 고려가 결여된 점에서 국제중재규칙은 잘못된 것이다. 상세는 석광현(註 23), 71면 이하 참조. 이 점은 2011년 9월 1일부터 시행되고 있는는 개정 국제중재규칙의 경우에도 마찬가지이다.

간이한 절차(Expedited Procedure)를 도입한 것이다. ICC는 그와 함께 “Note to Parties and Arbitral Tribunals on the Conduct of the Arbitration under the ICC Rules of Arbitration” (Note to Parties)을 공표하였다. 소개는 안건형, “2017 ICC 개정 중재규칙의 주요내용과 시사점”, 무역연구 제13권 제4호(2017. 8.), 357면 이하 참조.

[중재판정부의 임시적 처분]

2016년 중재법은 중재판정부의 임시적 처분에 관한 조문을 대폭 수정하였다. 이는 2006년 개정 모델중재법을 수용한 결과이다. 다만 임시적 처분에 관한 중재법의 조문은 원칙적으로 임의규정이므로 중재지가 한국이더라도 당사자가 ICC 중재규칙을 적용하기로 합의하였다면 중재판정부의 임시적 처분은 중재법이 아니라 ICC 중재규칙에 따를 사항이다. 중재판정부의 임시적 처분에 관한 2016년 중재법의 개정 내용은 위 각주 48에 언급한 저자의 논문 또는 이 책 [3] 논문에서 상세히 논의한다.

[취소사유가 있는 한국 중재판정의 효력]

저자는 위에서 제35조의 문언을 그대로 두고 제38조를 “대한민국에서 내려진 중재판정은 제36조 제2항의 사유가 없으면 집행되어야 한다”로 수정하여야 한다고 썼다. 이는 제35조에 따라 내국중재판정에 강한 효력을 부여하자는 견해이다. 그러나 2016년 중재법은 그와 달리 제38조를 실질적으로 유지하면서 제35조를 개정하여 “중재판정은 양쪽 당사자 간에 법원의 확정판결과 동일한 효력을 가진다. 다만, 제38조에 따라 승인 또는 집행이 거절되는 경우에는 그러하지 아니하다.”고 규정한다. 따라서 내국중재판정은 승인거부사유, 즉 취소사유가 있으면 취소되기 전에도 기판력이 없는 것과 같은 결과가 되었고 그로 인하여 중재판정 취소의 성질이 달라지게 되었다는 비판을 받기에 이르렀다. 이 점은 이 책 [2] 논문에서 상세히 논의한다.

제 6 장 국제상사중재, 국제통상분쟁해결절차와 국제투자중재

[10] 국제분쟁해결의 맥락에서 본 국제상사중재:
통상분쟁해결절차 및 투자중재와의 대비를 중심으로

[10] 국제분쟁해결의 맥락에서 본 국제상사중재: 통상분쟁해결절차 및 투자중재와의 대비를 중심으로

前 記

이 글은 저자가 서울대학교 法學 제55권 제2호(2014. 6.), 237면 이하에 게재한 글로서 명백한 오타와 오류를 제외하고는 원칙적으로 수정하지 않은 것이다. 다만 제목에 부제를 추가하였고, 사소하게 수정한 부분은 밑줄을 그어 표시하였다. 참고할 사항은 말미의 후기에 적었다.

Ⅰ. 들어가며

국제거래와 관련된 분쟁 해결의 세 가지 영역, 즉 ① 다자간 무역기구인 세계무역기구(World Trade Organization. "WTO") 협정(이하 "WTO 협정"이라 한다), 보다 정확히는 '분쟁해결규칙과 절차에 관한 양해(Understanding on Rules and Procedures governing the Settlement of Disputes. "DSU") 또는 지역간 무역협정체제인 자유무역협정(Free Trade Agreement)(이하 "FTA"라 한다) 하에서의 분쟁해결절차인 국제통상분쟁해결절차(이하 "통상분쟁해결절차"라 한다), ② 1965년 "국가와 타방국가 국민간의 투자분쟁의 해결에 관한 협약(Convention on the Settlement of Investment Disputes between States and Nationals of Other States)"(이하 "ICSID 협약"이라 한다) 또는 FTA나 양자투자협정(Bilateral Investment Treaty)(이하 "BIT"라 한다)에 따른 국제투자중재(이하 "투자중재"라 한다)와 ③ 국제상사중재(이하 "상사중재"라 한다)[1]는 독립적으로 또한 상호 영향을 주고 받으면서 발전하고 있다. 여기에서는 종래 3자의 異同과 유기적 관련을 인식하고 장래의 수렴(내지 접근) 가능성을 충분히 유념하면서, 그 중에서도 가장 널리 이용되면서 기본이 되는 상사중재를 전반적으로 논의한다. 이 글은 서울대학교 법학연구소의 2013년 공

1) 그 밖에도 전통 국제법상의 중재가 있으나 여기에서는 일단 제외한다. 국제통상분쟁해결절차가 중재 개념에 포섭되는지는 논란의 여지가 있으나 일단 '국제통상분쟁해결절차'라는 용어를 사용한다.

동연구사업인 "국제통상, 투자, 상사 중재/분쟁해결절차의 비교 연구"의 일환으로 발표하는 것이다.[2] 통상분쟁해결절차와 투자중재절차에서는 각각 WTO 협정과 ICSID 협약을 중심으로 다룰 수 있는 데 반하여 상사중재절차에서는 그에 비견할 만한 조약은 없다. 따라서 상사중재절차를 다룸에 있어서는 주요국의 중재법을 검토해야 하나 이는 부담이 크고, 우리 중재법은 국제연합 국제거래법위원회(UNCITRAL)가 1985년 채택한 "국제상사중재에 관한 모델법"(이하 "모델중재법"이라 한다)을 전면 수용한 것으로 상당한 국제적 보편성을 가지므로[3] 중재에 관한 국내법의 대표로서 우리 중재법을 중심으로 논의하고(이하 "중재법"이라 함은 우리 중재법을 말한다), 필요에 따라 프랑스, 영국, 미국 등의 중재법을 언급한다. 다양한 중재규칙에 의해 규율되는 상사중재의 구체적 절차에 관한 논의는 원칙적으로 생략한다.

1. 통상분쟁해결절차 및 투자중재와 대비한 상사중재의 특성과 차이점

상사중재는 국제소송과 비교하여 다양한 특성, 즉 장·단점을 가지는데,[4] 이는 대체로 통상분쟁해결절차와 특히 투자중재에도 공통되는 사항이다.[5] 그러나 통상분쟁해결절차 및 투자중재와 비교하여 상사중재는 다양한 차이가 있는데 여기에서는 상사중재의 관점에서 바라본 차이를 간단히 요약하고 아래 관련 부분에서 보완하나, 3자의 이동(異同)에 관한 체계적 논의는 별도의 발표에 맡긴다. 아래에서는 상사중재 자체에 대한 기술에 중점을 둔다. 통상분쟁해결절차 중에서는 WTO 분쟁해결절차를 주로 염두에 둔다. 한편 투자중재에는 ICSID 협약에 따른 중재(이하 "ICSID 투자중재"라 한다)와 UNCITRAL 중재규칙 또는 ICC 중재규칙과 같은 중재규칙에 따른 중재(이하 "비 ICSID 투자중재"라 한

2) 근자에 우리나라에서도 투자중재와 상사중재를 비교한 논문이 발표되었다. 김성룡·안건형, "상사중재와 투자조약중재에 관한 비교연구", 중재연구 제24권 제1호(2014. 3.), 59면 이하 참조. 투자중재에 관하여는 우선 강병근, ICSID 중재제도 연구(2006), 비 ICSID 투자중재 중 UNCITRAL 중재규칙에 의한 투자중재에 관하여는 신희택, 국제투자분쟁에서의 UNCITRAL 중재규칙 활용 실무(2013) 참조. BIT에 관하여는 장승화, 양자간 투자협정 연구(2001) 참조.

3) 모델중재법을 채택한 독일 민사소송법의 중재편과 일본의 중재법은 우리 중재법과 매우 유사하다.

4) 상세는 석광현, 국제상사중재법연구 제1권(2007), 10면 이하 참조.

5) 다만 상소기구를 두고 있는 통상분쟁해결절차의 경우 단심제라는 원칙은 타당하지 않다.

다)가 있고, 후자는 전자와 달리 중재절차, 중재판정에 대한 불복과 승인·집행의 맥락에서 상사중재와 유사성을 보이므로 위 양자를 구별할 필요가 있는데 아래에서는 ICSID 투자중재를 주로 염두에 두되 필요한 경우 비 ICSID 투자중재를 언급한다.

첫째, 당사자의 측면에서 통상분쟁해결절차의 경우 양 당사자가 모두 WTO 회원국 또는 조약의 당사국인 국가이고, 투자중재의 경우 일방, 특히 신청인은 투자자,[6] 상대방은 당사국인 투자유치국인 데 반하여, 상사중재의 경우 양 당사자는 분쟁 당사자로서 대체로 국제거래의 주체인 기업이다. 둘째, 분쟁대상의 측면에서 통상분쟁해결절차와 투자중재의 경우 각각 WTO 회원국 조치의 WTO 협정 위반 여부와, 투자유치국 조치의 ICSID 협약 또는 투자 관련 조약 위반 여부라는 제한된 범위에 한정되고, 구체적으로는 조약의 사항적(또는 물적) 적용범위의 문제로 논의되는 데 반하여, 상사중재의 경우 무역, 건설, 보험, 선박건조, 운송과 금융[7] 등 상거래분쟁으로서 매우 다양하지만 중재가능성(또는 중재적격. arbitrability)이 있어야 한다는 제한이 있는데 그 범위는 각국의 분쟁해결정책에 따라 다르지만 점차 확대되는 경향이 있다.[8] 따라서 통상분쟁해결절차와 투자중재에서는 분쟁대상이 제한적이고 응집성을 가지므로 각각 분쟁의 절차와 실체의 연구가 병행하는 경향이 있으나, 상사중재의 경우 분쟁대상이 다양하므로 중재전문가들은 상대적으로 주로 절차의 연구에 치중하는 경향이 있다. 셋째, 법적 근거의 측면에서 통상분쟁해결절차는 조약인 WTO 협정, 그 중에서도 특히 DSU 또는 FTA에 근거하고, 투자중재는 ICSID 협약이나 FTA, 양자투자협정(BIT) 등의 조약에 근거한 것인 데 반하여, 상사중재는 중재법 또는 민사소송법 등 국내법에 근거한 것이다. 국제사회는 상사중재에 관한

6) 이처럼 투자자가 투자유치국을 상대로 신청하는 점에서 일방향성을 투자중재의 특징으로 지적하기도 한다. 김성룡·안건형(註 2), 67면. 다만 투자유치국도 반대신청은 할 수 있다.

7) 금융분쟁은 대체로 중재가능성이 있지만 종래 중재에 친하지 않은 것으로 인식되었다. 그러나 근자에는 금융중재가 점차 확산되고 있다. 예컨대 2013 ISDA Arbitration Guide는 1992 and 2002 ISDA Master Agreements에 따른 분쟁 발생시 중재를 도입하였고 Panel of Recognized International Market Experts in Finance (P.R.I.M.E. Finance)라는 금융분쟁해결을 위한 중재기구가 2012년 헤이그에 설립되었다. P.R.I.M.E. Finance는 UNCITRAL 2010년 중재규칙을 기초로 이를 기관중재화하여 중재규칙을 마련하였다.

8) 대상의 측면에서 투자중재와 상사중재의 접점이 있는데 우산조항(umbrella clause)에 의하여 계약상의 청구가 조약상의 청구가 되기도 한다. 중재가능성의 범위는 국가에 따라 다르나 확대되고 있고 근자에는 '국제적 중재가능성'이라는 개념도 등장한다. Karim Youssef: in Loukas A. Mistelis, and Stavros L. Brekoulakis (eds.), *Arbitrability: International & Comparative Perspectives* (2008), para. 3-53 참조.

국내법을 조화시키기 위하여 모델중재법을 제정하였고 우리나라를 포함한 많은 국가들이 이를 채택함으로써 실제로 상당한 소기의 성과를 달성하였다. 넷째, 분쟁의 실체를 규율하는 규범의 측면에서 통상분쟁해결절차의 경우는 조약이나, 투자중재의 경우는 당사자자치가 허용되고 합의가 없으면 국내법과 조약인 데 반하여, 상사중재의 경우는 당사자자치가 허용되고 합의가 없으면 국내법, 국내법규와 법의 일반원칙 등이다. 다섯째, 중재절차를 규율하는 규범의 측면에서 통상분쟁해결절차와 투자중재의 경우는 거의 전적으로 조약인 데 반하여, 상사중재의 경우는 대체로 중재지의 중재법과 당사자가 선택한 중재기관의 중재규칙이다.[9] 여섯째, 중재절차에 대한 국내법원의 관여의 측면에서 통상분쟁해결절차와 투자중재의 경우는 국내법원의 통제가 전혀 없거나 제한되는 데 반하여, 상사중재의 경우는 법원의 통제가 일정 범위 내에서 허용되며 필요하다. 일곱째, 중재판정에 대한 불복의 측면에서 통상분쟁해결절차와 투자중재의 경우는 국가법원의 관여가 전혀 없거나 제한되는 데 반하여, 상사중재의 경우 중재지 국가법원의 통제가 존재한다. 여덟째, 중재판정의 집행의 측면에서 통상분쟁해결절차나 투자중재의 경우에는 근거 조약상 중재판정이 집행력이 있는 데 반하여 상사중재의 경우는 법원의 집행판결(결정) 또는 등록 등이 필요하다.

요컨대 상사중재는 투자중재와 특히 통상분쟁해결절차가 국내법원과 상당부분 또는 완전히 절연되어 있는 것과 달리 국내법원에서의 소송에 대한 대체적 분쟁해결수단으로서 지위를 가지고 법원 및 소송과 영향을 주고 받으며 협력 내지 긴장관계를 유지하면서[10] 발전해가고 있다. 따라서 상사중재에 대한 국내법의 태도는 각국의 민사소송 내지 상사중재에 대한 시각에 따라 다를 수밖에 없는데 국내법 나아가 법계의 영향을 받는 것은 사실이다. 한편 상사중재가 지나치게 소송화하는 데 대한 우려가 없지는 않지만, 점차 민사소송으로부터 독자성을 강화하는 방향으로 진화하고 있다.

2. 기관중재(또는 임시중재)

기관중재(institutional arbitration)의 경우 특정 중재기관이 중재절차를 관리하

9) 임시중재의 경우 당사자가 선택한 임시중재규칙 또는 당사자의 합의이다.

10) 양자의 긴장관계는 판정부의 anti-suit injunction과 법원의 anti-arbitration injunction에서 드러진다.

는 데 반하여, 임시중재(*ad hoc* arbitration)[11]의 경우 중재판정부("판정부")가 중재절차의 모든 측면을 통제한다. 상사중재의 대표적 중재기관으로는 국제상업회의소(ICC) 국제중재법원, 런던국제중재법원(LCIA)과 미국중재협회(AAA) 및 ICDR[12]과 대한상사중재원(KCAB) 등이 있는데 이들은 각각 중재규칙을 가지고 있다.[13] 한편 UNCITRAL에는 상설중재재판소는 없고 UNCITRAL 중재규칙은 임시중재를 위한 규칙이다.[14] 우리 중재법상 중재는 양자를 모두 포함한다.

3. 관할권(중재합의)

분쟁을 중재에 의하여 해결할 수 있는 중재인의 권한(또는 관할권)은 중재합의에 의하여 발생하며 권한의 범위도 그에 의하여 결정된다. 중재합의는 주된 계약과는 별개로서 독립성을 가진다(중재법 제17조 제1항 2문). 상사중재의 경우 중재판정이 중재부탁의 범위를 벗어나는 사항에 관한 결정을 포함하는 것은, 중재인의 권한유월로서 중재판정의 취소사유(중재법 제36조 제2항 제1호 다목) 내지 승인거부사유(뉴욕협약 제5조 제1항 c호)가 된다. 투자중재의 경우에도 중재합의가 필요하고 이는 ICSID 투자중재의 경우에도 마찬가지이나 다양한 방법에 의하여 중재합의의 성립이 완화되어 있다.[15] 반면에 통상분쟁해결절차에서는 WTO 협정 등 조약 자체에 근거하여 분쟁해결절차를 개시할 수 있고 중재합의 기타 분쟁해결을 위한 별도의 합의는 불필요하다. 이처럼 상사중재에서 중재합의가 중요하므로 당사자의 신중한 의사결정을 위하여 뉴욕협약이나 모델중재법은 중재합의의 서면성을 요구하였으나, 개정된 모델중재법(제7조)에서 보듯이 서면요건은 점차 완화되고 있다.

---

11) 이를 '임의중재'라고 번역하기도 한다.

12) 이는 미국중재협회(AAA)가 국제상사중재의 처리를 위하여 아일랜드 더블린에 설치한 국제분쟁해결센터(ICDR)이다.

13) 개정 ICC 중재규칙은 2012. 1. 1.부터, 개정 KCAB 국제중재규칙은 2011. 9. 1.부터 각 시행되고 있다. 전자에 관하여는 Jacob Grierson/Annet van Hooft, Arbitrating under the 2012 ICC Rules: An Introductory User's Guide (2012) 참조. WIPO도 조정규칙과 별도로 중재규칙을 가지고 있다.

14) UNCITRAL 중재규칙도 2010년 개정되었다. 이는 우선 Sophie Nappert, *Commentary on the UNCITRAL Arbitration Rules 2010: A Practitioner's Guide* (2012) 참조.

15) 중재인의 권한에 대한 다툼은, 중재합의의 효력이 제3자에게 미치는가가 다투어지는 상사중재보다 조약 해석을 둘러싸고 다툼이 발생하는 투자중재에서 더 빈번하다. Karl Heinz Böckstiegel, "Commercial and Investment Arbitration: How Different are they Today?", *Arbitration International*, Volume 28 Issue 4 (2012), p. 583.

중재인이 임시적 처분을 할 수 있는지도 당사자의 합의, 특히 중재규칙의 지정에 의하여 결정된다. 복수 국가의 법원에 보전처분을 신청하는 대신 중재인의 임시적 처분을 통하는 것이 실효적이므로 근자에 그 중요성이 커지고 있는데 그 범위는 국내법과 중재규칙에 따라 다르다. 특히 중재인이 일방의 신청에 따라 상대방에 대한 신문 없이 임시적 처분(*ex parte* interim measures)을 할 수 있는지는 논란이 있는데, 2006년 개정된 모델중재법(제17조A 이하)이 일정한 요건 하에 이를 허용하나 2010년 개정된 UNCITRAL 중재규칙은 상응하는 규정을 두지 않는다.[16] 투자중재의 경우에는 판정부는 임시적 처분을 명하는 것이 아니라 당사자에게 임시적 처분을 권고할 수 있을 뿐이나(예컨대 ICSID 협약 제47조, ICSID 중재절차규칙 제39조),[17] DSU는 통상분쟁해결절차에 관하여 임시적 처분을 규정하지 않으므로 이는 가능하지 않다.

4. 국가법원

가. 국가법원의 통제와 지원

중재는 사적(私的) 분쟁해결수단이므로 판정부는 강제력을 가지지 아니한다. 따라서 중재절차를 원만히 진행하고 중재판정의 실효성을 보장하자면 국가법원의 지원이 필요하고, 또한 중재의 절차적 공정성과 적법성을 담보하기 위하여도 법원의 감독과 통제가 필요하다. 그러나 국가법원의 지나친 관여는 중재의 사적 성질을 침해할 수 있고, 중재절차를 지연시키거나 지연전략으로 남용될 수 있으므로 이는 적절한 범위로 제한되어야 한다. 국가법원의 관여 범위는 입법례에 따라 상이하다.

중재법(제6조)은, 법원은 중재법이 정한 경우를 제외하고는 중재법에 관한 사항에 관여할 수 없다고 하여 간결하지만 매우 중요한 원칙을 명시한다. 이는 법원의 관여를 상정하는 모든 경우를 열거함으로써, 언제 법원의 행위가 허용되는지를 확실하게 하여 당사자와 판정부의 안정성을 제고하려는 것이다.[18] 법

16) Nappert(註 14), p. 99는 UNCITRAL 중재규칙의 해석상 이는 가능하다고 하나 의문이다.

17) 이는 국가주권에 대한 존중에서 비롯된 것이나, 협약의 문언에도 불구하고 최근 임시적 처분의 법적 구속력을 지지하는 ICSID 중재판정례가 늘어나고 있고, 근자에는 ICSID 협약이 비록 권고라는 표현을 사용하나 실제로는 법적 강제력이 있는 의무를 부과하는 것이라는 판정도 있다. 신희택(註 2), 150면 이하 참조.

18) Howard M. Holtzmann and Joseph E. Neuhaus, A Guide To The UNCITRAL Model Law On International Commercial Arbitration: Legislative History and Commentary (1989), p. 216.

원의 관여에는 판정부를 감독(supervision) 또는 통제(control)하기 위한 것과 판정부를 지원하기 위한 것이 모두 포함된다.[19]

이처럼 상사중재에서는 일정한 경우(특히 중재판정의 취소와 집행의 경우) 중재판정이 중재지 국가법원의 통제 하에 놓이는 반면에, 통상분쟁해결절차와 투자중재에서는 중재절차에 대한 국내법원의 통제가 전혀 없거나 제한될 뿐만 아니라,[20] 투자중재의 경우 법원을 포함한 국가기관의 주권적 행위가 중재인의 통제 하에 놓이는 역전현상이 발생한다. 그런 의미에서 국제거래에서 투자자를 보호함으로써 투자를 증진한다는 명분 하에 도입되고 확대된 투자중재는 국가의 사법주권을 과도하게 제한하는 것으로서 이제는 지나치게 웃자란 것이라는 생각이 든다. UNCITRAL에서는 2017년 제50차 전체회의에서 투자자 국가 간 분쟁해결(investor-State dispute settlement)(ISDS)과 관련하여 개선방안을 마련하기로 하였고 그에 따라 제3작업반에서 작업이 진행되고 있다. UNCITRAL에서는 ISDS 제도 개선에 대하여는 공감대가 형성되었으나 구체적인 방법에 관하여는 견해가 나뉘는데, 미국과 일본은 상설국제투자법원(permanent investment tribunal)의 도입에 대하여 반대하였으나 EU를 비롯한 다른 국가들은 상설국제투자법원의 도입을 포함하여 UNCITRAL에서 투자분쟁해결제도 개선을 본격적으로 논의하는 방안을 지지하였다고 한다. 이재민, "제34차 투자자-국가 간 분쟁해결제도 개선 실무회의 참가보고서", 법무부, 국제거래법연구단 2017년 국제회의 참가 연구보고서(2018. 5.), 84면 이하 참조. [밑줄 부분은 이 책에서 새로 추가한 것이다.]

주목할 것은 2011년 5월 개정된 프랑스 민사소송법이 중재에 대한 지원을 강화하기 위하여 '지원판사(또는 후견판사. *juge d'appui*)' 제도를 도입한 점이다. 제1심법원인 파리 대심법원의 법원장(*le président du tribunal de grande instance de Paris*)이 담당하는 지원판사는 원칙적으로 중재지가 프랑스이거나 중재절차의 준거법이 프랑스이거나 당사자들이 그러한 권한을 부여한 경우에 한하여 조

이하 위 책을 "Holtzmann/Neuhaus"라 인용한다.

19) 목영준, 상사중재법(2011), 27면 이하(이를 "목영준"이라 인용한다).

20) 저자는 석광현, "중재법의 개정방향: 국제상사중재의 측면을 중심으로", 서울대학교 법학 통권 제164호(제53권 제3호)(2012. 9.), 579면에서 투자중재에 대해 중재법이 적용될 여지는 별로 없으므로 그와 관련하여 중재법을 개정할 필요는 별로 없다고 하였으나, 비 ICSID 투자중재의 경우 조약이 규율하지 않는 범위 내에서 중재지 국가법원의 통제가 가능하므로 2014년 현재 진행중인 중재법 개정작업에서도 중재지가 한국인 비 ICSID 투자중재에 중재법이 보충적으로 적용될 수 있음을 고려할 필요가 있다.

치를 취할 수 있으나, 예외적으로 당사자들이 재판의 거부(*déni de justice*)라는 위험에 노출될 우려가 있는 경우 프랑스와 아무런 관련이 없더라도 지원조치를 취할 수 있는데(제1505조 제4항), 이는 프랑스를 국제중재의 중심지로 만들기 위한 것이다.[21)]

나. 소송과 중재의 경합

상사중재에서는 국가법원에서의 소송과 중재절차의 경합 내지 관계도 문제된다. 1958년 "외국중재판정의 승인 및 집행에 관한 국제연합협약"(뉴욕협약)(제2조)에 따르면 당사자들이 중재합의를 한 사항에 관하여 소송이 제기되었을 때에는 법원은 일방 당사자의 청구에 따라서 당사자들을 중재에 회부하여야 하는데, 국가에 따라 법원이 소송절차를 중지(stay)하고 중재판정을 기다리거나 소를 각하하기도 하나(예컨대 영국 중재법 제9조), 우리 중재법(제9조 제1항)은 소를 각하하도록 규정한다. 그러나 당사자가 항변을 제출하지 않으면 양 절차가 경합할 수도 있다. 이와 관련하여 판정부가 소송유지명령(anti-suit injunction)도 내릴 수 있는지가 문제인데, 2006년 개정된 모델중재법(제17조 제2항)은 이를 명시적으로 허용하므로 우리도 이를 도입할지를 검토할 필요가 있다.[22)] 2016년 중재법이 2006년 개정모델법을 수용함으로써 이제 중재판정부는 소송유지명령을 할 수 있다. 상세는 이 책 논문 [4] 참조. [밑줄 부분은 이 책에서 새로 추가한 것이다.]

Ⅱ. 절차의 기본문제

1. 관할(근거): 관할에 대한 이의

중재합의의 적극적 효력의 결과 판정부는 중재절차를 진행하고 판정을 내리는 권한을 가진다. 당사자가 판정부의 권한을 다툴 경우, 판정부가 중재절차를 중지하고 자신의 권한에 관한 법원의 판단을 기다려야 하는지, 아니면 스스로 판단하고 중재절차를 진행할 수 있는가라는 까다로운 문제가 제기된다.

---

21) 안건형 · 유병욱, "프랑스 개정 민사소송법의 주요내용과 시사점", 민사소송 제15권 제2호(2011), 101면.

22) 상세는 석광현(註 20), 552면 이하 참조.

중재법(제17조)은 모델중재법 제16조를 따라 Kompetenz-Kompetenz 원칙, 즉 판정부가 자신의 권한에 관하여 판단할 수 있음을 명시한다. 이 원칙은 근자의 국내법(영국 중재법 제30조, 프랑스 민사소송법 제1465조, 제1506조)과 국제규범에 의해 널리 승인되고 있다. 분쟁해결의 효율성과 당사자 지위의 보호를 이유로 판정부가 법원의 판단을 기다려야 한다는 견해도 있으나, 그에 따르면 중재절차에 불만이 있는 당사자가 중재절차를 지연시키는 책략으로서 판정부의 권한에 대해 이의를 악용할 우려가 있다. 모델중재법(제17조 제3항)과 이를 따른 중재법(제17조 제5항, 제6항)은 당사자의 이의제기가 있으면 판정부는 권한에 대하여 선결문제로서 결정하거나 본안에 관한 중재판정에서 함께 판단할 수 있도록 함으로써 타협안을 채택하였다.[23] 타협안의 장점은, 판정부가 개별사건에서 중재인의 권한에 대한 이의가 지연책략으로 이용될 위험과, 무용한 중재절차에서 비용과 시간을 낭비할 위험을 교량하여 적절히 대응할 수 있다는 데 있다.[24] 반면에 프랑스 민사소송법(제1465조, 제1506조 제3항)은 판정부에게 전속적 권한을 부여한다. 미국에서도 중재판정부의 권한판단권한을 인정하고 당사자들이 중재판정부에게 전속적 권한을 부여하는 합의도 허용한다.[25]

2. 당사자적격: 제3자 참여

통상분쟁해결절차의 경우 양 당사자가 모두 국가이고, 투자중재의 경우 일방은 투자유치국 상대방은 관련 조약이 정한 투자자이므로 중재절차의 당사자가 될 수 있는 자격, 즉 당사자적격이 중요한 의미를 가진다. 한편 상사중재의 경우 양 당사자는 분쟁 당사자일 뿐이고 조약 등에서 당사자를 제한하지 않으므로 당사자적격은 별로 문제되지 않으며 중재합의의 효력이 미치는 당사자인지가 문제된다. 또한 국제민사소송에서 당사자가 타인을 위하여 소송수행권을 가지는 경우가 있고 이 권한은 실체법 또는 절차법으로부터 유래하므로 사안에 따라 국제사법 또는 국제민사소송법적 고려가 필요한데 유사한 논의가 상사중

---

23) 중재법상 판정부가 권한이 없다고 판단한 경우 이는 중재판정 취소의 대상이 되지 않으므로(대법원 2004. 10. 14. 선고 2003다70249, 70256 판결) 당사자는 법원에 불복할 수 없는데, 이를 개정하자는 의견도 있다.

24) Holtzmann/Neuhaus, p. 486.

25) *First Options of Chicago, Inc. v. Kaplan*, 514 U.S. 938, 942. Gary B. Born, *International Commercial Arbitration* Vol Ⅰ (2009), p. 865 이하 참조.

재에서도 타당할 수 있다.[26] 특히 상사중재의 당사자는 대부분 상거래 주체인 기업 특히 회사이므로 당사자의 파산이 중재합의와 중재절차 등에 미치는 효력이 문제된다.[27]

3. 준거법[28]

분쟁의 실체를 규율하는 준거규범을 보면, 통상분쟁해결절차의 경우는 주로 조약이나, 투자중재의 경우는 당사자자치가 허용되고 합의가 없으면 국내법과 조약인 데 반하여,[29] 상사중재의 경우는 당사자자치가 허용되고 합의가 없으면 국가의 법이나 법의 규칙(rules of law) 또는 법의 일반원칙 등이다. 상사중재의 준거규범은 아래와 같이 결정된다.

가. 당사자자치의 원칙

당사자는 분쟁의 실체에 적용할 법을 지정할 수 있다. 이것이 '당사자자치(party autonomy)'의 원칙인데, 중재에서는 소송보다 당사자자치가 더 넓게 인정된다. 중재법(제29조 제1항)은 물론 외국 중재법과 중재규칙들도[30] 이를 명시한다. 중재법(제29조)상 당사자들은 특정국가의 법체계가 아닌 법의 규칙(rules of law)을 지정할 수 있다. 특히 국가계약(state contracts)의 경우에 법의 일반원칙을 선택할 가능성이 크다.

나. 분쟁의 실체의 객관적 준거법

당사자들의 준거법 지정이 없는 경우 [1] 중재인은 저촉규범의 중개를 거

---

26) 예컨대 우리 법상 조합이 원고가 되어 제소하는 경우 소송의 목적이 조합원 전원에 대하여 합일적으로 확정되어야 하는 때라면 조합원 전원이 공동으로 당사자가 되어야 한다. 석광현, "國際訴訟의 外國人當事者에 관한 몇 가지 문제점", 국제사법과 국제소송 제4권(2007), 137면 이하 참조. 소송에서와 유사한 논리를 상사중재에 적용하기도 하나(Rolf A. Schütze, *Schiedsgericht und Schiedsverfahren*, 4. Auflage (2007), §2 Rn. 86), 중재인들이 자유롭게 판단하기도 한다.

27) 이런 논점은 *Vivendi v. Elektrim* 사건을 계기로 부각되었다.

28) 상세는 Gary B. Born, *International Commercial Arbitration* Vol Ⅱ (2009), p. 2105 이하 참조. 우리 문헌은 석광현(註 4), 145면 이하 참조.

29) 예컨대 ICSID 협약 제42조 참조.

30) 프랑스 민사소송법 제1511조, 영국 중재법 제46조 제1항)과 중재규칙(ICC 중재규칙 제21조, UNCITRAL 중재규칙 제35조 제1항 등.

쳐야 하는가, [2] 만일 그렇다면 그것은 중재지의 저촉규범이어야 하는가와, [3] 중재인이 저촉규범의 중개를 거쳐 또는 곧바로 실질법을 적용하는 경우, 특정국가의 법체계가 아닌 법의 규칙(rules of law)을 적용할 수 있는가가 문제된다. 위 [1]과 관련하여 프랑스 민사소송법(제1496조 제1항)에 따르면 중재인은 실질법을 곧바로 적용할 수 있고—'직접적 방법'(*voie directe*)—, 그 경우 법의 규칙을 적용할 수 있다.[31] 그러나 모델중재법(제28조 제2항), 다수의 중재규칙과 입법례는 저촉규범의 중개를 요구한다. 우리 중재법(제29조 제2항)은 "중재판정부는 분쟁의 대상과 가장 밀접한 관련이 있는 국가의 법을 적용하여야 한다"고 연결원칙을 직접 규정한다. 위 [2]와 관련하여 중재인이 저촉규범을 적용해야 한다면 그 저촉규범을 결정해야 한다. 중재법은 직접 저촉규범을 제시하므로 이런 문제는 없으나, 국제적으로는 ① 중재지의 (통상의) 저촉규범, ② 중재절차의 준거법 소속국의 저촉규범과 ③ 중재인이 적절하다고 판단하는 저촉규범 등이 후보로 거론된다. 위 [3]과 관련하여 중재법(제29조 제2항)은 특정 국가의 법을 적용하도록 함으로써 중재인이 상인법과 같이 특정 국가의 법이 아닌 규범을 적용할 가능성을 배제한다. UNCITRAL 중재규칙(제35조 제1항)도 같은 취지이다.

다. 형평과 선에 의한 중재판정

중재인이 법규범 대신 형평과 선(*ex aequo et bono*)에 따라 판정할 수 있는가가 문제되는데, 중재법(제29조 제3항)은 당사자들의 명시적 수권이 있는 경우에만[32] 이를 허용하는데, 그 경우 중재인은 법의 엄격한 적용을 완화할 수 있는 재량을 가진다. 이는 당사자의 (명시적) 수권이 없는 한 상사중재는 여전히 법에 의한 분쟁해결이라는 점을 보여준다.

라. 계약의 준수와 상관습의 고려

판정부는 계약에서 정한 바에 따라 판단하고 해당 거래에 적용될 수 있는 상관습을 고려하여야 한다(중재법 제29조 제4항).

---

31) ICC 중재규칙(제21조 제1항 2문)도 같다. UNCITRAL 중재규칙(제35조 제1항)도 저촉규범의 중개를 요하지 않는다.

32) 반면에 ICC 중재규칙(제21조 제3항)상으로는 당사자의 수권만으로 족하다.

마. 국제상사중재와 국제적 강행법규의 적용 또는 고려

국제소송에서는 준거법이 외국법이라도 그의 적용이 배제되지 않는 국제적 강행법규(internationally mandatory rules)[33]의 적용을 둘러싸고 다양한 논의가 있다. 즉 국제적 강행법규에는 ① 법정지의 국제적 강행법규, ② 준거법 소속국의 국제적 강행법규와 ③ 그 밖의 즉 제3국의 국제적 강행법규가 있는데 법원이 이를 적용(고려)해야 하는지와 그 근거를 둘러싸고 논란이 있다.

국제상사중재에서 중재인은 실체에 관한 중재지의 국제적 강행법규를 적용할 의무가 없으므로 중재지의 국제적 강행법규도 제3국의 국제적 강행법규와 동일하게 취급된다. 근자에는 국제적 강행법규라는 이유만으로 일률적으로 적용할 것은 아니고, 구체적 사건에서 당해 국제적 강행법규가 분쟁과 충분히 밀접한 관련을 가지고, 또한 국제적으로 승인되는 규율목적(즉 shared values)에 봉사하는 경우 적용 또는 고려되어야 한다는 견해가 유력해지고 있다.[34]

4. 중재지

상사중재에서 중재지(seat of arbitration)는 중재사건의 심리를 진행하고 중재판정을 내리는 곳 또는 이를 하기로 예정한 장소이다. 그러나 엄밀하게는 중재법상 중재지는 중재판정에 중재지라고 기재된 장소에 불과하고, 중재지는 '형식적 법적 주소 또는 본거' 또는 '순전히 법적 개념'이다. 중재지는 당사자가 합의로 정하고, 만일 합의가 없으면 판정부가 제반 사정을 고려하여 정한다(중재법 제21조 제1항).

상사중재에서 중재지는 특히 중재의 진행단계와 중재판정의 집행단계에서 중요하다. 첫째, 중재의 진행단계에서, 전통이론에 따르면 중재지는 마치 소송의 법정지와 같은 의미를 가졌으나 근자에는 이러한 의미가 약화되었다. 둘째, 중재판정의 집행단계에서, 중재지는 뉴욕협약의 적용 여부, 당사자의 합의가

33) 근자에 유럽연합의 로마Ⅰ(제9조)과 로마Ⅱ(제16조)는 'overriding mandatory rules'라는 표현을 사용한다.

34) Marc Blessing, "Mandatory Rules of Law versus Party Autonomy in International Arbitration" 14(4) *Journal of International Arbitration* 23 (1997), para. 1520. 이에 관하여는 우선 George A. Bermann/Loukas A. Mistelis (eds.), Mandatory Rules in International Arbitration (2011) 참조. 우리 문헌은 석광현(註 4), 177면 이하; 정홍식, "국제중재에서 국제적 강행법규의 적용가능성", 중재연구 제23권 제4호(2013. 12.), 3면 이하 참조.

없을 때 중재합의의 성립과 유효성의 준거법, 중재판정의 승인 및 집행 시 상호주의의 적용 및 중재판정에 대한 불복수단 등에 있어 의미를 가진다. 모델중재법은 한편으로는 중재지의 중요성을 약화시키면서도 다른 한편으로는 속지주의를 명시함으로써[35] 중재지에 의미를 부여하므로 중재지는 제한된 범위 내에서 여전히 법적 의미를 가진다. 이와 달리 통상분쟁해결절차와 ICSID 투자중재의 경우 중재지는 법적 의미를 가지지 않으나,[36] 비 ICSID 투자중재의 경우 중재지는 중재절차, 중재판정에 대한 불복과 승인 및 집행의 맥락에서 법적 의미를 가진다.

상사중재에서 당사자들은 중재지를 임의로 선정할 수 있는데, 중재지가 중립적인가, 교통·통신의 편리, 자금이체의 자유, 숙련된 현지의 지원 등 실제적 고려에 기초하여 중재지를 선정한다. 중재지가 별 의미를 가지지 않는 통상분쟁해결절차 및 투자중재와 달리 상사중재의 경우 중재지를 자국으로 유치하려는 국가 간 경쟁이 근자에 점차 심화되고 있다. 이는 중재를 이용하는 자국 기업들에게 편의를 제공하고 동시에 '국제중재' 산업을 육성하기 위한 것이다. 근자에 대한변호사협회 등이 서울국제중재센터(Seoul International Dispute Resolution Center. 'Seoul IDRC' 또는 'SIDRC')를 설립한 것도 그런 노력의 일환이나, 중요한 것은 한국이 중재지가 되는 것이지 중재 심리장소의 제공은 의미가 제한적이고, 그 경우 우리 중재법은 별 의미가 없다.

5. 중재규칙

각국 중재법은 중재절차의 대원칙만을 선언하고, 당사자에게 중재절차 형성의 자유를 널리 인정하는 정도에 그치고 중재절차에 관하여 더 이상 상세히 규정하지 않는 경향을 보인다. 당사자자치의 원칙을 보충하는 역할을 하는 것이 바로 중재기관의 또는 임시중재의 중재규칙이다. 당사자들이 중재규칙을 선택하는 경우 이는 당사자의 합의를 구성하므로 중재지 중재법의 임의규정에 우선하여 적용된다. 예컨대 ICC 중재규칙(제19조)에서 보듯이 근자의 중재규칙 역시 당사자의 중재절차 형성의 자유를 널리 인정한다.

---

35) 영국 중재법(제2조)도 원칙은 같다.

36) ICSID 투자중재의 경우 심리장소는 원칙적으로 미국 워싱턴 D.C. 소재 ICSID 본부이다. ICSID Administrative and Financial Regulations (제26조 제1항). 상사중재의 경우 심리장소는 당사자들이 자유롭게 정할 수 있다.

6. 사무국(중재기관)의 역할

임시중재는 중재기관의 관여 없이 이루어지는 중재이고, 기관중재는 상설 중재기관의 중재규칙에 따라 이루어지는 중재이다. 임시중재의 경우 판정부가 중재절차의 모든 측면을 통제하는 데 반하여, 기관중재의 경우 특정 중재기관이 중재절차를 관리한다. 사무국의 구체적 역할은 중재기관에 따라 상이하나 대체로 행정적 성질의 업무이다. ICC 중재는 ICC 중재법원, 사무국과 판정부의 유기적인 협력 하에 이루어지는 데 특색이 있다. 상사중재의 경우 전세계적으로 다양한 중재기관이 있을 뿐이고, 통상분쟁해결절차에서의 WTO나 투자중재에서의 ICSID(International Centre for Settlement of Investment Disputes. 국제투자분쟁해결센터)처럼 중심적인 분쟁해결기구 또는 중재기관은 없다. 주요 중재기관은 위(Ⅰ.2.)에서 언급하였다.

7. 절차 시한

상사중재에서 중재신청의 제출기간은 당사자의 합의 또는 법률의 규정에 의하여 규율된다. 이러한 기간은 첫째, 소멸시효기간의 중단과 관련하여, 둘째, 당사자 간의 합의 또는 법령에 정한 출소기한의 준수 여부와 관련하여 의미가 있다.

Ⅲ. 절차의 개시

예컨대 우리 중재법(제19조와 제20조)은 양당사자는 중재절차에서 동등한 대우를 받아야 하고, 자신의 사안에 대하여 변론할 수 있는 충분한 기회를 가져야 한다는 대원칙을 선언하고, 강행규정에 반하지 아니하는 한 당사자들에게 중재절차의 형성에 관한 자유를 널리 허용하며,[37] 당사자의 합의가 없는 경우 판정부가 적절한 방식으로 중재절차를 진행할 수 있다는 취지로 규정한다. 실

37) 이는 '중재절차의 대헌장의 핵심요소(key element of the Magna Carta of Arbitral Procedure)'로, 판정부와 당사자가 모두 준수해야 할 중재의 적법절차 원리를 규정한 것이다. Holtzmann/Neuhaus, p. 550.

무적으로 기관중재의 경우 중재절차는 중재지의 중재법과 중재기관의 중재규칙에 의하여 규율되나, 중재규칙도 상세는 당사자의 합의 또는 중재인에게 맡기고 있으므로 상이한 법적, 문화적 배경을 가지는 중재인들의 합리적 판단이 중요하다. 근자에는 다양한 규범들이 중재절차에 관한 국제규범의 형성에 기여하고 있는데, 이를 '중재상인법(*lex mercatoria arbitralis*)'이라고 부르기도 한다.[38] 효율적 중재를 위하여 형성된 국제규범은 장차 법계의 대립을 극복하고 중재를 넘어 국제적으로 통일 내지 조화된 민사소송규칙의 정립과 국내민사소송법의 개선에도 기여할 수 있다.[39]

상사중재에 중재규칙이 적용되는 경우 중재지 중재법과 중재규칙을 유기적으로 파악해야 한다. 예컨대 한국이 중재지인 ICC 중재에서 중재절차를 규율하는 규범은 "ICC 중재규칙+중재법"이라는 중층구조를 취하기 때문이다.[40] 통상분쟁해결절차 및 투자중재의 경우 근거가 되는 조약에 따라 절차규범이 결정되고 중재절차에 관하여 중재지의 중재법이 별로 개입하지 않는 데 반하여,[41] 상사중재에서는 당사자들이 자유롭게 중재규칙을 선택할 수 있고 나아가 그에 더하여 중재지 중재법이 상당히 개입하는 현상, 즉 '지배규범의 이원성'이라는 특색이 있다. 그 경우 중재규칙은 당사자의 합의로서 중재법의 임의규정에 우선하므로 중재법 중 강행규정과 임의규정을 특정할 필요가 있다.[42]

1. 중재절차의 개시

중재절차의 개시의 시기와 방법을 논의함에 있어서는 기관중재와 임시중

38) 아래 언급하는 'IBA 증거규칙'이 전형적인 예이다. 김갑유(대표집필), 중재실무강의(2012), 174면은 중재절차의 기본원칙으로 당사자자치, 당사자의 동등한 대우와 충분한 변론기회, 중재인의 재량, 포기의 원칙 및 절차적 하자에 이의할 수 있는 시간적 한계와 절차의 공개 여부를 열거한다. 이하 위 책을 "김갑유 외"라고 인용한다.

39) 예컨대 효율적 국제중재규범은 UNIDROIT와 미국법률협회(ALI)가 2004년 공동 채택한 '국제민사소송원칙(Principles of Transnational Civil Procedure)' 등 국제민사소송규범의 정립에 도움이 된다. 위 원칙은 현재로는 매우 간결하나 장래의 발전에 관심을 가질 필요가 있다.

40) 따라서 양자의 상호작용을 이해하여야 한다. 한국이 중재지인 ICC 중재의 경우에 관하여는 석광현, "한국에서 행해지는 ICC 중재에서 ICC 중재규칙과 한국 중재법의 상호작용", 한양대학교 국제소송법무 통권 제3호(2011. 11.), 1면 이하 참조. 이 글은 이 책 [9] 논문으로 수록되었다.

41) 다만 비 ICSID 투자중재의 경우 중재지의 중재법이 개입한다.

42) 우리 중재법은 대체로 "당사자 간에 다른 합의가 없으면"이라는 문언을 통하여 당해 조문이 임의규정임을 표시하나 영국 중재법(제4조, Schedule 1)은 강행규정을 명시한다.

재를 구분할 필요가 있는데 기관중재도 중재규칙에 따라 차이가 있다. 즉, ICC 중재나 KCAB 중재와 같은 기관중재의 경우 소송과 유사하게 신청인이 중재기관에 중재신청서(Request for Arbitration)를 제출함으로써 중재가 개시되나,[43] LCIA 중재의 경우 중재통지서(Notice of Arbitration)를 신청인이 직접 피신청인에게 송달한 뒤 사무국에 송달 증명 서류를 제출함으로써 중재가 개시된다.[44]

임시중재의 경우, 중재신청서의 제출에 앞서 판정부를 구성하여야 하므로 우선 신청인이 피신청인에게 중재요청서를 송부하는데 통상 피신청인이 이를 수령한 날부터 중재절차가 개시된다. 우리 중재법(제22조 제1항)은 이 점을 명시한다.[45] 위(Ⅱ.7.)에서 보았듯이 중재절차의 개시 시점은 첫째, 소멸시효기간의 중단, 둘째, 당사자 간의 합의 또는 법령에 정한 출소기한의 준수 여부와 관련하여 의미가 있다.

2. 중재신청과 답변서의 제출

중재법상 신청인은 당사자들이 합의한 또는 판정부가 정한 기간 내에 신청취지와 신청원인사실을 기재한 신청서를 판정부에 제출하고, 피신청인은 이에 대하여 답변하여야 한다(제24조 제1항). 당사자는 신청서 또는 답변서에 중요서류를 첨부하거나 장래 사용할 증거방법을 표시할 수 있고, 다른 합의가 없으면 당사자는 중재절차의 진행중에 자신의 신청이나 공격방어방법을 변경 또는 보완할 수 있으나, 판정부가 그에 의하여 절차가 현저히 지연될 우려가 있다고 인정하는 경우에는 그렇지 않다(제24조 제2항, 제3항). 중재규칙이 적용되는 경우 상세는 그에 따른다.

3. 예비적 항변

이에 대하여는 관할에 대한 이의(Ⅱ.1.)에서 논의하였다.

---

43) 이는 중재법이 아니라 중재규칙이 규정한다. 예컨대 ICC 중재규칙(제4조 제2항)과 KCAB 국제중재규칙(제8조 제2항) 참조.

44) LCIA 중재규칙(제1조).

45) 영국 중재법(제14조)도 중재절차의 개시시기를 명시한다.

Ⅳ. 중재판정부

1. 중재판정부의 구성 및 임명

중재절차를 진행하기 위하여는 판정부를 구성해야 하는데 이는 중재인의 선정을 의미한다. 중재법(제12조)은 우선 당사자 간의 합의에 따르도록 하고, 합의가 없으면 중재법이 정한 선정절차에 따르도록 규정한다. 중재인의 수는 당사자 간의 합의로 정하고 합의가 없으면 3인으로 한다(중재법 제11조). 실무상 중재인의 선정방법에는 당사자들이 직접 선정하는 방법, 중재기관, 기존 중재인들 또는 국가법원이 선정하는 방법과 당사자 또는 중재기관이 명부를 사용하는 명부방식(list system) 등 다양한 방법이 사용된다.[46] 중재인이 선정되어도 당연히 중재인이 되는 것은 아니고, 중재인과 양 당사자 간에 중재인계약을 체결해야 하는데[47] 이러한 계약적 접근방법(contractual theory)과 달리 일부 국가에서는 중재인계약의 존재를 부정하고 중재인의 지위를 법관과 유사한 지위로 파악하는데(status theory), 이는 의무위반에 대한 중재인의 책임의 법리를 어떻게 구성할지에 영향을 미친다.[48]

통상분쟁해결절차 및 투자중재와 비교할 때 상사중재의 경우 중재인의 전체적인 풀이 더 넓은데, 당사자들로서는 대상인 분쟁과 관련된 분야의 전문가를 선정하는 것이 매우 중요하다.[49]

2. 중재인의 독립, 중립의무

중재법(제13조)은 중재인의 고지의무와 중재인에 대한 기피사유를 규정한다.[50] 중재인이 되어 달라고 요청받은 사람 또는 중재인으로 선정된 사람은 자

46) Nigel Blackaby and Constantine Partasides with Alan Redfern and Martin Hunter, *Redfern and Hunter on International Arbitration*, Fifth Edition (2009), para. 4.29 참조(이하 위 책을 "Redfern/Hunter"라고 인용한다).

47) 중재인(선정)계약은 민법상 위임에 유사한 유상의 특수계약이라는 견해가 유력하나(목영준, 146면), 수임인의 보고의무 등이 중재인계약과 잘 맞지 않는 점을 고려하면 독자적 성질의 계약이라고 보는 것이 적절할 수도 있다. Born(註 25), p. 1607 이하 참조.

48) Redfern/Hunter, para. 5.47 이하.

49) Böckstiegel(註 15), pp. 581-582.

50) 모델중재법은 구 UNCITRAL 중재규칙(제9조, 제10조)에 기초한 것으로 이는 2010년 개정된 UNCITRAL 중재규칙에서는 제11조와 제12조가 되었다.

신의 공정성이나 독립성에 관하여 의심을 살 만한 사유가 있을 때에는 지체 없이 이를 당사자들에게 고지해야 한다(제13조 제1항). 당사자가 합의한 중재인 선정절차가 중재인의 공정성이나 독립성을 충족하지 못하는 경우 중재인의 기피사유가 되고(제13조 제1항), 선정과정에서 일방 당사자가 중재인의 선정에 관하여 적절한 통지를 받지 못한 경우 중재판정취소의 사유가 되거나 승인 및/또는 집행의 거부사유가 된다(제36조 제2항 제1호 나, 제39조).

3. 중재인의 기피

중재인의 기피사유에 관하여 중재법(제13조 제2항 1문)은 일반적 기준만을 둔다. 즉, 첫째, 중재인의 공정성이나 독립성에 관하여 의심을 살 만한 사유와, 둘째, 중재인이 당사자들이 합의한 중재인의 자격을 갖추지 못한 사유가 있는 경우에 한하여 기피신청이 허용된다. 다만, 자신이 선정하였거나 선정절차에 참여하여 선정한 중재인에 대하여는 당사자가 선정 후에 알게 된 사유에 한하여 기피신청을 할 수 있다(중재법 제13조 제2항 2문).

세계변호사협회(IBA)의 1987년 "국제중재를 위한 IBA 윤리(또는 윤리장전)"와 2004년 "이익충돌에 관한 IBA 지침(Guidelines on Conflicts of Interest in International Arbitration)"은 첫째 사유의 유무 판단에 도움이 되고 실제로 국제적으로 널리 이용된다. 기피사유를 판단함에 있어서 당사자선정 중재인과 제3중재인을 구분하면서 전자의 경우 당사자로부터 완전한 독립성을 요구하지 않는 견해와 이론상으로는 양자를 구별하지 않는 견해가 있다.

중재인의 기피절차는 당사자 간의 합의로 정하고, 합의가 없으면 당사자는 판정부가 구성된 날 또는 기피사유를 안 날부터 15일 이내에 판정부에게 서면으로 기피신청을 할 수 있고, 기피된 중재인이 사임하지 않거나 상대방 당사자가 기피신청에 동의하지 않으면 기피된 중재인을 포함한 판정부는 기피신청에 대해 결정하여야 한다(중재법 제14조 제1항·제2항). 모델중재법의 성안과정에서 논란이 된 것은, 기피신청이 중재절차의 지연책략으로 오용되는 것을 막으면서 동시에 불필요한 중재절차를 피하는 것 간의 균형을 어떻게 유지할 것인가였다. 모델중재법(제13조 제3항)에 상응하는 중재법(제14조 제3항·제4항)은 일단 판정부에 기피신청을 하게 하고, 판정부의 기각시 즉시 법원에 기피신청을 할 수 있게 하되, 절차의 지연을 피하기 위한 장치로서 법원에 대한 기피신청기간을 제한하고 법원의 기피결정에 대한 항고를 금지하며, 기피신청이 법원에 계속중이더라도 판정부에게 중재절차를 진행할 수 있는 재량을 부여하는 타협안을 채택하였다. 중재법상 당사자가 기피신청을 하지 않고 기피신청기간을 도과한 뒤, 중재판정 취소의 소 또는 승인 및 집행단계에서 비로소 기피사유를 주장하는 것은 허용되지 않는다.[51]

Ⅴ. 심리기일 이전 단계

1. 기본적 사항

중재절차는 통상 당사자들이 중재신청서와 답변서를 제출하고, 중재판정부가 구성되며, 당사자들이 주장내용을 기재한 추가 서면(written statement. "준비서면")을 교환하고 증거를 제출한 다음에 1회의 집중심리기일을 열어 당사자들의 구술변론과 증인신문 등 심리를 하고 심리기일 후에 요약준비서면(또는 최종준비서면)을 교환하는 방식으로 진행된다.[52] 이처럼 당사자들의 서면교환과 증거수집을 기초로 그 정점(頂點)으로서 의미를 가지는 심리기일을 여는 방식은, 법관이 수회에 걸쳐 변론(또는 변론준비)기일을 여는 우리나라 과거의 민사소송이 아니라[53] ① 서면공방(pleading)단계, ② 사실과 증거를 수집하는 기일전단계와 ③ 변론(기일)단계로 구성되는 미국식 민사소송 모델과 유사하다.[54]

ICSID를 제외하면 주요한 중재규칙들은 예비회의의 개념을 언급하지 않으나, 실무상 중재절차의 원활한 진행을 위하여 절차의 초기단계에서 중재인은 중재인과 당사자들이 중재절차의 진행에 관하여 공통의 이해를 가질 수 있도록

---

51) Holtzmann/Neuhaus, p. 409 참조.

52) 절차의 상세는 Gary B. Born, *International Arbitration: Law and Practice* (2012), p. 158 이하; 개관은 법무부, 우리 기업을 위한 국제중재 가이드(2013), 12면 참조.

53) 그러나 근자에 개정된 우리 민사소송법도 과거 병행심리주의를 버리고 집중심리주의를 지향한다(변론 집중을 규정한 민사소송법 제272조와 1회의 변론기일원칙을 정한 제287조 등). 이시윤, 민사소송법 제6증보판(2012), 329면 이하 참조.

54) 비교 민사소송법에 정통한 견해는 전세계 주요 민사소송절차의 구조를 프랑스 방식, 영미 방식과 독일 방식의 세 가지로 구분한다. Rolf Stürner, *The Principles of Transnational Civil Procedure, An Introduction to Their Basic Conception*, Rabels Zeitschrift Band 69 (2005), pp. 224-225. 그러나 영국은 1999년 4월 26일 민사소송규칙을 개정하여 독일 방식을 취하였고 그와 함께 독일의 2002년 민사소송법 개정에 의하여 대륙법계와 영국의 민사소송체계의 대립은 완화되고 양자는 접근하였다고 평가된다.

'예비회의(preliminary meeting)'[55] 또는 '사건관리회의(case management meeting)'[56]를 개최한다. 이를 통하여 중재인은 절차일정표를 작성하고[57] 심리기일 기타 주장서면 제출기한이나 문서제출 일정을 정하고, 절차적 명령(procedural order)을 발하여 기일전 증거개시의 허용 여부와 범위, 서면의 제출방식, 증인신문의 방식, 구술변론의 방식 등에 관한 기준을 정한다.[58]

2. 서면의 제출

신청인의 중재신청서와 피신청인의 답변서가 제출된 뒤 당사자들은 준비서면을 제출한다. 상사중재의 경우 심리기일 전에 2회 정도, 심리기일 후에 1-2회 정도 준비서면의 교환이 이루어진다.[59] 당사자들은 통상 준비서면을 중재판정부와 상대방에게 직접 전달하고 중재기관에 사본을 제출하는데, 일반적으로 준비서면 제출시 입증방법도 함께 제출하나 입증방법(특히 서증)을 별도로 뒤에 제출하기도 한다.[60]

3. 증거규칙

중재법은 상세한 증거규칙을 두는 대신 판정부의 기일 통지요건, 준비서면과 서증 등의 고지요건을 규정하고, 감정인에 관한 규정을 둘 뿐이다(제25조, 제27조).

사적(私的) 성질을 가지는 상사중재에서 중재인에 의한 증거조사는 주권의 행사와 무관하므로 자유롭다. 민사소송에서 증거조사의 방법은 법계에 따라 다른데 종래 영미법계는 '당사자주의(adversarial 또는 adversary system)'를, 대륙법

---

55) 김갑유 외, 5.3.7.1(190면)은 이를 '사전준비기일'이라고 번역한다.

56) 이는 임시적 처분의 신청과 같은 쟁점에 관하여 당사자들을 심문하는 예비심리가 될 수도 있다.

57) 예컨대 KCAB 국제중재규칙 제15조. ICC 중재규칙(제24조)은 초기단계에서 체계적 사건관리를 위해 중재위탁요지서(Terms of Reference. TOR)를 작성하도록 하는데 중재판정부는 중재위탁요지서 작성 시 또는 그 직후 사건관리회의를 소집하여 절차적 사항을 결정한다.

58) 이 과정에서 1996년 UNCITRAL의 "중재절차의 조직에 대한 노트(Notes on Organizing Arbitral Procedure)"의 체크리스트에 포함된 항목이 유용하다. 중재판정부는 위 노트의 항목을 고려하여 '절차명령 제1호'에서 다루는 것이 바람직하다.

59) 김갑유 외, 199면.

60) 김갑유 외, 201면.

계는 '직권주의(inquisitorial system)'를 취하고 있다.[61] 상사중재에서 증거조사와 절차의 진행시 어느 원칙을 따를지는 당자자와 중재인의 합의로써 정할 사항인데, 실무상 중재인이 능동적 역할을 함으로써 영미법계의 당사자주의보다 대륙법계의 직권주의를 따르는 경향이 있으나, 흔히 이용되는 교호신문제도는 영미법계를 따른 것이다.[62] 예컨대 판정부가 증인신문을 주도하고, 점차 서증에 더 큰 신뢰를 부여하며 더 짧은 심리기일로 나가는 경향이 있는데 이는 시간, 노력과 비용의 절감이라는 효율성의 측면에서 바람직하다. 실무상 중재인들은 법계의 배경에 관계없이 쟁점을 판단하기 위하여 필요한 사실관계를 증명하는 데 초점을 맞추고 이러한 목표달성에 장애가 되는 기술적 증거법칙에 의해 구속되는 것을 꺼린다.[63] 특히 기일전 증거개시의 허용 여부와 범위에 관하여 법계의 차이가 있으나,[64] 세계변호사협회(IBA)가 채택한 "IBA 국제중재 증거조사규칙(IBA Rules on the Taking of Evidence in International Arbitration)("IBA 증거규칙")[65]은 중재인의 상이한 법적 배경으로 인한 문화적 충돌을 완화하고 증거조사에 관한 국제기준을 형성해가고 있다.[66]

사인 간의 중재합의에 기초한 것이라는 중재의 본질상 판정부는 강제력을 가지지 않으므로 증거조사에 관한 법원의 협조를 가능하게 하기 위하여 중재법(제28조)은 증거조사에 관한 법원의 협조를 명시한다. 미국은 외국소송의 당사자들에게 미국에서 개시절차를 시행할 수 있도록 허용하는데[67] 중재에서도 이를 이용할 수 있는지는 논란이 있다.[68]

---

61) Julian D. M. Lew, Loukas A. Mistelis and Stefan M. Kröll, *Comparative International Commercial Arbitration* (2003), para. 21-33 이하 참조. 이는 소송절차와 증거조사의 주도자에 따른 분류이다. 용어는 석광현, 증거조사에 관한 국제민사사법공조 연구(2007), 4면 註 13 참조.

62) Redfern/Hunter, para. 6.201 참조.

63) Redfern/Hunter, para. 6.89.

64) 이에 관한 비교법적 검토는 Born(註 28), p. 1875 이하 참조.

65) 이는 1983년 제정되어 1999년 개정되었고 2010. 5. 19. 다시 개정되었다.

66) 서면교환 및 증거에 관하여 IBA 증거규칙을 따르는 것이 관례이다.

67) 즉 미국 법원은 이해관계인의 신청에 따라, 수소법원의 개입이나 사법공조에 의하지 아니하고도, 외국 또는 국제적인 법원에서 사용할 목적으로 그 지역에 거주하는 자에게 증언 또는 진술을 하거나 문서 또는 물건의 제출을 명할 수 있다. 28 U.S.C. §1782 참조.

68) conflictoflaws.net 참조.

4. 영업비밀 보호

당사자는 자신의 주장을 뒷받침하기 위하여 필요한 정보를 판정부에 제출해야 하지만, 그와 동시에 자신의 영업에 관한 비밀정보에 대한 상대방의 무제한적 접근을 막을 필요가 있다. 이를 위하여 예컨대 WIPO 중재규칙(제52조)은 판정부가 적절한 보호조치를 취할 수 있는 권한을 부여하고,[69] ICC 중재규칙(제22조 제3항)도 판정부가 당사자 일방의 신청에 따라 영업비밀 및 비밀정보를 보호하기 위한 조치를 취할 수 있음을 명시한다.[70] IBA 증거규칙(제3조 제13항)도 중재판정부가 제출된 문서의 비밀유지를 위해 필요한 조건을 정할 수 있음을 명시한다.

5. 투명성

소송절차와 달리 공개되지 않는 중재절차는 종래 비밀로 취급할 성질의 분쟁에 대하여 적절한 해결방법이라고 인식되고 있다. 일부 국가에서는 중재법이 중재의 비밀유지를 명문으로 규정하나,[71] 그렇지 않은 다수 국가에서는 중재의 비밀유지가 당연한가에 대하여 논란이 있고 이를 부정하는 판결들도 있으므로 중재규칙이 이를 명시하는 경향이 있다.[72] 이런 전통적 태도에 대하여 근자에는 공익과 관련된 상사중재의 경우 '심리' 자체의 비밀은 보장하지만, '중재판정' 기타 중재절차는 달리 취급하는 견해가 유력한데, 이러한 견해에 따르면

69) 이는 소송 시 문서제출명령을 하는 법원이 그와 함께 발령하는 보호조치와 유사하다. 미국 연방민사소송규칙 제26조 참조. WIPO 중재규칙은 중재판정부가 스스로 결정하는 대신 이른바 'confidential adviser'를 지정하여 그로 하여금 특정 정보가 비밀로 취급되어야 하는지 그리고 개시 여부와 그 조건 등을 결정하도록 할 수 있음을 명시한다.

70) 예컨대 판정부는 상대방 당사자에게 제출된 문서를 중재 이외의 목적을 위하여 사용하는 것을 금지하거나, 비밀정보를 제출하는 당사자에게 관련이 없는 부분의 편집을 허용할 수도 있다.

71) 2011. 6. 1. 발효된 개정 홍콩 중재법(Arbitration Ordinance) 제18조. 반면에 2012. 6. 1. 발효된 싱가포르 국제중재법(International Arbitration Act)은 이를 명시하지 않는다. 구 프랑스 민사소송법은 이를 명시하였으나 현행 민사소송법(제1506조)은 당사자들의 다른 합의가 없으면 국제중재에서는 국내중재에 적용되는 비밀유지(제1464조 제4항)를 배제한다. 이는 투명성이 강조되는 투자중재를 프랑스로 유치하기 위한 것이라고 한다. 안건형·유병욱(註 21), 106면.

72) LCIA 중재규칙(제30조), AAA 국제중재규칙(제34조). ICC 중재규칙(제22조 제3항). 구 ICC 중재규칙은 영업비밀과 비밀정보의 보호만을 규정하였으나 2012년 개정된 중재규칙은 중재절차 자체의 비밀유지도 명시한다.

중재절차에서 제출된 문서 또는 정보 나아가 중재판정은 공익상 정당한 이유가 있는 경우 비밀보장의 대상이 되지 않는다.[73] 이는 특히 투자중재에서 비밀보장 원칙의 완화로 나타나는데,[74] UNCITRAL은 투자중재의 투명성을 확보하기 위하여, "조약에 근거한 투자자-국가중재에서의 투명성에 관한 법적 기준(a legal standard on transparency in treaty-based investor-State arbitration)"으로서 '투명성 규칙'을 성안하였고 이는 2014. 4. 1. 발효되었다. 2014년 12월 개최된 UN총회는 '조약에 기초한 투자자-국가 중재에서의 투명성에 관한 국제연합협약'(United Nations Convention on Transparency in Treaty-Based Investor-State Arbitration)을 채택하였다.[75] [밑줄 부분은 이 책에서 새로 추가한 것이다].

국제중재의 경우 선례구속의 원칙은 인정되지 않으므로 중재판정에 대한 예견가능성과 중재판정의 일관성의 관점에서 문제가 있다.[76] 특히 상사중재의 경우 임시중재에서는 물론이고, 기관중재의 경우에도 중재기관, 분쟁유형 및 준거규범의 다양성 나아가 중재판정 자체가 공개되지 않는 점을 고려하면 이는 자연스러운 결과이다. 반면에 통상분쟁해결절차와 투자중재에서는 가급적 중재판정의 일관성을 실현하기 위한 다양한 제안이 있다.

Ⅵ. 심리기일

1. 심리기일의 운영

판정부는 중재의 시간과 비용을 최소화하도록 중재절차를 진행할 성실의무가 있다.[77] 위에서 보았듯이, 중재절차의 초기단계에서, 판정부는 당사자들의

73) Redfern/Hunter, para. 2.145 이하 참조. 중재판정의 공개는 Redfern/Hunter, para. 2.158 이하 참조.

74) Böckstiegel(註 15), p. 587은 투자중재와 상사중재의 가장 큰 차이는 비밀보장과 투명성의 점에 있다고 한다.

75) 우리 문헌은 강병근, "UNCITRAL 투명성 규칙 초안과 한미 FTA 중재절차의 투명성 규정의 비교", 국제경제법연구 제11권 제1호(2013. 3.), 1면 이하; 김인숙, "FTA ISD 소송절차상 투명성에 관한 연구—한국이 체결한 FTA를 중심으로—", 통상법률 통권 제120호(2014. 12.), 8면 이하 참조. 해설은 https://www.uncitral.org/pdf/english/texts/arbitration/transparency-convention/Tra nsparency-Convention-e.pdf 참조. [밑줄 부분은 이 책에서 새로 추가한 것이고, 본문을 조금 수정하였다.]

76) 중재판정에 대한 예견가능성과 중재판정의 일관성은 중재의 비밀보장 또는 투명성과 관련된 논점이다. Böckstiegel(註 15), p. 587.

77) 목영준, 172면. 영국 중재법(제33조 제1항 b호)과 프랑스 민사소송법(제1464조) 참조.

동의 하에 예비회의 또는 사건관리회의를 개최하여 절차일정표를 작성하고, 절차명령을 발하여 중재절차의 진행에 관한 기준—예컨대 심리기일의 개최 여부, 회수, 길이와 결정, 각 당사자가 구술주장을 하고 증인신문을 하기 위하여 사용할 수 있는 총시간의 제한 여부, 당사자의 모두진술, 주장, 증인 및 증거의 제시 순서, 심리에서의 기록의 주선 및 심리 후 요약준비서면의 제출 가능 여부와 시기 등—을 결정한다.[78] 상사중재의 경우 수일 내지 2주일 정도의 기간에 걸쳐 1회의 집중심리기일을 여는 것이 일반적이나, 손해배상에서 책임의 존부에 관한 판단과 손해액의 산정에 관한 판단을 분리하는 경우 2회의 심리기일을 열기도 한다.[79]

2. 변론

당사자들이 구술심리를 하지 아니하기로 합의한 경우에는 서면심리만으로 중재판정을 내릴 수 있다. 예컨대 당사자의 준비서면과 서증만으로 중재판정을 내리기에 족한 경우이다.[80] 그 밖의 경우 판정부는 어느 한쪽 당사자의 신청에 따라 적절한 단계에서 반드시 구술심리를 열어야 한다(중재법 제25조 제1항 단서). 판정부는 구술심리를 하기 전에 충분한 시간을 두고 구술심리기일을 당사자에게 통지해야 하고, 일방 당사자가 판정부에 제출하는 준비서면 기타 자료는 상대방 당사자에게 고지되어야 한다(제25조 제2항, 제3항).

3. 증인신문

중재에서도 판정을 하기 위한 전제로서 사실인정을 하기 위하여 증거조사가 필요함은 물론인데, 증인, 감정인 및 당사자에 대한 신문, 서증의 조사, 물건 또는 장소의 검증 등 다양한 증거방법이 이용된다. 그러나 우리 중재법은 증거방법에 관하여는 감정인에 관한 규정을 둘 뿐이고(제27조) 다른 증거방법에 관하여는 별로 규정하지 않는다. 판정부가 구술심리를 하는 경우 심리기일에 증인을 신문할 수 있다. 당사자 간에 다른 합의가 없는 경우 판정부는 중재지 외

---

78) 위는 UNCITRAL 노트의 '17. Hearings'가 열거하는 사항들이다.
79) 김갑유 외, 213면.
80) 당사자들이 합의하면 판정부는 서면심리만으로 중재판정을 내릴 수 있으나 이는 이례적이다.

의 적절한 장소에서 증인·감정인 및 당사자 본인에 대한 신문(訊問)을 할 수 있다(중재법 제24조 제3항).

상사중재의 실무는, 각 당사자에게 짧은 모두진술을 허락하는데, 변호사들은 중재인들이 제출된 문서에 대한 충분한 지식을 가진다고 가정한다. 이어서 각 당사자를 위한 증인의 증언이 있는데 신청인측 증인의 증인신문이 먼저 행해진다. 실무상 증언은 진술서로 제출되는 것이 일반적이므로 주신문은 아예 없거나 증인진술서를 확인하는 정도의 간략한 것에 그치나,[81] 증인은 부연설명을 하거나 새로운 사항을 추가할 수 있고, 상대방에게는 반대신문의 기회가 부여된다.

중재법은 서증 및 물증에 관하여 상세히 규정하지 않고, 일방 당사자가 판정부에 제출하는 준비서면, 서류, 그 밖의 자료는 상대방 당사자에게 고지되어야 한다는 점과 판정부가 판정에서 기초로 삼으려는 서증은 양쪽 당사자에게 고지되어야 한다는 점만을 명시하고(제25조 제3항, 제4항) 감정인에 관한 규정을 두고 있다(제27조).

증거조사에 관한 법원의 협조: 국가 주권의 일부인 사법권(또는 재판권)에 기초한 법원의 권한과 달리 판정부의 권한은 사인 간의 중재합의에 기초한 것이므로 판정부는 강제력을 가지지 않는다. 중재법상 판정부는 구술심리기일에 출석한 증인을 신문할 수 있지만, 증인의 출석을 강제할 수 없고 증인에게 선서를 시킬 수도 없다.[82] 실무상으로는 당사자가 필요한 증인을 출석시켜 신문한다. 판정부가 효율적인 증거조사를 하는 데는 한계가 있으므로 증거조사에 관한 법원의 협조가 필요하다(중재법 제28조).

4. 법적 쟁점 토의

당사자들은 심리기일 전에 준비서면을 통하여 법적인 쟁점을 주장할 수 있음은 물론이고, 구술심리 과정에서도 자기에게 유리한 주장을 제출할 수 있다.

---

81) Born(註 52), p. 169. 모델중재법은 진술서에 의하여 증언을 규정하지 않으나 이는 세부사항을 당사자의 합의 또는 판정부의 재량에 맡긴 탓이다.

82) 영미법계에서는 중재인 명의로 증인을 소환할 수 있으나 불출석시 중재인은 법원에 신청함으로써 법원으로 하여금 소환하게 하여 출석을 강제할 수 있다. 소환 불응은 법정모욕이 된다(미국 연방중재법(제7조), 영국 중재법(제43조, 제44조)).

5. 심리기일 이후 단계

민사소송법은 변론절차 및 변론종결에 관하여 규정하나, 중재법은 심리 후 절차에 관하여 규정하지 않는다. 실무상 판정부는 심리기일 후 각 당사자가 주장과 증거를 모두 제출한 것으로 판단하면 심리종결을 선언한다.[83] 일단 심리가 종결되면 판정부가 심리를 재개하지 않는 한 당사자들은 새로운 주장을 하거나 증거를 제출할 수 없지만, 제한된 분량의, 주장과 증거에서 나타난 주요사항을 정리한 요약준비서면(post-hearing brief)을 제출하는 것은 널리 허용되고 실제로 이용된다.[84]

다만 예외적으로 심리종결 후 중재판정 전에 새로운 증거가 출현한 경우, 판정부는 당사자의 요청에 따라 또는 직권으로 심리를 재개할 수 있는 재량권을 가지나, 이는 대체로 중재법이 아니라 중재규칙이 규정하는 사항이다.[85]

Ⅶ. 중재판정문

1. 판정부의 협의

판정부가 사건에 대하여 결론을 도출하고 중재판정을 내리기 위하여는 판정부의 구성원들 간에 협의하는 과정(deliberation)(또는 평의)이 필요하다. 중재법은 명시하지 않지만 협의내용의 비공개는 국제적으로 널리 인정되는 중재의 근본원칙이다.[86] 중재법에 의하면, 당사자들의 별도 합의가 없으면 3명 이상의 중재인으로 구성된 판정부의 의사결정은 과반수의 결의에 따르는데(제30조), 협의는 중재지에서 해야 하는 것은 아니고 당사자들의 별도 합의가 없으면 판정부는 중재지 외의 적절한 장소에서 협의를 할 수 있다(제21조 제3항).

83) ICC 중재규칙(제27조); KCAB 국제중재규칙(제27조 제1항).

84) Redfern/Hunter, para. 6.243; 김갑유 외, 5.10.1(216면) 참조. 중재판정부는 요약준비서면의 제출을 요구하기도 한다(KCAB 국제중재규칙 제22조 제2항).

85) ICC 중재규칙(제27조), UNCITRAL 중재규칙(제31조 제2항)과 KCAB 국제중재규칙(제27조 제2항)은 이를 명시한다.

86) 논의는 Redfern/Hunter, para. 9.160 참조. ICSID 중재규칙(제15조)은 위 원칙을 명시한다.

2. 판정의 종류

중재판정의 분류는 다양하나, 우리 유력설은 판정의 시기를 기준으로 종국판정과 중간판정(임시판정)으로 구분하고, 종국판정을 당해 사건을 완결시키는 범위에 따라 전부판정, 일부판정과 추가판정으로 구분한다.[87] 그러나 일부판정이라고 해서 모두 종국판정은 아니므로 '전부종국판정', '일부종국판정'이라는 용어가 낫고, 일부판정은 국제적으로는 중간판정과 같은 의미로 사용되는 것으로 보인다.[88] 중간판정(Zwischenschiedsspruch)은 중간판결에 대응하는 것으로 독일식 용어인데 국제적으로는 임시판정이라는 의미의 'interim or interlocutory award'가 널리 사용되는 것으로 보인다. 또한 중재법은 모델중재법과 달리 '중재판정'과 판정부의 '결정'을 구분한다. 예컨대 중재법(제18조 제1항)은, 판정부는 일방 당사자의 신청에 따라 "결정으로" 분쟁의 대상에 관하여 필요하다고 인정하는 임시적 처분을 내릴 수 있다고 규정하므로 임시적 처분은 결정이지 중재판정이 아니다.

중재판정의 유형을 구별하는 실익은 승인・집행의 대상이 되는가에 있다. 중재법에 따르면 집행판결의 대상은 중재판정에 한정되므로(제37조 이하) 판정부가 임시적 처분으로서 하는 결정은 집행판결의 대상이 되지 않는다. 우리나라에서는 종국판정만이 뉴욕협약에 따른 승인 및 집행의 대상이 된다는 견해가 유력하나,[89] 외국에서는 임시판정(중간판정)도 집행의 대상이 된다는 견해도 유력하다.

중재판정의 내용에 관하여 보면, WTO 협정에 따른 이행권고의 내용은 문제된 조치의 철회이고, 투자중재의 경우 금전채무의 지급이나, 상사중재의 경우 금전지급 기타 손해전보는 물론이고 특정이행(specific performance)과 같은 다양한 내용을 포함한다. 특히 상사중재에서는 법률관계를 형성하는 내용의 판정도 가능하다.[90]

---

87) 양병회 외, 주석중재법(2005), 128면(조대연 집필부분). 위 책은 이하 "주석중재법/집필자"로 인용한다. 사견으로는 분쟁을 종국적으로 해결하는가의 여부에 따라 종국판정과 중간판정(또는 임시판정)으로 구분하는 편이 낫다.

88) 영국에서는 'final award'와 대비되는 개념으로 partial, interlocutory, preliminary or interim award를 사용하는데 후 4자는 같다는 견해도 있다. ICC 중재규칙(제2조 v호)은 "'Award' includes, *inter alia*, an interim, partial or final Award"라고 한다.

89) 독일에서도 같다. 이는 외국법원의 종국판결만이 집행의 대상이 된다는 결론과 유사하다.

90) 정선주, "중재판정의 효력—확정력을 중심으로—", 민사소송 제9권 제2호(2005), 21면. 그에

3. 판정문 작성(사무국의 역할)

판정문은 중재인이 작성할 사항이지 기관중재의 경우에도 중재기관이 관여할 사항은 아니다. 그러나 ICC 중재의 경우 ICC 중재법원이 중재판정 초안을 검토(scrutiny)하는 점에 특색이 있다. 즉, ICC 중재규칙(제33조)에 따르면, 판정부는 서명 전에 판정문 초안을 중재법원에 제출해야 하는데, 중재법원은 판정문의 형식을 수정할 수 있고 판정부의 결정의 자유에 영향을 미침이 없이 실체적 쟁점에 관한 주의를 환기시킬 수 있으며 판정부는 그 형식에 관하여 중재법원의 승인을 얻기 전까지는 판정을 내릴 수 없다. 판정문 초안의 사전 검토는 ICC 중재법원의 행정적 및 감독적 성격을 보여주는 가장 중요한 요소이다.[91)]

4. 반대의견

각국 중재법과 주요 중재규칙은 대체로 반대의견에 대해 규정하지 않으나, 중재인이 중재판정문에 반대의견을 기재할 수 있음은 널리 인정되고 있는데 이는 영미법계에서 유래한다.[92)] 통상분쟁해결절차에서는 반대의견이 WTO 패널·상소기구보고서의 일부를 구성하고, 투자중재에서도 반대의견이 허용되는데 반하여,[93)] 상사중재에서는 실무상 중재인의 반대의견은 흔히 제시되지 않고 반대의견이 제시되더라도 이는 중재판정은 아니고 의견에 불과하다.[94)] 실무상 상사중재에서 중재인들은 중재판정에 서명을 거부함으로써 반대의견을 표시하기도 하는데, ICC 중재법원은 실무상 중재판정과 함께 반대의견을 당사자들에게 송부한다.[95)]

따른 효력(예컨대 의사진술이 있는 것으로 보는지)이 발생하자면 집행판결이 필요한지는 논란이 있다.

91) ICC 중재규칙 부칙Ⅱ(제6조)은 "중재법원은 판정문 초안 검토시 가능한 한 중재지의 강행법규의 요건을 고려한다"는 취지로 규정한다. 이는 중재법원과 중재인은 중재판정이 집행될 수 있도록 모든 노력을 다해야 한다는 ICC 중재규칙(제41조)과 일관된다.

92) Redfern/Hunter, para. 9.194.

93) ICSID 협약(제48조 제4항)과 ICSID 중재규칙(제47조 제3항)은 반대의견을 허용한다.

94) Redfern/Hunter, para. 9.188.

95) Redfern/Hunter, para. 9.192.

Ⅷ. 판정의 취소(불복)와 집행

1. 중재판정의 취소

가. 불복제도(취소절차)

상소기구를 두고 있는 통상분쟁해결절차는 그와 같은 절차가 없는 투자중재 및 상사중재와 다르다. 중재판정에 대한 취소(불복)에 관하여 통상분쟁해결절차와 투자중재의 경우는 조약상 별개의 제도가 마련되어 있고, 국가법원의 관여가 전혀 없거나 제한되는 데 반하여,[96] 상사중재의 경우 중재지 국가법원의 통제가 개입하고, 중재의 '탈지역화(delocalization)' 이론에서 보듯이 당사자들은 그런 통제로부터 벗어나고자 노력하는데 그것이 허용되는 범위는 국가에 따라 다르다. 중재판정의 취소는 소송에서 재심과 유사하다. 상사중재에서 대부분의 국가는 중재판정의 실효성 확보를 위하여 불복제도를 제한하나 중대한 하자가 있는 경우에는 예외적으로 당사자의 불복을 허용하면서 그 절차, 기간, 사유, 관할법원, 중재판정 취소 또는 무효확인의 효과를 엄격히 제한한다. 따라서 사실인정 또는 법률적용에 관한 중재판정부의 잘못은 불복사유가 되지 않는다.[97] 중재판정에 대한 불복을 너무 쉽게 허용하면 중재제도가 존재의의를 상실할 우려가 있다.

미국 연방중재법(제10조)은 일정한 사유가 있는 경우 중재판정지를 관할하는 법원이 중재판정을 취소할 수 있음을 명시하고 그 밖에도 판례가 인정하는 취소사유가 있다. 영국 중재법(제67조, 제68조)도 판정부의 판정권한이 없음을 이유로 또는 중재판정의 중대한 잘못(serious irregularity)을 이유로 법원은 당사자의 신청에 따라 중재판정의 무효선언 명령(an order declaring an award to be of no effect)을 하거나 취소하는(set aside) 명령을 할 수 있음을 명시한다. 흥미로운 것은, 영국 중재법(제69조)은 나아가 법률문제에 관하여 판정부의 결정이 명백히 잘못이거나, 문제가 일반적으로 공공의 중요성을 갖는 것이고 그 결정이 적어도 중대한 의심의 여지가 있어 법원이 당해 문제를 결정하는 것이 모든 사정에서 적정하고 적절한 경우 일방 당사자가 법원 허가를 받아 중재판정에 대한

---

96) 다만 투자중재라도 비 ICSID 투자중재는 상사중재에 접근한다.

97) 그러나 AAA는 2013. 11. 1. 중재판정에 대해 AAA Appeal Tribunal에 항소할 수 있는 선택적 항소제도를 도입하였다.

법원에의 항소를 허용하는 점이다. 이것이 '법률문제에 관한 항소(appeal on point of law)'이다. 프랑스 민사소송법은 국제중재에 대하여는 법원에의 항소를 허용하지 않고 제1520조에 정한 사유가 있는 경우 중재판정이 취소될 수 있음을 명시한다.[98] 독일[99]과 일본은 우리 중재법과 유사한 중재판정 취소제도를 두고 있다.

나. 국가법원(중재기관)의 역할

상사중재의 경우 당사자는 국가법원에서 중재판정에 대해 불복할 수 있다. 구체적으로 이는 중재판정의 취소 또는 무효선언 등의 형태를 취하나 중재판정의 효력을 소급적으로 상실시키는 점은 같다. 다만 2016년 중재법에서 이 점이 다소 애매하게 되었음을 주목할 필요가 있다. 이 점은 말미의 후기와 이 책 논문 [5]를 참조. [밑줄 부분은 이 책에서 새로 추가한 것이다]. 이처럼 중재판정이 중재지 국가법원의 통제 하에 있는 점[100]에서 상사중재는 그렇지 않은 통상분쟁해결절차나 투자중재와 다르나, ICSID 협약에 따른 투자중재의 경우 3인으로 구성되는 특별위원회, 즉 사실상 새로운 판정부가 취소 여부를 결정하고(제52조) 중재지 국가법원의 취소는 배제된다.[101] 통상분쟁해결절차에는 중재판정에 대한 항소가 가능하나 중재판정의 취소에 상응하는 절차는 없다.

상사중재에서 국가법원이 판정부에 환송(remission)할 수 있는지에 관하여는, 법원과 중재판정부 간의 관계를 어떻게 이해할지와 관련하여 입법례가 나뉜다. 모델중재법(제34조 제4항)은 취소의 소가 계속중 법원이 판정부에게 하자를 스스로 치유할 기회를 부여하는 일종의 '환송'(remission)을 규정하는데 이는 주로 영미법계에서 인정되는 것이다. 한편 독일 민사소송법(제1059조 제4항)은 취소사유가 있고 적절한 경우 법원이 중재판정을 취소하고 사건을 판정부로 환송할 수 있도록 하나, 우리 중재법과 일본 중재법은 이를 채택하지 않았다.

---

98) 프랑스 민사소송법은 국내중재와 국제중재를 구분하는데 국내중재에서는 당사자들이 합의하면 법원에의 항소가 가능하다(제1489조).

99) 다만 독일의 경우 고등법원의 심문을 거쳐 결정의 형식으로 중재판정을 취소한다(독일 민사소송법 제1062조 제1항 제3호, 제1059조, 제1063조 제1항, 제2항).

100) 즉 중재판정 취소의 소 기타 중재판정에 대한 불복의 재판에 대하여는 중재지 국가법원이 전속적 국제재판관할을 가진다.

101) 다만 비 ICSID 투자중재의 경우 상사중재의 경우처럼 중재지 국가법원의 통제 하에 놓인다.

다. 판정에 대한 불복사유

중재판정에 대한 불복사유(또는 취소사유)는 국가에 따라 다르다. 중재법(제36조 제2항)은 뉴욕협약(제5조)의 승인거부사유, 정확히는 모델중재법(제34조)을 따라 6가지 취소사유—주로 중재판정 자체의 절차적 흠결—를 한정적으로 열거하는데, 이는 취소를 구하는 당사자가 주장·입증하여야 하는 사유와 법원이 직권으로 판단할 사유로 구분된다. 모델중재법을 채택한 독일 민사소송법과 일본 중재법의 취소사유도 중재법과 매우 유사하다. 나아가 미국,[102] 영국[103]과 프랑스[104] 등도 대체로 유사한 불복사유를 규정하고 있는데, 영미에서는 사기에 의한 중재판정의 획득을 별도의 취소사유로 인정하나 이는 우리 중재법상 공서위반에 포섭된다.[105] 취소사유를 비교해 보면 스펙트럼의 한쪽 끝에는, 중재판정에 대하여 최소한의 통제를 하는 프랑스가 있고, 다른 한쪽 끝에는 다양한 통제를 하는 영국이 있으며 중간에는 우리나라처럼 모델중재법을 따르는 국가들이 있다.[106]

당사자들이 취소사유를 배제하는 합의—'배제합의(exclusion agreement)'—를 할 수 있는지는 논란이 있다. 프랑스 민사소송법(제1522조[107])은 이를 정면으로 허용하나, 우리 중재법의 해석으로는 부정적으로 본다. 중재법상 당사자들이 취소사유를 확대하는 합의도 효력이 없고, 법원에 의한 재심사를 허용하는 합

102) 미국 연방중재법(제10조) 참조. 또한 연방중재법에 명시적 규정은 없지만 판례가 인정하는 취소사유로 ① 공서위반, ② 중재가능성의 결여, ③ 중재인의 명백한 법의 무시(manifest disregard of law)가 있는 경우, ④ 중재인이 자의적이고 변덕스러운 판정을 내린 경우, ⑤ 중재합의가 체결되지 않은 경우 등이 있다. Jack J. Coe, Jr., *International Commercial Arbitration: American Principles and Practice in a Global Context* (1997), para. 11.3.2. 참조. 그러나 미국 연방대법원은 연방중재법상의 취소사유가 망라적이라고 보아 명백한 법의 무시를 취소사유로 인정하지 않았다. *Hall Street Associates, L.L.C. v. Mattel, Inc*, 552 U.S. 576, 584 (2008).

103) 영국 중재법(제67조, 제68조) 참조.

104) 프랑스 민사소송법(제1520조) 참조. 동조는 국제적 공서위반을 명시하는데, 중재판정의 승인의 경우도 같다(제1514조).

105) 대법원 2009. 5. 28. 선고 2006다20290 판결 참조.

106) 중재판정의 취소사유에 관한 비교법적 검토는 Christoph Liebscher, The Healthy Award: Challenge in International Commercial Arbitration (2003), p. 147 이하 (Chapter V) 참조.

107) 프랑스 민사소송법은 구법과 달리 이를 명시하는데 이는 당사자들의 특정한 합의에 의하여야(*par convention spéciale*) 한다. 영국에서는 1996년 중재법 하에서 항소가 허용되는 중재의 경우 항소 포기와 법률의 점에 관한 항소(제69조)의 포기는 허용되나, 여기에서 논의하는 취소의 배제 또는 기타 취소사유의 배제는 허용되지 않는다. 본문의 배제합의는 영국 중재법 제67조, 제68조와 제69조 모두에 관련되는 넓은 의미의 것이다.

의도 무효이나 이에 대한 태도는 국가에 따라 다를 수 있다.

2. 중재판정의 승인 및 집행

통상분쟁해결절차의 경우 판정의 집행을 위하여 국가의 보복이나 제재가 동원되고[108] 투자중재의 경우에는 조약에 따라 중재판정이 집행력을 가지므로[109] 별도의 집행판결 등은 필요하지 않다. 한편 상사중재는 사적 분쟁해결수단이므로 중재판정은 기판력은 있어도(외국중재판정의 경우는 승인요건이 구비됨을 전제로 나아가 국가에 따라서는 승인판결을 전제로) 집행력이 없다. 따라서 상사중재에서 진 당사자가 중재판정을 이행하지 않으면 국가의 도움을 얻어 이를 집행할 필요가 있는데 이를 위하여 우리나라에서는 법원의 집행판결이 필요하나 그 구체적 요건과 절차는 국가에 따라 다르다.[110] 다만 2016년 중재법은 종전의 집행판결을 집행결정으로 대체하였다. 상세는 말미의 후기와 이 책 논문 [5]를 참조. [밑줄 부분은 이 책에서 새로 추가한 것이다].

일정한 승인(또는 집행) 거부사유가 있으면 법원은 중재판정의 승인 및 집행을 거부할 수 있다. 전적으로(또는 우선적으로) 조약에 의하여 규율되는 통상분쟁해결절차나 투자중재와 달리 상사중재에서 외국중재판정의 승인 및 집행에 관하여는 뉴욕협약이 중요하다. 뉴욕협약(제5조)은 외국중재판정의 승인(또는 집행) 거부사유를 피신청인이 주장 · 입증할 사유와, 승인 또는 집행의 요청을 받은 국가의 법원이 직권으로 판단할 사유로 구분하여 제한적으로 열거한다. 승인거부사유가 있어도 법원은 재량으로 중재판정을 승인 및 집행할 수 있고, 집행국법원은 뉴욕협약보다 더 우호적인 국내법에 기하여 중재판정지에서 취소 또는 정지된 외국중재판정을 집행할 수도 있다.[111]

근자에 우리나라에서 논란이 된 것은, 내국중재판정의 내용이 집행이 가능할 정도로 특정되지 않은 경우에도 우리 법원이 집행판결을 해주어야 하는가이

---

108) DSU 제22조.

109) 예컨대 ICSID 협약 제54조.

110) 독일과 일본에서는 집행결정이, 영국에서는 일방적(ex parte) 절차에 의한 집행허가(leave)가, 미국에서는 확인명령이 필요하다. 우리나라에서도 집행결정으로 완화하자는 제안이 있다. 석광현, "외국중재판정의 승인 · 집행제도의 개선방안", 국제사법과 국제소송 제5권(2012), 688면 이하 참조. 2016년 중재법에서는 집행판결제가 집행결정제로 대체되었다. [밑줄 부분은 이 책에서 새로 추가한 것이다.]

111) 뉴욕협약 제7조 제1항.

다. 제1심법원[112]은 이를 거부하였으나, 제2심법원[113]은 집행불능인 중재판정에 대하여 집행판결을 할 권리보호의 이익이 있고, 집행판결은 단지 중재판정에 집행력을 부여하는 것일 뿐만 아니라 상대방이 중재판정 취소사유를 주장하는 것으로부터 중재판정을 보호하는 기능을 한다고 보아 집행판결을 해주었다. 이에 관한 근자의 판결의 소개와 상세한 논의는 박설아, "외국중재판정에 대한 집행결정—집행가능성 요건을 중심으로", 국제거래법연구 제27집 제1호(2018. 7.), 79면 이하 참조. [밑줄 부분은 이 책에서 새로 추가한 것이다.]

Ⅸ. 맺음말

이 글에서는 국제거래와 관련하여 발생하는 분쟁 해결의 세 가지 영역, 즉 통상분쟁해결절차, 투자중재와 상사중재라는 3자의 異同과 유기적 관련을 인식하면서 주로 상사중재의 논점을 개관하였다. 그 결과 통상분쟁해결절차는 투자중재 및 상사중재와 커다란 차이가 있으나, 투자중재는 그보다는 상사중재와 유사성을 공유하고 있고, 특히 비 ICSID 협약중재는 여러 가지 점에서 상사중재에 접근함을 확인하였다.[114] WTO 협정과 ICSID 협약이라는 조약을 통하여 규범을 상당부분 통일할 수 있었던 통상분쟁해결절차나 투자중재와 달리 상사중재에서는 뉴욕협약을 제외하고는 그런 접근이 어려웠지만 모델중재법을 통하여 각국의 중재규범을 어느 정도 조화시킬 수 있었다. 지금으로서는 장래 상사중재의 발전을 위해 통상분쟁해결절차와 투자중재로부터 취할 만한 요소가 무엇인지는 불분명하다. 앞으로도 위 3자는 영향을 주고 받으면서 계속 발전해 나갈 텐데 그 과정에서 일부 수렴하는 면과 각자의 길을 가는 면도 나타날 것으로 예상된다. 어쨌든 3자를 염두에 두면서 장래 발전의 추이와 이를 규율하는 규범의 발전을 면밀하게 지켜볼 필요가 있다.

---

112) 서울남부지방법원 2013. 1. 31. 선고 2012가합15979 판결.

113) 서울고등법원 2014. 1. 17. 선고 2013나13506 판결.

114) 투자중재에 관한 우리 용어는 혼란스럽다. 예컨대 정부가 공표한 ICSID 협약의 국문번역이 설득력이 없어 다양한 번역문이 사용되고 있다. 중재법의 용어를 기초로 용어를 정립할 필요가 있다.

후 기

[취소사유가 있는 한국 중재판정의 효력의 변화와 중재판정 취소제도의 변화]

1999년 중재법에서는 제35조와 제38조 간에 충돌이 있었다. 제35조는 모델법에는 없고 독일 민사소송법에서 유래하는 것이었다. 2016년 중재법 제35조는 단서를 신설하여 중재판정은 취소사유가 있으면 비록 법원에 의하여 취소되지 않았더라도 법원의 확정판결과 같은 효력을 가질 수 없다고 규정한다. 입법자는 1999년 중재법에서 모델법에 따른 제38조를 도입하면서 제35조를 존치함으로써 충돌을 초래하였으나, 2016년 중재법에서 제35조 단서를 추가함으로써 양자의 충돌을 해소하고 모델법을 따르는 방향으로(즉 제38조를 우선시키는 방향으로) 결론을 내린 것이다. 저자는 입법자가 제35조와 제38조의 충돌을 해소한 점은 환영하지만 제35조를 우선시키는 방향으로 즉 독일식으로 통일했더라면 하는 아쉬움이 있다. 개정위원회에서 저자가 그런 의견을 더 강력하게 주장했었더라면 좋았을 것이라는 생각이 든다.

[집행판결제로부터 집행결정제로의 이행]

1999년 중재법과 달리 2016년 중재법은 중재판정의 집행을 위하여 법원의 집행판결 대신 집행결정을 요구한다. 이는 중재판정에 기한 강제집행을 신속하게 하기 위한 것이다. 집행결정이 한국에서 집행력을 가지는 것은 명백하나, 승인요건의 구비 여부에 대한 판단에 기판력이 있는지는 문면상 불분한데 이를 인정해야 한다. 이 점에서 새로 도입된 집행결정은 특수한 성질을 가지는 결정이다.

부 록

[11] 대한상사중재원의 2007년 국제중재규칙의 주요내용과 그에 대한 평가

[12] 한국 중재법

[13] 국제상사중재에 관한 UNCITRAL 모델법

[14] 외국중재판정의 승인 및 집행에 관한 국제연합협약 (뉴욕협약)

[11] 대한상사중재원의 2007년 국제중재규칙의 주요내용과 그에 대한 평가

前 記

이 글은 서울대학교 법학 제49권 제1호(통권 146호)(2008. 3.), 71면 이하에 수록한 글을 전재하면서 일부를 수정한 것이다. 그러나 2016년 개정된 중재법과 국제중재규칙을 반영한 것은 아니다. 따라서 이 글에서 '중재법'과 '국제중재규칙'이라 함은 2016년 개정 전의 구 중재법과 구 국제중재규칙을 말한다. 간단한 수정 부분은 밑줄을 그어 표시하였고, 참고할 사항은 말미의 후기에 적었다. 그 후 2016년 국제중재규칙이 개정되어 저자가 지적했던 많은 논점들이 정리된 것은 다행이다. 그 결과 이 글은 현행 국제중재규칙에는 타당하지 않으나, 그렇다고 해서 전혀 의미가 없는 것은 아니다. 2016년 개정을 통하여 개선되기는 하였으나 중재법과 국제중재규칙의 정합성에 대해 더 생각할 점이 없지 않기 때문이다. 대한상사중재원의 국제중재규칙이 처음 제정되어 자리를 잡아가는 과정에서 학술적 관점에서 구 국제중재규칙을 검토하고 평가한 글로서 의미가 있기에 여기에 자료로 수록한다. 이 글에서 다룬 2007년 국제중재규칙과 2016년 국제중재규칙의 대비표를 말미에 첨부하였다.

Ⅰ. 머리말

주지하는 바와 같이, 우리나라는 1999년 12월 말 구 중재법을 개정하여 국제연합 국제무역법위원회(UNCITRAL)[1]의 1985년 "국제상사중재에 관한 모델법"(Model Law on International Commercial Arbitration)(이하 "모델법"이라 한다)을 전면적으로 수용하면서, 국제중재와 국내중재를 함께 규율하는 방식을 취하였다. 그 결과 이제는 국제적으로 검증된 중재규범을 가지게 되었다.[2] 대한상사중재원은 국내중재와 국제중재에 모두 적용되는 '중재규칙'을 가지고 있었는데, 개정된 중재법(이하 2016년 개정 전의 구 중재법을 말한다)의 시행을 계기로 2000년 동 중재규칙(이하 "기존규칙"이라 한다)을 개정하였고 이는 2000. 5. 15.부터 시행되고 있다.[3] 기존규칙 제2조는 "제1조의 상사중재는 국내중재와 국제

1) 이를 '국제상거래법위원회' 또는 '국제거래법위원회'라고도 번역하기도 한다.
2) 국제상사중재의 맥락에서 중재법의 소개와 입법론적 비판은 석광현, 國際商事仲裁法研究 제1권(2007), 55면 이하 참조.
3) 이는 2005. 1. 15. 자로 다시 개정되었다. 과거의 명칭은 '상사중재규칙'이었으나 '중재규칙'으로 명칭이 변경되었다. 기존규칙은 대한상사중재원의 웹사이트에서 볼 수 있다.

중재로 나눈다. 국내중재는 국내에 주된 영업소나 주소를 두고 있는 당사자 간의 중재를 말하며 국제중재는 국내중재를 제외한 중재를 말한다"고 규정함으로써 그것이 국내중재와 국제중재에 모두 적용됨을 분명히 하고, 여러 개의 조문[4]에서 국제중재와 국내중재 간에 차이를 두는데, 그러한 차이는 주로 국제중재에 대하여 상대적으로 장기의 기간을 규정하기 위한 것들이다.

그러던 중 대한상사중재원은 점증하는 국제중재 수요에 부응할 목적으로, 주요 국제중재기관의 국제중재규칙을 검토하여 45개 조문과 부칙 등으로 구성된 '대한상사중재원 국제중재규칙'(The Rules of International Arbitration for the Korean Commercial Arbitration Board)(이하 "신규칙"이라 한다)을 제정하였고,[5] 이는 대법원장의 승인을 받아 2007년 2월 1일부터 시행되고 있다. 신규칙은 기존규칙을 대체하는 것이거나 기존규칙의 하부규칙이 아니라 기존규칙과 대등하게 병존하는 것인데, 이는 당사자가 서면으로 신규칙에 따라 국제중재를 진행하기로 합의한 경우에 적용된다(신규칙 제3조). 신규칙을 적용한 국제중재는 아직 없는 것으로 보이는데, 이는 신규칙이 시행된 지 얼마 되지 않았기 때문일 것이다. 저자는 대한상사중재원을 비롯하여 신규칙의 제정작업에 관여한 분들의 노고를 치하하고, 신규칙의 제정을 발의하고 다양한 국제적인 중재규칙을 섭렵하여 체계적인 규칙을 성안한 점, 특히 중재인의 선정방법을 국제적인 관행에 맞추고, 중재인의 수당을 인상함으로써 유능한 중재인을 확보할 수 있게 한 점을 높이 평가한다. 신규칙의 시행은 대한상사중재원의 국제중재를 매력적인 것으로 만들기 위한 거시적인 계획의 일환인데, 우리나라의 국제상사중재법의 발전에 좋은 계기가 될 것이다. 하지만 신규칙에 여러 가지 미흡한 점이 있음도 부인할 수 없다. 신규칙에 관한 공식해설이 공간되기를 기대하면서[6] 그에 앞서

4) 예컨대 제12조, 제18조, 제20조, 제21조, 제27조, 제38조, 제45조 참조.

5) 신규칙은 대한상사중재원의 웹사이트(http://www.kcab.or.kr)에서 볼 수 있다. 대한상사중재원은 2005년 6월 결성된 사단법인 국제중재실무회에 신규칙의 제정시안 마련에 관한 연구용역을 맡겼다고 한다. 장승화, "국제중재규칙 제정 및 시행에 대한 전망: 중재인의 입장에서", 중재 제323호(2007년 봄), 3면. 물론 신규칙의 제정시안을 확정하는 최종작업은 대한상사중재원이 한 것으로 알고 있다.

6) 신규칙의 제정 과정에서 2006. 8. 22. 공청회가 개최되었고 당시 초안에 대한 축조해설 형식의 자료가 배포되었으나(이하 이를 "공청회자료"라고 인용한다) 이는 다양한 국제중재규칙을 소개하는 점에서 도움이 되지만 공간되지는 않았다. 이런 이유로 여기에서는 공청회자료를 제한적으로만 인용한다. 그 후 확정된 신규칙의 축조해설이나 기타 상세한 자료는 공간되지 않은 것으로 보인다. 신규칙에 관한 자료로는 아래에 인용하는 글들이 중재 제323호(2007년 봄)에 게재된 바 있다. 2010년 4월에 이르러 장승화 외, 국제중재규칙해설(2010)이 간행되었다. 그러나 저자가 당초 이 글에서 제기한 문제점에 대하여 전혀 언급조차 하지 않는 점

기존규칙 및 중재법과 비교하면서 신규칙의 문제점을 지적해둔다.[7)]

아래에서는 우선 신규칙의 주요내용을 소개하고(아래 Ⅱ.), 신규칙의 기본적인 문제점을 지적한 뒤(아래 Ⅲ.), 신규칙의 개별조문을 검토하여 문제점을 지적한다(아래 Ⅳ.). 아래 Ⅱ.와 Ⅳ.의 논의가 일부 중복되는 감은 있지만, Ⅱ.에서는 주요내용을 소개하는 데 초점을 맞추고, Ⅳ.에서는 문제점을 지적하는 데 초점을 맞추었다.

Ⅱ. 국제중재규칙의 주요내용

신규칙은 국제상업회의소 중재규칙(Rules of Arbitration of the International Chamber of Commerce)의 영향을 많이 받은 것으로 보인다. 국제상업회의소(이하 "ICC"라 한다) 중재는 국제상업회의소 중재법원(The International Court of Arbitration of the International Chamber of Commerce)의 사무국, 국제상업회의소를 구성하는 국내위원회, 중재법원과, 개별 중재사건에 관여하는 중재판정부 간의 유기적인 협력에 의하여 운영되는 점에 특색이 있다.[8)] 그러나 신규칙은 대한상사중재원으로 하여금 국제상업회의소의 중재법원의 역할을 담당하게 하지는 않았다. 또한 신규칙은, 국제상업회의소 중재규칙(Rules of Arbitration of the International Chamber of Commerce)(이하 "ICC 중재규칙"이라 한다)의 주요 특징으로 알려져 있는 쟁점정리사항(terms of reference)의 작성과, ICC 중재법원에 의한 판정문초안의 검토(scrutiny) 등도 채택하지 않았다.[9)] 아래에서는 신규칙의 주요내용을 조문 순서에 따라 간단히 소개한다.

은 유감이다. [밑줄 부분은 이 책에서 새로 추가한 것이다.]

7) 저자는 전에 "대한상사중재원의 2007년 「국제중재규칙」에 관하여"라는 제목으로 법률신문 제3547호(2007. 4. 19.), 15면에 간단한 글을 발표한 적이 있는데 이 글은 그를 대폭 확대·보완한 것이다.

8) 각 기관의 역할은 안영광, 國際商業會議所의 1998 仲裁規則에 관한 硏究, 법학석사학위논문, 한양대학교(2006. 2.), 7면 이하 참조.

9) 명문 규정은 없지만 종래 실무상 중재판정부가 쟁점정리사항을 작성하기도 한다. 또한 기존규칙(제48조 제3항)에 따르면, 사무국은 중재판정에 영향을 미치지 않는 범위 내에서 중재판정의 형식에 관하여 중재판정부에 의견을 제시할 수 있으나, 신규칙은 이러한 규정도 두지 않는다.

1. 통지 및 서면제출(제4조)

기존규칙상으로는 당사자들은 사무국을 경유하여 중재인과 교신하여야 하는 데 반하여, 신규칙(제4조)에 따르면, 중재판정부가 구성된 후에는, 중재판정부가 달리 지시하지 않는 한 당사자들이 중재인과 직접 교신하고 서면 등을 제출할 수 있으나, 다만 중재판정부가 구성될 때까지는 당사자 상호 간, 각 당사자와 중재인 간의 모든 교신은 사무국을 경유하여야 한다. 신규칙의 태도는 사무국의 불필요한 업무부담을 줄이는 한편, 당사자들이 신속하게 중재인과 교신할 수 있도록 하는 점에 장점이 있다.[10)]

2. 중재인의 수(제11조)

기존규칙은 중재인의 수에 관한 명시적인 규정을 두지 않는다.

한편 신규칙(제11조)은 중재인 수에 관한 당사자의 합의가 없으면 원칙적으로 1인으로 하되, 당사자의 일방이 3인의 중재인에 의할 것을 신청하면 사무국이 분쟁의 규모, 복잡성 및 기타 요소들을 고려하여 적절하다고 판단하는 경우에는 3인의 중재인을 지명하도록 한다. 문면상으로는 사무국이 적절하다고 판단하는 경우에만 그렇게 하게 되어 있으나, 사무국으로서는 당사자의 일방이 3인 중재를 요구하는 경우 특별한 사정이 없는 한 이를 존중하여야 한다는 견해도 있다.[11)] 신규칙의 태도는 일본상사중재협회(JCAA)의 방식을 채택한 것으로, 중재합의 시에는 중재인의 수에 관한 합의를 하지 않았다가 분쟁의 상황을 보아가면서 1인 또는 3인의 중재인을 선정할 수 있으므로 당사자들에게 좋은 반응을 얻을 것이라는 평가도 있다.[12)] 그러나 중재법(제11조)은 당사자 간의 합의로 중재인의 수를 정하되, 합의가 없는 경우 3인을 원칙으로 한다. 신규칙은 중재비용의 증가를 우려하여 1인 중재를 원칙으로 한 것으로 짐작되는데, 그러한 규정방식이 법적으로 가능하고 ICC 중재규칙(제8조 제2항)과도 부합하는 것이기는 하지만, 중재법의 원칙과 달리 규정할 합리적인 근거가 있는지는 논란의 여지가 있다.

---

10) 장승화(註 5), 5면도 동지.

11) 장승화(註 5), 5면.

12) 김갑유, "국제중재규칙 제정 및 시행에 대한 전망: 중재대리인의 입장에서", 중재 제323호 (2007년 봄), 11면.

3. 중재인의 선정(제12조)

당사자가 중재인을 선정하지 않은 경우, 기존규칙(제20조)은 사무국이 작성하여 유지하는 중재인명부 중에서 중재인 후보자 10명을 선택하고 그 명단을 당사자 쌍방에게 송부하여 당사자들이 희망순위를 표시하는 일종의 명부방식(list system)을 사용한다. 한편 신규칙(제12조)은 중재인의 선정에 있어 당사자의 의사를 존중하여, 단독중재인은 당사자들의 합의로 정하고, 3인 중재인의 경우 양당사자가 각 1인을 선정하고 그렇게 선정된 2인이 의장중재인을 선정하며, 당사자가 단독중재인을 선정하지 못하거나, 당사자가 선정한 2인의 중재인이 의장중재인을 선정하지 못하는 경우 사무국이 선정하도록 한다. 이는 국제적으로 널리 인정되는 중재인의 선정방법을 따른 것으로 적절하며, 법원의 권한을 사무국의 권한으로 변경한 점을 제외하고는 중재법(제12조)이 정한 중재인의 선정방법과도 유사하다.

4. 중재인의 기피(제13조)

기존규칙(제25조)은 중재판정부가 중재인기피에 대한 결정을 하도록 하나, 신규칙(제13조, 제10조 제3항)은 사무국이 양당사자와 다른 중재인들의 의견을 듣고 국제중재위원회의 자문을 거쳐 결정하게 하고, 사무국의 결정에 종국적인 효력을 부여한다. 그러나 중재법(제14조)은 기피신청에 대하여 중재판정부가 결정을 하도록 하고 받아들여지지 않으면 법원에 기피신청을 할 수 있도록 규정하므로 신규칙과는 차이가 있다. 다만 중재법은 중재인에 대한 기피절차를 당사자 간의 합의로 정할 수 있음을 명시하므로 신규칙이 그에 근거하여 사무국에게 최종적인 결정권을 주는 것은 중재법상 가능하다. 하지만 사무국의 결정이 있었더라도, 당사자는 중재판정 취소의 소 또는 승인 및 집행단계에서 기피사유의 존재를 주장할 수 있고, 법원은 사무국의 결정에 구속되지 않는다. <u>참고로 위 조항의 모델이 된 것으로 보이는 ICC 중재규칙(제7조 제4항)은 "중재인의 선정, 확인, 기피 또는 교체에 대한 중재법원의 결정은 최종적인(final) 것이고 그러한 결정의 이유는 통보되지 아니한다"고 규정하는데 이 조항이 혹시 중재인의 기피신청에 관하여 최종적인 판단권한을 중재법원에게 주고 법원의 심사를 배제하는가라는 의문이 제기된다. 그러나 위 조항의 취지는 중재법원에 관</u>

한 한 최종적인, 즉 중재법원에서 다시 다툴 수 없다는 취지이지 법률상 인정되는 통상의 법원에 대한 구제수단을 배제하는 것은 아니다. 아래 인용하는 Derains/Schwartz, p. 139. 나아가 위 저자들은 모델법(제13조 제3항)(우리 중재법 제14조 제3항과 제4항에 상응)을 언급하면서 법원에 기피신청을 할 수 있음을 재확인하고 있다. [밑줄 부분은 이 책에서 새로 추가한 것이다.]

5. 절차일정표의 도입(제15조)

신규칙(제15조)은 중재판정부가 당사자들과 협의한 후 중재 진행을 위한 잠정적인 '절차일정표'(timetable)를 별도의 서면으로 작성하여 중재판정부의 구성일로부터 30일 이내에 사무국과 당사자들에게 통지하게 하고, 나아가 후속절차를 준비하고 일정을 정하기 위하여 필요시 답변서 제출 후 '준비회의'를 열 수 있도록 한다. 그 취지는 중재판정부가 구성된 이후 중재인이 가급적 신속하게 절차진행에 관한 계획을 세우도록 함으로써 시간 낭비를 막기 위한 것으로서[13] 이는 바람직한 조항이다. 이는 기존규칙에는 없는 조항인데, 기존규칙 하에서는 절차일정표가 작성되지 않는 경우가 많았고 작성되더라도 당사자가 이를 위반하는 일이 적지 않았으며 당사자가 위반하더라도 중재판정부가 관대한 태도를 취하였으나, 신규칙 하에서는 정해진 일정의 준수가 강력히 요구된다는 지적이 있다.[14]

6. 중재지(제18조)

신규칙에 따른 중재라고 하여 중재지가 반드시 한국 또는 서울인 것은 아니다. 당사자들은 중재지를 자유롭게 합의할 수 있으며, 당사자들의 합의가 없는 경우 중재지는 서울로 하되, 중재판정부가 당해 사안의 모든 사정을 고려하여 다른 장소가 더 적합하다고 결정한 경우에는 달리 정할 수 있다(신규칙 제18조 제1항).[15] 실무적으로는 당사자들이 중재합의를 하면서, 특히 신규칙을 적용하기로 합의하면서 중재지를 합의하지 않는 경우는 별로 없을 텐데,[16] 만일 그

13) 장승화(註 5), 6면.
14) 김갑유(註 12), 13면.
15) ICC 중재규칙(제14조 제1항)은 당사자의 합의가 없으면 중재법원이 중재지를 정하도록 한다.
16) 임영철, "국제중재규칙 제정 및 시행에 대한 전망: 중재이용 고객의 입장에서", 중재 제323호(2007년 봄), 16면도 동지.

러한 경우가 있다면 대체로 묵시적으로 서울을 중재지로 합의한 것으로 볼 여지가 있을 것이다.

7. 증거(제22조)

신규칙(제22조)은 당사자들이 달리 서면으로 합의하지 않는 한, 중재판정부는 절차 진행 중 언제라도 당사자들에게 문서 등의 제출과 당사자들의 지배 하에 있고 중재의 대상과 관련이 있는 재산 등에 대한 중재판정부의 조사 허용을 명할 수 있다고만 규정할 뿐이고 중재판정부에게 직권에 의한 증거조사를 허용하는 규정을 두지는 않는다. 공청회자료[17]는 그 근거를, 중재인의 지위가 공적인 권한을 갖는 판사의 지위와 다르고, 중재지법에 따라 재량권에 많은 제한을 받을 수 있음을 고려할 때 당사자에게 요구하는 방식을 취하는 것이 더 합당하기 때문이라고 설명한다.

그러나 사견으로는 당사자에게 요구하는 방식에 추가하여, 보충적으로라도 중재판정부가 직권으로 조사할 수 있음을 명시하는 것이 좋았을 것으로 본다. 왜냐하면 종래 중재절차의 증거조사에 있어서 대체로 영미법계는 당사자주의(adversarial system)를 취하는 데 반하여 대륙법계는 그와 대비되는 직권주의(inquisitorial system)를 취하고 있지만,[18] 우리나라에서는 중재인이 능동적인 역할을 하기 때문에 중재절차에서는 필연적으로 변론주의가 약화되고 완화된 직권탐지주의가 타당한 것으로 이해되고 있고,[19] 무엇보다도 국제상사중재에서는 중재판정부가 대륙법계의 직권주의를 따르는 경향이 있기 때문이다.[20] 물론

17) 공청회자료, 40면.

18) 목영준, 상사중재법론(2000), 141면; 민병국, "중재(仲裁)와 discovery", 법률신문 제3541호(2007. 3. 29.), 14면; W. Laurence Craig, "Common Law Principles on the Taking of Evidence", in Karl-Heinz Böckstiegel (Hrsg.), *Beweiserhebung in internationalen Schiedsverfahren* (Carl Heymanns Verlag, 2001), p. 13. 여기의 'inquisitorial system'은 규문주의로 번역할 수도 있으나 내용상으로는 직권주의를 말한다.

19) 구 중재법 하의 설명이기는 하나, 단적으로 이호원, "중재에 있어서의 증거조사", 중재 278호(1995. 12.), 26면은 민사소송에 있어서는 변론주의가 타당하지만, 중재에 있어서는 절차준칙으로서 민사소송법을 채택한 것이 아닌 한 변론주의는 적용되지 아니하고, 중재인은 사실에 관한 증거 기타자료를 당사자로부터 구할 수도 있고, 그것만으로는 부족한 경우에는 스스로 수집할 수 있다고 보아야 할 것이다"고 한다. 이는 본문에 적은 사견보다도 더욱 강력하다. Hans-Patrick Schroeder, Die *lex mercatoria Arbitralis* (Sellier. European Law Publishers, 2007), S. 205도 참조.

20) Alan Redfern and Martin Hunter with Nigel Balckaby and Constantine Partasides, *Law and Practice of International Commercial Arbitration* Fourth Edition (Sweet & Maxwell, 2004),

신규칙상으로도 중재판정부가 필요하다고 판단할 경우 증거제출을 요구할 수 있을 것이다.

참고로, 종래 민사소송, 특히 증거조사에 관하여 당사자주의를 취하는 영미법계와 달리 대륙법계는 직권주의를 취하는데, 중재인의 법적 배경에 따라 증거조사가 사실상 그의 영향을 받는다. 다행인 것은, 노련한 국제중재인들은 법계의 배경에 관계없이 쟁점을 판단하기 위하여 필요한 사실관계를 증명하는 데 초점을 맞추고, 이러한 목표를 달성하는 데 장애가 될 수 있는 증거법칙에 의해 구속되는 것을 꺼린다는 점이다.[21] 중재인 간의 문화적 충돌을 해결하기 위하여 국제변호사협회(IBA)가 1983년 제정하고 1999년 개정한 "국제상사중재의 증거규칙"(Rules of Evidence in International Commercial Arbitration)[22](이하 "IBA 증거규칙"이라 한다)은 증거조사에 관한 국제기준의 형성에 기여하고 있다. 예컨대 IBA 증거규칙(제3조)은 미국의 민사소송에서 인정되는 證據開示(discovery)의 일환으로 행해지는 과도한 문서제출을 일정한 범위로 제한하고 '증거낚기'(fishing expedition)[23] 또는 '모색적 증명'(Ausforschungsbeweis)은 허용하지 않는다.[24] 신규칙이 적용되는 중재에 있어서도 당사자들은 IBA 증거규칙을 적용하기로 합의할 수 있음은 물론이다.

또한 신규칙은 당사자의 신문을 규정하지 않는 것으로 보이나 이도 규정하는 것이 바람직하였을 것으로 생각한다. 예컨대 중재법(제21조 제3항)과 ICC 중재규칙(제20조 제2항)은 당사자의 신문에 관하여 명시적으로 규정한다.

8. 전문가(제23조)

신규칙(제23조)은 중재판정부에 의한 전문가의 선정만을 규정한다. 그러나

---

para. 6-113.

21) Redfern/Hunter(註 20), para. 6-65.

22) IBA 증거규칙에 관하여는 우선 International Bar Association, *Commentary on the new IBA Rules of Evidence in International Commercial Arbitration* (2000) 참조.

23) 직역하면 '낚시탐험' 또는 '낚시여행'이라고 할 수 있는데, 우리나라에서는 이를 '증거낚기' 또는 '마구잡이식 증거조사'라고 번역한다. 상세는 석광현, 증거조사에 관한 국제민사사법공조 연구(법무부, 2007), 76면 이하 참조.

24) Redfern/Hunter(註 20), para. 6-71 이하 참조. 그러나 제3조에 대하여는 미국식의 증거개시를 도입한 것이라는 비판도 있다. 예컨대 Peter Hafter, "The Provisions on the Discovery of Internal Documents in the IBA Rules of 1999", in Gerald Aksen *et al.* (editors), *Global Reflections on International Law, Commerce and Dispute Resolution, Liber Amicorum in honour of Robert Briner* (ICC, 2005), p. 349와 Fn. 5에 인용된 문헌들 참조.

당사자가 전문가 예컨대 감정인을 선정할 수 있음도 명시하는 것이 좋았을 것으로 생각된다. 예컨대 ICC 중재규칙(제20조 제3항)과 IBA 증거규칙 제5조도 당사자가 감정인을 선정할 수 있음을 명시한다. 물론 신규칙 하에서도 당사자들이 합의하면 당사자가 감정인을 선정할 수 있을 것이다.

9. 중재언어(제24조)

당사자의 합의가 없는 경우 기존규칙(제50조)은 중재언어를 한국어로 하나, 신규칙(제24조)은 중재판정부가 계약 언어를 비롯한 모든 관련 상황을 적절히 고려하여 중재언어를 결정하도록 한다. 이에 따르면 당사자 간의 합의가 없는 경우 대부분 영어가 중재언어가 될 가능성이 크다.[25)]

그런데 중재법(제23조 제1항)은 "중재절차에서 사용될 언어는 당사자 간의 합의에 의하고, 합의가 없는 경우에는 중재판정부가 지정하며, 중재판정부의 지정이 없는 경우에는 한국어로 한다"고 규정한다. 당사자가 신규칙을 적용하기로 합의함으로써 중재언어에 관하여 합의하기로 한 것으로 볼 수 있으므로 법상 문제는 없다. 중재법은 중재판정부의 지정이 없는 경우를 언급하고 있으나 실제로는 그런 경우는 상정하기 어려울 것이다.

10. 비용에 관한 규정의 정비(제38조-제41조)

신규칙은 비용을 ① 중재비용과 ② 당사자가 부담한 비용으로 구분하고, ①을 신청요금과 관리요금, 중재인의 수당과 경비 및 중재절차 중에 발생하는 기타 경비로 세분하고(제38조 제1항),[26)] ②에는 변호사비용이나 전문가, 통역, 증인을 위한 비용 등 중재절차 중 당사자가 부담하는 필요비용을 포함시킴으로써(제41조) 중재와 관련하여 발생하는 비용을 체계적으로 정비하였다. 중재와 관련하여 발생하는 중재비용, 즉 광의의 중재비용은 이처럼 중재절차상의 비용(즉 협의의 또는 고유의미의 중재비용)과 당사자비용으로 구분된다.[27)] 신규칙은 전

---

25) 장승화(註 5), 6면도 동지.

26) 신규칙 제38조 제1항에 따르면, 신청요금과 관리요금은 "신청요금과 관리요금에 관한 규정(별표 I)"에 따라, 중재인의 수당과 경비는 "중재인의 수당과 비용에 관한 규정(별표 II)"에 따라 각각 산출된다.

27) Redfern/Hunter(註 20), para. 8-91; 하충룡, "한국과 ICC간 중재비용에 관한 비교분석", 중재

자, 즉 고유의미의 중재비용은 원칙적으로 중재에서 진 당사자가 부담하는 데 반하여, 당사자비용은 당사자 간의 다른 합의가 없는 한 각 당사자가 분담하도록 하는 데(제40조 제1항, 제41조) 특색이 있다.[28)]

기존규칙(제65조 제1항)은 신청인이 신청시 중재비용 전액을 예납하도록 하나, 신규칙(제39조)은 사무국이 결정하는 예납금을 양당사자가 균분하여 현금으로 예납하도록 규정한다. 이는 ICC 중재규칙(제30조)을 본받은 것인데,[29)] 그 결과 신청인의 비용부담이 완화되므로 중재신청이 상대적으로 용이할 것이다.[30)] 또한 신규칙(제39조 제5항)에 따르면, 일방 당사자가 예납금 중 자신의 부담부분을 납입하지 않는 경우, 상대방 당사자는 예납금 전액을 납입할 수 있고, 그 경우 전액을 납입한 당사자는 잠정판정, 중간판정 또는 일부판정을 통하여 상대방 당사자에게 그 부담부분을 지급할 것을 명하도록 중재판정부에 요청할 수 있다.

위 제39조 제5항에 대하여는, 그런 규정이 없을 경우 실무상 중간판정을 통해 다른 당사자에게서 비용의 반을 회수할 수 있는지에 관하여 다툼이 생기곤 하는데 제5항은 그 다툼을 미연에 방지하기 위한 것으로,[31)] ICC 중재에서 아직 논란이 있는 부분을 정리하여 명문화한 점에서 매우 바람직하다는 평가가 있다.[32)] 실제로 ICC 중재규칙(제30조 제2항)은, 일방 당사자는 상대방 당사자가 분담금을 예납하지 않을 경우 예납금의 전액을 납부할 수 있다고만 규정할 뿐이므로 종래 ICC 중재규칙상 중재판정부가 부담부분을 지급하지 않은 당사자에게 그 지급을 명할 권한이 있는지, 나아가 중재합의가 부담부분을 지급할 의

학회지 제10권(2000), 39면. 기존규칙(제61조 제1항)은 협의의 중재비용을 요금, 경비와 수당으로 구분하고, 당사자비용은 규정하지 않는다.

28) 기존규칙(제61조 제2항)에 따르면, 중재판정이 달리 정하지 아니하는 경우 중재비용은 당사자 쌍방의 균등부담으로 한다. 원칙적으로 진 당사자가 중재비용을 부담하도록 하는 다른 중재규칙(예컨대 UNCITRAL 중재규칙 제40조)과 달리 ICC 중재규칙은 중재비용의 분담을 전적으로 중재판정부의 판단에 맡기는 점에 특색이 있다. 그 결과 다양한 접근방법이 사용되는데 이는 종종 중재인의 법적 배경에 의하여 영향을 받는다. 실무의 경향은 Yves Derains and Eric A. Schwartz, *A Guide to the ICC Rules of Arbitration* Second Edition (Kluwer Law International, 2005), p. 371 이하 참조.

29) 다만 ICC 중재규칙(제30조 제2항)에 의하면 ICC 중재법원이 예납금을 결정하나 신규칙은 사무국이 예납금을 결정하도록 하는데, 그 이유는 중재인 보수의 기준을 사무국이 결정하므로 예납금도 사무국이 결정하도록 하는 것이 일관성이 있기 때문이라고 한다. 공청회자료, 60면 참조. ICC 중재규칙에 따른 중재비용에 관하여는 오원석, "ICC중재에서 중재비용의 결정과 할당에 관한 연구", 무역상무연구 제33권(2007. 2.), 145면 이하 참조.

30) 장승화(註 5), 7면도 동지.

31) 공청회자료, 61면 참조.

32) 장승화(註 5), 7면.

무를 포함하는지와 의무의 성질, 또한 부담부분의 지급을 명하는 판정이 잠정판정인지는 논란이 있다.[33] 신규칙(제39조 제5항)은 중재판정부의 권한과, 상대방의 당사자 간 예납금 지급의무를 명시한 점에서[34] 의의가 있지만 부담부분의 지급을 명하는 판정이 잠정판정인지와 그에 따른 요건의 구비 여부는 여전히 논란의 여지가 있다. 사견으로는, 이는 절차적 명령의 성질을 가지므로 중재판정이 아니라 결정, 또는 신규칙(제28조 제1항)에서 말하는 명령의 형식에 의할 사항이다.[35] 중재법도 본안에 관한 문제에 대하여는 중재판정을, 절차적 문제에 대하여는 결정에 의하도록 규정하는 점[36]을 고려할 필요가 있다.

나아가 기존규칙에는 신청요금이 없으나, 신규칙(제38조 제1항, 별표Ⅰ 제1조)은 신청요금을 신설하여 신청인이 신청서 제출시 신청금액에 관계없이 100만원을 납입하도록 규정한다.

한편, 중재법은 중재비용에 관하여 명시적인 규정을 두고 있지 않다. 그러나, 당사자 간에 중재비용에 관한 합의가 없을 수 있고, 특히 변호사 보수의 처리가 문제되므로 중재법에 중재비용에 관한 규정을 두는 것이 바람직하다. 예컨대 "당사자가 달리 합의하지 않는 한, 중재인은 중재비용의 부담에 관하여 중재판정에서 판단해야 한다"는 점과 그 경우 중재인의 판단의 기준 등 기본적인 원칙을 중재법에서 명시하면 될 것이다.[37]

---

33) 잠정판정이라면 상대방 당사자가 회복할 수 없는 손해를 입을 우려가 있을 것이라는 요건이 필요하다는 주장이 있는가 하면, 그 요건이 당연히 구비된 것으로 보는 견해도 있다. Derains/Schwartz(註 28), p. 345 이하 참조. 중재비용 예납의무에 관하여는 M. Secomb, "Award and Orders Dealing with the Advance on Costs in ICC Arbitration: Theoretical Questions and Practical Problems, ICC *International Court of Arbitration Bulletin* Vol. 14 No. 1 (2003), p. 59 이하 참조(신정식·김용일·박세훈, "ICC중재의 주요특징과 KCAB중재의 활성화 방안에 관한 연구", 무역상무연구 제33권(2007. 2.), 131면 註 22에서 재인용).

34) 사무국에 대한 예납금의 지급의무와, 당사자 간의 지급의무는 구별된다. 신규칙(제39조 제5항)은 "전액을 납입한 당사자는 … 상대방 당사자에게 그 부담부분을 지급할 것을 명하도록 중재판정부에 요청할 수 있다"고 규정하는데 이는 당사자 간의 지급의무를 전제로 하는 것이다. 당사자 간의 예납의무의 유무와, 예납을 명하는 권한이 중재판정부에 있는지 아니면 법원에 있는지는 국내법에 따라 상이하다. 상세는 Otto Sandrock, "Claims for Advances on Costs and the Power of Arbitral Tribunals to Order their Payment", in Gerald Aksen *et al.* (editors), *Global Reflections on International Law, Commerce and Dispute Resolution, Liber Amicorum in honour of Robert Briner* (ICC, 2005), p. 707 이하 참조.

35) W. Laurence Craig, William W. Park and Jan Paulsson, *International Chamber of Commerce Arbitration* Third Edition (Oceana Publications, Inc./Dobbs Ferry, NY, 2000), p. 269 참조.

36) 목영준(註 18), 160면. 물론 결정에 의하면 집행의 문제가 있다. 반면에 판정의 형식을 취할 경우 중재판정 취소의 대상이 될 수 있다는 점을 문제로 지적하기도 한다.

37) 석광현(註 2), 97면 참조.

11. 중재인의 수당(제38조, 별표Ⅱ)

중재인의 수당(arbitrator's fees)은 비용 중 큰 비중을 차지하는 항목이다. 기존규칙은 중재인의 수당을 신청금액별로 정액제로 규정하는데 이는 국제적인 기준에 비추어 매우 낮은 금액이었기 때문에 풍부한 경험과 국제적 명망을 가진 유능한 중재인을 선정하는 데 대한 장애요인으로 작용하였다. 그러나, 신규칙(제38조 제1항과 별표Ⅱ)은 시간당 요율제(미화 250달러-500달러)로 중재인의 사용시간에 따라 산정하되, 사무국이 분쟁의 성격, 분쟁금액, 중재인의 지위와 경험을 고려하여 별표상의 최소액과 최대액 사이에서 결정케 함으로써 대폭 인상하였으므로 장애요인이 상당부분 제거되었다고 할 수 있다. 사견으로는 이것이 신규칙이 도입한 최대의 변화일 것으로 생각한다.[38] 예컨대 신청금액이 50 억원인 사건의 경우 기존규칙에 따른 중재인 수당은 1인당 410만원인 데 반하여 신규칙상의 중재인 수당은 위 시간당 요율에 따라 산정하되 최소 1,975만원에서 최대 7,050만원 사이에서 결정되는 것으로부터 보듯이[39] 중재인의 수당이 대폭 인상되었다. 이는 ICC 중재 등 다른 유수의 국제중재기관의 수준에는 미치지 못하지만 동아시아 지역중재기관으로서는 충분히 국제기준에 걸맞는 수준이라고 한다.[40] 별표Ⅱ에 따르면 신규칙에 따른 중재인의 수당은 최대 1억 5천만원을 초과할 수 없는데, 문면상으로는 당사자의 합의에도 불구하고 최대액의 제한이 적용되는 것처럼 보이지만, 그렇게 제한할 이유가 없으므로 당사자가 더 높은 금액을 합의하는 경우 그에 따라야 할 것이다.

12. 비밀유지의무(제45조)

기존규칙(제8조)은 중재절차는 공개하지 아니한다고만 규정한다. 한편 신규칙(제45조)은 중재절차 및 그 기록은 공개하지 아니한다고 규정하고(제1항), 나아가 "중재인, 사무국 임직원, 당사자 그리고 그 대리인과 보조자는 당사자 사이에 합의되거나 법률상 또는 소송절차에서 요구되는 경우를 제외하고는 중재사건과 관련된 사실 또는 중재절차를 통하여 알게 된 사실을 공개하여서는 아

---

38) 장승화(註 5), 8면, 김갑유(註 12), 13면도 동지.

39) 기존규칙에 따른 금액은 대한상사중재원의 중재비용 예시에 적힌 금액(12,300,000원)을 3으로 나눈 것이다.

40) 장승화(註 5), 8면.

니된다"고 규정함으로써(제2항) 관련된 자들에게 비밀유지의무를 부과한다. 이러한 이유로 신규칙은 분쟁해결방식으로서 중재가 소송에 비하여 가지는 장점 중 하나를 명확히 부각시키고 있다고 평가하기도 한다.41)

13. 신속절차

기존규칙(제8장)은 신속절차를 규정하나 신규칙은 이를 규정하지 않는다. 기존규칙에 따르면, 당사자 간에 신속절차에 따르기로 하는 별도의 합의가 있는 중재사건 또는 신청금액이 1억원 이하인 국내중재의 경우에는 신속절차를 적용하는데(제56조), 그 경우 심리는 1회로 종결함을 원칙으로 하고(제58조 제2항), 중재판정부는 심리종결일로부터 10일 이내에 판정하여야 한다(제59조). 그러나 신속한 중재를 위하여 당사자들의 실질적인 협력이 필요하므로 신속절차라고 하는 별도의 트랙을 설치하는 것보다는 당사자들이 필요에 따라 적절한 합의를 하면 족하고,42) 또한 신청금액이 작은 사건의 경우 상대적으로 비용이 많이 드는 신규칙이 적용될 가능성은 별로 없다는 점을 고려하여 신속절차를 규정하지 않은 것으로 보인다.

Ⅲ. 신규칙의 기본적인 문제점

여기에서는 신규칙의 기본구상에 관한 몇 가지 의문점을 지적하고자 한다.

1. 중재법과의 관련 및 정합성

법적인 관점에서 신규칙에 대한 첫째 의문은, 신규칙을 성안함에 있어서 우리 중재법이 가지는 의미이다. 신규칙이 적용되는 국제중재의 경우 중재지가 외국일 수도 있으므로 반드시 우리 중재법이 적용되는 것은 아니나 실제로는,

41) 임영철(註 16), 17면.

42) ICC 중재규칙은 신속절차를 규정하지 않는다. Derains/Schwartz(註 28), p. 6, Fn. 10 참조. ICC 중재규칙(제32조 제1항)은 당사자들이 기간을 단축할 수 있는 가능성을 열어두고 있고, 신규칙(제42조)도 당사자들은 서면합의로 동 규칙에서 규정한 기한을 변경할 수 있음을 명시한다.

특히 신규칙의 시행 초기에는 대부분 중재지가 우리나라일 것이다.[43] 따라서 중재지가 우리나라 안이고 신규칙에 따라 행해지는 국제중재의 경우 그에 적용되는 규범은 중재법과 신규칙이라는 중층구조를 취하므로 양자를 유기적으로 파악하지 않으면 아니된다.[44] 즉 신규칙은 자족적인 또는 자기기완결적인 규범이 아니며 중재지의 중재법에 의하여 보충되는데, 우수한 중재법이 필요한 이유도 여기에 있다. 중재법 제1조도 "중재법은 중재에 의하여 私法상의 분쟁을 적정·공평·신속하게 해결함을 목적으로 한다"고 규정하는데, 이러한 목적은 신규칙이 규율하는 국제중재라고 해서 다를 바 없다. 특히 중재절차에 대한 법원의 관여의 범위를 정확히 이해할 필요가 있는데,[45] 이를 중재절차의 경과에 따라 ① 중재절차 개시단계, ② 중재절차 진행단계와 ③ 중재판정 후 단계로 구분하면, ①, ② 단계에서는 신규칙과 중재법이 함께—보다 정확히는 대부분 신규칙에 의하여 수정된 대로의 중재법이—적용되는 데 반하여, ③ 단계, 특히 중재판정의 취소와 중재판정의 승인 및 집행에 관하여는 전적으로 중재법에 의하여 규율되는 점에서 차이가 있다.

≪국제중재규칙이 적용되고 중재지가 한국인 상사중재에서 중재규범의 중층구조≫

	중재절차 개시단계	중재절차 진행단계	중재판정 후의 단계
적용규범	국제중재규칙	국제중재규칙	국제중재규칙
	중재법	중재법	중재법

* 위 표에서 국제중재규칙을 위 칸에 적은 것은 그것이 계약자유의 원칙에 기하여 중재법의 조문을 배제하기 때문이지 그것이 상위규범이라는 취지는 아니다.

** 각 규범이 차지하는 면적은 그의 사실상의 중요성을 반영한다. 위 표는 이 책에서 조금 수정한 것이다.

43) 이 점을 고려한다면, 신규칙을 제정함에 있어서 예컨대 ICC 중재규칙처럼 중재지에 관계없이 보편적으로 사용할 수 있는 중재규칙이 아니라, 우리나라가 중재지인 것을 전제로 적용되는 규칙으로서 구상하는 편이 더 현실적이라는 견해도 주장될 수 있으나 저자는 그에 동의하지는 않는다.

44) 따라서 신규칙과 중재법을 통합한 규범, 즉 양자의 'consolidated version'을 정확히 이해할 필요가 있다. 이는 한국에서 ICC 중재규칙에 따른 중재를 하는 경우에도 마찬가지이다. 종래 우리나라에서는 이에 관한 논의가 부족한 것으로 보인다.

45) 이에 관하여는 석광현(註 2), 413면 이하 참조.

예컨대 중재법(제28조)은 증거조사에 관한 법원의 협조에 관하여 규정하나, 신규칙은 이에 관한 규정을 두지 않는다. 그렇다고 하여 신규칙이 중재법 제28조의 적용을 배제하는 것은 아니므로, 신규칙에 따른 국제중재의 경우에도 중재지가 한국 안이라면 중재판정부는 직권으로 또는 당사자의 신청에 의하여 법원에 증거조사를 촉탁할 수 있다고 본다. 이처럼 국제중재에 적용되는 규범의 전모를 정확히 파악하자면 신규칙만으로는 부족하고 유기적인 관련 하에서 중재법을 함께 이해하여야 한다.

이처럼 특히 중재절차의 개시단계와 중재절차의 진행단계에 관한 한 신규칙에 의하여 수정된 바에 따른 중재법이 적용되는데, 여기에서 신규칙과 중재법의 정합성이 의미를 가진다. 여기에서 정합성은 다음 두 가지 맥락에서 검토할 필요가 있다.

가. 중재법의 강행법규 위반의 불허

우선 중재법은 당사자자치(또는 사적자치)를 널리 인정하지만, 당사자자치가 허용되지 않는 범위, 즉 중재법의 강행법규(또는 강행규정. 이하 양자를 호환적으로 사용한다)가 적용되는 범위 내에서는 신규칙은 그에 반해서는 아니된다. 이 점에서 당사자자치의 한계의 획정이 중요하다. 신규칙 제3조 제2항은 "이 규칙이 당해 중재에 적용되는 강행법규에 위배되는 경우에는 해당 강행법규가 우선한다"고 규정하고, 중재의 진행을 정한 신규칙 제20조 제1항은 "이 규칙의 강행규정에 반하지 아니하는 한 당사자들은 중재절차에 관하여 합의할 수 있다"고 규정하여 그러한 강행법규 또는 강행규정의 존재를 전제로 하고 있으나 무엇이 강행규정인지는 밝히지 않는다.[46]

중재법에는 강행규정과 임의규정이 있는데, 중재법 제5조도 "이 법의 임의규정"이라는 표현을 사용하여 그 취지를 밝히고 있다. 대체적으로는, 중재법 제18조 제1항에서 보듯이 "당사자 간에 다른 합의가 없는 경우에" 또는 유사한 문언이 포함된 경우 임의규정이고 그런 문언이 없는 경우 강행규정이라고 할

---

46) 중재판정부는 당사자들을 동등하게 대우하고 당사자들에게 의견을 표명할 권리를 부여하며 사안에 관하여 진술할 공평한 권리를 부여하여야 한다는 신규칙 제20조 제2항은 강행규정의 대표적인 예라고 할 수 있다. 참고로 ICC 중재규칙 중에도 강행규정과 아닌 것이 있다. Robert H. Smit, "Mandatory ICC Arbitration Rules", in Gerald Aksen *et al.* (editors), *Global Reflections on International Law, Commerce and Dispute Resolution, Liber Amicorum* in honour of Robert Briner (ICC, 2005), p. 845 이하 참조.

수 있으나,[47] 그런 문언이 없다고 하여 반드시 강행규정이라고 단정할 수는 없는데 그의 구체적인 범위는 앞으로 명확히 할 필요가 있다.[48]

중재법상 강행규정이 많지는 않으므로 문제될 것은 별로 없지만, 의문이 전혀 없는 것은 아니다. 예컨대 중재절차 진행단계에 관하여 보면, 중재법(제17조)에 따르면 중재판정부의 관할권에 대한 이의신청에 대하여 중재판정부가 선결문제로 판단한 경우 당사자는 법원에 심사를 신청할 수 있다. 신규칙(제19조)이 법원의 심사를 배제하는 취지인지는 애매한데—만일 배제하지 않는 취지라면 당사자들에게 이를 알릴 필요가 있다, 중재법상 당사자가 중재판정부의 판단에 종국적 효력을 부여하는 당사자의 합의조항(이른바 competence-competence clause)의 유효성은 논란이 있다. 이점은 아래(Ⅳ. 3.)에서 좀더 논의한다.

또한 신규칙(제25조 제3항)은, 중재판정부는 당사자들이 합의하여 권한을 부여한 경우에 한하여, 선의의 중재인으로서의 권한을 가지고 형평과 선에 의하여 판단할 수 있다고 규정한다. 반면에 중재법(제29조 제3항)은 "중재판정부는 당사자들이 명시적으로 권한을 부여하는 경우에 한하여 형평과 선에 따라 판정을 내릴 수 있다"고 규정한다. 즉 중재법은 '명시적으로' 권한을 부여할 것을 요구하나 신규칙은 이러한 요건을 삭제하였는데, 신규칙에서도 당사자들이 합의하여 명시적으로 권한을 부여하는 경우라고 규정하는 편이 적절하다. 묵시적 수권은 중재법상 허용되지 않기 때문이다.

나. 중재법으로부터의 이탈의 필요성과 정책적 판단

한편 당사자자치가 허용되는 범위 내에서는 신규칙이 중재법과 달리 자유롭게 정할 수 있는데, 신규칙이 정한 중재절차에 관한 사항은 대부분 이에 속한다. 임시중재와 기관중재에 모두 적용되는 중재법과 달리 신규칙은 기관중재를 전제로 하므로 신규칙에서 기관중재에 특유한 좀더 정치한 규칙을 둘 필요가 있다. 하지만 기관중재에 타당한 조문에 관한 한, 중재법에 반영된 입법자의 결단을 존중할 필요가 있다. 그렇게 함으로써 신규칙이 다른 국제중재규칙과 차별화된 한국적 특색이 있는 중재규칙으로 정착될 수 있다(물론 모델법이 이룩한 조화의 범위 내에서). 이 점에서 신규칙에서 중재법을 따르면서 細則을 정할

47) 양병회 외, 주석중재법(장문철 · 박영길 집필부분)(2005), 21면.

48) Stein/Jonas/Schlosser, *Kommentar zur Zivilprozessordnung* 22. Auflage Band 9 (Mohr Siebeck, Ⅱ/2002), § 1027 Rn. 2도 동지. 참고로 영국 중재법은 Schedule 1에서 강행규정인 조문을 구체적으로 열거하고 당사사가 이를 배제할 수 없음을 명시한다.

지, 아니면 중재법과 다른 선택을 할지, 그리고 그 범위를 어떻게 정할지에 관한 정책적 판단이 필요하였는데 신규칙은 이 점에서 아쉬움이 크다고 본다. 아래에서는 우선 눈에 띄는 몇 가지를 지적한다.

첫째, 신규칙(제25조 제1항)은 분쟁의 본안(또는 실체)의 준거법에 관하여 당사자자치를 허용하면서 실체법만이 아니라 법원칙을 선택할 수 있음을 명시하고, 당사자의 합의가 없는 경우 중재판정부는 적절하다고 판단하는 실체법이나 법원칙을 적용한다고 규정한다. 우선 '실체법'이 아니라 '실질법'이 정확한 용어인데,[49] 그 이유는 이는 反定(*renvoi*)을 배제하는 취지이기 때문이다(중재법 제29조 제1항 참조). 중재법의 해석상 당사자자치의 경우 'rules of law'를 합의할 수 있는지에 관하여는 종래 논란이 있는데[50] 이를 긍정하는 사견으로는 신규칙이 이 점을 명시한 것은 타당하나, 객관적 준거법의 결정시 가장 밀접한 관련이 있는 국가의 법을 적용하도록 하는 중재법과 배치된다. 물론 신규칙을 적용하기로 하는 당사자의 합의를 기초로 그렇게 규정하는 것이 법적으로 가능하지만, 입법자의 결단을 변경하는 것이 바람직한지는 의문이다. 신규칙(제25조 제1항)의 기초가 된 ICC 중재규칙(제17조 제1항)과 프랑스 신민사소송법(제1496조 제1항)의 同調는 우연이 아니다.

둘째, 중재판정부의 임시적 처분에 관하여 중재법(제18조)이 분쟁의 대상에 관한 임시적 처분만을, 그것도 결정의 형식으로 허용하는 것과는 달리, 신규칙(제28조)은 명령 또는 판정의 형식으로 하게 하고, 그 범위를 분쟁의 대상에 관한 것에 한정하지 않는 점에서 ICC 중재규칙(제23조 제1항)과 유사하다. 그러나 이 점은 신규칙이 기관중재를 위한 규칙이라는 이유만으로 정당화하기는 어렵다.[51] 이는 당사자자치가 허용되는 영역이므로 중재법상 가능하지만, 일방당사자의 신청에 기한 임시적 처분에 대하여는 거부감이 있는 것이 사실이므로 이

49) 실질법이라 함은 법적용규범인 저촉법(또는 국제사법)에 대비되는 개념으로, 우리 민·상법과 같이 저촉법(또는 국제사법) 또는 중재법에 의하여 준거법으로 지정되어 특정 법률관계 또는 쟁점을 직접 규율하는 규범을 말한다. 이는 절차법과 대비되는 실체법과는 상이한 개념이다. 예컨대 절차문제에 관하여 우리나라의 민사소송법이 법정지법으로서 적용되는 경우 민사소송법은 절차법이지만 실질법이 된다.

50) 상세는 석광현(註 2), 158면 이하 참조.

51) 예컨대 중국 중재법(제28조)에 따르면 중재판정부는 임시적 처분을 할 권한을 가지지 않는데, CIETAC 중재규칙(제17조)도 당사자가 재산보전을 신청한 경우 이를 관할법원으로 전달하도록 규정함으로써 일관성 있는 태도를 취한다. 또한 독일중재원(German Institution for Arbitration. Deutsche Institution für Schiedsgerichtsbarkeit. DIS)의 중재규칙(제20조 제1항)도 임시적 처분에 관하여 독일 민사소송법(제1041조 제1항)과 유사한 취지로 규정한다.

를 확대한 신규칙의 타당성은 의문이라는 비판도 가능하다. 이와 반대로 임시적 처분의 범위를 확대하자면, 2006년에 있었던 모델법의 개정을 참작하여 좀 더 체계적으로 다듬을 필요가 있었다는 비판도 할 수 있다.

셋째, 중재법(제34조)에 따르면 중재판정부는 당사자의 신청에 따라, 당사자의 합의가 있는 경우 중재판정의 일부 또는 특정쟁점에 대한 해석을 할 수 있고 이를 위한 당사자의 신청기간과 중재판정부의 판단기간을 명시하는데, 그러한 해석은 중재판정의 일부를 구성한다. 그런데 신규칙(제36조 제2항)은 일방당사자가 중재판정의 해석을 요청할 수 있도록 변경하고, 그 대상도 중재판정의 일부 또는 특정쟁점에 제한하지 않는다. 신규칙은 ICC 중재규칙(제29조 제2항)의 영향을 받은 것으로 보이는데, ICC 중재규칙은 그 경우 중재판정부는 상대방에게 검토의견을 제출하도록 30일 이하의 기한을 부여하도록 한다. 그러나 신규칙은 상대방에게 의견을 제출하도록 요구하지도 않는다. 당사자가 신규칙을 적용하기로 함으로써 중재법이 요구하는 당사자의 합의가 있다고 볼 수 있으므로 법상 불가능한 것은 아니지만, 신규칙에서 중재법의 태도와 달리 규정할 정책적인 이유가 있는지는 의문이다.

다. 신규칙 제정의 지도이념

이상의 논의를 종합하면, 신규칙을 성안함에 있어서 신규칙과 중재법과의 관계를 어떻게 설정할지에 관한 명확한 지도이념이 없었던 것으로 보인다. 사견으로는 신규칙은 우리 중재법을 출발점으로 삼아 細則을 정하는 것이어야 하고, 기관중재의 특수성을 반영하기 위하여 필요한 범위 내에서 중재법의 원칙을 합리적인 방향으로 수정하는 것이어야 한다. 이를 위하여는 우선 중재법상 당사자자치가 허용되는 범위를 획정하고, 그 범위 내에서 입법자의 의도를 충분히 고려하면서, 중재법의 원칙으로부터의 이탈이 정책적으로 필요한가에 대하여 깊은 성찰이 필요하였다. 물론 그러한 검토를 하더라도 결과적으로 신규칙의 규정이 대부분 타당한 것으로 평가될 가능성도 있으나, 공청회자료를 보면 신규칙의 성안과정에서 중재법과의 관계를 어떻게 정립할지에 관한 검토가 부족했던 것으로 보인다. 요컨대 신규칙은 무국적중재를 위한 것이 아니라 대한상사중재원이 관리하는 국제중재를 위한 규칙이어야 한다는 것이다.[52)]

---

52) 무국적중재와 국제중재의 관계는 석광현(註 2), 261면 이하 참조. 신규칙에서는 일단 중재법에 정면으로 배치되는 것이 아니라면 지배적인 국제관행을 채택하고, 장기적으로는 필요한

2. 대한상사중재원, 사무국과 국제중재위원회의 역할 분담

위에서 언급한 바와 같이 신규칙은 ICC 중재규칙의 영향을 많이 받았는데, ICC 중재는 ICC 중재법원, 사무국과 중재판정부의 유기적인 협력 하에 이루어지는 데 특색이 있다. 신규칙(제1조 제3항)은 ICC 중재법원과 ICC 사무국의 임무를 상당 부분 대한상사중재원 사무국이 담당하도록 하면서, 중재인의 기피(제13조), 교체・해임(제14조)시 국제중재위원회의 자문을 거치도록 하는데,[53] 우선 이는 사무국에게 지나치게 과중한 임무를 부여하는 느낌을 준다. 더욱이 신규칙(제1조 제2항)은 사무국이 처리하여야 할 중재절차에 관한 사무는 중재원 사무국의 직원 중에서 지명된 중재서기가 수행한다고 함으로써 사무국의 임무를 중재서기에게 맡기고, 나아가 중재인의 기피, 교체・해임의 종국적인 결정권한을 중재서기에게 부여하는데(제10조 제3항) 중재서기의 업무의 성질에 비추어 이 점도 이해하기 어렵다. 기존규칙(제6조)에 따르면, 대한상사중재원은 각 중재사건의 사무를 처리하기 위하여 그 사무국의 직원 중에서 1인 또는 수인의 중재서기를 지명하는데, 중재서기는 지정된 중재사건에 관하여 동 규칙이 정하는 직무를 수행한다.

흥미로운 것은, 공청회자료를 보면 중재인의 기피, 교체・해임의 종국적인 결정권한을 대한상사중재원에게 부여하고 있었던 점인데, 사견으로는 초안이 최종안보다 낫다. 즉, 특정 중재사건에서 처리할 절차적 사항은 중재서기가 담당해야 할 것이나, 의사결정이 필요한 사항은 사안의 경중과 성질에 따라 중재원의 사무국 또는 중재원이 처리하도록 구분하는 것이 바람직하다고 본다.

대한상사중재원의 자료는 신규칙상 국제중재위원회는 ICC 중재법원과 유사한 기능을 한다고 설명하나,[54] 국제중재위원회는 자문기관일 뿐이고 그 권한도 매우 제한적이다.[55] 2008년 1월말까지도 국제중재위원회가 아직 구성되지 않은 것으로 보이는데, 만일 국제중재위원회에 그런 기능을 기대한다면 좀더

범위 내에서 중재법을 그에 합치하는 방향으로 개정되도록 유도하려는 취지도 있었던 것으로 짐작된다.

53) 조문상으로는 사무국이 아니라 대한상사중재원이 위원회의 자문을 받도록 규정되어 있으나, 이는 아래(Ⅳ.1.)에서 지적하듯이 잘못이다.

54) 대한상사중재원, 중재 제321호(2006년 겨울), 72면.

55) 당초 중재인의 선임과정에까지 객관성과 투명성을 담보하기 위해 제안된 것이나 그 권한이 축소되었다고 한다. 장승화(註 5), 4면. 또한 당초 제정시안에서는 국제중재위원회가 상당 부분 중재법원의 역할을 수행할 예정이었으나 그 권한이 축소된 것으로 보인다.

큰 권한을 주어야 할 것이다. 요컨대 중재절차의 원활한 진행을 위하여 대한상사중재원, 사무국과 국제중재위원회 및 중재판정부의 역할분담 내지 업무분장을 좀더 숙고하여 정비할 필요가 있다. 어쨌든 사무국의 역할에 비추어 장차 사무국에 우수한 인력을 유치하지 못한다면 신규칙에 따른 국제중재는 성공할 수 없을 것이다.

3. 기존규칙과 신규칙의 병존—국제중재 규범의 이원화

현재와 같이 대한상사중재원이 국제중재를 규율하는 규칙을 기존규칙과 신규칙으로 이원화한 것은 이론적으로나 실무적으로나 문제가 있다.

가. 이론적인 문제점

위에서 언급한 바와 같이 신규칙을 시행함으로써 대한상사중재원의 관리 하에 이루어지는 기관중재로서의 국제중재에 적용되는 규칙은 신규칙과 기존규칙으로 이원화되었고, 양자 간에는 상당한 편차가 있다. 그러나, 이는 합리적인 근거가 전혀 없으며, 더욱이 아래에서 보듯이, 양 규칙이 국제중재의 개념 자체를 달리 정의하는 것은 이해할 수 없다. 당초 기초자들의 의도는 국제중재에 대하여는 원칙적으로 신규칙을 적용하고 기존규칙은 적용하지 않는 것이었으나, 비용부담에 대한 우려 때문에 이는 받아들여지지 않았고 당사자들이 신규칙의 적용에 합의한 경우에만 신규칙이 적용되는 것으로 확정되었다고 한다.[56] 그렇다면 대한상사중재원으로서는, 사건의 규모가 작아 저렴한 국제중재를 원하는 당사자는 기존규칙을 선택하고, 사건의 규모가 커서 질적으로 좀더 우수한 국제중재를 원하는 당사자는 고가의 비용을 부담하고 신규칙을 이용할 것을 기대하는 것인지 모르겠다.[57] 하지만 내용적으로 기존규칙은 소규모사건에 적합한 데 반하여 신규칙은 대규모사건에 적합하다고 단정할 수는 없으므로 그렇게 이해하기도 어렵다.

나. 실무적인 문제점

이러한 규칙의 이원화는 실무적으로도 문제를 초래한다. 신규칙은, 당사자

---

56) 장승화(註 5), 4면.

57) 장승화(註 5), 4면도 결과적으로 기존규칙은 소액사건의 국제중재에 한정될 것으로 예상한다.

들이 서면으로 신규칙에 따라 국제중재를 진행하기로 합의한 경우에 적용된다(제3조).[58] 즉 당사자들이 대한상사중재원의 '중재규칙'(Arbitration Rules)에 따른다고 합의한 경우에는 기존규칙이 적용되고, '국제중재규칙'(International Arbitration Rules)에 따른다고 합의한 경우에만 신규칙이 적용된다. 이에 대하여는, 실무상 국제거래의 당사자들은 단순히 특정중재기관의 중재규칙에 따른다고만 규정하는 점에 비추어 부적절하므로 규칙명 또는 조항을 보완할 필요가 있다는 비판이 있다.[59] 이는 대한상사중재원이 국제중재에 적용되는 규칙을 이원화한 결과 발생하는 문제인데, 당사자들이 대한상사중재원의 '중재규칙'(Arbitration Rules)에 따른다고 합의한 경우에도 사무국은 신규칙의 유용성을 안내하면서 당사자들이 신규칙에 따를 수 있도록 합의를 유도하는 것이 바람직하다는 견해도 있다.[60] 그러한 합의가 불가능한 것은 아니지만 분쟁이 발생한 뒤에는 쉬운 일이 아니라는 반론도 있다.[61] 사견으로는 양 규칙을 병존시키기로 결정한 대한상사중재원의 사무국에게, 신규칙의 유용성을 안내하면서 당사자들이 신규칙에 따를 수 있도록 합의를 유도할 것을 기대하는 것은 어려울 것이다.

기존규칙과 신규칙을 병존시킨 것은 당초의 계획을 관철하지 못한 데 따른 결과인데, 대한상사중재원으로서는 대한상사중재원의 국제중재를 희망하는 당사자들에게 양 규칙 중 어떤 기준에 따라 어느 것을 선택할지에 관한 명확한 지침을 제공하여야 한다. 종래 대한상사중재원이 중재의 장점으로 홍보해 온 '저렴한 분쟁해결'은 신규칙에 의한 국제중재의 경우 상당부분 의미를 상실할 텐데, 이 점을 그 지침 속에서도 밝혀야 할 것이다. 아무런 지침을 제공하지 않은 채 당사자들이 알아서 하라는 식의 태도를 취한다면 대한상사중재원은 무책임하다는 비판을 면할 수 없고, 대한상사중재원의 국제중재의 활성화를 위해서도 결코 바람직하지 않다.

---

58) 장승화(註 5), 4면과 김갑유(註 12), 10면은 그러한 합의가 명시적일 것을 요구하나, 신규칙(제3조 제1항)은 "당사자들이 서면으로 이 규칙에 따라 국제중재를 진행하기로 합의한 경우에, 이 규칙이 중재합의의 일부를 이루는 것으로 보아 이 규칙에 따라 중재를 수행하여야 한다"고 규정할 뿐이므로 서면에 의한 합의면 족하고 반드시 명시적이어야 하는 것은 아니다.

59) 임영철(註 16), 18면.

60) 장승화(註 5), 4면.

61) 김갑유(註 12), 10면.

Ⅳ. 신규칙의 개별조문의 검토

여기에서는 신규칙의 국문본을 중심으로 개별조문을 검토하여 그 문제점을 지적한다.[62)]

1. 규칙과 기관(제1조)

신규칙 제1조 제3항은 "중재원은 자체 선정한 위원으로 구성된 국제중재위원회를 설치하여야 하며, 이 규칙 제13조 및 제14조에 관한 의사결정에 있어 적절하게 위원회의 자문을 받아야 한다"고 규정한다. 그러나 제13조와 제14조를 보면 중재인의 기피와 중재인의 교체 및 해임은 '중재원'이 아니라 '사무국'이 의사결정을 할 사항이다. 공청회 당시 신규칙 초안의 제13조와 제14조를 보면 그것은 중재원이 결정할 사항이었으므로 제1조 제3항은 옳은 것이었으나 그 후 제13조와 제14조의 권한이 중재원으로부터 사무국으로 넘어가면서 상응하는 수정이 이루어지지 않았기 때문에 발생한 잘못이다. 이는 수정해야 할 것이다.

2. 국제중재의 개념—신규칙의 적용범위와 관련하여(제2조)

국제중재라 함은 어떤 외국적 요소가 있는 중재를 말하는 것이나, 현재 보편타당한 국제중재의 개념이 있는 것은 아니고 분쟁의 성질에 착안하는 견해, 당사자에 착안하는 견해와 위 양자를 결합한 혼합형이 있다.[63)] 모델법은 셋째의 유형에 속하는데 이에 따르면 분쟁의 성질 또는 당사자 중 어느 하나의 기준에 의하여 국제성이 있으면 국제중재라고 보므로 국제중재의 범위가 확대된다. 신규칙(제2조 제4호)은 모델법[64)]과 유사하지만 다소 상이한데 조문은 다음

62) 실무적으로는 영문본이 중요한 의미를 가질 것이므로 영문본에 대한 면밀한 검토가 필요하다. 다만 여기의 논의는, 개별조문의 검토(본문 Ⅳ.) 중 국문본만의 오류와 국문번역상의 잘못을 지적한 부분 이외의 부분과, 특히 신규칙의 기본적인 문제점에 관한 논의(본문 Ⅲ.)에 관한 한 영문본에 대하여도 타당하다.

63) 상세는 석광현(註 2), 5면 이하; 목영준(註 18), 19면 이하 참조.

64) 모델법(제1조 제3항)에 따르면, 국제중재는 ① 당사자가 중재합의 체결시 상이한 국가 내에 영업소를 두고 있는 경우, ② 만일 동일한 국가 내에 영업소를 두는 때에는 ⓐ 중재지(중재합의에서 정한 또는 중재합의에 따라 결정되는), ⓑ 의무이행지 또는 ⓒ 분쟁의 대상과 가장 밀접한 관련이 있는 장소가 다른 국가에 있는 경우와 ③ 당사자들이 분쟁의 대상의 국제성을 긍정하는 경우이다.

과 같다.

> "국제중재"라 함은 중재절차의 당사자들이 중재합의를 할 당시 서로 다른 국가에 영업소를 갖고 있거나, 다음 장소 중의 한 곳이 당사자들의 영업소 소재지 이외의 국가에 위치한 경우를 말한다.
> (a) 당사자 간의 중재합의에 따라 정해진 중재지
> (b) 계약상 의무의 실질적인 부분이 이행되는 장소 또는 분쟁의 대상과 가장 밀접한 관련을 갖고 있는 장소

신규칙의 국제중재의 개념이 기존규칙의 그것과 다르다는 점은 흥미롭다. 즉 위에서 언급한 바와 같이 기존규칙(제2조)에 따르면, 국내중재는 국내에 주된 영업소나 주소를 두고 있는 당사자 간의 중재를 말하며, 국제중재는 국내중재를 제외한 중재를 말한다. 즉 기존규칙은 국제중재규칙의 첫째 기준(영업소 소재지)만을 채택하고 있다. 예컨대 한국 내 영업소를 가지고 있는 두 당사자들이 외국에서 의무의 실질적 부분을 이행하는 계약을 체결하면서 중재합의를 하는 경우 이는 중재규칙상으로는 국내중재지만 신규칙상으로는 국제중재가 된다. 대한상사중재원이 결국 국제중재에 적용되는 규칙을 이원화하면서 국제중재의 개념 자체를 달리 정의하는 것은 납득하기 어렵다.

국제중재와 국내중재를 구별하는 실익은 첫째, 신규칙은 국제중재에만 적용된다는 데 있다. 그 밖에도 둘째, 국제중재는 통상 중재지와 별로 관련이 없으므로, 국내중재에 대하여는 중재지 국가가 관여할 필요가 크지만, 국제중재의 경우는 관여의 정도가 상대적으로 작고, 법의 개입의 범위도 마찬가지이다. 셋째, 중재법은 모델법과 달리 국내중재와 국제중재를 함께 규율하지만 국내중재에만 적용되는 규정을 두지는 않는데, 국제중재의 경우 분쟁의 실체의 준거법을 결정할 필요가 있으나, 국내중재의 경우 그러한 필요성이 없다. 신규칙(제25조)이 준거법의 결정에 관한 원칙을 두는 것은 이 때문이다. 넷째, 국제상사중재의 경우 상이한 국적, 문화, 법적 배경과 원칙을 조우하게 되므로 당사자들과 중재인은 이를 이해할 필요가 있다.[65)]

65) 상세는 석광현(註 2), 8면 이하 참조. 그 밖에도 아래에서 언급하는 외국법자문사가 취급할 수 있는 업무범위와 관련하여 의미가 있으나 이 경우 국제중재의 개념은 신규칙의 그것은 아니다.

3. 대리(제7조)

신규칙(제7조)은 ‘대리’라는 제목 하에 “이 규칙에 따른 절차에서 당사자는 자신이 선정한 자로 하여금 자신을 대리하게 할 수 있다. 다만, 중재판정부가 요구하는 바에 따라 그 대리권을 증명하여야 한다”고 규정한다. 한편 신규칙(제26조)은 심리에 관하여 규정하는데 제3항은 “당사자는 본인이 직접 또는 적법하게 수권된 대리인을 통하여 참석할 수 있다. 당사자는 자문을 받을 수 있다”고 규정하므로 제3항 1문은 불필요한 중복으로 보인다.

신규칙상 그에 따른 국제중재사건에서 당사자를 대리할 수 있는 자는 한국변호사에 한정되지 않으며 외국 변호사도 당사자를 대리할 수 있다.[66] 그러나 변호사법(제109조 제1호)은 우리나라의 변호사가 아니면서 금품을 받거나 받을 것을 약속하고 … 소송사건 · 비송사건 · 가사조정 또는 심판사건 · 행정심판 또는 심사의 청구나 이의신청 기타 행정기관에 대한 불복신청사건, … 기타 일반의 법률사건에 관하여 감정 · 대리 · 중재 · 화해 · 청탁 · 법률상담 또는 법률관계 문서작성 기타 법률사무를 취급하거나 이러한 행위를 알선한 자를 처벌하도록 규정하고 있으므로, 엄밀하게는 외국변호사의 대리는 국내중재든 국제중재든 허용되지 않는다고 할 수 있다. 하지만 종래 우리나라에서는 외국변호사의 국제중재 대리를 사실상 허용하고 있고, 법률시장의 개방이 임박하였으므로 좀 더 거시적인 관점에서 이 문제를 법적으로도 전향적인 방향으로 명확히 정리할 필요가 있다.

흥미로운 것은, 법무부가 2007년 7월 12일 입법예고한 외국법자문사법제정안이다.[67] 제정안(제16조 제2호)은 국제중재사건의 경우 절차법과 실체법이

---

66) 기존규칙(제7조)도 “당사자는 이 규칙에 의한 절차의 대리를 변호사 또는 상당하다고 인정되는 자로 하여금 하게 할 수 있다. 그러나 중재판정부가 대리인이 중재절차 대리에 부적당하다고 판단하는 경우 동 대리인을 거부할 수 있다”고 규정하므로 적어도 기존규칙상으로는 중재판정부가 상당하다고 인정하는 경우 외국변호사도 대리할 수 있다.

67) 여기에서 논의하는 제정안은 2006년 11월 29일 법무부가 개최한 공청회에서 제안된 것을 말한다. 상세는 김갑유, “한미 FTA 체결과 법률시장 개방 대처방안—외국법자문사법안의 주요내용을 중심으로—”, 법조 통권 615호(2007. 12.), 47면 이하 참조. 제정안은 최근 2008년 2월 5일 국무회의를 통과하였다고 하는데 그 과정에서 어떻게 달라졌는지는 확인하지 못하였다. <u>조문과 해설은 법무부, 외국법자문사법 해설서(2010) 참조. 위 책, 76면 주 53에 따르면, 일본의 외변법 제58조의2는 외국법자문사가 아닌 외국변호사도 외국에서 사건을 수임한 경우 국제중재사건 대리를 허용하고 있으나, 우리나라에서는 이는 지나치게 앞서 나가는 것이라는 견해가 우세하였다고 한다.</u> [밑줄 부분은 이 책에서 새로 추가한 것이다.]

외국법자문사의 원자격국법이거나 국제조약 및 국제관습법인 경우에 한하여 외국법자문사가 중재지가 우리나라인 중재사건을 대리할 수 있다는 취지로 규정한다. 이런 문언은 한국의 양허안의 내용과 일치한다. [밑줄 부분은 이 책에서 새로 추가한 것이다.] 이에 대하여는 그렇게 할 경우 외국변호사의 국제중재 대리를 사실상 허용해오던 종래의 관행을 불법화하는 문제가 있고, 더욱이 한국의 중재지로서의 매력을 잃게 하는 심각한 문제를 초래한다는 비판이 있다.[68] 이러한 비판은 타당한데, 그 밖에도 제정안은 다음과 같은 문제가 있다.

첫째, 당사자가 항상 준거법을 명시적으로 선택하는 것은 아니므로 중재판정 전에는 절차와 실체의 준거법이 불분명한 경우가 많은데, 미리 절차와 실체의 준거법을 판단하여 대리 여부를 결정하는 것은 실무상 불가능하거나 부적절하다.[69] 더욱이, 중재법(제2조 제1항)상 중재지가 한국 안이면 중재법이 강행적으로 적용되므로 중재의 절차법은 당연히 한국법이 되고 당사자들은 외국법을 중재절차의 준거법으로 합의할 수 없다고 보면[70] 제정안은 외국법자문사의 중재대리를 거의 금지하는 결과가 된다. 더욱이 중재지가 한국이더라도 당사자는 중재절차의 형성에 있어 광범위한 자유를 가지고, 실무상으로도 국제중재는 ICC 중재규칙 등 국제적인 중재규칙에 의하여 규율되고 신규칙도 그런 전제하에서 제정된 것이므로 절차의 준거법을 굳이 제한할 필요는 없다. 둘째, 제정안이 허용하는 경우 외에는 외국법자문사의 중재대리(예컨대 외국법자문사가 실체의 준거법이 한국법인 중재사건을 대리하는 것)는 금지된다는 것인데, 여기에서 그 의미가 그가 한국 내에서 대리행위를 하는 것, 즉 국내범(형법 제2조 참조)인 경우만을 말하는지, 아니면 중재지가 우리나라면 행위지는 외국이더라도 금지된다는 것인지도 의문이다.[71] 이에 관한 명확한 기준이 있어야 할 것이다. 셋째, 제정안(제2조 제8호)은 국제중재의 개념을 "대한민국을 중재지로 하는 당사자의 전부 또는 일부가 외국에 주소 또는 주된 사무소를 가지고 있는 민사, 상

---

68) 김갑유(註 67), 59면.

69) 이 점은 김갑유(註 67), 59면이 이미 지적한 바와 같다. 일본의 외국변호사에 의한 법률사무의 취급에 관한 특별조치법(제5조의3)은 이러한 제한 없이 국제중재사건의 절차에 대한 대리를 허용한다.

70) 종래의 다수설은 중재절차의 준거법에 관한 당사자자치를 허용하나 저자는 현행 중재법상 이를 부정한다. 상세는 석광현(註 2), 292면 참조.

71) 국제중재에서 중재지는 순전히 법적인 개념일 뿐이고 중재지에서 실제로 아무런 행위가 행해지지 않을 수도 있다는 점에서 법정지와는 기능에 차이가 있다. 만일 외국법자문사의 국제중재대리를 규제하는 태도를 취한다면, 중재지가 외국이라고 해서 실제로 우리나라에서 대리행위를 함에도 불구하고 이를 무제한 허용하는 것은 균형이 맞지 않는 면이 없지는 않다.

사 중재사건을 말한다"고 정의한다. 이는 기존규칙의 국제중재의 개념과 유사한 것으로 상대적으로 명확한 기준을 제시하는 장점은 있지만, 위에서 본 다양한 국제중재의 개념에 비추어 볼 때 너무 제한적이라는 비판을 면할 수 없다.[72]

요컨대 외국법자문사에게 국제중재의 대리를 허용하는 본래의 취지에 부합하도록 제정안의 문언을 좀더 다듬어야 할 것이다.

4. 중재인의 관할권에 관한 이의(제19조)

중재법(제17조 제5항)에 따르면, 중재판정부의 관할권에 대한 이의에 대하여 중재판정부는 선결문제로서 결정하거나 본안에 관한 중재판정에서 함께 판단할 수 있다. 그런데 신규칙(제19조 제4항)은 일반적으로 중재판정부는 관할권에 대한 이의신청을 선결문제로 판단하여야 하나, 중재절차를 진행한 후 최종 판정에서 판단할 수도 있다고 규정하므로, 선결문제로 판단하는 것을 선호함을 명확히 한다. 한편 중재법(제17조 제6항)은 중재판정부가 선결문제로서 권한이 있다고 결정한 경우 이의당사자는 당해 결정의 통지를 받은 날부터 30일 이내에 법원에 중재판정부의 권한에 대한 심사를 신청할 수 있다고 규정한다. 중재판정부가 본안에 대한 종국적인 중재판정을 내리기 전에 국가법원이 판정부의 권한의 문제에 관여하는 체계를 '동시통제'(concurrent control)라고 부르는데, 모델법은 중재판정부가 선결문제로 자신의 권한을 긍정한 경우에 한하여 이를 채택한 것이다. 반면에 신규칙은 중재판정부가 선결문제로 판단한 경우 법원에 심사를 신청할 수 있는지에 관하여 규정하지 않으므로 중재법상 허용된 권리를 배제하는 취지인지는 분명하지 않다. 그런데 중재법상 당사자가 명시적인 합의[73]에 의하여 중재판정부의 권한에 관한 최종적인 판단권한을 중재판정부에게 주고 법원의 심사를 배제할 수 있는가는 논란이 있다. 우리 중재법의 해석론으로는 부정설이 유력하므로[74] 신규칙도 이를 배제할 의도는 아닌 것으로 생각된다.

---

72) 김갑유(註 67), 59면도 동지. 위 정의는 대체로 일본의 외국변호사에 의한 법률사무의 취급에 관한 특별조치법(제2조 제11호)을 따른 것으로 보인다.

73) 그런 조항을 '권한-권한조항'(Kompetenz-Kompetenz Klausel, competence-competence clause)이라고 부른다.

74) 예컨대 안병희, "仲裁人의 權限確定權限(Kompetenz-Kompetenz)에 관한 연구", 중재학회지 11권(2001. 12.), 56면 이하; 정선주, "중재절차에서 법원의 역할과 한계—개정 중재법과 UNCITRAL 모델법 등을 중심으로—", 중재학회지 10권(2000), 78면. 상세는 석광현(註 2),

5. 보전 및 임시적 처분(제28조)

신규칙(제28조)은 보전 및 임시적 처분에 관하여 규정을 두고 있는데, 이는 중재법(제18조)과 두 가지 점에서 차이가 있음은 위에서 지적한 바와 같다.

모델법의 개정을 다소 부연하면 아래와 같다. 즉 2006년 6월-7월에 개최된 제39차 본회의에서 UNCITRAL은 모델법을 개정하여 제4장의2(Chapter IV bis)로 '임시적 처분과 사전명령'이라는 장을 신설하여 그에 관한 상세한 규정을 두었다.[75] 임시적 처분(interim measures)은 상대방에 대한 통지 후에 내려지는 것으로, 관할법원에 집행을 신청할 수 있고 법원은 승인거부사유가 없는 한 이를 승인하고 집행하여야 한다(제17조, 제17조A) 반면에 사전명령(preliminary orders. 이를 '예비명령'이라고 번역할 수도 있다)은 임시적 처분의 집행을 확보하기 위하여 일방당사자의 신청에 의하여 내려질 수 있으나 20일 동안만 효력이 있으며 집행의 대상이 되지 않는다(제17조B, 제17조C) 나아가 개정모델법(제17조 제2항)은 중재인이 현상유지를 위한 임시적 처분과 訴訟留止命令(anti-suit injunction)도 내릴 수 있음을 명시한다.[76] 앞으로 우리나라도 모델법의 개정내용을 면밀히 검토하여 중재법에 적절히 반영할 필요가 있을 것이다.

6. 절차의 종료(제27조)와 심리의 종결

신규칙 제27조는 "절차의 종료"(Closure of the Proceedings)라는 제목 하에 제1항에서 다음과 같이 규정한다.

> 중재판정부는 당사자들이 자신의 주장을 진술할 적절한 기회를 부여 받았다고 판단하는 경우 절차의 종료를 선언하여야 한다. 절차 종료 이후에는, 중재판정부가 요청하거나 허용하는 경우를 제외하고는 추가 서면이나 주장, 증거를 제출할 수 없다.

그러나 이는 내용적으로는 ICC 중재규칙 제22조(closing of the proceedings)

429면 참조.

75) 문언은 http://www.uncitral.org/uncitral/en/uncitraltexts/arbitration/1985Model_arbitration. html 참조. 이는 석광현(註 2), 568면 이하에도 수록되어 있다. 소개는 노태악·구자헌, "최근 UNCITRAL 모델 仲裁法의 개정논의 결과와 國內法에의 示唆—仲裁合意의 書面性과 仲裁判定部의 臨時的 處分을 중심으로", 국제규범의 현황과 전망—2006년 국제규범연구반 연구보고—(법원행정처, 2006), 492면 이하 참조.

76) 다만 訴訟留止命令이라는 용어를 사용하지는 않는다.

에 상응하는 것으로, 중재법(제33조)에서 말하는 절차의 종료와 달리 민사소송법에서 말하는 '변론종결'에 상응하므로 영문 표현은 적절하지만 국문표현으로는 이를 '심리종결'이라고 부르는 것이 적절하다.[77] 마찬가지로 신규칙(제14조 제5항)도 "중재절차가 종료된 이후에는 사무국은 사망, 사임 또는 해임된 중재인을 교체하지 않고 나머지 중재인들로 하여금 중재를 완료하도록 결정할 수 있다. … "고 규정하나, 여기에서도 "중재절차가 종료된"이 아니라 "심리가 종결된"이 적절하다. 즉 그 경우 나머지 중재인들로 구성된 중재판정부(이것이 'truncated tribunal', 즉 불완전한 판정부이다)[78]가 중재절차를 계속하여 종국판정을 내릴 수 있는데, 중재절차가 종료된 뒤에 중재판정을 내린다는 것은 말이 되지 않기 때문이다.

실제로 신규칙(제33조 제1항)도 "모든 당사자들이 달리 합의하지 않는 한 중재판정부는 최종서면의 제출일과 심리의 종결일 중 나중의 날짜로부터 45일 이내에 판정을 내려야 한다"고 규정하여 심리의 종결(일)이라는 개념을 사용하고 있다. 또한 기존규칙(제43조)은 '심리의 종결'이라는 제목 하에 "중재판정부는 당사자가 주장 및 입증을 다하였다고 인정할 때는 심리의 종결을 선언하여야 한다"고 올바르게 규정한다.

더욱이 중재법(제33조)[79]은 '소송종료'에 상응하는 의미로 '중재절차의 종료'라는 표현을 사용하고, 신규칙(제39조 제6항)도 "사무국은 중재절차 종료[80] 후, 예납금을 정산하여 이를 납입한 당사자에게 그 잔액을 반환하여야 한다"고 규정하므로 제27조에서 '절차의 종료'라는 표현을 사용하는 것은 옳지 않으며 일관성도 없다. 중재절차의 종료는 영어로는 통상 'termination of (arbitral) proceedings'라고 표현한다.[81]

---

77) 우리 중재법은 '심리종결'이라는 용어를 사용하지는 않는다.

78) 이와 달리 일부 중재인이 사실상 협의 등 중재절차에 참석하지 않는 것을 'limping tribunal'(파행적 판정부) 또는 '*de facto* truncated tribunal'(사실상의 불완전한 판정부)라고 부른다.

79) 제33조는 아래와 같다.

"① 중재절차는 종국판정 또는 제2항의 규정에 의한 중재판정부의 결정에 의하여 종료된다.
② 중재판정부는 다음 각호의 1에 해당하는 때에는 중재절차의 종료결정을 하여야 한다.
1. (생략)
2. 당사자들이 중재절차의 종료에 합의하는 경우
3. 중재판정부가 중재절차를 속행하는 것이 불필요하거나 불가능하다고 인정하는 경우
③ 중재판정부의 권한은 제34조의 경우를 제외하고는 중재절차의 종료와 함께 종결된다."

80) 영문으로는 "at the end of arbitration proceedings"이다.

81) 모델법 제32조 참조. 신규칙 제39조 제4항도 같다.

7. 중재판정부의 의사결정(제30조)

신규칙(제30조)은 중재판정부의 의사결정은 중재인 과반수의 결의에 따르도록 하고 결의가 성립되지 않은 쟁점에 관하여 의장중재인에게 결정권을 준다. 그러나 중재법(제30조 단서)은 당사자의 합의가 있거나 중재인 전원이 권한을 부여하는 경우에 한하여 그것도 '중재절차'에 관하여만 의장중재인에게 결정권을 준다. 중재법(제30조 본문)은 당사자 간에 다른 합의가 있으면 중재판정부의 의사결정을 달리 할 수 있도록 명시하므로 신규칙이 법상 가능한데, 실무상으로는 3인의 중재인이 중재절차의 초기단계부터 심하게 대립하는 경우 해결방안이 없기 때문에 이 방식이 매우 유용하다고 한다. 반면에 기존규칙(제33조)은 중재법에 충실하다.

8. 중재판정문상 중재지의 기재(제31조 제2항)

신규칙(제31조 제2항)은 중재판정문에는 판정일자를 기재할 것을 요구하고, 나아가 중재판정은 중재지에서 중재판정문에 기재된 일자에 내려진 것으로 본다고 규정한다. 한편 중재법(제32조 제3항)은 "중재판정에는 작성일자와 중재지를 기재하여야 한다. 이 경우 중재판정은 당해 일자와 장소에서 내려진 것으로 본다"고 명시한다. 그러나 신규칙은 중재판정에 중재지를 기재하도록 명시하지는 않는데, 이는 아마도 당연하기 때문에 언급하지 않은 것으로 보이나 기술적으로는 명시하는 것이 바람직할 것이다.

9. 잠정판정(임시판정), 중간판정, 부분판정(일부판정)과 종국판정(제2조 제31조, 제32조)

신규칙 제2조 제3호는 "'판정'에는 잠정판정, 중간판정, 부분판정 및 종국판정이 있다"고 규정하나, 잠정판정, 중간판정 및 부분판정의 상호관계는 분명하지 않다. 중간판정이라는 국문표현은 중간판결에 대응하는 독일식 용어인데, 종국판정인 부분판정을 제외하면 잠정판정, 중간판정 및 종국판정이 아닌 부분판정은 유사한 의미로 사용되는 것으로 보인다. 임시판정은 잠정판정과, 부분판정은 일부판정과 각각 동일한 의미이고 단지 번역상의 차이에 지나지 않는 것으로 보인다.

신규칙 제31조 제3항은 "모든 판정은 종국적이며 당사자들을 구속한다. 당사자들은 판정을 지체없이 이행하여야 한다"고 규정하고, 제32조 제1항은 "잠정판정, 중간판정 및 일부판정"이라는 제목 하에 "중재판정부는 종국판정뿐만 아니라 잠정판정, 중간판정 또는 일부판정을 내릴 수 있다"고 규정한다. 종래 우리 중재법에는 잠정판정과 중간판정에 관한 조항이 없지만[82] 중재판정부가 잠정판정과 중간판정을 할 수 있다는 데 대해 의문이 없다. 이 점에서 신규칙이 중재판정의 종류를 명시한 것은 긍정적으로 평가할 수 있으나, 국문본에서 '부분판정'과 '일부판정'을 혼용하는 것은 바람직하지 않다.

그러나, 위 제31조 제3항에도 불구하고, 잠정판정과 중간판정은 종국적이지 않다. 중재법 제2조 제3호에 규정된 판정의 정의로부터 볼 때 제31조 제3항의 '판정'에는 종국판정만이 아니라 잠정판정과 중간판정도 포함되는데, 신규칙이 마치 모든 중재판정이 종국적인 것처럼 규정하는 것은 잘못이다.[83] 참고로 ICC 중재규칙(제28조 제6항)은 구 규칙의 'final'을 삭제하고 단순히 "중재판정은 구속력이 있다"고만 규정한다.

나아가 신규칙(제32조 제2항)은 "일부판정의 경우 중재판정부는 상이한 쟁점에 관하여 그 시점을 달리하여 판정을 내릴 수 있으며 이는 이 규칙 제36조에서 규정한 절차에 따라 정정될 수 있다. 중재판정부가 달리 명시하지 않는 한 일부판정도 판정 즉시 개별적으로 집행할 수 있다"고 규정한다. 그러나 엄밀히 말하자면, 지체 없는 이행과 집행의 대상이 되는 판정은 이행을 명한 중재판정, 특히 일부판정의 경우 일부종국판정에 한정해야 한다.

10. 화해중재판정과 이유의 기재(제31조 제1항, 제34조)

신규칙은 제31조 제1항에서 당사자들이 달리 합의하지 않으면 중재판정부는 판정에 그 이유를 기재하지 않을 수 있다는 취지로만 규정할 뿐이고, 화해

---

82) 기존규칙도 중재판정의 종류에 관하여는 규정을 두고 있지 않다.

83) 나아가 '종국적'이라는 표현은 마치 중재판정 취소의 소가 배제된다는 취지로 오해될 가능성이 있다. 예컨대 임영철(註 16), 18면 참조. 물론 종국적이라는 표현을 사용하더라도 우리 중재법상 그것이 '배제합의'(exclusion agreement)를 의미하지는 않는다. 배제합의라 함은, 중재판정 취소의 소를 배제하거나 취소사유를 일부 배제하기 위하여 중재판정 전에 체결하는 당사자 간의 합의를 말한다. 상세는 석광현(註 2), 226면 이하 참조.

중재판정의 경우 이유 기재를 생략할 수 있는지를 명시하지 않는다. 그러나 중재법(제32조 제2항)은 화해중재판정의 경우 이유 기재를 생략할 수 있음을 명시한다. 신규칙에서도 이를 명시하는 것이 좋았을 것이다.

11. 판정의 통지, 기탁 및 집행성(제35조)

신규칙(제35조)은 '판정의 통지, 기탁 및 집행성'이라는 제목 하에 다음과 같이 규정한다.

> ① 판정이 내려지고, 당사자들 또는 당사자 일방이 중재비용 전액을 사무국에 납입한 경우에 사무국은 중재판정부가 서명한 중재판정문을 당사자에게 통지한다. 이 통지 이후에 당사자들은 중재판정부에 대하여 별도의 통지 또는 기탁을 요구할 권리를 상실한다.
> ② 중재판정부와 사무국은 중재판정에 추가적으로 요구되는 형식성을 구비할 수 있도록 당사자들을 지원하여야 한다.

이는 ICC 중재규칙 제28조를 연상시킨다. 즉 동 조는 "중재판정의 통지, 기탁 및 집행"이라는 제목 하에 다음과 같이 규정한다.

> ① 중재판정이 내려지면 당사자 쌍방 또는 그 일방이 국제상업회의소에 중재비용을 완납하는 것을 조건으로 사무국은 중재판정부가 서명한 판정문을 당사자에게 통지한다.
> ② 당사자의 신청이 있을 경우에는 언제든지 사무총장이 인증한 추가사본을 신청한 당사자에게 한하여 제공한다.
> ③ 본조 제1항에 따른 통지에 의하여 당사자는 중재판정부의 어떠한 다른 형식의 통지 또는 기탁에 대한 권리를 포기한다.
> ④ 본 규칙에 따라 내려진 각 판정문의 원본은 사무국에 기탁된다.
> ⑤ 중재판정부와 사무국은 추가적 절차가 필요한 모든 사항에 대하여 당사자를 조력한다.
> ⑥ 모든 판정은 당사자를 구속한다. 분쟁을 본 중재규칙에 따라 중재에 회부함으로써 당사자는 모든 판정을 지체 없이 이행하겠다고 확약하고, 또한 권리 포기가 유효하게 이루어질 수 있는 한 모든 형태의 이의도 포기한 것으로 간주된다.

그러나 신규칙(제35조)은 ICC 중재규칙(제28조 제4항)과 달리 중재판정을 대한상사중재원 사무국에 기탁할 것을 명시하지 않고, 신규칙은 ICC 중재규칙(제28조 제6항)에 상응하는 규정을 제31조 제3항에 두고 있다.[84] 따라서 신규칙

---

84) 제3항은 "모든 판정은 종국적이며 당사자들을 구속한다. 당사자들은 판정을 지체없이 이행하여야 한다"고 규정한다.

第35조의 제목에서 '집행성'을 언급할 이유가 없고, 기탁을 하지 않는다면 기탁에 관하여도 규정할 필요가 없다. 그러나 사견으로는 대한상사중재원 사무국에 원본을 기탁할 것을 명시할 필요가 있을 것이다.

또한 第35조와 중재법(제32조 제4항)과의 관계가 애매하다. 즉 후자는 "중재판정의 정본은 각 당사자에게 송부하고, 중재판정의 원본은 그 송부사실을 증명하는 서면을 첨부하여 관할법원에 송부·보관한다"고 규정하므로, 그러한 규정을 두지 않은 신규칙 하에서 과연 중재판정부가 중재판정의 원본을 관할법원에 송부하여 하는지가 불명확하다. 아마도 그 경우에도 중재법에 따라 사무국은 중재판정의 원본을 관할법원에 송부할 것으로 예상된다.[85] 하지만 그러한 처리가 적절한 지는 의문이다. 그 이유는 아래와 같다.

뉴욕협약의 중요한 업적의 하나는 이중집행판결의 요건을 폐지한 것인데, 그 결과 중재판정은 판정지국에서의 기탁 또는 등록 없이 외국에서 집행될 수 있다. 모델법은 뉴욕협약의 태도를 받아들여 모든 국제상사중재판정이 판정지국과 외국에서 기탁 또는 등록 없이 집행될 수 있도록 하고자, 중재판정 정본의 당사자들에 대한 교부만을 규정하고, 법원에의 기탁 또는 등록을 요구하지 않는다. 그럼에도 불구하고 중재법(제32조 제4항)이 중재판정의 원본을 관할법원에 송부·보관하도록 하는 이유는, 기관중재의 경우 중재기관이 중재판정의 원본 또는 정본을 보관하지만, 임시중재의 경우 사인인 중재인에게 중재판정의 원본을 장기간 보관하도록 요구하는 것은 무리이므로 법원에 보관하게 함으로써, 법원으로부터 중재판정에 대한 공적 인증을 받고, 중재판정의 존재에 관한 입증을 용이하게 함으로써 중재판정의 지속적인 사용을 보장하기 위한 것이기 때문이다.[86] 여기에서 중재판정 원본의 법원에의 송부·보관은 중재판정의 구속력의 발생요건은 아니다. 이러한 취지를 고려하면 기관중재의 경우 굳이 법원에 중재판정의 원본을 보관케 할 이유는 없다. 따라서 입법론으로는 기관중재의 경우 제32조 제4항의 요건을 삭제하는 것이 바람직할 것이다.

---

85) 기존규칙(제55조)은 중재판정문의 송부라는 제목 하에 제1항에서 다음과 같이 규정한다. "사무국은 중재판정의 정본을 당사자 또는 대리인에게 법 제4조 제1항 내지 제3항의 규정에서 정하는 방법에 따라 송부하고, 중재판정의 원본은 그 송부사실을 증명하는 서면을 첨부하여 관할법원에 송부한다."

86) 목영준(註 18), 33면.

12. 판정기한의 명시(제33조 제2항)

중재법은 판정기한을 명시하지 않는다.[87] 한편 기존규칙(제59조)은 심리종결일로부터 30일 이내에 판정을 내릴 것을 명시하는 데 반하여, 신규칙(제33조)은 당사자들이 달리 합의하지 않는 한 중재판정부는 최종서면의 제출일과 심리의 종결일 중 나중의 날짜로부터 45일 이내에 판정을 내려야 한다고 명시함으로써 그 기간을 연장하였다. 이는 적절한 규정이다.

참고로 ICC 중재규칙(제24조)은, 심리종결과 관계없이 중재판정부 또는 당사자가 쟁점정리사항(terms of reference)을 서명한 날로부터 6개월 이내에 중재판정을 내리도록 규정하는데, 중재법원은 중재판정부의 합리적인 요청에 따르거나 필요하다고 인정하는 경우 독자적으로 기한을 연장할 수 있다(제24조 제2항).

13. 대한상사중재원의 면책(제44조)

제44조는 '면책'이라는 제목 하에 "중재인과 사무국 임직원은 신규칙에 따라 진행된 중재와 관련된 작위 또는 부작위에 대하여 고의 또는 무모한 행위에 해당되지 않는 한 책임을 지지 않는다"고 규정한다. 면책에 관하여 규정을 두지 않았던 기존규칙에 비하면 이는 진전된 것이나, 그에 추가하여 사단법인인 대한상사중재원 자체의 면책도 명시할 필요가 있다. ICC 중재규칙(제34조)은 중재인, 중재법원과 그 구성원 또는 ICC와 그 직원 또는 ICC 국내위원회는 중재와 관련된 어떠한 작위 또는 부작위에 대하여 어느 누구에게도 책임을 지지 아니한다고 규정한다. ICC 중재규칙은 고의 또는 과실의 유무를 불문하고 책임을 지지 않는다고 규정하는 데 반하여, 신규칙은 고의 또는 무모한 행위에 해당하는 경우 책임을 지도록 규정하는 점은 특기할 만하다.

14. 영문본과 국문본의 우열

신규칙은 국문본과 영문본으로 작성되어 있는데 양자가 동등한 효력을 가지는지를 명시하지는 않는다. 원칙으로서는 양자가 동등한 효력을 가지는 점을

87) 구 중재법(제11조 제5항)은, 중재판정은 중재계약에서 약정된 기간 내 또는 중재가 개시된 날로부터 3월 내에 하여야 한다고 규정하였으나 중재법에는 이런 조항이 없다.

명시하는 것이 바람직할 것이다. 물론 그렇게 하기 위하여는 국문본과 영문본 간에 가능한 한 의미상의 차이가 없도록 해야 할 것이다.

15. 국문본이 부적절한 조문

그 밖에 국문본과 영문본 간에 차이도 있고, 영문본을 확정하고 그를 토대로 국문본을 작성한 듯한 느낌을 주는 조문들도 있다. 몇 가지 눈에 띄는 것을 예시하면 다음과 같다(아래 밑줄은 모두 저자가 추가한 것이다).

첫째, 제2조 제4호 국제중재의 정의에서 (a)의 국문본은 "당사자 간의 중재합의에 따라 정해진 중재지"라고 규정하는 데 반하여, 영문본은 "the place of arbitration if determined in, or pursuant to, the arbitration agreement"라고 규정하여 차이가 있다. 영문본은 중재합의 내에서 또는 중재합의에 따라 정해진 중재지를 의미하기 때문이다. 영문본은 모델법(제1조 제3항 (b)(i))의 표현을 따른 것인데, 모델법은 양자를 의도적으로 구별한다.

둘째, 제2조 제4호 (b)의 국문본은 "계약상 의무의 실질적인 부분이 이행되는 장소 또는 분쟁의 대상과 가장 밀접한 관련을 갖고 있는 장소"라고 규정하는 데 반하여, 영문본은 "any place where a substantial part of the obligations of the commercial relationship is to be performed or the place with which the subject-matter of the dispute is most closely connected."라고 규정한다. 영문본은 모델법의 문언을 차용한 것으로 보이는데 모델법은 국제상사중재에 한정되었기 때문에 상사관계라는 제한을 하였지만 신규칙에서는 그러한 제한은 없다.

셋째, 신규칙(제4조 제1항)의 국문본은 '중재서류'라는 표현을 사용하고 있는데, 이는 'pleadings'의 번역이나 번역이 적절한지는 의문이다.[88)]

넷째, 신규칙(제8조 제3항 제4호)의 국문본은 "청구의 원인이 된 분쟁의 성격과 상황에 관한 기술"이라고 규정하나, "신청의 원인이 …"이라고 표현하는 것이 중재법(제24조 제1항)의 용어와 일관성이 있다.

다섯째, 신규칙(제8조 제4항)의 국문본은 "신청인은 신청서와 함께 이 규칙 제4조에서 요구하는 수의 사본을 제출하여야 하며 … 신청인이 이 요건 중 하나라도 준수하지 못하는 경우 사무국은 … 신청을 종결할 수 있다. … "고 규정

88) 민사소송의 맥락에서는 pleading을 '서면공방', '소답(訴答)', '소답절차' 또는 '소답서류'라고 번역하기도 한다.

한다. 그러나, 밑줄 친 부분은 부적절한 번역이다. 이에 상응하는 영문본은 "the Secretariat may fix a time limit within which the Claimant must comply failing which the file shall be closed without prejudice to the rights of the Claimant to submit the same claims at a later date in another Request"이므로 '사건' 또는 '절차'를 종결한다고 하는 편이 좋을 것이다. 또한 영문에 따르자면 '종결할 수 있다'가 아니라 '종결하여야 한다'가 정확하다.

여섯째, 위에서 지적한 바와 같이 신규칙 제14조 제5항과 제27조의 국문본은 'closure of the proceedings'를 '중재절차가 종료된' 및 '절차의 종료'라고 번역하나 이는 '심리가 종결된' 및 '심리의 종결'이라고 번역하는 것이 옳다.

일곱째, 절차에 관한 규칙을 정한 신규칙(제21조)의 국문본은 "중재판정부는 … 이 규정은 중재에 적용될 특정 국가의 절차법을 참조하는 것과 상관없이 적용된다"고 규정한다. 여기에서 참조는 영문본의 'reference'의 번역인데 '언급'이 더 적절한 것으로 생각된다.

여덟째, 신규칙(제22조 제2항과 제3항)의 국문본에서 영문본의 'defence'가 '답변'과 '항변'으로 달리 번역되어 있는 것은 바람직하지 않다.

16. 대법원의 승인

중재법(제41조)에 따르면, 상사중재기관으로 지정받은 대한상사중재원은 중재규칙을 제정하거나 변경하는 때에는 대법원장의 승인을 얻어야 한다. 이는 중재규칙이 합리적인 내용을 담도록 보장하기 위한 것이다. 그럼에도 불구하고 위에서 지적한 문제점들, 특히 기술적인 오류들이 대법원장의 승인과정에서 충분히 걸러지지 않은 점은 유감이다. 대법원은 국제규범연구반을 두고 그 밑에 국제소송분야연구반을 두고 있으나, 신규칙의 승인과정에서 국제규범연구반이 검토를 했다는 말은 들어보지 못하였다. 대법원의 검토과정에서 국제규범연구반을 적절히 활용했었더라면 하는 아쉬움도 있다.

현재 우리 법원에 중재, 특히 국제상사중재에 정통한 법관은 많지 않은 것으로 보인다. 따라서 앞으로는 중재에 관하여 전문성을 가진 법관을 양성하고 중재관련 사건을 집중시킴으로써 중재에 대한 법원의 감독과 지원을 좀더 효율적으로 하는 방안을 모색할 필요가 있다. 국제사회에서 대한상사중재원의 국제중재가 선호되기 위하여는 우리 법원의 적절한 감독과 지원이 필수적이기 때문이다.[89] 이를 위하여 국제규범연구반을 적절히 활용할 필요가 있다.

V. 맺음말

지금까지 신규칙의 주요내용을 소개하고 그 문제점을 지적하였다. 저자는, 신규칙의 기초자들이 국제상사중재에 관한 다양한 규칙을 섭렵하여 대한상사중재원이 관리하는 국제상사중재를 위한 우수한 중재규칙을 만들고자 노력한 점을 높이 평가한다. 특히 중재인의 선정방법을 국제적인 관행에 맞추고, 중재인의 수당을 인상함으로써 유능한 중재인을 확보할 수 있게 한 것은 대한상사중재원의 국제중재의 국제경쟁력 강화를 위하여 긍정적 요소로 작용할 것이다.[90]

그러나, 신규칙의 제정에 있어서 내용과 절차의 면에서 문제가 있음을 지적하지 않을 수 없다. 우선 내용의 면에서, 단적으로, 신규칙을 성안함에 있어서 신규칙과 중재법과의 관계를 어떻게 설정할지에 관한 지도이념이 무엇이었는지 의문이다. 신규칙은 우리 중재법을 출발점으로 삼아 細則을 정하는 것과 동시에 기관중재의 특수성을 반영하기 위하여 필요한 범위 내에서 중재법의 원칙을 합리적인 방향으로 수정・보완하는 것이어야 한다. 신규칙이 유보 없는 찬사를 받으려면, 신규칙이 중재법 및 그에 반영된 입법자의 의지와는 절연된 채, 그리고 기존규칙에 따른 국제상사중재의 실무상 제기된 제문제에 대한 면밀한 검토 없이, 유수한 국제적인 상사중재규칙의 규정을 임의로 취합함으로써 만들어낸 합성물이라는 비판이 잘못이라는 점을 충분히 설득력 있게 제시할 수 있어야 한다.

한편 절차적으로도, 신규칙의 성안과정에서 좀더 광범위한 논의와 의견수렴이 필요하였다. 위에서 본 것처럼 신규칙의 제정 과정에서 공청회가 개최되었지만, 공청회 개최 후 충분한 의견수렴이 이루어지지 않은 채 시간에 쫓겨

89) 중재절차에서 법원의 역할에 관하여는 우선 석광현(註 2), 411면 이하; 정선주(註 74), 65면 이하 참조. 상세는 목영준, "仲裁에 있어서 法院의 役割에 관한 硏究", 법학박사학위논문, 연세대학교(2005); 안병희, "중재법원과 국가법원과의 상관관계에 관한 연구", 법학박사학위논문, 연세대학교(2000) 참조.

90) 김갑유(註 12), 9면은 좀더 적극적으로 신규칙의 시행이 한국 내에서 국제중재를 활성화시키는 촉발제 역할을 할 것으로 기대한다.

작업이 마무리된 듯하다. 그리고 대법원의 승인과정에서도 검토가 미진했던 것으로 보이는데, 특히 위에서 지적한 기술적인 사항들이 제대로 걸러지지 않은 것은 유감이다.

하지만 신규칙이 시행된 이상, 장차 신규칙에 따른 대한상사중재원의 국제상사중재가 국제거래를 취급하는 당사자들이 선호하는 분쟁해결수단으로 자리를 잡고, 우리나라가 국제상사중재에서 좀더 비중 있는 중재지로서 선택되기를 희망한다. 다만 그러기 위하여는 앞으로 신규칙 하에서 합리적인 실무와 관행이 정착할 수 있도록 노력하고 수순히 신규칙을 개선할 필요가 있으며, 아울러 중재법의 개정도 고려할 필요가 있음을 지적해둔다. 앞으로 기존규칙을 존치시킬지, 만일 그렇다면 이를 어느 범위 내에서 신규칙과 동조시킬지도 검토해야 한다. 만일 양 규칙을 병존시킨다면, 대한상사중재원으로서는 국제중재를 희망하는 당사자들에게 어떤 기준에 따라 어느 규칙을 선택할지에 관한 명확한 지침을 제시하여야 한다.

마지막으로 지적할 것은, 우수한 중재규칙이 대한상사중재원의 국제중재를 매력적인 것으로 만드는 충분조건은 아니며,[91] 대한상사중재원의 사무국과 국제중재위원회가 신규칙이 요구하는 역할을 제대로 수행할 수 있어야 한다는 점인데, 그렇게 하기 위하여는 사무국, 국제중재위원회와 중재판정부 간의 적절한 역할분담과, 그들 간의 유기적인 협력이 매우 중요하다.

후 기

저자는 위에서 적은 것처럼 구 중재법과 구 국제중재규칙 간의 정합성의 부족을 비판하였다. 그 후 2016년에 중재법, 국제중재규칙과 국내중재규칙이 모두 개정된 결과 세 개 규범 간의 정합성이 상당히 제고되었다. 예컨대 중재판정부의 임시적 처분을 보면 구 중재법은 모델법을 따른 반면에, 구 국내중재규칙에는 규정이 없었고 구 국제중재규칙은 당시 ICC 중재규칙을 따른 것이었으나, 2016년 중재법이 2006년 개정 모델법의 태도를 받아들이는 것을 계기로 2016년 국내중재규칙과 2016년 국제중재규칙도 동일한 규정방식을 취하고 있다. 이는 한국 중재규범 간의 정합성이라는 측면에서는 크게 개선된 것이다. 다만 아직도 미흡한 점이 일부 남아 있는 것은 사실이다.

---

91) 상사중재의 활성화 방안은 우선 목영준(註 18), 303면 이하 참조.

2018년 7월에는 국제중재실무회가 작성한 국제중재규칙 해설서가 간행되었다(이는 대한상사중재원 홈페이지에서 다운받을 수 있다). 개관은 김인호, "국제중재규칙 해설서의 발간에 즈음하여", 중재, 2018 봄 · 여름호(제349호), 34면 이하 참조. 구 국제중재규칙에 대하여는 장승화 외, 국제중재규칙해설(2010)이 간행된 바 있다. 국내중재규칙의 개관은 윤남근, "개정 국내중재규칙의 주요내용과 취지", 계간중재 2016년 가을/겨울, 20면 이하 참조.

대한상사중재원 국제중재규칙의 대비

2007년 국제중재규칙	2016년 국제중재규칙
제1조 규칙과 기관 ① 이 규칙은 사단법인 대한상사중재원(이하 "중재원"이라 한다)의 국제중재규칙이라 하고, 중재원 국제중재규칙(이하 "이 규칙"이라 한다)이라 약칭한다. ② 이 규칙에 따라 사무국이 처리하여야 할 중재절차에 관한 사무는 중재원 사무국의 직원 중에서 지명된 중재서기가 수행한다. ③ 중재원은 자체 선정한 위원으로 구성된 국제중재위원회를 설치하여야 하며, 이 규칙 제13조 및 제14조에 관한 의사결정에 있어 적절하게 위원회의 자문을 받아야 한다.	제1조 규칙과 기관 ① 이 규칙은 사단법인 대한상사중재원(이하 "중재원"이라 한다)의 국제중재규칙이라 하고, 이하 "이 규칙"이라 약칭한다. ② 이 규칙에 따라 사무국이 처리하여야 할 중재절차에 관한 사무는 중재원이 사무국의 직원 중에서 지명한 중재서기가 수행한다. ③ 중재원은 자체 선정한 위원으로 구성된 국제중재위원회(이하 "위원회"라 한다)를 설치하여야 한다. 중재원은 이 규칙 제12조, 제13조에 따른 의사결정을 함에 있어 필요하다고 판단하는 경우 및 제14조, 제15조에 따른 의사결정을 하는데 있어 적절하게 위원회의 자문을 받아야 한다.
제2조 정의 이 규칙에서 사용하는 용어의 정의는 다음과 같다. 1. "중재판정부"에는 1인의 중재인으로 구성된 중재판정부와 복수의 중재인으로 구성된 중재판정부가 모두 포함된다. 2. "신청인"에는 1인 또는 복수의 신청인이 모두 포함되며, "피신청인"에는 1인 또는 복수의 피신청인이 모두 포함된다. 3. "판정"에는 잠정판정, 중간판정, 부분판정 및 종국판정이 있다. 4. "국제중재"라 함은 중재절차의 당사자들이 중재합의를 할 당시 서로 다른 국가에 영업소를 갖고 있거나, 다음 장소 중의 한 곳이 당사자들의 영업소 소재지 이외의 국가에 위치한 경우를 말한다. (a) 당사자간의 중재합의에 따라 정해진 중재지 (b) 계약상 의무의 실질적인 부분이 이행되는 장소 또는 분쟁의 대상과 가장 밀접한	제2조 정의 이 규칙에서 사용하는 용어의 정의는 다음과 같다. 1. "중재판정부"에는 1인의 중재인으로 구성된 중재판정부와 복수의 중재인으로 구성된 중재판정부가 모두 포함된다. 2. "신청인"에는 1인 또는 복수의 신청인이 모두 포함되며, "피신청인"에는 1인 또는 복수의 피신청인이 모두 포함된다. 3. "국제중재"란 다음 각 목의 어느 하나에 해당하는 중재를 말한다. 가. 중재합의를 할 당시 당사자들 중 1인 이상이 대한민국 외의 곳에 영업소를 두고 있는 경우 나. 중재합의에서 정한 중재지가 대한민국이 아닌 경우 4. "영업소"란 다음 각 목의 어느 하나를 말한다. 가. 하나 이상의 영업소를 가지는 당사자의 경우에는 주된 영업소

관련을 갖고 있는 장소

나. 영업소를 가지지 않은 당사자의 경우에는 상거소

제3조 적용범위
① 당사자들이 서면으로 이 규칙에 따라 국제중재를 진행하기로 합의한 경우에, 이 규칙이 중재합의의 일부를 이루는 것으로 보아 이 규칙에 따라 중재를 수행하여야 한다. 다만, 당사자들은 서면으로 이 규칙의 내용을 변경할 수 있다.
② 이 규칙이 당해 중재에 적용되는 강행법규에 위배되는 경우에는 해당 강행법규가 우선한다.

제3조 적용범위
① 이 규칙은 다음 각 호의 어느 하나의 경우에 적용한다. 이 경우 이 규칙은 중재합의의 일부를 구성한다. 다만, 당사자들이 서면으로 수정한 사항은 그에 따른다.
1. 당사자들이 이 규칙에 따라 중재를 진행하기로 서면으로 합의한 경우
2. 당사자들이 분쟁을 중재원의 중재에 의해 해결하기로 서면으로 합의한 경우로서 해당 중재가 국제중재인 경우
② 이 규칙이 당해 중재에 적용되는 강행법규에 위배되는 경우에는 해당 강행법규가 우선한다.

제4조 통지 및 서면제출
① 당사자는 중재서류와 기타 서면 및 첨부서류를 제출함에 있어서 각 당사자에게 1부, 각 중재인에게 1부 및 사무국에 1부를 제공하기에 충분한 수의 사본을 제출하여야 한다. 중재판정부가 당사자에게 전달하는 모든 교신은 그 사본 1부를 사무국으로 보내야 한다.
② 사무국 및 중재판정부로부터의 모든 통지와 교신은, 수신인인 당사자 또는 그 대리인의 최후에 알려진 주소로 한다. 이러한 통지나 교신은 수령증을 받는 교부송달, 등기우편, 택배, 팩스, 텔렉스, 전신 또는 송신기록이 남는 다른 교신수단으로 할 수 있다.
③ 통지 또는 교신은 당사자 자신 또는 그 대리인이 이를 수령한 날, 위 제2항에 따라 행하여진 경우에는 이를 수령하였을 날에 이루어진 것으로 본다.
④ 중재판정부가 구성될 때까지는 당사자 상호 간, 각 당사자와 중재인 간의 모든 교신은 사무국을 경유한다. 중재판정부가 구성된 이후에는, 중재판정부가 달리 지시하

제4조 통지 및 서면제출
① 당사자가 제출하는 증거서류를 포함하는 모든 서면 및 교신이나, 사무국 및 중재판정부로부터의 모든 통지와 교신은 이 규칙에서 별도로 정하고 있거나 사무국 또는 중재판정부의 별도 지침이 있는 경우를 제외하고는 다음 각 호의 어느 하나의 방법으로 한다.
1. 각 당사자, 각 중재인 및 사무국에 각 1부씩 제공하기에 충분한 수의 사본 제출, 또는
2. 전자우편, 팩스 등을 포함한 송신기록이 남는 전자적 수단
② 제1항 제1호에 따른 당사자에 대한 모든 통지와 서면교신은 당사자가 지정한 주소, 또는 그러한 지정이 없을 경우에는 최종으로 알려진 당사자 또는 대리인의 주소로 이루어져야 한다. 이러한 통지나 교신은 수령증을 받는 교부송달, 등기우편, 택배 등 발송을 증명할 수 있는 기타 수단에 의한다.
③ 제1항 제2호에 따른 전자적 수단에 의한 모든 통지와 서면교신은 수령인이 지정하거

지 않는 한, 구두, 서면을 불문한 모든 교신은 당사자 상호 간, 각 당사자와 중재판정부 사이에 직접 이루어진다. 서면교신의 경우에는 그 사본을 동시에 사무국에 송부한다.
⑤ 사무국이 중재판정부를 대신하여 일방 당사자에게 서면 교신을 보내는 경우에는 다른 당사자들 전원에게도 사본을 송부한다. 일방 당사자가 사무국에 교신을 보내는 경우에는 나머지 각 당사자와 각 중재인의 수만큼의 사본을 첨부한다. 사무국은 나머지 각 당사자와 중재판정부에 그 사본을 송부한다.

제5조 기한
① 기한의 기산점을 정함에 있어서 통지 또는 기타 교신은 이 규칙 제4조에 따라 송달된 일자에 수령된 것으로 본다.
② 기한의 준수를 판단함에 있어서, 통지 또는 기타 교신이 이 규칙 제4조에 따라 기한 만료일 또는 그 전에 발송된 경우 그 통지 또는 교신은 기한을 준수한 것으로 본다.
③ 이 규칙에 따라 기간을 산정함에 있어서는, 통지 또는 기타 교신이 도달한 익일로부터 기산한다. 그러한 기간의 말일이 수령인의 주소지 또는 영업지에서 공휴일 또는 휴무일에 해당하는 경우, 기간은 그 이후의 최초 영업일에 만료한다. 기간 중의 공휴일 또는 휴무일은 기간에 산입된다.

제6조 일반규칙 및 해석규칙
이 규칙에 명시적으로 규정되지 않은 모든 사항에 대하여 사무국과 중재판정부는 이 규칙의 정신에 따라 처리하여야 하며, 판정

나 동의하는 연락처로 하여야 한다.
④ 통지 또는 교신은 당사자 또는 그 대리인이 이를 수령한 날, 또는 제2항에 따라 최종으로 알려진 주소로 행하여진 경우에는 당사자 또는 그 대리인이 수령하였을 날에 이루어진 것으로 본다.
⑤ 중재판정부가 구성될 때까지는 당사자 상호 간, 각 당사자와 중재인 간의 모든 교신은 사무국을 경유한다. 서면교신의 경우 사무국은 나머지 각 당사자와 각 중재인에게 그 사본을 송부한다. 중재판정부가 구성된 이후에는, 중재판정부가 달리 지시하지 않는 한, 구두, 서면을 불문한 모든 교신은 당사자 상호 간, 각 당사자와 중재판정부 사이에 직접 이루어진다. 서면교신의 경우에는 그 사본을 동시에 사무국에 송부한다.
⑥ 사무국이 중재판정부를 대신하여 일방 당사자에게 서면 교신을 보내는 경우에는 다른 당사자들 전원에게도 사본을 송부한다.

제5조 기한
① 기한의 기산점을 정함에 있어서 통지 또는 기타 교신은 이 규칙 제4조에 따라 송달된 일자에 수령된 것으로 본다.
② 기한의 준수를 판단함에 있어서, 통지 또는 기타 교신이 이 규칙 제4조에 따라 기한 만료일 또는 그 전에 발송된 경우 그 통지 또는 교신은 기한을 준수한 것으로 본다.
③ 이 규칙에 따라 기간을 산정함에 있어서는, 제4조에 따른 통지 또는 기타 교신이 도달한 익일로부터 기산한다. 그러한 기간의 말일이 수령인의 주소지 또는 영업지에서 공휴일 또는 휴무일에 해당하는 경우, 기간은 그 이후의 최초 영업일에 만료한다. 기간 중의 공휴일 또는 휴무일은 기간에 산입된다.

제6조 일반규칙
사무국과 중재판정부는 이 규칙의 정신에 따라 처리하여야 하며, 판정이 법률상 집행될 수 있도록 모든 노력을 다하여야 한다.

이 법률상 집행될 수 있도록 모든 노력을 다하여야 한다.

제7조 대리

이 규칙에 따른 절차에서 당사자는 자신이 선정한 자로 하여금 자신을 대리하게 할 수 있다. 다만, 중재판정부가 요구하는 바에 따라 그 대리권을 증명하여야 한다.

중재 개시

제8조 중재개시

① 이 규칙에 따라 중재를 신청하고자 하는 당사자는 사무국에 중재신청서(이하 '신청서'라 한다)를 제출하여야 한다. 사무국은 신청서의 접수사실과 접수일자를 신청인과 피신청인에게 통지하여야 한다.

② 중재절차 개시일은 어떠한 경우에나 신청서가 사무국에 접수된 일자로 한다.

③ 신청서에는 다음의 사항이 기재 또는 첨부되어야 한다.

1. 신청인의 성명, 주소, 팩스번호, 전화번호
2. 신청인에 대한 기재 신청인이 회사인 경우 그 설립지와 회사 형태, 개인인 경우 국적과 주된 거주지 또는 근무지
3. 중재 상대방(피신청인)의 성명, 주소, 국가번호와 지역번호를 포함하는 전화번호와 팩스번호
4. 청구의 원인이 된 분쟁의 성격과 상황에 관한 기술
5. 중재 신청취지
6. 중재절차에 관하여 당사자가 이미 합의한 사항 또는 신청인이 제안하고자 하는 사항(중재지, 중재언어, 준거법, 중재인의 수, 중재인의 자격과 성명 등)에 대한 기술
7. 중재합의에서 당사자의 중재인 선정을 요하는 경우, 신청인이 선정하는 중재인의 성명, 주소, 전화번호, 팩스번호, 이메일 주소
8. 신청인이 원용한 서면 중재조항 또는 별도의 서면 중재합의 등 관련 계약서
9. 대리인의 성명, 주소, 팩스번호, 전화번호

제7조 대리

이 규칙에 따른 절차에서 당사자는 자신이 선정한 자로 하여금 자신을 대리하게 할 수 있다. 이 경우, 중재판정부가 요구하는 바에 따라 그 대리권을 증명하여야 한다.

제2장 중재개시

제8조 중재신청

① 이 규칙에 따라 중재를 신청하고자 하는 당사자는 사무국에 중재신청서(이하 "신청서"라 한다)를 제출하여야 한다. 사무국은 신청서의 접수사실과 접수일자를 신청인과 피신청인에게 통지하여야 한다.

② 중재절차 개시일은 어떠한 경우에나 신청서가 사무국에 접수된 일자로 한다.

③ 신청서에는 다음의 사항이 기재 또는 첨부되어야 한다.

1. 신청인의 성명, 주소, 국가번호와 지역번호를 포함하는 전화번호와 팩스번호, 전자우편 주소
2. 신청인에 대한 기재 – 신청인이 회사인 경우 그 설립지와 회사 형태, 개인인 경우 국적과 주된 거주지 또는 근무지
3. 중재 상대방(피신청인)의 성명, 주소, 국가번호와 지역번호를 포함하는 전화번호와 팩스번호, 전자우편 주소
4. 청구의 원인이 된 분쟁의 성격과 상황에 관한 기술
5. 중재 신청취지(가능한 범위 내에서 신청금액 예상액 표시)
6. 중재지, 중재언어, 준거법, 중재인의 수, 중재인의 자격과 성명 등 중재절차에 관하여 당사자가 이미 서면으로 합의한 사항 또는 신청인이 제안하고자 하는 사항에 대한 기술
7. 중재합의에서 당사자의 중재인 지명을 요하는 경우, 신청인이 지명하는 중재인의

④ 신청인은 신청서와 함께 이 규칙 제4조에서 요구하는 수의 사본을 제출하여야 하며 제출일 당시 시행 중인 별표 I(신청요금과 관리요금에 관한 규정)에 따른 신청요금을 납입하여야 한다. 신청인이 이 요건 중 하나라도 준수하지 못하는 경우 사무국은 신청인의 요건 준수를 위한 기한을 정할 수 있으며, 신청인이 그 기한 내에 요건을 준수하지 못하는 경우에는 신청을 종결할 수 있다. 이 경우 신청인은 추후 별도의 신청서를 제출하여 동일한 신청을 할 수 있다.
⑤ 사무국은 충분한 수의 신청서 사본이 제출되고 필요한 예납이 이루어진 경우 피신청인이 답변서를 제출할 수 있도록 신청서 및 첨부서류의 사본을 피신청인에게 송부하여야 한다.
⑥ 일방 당사자가 이 규칙에 의하여 동일 당사자 간에 계류 중인 중재의 대상인 법률관계에 관한 신청서를 제출하는 경우, 중재판정부는 일방 당사자의 요청이 있으면 새로운 신청의 성격, 중재의 단계, 기타 관련 상황을 고려하여, 계류 중인 절차에 새로운 신청서상의 청구를 포함시킬 것인지 여부를 결정할 수 있다.

제9조 신청에 대한 답변과 반대신청

① 피신청인은 사무국으로부터 신청서를 수령한 날로부터 30일 이내에 다음 사항이 기재된 답변서를 제출하여야 한다.
1. 피신청인의 성명, 주소, 팩스번호, 전화번호
2. 피신청인에 대한 기재 피신청인이 회사인 경우 그 설립지와 회사 형태, 개인인 경우 국적과 주된 거주지 또는 근무지
3. 신청인이 신청서에 기재한 청구의 전부 또는 일부에 대한 인정여부 및 신청서에 기재된 신청취지에 대한 답변
4. 신청인의 제안 및 이 규칙 제11조와 제12조에 따른 중재인의 수와 선정에 관한 의견, 필요한 경우 중재인의 선정

성명, 주소, 국가번호와 지역번호를 포함하는 전화번호와 팩스번호, 전자우편 주소
8. 신청인이 원용한 서면 중재조항 또는 별도의 서면 중재합의 등 관련 계약서
9. 대리인의 성명, 주소, 국가번호와 지역번호를 포함하는 전화번호와 팩스번호, 전자우편 주소
④ 신청인은 신청서와 함께 이 규칙 제4조 제1항 제1호에서 요구하는 수의 사본을 제출하여야 하며 제출일 당시 시행 중인 별표 1(신청요금과 관리요금에 관한 규정)에 따른 신청요금을 납입하여야 한다.
⑤ 신청인이 제4항에 따른 요건을 준수하지 못하는 경우 사무국은 신청인의 요건 준수를 위한 기한을 정할 수 있으며, 신청인이 그 기한 내에 요건을 준수하지 못하는 경우에는 신청을 종결할 수 있다. 이 경우 신청인은 추후 별도의 신청서를 제출하여 동일한 신청을 할 수 있다.
⑥ 사무국은 충분한 수의 신청서 사본이 제출되고 필요한 예납이 이루어진 경우 피신청인이 답변서를 제출할 수 있도록 신청서 및 첨부서류의 사본을 피신청인에게 송부하여야 한다.

제9조 신청에 대한 답변과 반대신청

① 피신청인은 사무국으로부터 신청서를 수령한 날로부터 30일 이내에 다음 각 호의 사항이 기재된 답변서를 제출하여야 한다.
1. 피신청인의 성명, 주소, 국가번호와 지역번호를 포함하는 전화번호와 팩스번호, 전자우편 주소
2. 피신청인에 대한 기재 - 피신청인이 회사인 경우 그 설립지와 회사 형태, 개인인 경우 국적과 주된 거주지 또는 근무지
3. 신청인이 신청서에 기재한 청구의 전부 또는 일부에 대한 인정여부 및 신청서에 기재된 신청취지에 대한 답변
4. 신청인의 제안 및 이 규칙 제11조와 제12조에 따른 중재인의 수와 선정에 관한 의

5. 중재지, 준거법 및 중재언어에 대한 의견
6. 중재합의에서 당사자의 중재인 선정을 요하는 경우, 피신청인이 선정하는 중재인의 성명, 주소, 전화번호, 팩스번호, 이메일 주소
7. 대리인의 성명, 주소, 팩스번호, 전화번호
② 피신청인이, 중재인의 수 및 중재인 선정에 관한 의견 또는 이 규칙 제11조, 제12조에 따른 중재인의 선정 등의 내용을 포함하고 있는 기한연장신청서를 제출한 경우에 한하여 사무국은 답변서 제출기한을 연장할 수 있다. 피신청인이 위 사항의 기한연장신청서를 제출하지 않는 경우 답변서 제출기한은 연장되지 않는다.
③ 답변서는 이 규칙 제4조에 규정된 수의 사본을 사무국에 제출하여야 한다.
④ 피신청인의 반대신청은 답변서와 함께 제출하여야 하며(또는 중재판정부가 정황을 고려하여 그 지연이 정당하다고 판단하는 경우에는 그 이후의 중재절차에서 제출할 수 있다), 다음과 같은 사항이 기재되어야 한다. 다만, 반대신청의 원인은 신청인과 피신청인 사이의 중재합의에 기초하여야 한다.
1. 반대신청의 원인이 된 분쟁의 성질과 상황에 대한 기술
2. 반대신청취지(가능한 한도 내에서 반대청구금액 포함)
⑤ 답변의 취지 및 이유가 반대신청의 내용을 포함하고 있다고 판단할 경우 중재판정부는 피신청인에게 그 부분에 대하여 제4항의 규정에 의한 반대신청을 하는 것인지의 여부를 밝히도록 요구할 수 있다.
⑥ 답변서 제출 해태의 경우에도 피신청인은 중재절차에서 청구를 부인하거나 반대신청을 제기할 수 있다. 그러나 중재합의에서 당사자의 중재인 선정을 요구하는 경우, 피신청인이 답변서를 제출하지 않거나 기한 내에 중재인을 선정하지 못하거나 아예 선정

견, 필요한 경우 중재인의 선정
5. 중재지, 준거법 및 중재언어에 대한 의견
6. 중재합의에서 당사자의 중재인 선정을 요하는 경우, 피신청인이 선정하는 중재인의 성명, 주소, 국가번호와 지역번호를 포함하는 전화번호와 팩스번호, 전자우편 주소
7. 대리인의 성명, 주소,국가번호와 지역번호를 포함하는 전화번호와 팩스번호, 전자우편 주소
② 피신청인이, 중재인의 수 및 중재인 선정에 관한 의견 또는 이 규칙 제11조, 제12조에 따른 중재인의 선정 등의 내용을 포함하고 있는 기한연장신청서를 제출한 경우에 한하여 사무국은 답변서 제출기한을 연장할 수 있다. 피신청인이 위 사항의 기한연장신청서를 제출하지 않는 경우 답변서 제출기한은 연장되지 않는다.
③ 답변서는 이 규칙 제4조에 규정된 수의 사본을 사무국에 제출하여야 한다.
④ 피신청인의 반대신청은 다음 각 호의 사항을 기재하여 답변서와 함께 제출하여야 한다. 이 경우 반대신청의 원인은 신청인과 피신청인 사이의 중재합의에 기초하여야 한다.
1. 반대신청의 원인이 된 분쟁의 성질과 상황에 대한 기술
2. 반대신청취지(가능한 한도 내에서 반대청구금액 포함)
⑤ 제4항에도 불구하고 중재판정부가 정황을 고려하여 그 지연이 정당하다고 판단하는 경우 피신청인의 반대신청은 그 이후의 중재절차에서 제출할 수 있다.
⑥ 답변의 취지 및 이유가 반대신청의 내용을 포함하고 있다고 판단할 경우 중재판정부는 피신청인에게 그 부분에 대하여 제4항의 규정에 의한 반대신청을 하는 것인지의 여부를 밝히도록 요구할 수 있다.
⑦ 답변서 제출 해태의 경우에도 피신청인은 중재절차에서 청구를 부인하거나 반대신

정하지 않으면 해당 당사자의 중재인 선정권은 종국적으로 포기된 것으로 간주된다.

청을 제기할 수 있다. 그러나 중재합의에서 당사자의 중재인 지명을 요구하는 경우, 피신청인이 답변서를 제출하지 않거나 기한 내에 중재인을 지명하지 못하거나 아예 지명하지 않으면 해당 당사자의 중재인 지명권은 종국적으로 포기된 것으로 간주된다.

중재판정부

제10조 일반 규정

① 이 규칙에 따른 중재인들은 항상 공정성과 독립성을 유지하여야 한다.

② 중재인으로 선정된 자는 선정을 수락하기에 앞서, 자신의 공정성과 독립성에 관하여 정당한 의심을 야기할만한 사유가 있는 경우 이를 사무국에 서면으로 고지하여야 한다. 중재 절차 진행 중이라도 그러한 의심을 야기할만한 새로운 사유가 발생하면 중재인은 이를 당사자와 사무국에 서면으로 즉시 고지하여야 한다.

③ 중재인의 선정, 교체, 해임과 관련된 모든 사항에 대한 사무국의 결정은 종국적이며 불복할 수 없다.

제3장 중재판정부

제10조 일반 규정

① 이 규칙에 따른 중재인들은 항상 공정성과 독립성을 유지하여야 한다.

② 중재인 선정 또는 지명을 수락하는 자는 사무국이 정하는 양식의 수락서와 공정성·독립성에 관한 진술서에 서명하여 사무국에 제출하여야 한다. 이 경우 중재인 선정 또는 지명을 수락하는 자는 자신의 공정성·독립성에 관하여 정당한 의심을 야기할만한 사유를 사무국에 고지하여야 하고, 중재절차진행 중이라도 그러한 의심을 야기할만한 새로운 사유가 발생하면 중재인은 이를 당사자와 사무국에 서면으로 즉시 고지하여야 한다.

③ 사무국은 수락서 및 공정성·독립성에 관한 진술서를 제출 받는 즉시 각 당사자에게 송달하여야 한다.

④ 중재인의 선정, 교체, 해임과 관련된 모든 사항에 대한 사무국의 결정은 종국적이며 불복할 수 없다.

제11조 중재인의 수

이 규칙에 따른 중재사건은 단독 중재인 또는 3인의 중재인의 심리로 결정한다. 중재인의 수에 관하여 당사자들간의 합의가 존재하지 않는 경우 단독 중재인이 선정된다. 그러나 어느 쪽 당사자라도 신청서가 상대방 당사자에게 송달된 날로부터 30일 이내에 사무국에 3인의 중재인에 의할 것을 신청하면, 사무국이 분쟁의 규모, 복잡성 및 기타 요소들을 고려하여 적절하다고 판단하는 경우에는 당사자들에게 통지하고 3인의

제11조 중재인의 수

이 규칙에 따른 중재사건은 원칙적으로 단독 중재인이 심리한다. 다만 당사자들이 3인 중재인의 심리로 합의하거나 사무국이 당사자 의사, 분쟁금액, 분쟁의 복잡성 기타 요소들을 고려하여 3인의 중재인의 심리가 적절하다고 판단하는 경우에는 3인의 중재인의 심리로 결정할 수 있다.

중재인을 지명한다.

제12조 중재인의 선정

① 분쟁이 단독 중재인에게 회부되는 경우, 당사자들은 피신청인이 중재신청서를 수령한 날 또는 이 규칙 제11조에 따라 사무국이 단독 중재인에 의할 것임을 결정한 날로부터 30일 이내에 합의하여 단독 중재인을 선정하여야 한다. 당사자들이 위와 같이 정해진 기간 또는 사무국이 연장을 허용한 기간 내에 합동으로 단독 중재인을 선정하지 못하는 경우에는 사무국이 단독 중재인을 선정한다.

② 분쟁이 3인 중재인에게 회부되는 경우, 신청인은 중재 신청서에서 또는 사무국이 허용한 연장기간 내에 1인의 중재인을 선정하고, 피신청인은 답변서에서 또는 사무국이 허용한 연장기간 내에 1인의 중재인을 선정한다. 일방 당사자가 위 기한 내에 중재인을 선정하지 못한 경우에는 사무국이 이를 선정한다. 양 당사자에 의해 중재인 2인이 선정되면 2인의 중재인이 합의하여 제3의 중재인을 선정하고 그가 중재판정부의 의장이 된다. 2인 중재인이 두 번째 중재인의 선정일로부터 30일 이내에 의장으로 활동할 제3의 중재인을 선정하지 못하면 사무국이 이를 선정한다.

③ 중재판정부가 3인의 중재인으로 구성되는 경우, 신청인이나 피신청인이 복수인 때에는, 복수의 신청인들 또는 복수의 피신청인들 공동으로 이 규칙 제12조 제2항에 따라 중재인을 각각 선정한다. 그러한 선정이 이루어지지 못하고 당사자들이 중재판정부의 구성 방법에 합의하지 못한 경우에는 사무국이 중재판정부를 구성하는 중재인 전원을 선정하며 그 중 1인을 의장으로 지명한다.

④ 중재인 선정시 사무국은 선정될 중재인의 경험, 일정, 국적 및 거주지를 고려하여야 한다. 당사자 일방이 요청하는 경우 사

제12조 중재인의 선정

① 분쟁이 단독 중재인에게 회부되는 경우, 당사자들은 피신청인이 중재신청서를 수령한 날 또는 이 규칙 제11조에 따라 사무국이 단독 중재인에 의할 것임을 결정한 경우에는 그 통지를 받은 날부터 30일 이내에 합의하여 단독 중재인을 지명하여야 한다. 다만, 당사자들이 위와 같이 정해진 기간 또는 사무국이 연장을 허용한 기간 내에 합동으로 단독 중재인을 지명하지 못하는 경우에는 사무국이 단독 중재인을 선정한다.

② 당사자들이 3인 중재인에 의하여 분쟁을 해결하기로 합의한 경우에는 신청인은 중재신청서에서 또는 사무국이 허용한 연장기간 내에 1인의 중재인을 지명하고, 피신청인은 답변서에서 또는 사무국이 허용한 연장기간 내에 1인의 중재인을 지명한다. 이 규칙 제11조에 따라 사무국이 3인의 중재인에 의할 것임을 결정한 경우에는 당사자들은 사무국으로부터 그 통지를 받은 날부터 30일 이내 또는 사무국이 허용한 연장기간 내에 각각 1인의 중재인을 지명한다. 다만, 일방 당사자가 위 기한 내에 중재인을 지명하지 못한 경우에는 사무국이 이를 선정한다. 양 당사자에 의해 중재인 2인이 선정되면 2인의 중재인이 합의하여 의장으로 활동할 제3의 중재인을 지명한다. 2인 중재인이 두 번째 중재인의 선정일로부터 30일 이내에 의장으로 활동할 제3의 중재인을 지명하지 못하면 사무국이 이를 선정한다.

③ 중재판정부가 3인의 중재인으로 구성되는 경우, 신청인이나 피신청인이 복수인 때에는, 복수의 신청인들 또는 복수의 피신청인들 공동으로 이 규칙 제2항에 따라 중재인을 각각 지명한다. 그러한 지명이 이루어지지 못하고 당사자들이 중재판정부의 구성방법에 합의하지 못한 경우에는 사무국이 중재판정부를 구성하는 중재인 전원을 선정

무국은 다른 특별한 사정이 없는 한 각 당사자들과 국적이 다른 자를 단독 중재인이나 중재판정부의 의장으로 선정하여야 한다.

⑤ 이 규칙에 따라 중재인 전원이 선정된 경우, 사무국은 쌍방 당사자 및 중재인 모두에게 중재인 전원의 성명, 주소 및 직업을 서면으로 지체 없이 통지하여야 한다.

하며 그 중 1인을 의장으로 지정한다.

④ 중재인 선정시 사무국은 선정될 중재인의 경험, 일정, 국적 및 거주지를 고려하여야 한다. 당사자 일방이 요청하면 사무국은 다른 특별한 사정이 없는 한, 각 당사자들과 국적이 다른 자를 단독 중재인이나 중재판정부의 의장으로 선정하여야 한다. 이러한 요청은 사무국이 선정권을 행사할 수 있는 기간이 개시된 날로부터 3일 이내에 하여야 하며, 요청이 있는 경우 사무국은 상대방 당사자에게 의견진술의 기회를 주어야 한다.

⑤ 사무국이 제22조에 따라 복수 계약에서 발생한 청구들을 하나의 신청서에 제출할 것을 허용한 경우, 당사자들은 각 청구들이 동일한 중재합의에 의하는 경우로 간주하여 제1항, 제2항 및 제3항에 따라 중재인을 지명 하여야 한다.

⑥ 이 규칙에 따라 중재인 전원이 선정된 경우, 사무국은 당사자들 및 중재인 모두에게 중재인 전원의 성명, 주소 및 직업을 서면으로 지체 없이 통지하여야 한다.

제13조 중재인 확인

① 당사자들이 중재인을 지명하는 경우 또는 중재인들이 제3의 중재인을 지명하는 경우, 중재인 선정의 효력은 사무국이 그 지명을 확인함에 의하여 발생한다. 당사자가 중재인을 선정할 권한을 가진다고 합의한 경우에도, 이러한 합의는 본 규칙에 따라 중재인을 지명하기로 하는 합의로 본다.

② 사무국이 중재인의 지명을 확인한 때에는 지체 없이 그 사실을 당사자와 중재인들에게 통지하여야 한다.

③ 사무국은 중재인의 지명이 명백하게 부적당하다고 인정하는 경우 당사자 및 중재인들에게 의견을 제출할 수 있는 기회를 부여한 다음 확인을 거부할 수 있다.

④ 사무국이 중재인 지명에 대한 확인을 거부한 경우 당해 중재인을 지명한 당사자 또

第13조 중재인 기피

① 중재인의 공정성과 독립성에 정당한 의심을 야기할 만한 사유가 있는 경우, 당사자는 중재인에 대하여 기피를 신청할 수 있다. 다만, 그 중재인의 선정에 참여한 당사자는 선정 이후에 알게 된 사유를 근거로 하여서만 기피를 신청할 수 있다.

② 중재인의 공정성 및 독립성 결여 또는 기타의 사유에 의한 중재인에 대한 기피신청은 그 기피의 원인이 된 사유와 사실을 기술한 서면을 사무국에 제출함으로써 이루어진다. 당해 사건의 각 중재인 및 각 당사자에게 이 서면의 사본을 전달하여야 한다.

③ 기피신청이 유효하기 위해서는, 일방 당사자가 중재인의 선정 사실을 통지 받은 날 또는 해당 당사자가 기피의 원인이 된 사유와 사실을 알게 된 날로부터 15일 이내에 기피신청을 하여야 한다.

④ 기피의 대상이 된 중재인, 상대방 당사자 및 중재판정부의 다른 구성원들은 기피신청을 수령한 날로부터 15일 이내에 기피에 대하여 서면으로 의견을 밝힐 수 있다. 그러한 의견은 사무국, 각 당사자와 각 중재인에게 통지하여야 한다.

⑤ 일방 당사자가 중재인에 대하여 기피신청을 한 경우 상대방 당사자는 기피에 동의할 수 있고, 이러한 동의가 있는 경우 중재인은 사임하여야 한다. 그러한 동의가 없는 경우에도 기피 대상인 중재인은 자진 사임할 수 있다. 다만, 위의 경우에 사임하였다고 하여 기피 이유의 타당성을 인정하는 것을 의미하지는 않는다. 상대방 당사자가 기피신청에 동의하지 않거나 기피 대상인 중재인이 사임하지 않는 경우, 사무국은 기피신청에 대한 결정을 하여야 한다.

는 중재인들은 사무국이 정한 기간 내에 새로운 중재인을 지명하여야 한다.

第14조 중재인 기피

① 중재인의 공정성과 독립성에 정당한 의심을 야기할 만한 사유가 있는 경우, 당사자는 중재인에 대하여 기피를 신청할 수 있다. 다만, 그 중재인의 지명에 참여한 당사자는 지명 이후에 알게 된 사유를 근거로 하여서만 기피를 신청할 수 있다.

② 중재인의 공정성 및 독립성 결여 또는 기타의 사유에 의한 중재인에 대한 기피신청은 그 기피의 원인이 된 사유와 사실을 기술한 서면을 사무국에 제출함으로써 이루어진다. 이 경우 당해 사건의 각 중재인 및 각 당사자에게 이 서면의 사본을 전달하여야 한다.

③ 기피신청이 유효하기 위해서는, 일방 당사자가 다음 각 호의 하나에 해당하는 날로부터 15일 이내에 기피신청을 하여야 한다.

1. 당사자가 중재인을 지명한 경우에는 그에 대한 확인통지를 받은 날, 또는 사무국이 중재인을 선정한 경우에는 중재인 선정통지를 받은 날
2. 기피신청 당사자가 기피의 원인이 된 사유와 사실을 알게 된 날

④ 기피의 대상이 된 중재인, 상대방 당사자 및 중재판정부의 다른 구성원들은 기피신청을 수령한 날로부터 15일 이내에 기피에 대하여 서면으로 의견을 밝힐 수 있다. 이 경우 그러한 의견은 사무국, 각 당사자와 각 중재인에게 통지하여야 한다.

⑤ 일방 당사자가 중재인에 대하여 기피신청을 한 경우 상대방 당사자는 기피에 동의할 수 있고, 이러한 동의가 있는 경우 중재인은 사임하여야 한다. 그러한 동의가 없는 경우에도 기피 대상인 중재인은 자진 사임할 수 있다. 다만, 위의 경우에 사임하였다고 하여 기피 이유의 타당성을 인정하는 것을 의미하지는 않는다. 상대방 당사자가 기

제14조 중재인의 교체 및 해임

① 중재인은 사망, 사무국의 중재인 사임 수리, 사무국의 기피 결정 또는 중재의 모든 당사자가 요청하는 경우에 교체되어야 한다.

② 사무국은 중재인이 자신의 임무를 수행하지 않거나 임무수행을 부당하게 지연하는 경우 또는 법률상 또는 사실상 자신의 임무를 수행할 수 없는 경우 해당 중재인을 해임할 수 있다.

③ 중재절차 진행 중에 중재인이 교체되는 경우, 새로운 중재인은 교체된 중재인의 선정에 적용되었던 이 규칙 제12조에 규정된 방식에 따라 선정한다.

④ 중재인이 교체되는 경우, 중재판정부는 당사자들과 협의한 후 중재판정부가 재구성되기 이전의 절차를 반복할 것인지 여부 및 그 범위를 결정한다.

⑤ 중재절차가 종료된 이후에는 사무국은 사망, 사임 또는 해임된 중재인을 교체하지 않고 나머지 중재인들로 하여금 중재를 완료하도록 결정할 수 있다. 사무국은 그러한 결정을 함에 있어 나머지 중재인 및 당사자와 협의하여야 하고, 그러한 결정에 필요하다고 보는 기타의 사항을 고려할 수 있다.

중재절차

제15조 절차일정표

① 중재판정부는 당사자들과 협의한 후 중재 진행을 위한 잠정적인 일정표를 별도의 서면으로 작성하여 중재판정부의 구성일로부터 30일 이내에 사무국과 당사자들에게 통지하여야 한다.

② 중재판정부는 제1항의 규정에도 불구하고, 후속 절차를 준비하고 그 일정을 정하

피신청에 동의하지 않거나 기피 대상인 중재인이 사임하지 않는 경우, 사무국은 기피신청에 대한 결정을 하여야 한다.

제15조 중재인의 교체 및 해임

① 중재인은 사망, 사무국의 중재인 사임 수리, 사무국의 기피 결정 또는 중재의 모든 당사자가 요청하는 경우에 교체되어야 한다.

② 사무국은 중재인이 자신의 임무를 수행하지 않거나 임무수행을 부당하게 지연하는 경우 또는 법률상 또는 사실상 자신의 임무를 수행할 수 없는 경우 해당 중재인을 해임할 수 있다.

③ 중재절차 진행 중에 중재인이 교체되는 경우, 새로운 중재인은 교체된 중재인의 선정에 적용되었던 이 규칙 제12조 및 제13조에 규정된 방식에 따라 선정한다.

④ 중재인이 교체되는 경우, 중재판정부는 당사자들과 협의한 후 중재판정부가 재구성되기 이전의 절차를 반복할 것인지 여부 및 그 범위를 결정한다.

⑤ 심리가 종결된 이후에는 사무국은 사망, 사임 또는 해임된 중재인을 교체하지 않고 나머지 중재인들로 하여금 중재를 완료하도록 결정할 수 있다. 사무국은 그러한 결정을 함에 있어 나머지 중재인 및 당사자와 협의하여야 하고, 그러한 결정에 필요하다고 보는 기타의 사항을 고려할 수 있다.

제4장 중재절차

제16조 절차의 진행

① 중재판정부는 규칙 및 당사자간 합의의 범위 내에서, 당사자들을 동등하게 대우하고 당사자들에게 의견을 표명할 권리를 부여하며 사안에 관하여 진술할 공평한 권리를 부여하는 한, 이 규칙에 따라 적절하다고 생각되는 방식으로 중재를 진행할 수 있다.

② 중재판정부는 절차를 분리하거나 당사자

기 위하여 일반적으로 답변서 제출 이후에 준비회의를 열 수 있다.

제16조 추가서면

① 중재판정부는 당사자들이 중재 신청서와 답변서(반대신청서)에 대한 추가서면을 제출하도록 재량에 따라 허가하거나 요구할 수 있고, 그러한 경우 해당서면의 제출을 위한 기간을 정하여야 한다.
② 추가서면 제출을 위하여 중재판정부가 정하는 기간은 45일을 초과할 수 없다.
③ 제1항의 규정에 따라 추가서면을 제출하는 당사자는 그 당사자가 주장의 근거로 삼는 서류로서, 이전에 제출되지 않은 주요 문서의 사본(특별히 양이 많은 경우에는 그 목록)과 관련 견본 및 서증을 첨부하여 상대방

들로 하여금 사건의 전부 또는 일부의 해결과 관련된 쟁점에 대하여만 논의하도록 지시할 수 있다.
③ 중재판정부는 적절한 절차의 단계에서 증인신문 또는 당사자들의 주장 진술을 위한 심리를 개최하여야 한다. 다만, 당사자들이 달리 합의하는 경우에는 그러하지 아니하다.

제17조 절차에 관한 규칙

중재판정부는 이 규칙에 따라 절차를 진행하여야 하고, 이 규칙에 정함이 없는 경우에는 당사자들의 합의에 따르며, 당사자 사이의 합의도 없는 경우에는 중재판정부가 정하는 바에 따른다.

제18조 절차일정표

① 중재판정부는 중재절차를 협의하기 위하여 당사자들과 예비절차회의를 개최할 수 있다.
② 중재판정부는 판정부 구성 이후 지체 없이 예비절차회의 또는 다른 방식으로 당사자들과 협의하여 절차진행을 위한 잠정적인 일정표를 서면으로 작성하여야 하며, 이를 사무국과 당사자들에게 통지하여야 한다. 중재판정부는 당사자들과 협의 후 어느 때라도 위 잠정일정표 상에 정해진 기한을 변경할 수 있다.

제19조 추가서면

① 중재판정부는 당사자들이 중재신청서와 답변서(반대신청서)에 대한 추가서면을 제출하도록 재량에 따라 허가하거나 요구할 수 있고, 그러한 경우 해당서면의 제출을 위한 기간을 정하여야 한다.
② 추가서면 제출을 위하여 중재판정부가 정하는 기간은 45일을 초과할 수 없다.
③ 제1항의 규정에 따라 추가서면을 제출하는 당사자는 그 당사자가 주장의 근거로 삼는 서류로서, 이전에 제출되지 않은 주요 문서의 사본(특별히 양이 많은 경우에는 그 목록)과 관련 견본 및 서증을 첨부하여 상대방

당사자와 중재판정부에 제출하여야 한다.

제17조 신청, 답변 및 반대신청의 변경

당사자는 중재판정부가 절차의 지연, 상대방 당사자의 권리 침해 또는 기타 사유를 이유로 하여 수정이나 보완이 적절하지 않다고 판단하는 경우를 제외하고는, 중재절차 진행 중에 신청, 반대신청 또는 답변을 변경하거나 보완하고 이를 상대방 당사자와 사무국에 통지할 수 있다. 그러나 그 변경이나 보완이 중재합의의 범위를 벗어나는 경우에는 신청이나 반대신청을 변경하거나 보완할 수 없다.

당사자와 중재판정부에 제출하여야 한다.

제20조 신청, 답변 및 반대신청의 변경

당사자는 중재판정부가 절차의 지연, 상대방 당사자의 권리 침해 또는 기타 사유를 이유로 하여 수정이나 보완이 적절하지 않다고 판단하는 경우를 제외하고는, 중재절차 진행 중에 신청, 반대신청 또는 답변을 변경하거나 보완하고 이를 상대방 당사자와 사무국에 통지할 수 있다. 다만, 그 변경이나 보완이 중재합의의 범위를 벗어나는 경우에는 그러하지 아니하다.

제21조 당사자의 추가

① 중재판정부는 다음 각 호의 요건 중 하나가 충족되는 경우 당사자의 신청에 따라 제3자를 중재절차에 당사자로 추가할 수 있다. 이와 같이 당사자로 추가되는 제3자를 "추가 당사자"라 한다.

1. 당사자 전원과 추가 당사자 모두가 서면으로 추가 당사자의 중재절차 참가를 동의하는 경우, 또는
2. 추가 당사자가 기존 당사자들과 동일한 중재합의의 당사자인 경우로서 추가 당사자가 중재절차 참가를 서면으로 동의하는 경우.

② 중재판정부 결정에 의하여 당사자가 추가되더라도 판정부의 구성에는 영향을 미치지 아니한다.

③ 제1항에 해당하는 경우에도 중재절차를 지연한다고 인정되는 등 상당한 이유가 있는 경우 중재판정부는 당사자 추가를 불허할 수 있다.

④ 당사자 추가를 위한 신청서 및 추가 당사자에 대한 청구에 관해서는 제8조를, 그에 대한 답변 및 반대신청에는 제9조를 각각 준용한다.

⑤ 본 규정은 이 규칙 시행일 이후의 중재합의에 의한 중재에 대하여만 적용된다.

제22조 복수계약에 따른 단일 중재신청

사무국은 일응 모든 계약에 이 규칙에 따른 중재합의가 있으며, 중재합의의 동일성이

인정되고, 다수의 청구가 동일한 거래 또는 계속적 거래에서 발생되는 것으로 판단하는 경우, 다수 계약에서 발생하는 청구에 대해 하나의 신청서를 제출하는 것을 허용할 수 있다. 만약 사무국이 각 청구들이 별도의 절차에서 다루어져야 한다고 판단하는 경우, 당사자들은 별도의 신청서를 제출하여야 한다. 다만, 이는 추후 제23조에 의한 청구의 병합을 신청할 권리에 영향을 미치지 아니한다.

제23조 청구의 병합

① 중재판정부는 일방 당사자가 요청하는 경우 이 규칙에 따른 동일 당사자간의 중재이면, 진행 중인 다른 사건의 청구를 병합할 수 있다. 다만, 다른 중재절차에서 중재판정부 중 한명이라도 선정된 경우에는 그러하지 아니하다.
② 중재판정부는 제1항에 따른 병합 여부를 결정함에 있어 반드시 당사자들에게 의견을 진술할 합리적인 기회를 주어야 하고 중재합의, 분쟁의 성격 그리고 기타 관련 상황을 고려하여야 한다.

제18조 중재지	제24조 중재지
① 당사자들의 합의가 없는 경우 중재지는 서울로 한다. 다만 중재판정부가 당해 사안의 모든 사정을 고려하여 다른 장소가 더 적합하다고 결정한 경우에는 예외로 한다.	① 당사자들의 합의가 없는 경우 중재지는 대한민국 서울로 한다. 다만 중재판정부가 당해 사안의 모든 사정을 고려하여 다른 장소가 더 적합하다고 결정한 경우에는 예외로 한다.
② 중재판정부는 심리 및 기타 회의를 당사자들과의 협의를 거쳐 적절하다고 판단하는 어떤 장소에서도 개최할 수 있다.	② 중재판정부는 심리 및 기타 회의를 당사자들과의 협의를 거쳐 적절하다고 판단하는 어떤 장소에서도 개최할 수 있다.
③ 중재판정부의 합의는 스스로 적절하다고 판단하는 어느 장소에서도 할 수 있다.	③ 중재판정부의 합의는 스스로 적절하다고 판단하는 어느 장소에서도 할 수 있다.
제19조 중재판정부의 관할권에 대한 이의신청	제25조 중재판정부의 관할권에 대한 이의신청
① 중재판정부는 중재조항 또는 별도의 중재합의의 존부 및 유효성에 관한 이의를 포함하여, 중재판정부의 관할권에 대한 이의신청에 대하여 판단할 권한을 가진다.	① 중재판정부는 중재조항 또는 별도의 중재합의의 존부 및 유효성에 관한 이의를 포함하여, 중재판정부의 관할권에 대한 이의신청에 대하여 판단할 권한을 가진다.

② 중재판정부는 중재조항을 포함하는 계약의 존부나 유효성을 결정할 권한을 가진다. 중재조항은 계약의 다른 부분과는 독립된 합의로 취급한다. 중재판정부가 당해 계약이 무효라고 결정하였다고 하여 중재조항까지 무효가 되지는 않는다.

③ 중재판정부의 관할권에 대한 이의신청은 이 규칙 제9조에 따라 신청서에 대한 답변서를 제출할 때까지, 반대신청의 경우에는 반대신청에 대한 답변서를 제출할 때까지 제기하여야 한다.

④ 일반적으로 중재판정부는 관할권에 대한 이의신청을 선결문제로 판단하여야 하나, 중재절차를 진행한 후 최종 판정에서 판단할 수도 있다.

제20조 중재의 진행

① 이 규칙의 강행규정에 반하지 아니하는 한 당사자들은 중재절차에 관하여 합의할 수 있다.

② 중재판정부는 당사자들을 동등하게 대우하고 당사자들에게 의견을 표명할 권리를 부여하며 사안에 관하여 진술할 공평한 권리를 부여하는 한, 이 규칙에 따라 적절하다고 생각되는 방식으로 중재를 진행할 수 있다.

③ 중재판정부는 절차를 분리하거나 당사자들로 하여금 사건의 전부 또는 일부의 해결과 관련된 쟁점에 대하여만 논의하도록 지시할 수 있다.

제21조 절차에 관한 규칙

중재판정부는 이 규칙에 따라 절차를 진행하여야 하고, 이 규칙에 규정이 없는 경우에는 당사자들이 정한 규칙에 의하며, 그러한 규칙도 없는 경우에는 중재판정부가 정한 규칙에 의한다. 이 규정은 중재에 적용될 특정 국가의 절차법을 참조하는 것과 상관없이 적용된다.

제22조 증거

① 당사자들이 달리 서면으로 합의하지 않

② 중재판정부는 중재조항을 포함하는 계약의 존부나 유효성을 결정할 권한을 가진다. 중재조항은 계약의 다른 부분과는 독립된 합의로 취급한다. 중재판정부가 당해 계약이 무효라고 결정하였다고 하여 중재조항까지 무효가 되지는 않는다.

③ 중재판정부의 관할권에 대한 이의신청은 이 규칙 제9조에 따라 신청서에 대한 답변서를 제출할 때까지, 반대신청의 경우에는 반대신청에 대한 답변서를 제출할 때까지 제기하여야 한다.

④ 일반적으로 중재판정부는 관할권에 대한 이의신청을 선결문제로 판단하여야 하나, 중재절차를 진행한 후 최종판정에서 판단할 수도 있다.

제26조 증거

① 당사자들이 달리 서면으로 합의하지 않

는 한, 중재판정부는 절차 진행 중 언제라도 당사자들에게 다음의 사항을 명할 수 있다.
1. 문서, 서증 또는 필요, 적절하다고 보는 기타 증거의 제출
2. 당사자들의 지배하에 있고 중재의 대상과 관련이 있는 재산, 장소, 기타 물건에 대한 중재판정부, 다른 당사자, 또는 전문가의 조사 허용
② 중재판정부는 당사자가 자신의 신청, 반대신청, 답변을 뒷받침하기 위하여 제출하고자 하는 서류 및 기타 증거의 요약본을 중재판정부와 상대방 당사자에게 전달할 것을 요구할 수 있다.
③ 각 당사자는 신청, 반대신청, 항변을 뒷받침하는 사실에 대한 입증책임을 부담한다.
④ 중재판정부는 증거의 증거능력, 관련성 및 증명력에 관하여 판단할 권한을 가진다.

제23조 전문가
① 중재판정부는 1인 또는 수인의 전문가를 선정하여, 중재판정부가 결정하고 당사자들에게 통지하여야 하는 특정 쟁점에 관하여 보고하도록 할 수 있다. 전문가에게 위임할 사항은 중재판정부가 정하고, 당사자들에게 그 사본을 전달하여야 한다.
② 중재판정부는 전문가에게 관련 정보를 제공하거나, 관련 서류, 동산 또는 기타 재산을 전문가가 조사할 수 있게 하도록 당사자에게 명할 수 있다.
③ 중재판정부는 전문가의 보고서 수령 후 그 사본을 모든 당사자에게 송부하고 당사자들이 보고서에 대하여 의견을 표명할 수 있는 기회를 부여하여야 한다. 당사자는 전문가가 그 보고서를 작성함에 있어서 근거로 삼은 모든 서류를 검토할 수 있다.
제24조 중재 언어
당사자 간에 합의가 없을 때에는 중재판정부는 계약 언어를 비롯한 모든 관련 상황을

는 한, 중재판정부는 절차진행 중 언제라도 당사자들에게 다음 각 호의 사항을 명할 수 있다.
1. 문서, 서증 또는 필요, 적절하다고 보는 기타 증거의 제출
2. 당사자들의 지배 하에 있고 중재의 대상과 관련이 있는 재산, 장소, 기타 물건에 대한 중재판정부, 다른 당사자, 또는 전문가의 조사 허용
② 중재판정부는 당사자가 자신의 신청, 반대신청, 답변을 뒷받침하기 위하여 제출하고자 하는 서류 및 기타 증거의 요약본을 중재판정부와 상대방 당사자에게 전달할 것을 요구할 수 있다.
③ 각 당사자는 신청, 반대신청, 항변을 뒷받침하는 사실에 대한 입증책임을 부담한다.
④ 중재판정부는 증거의 증거능력, 관련성 및 증명력에 관하여 판단할 권한을 가진다.
제27조 전문가
① 중재판정부는 1인 또는 수인의 전문가를 선정하여, 중재판정부가 결정하고 당사자들에게 통지하여야 하는 특정 쟁점에 관하여 보고하도록 할 수 있다. 이 경우 전문가에게 위임할 사항은 중재판정부가 정하고, 당사자들에게 그 사본을 전달하여야 한다.
② 중재판정부는 전문가에게 관련 정보를 제공하거나, 관련 서류, 동산 또는 기타 재산을 전문가가 조사할 수 있게 하도록 당사자에게 명할 수 있다.
③ 중재판정부는 전문가의 보고서 수령 후 그 사본을 모든 당사자에게 송부하고 당사자들이 보고서에 대하여 의견을 표명할 수 있는 기회를 부여하여야 한다. 당사자는 전문가가 그 보고서를 작성함에 있어서 근거로 삼은 모든 서류를 검토할 수 있다.
제28조 중재 언어
① 당사자 간에 합의가 없을 때에는 중재판정부는 계약 언어를 비롯한 모든 관련 상황

적절히 고려하여 중재 언어를 결정한다.	을 적절히 고려하여 중재 언어를 결정한다. ② 당사자는 사무국 또는 중재판정부의 요구가 있으면, 사무국 또는 중재판정부에 제출하는 서면, 서증 또는 기타 문서의 번역문을 제출하여야 한다.
제25조 준거법	제29조 준거법
① 당사자는 분쟁의 본안에 관하여 중재판정부가 적용할 실체법 및 법원칙에 대하여 자유롭게 합의할 수 있다. 그러한 합의가 없는 경우 중재판정부는 적절하다고 판단하는 실체법이나 법원칙을 적용한다.	① 당사자는 분쟁의 본안에 관하여 중재판정부가 적용할 실체법 및 법원칙에 대하여 자유롭게 합의할 수 있다. 그러한 합의가 없는 경우 중재판정부는 적절하다고 판단하는 실체법이나 법원칙을 적용한다.
② 모든 사안에 있어서 중재판정부는 계약조항 및 관련 거래관행을 고려하여야 한다.	② 모든 사안에 있어서 중재판정부는 계약조항 및 관련 거래관행을 고려하여야 한다.
③ 중재판정부는 당사자들이 합의하여 권한을 부여한 경우에 한하여, 선의의 중재인으로서의 권한을 가지고 형평과 선에 의하여 판단할 수 있다.	③ 중재판정부는 당사자들이 합의하여 명시적으로 권한을 부여한 경우에 한하여, 선의의 중재인으로서의 권한을 가지고 형평과 선에 의하여 판단할 수 있다.
제26조 심리	제30조 심리
① 심리가 열릴 경우 중재판정부는 적절한 통지를 함으로써 중재판정부가 정한 일시와 장소에 당사자들이 출석하도록 하여야 한다.	① 심리가 열릴 경우 중재판정부는 적절한 통지를 함으로써 중재판정부가 정한 일시와 장소에 당사자들이 출석하도록 하여야 한다.
② 중재판정부는 심리를 전적으로 관장하며 모든 당사자는 심리에 참석할 수 있다. 중재판정부 및 당사자의 승인이 없으면 해당 중재절차와 무관한 사람은 심리에 참석할 수 없다.	② 중재판정부는 심리를 전적으로 관장하며 모든 당사자는 심리에 참석할 수 있다. 중재판정부 및 당사자의 승인이 없으면 해당 중재절차와 무관한 사람은 심리에 참석할 수 없다.
③ 당사자는 본인이 직접 또는 적법하게 수권된 대리인을 통하여 참석할 수 있다. 당사자는 자문을 받을 수 있다.	③ 당사자는 본인이 직접 또는 적법하게 수권된 대리인을 통하여 참석할 수 있으며, 당사자는 자문을 받을 수 있다.
④ 심리는 당사자들이 달리 합의하거나 법에 달리 규정되어 있는 경우를 제외하고는 비공개로 한다. 중재판정부는 증인의 증언이 진행되는 동안 다른 증인의 퇴정을 요구할 수 있다. 중재판정부는 증인신문 방식을 결정할 수 있다.	④ 심리는 당사자들이 달리 합의하거나 법에 달리 규정되어 있는 경우를 제외하고는 비공개로 한다. 중재판정부는 증인의 증언이 진행되는 동안 다른 증인의 퇴정을 요구할 수 있고, 중재판정부는 증인신문 방식을 결정할 수 있다.
⑤ 사무국은 중재판정부 또는 일방 당사자의 요청에 따라 녹음이나 통역, 속기록 작성, 심리를 위한 공간, 기타 중재절차의 진행을 위해 필요한 사항을 당사자의 경비부	⑤ 사무국은 중재판정부 또는 일방 당사자의 요청에 따라 녹음이나 통역, 속기록 작성, 심리를 위한 공간, 기타 중재절차의 진행을 위해 필요한 사항을 당사자의 경비부

담으로 제공할 수 있다.

제27조 절차의 종료

① 중재판정부는 당사자들이 자신의 주장을 진술할 적절한 기회를 부여 받았다고 판단하는 경우 절차의 종료를 선언하여야 한다. 절차 종료 이후에는, 중재판정부가 요청하거나 허용하는 경우를 제외하고는 추가 서면이나 주장, 증거를 제출할 수 없다.

② 중재판정부는 판정 전에는 언제든지 재량에 따라 직권으로 또는 당사자의 신청에 의하여 심리를 재개할 수 있다.

제28조 보전 및 임시적 처분

① 당사자들이 달리 합의하지 않는 한, 중재판정부는 관련서류를 수령하는 즉시 당사자 일방의 신청에 의해 적절하다고 생각되는 보전 및 임시적 조치를 명할 수 있다. 중재판정부는 적절한 담보의 제공을 조건으로 그러한 조치를 명할 수 있다. 그러한 조치는 중재판정부가 적절하다고 생각하는 바에 따라 이유를 기재한 명령 또는 판정 등의 형식으로 한다.

② 중재판정부가 관련서류를 수령하기 전에 또한 적절한 상황에서는 그 이후에도, 당사자는 관할법원에 임시조치 또는 보전조치를 신청할 수 있다. 당사자 일방이 법원에 그러한 조치를 신청하거나 중재판정부가 명한 조치의 집행을 신청하더라도 중재합의 위반이나 권리 포기로 간주되지 않으며, 중재판

담으로 제공할 수 있다.

제31조 심리의 종결

① 중재판정부는 당사자들이 자신의 주장을 진술할 적절한 기회를 부여 받았다고 판단하는 경우 심리의 종결을 선언하여야 한다. 심리 종결 이후에는, 중재판정부가 요청하거나 허용하는 경우를 제외하고는 추가 서면이나 주장, 증거를 제출할 수 없다.

② 중재판정부는 판정 전에는 언제든지 재량에 따라 직권으로 또는 당사자의 신청에 의하여 심리를 재개할 수 있다.

제32조 보전 및 임시적 처분

① 당사자들이 달리 합의하지 않는 한, 중재판정부는 관련서류를 수령하는 즉시 당사자 일방의 신청에 의해 적절하다고 생각되는 다음 각 호의 보전 및 임시적 조치를 명할 수 있다.

1. 본안에 대한 중재판정시까지 현상의 유지 또는 복원
2. 중재절차 자체에 미칠 현존하거나 급박한 위험이나 영향을 방지하는 조치 또는 그러한 위험이나 영향을 줄 수 있는 조치의 금지
3. 중재판정의 집행 대상이 되는 자산에 대한 보전 방법의 제공
4. 분쟁의 해결에 관련된 것으로 중요한 증거의 보전

② 중재판정부는 적절한 담보의 제공을 조건으로 제1항의 조치를 명할 수 있다. 그러한 조치는 중재판정부가 적절하다고 생각하는 바에 따라 이유를 기재한 명령 또는 판정 등의 형식으로 한다.

③ 중재판정부가 관련서류를 수령하기 전에 또한 적절한 상황에서는 그 이후에도, 당사자는 관할법원에 임시조치 또는 보전조치를 신청할 수 있다. 당사자 일방이 법원에 그러한 조치를 신청하거나 중재판정부가 명한 조치의 집행을 신청하더라도 중재합의 위반이나 권리포기로 간주되지 않으며, 중재판

정부가 보유한 해당 권한도 유지된다. 그러한 신청의 제기 및 법원이 이에 대해 취한 모든 조치는 지체 없이 사무국에 통지되어야 하며 사무국은 이를 중재판정부에 통지하여야 한다.	정부가 보유한 해당 권한도 유지된다. 그러한 신청의 제기 및 법원이 이에 대해 취한 모든 조치는 지체 없이 사무국에 통지되어야 하며 사무국은 이를 중재판정부에 통지하여야 한다. ④ 이 규칙 시행일 이후의 중재합의에 의한 중재의 경우에는, 일방 당사자는 중재판정부의 구성 전에 긴급한 보전 및 임시적 처분을 필요로 할 경우 별표3에서 정한 절차에 따라 긴급한 보전 및 임시적 처분을 구할 수 있다.
제29조 의무의 해태 ① 피신청인이 충분한 이유를 소명하지 못하고 중재판정부가 정한 기간 내에 답변서를 제출하지 못하는 경우 중재판정부는 절차의 속행을 명하여야 한다. ② 당사자 중 어느 일방이 적법하게 심리에의 출석을 요청 받았음에도 정당한 이유 없이 출석하지 않은 경우 중재판정부는 심리를 진행할 권한을 가진다. ③ 당사자가 서면증거의 제출을 적법하게 요청 받았음에도 정당한 이유 없이 정해진 기간 내에 이를 이행하지 않는 경우 중재판정부는 제출된 증거에 의거하여 판정을 내릴 수 있다.	제33조 의무의 해태 ① 피신청인이 충분한 이유를 소명하지 못하고 중재판정부가 정한 기간 내에 답변서를 제출하지 못하는 경우 중재판정부는 절차의 속행을 명하여야 한다. ② 당사자 중 어느 일방이 적법하게 심리에의 출석을 요청 받았음에도 정당한 이유 없이 출석하지 않은 경우 중재판정부는 심리를 진행할 권한을 가진다. ③ 당사자가 서면증거의 제출을 적법하게 요청 받았음에도 정당한 이유 없이 정해진 기간 내에 이를 이행하지 않는 경우 중재판정부는 제출된 증거에 의거하여 판정을 내릴 수 있다.
	제34조 중재신청의 철회 ① 신청인은 중재판정 전까지 중재신청의 전부 또는 일부를 서면에 의하여 철회할 수 있다. ② 중재판정부 구성 전까지는 중재신청의 전부 또는 일부를 철회한다는 내용의 서면을 사무국에 제출함으로써 중재신청을 철회할 수 있다. 다만 피신청인이 답변서를 제출한 후에는 피신청인의 동의를 얻어야 하며, 중재신청 철회의 서면을 수령한 날로부터 30일 이내에 피신청인이 이의를 제기하지 아니한 때는 철회에 동의한 것으로 본다. ③ 중재판정부 구성 후에는 중재판정부에 중재신청 철회의 의사표시를 하여야 하며,

중재판정부는 피신청인에게 그에 관한 의견을 진술할 기회를 주어야 한다. 피신청인이 철회에 동의하지 아니하고 중재판정부가 피신청인에게 분쟁의 최종적 해결을 구할 정당한 이익이 있다고 인정하는 경우를 제외하고는 중재판정부는 철회를 허용하여야 한다.

판정

제30조 의사 결정

중재인이 복수이고 특정 쟁점에 관하여 합의하지 못하는 경우, 판정 또는 결정은 중재인 과반수의 결의에 따른다. 그러한 결의가 성립되지 않는 쟁점에 대해서는 의장 중재인의 결정에 따른다.

제31조 판정의 형식과 효력

① 판정은 서면으로 한다. 당사자들이 달리 합의하지 않는 한 중재판정부는 판정에 그 이유를 기재하여야 한다.

② 중재판정문에는 판정일자를 기재하고, 중재판정부 전원이 서명한다. 과반수에 미달하는 일부 중재인이 중재판정문에 서명하기를 거부하거나 서명하지 못하는 경우에는 다른 중재인이 그 사유를 기재하고 서명하여야 한다. 중재판정은 중재지에서 중재판정문에 기재된 일자에 내려진 것으로 본다.

③ 모든 판정은 종국적이며 당사자들을 구속한다. 당사자들은 판정을 지체없이 이행하여야 한다.

제32조 잠정판정, 중간판정 및 일부판정

① 중재판정부는 종국판정뿐만 아니라 잠정판정, 중간판정 또는 일부판정을 내릴 수 있다.

② 일부판정의 경우 중재판정부는 상이한 쟁점에 관하여 그 시점을 달리하여 판정을 내릴 수 있으며 이는 이 규칙 제36조에서 규정한 절차에 따라 정정될 수 있다. 중재판정부가 달리 명시하지 않는 한 일부판정도 판정 즉시 개별적으로 집행할 수 있다.

제5장 판정

제35조 의사 결정

중재인이 복수이고 특정 쟁점에 관하여 합의하지 못하는 경우, 판정 또는 결정은 중재인 과반수의 결의에 따른다. 그러한 결의가 성립되지 않는 쟁점에 대해서는 의장 중재인의 결정에 따른다.

제36조 판정의 형식과 효력

① 판정은 서면으로 한다. 당사자들이 달리 합의하지 않는 한, 중재판정부는 판정에 그 이유를 기재하여야 한다.

② 중재판정문에는 판정일자를 기재하고, 중재판정부 전원이 서명한다. 과반수에 미달하는 일부 중재인이 중재판정문에 서명하기를 거부하거나 서명하지 못하는 경우에는 다른 중재인이 그 사유를 기재하고 서명하여야 한다. 중재판정은 중재지에서 중재판정문에 기재된 일자에 내려진 것으로 본다.

③ 모든 판정은 당사자들을 구속한다. 당사자들은 판정을 지체 없이 이행하여야 한다.

제37조 잠정판정, 중간판정 및 일부판정

① 중재판정부는 종국판정뿐만 아니라 잠정판정, 중간판정 또는 일부판정을 내릴 수 있다.

② 일부판정의 경우 중재판정부는 상이한 쟁점에 관하여 그 시점을 달리하여 판정을 내릴 수 있으며, 이는 이 규칙 제41조에서 규정한 절차에 따라 정정될 수 있다. 중재판정부가 달리 명시하지 않는 한 일부판정도 판정 즉시 개별적으로 집행할 수 있다.

第33조 종국판정의 기한	第38조 종국판정의 기한
① 모든 당사자들이 달리 합의하지 않는 한 중재판정부는 최종서면의 제출일과 심리의 종결일 중 나중의 날짜로부터 45일 이내에 판정을 내려야 한다.	① 모든 당사자들이 달리 합의하지 않는 한 중재판정부는 최종서면의 제출일과 심리의 종결일 중 나중의 날짜로부터 45일 이내에 판정을 내려야 한다.
② 사무국은 중재판정부의 이유 있는 요청이 있는 경우, 또는 기한의 연장이 필요하다고 판단하는 경우에는 직권으로 종국판정의 기한을 연장할 수 있다.	② 사무국은 중재판정부의 요청이 이유가 있거나, 또는 기한의 연장이 필요하다고 판단하는 경우에는 직권으로 종국판정의 기한을 연장할 수 있다.
第34조 화해중재판정	第39조 화해중재판정
이 규칙에 따라 중재신청이 접수되고 예납금이 납입된 후에 당사자들이 화해에 이른 경우, 중재판정부는 당사자 일방의 요청에 따라 화해내용을 기재한 화해중재판정을 내릴 수 있다. 당사자들이 화해중재판정을 요구하지 않는 경우, 당사자들이 합의에 이르렀음을 확인하는 서면을 사무국에 제출함으로써 중재판정부의 임무는 종료되며 중재절차는 종결된다. 다만 당사자들은 미납된 중재비용을 납입하여야 한다.	이 규칙에 따라 중재신청이 접수되고 예납금이 납입된 후에 당사자들이 화해에 이른 경우, 중재판정부는 당사자 일방의 요청에 따라 화해내용을 기재한 화해중재판정을 내릴 수 있다. 당사자들이 화해중재판정을 요구하지 않는 경우, 당사자들이 합의에 이르렀음을 확인하는 서면을 사무국에 제출함으로써 중재판정부의 임무는 종료되며 중재절차는 종료된다. 다만 당사자들은 미납된 중재비용을 납입하여야 한다.
第35조 판정의 통지, 기탁 및 집행성	第40조 판정의 통지 및 기탁
① 판정이 내려지고, 당사자들 또는 당사자 일방이 중재비용 전액을 사무국에 납입한 경우에 사무국은 중재판정부가 서명한 중재판정문을 당사자에게 통지한다. 이 통지 이후에 당사자들은 중재판정부에 대하여 별도의 통지 또는 기탁을 요구할 권리를 상실한다.	① 판정이 내려지고, 당사자들 또는 당사자 일방이 중재비용 전액을 사무국에 납입한 경우에 사무국은 중재판정부가 서명한 중재판정문을 당사자에게 통지한다. 이 통지 이후에 당사자들은 중재판정부에 대하여 별도의 통지 또는 기탁을 요구할 권리를 상실한다.
② 중재판정부와 사무국은 중재판정에 추가적으로 요구되는 형식성을 구비할 수 있도록 당사자들을 지원하여야 한다.	② 중재판정부와 사무국은 중재판정에 추가적으로 요구되는 형식성을 구비할 수 있도록 당사자들을 지원하여야 한다.
第36조 판정의 정정 및 해석	第41조 판정의 정정 및 해석
① 중재판정부는 판정 후 30일 이내에 중재판정문의 오기, 오산, 오타 등의 오류를 직권으로 정정할 수 있다.	① 중재판정부는 판정 후 30일 이내에 중재판정문의 오기, 오산, 오타 등의 오류를 직권으로 정정할 수 있다.
② 당사자들이 달리 합의하지 않는 한, 일방 당사자는 중재판정문의 수령 후 30일 이내에 사무국에 통지함으로써 중재판정부에 제1항의 오류 정정이나 판정의 해석을 요청	② 당사자들이 달리 합의하지 않는 한, 일방 당사자는 중재판정문의 수령 후 30일 이내에 사무국에 통지함으로써 중재판정부에 제1항의 오류 정정이나 판정의 해석을 요청

할 수 있다. 정정이나 해석은 그 요청의 수령 후 30일 이내에 서면으로 이루어져야 한다. 그러한 정정이나 해석은 판정의 일부를 구성한다.

제37조 추가판정

당사자들이 달리 합의하지 않는 한, 일방 당사자는 중재판정의 수령 후 30일 이내에 상대방 당사자에 대한 통지와 함께 사무국에 대한 통지로써, 중재절차에서 제기하였으나 판정에서 판단되지 않은 청구에 대한 추가판정을 중재판정부에 신청할 수 있다. 중재판정부는 그 신청이 정당하다고 판단하는 경우 신청서 수령일로부터 60일 이내에 추가판정을 내려야 한다.

할 수 있다. 정정이나 해석은 그 요청의 수령 후 30일 이내에 서면으로 이루어져야 한다. 그러한 정정이나 해석은 판정의 일부를 구성한다.

제42조 추가판정

당사자들이 달리 합의하지 않는 한, 일방 당사자는 중재판정의 수령 후 30일 이내에 상대방 당사자에 대한 통지와 함께 사무국에 대한 통지로써, 중재절차에서 제기하였으나 판정에서 판단되지 않은 청구에 대한 추가판정을 중재판정부에 신청할 수 있다. 중재판정부는 그 신청이 정당하다고 판단하는 경우 신청서 수령일로부터 60일 이내에 추가판정을 내려야 한다.

제6장 신속절차

제43조 적용범위

이 장의 규정은 다음 각 호의 어느 하나에 해당하는 경우 적용한다.

1. 신청금액이 5억원 이하인 경우
2. 당사자 사이에 이 장에서 정한 신속절차에 따르기로 하는 합의가 있는 경우

제44조 반대신청의 기한 및 신청·반대신청금액의 증액

① 피신청인은 반대신청금액이 5억원을 초과하는 경우에는 제9조 제4항에 따른 제출기한 내에 반대신청을 하여야 한다. 이 경우 당사자 사이에 합의가 없는 한 이 장의 규정을 적용하지 아니한다.

② 이 장에 따른 신속절차의 진행 중에 당사자의 증액신청에 의해 신청금액 또는 반대신청금액이 5억원을 초과하게 되는 경우에는 이 장의 규정을 적용하지 아니한다. 다만, 당사자 사이에 위 증액 이후에도 이 장의 절차를 따르기로 하는 합의가 있고, 중재판정부가 이미 구성된 경우 그 판정부가 이를 승인한 때에는 그러하지 아니하다.

제45조 중재인의 선정

① 당사자 사이에 다른 합의가 없는 경우

이 규칙 제12조의 방법에 의하지 아니하고 사무국이 1인의 중재인을 선정한다.
② 당사자들이 중재합의를 통하여 3인의 중재판정부에 의하기로 합의한 경우 사무국은 당사자들에게 단독판정부에 의할 것을 합의하도록 권유할 수 있다.

제46조 구술심리절차

① 중재판정부는 구술심리의 일시와 장소를 결정하여 구술, 인편, 전화 또는 서면 등을 포함하여 적절한 방법으로 당사자 및 사무국에 통지하여야 한다.
② 구술심리를 하는 경우 구술심리는 1회로 종결함을 원칙으로 한다. 다만, 중재판정부는 필요한 경우 종결한 심리를 재개하거나 또는 심리 종결 후 추가서면의 제출을 요구할 수 있다.

제47조 서면심리

① 당사자 사이에 다른 합의가 없고 신청금액 및 반대신청금액이 각 5천만원 이하인 경우 중재판정부는 서면심리를 한다. 다만 중재판정부는 어느 한쪽 당사자의 신청에 따라 또는 직권으로 1회의 구술심리를 개최할 수 있다.
② 중재판정부는 서면제출의 기간과 방법에 관하여 적절한 절차를 마련하여야 한다.

제48조 판정

① 중재판정부는 판정부가 구성된 날로부터 6개월 이내에 판정하여야 한다. 다만, 사무국은 중재판정부의 요청에 따라 또는 직권으로 필요하다고 인정한 경우 판정기간을 연장할 수 있다.
② 당사자 사이에 다른 합의가 없으면 중재판정부는 그 판정의 근거가 되는 이유의 요지를 기재하여야 한다.

제49조 준용

이 장에서 규정하지 않은 사항은 이 규칙의 다른 규정을 준용한다.

비용

제38조 중재비용의 납입의무

① 중재비용은 "신청요금과 관리요금에 관한 규정(별표 I)"과 "중재인의 수당과 비용에 관한 규정(별표 II)"에 따른 신청요금, 관리요금, 중재인의 수당과 경비 및 중재절차 중에 발생하는 기타 경비로 구성된다.

② 당사자들은 연대하여 사무국에 중재비용을 납입하여야 한다.

③ 이 규칙 제17조에 따라 청구가 변경되어 중재비용이 감액되는 경우에도 관리요금은 반환하지 않는다.

제39조 중재비용의 예납

① 당사자들은 절차 중에 발생하는 중재비용을 충당하기 위하여, 사무국이 정한 방식과 기간에 따라 사무국이 정한 예납금을 납입하여야 한다. 예납금은 중재절차 중 언제든지 변경할 수 있다.

② 사무국은 예납금 또는 추가 예납금의 금액을 결정한다. 사무국은 각 당사자에게 예납금으로 일정액을 예치할 것을 요구하여야 한다. 당사자들이 달리 합의하지 않는 한 예납금은 신청인과 피신청인이 균분하여 납입한다. 납입은 현금으로 한다.

③ 신청인 또는 피신청인이 수인인 경우, 그러한 수인의 당사자는 해당 신청인 또는 피신청인 모두를 위하여 연대하여 예납할 책임을 진다. 그 비용은 해당 당사자들이 달리 합의하지 않는 한 균분하여 납입한다.

④ 일방 당사자가 제1항 내지 제3항의 예납을 하지 않는 경우, 사무국은 중재판정부와 협의 후 중재절차의 중지 또는 종료를 명할 수 있다.

⑤ 일방 당사자가 예납금 중 자신의 부담부분을 납입하지 않는 경우, 상대방 당사자는 예납금 전액을 납입할 수 있다. 이 경우 전액을 납입한 당사자는 잠정판정, 중간판정 또는 일부판정을 통하여 상대방 당사자에게 그 부담부분을 지급할 것을 명하도록 중재

제7장 비용

제50조 중재비용의 납입의무

① 중재비용은 "신청요금과 관리요금에 관한 규정(별표1)"과 "중재인의 수당과 경비에 관한 규정(별표2)"에 따른 신청요금, 관리요금, 중재인의 수당과 경비 및 중재절차 중에 발생하는 기타 경비로 구성된다.

② 당사자들은 연대하여 사무국에 중재비용을 납입하여야 한다.

③ 이 규칙 제20조에 따라 신청이 변경되어 분쟁금액이 감액되는 경우에도 관리요금과 중재인수당은 반환하지 않는다.

제51조 중재비용의 예납

① 당사자들은 절차 중에 발생하는 중재비용을 충당하기 위하여, 사무국이 정한 방식과 기간에 따라 사무국이 정한 예납금을 납입하여야 한다. 이 경우 예납금은 중재절차 중 언제든지 변경할 수 있다.

② 사무국은 예납금 또는 추가 예납금의 금액을 결정하고, 각 당사자에게 예납금으로 일정액을 예치할 것을 요구하여야 한다.

③ 당사자들이 달리 합의하지 않는 한, 예납금은 신청인과 피신청인이 균분하여 납입한다. 납입은 현금으로 한다.

④ 신청인 또는 피신청인이 수인인 경우, 그러한 수인의 당사자는 해당 신청인 또는 피신청인 모두를 위하여 연대하여 예납할 책임을 진다. 이 경우 비용은 해당 당사자들이 달리 합의하지 않는 한 균분하여 납입한다.

⑤ 일방 당사자가 제1항부터 제4항에 따른 예납을 하지 않는 경우, 사무국은 중재판정부와 협의 후 중재절차의 중지 또는 종료를 명할 수 있다.

⑥ 일방 당사자가 예납금 중 자신의 부담부분을 납입하지 않는 경우, 상대방 당사자는 예납금 전액을 납입할 수 있다. 이 경우 전액을 납입한 당사자는 잠정판정, 중간판정 또는 일부판정을 통하여 상대방 당사자에게 그 부담부분을 지급할 것을 명하도록 중재

판정부에 요청할 수 있다.

⑥ 사무국은 중재절차 종료 후, 예납금을 정산하여 이를 납입한 당사자에게 그 잔액을 반환하여야 한다.

⑦ 예납금으로부터 발생한 이자는 반환하지 않는다.

제40조 중재비용의 분담

① 관리요금을 포함한 중재비용은 원칙적으로 패소한 당사자의 부담으로 한다. 그러나 중재판정부는 사건의 정황을 고려하여 재량으로 그러한 비용을 당사자 사이에 분담시킬 수 있다.

② 중재판정부는 판정을 내릴 때에 중재비용을 정하여야 한다. 다만, 잠정판정, 중간판정 및 일부판정의 경우에는 비용에 관한 결정을 종국판정시까지 연기할 수 있다.

제41조 당사자가 부담한 비용

변호사비용이나 전문가, 통역, 증인을 위한 비용 등 중재절차 중 당사자가 부담하는 필요비용은 중재판정에서 중재판정부가 결정하는 분담비율에 따라 당사자가 부담한다. 당사자가 달리 합의하지 않는 한, 중재판정부는 그 사안의 제반 사정을 고려하여 중재절차 중 발생한 필요비용을 당사자가 분담하도록 결정한다.

기타

제42조 기한의 변경

당사자들은 서면합의로 이 규칙에서 규정한 기한을 변경할 수 있다. 중재판정부는 적절하다고 판단하는 경우 판정기한을 제외하고는 이 규칙에서 정한 모든 기한을 연장할 수 있다. 중재판정부는 사무국을 통하여 기한의 연장과 그 이유를 당사자에게 통지하여야 한다.

제43조 포기

이 규칙의 규정, 중재합의, 중재절차에 적용되는 다른 규칙 또는 중재판정부의 지시가 준수되지 않았음을 알면서도 그에 대하여

판정부에 요청할 수 있다.

⑦ 사무국은 중재절차 종료 후, 예납금을 정산하여 이를 납입한 당사자에게 그 잔액을 반환하여야 한다.

⑧ 예납금으로부터 발생한 이자는 반환하지 않는다.

제52조 중재비용의 분담

① 관리요금을 포함한 중재비용은 원칙적으로 패소한 당사자의 부담으로 한다. 그러나 중재판정부는 사건의 정황을 고려하여 재량으로 그러한 비용을 당사자 사이에 분담시킬 수 있다.

② 중재판정부는 판정을 내릴 때에 중재비용을 정하여야 한다. 다만, 잠정판정, 중간판정 및 일부판정의 경우에는 비용에 관한 결정을 종국판정시까지 연기할 수 있다.

제53조 당사자가 부담한 비용

변호사비용이나 전문가, 통역, 증인을 위한 비용 등 중재절차 중 당사자가 부담하는 필요비용은 중재판정에서 중재판정부가 결정하는 분담비율에 따라 당사자가 부담한다. 당사자가 달리 합의하지 않는 한, 중재판정부는 그 사안의 제반 사정을 고려하여 중재절차 중 발생한 필요비용을 당사자가 분담하도록 결정한다.

제8장 기타

제54조 기한의 변경

당사자들은 서면합의로 이 규칙에서 규정한 기한을 변경할 수 있다. 중재판정부는 적절하다고 판단하는 경우 판정기한을 제외하고는 이 규칙에서 정한 모든 기한을 연장할 수 있다. 중재판정부는 사무국을 통하여 기한의 연장과 그 이유를 당사자에게 통지하여야 한다.

제55조 포기

이 규칙의 규정, 중재합의, 중재절차에 적용되는 다른 규칙 또는 중재판정부의 지시가 준수되지 않았음을 알면서도 그에 대하여

즉시 이의를 제기하지 않고 절차를 계속 진행한 당사자는 이의를 제기할 권리를 포기한 것으로 본다.

제44조 면책

중재인과 사무국 임직원은 이 규칙에 따라 진행된 중재와 관련된 작위 또는 부작위에 대하여 고의 또는 무모한 행위에 해당되지 않는 한 책임을 지지 않는다.

제45조 비밀유지

① 중재절차 및 그 기록은 공개하지 아니한다.

② 중재인, 사무국 임직원, 당사자 그리고 그 대리인과 보조자는 당사자 사이에 합의되거나 법률상 또는 소송절차에서 요구되는 경우를 제외하고는 중재사건과 관련된 사실 또는 중재절차를 통하여 알게 된 사실을 공개하여서는 아니된다.

부칙

① 이 규칙은 2007년 2월 1일부터 시행한다.

② (생략)

즉시 이의를 제기하지 않고 절차를 계속 진행한 당사자는 이의를 제기할 권리를 포기한 것으로 본다.

제56조 면책

중재인과 사무국 임직원은 이 규칙에 따라 진행된 중재와 관련된 작위 또는 부작위에 대하여 고의 또는 무모한 행위에 해당되지 않는 한 책임을 지지 않는다.

제57조 비밀유지

① 중재절차 및 그 기록은 공개하지 아니한다.

② 중재인, 긴급중재인, 사무국 임직원, 당사자 그리고 그 대리인과 보조자는 당사자 사이에 합의되거나 법률상 또는 소송절차에서 요구되는 경우를 제외하고는 중재사건과 관련된 사실 또는 중재절차를 통하여 알게 된 사실을 공개하여서는 아니된다.

③ 제1항 및 제2항에도 불구하고, 중재판정문에 관하여는, 사무국이 당사자의 명칭, 인명, 지명, 일자, 기타 당사자 및 사건에 대한 구체적인 정보를 표시하는 사항을 삭제하고 공개할 수 있다. 다만, 사무국이 정한 기간 내에 당사자의 명시적 반대 의사표시가 있을 경우에는 그렇지 아니하다.

부 칙

① (시행일) 이 규칙은 2016년 6월 1일부터 시행한다.

② (생략)

③ (생략)

[12] 한국 중재법

[12-1] 2016년 중재법

[시행 2016.11.30.] [법률 제14176호, 2016.5.29., 일부개정]

제1장 총칙

제1조(목적) 이 법은 중재(仲裁)에 의하여 사법(私法)상의 분쟁을 적정·공평·신속하게 해결함을 목적으로 한다.

제2조(적용 범위) ① 이 법은 제21조에 따른 중재지(仲裁地)가 대한민국인 경우에 적용한다. 다만, 제9조와 제10조는 중재지가 아직 정해지지 아니하였거나 대한민국이 아닌 경우에도 적용하며, 제37조와 제39조는 중재지가 대한민국이 아닌 경우에도 적용한다.

② 이 법은 중재절차를 인정하지 아니하거나 이 법의 중재절차와는 다른 절차에 따라 중재에 부칠 수 있도록 정한 법률과 대한민국에서 발효(發效) 중인 조약에 대하여는 영향을 미치지 아니한다.

제3조(정의) 이 법에서 사용하는 용어의 뜻은 다음과 같다.

1. "중재"란 당사자 간의 합의로 재산권상의 분쟁 및 당사자가 화해에 의하여 해결할 수 있는 비재산권상의 분쟁을 법원의 재판에 의하지 아니하고 중재인(仲裁人)의 판정에 의하여 해결하는 절차를 말한다.
2. "중재합의"란 계약상의 분쟁인지 여부에 관계없이 일정한 법률관계에 관하여 당사자 간에 이미 발생하였거나 앞으로 발생할 수 있는 분쟁의 전부 또는 일부를 중재에 의하여 해결하도록 하는 당사자 간의 합의를 말한다.
3. "중재판정부"(仲裁判定部)란 중재절차를 진행하고 중재판정을 내리는 단독중재인 또는 여러 명의 중재인으로 구성되는 중재인단을 말한다.

제4조(서면의 통지) ① 당사자 간에 다른 합의가 없는 경우에 서면(書面)의 통지는 수신인 본인에게 서면을 직접 교부하는 방법으로 한다.

② 제1항에 따른 직접 교부의 방법으로 통지할 수 없는 경우에는 서면이 수신인의 주소, 영업소 또는 우편연락장소에 정당하게 전달된 때에 수신인에게 통지된 것으로 본다.

③ 제2항을 적용할 때에 적절한 조회를 하였음에도 수신인의 주소, 영업소 또는 우편연락장소를 알 수 없는 경우에는 최후로 알려진 수신인의 주소, 영업소 또는 우편연락장소로 등기우편이나 그 밖에 발송을 증명할 수 있는 우편방법에 의하여 서면이 발송된 때에 수신인에게 통지된 것으로 본다.

④ 제1항부터 제3항까지의 규정은 법원이 하는 송달에는 적용하지 아니한다.

제5조(이의신청권의 상실) 당사자가 이 법의 임의규정 또는 중재절차에 관한 당사자 간의 합의를 위반한 사실을 알고도 지체 없이 이의를 제기하지 아니하거나, 정하여진 이의

제기 기간 내에 이의를 제기하지 아니하고 중재절차가 진행된 경우에는 그 이의신청권을 상실한다.

제6조(법원의 관여) 법원은 이 법에서 정한 경우를 제외하고는 이 법에 관한 사항에 관여할 수 없다.

제7조(관할법원) ① 다음 각 호의 사항에 대하여는 중재합의에서 지정한 지방법원 또는 지원(이하 "법원"이라 한다)이, 그 지정이 없는 경우에는 중재지를 관할하는 법원이 관할하며, 중재지가 아직 정하여지지 아니한 경우에는 피신청인의 주소 또는 영업소를 관할하는 법원이, 주소 또는 영업소를 알 수 없는 경우에는 거소(居所)를 관할하는 법원이, 거소도 알 수 없는 경우에는 최후로 알려진 주소 또는 영업소를 관할하는 법원이 관할한다.

1. 제12조 제3항 및 제4항에 따른 중재인의 선정 및 중재기관의 지정
2. 제14조 제3항에 따른 중재인의 기피신청에 대한 법원의 기피결정
3. 제15조 제2항에 따른 중재인의 권한종료신청에 대한 법원의 권한종료결정
4. 제17조 제6항에 따른 중재판정부의 권한심사신청에 대한 법원의 권한심사

4의2. 제18조의7에 따른 임시적 처분의 승인 또는 집행 신청에 대한 법원의 결정 및 담보제공 명령

5. 제27조 제3항에 따른 감정인(鑑定人)에 대한 기피신청에 대한 법원의 기피결정

② 제28조에 따른 증거조사는 증거조사가 실시되는 지역을 관할하는 법원이 관할한다.

③ 다음 각 호의 사항에 대하여는 중재합의에서 지정한 법원이 관할하고, 그 지정이 없는 경우에는 중재지를 관할하는 법원이 관할한다.

1. 제32조 제4항에 따른 중재판정 원본(原本)의 보관
2. 제36조 제1항에 따른 중재판정 취소의 소(訴)

④ 제37조부터 제39조까지의 규정에 따른 중재판정의 승인과 집행 청구의 소는 다음 각 호의 어느 하나에 해당하는 법원이 관할한다.

1. 중재합의에서 지정한 법원
2. 중재지를 관할하는 법원
3. 피고 소유의 재산이 있는 곳을 관할하는 법원
4. 피고의 주소 또는 영업소, 주소 또는 영업소를 알 수 없는 경우에는 거소, 거소도 알 수 없는 경우에는 최후로 알려진 주소 또는 영업소를 관할하는 법원

제2장 중재합의

제8조(중재합의의 방식) ① 중재합의는 독립된 합의 또는 계약에 중재조항을 포함하는 형식으로 할 수 있다.

② 중재합의는 서면으로 하여야 한다.

③ 다음 각 호의 어느 하나에 해당하는 경우는 서면에 의한 중재합의로 본다.

1. 구두나 행위, 그 밖의 어떠한 수단에 의하여 이루어진 것인지 여부와 관계없이 중재합의의 내용이 기록된 경우
2. 전보(電報), 전신(電信), 팩스, 전자우편 또는 그 밖의 통신수단에 의하여 교환된 전자적 의사표시에 중재합의가 포함된 경우. 다만, 그 중재합의의 내용을 확인할 수 없는 경우는 제외한다.
3. 어느 한쪽 당사자가 당사자 간에 교환된 신청서 또는 답변서의 내용에 중재합의가 있는 것을 주장하고 상대방 당사자가 이에 대하여 다투지 아니하는 경우

④ 계약이 중재조항을 포함한 문서를 인용하고 있는 경우에는 중재합의가 있는 것으로 본다. 다만, 중재조항을 그 계약의 일부로 하고 있는 경우로 한정한다.

제9조(중재합의와 법원에의 제소) ① 중재합의의 대상인 분쟁에 관하여 소가 제기된 경우에 피고가 중재합의가 있다는 항변(抗辯)을 하였을 때에는 법원은 그 소를 각하(却下)하여야 한다. 다만, 중재합의가 없거나 무효이거나 효력을 상실하였거나 그 이행이 불가능한 경우에는 그러하지 아니하다.

② 피고는 제1항의 항변을 본안(本案)에 관한 최초의 변론을 할 때까지 하여야 한다.

③ 제1항의 소가 법원에 계속(繫屬) 중인 경우에도 중재판정부는 중재절차를 개시 또는 진행하거나 중재판정을 내릴 수 있다.

제10조(중재합의와 법원의 보전처분) 중재합의의 당사자는 중재절차의 개시 전 또는 진행 중에 법원에 보전처분(保全處分)을 신청할 수 있다.

제3장 중재판정부

제11조(중재인의 수) ① 중재인의 수는 당사자 간의 합의로 정한다.

② 제1항의 합의가 없으면 중재인의 수는 3명으로 한다.

제12조(중재인의 선정) ① 당사자 간에 다른 합의가 없으면 중재인은 국적에 관계없이 선정될 수 있다.

② 중재인의 선정절차는 당사자 간의 합의로 정한다.

③ 제2항의 합의가 없으면 다음 각 호의 구분에 따라 중재인을 선정한다.

1. 단독중재인에 의한 중재의 경우: 어느 한쪽 당사자가 상대방 당사자로부터 중재인의 선정을 요구받은 후 30일 이내에 당사자들이 중재인의 선정에 관하여 합의하지 못한 경우에는 어느 한쪽 당사자의 신청을 받아 법원 또는 그 법원이 지정한 중재기관이 중재인을 선정한다.
2. 3명의 중재인에 의한 중재의 경우: 각 당사자가 1명씩 중재인을 선정하고, 이에 따라 선정된 2명의 중재인들이 합의하여 나머지 1명의 중재인을 선정한다. 이 경우 어느 한쪽 당사자가 상대방 당사자로부터 중재인의 선정을 요구받은 후 30일 이내에 중재인을 선정하지 아니하거나 선정된 2명의 중재인들이 선정된 후 30일 이내에 나머지 1명의 중재인을 선정하지 못한 경우에는 어느 한쪽

당사자의 신청을 받아 법원 또는 그 법원이 지정한 중재기관이 그 중재인을 선정한다.

④ 제2항의 합의가 있더라도 다음 각 호의 어느 하나에 해당할 때에는 당사자의 신청을 받아 법원 또는 그 법원이 지정한 중재기관이 중재인을 선정한다.

1. 어느 한쪽 당사자가 합의된 절차에 따라 중재인을 선정하지 아니하였을 때
2. 양쪽 당사자 또는 중재인들이 합의된 절차에 따라 중재인을 선정하지 못하였을 때
3. 중재인의 선정을 위임받은 기관 또는 그 밖의 제3자가 중재인을 선정할 수 없을 때

⑤ 제3항 및 제4항에 따른 법원 또는 그 법원이 지정한 중재기관의 결정에 대하여는 불복할 수 없다.

제13조(중재인에 대한 기피 사유) ① 중재인이 되어 달라고 요청받은 사람 또는 중재인으로 선정된 사람은 자신의 공정성이나 독립성에 관하여 의심을 살 만한 사유가 있을 때에는 지체 없이 이를 당사자들에게 고지(告知)하여야 한다.

② 중재인은 제1항의 사유가 있거나 당사자들이 합의한 중재인의 자격을 갖추지 못한 사유가 있는 경우에만 기피될 수 있다. 다만, 당사자는 자신이 선정하였거나 선정절차에 참여하여 선정한 중재인에 대하여는 선정 후에 알게 된 사유가 있는 경우에만 기피신청을 할 수 있다.

제14조(중재인에 대한 기피절차) ① 중재인에 대한 기피절차는 당사자 간의 합의로 정한다.

② 제1항의 합의가 없는 경우에 중재인을 기피하려는 당사자는 중재판정부가 구성된 날 또는 제13조 제2항의 사유를 안 날부터 15일 이내에 중재판정부에 서면으로 기피신청을 하여야 한다. 이 경우 기피신청을 받은 중재인이 사임(辭任)하지 아니하거나 상대방 당사자가 기피신청에 동의하지 아니하면 중재판정부는 그 기피신청에 대한 결정을 하여야 한다.

③ 제1항 및 제2항에 따른 기피신청이 받아들여지지 아니한 경우 기피신청을 한 당사자는 그 결과를 통지받은 날부터 30일 이내에 법원에 해당 중재인에 대한 기피신청을 할 수 있다. 이 경우 기피신청이 법원에 계속 중일 때에도 중재판정부는 중재절차를 진행하거나 중재판정을 내릴 수 있다.

④ 제3항에 따른 기피신청에 대한 법원의 기피결정에 대하여는 항고할 수 없다.

제15조(중재인의 직무 불이행으로 인한 권한종료) ① 중재인이 법률상 또는 사실상의 사유로 직무를 수행할 수 없거나 정당한 사유 없이 직무 수행을 지체하는 경우에는 그 중재인의 사임 또는 당사자 간의 합의에 의하여 중재인의 권한은 종료된다.

② 제1항에 따른 중재인의 권한종료 여부에 관하여 다툼이 있는 경우 당사자는 법원에 이에 대한 결정을 신청할 수 있다.

③ 제2항에 따른 권한종료신청에 대한 법원의 권한종료결정에 대하여는 항고할 수 없다.

제16조(보궐중재인의 선정) 중재인의 권한이 종료되어 중재인을 다시 선정하는 경우 그 선정절차는 대체되는 중재인의 선정에 적용된 절차에 따른다.

제17조(중재판정부의 판정 권한에 관한 결정) ① 중재판정부는 자신의 권한 및 이와 관련된 중재합의의 존재 여부 또는 유효성에 대한 이의에 대하여 결정할 수 있다. 이 경우 중재합의가 중재조항의 형식으로 되어 있을 때에는 계약 중 다른 조항의 효력은 중재조항의 효력에 영향을 미치지 아니한다.

② 중재판정부의 권한에 관한 이의는 본안에 관한 답변서를 제출할 때까지 제기하여야 한다. 이 경우 당사자는 자신이 중재인을 선정하였거나 선정절차에 참여하였더라도 이의를 제기할 수 있다.

③ 중재판정부가 중재절차의 진행 중에 그 권한의 범위를 벗어난 경우 이에 대한 이의는 그 사유가 중재절차에서 다루어지는 즉시 제기하여야 한다.

④ 중재판정부는 제2항 및 제3항에 따른 이의가 같은 항에 규정된 시기보다 늦게 제기되었더라도 그 지연에 정당한 이유가 있다고 인정하는 경우에는 이를 받아들일 수 있다.

⑤ 중재판정부는 제2항 및 제3항에 따른 이의에 대하여 선결문제(先決問題)로서 결정하거나 본안에 관한 중재판정에서 함께 판단할 수 있다.

⑥ 중재판정부가 제5항에 따라 선결문제로서 그 권한의 유무를 결정한 경우에 그 결정에 불복하는 당사자는 그 결정을 통지받은 날부터 30일 이내에 법원에 중재판정부의 권한에 대한 심사를 신청할 수 있다.

⑦ 중재판정부는 제6항에 따른 신청으로 재판이 계속 중인 경우에도 중재절차를 진행하거나 중재판정을 내릴 수 있다.

⑧ 제6항에 따른 권한심사신청에 대한 법원의 권한심사에 대하여는 항고할 수 없다.

⑨ 제6항에 따른 신청을 받은 법원이 중재판정부에 판정 권한이 있다는 결정을 하게 되면 중재판정부는 중재절차를 계속해서 진행하여야 하고, 중재인이 중재절차의 진행을 할 수 없거나 원하지 아니하면 중재인의 권한은 종료되고 제16조에 따라 중재인을 다시 선정하여야 한다.

제3장의2 임시적 처분

제18조(임시적 처분) ① 당사자 간에 다른 합의가 없는 경우에 중재판정부는 어느 한쪽 당사자의 신청에 따라 필요하다고 인정하는 임시적 처분을 내릴 수 있다.

② 제1항의 임시적 처분은 중재판정부가 중재판정이 내려지기 전에 어느 한쪽 당사자에게 다음 각 호의 내용을 이행하도록 명하는 잠정적 처분으로 한다.

1. 본안에 대한 중재판정이 있을 때까지 현상의 유지 또는 복원
2. 중재절차 자체에 대한 현존하거나 급박한 위험이나 영향을 방지하는 조치 또는 그러한 위험이나 영향을 줄 수 있는 조치의 금지

3. 중재판정의 집행 대상이 되는 자산에 대한 보전 방법의 제공
4. 분쟁의 해결에 관련성과 중요성이 있는 증거의 보전

제18조의2(임시적 처분의 요건) ① 제18조 제2항 제1호부터 제3호까지의 임시적 처분은 이를 신청하는 당사자가 다음 각 호의 요건을 모두 소명하는 경우에만 내릴 수 있다.

1. 신청인이 임시적 처분을 받지 못하는 경우 신청인에게 중재판정에 포함된 손해배상으로 적절히 보상되지 아니하는 손해가 발생할 가능성이 있고, 그러한 손해가 임시적 처분으로 인하여 상대방에게 발생할 것으로 예상되는 손해를 상당히 초과할 것
2. 본안에 대하여 합리적으로 인용가능성이 있을 것. 다만, 중재판정부는 본안 심리를 할 때 임시적 처분 결정 시의 인용가능성에 대한 판단에 구속되지 아니한다.

② 제18조 제2항 제4호의 임시적 처분의 신청에 대해서는 중재판정부가 적절하다고 판단하는 범위에서 제1항의 요건을 적용할 수 있다.

제18조의3(임시적 처분의 변경 · 정지 또는 취소) 중재판정부는 일방 당사자의 신청에 의하여 또는 특별한 사정이 있는 경우에는 당사자에게 미리 통지하고 직권으로 이미 내린 임시적 처분을 변경·정지하거나 취소할 수 있다. 이 경우 중재판정부는 그 변경·정지 또는 취소 전에 당사자를 심문(審問)하여야 한다.

제18조의4(담보의 제공) 중재판정부는 임시적 처분을 신청하는 당사자에게 상당한 담보의 제공을 명할 수 있다.

제18조의5(고지의무) 중재판정부는 당사자에게 임시적 처분 또는 그 신청의 기초가 되는 사정에 중요한 변경이 있을 경우 즉시 이를 알릴 것을 요구할 수 있다.

제18조의6(비용 및 손해배상) ① 중재판정부가 임시적 처분을 내린 후 해당 임시적 처분이 부당하다고 인정할 경우에는 임시적 처분을 신청한 당사자는 임시적 처분으로 인한 비용이나 손해를 상대방 당사자에게 지급하거나 배상할 책임을 진다.

② 중재판정부는 중재절차 중 언제든지 제1항에 따른 비용의 지급이나 손해의 배상을 중재판정의 형식으로 명할 수 있다.

제18조의7(임시적 처분의 승인 및 집행) ① 중재판정부가 내린 임시적 처분의 승인을 받으려는 당사자는 법원에 그 승인의 결정을 구하는 신청을 할 수 있으며, 임시적 처분에 기초한 강제집행을 하려고 하는 당사자는 법원에 이를 집행할 수 있다는 결정을 구하는 신청을 할 수 있다.

② 임시적 처분의 승인 또는 집행을 신청한 당사자 및 그 상대방 당사자는 그 처분의 변경·정지 또는 취소가 있는 경우 법원에 이를 알려야 한다.

③ 중재판정부가 임시적 처분과 관련하여 담보제공 명령을 하지 아니한 경우나 제3자의 권리를 침해할 우려가 있는 경우, 임시적 처분의 승인이나 집행을 신청받은 법원은 필요하다고 인정할 때에는 승인과 집행을 신청한 당사자에게 적절한 담보를 제공할 것을 명

할 수 있다.

④ 임시적 처분의 집행에 관하여는 「민사집행법」 중 보전처분에 관한 규정을 준용한다.

제18조의8(승인 및 집행의 거부사유) ① 임시적 처분의 승인 또는 집행은 다음 각 호의 어느 하나에 해당하는 경우에만 거부될 수 있다.

1. 임시적 처분의 상대방 당사자의 이의에 따라 법원이 다음 각 목의 어느 하나에 해당한다고 인정하는 경우
   가. 임시적 처분의 상대방 당사자가 다음의 어느 하나에 해당하는 사실을 소명한 경우
      1) 제36조 제2항 제1호 가목 또는 라목에 해당하는 사실
      2) 임시적 처분의 상대방 당사자가 중재인의 선정 또는 중재절차에 관하여 적절한 통지를 받지 못하였거나 그 밖의 사유로 변론을 할 수 없었던 사실
      3) 임시적 처분이 중재합의 대상이 아닌 분쟁을 다룬 사실 또는 임시적 처분이 중재합의 범위를 벗어난 사항을 다룬 사실. 다만, 임시적 처분이 중재합의의 대상에 관한 부분과 대상이 아닌 부분으로 분리될 수 있는 경우에는 대상이 아닌 임시적 처분 부분만이 거부될 수 있다.
   나. 임시적 처분에 대하여 법원 또는 중재판정부가 명한 담보가 제공되지 아니한 경우
   다. 임시적 처분이 중재판정부에 의하여 취소 또는 정지된 경우
2. 법원이 직권으로 다음 각 목의 어느 하나에 해당한다고 인정하는 경우
   가. 법원에 임시적 처분을 집행할 권한이 없는 경우. 다만, 법원이 임시적 처분의 집행을 위하여 임시적 처분의 실체를 변경하지 아니하고 필요한 범위에서 임시적 처분을 변경하는 결정을 한 경우에는 그러하지 아니하다.
   나. 제36조 제2항 제2호 가목 또는 나목의 사유가 있는 경우

② 제18조의7에 따라 임시적 처분의 승인이나 집행을 신청받은 법원은 그 결정을 할 때 임시적 처분의 실체에 대하여 심리해서는 아니 된다.

③ 제1항의 사유에 기초한 법원의 판단은 임시적 처분의 승인과 집행의 결정에 대해서만 효력이 있다.

제4장 중재절차

제19조(당사자에 대한 동등한 대우) 양쪽 당사자는 중재절차에서 동등한 대우를 받아야 하고, 자신의 사안(事案)에 대하여 변론할 수 있는 충분한 기회를 가져야 한다.

제20조(중재절차) ① 이 법의 강행규정(強行規定)에 반하는 경우를 제외하고는 당사자들은 중재절차에 관하여 합의할 수 있다.

② 제1항의 합의가 없는 경우에는 중재판정부가 이 법에 따라 적절한 방식으로 중재절차를 진행할 수 있다. 이 경우 중재판정부는 증거능력, 증거의 관련성 및 증명력에 관하

여 판단할 권한을 가진다.

제21조(중재지) ① 중재지는 당사자 간의 합의로 정한다.

② 제1항의 합의가 없는 경우 중재판정부는 당사자의 편의와 해당 사건에 관한 모든 사정을 고려하여 중재지를 정한다.

③ 중재판정부는 제1항 및 제2항에 따른 중재지 외의 적절한 장소에서 중재인들 간의 협의, 증인·감정인 및 당사자 본인에 대한 신문(訊問), 물건·장소의 검증 또는 문서의 열람을 할 수 있다. 다만, 당사자가 이와 달리 합의한 경우에는 그러하지 아니하다.

제22조(중재절차의 개시) ① 당사자 간에 다른 합의가 없는 경우 중재절차는 피신청인이 중재요청서를 받은 날부터 시작된다.

② 제1항의 중재요청서에는 당사자, 분쟁의 대상 및 중재합의의 내용을 적어야 한다.

제23조(언어) ① 중재절차에서 사용될 언어는 당사자 간의 합의로 정하고, 합의가 없는 경우에는 중재판정부가 정하며, 중재판정부의 지정이 없는 경우에는 한국어로 한다.

② 제1항의 언어는 달리 정한 것이 없으면 당사자의 준비서면, 구술심리(口述審理), 중재판정부의 중재판정 및 결정, 그 밖의 의사표현에 사용된다.

③ 중재판정부는 필요하다고 인정하면 서증(書證)과 함께 제1항의 언어로 작성된 번역문을 제출할 것을 당사자에게 명할 수 있다.

제24조(신청서와 답변서) ① 신청인은 당사자들이 합의하였거나 중재판정부가 정한 기간 내에 신청 취지와 신청 원인이 된 사실을 적은 신청서를 중재판정부에 제출하고, 피신청인은 이에 대하여 답변하여야 한다.

② 당사자는 신청서 또는 답변서에 중요하다고 인정하는 서류를 첨부하거나 앞으로 사용할 증거방법을 표시할 수 있다.

③ 당사자 간에 다른 합의가 없는 경우 당사자는 중재절차의 진행 중에 자신의 신청이나 공격·방어방법을 변경하거나 보완할 수 있다. 다만, 중재판정부가 변경 또는 보완에 의하여 절차가 현저히 지연될 우려가 있다고 인정하는 경우에는 그러하지 아니하다.

제25조(심리) ① 당사자 간에 다른 합의가 없는 경우 중재판정부는 구술심리를 할 것인지 또는 서면으로만 심리를 할 것인지를 결정한다. 다만, 당사자들이 구술심리를 하지 아니하기로 합의한 경우를 제외하고는 중재판정부는 어느 한쪽 당사자의 신청에 따라 적절한 단계에서 구술심리를 하여야 한다.

② 중재판정부는 구술심리나 그 밖의 증거조사를 하기 전에 충분한 시간을 두고 구술심리기일 또는 증거조사기일을 당사자에게 통지하여야 한다.

③ 어느 한쪽 당사자가 중재판정부에 제출하는 준비서면, 서류, 그 밖의 자료는 지체 없이 상대방 당사자에게 제공되어야 한다.

④ 중재판정부가 판정에서 기초로 삼으려는 감정서(鑑定書) 또는 서증은 양쪽 당사자에게 제공되어야 한다.

제26조(어느 한쪽 당사자의 해태) ① 신청인이 제24조 제1항에 따라 신청서를 제출하지

아니하는 경우 중재판정부는 중재절차를 종료하여야 한다.
② 피신청인이 제24조 제1항의 답변서를 제출하지 아니하는 경우 중재판정부는 신청인의 주장에 대한 자백으로 간주하지 아니하고 중재절차를 계속 진행하여야 한다.
③ 어느 한쪽 당사자가 구술심리에 출석하지 아니하거나 정하여진 기간 내에 서증을 제출하지 아니하는 경우 중재판정부는중재절차를 계속 진행하여 제출된 증거를 기초로 중재판정을 내릴 수 있다.
④ 당사자 간에 다른 합의가 있거나 중재판정부가 상당한 이유가 있다고 인정하는 경우에는 제1항부터 제3항까지의 규정을 적용하지 아니한다.

제27조(감정인) ① 당사자 간에 다른 합의가 없는 경우 중재판정부는 특정 쟁점에 대한 감정을 위하여 감정인을 지정할 수 있다. 이 경우 중재판정부는 당사자로 하여금 감정인에게 필요한 정보를 제공하고 감정인의 조사를 위하여 관련 문서와 물건 등을 제출하게 하거나 그에 대한 접근을 허용하도록 할 수 있다.
② 당사자 간에 다른 합의가 없는 경우 중재판정부는 직권으로 또는 당사자의 신청을 받아 감정인을 구술심리기일에 출석시켜 당사자의 질문에 답변하도록 할 수 있다.
③ 중재판정부가 지정한 감정인에 대한 기피에 관하여는 제13조 및 제14조를 준용한다.

제28조(증거조사에 관한 법원의 협조) ① 중재판정부는 직권으로 또는 당사자의 신청을 받아 법원에 증거조사를 촉탁(囑託)하거나 증거조사에 대한 협조를 요청할 수 있다.
② 중재판정부가 법원에 증거조사를 촉탁하는 경우 중재판정부는 조서(調書)에 적을 사항과 그 밖에 증거조사가 필요한 사항을 서면으로 지정할 수 있다.
③ 제2항에 따라 법원이 증거조사를 하는 경우 중재인이나 당사자는 재판장의 허가를 얻어 그 증거조사에 참여할 수 있다.
④ 제2항의 경우 법원은 증거조사를 마친 후 증인신문조서 등본, 검증조서 등본 등 증거조사에 관한 기록을 지체 없이 중재판정부에 보내야 한다.
⑤ 중재판정부가 법원에 증거조사에 대한 협조를 요청하는 경우 법원은 증인이나 문서소지자 등에게 중재판정부 앞에 출석할 것을 명하거나 중재판정부에 필요한 문서를 제출할 것을 명할 수 있다.
⑥ 중재판정부는 증거조사에 필요한 비용을 법원에 내야 한다.

제5장 중재판정

제29조(분쟁의 실체에 적용될 법) ① 중재판정부는 당사자들이 지정한 법에 따라 판정을 내려야 한다. 특정 국가의 법 또는 법 체계가 지정된 경우에 달리 명시된 것이 없으면 그 국가의 국제사법이 아닌 분쟁의 실체(實體)에 적용될 법을 지정한 것으로 본다.
② 제1항의 지정이 없는 경우 중재판정부는 분쟁의 대상과 가장 밀접한 관련이 있는 국가의 법을 적용하여야 한다.
③ 중재판정부는 당사자들이 명시적으로 권한을 부여하는 경우에만 형평과 선(善)에 따

라 판정을 내릴 수 있다.

④ 중재판정부는 계약에서 정한 바에 따라 판단하고 해당 거래에 적용될 수 있는 상관습(商慣習)을 고려하여야 한다.

제30조(중재판정부의 의사결정) 당사자 간에 다른 합의가 없는 경우 3명 이상의 중재인으로 구성된 중재판정부의 의사결정은 과반수의 결의에 따른다. 다만, 중재절차는 당사자 간의 합의가 있거나 중재인 전원이 권한을 부여하는 경우에는 절차를 주관하는 중재인이 단독으로 결정할 수 있다.

제31조(화해) ① 중재절차의 진행 중에 당사자들이 화해한 경우 중재판정부는 그 절차를 종료한다. 이 경우 중재판정부는 당사자들의 요구에 따라 그 화해 내용을 중재판정의 형식으로 적을 수 있다.

② 제1항에 따라 화해 내용을 중재판정의 형식으로 적을 때에는 제32조에 따라 작성되어야 하며, 중재판정임이 명시되어야 한다.

③ 화해 중재판정은 해당 사건의 본안에 관한 중재판정과 동일한 효력을 가진다.

제32조(중재판정의 형식과 내용) ① 중재판정은 서면으로 작성하여야 하며, 중재인 전원이 서명하여야 한다. 다만, 3명 이상의 중재인으로 구성된 중재판정부의 경우에 과반수에 미달하는 일부 중재인에게 서명할 수 없는 사유가 있을 때에는 다른 중재인이 그 사유를 적고 서명하여야 한다.

② 중재판정에는 그 판정의 근거가 되는 이유를 적어야 한다. 다만, 당사자 간에 합의가 있거나 제31조에 따른 화해 중재판정인 경우에는 그러하지 아니하다.

③ 중재판정에는 작성날짜와 중재지를 적어야 한다. 이 경우 중재판정은 그 중재판정서에 적힌 날짜와 장소에서 내려진 것으로 본다.

④ 제1항부터 제3항까지의 규정에 따라 작성·서명된 중재판정의 정본(正本)은 제4조 제1항부터 제3항까지의 규정에 따라 각 당사자에게 송부한다. 다만, 당사자의 신청이 있는 경우에는 중재판정부는 중재판정의 원본을 그 송부 사실을 증명하는 서면과 함께 관할법원에 송부하여 보관할 수 있다.

제33조(중재절차의 종료) ① 중재절차는 종국판정(終局判定) 또는 제2항에 따른 중재판정부의 결정에 따라 종료된다.

② 중재판정부는 다음 각 호의 어느 하나에 해당하는 경우에는 중재절차의 종료결정을 하여야 한다.

1. 신청인이 중재신청을 철회하는 경우. 다만, 피신청인이 이에 동의하지 아니하고 중재판정부가 피신청인에게 분쟁의 최종적 해결을 구할 정당한 이익이 있다고 인정하는 경우는 제외한다.
2. 당사자들이 중재절차를 종료하기로 합의하는 경우
3. 중재판정부가 중재절차를 계속 진행하는 것이 불필요하거나 불가능하다고 인정하는 경우

③ 중재판정부의 권한은 제34조의 경우를 제외하고는 중재절차의 종료와 함께 종결된다.

제34조(중재판정의 정정·해석 및 추가 판정) ① 당사자들이 달리 기간을 정한 경우를 제외하고는 각 당사자는 중재판정의 정본을 받은 날부터 30일 이내에 다음 각 호의 어느 하나에 규정된 정정, 해석 또는 추가 판정을 중재판정부에 신청할 수 있다.

1. 중재판정의 오산(誤算)·오기(誤記), 그 밖에 이와 유사한 오류의 정정
2. 당사자 간의 합의가 있는 경우에 중재판정의 일부 또는 특정 쟁점에 대한 해석
3. 중재절차에서 주장되었으나 중재판정에 포함되지 아니한 청구에 관한 추가 판정. 다만, 당사자 간에 다른 합의가 있는 경우는 제외한다.

② 제1항의 신청을 하는 경우 신청인은 상대방 당사자에게 그 취지를 통지하여야 한다.

③ 중재판정부는 제1항 제1호 및 제2호의 신청에 대하여는 신청을 받은 날부터 30일 이내에, 같은 항 제3호의 신청에 대하여는 신청을 받은 날부터 60일 이내에 이를 판단하여야 한다. 이 경우 제1항 제2호의 해석은 중재판정의 일부를 구성한다.

④ 중재판정부는 판정일부터 30일 이내에 직권으로 제1항 제1호의 정정을 할 수 있다.

⑤ 중재판정부는 필요하다고 인정할 때에는 제3항의 기간을 연장할 수 있다.

⑥ 중재판정의 정정, 해석 또는 추가 판정의 형식에 관하여는 제32조를 준용한다.

제34조의2(중재비용의 분담) 당사자 간에 다른 합의가 없는 경우 중재판정부는 중재사건에 관한 모든 사정을 고려하여 중재절차에 관하여 지출한 비용의 분담에 관하여 정할 수 있다.

제34조의3(지연이자) 당사자 간에 다른 합의가 없는 경우 중재판정부는 중재판정을 내릴 때 중재사건에 관한 모든 사정을 고려하여 적절하다고 인정하는 지연이자의 지급을 명할 수 있다.

제6장 중재판정의 효력 및 불복

제35조(중재판정의 효력) 중재판정은 양쪽 당사자 간에 법원의 확정판결과 동일한 효력을 가진다. 다만, 제38조에 따라 승인 또는 집행이 거절되는 경우에는 그러하지 아니하다.

제36조(중재판정 취소의 소) ① 중재판정에 대한 불복은 법원에 중재판정 취소의 소를 제기하는 방법으로만 할 수 있다.

② 법원은 다음 각 호의 어느 하나에 해당하는 경우에만 중재판정을 취소할 수 있다.

1. 중재판정의 취소를 구하는 당사자가 다음 각 목의 어느 하나에 해당하는 사실을 증명하는 경우
   가. 중재합의의 당사자가 해당 준거법(準據法)에 따라 중재합의 당시 무능력자였던 사실 또는 중재합의가 당사자들이 지정한 법에 따라 무효이거나 그러한 지정이 없는 경우에는 대한민국의 법에 따라 무효인 사실
   나. 중재판정의 취소를 구하는 당사자가 중재인의 선정 또는 중재절차에 관하여

적절한 통지를 받지 못하였거나 그 밖의 사유로 변론을 할 수 없었던 사실
다. 중재판정이 중재합의의 대상이 아닌 분쟁을 다룬 사실 또는 중재판정이 중재합의의 범위를 벗어난 사항을 다룬 사실. 다만, 중재판정이 중재합의의 대상에 관한 부분과 대상이 아닌 부분으로 분리될 수 있는 경우에는 대상이 아닌 중재판정 부분만을 취소할 수 있다.
라. 중재판정부의 구성 또는 중재절차가 이 법의 강행규정에 반하지 아니하는 당사자 간의 합의에 따르지 아니하였거나 그러한 합의가 없는 경우에는 이 법에 따르지 아니하였다는 사실
2. 법원이 직권으로 다음 각 목의 어느 하나에 해당하는 사유가 있다고 인정하는 경우
가. 중재판정의 대상이 된 분쟁이 대한민국의 법에 따라 중재로 해결될 수 없는 경우
나. 중재판정의 승인 또는 집행이 대한민국의 선량한 풍속이나 그 밖의 사회질서에 위배되는 경우

③ 중재판정 취소의 소는 중재판정의 취소를 구하는 당사자가 중재판정의 정본을 받은 날부터 또는 제34조에 따른 정정·해석 또는 추가 판정의 정본을 받은 날부터 3개월 이내에 제기하여야 한다.

④ 해당 중재판정에 관하여 대한민국의 법원에서 내려진 승인 또는 집행 결정이 확정된 후에는 중재판정 취소의 소를 제기할 수 없다.

제7장 중재판정의 승인과 집행

第37조(중재판정의 승인과 집행) ① 중재판정은 제38조 또는 제39조에 따른 승인 거부 사유가 없으면 승인된다. 다만, 당사자의 신청이 있는 경우에는 법원은 중재판정을 승인하는 결정을 할 수 있다.

② 중재판정에 기초한 집행은 당사자의 신청에 따라 법원에서 집행결정으로 이를 허가하여야 할 수 있다.

③ 중재판정의 승인 또는 집행을 신청하는 당사자는 중재판정의 정본이나 사본을 제출하여야 한다. 다만, 중재판정이 외국어로 작성되어 있는 경우에는 한국어 번역문을 첨부하여야 한다.

1. 삭제
2. 삭제

④ 제1항 단서 또는 제2항의 신청이 있는 때에는 법원은 변론기일 또는 당사자 쌍방이 참여할 수 있는 심문기일을 정하고 당사자에게 이를 통지하여야 한다.

⑤ 제1항 단서 또는 제2항에 따른 결정은 이유를 적어야 한다. 다만, 변론을 거치지 아니한 경우에는 이유의 요지만을 적을 수 있다.

⑥ 제1항 단서 또는 제2항에 따른 결정에 대해서는 즉시항고를 할 수 있다.
⑦ 제6항의 즉시항고는 집행정지의 효력을 가지지 아니한다. 다만, 항고법원(재판기록이 원심법원에 남아 있을 때에는 원심법원을 말한다)은 즉시항고에 대한 결정이 있을 때까지 담보를 제공하게 하거나 담보를 제공하게 하지 아니하고 원심재판의 집행을 정지하거나 집행절차의 전부 또는 일부를 정지하도록 명할 수 있으며, 담보를 제공하게 하고 그 집행을 계속하도록 명할 수 있다.
⑧ 제7항 단서에 따른 결정에 대해서는 불복할 수 없다.
제38조(국내 중재판정) 대한민국에서 내려진 중재판정은 다음 각 호의 어느 하나에 해당하는 사유가 없으면 승인되거나 집행되어야 한다.

1. 중재판정의 당사자가 다음 각 목의 어느 하나에 해당하는 사실을 증명한 경우
   가. 제36조 제2항 제1호 각 목의 어느 하나에 해당하는 사실
   나. 다음의 어느 하나에 해당하는 사실
      1) 중재판정의 구속력이 당사자에 대하여 아직 발생하지 아니하였다는 사실
      2) 중재판정이 법원에 의하여 취소되었다는 사실
2. 제36조 제2항 제2호에 해당하는 경우

제39조(외국 중재판정) ① 「외국 중재판정의 승인 및 집행에 관한 협약」을 적용받는 외국 중재판정의 승인 또는 집행은 같은 협약에 따라 한다.
② 「외국 중재판정의 승인 및 집행에 관한 협약」을 적용받지 아니하는 외국 중재판정의 승인 또는 집행에 관하여는 「민사소송법」 제217조, 「민사집행법」 제26조 제1항 및 제27조를 준용한다.

제8장 보칙

제40조(상사중재기관에 대한 보조) 정부는 이 법에 따라 국내외 상사분쟁(商事紛爭)을 공정·신속하게 해결하고 국제거래질서를 확립하기 위하여 산업통상자원부장관이 지정하는 상사중재(商事仲裁)를 하는 사단법인에 대하여 필요한 경비의 전부 또는 일부를 보조할 수 있다.
제41조(중재규칙의 제정 및 승인) 제40조에 따라 상사중재기관으로 지정받은 사단법인이 중재규칙을 제정하거나 변경할 때에는 대법원장의 승인을 받아야 한다.

부칙

제1조(시행일) 이 법은 공포 후 6개월이 경과한 날부터 시행한다.
제2조(중재절차 진행 중인 사건에 관한 경과조치) 이 법 시행 당시 중재절차가 진행 중인 사건에 대한 중재합의의 방식, 중재인 선정, 중재판정부의 판정 권한에 대한 불복, 임시적 처분 및 증거조사 협조 요청에 관하여는 제7조, 제8조, 제12조, 제17조, 제18조, 제18조의2부터 제18조의8까지 및 제28조의 개정규정에도 불구하고 종전의 규정에 따른다.

[12-2] 1999년 중재법

第1章 總 則

第1條 (目的)
이 法은 仲裁에 의하여 私法上의 紛爭을 적정·公平·신속하게 解決함을 目的으로 한다.
第2條 (적용범위)
① 이 法은 第21條의 規定에 의한 仲裁地가 大韓民國 안인 경우에 이를 적용한다. 다만, 第9條 및 第10條의 規定은 仲裁地가 아직 정하여지지 아니하였거나 大韓民國 안이 아닌 경우에도 적용하며, 第37條 및 第39條의 規定은 仲裁地가 大韓民國안이 아닌 경우에도 적용한다.
② 이 法은 仲裁節次를 인정하지 아니하거나 이 法의 仲裁節次와는 다른 節次에 의하여 仲裁에 회부할 수 있도록 정한 法律과 大韓民國에서 發效중인 條約에 대하여는 영향을 미치지 아니한다.
第3條 (定義)
이 法에서 사용하는 用語의 定義는 다음과 같다.

1. "仲裁"라 함은 當事者間의 合意로 私法上의 紛爭을 法院의 裁判에 의하지 아니하고 仲裁人의 判定에 의하여 解決하는 節次를 말한다.
2. "仲裁合意"라 함은 契約上의 紛爭인지의 여부에 관계없이 일정한 法律關係에 관하여 當事者間에 이미 발생하였거나 장래 발생할 수 있는 紛爭의 전부 또는 일부를 仲裁에 의하여 解決하도록 하는 當事者間의 合意를 말한다.
3. "仲裁判定部"라 함은 仲裁節次를 진행하고 仲裁判定을 내리는 單獨仲裁人 또는 多數의 仲裁人으로 구성되는 仲裁人團을 말한다.

第4條 (書面의 통지)
① 當事者間에 다른 合意가 없는 경우에 書面의 통지는 受信人 本人에게 書面을 직접 교부하는 방법에 의한다.
② 第1項의 規定에 의한 직접 교부의 방법에 의할 수 없는 경우에는 書面이 受信人의 住所·營業所 또는 郵便連絡場所에 정당하게 傳達된 때에 受信人에게 통지된 것으로 본다.
③ 第2項의 規定을 적용함에 있어서 적절한 照會를 하였음에도 受信人의 住所·營業所 또는 郵便連絡場所를 알 수 없는 경우에는 최후로 알려진 受信人의 住所·營業所 또는 郵便連絡場所로 登記郵便 기타 發送을 증명할 수 있는 郵便方法에 의하여 書面이 發送된 때에 受信人에게 통지된 것으로 본다.
④ 第1項 내지 第3項의 規定은 法院이 행하는 송달에는 이를 적용하지 아니한다.
第5條 (異議申請權의 상실)
當事者가 이 法의 任意規定 또는 仲裁節次에 관한 當事者間의 合意에 위반한 사실을 알고도 지체없이 異議를 제기하지 아니하거나 정하여진 異議提起期間 내에 異議를 제기하지 아니하고 仲裁節次가 진행된 때에는 그 異議申請權을 상실한다.

第6條 (法院의 관여)

法院은 이 法이 정한 경우를 제외하고는 이 法에 관한 사항에 관여할 수 없다.

第7條 (管轄法院)

① 다음 各號의 사항에 대하여는 仲裁合意에서 지정한 地方法院 또는 支院(이하 이 條에서 "法院"이라 한다)이, 그 지정이 없는 경우에는 仲裁地를 관할하는 法院이 관할하며, 仲裁地가 아직 정하여지지 아니한 경우에는 被申請人의 住所 또는 營業所를 관할하는 法院이, 住所 또는 營業所를 알 수 없는 경우에는 居所를 관할하는 法院이, 居所도 알 수 없는 경우에는 최후로 알려진 住所 또는 營業所를 관할하는 法院이 관할한다.

1. 第12條 第3項 및 同條 第4項의 規定에 의한 仲裁人의 선정
2. 第14條 第3項의 規定에 의한 仲裁人의 忌避申請에 대한 法院의 忌避決定
3. 第15條 第2項의 規定에 의한 仲裁人의 權限終了申請에 대한 法院의 權限終了決定
4. 第17條 第6項의 規定에 의한 仲裁判定部의 權限審査申請에 대한 法院의 權限審査
5. 第27條 第3項의 規定에 의한 鑑定人의 忌避申請에 대한 法院의 忌避決定

② 第28條의 規定에 의한 證據調査는 證據調査가 행하여지는 地域을 관할하는 法院이 관할한다.

③ 다음 各號의 사항에 대하여는 仲裁合意에서 지정한 法院이, 그 지정이 없는 경우에는 仲裁地를 관할하는 法院이 관할한다.

1. 第32條 第4項의 規定에 의한 仲裁判定原本의 보관
2. 第36條 第1項의 規定에 의한 仲裁判定取消의 訴

④ 第37條 내지 第39條의 規定에 의한 仲裁判定의 승인과 執行請求의 訴는 다음 各號의 1에 해당하는 法院이 관할한다.

1. 仲裁合意에서 지정한 法院
2. 仲裁地를 관할하는 法院
3. 被告所有의 財産所在地를 관할하는 法院
4. 被告의 住所 또는 營業所, 住所 또는 營業所를 알 수 없는 경우에는 居所, 居所도 알 수 없는 경우에는 최후로 알려진 住所 또는 營業所를 관할하는 法院

第 2 章　仲裁合意

第8條 (仲裁合意의 方式)

① 仲裁合意는 獨立된 合意 또는 契約중 仲裁條項의 形式으로 할 수 있다.

② 仲裁合意는 書面으로 하여야 한다.

③ 다음 各號의 1에 해당하는 경우에는 이를 書面에 의한 仲裁合意로 본다.

1. 當事者들이 署名한 文書에 仲裁合意가 포함되어 있는 경우
2. 書信·電報·電信 및 模寫電送 기타 通信手段에 의하여 交換된 文書에 仲裁合意가 포함되어 있는 경우
3. 一方 當事者가 當事者間에 交換된 文書의 내용에 仲裁合意가 있는 것을 主張하고 相對方 當事者가 이를 다투지 아니하는 경우

④ 契約이 仲裁條項을 포함한 文書를 인용하고 있는 경우에는 仲裁合意가 있는 것으로 본다. 다만, 그 契約이 書面으로 작성되고 仲裁條項을 그 契約의 일부로 하고 있는 경우에 한한다.

第9條 (仲裁合意와 法院에의 提訴)

① 仲裁合意의 대상인 紛爭에 관하여 訴가 제기된 경우에 被告가 仲裁合意存在의 抗辯을 하는 때에는 法院은 그 訴를 却下하여야 한다. 다만, 仲裁合意가 不存在·無效이거나 효력을 상실하였거나 그 이행이 불가능한 경우에는 그러하지 아니하다.

② 被告는 第1項의 抗辯을 本案에 관한 최초의 辯論을 할 때까지 하여야 한다.

③ 第1項의 訴가 法院에 繫屬중인 경우에도 仲裁判定部는 仲裁節次를 開始 또는 진행하거나 仲裁判定을 내릴 수 있다.

第10條 (仲裁合意와 法院의 보전처분)

仲裁合意의 當事者는 仲裁節次의 開始 전 또는 진행중에 法院에 보전처분을 申請할 수 있다.

第 3 章 仲裁判定部

第11條 (仲裁人의 數)

① 仲裁人의 數는 當事者間의 合意로 정한다.

② 第1項의 合意가 없는 경우에는 仲裁人의 數는 3人으로 한다.

第12條 (仲裁人의 선정)

① 當事者間에 다른 合意가 없는 경우에 仲裁人은 國籍에 관계없이 선정될 수 있다.

② 仲裁人의 選定節次는 當事者間의 合意로 정한다.

③ 第2項의 合意가 없는 경우에는 다음 各號의 1에서 정하는 방법에 따라 仲裁人을 선정한다.

1. 單獨仲裁人에 의한 仲裁의 경우: 一方 當事者가 相對方 當事者로부터 仲裁人의 선정을 요구받은 후 30日 이내에 當事者들이 仲裁人의 선정에 관하여 合意하지 못한 때에는 一方 當事者의 申請에 의하여 法院이 仲裁人을 선정한다.
2. 3人의 仲裁人에 의한 仲裁의 경우: 각 當事者는 각 1人의 仲裁人을 선정하고, 이에 따라 선정된 2人의 仲裁人들이 合意하여 나머지 1人의 仲裁人을 선정한다. 이 경우 一方 當事者가 相對方 當事者로부터 仲裁人의 선정을 요구받은 후 30日 이내에 仲裁人을 선정하지 아니하거나 선정된 2人의 仲裁人들이 선정

된 후 30日 이내에 나머지 1人의 仲裁人을 선정하지 못한 때에는 一方 當事者의 申請에 의하여 法院이 그 仲裁人을 선정한다.

④ 第2項의 合意가 있더라도 다음 各號의 1에 해당하는 때에는 當事者의 申請에 의하여 法院이 仲裁人을 선정한다.

1. 一方 當事者가 合意된 節次에 따라 仲裁人을 선정하지 아니하는 때
2. 兩當事者 또는 仲裁人들이 合意된 節次에 따라 仲裁人을 선정하지 못한 때
3. 仲裁人의 선정을 위임받은 機關 기타 第3者가 仲裁人을 선정할 수 없는 때

⑤ 第3項 및 第4項의 規定에 의한 法院의 決定에 대하여는 抗告할 수 없다.

第13條 (仲裁人에 대한 기피사유)

① 仲裁人이 되어 달라고 요청받은 者 또는 선정된 仲裁人은 자신의 공정성이나 獨立性에 관하여 疑心을 야기할 수 있는 사유가 있는 때에는 지체없이 이를 當事者들에게 告知하여야 한다.

② 仲裁人은 第1項의 사유가 있거나 當事者들이 合意한 仲裁人의 資格을 갖추지 못한 사유가 있는 때에 한하여 기피될 수 있다. 다만, 當事者는 자신이 선정하였거나 選定節次에 참여하여 선정한 仲裁人에 대하여는 선정 후에 알게 된 사유에 한하여 忌避申請을 할 수 있다.

第14條 (仲裁人에 대한 忌避節次)

① 仲裁人에 대한 忌避節次는 當事者間의 合意로 정한다.

② 第1項의 合意가 없는 경우에 仲裁人을 기피하고자 하는 當事者는 仲裁判定部가 구성된 날 또는 第13條 第2項의 사유를 안 날부터 15日 이내에 仲裁判定部에 書面으로 忌避申請을 하여야 한다. 이 경우 忌避申請을 받은 仲裁人이 辭任하지 아니하거나 相對方 當事者가 忌避申請에 同意하지 아니하면 仲裁判定部는 그 忌避申請에 대한 決定을 하여야 한다.

③ 第1項 및 第2項의 規定에 의한 忌避申請이 받아들여지지 아니하는 경우에는 忌避申請을 한 當事者는 그 결과의 통지를 받은 날부터 30日 이내에 法院에 해당 仲裁人에 대한 忌避申請을 할 수 있다. 이 경우 忌避申請이 法院에 繫屬중인 때에도 仲裁判定部는 仲裁節次를 진행하거나 仲裁判定을 내릴 수 있다.

④ 第3項의 規定에 의한 忌避申請에 대한 法院의 忌避決定에 대하여는 抗告할 수 없다.

第15條 (仲裁人의 職務不履行으로 인한 權限終了)

① 仲裁人이 法律上 또는 사실상의 사유로 職務를 수행할 수 없거나 정당한 사유 없이 職務遂行을 지체하는 경우에는 그 仲裁人의 辭任 또는 當事者間의 合意에 의하여 仲裁人의 權限은 종료된다.

② 第1項의 規定에 의한 仲裁人의 權限終了與否에 관하여 다툼이 있는 경우에 當事者는 法院에 이에 대한 決定을 申請할 수 있다.

③ 第2項의 規定에 의한 權限終了申請에 대한 法院의 權限終了決定에 대하여는 抗告할

수 없다.

第16條 (補闕仲裁人의 선정)

仲裁人의 權限이 종료되어 仲裁人을 다시 선정하는 경우 그 選定節次는 대체되는 仲裁人의 선정에 적용된 節次에 의한다.

第17條 (仲裁判定部의 判定權限에 관한 決定)

① 仲裁判定部는 자신의 權限 및 이와 관련된 仲裁合意의 存否 또는 有效性에 대한 異議에 대하여 決定할 수 있다. 이 경우 仲裁合意가 仲裁條項의 形式으로 되어 있는 때에는 契約중 다른 條項의 효력은 仲裁條項의 효력에 영향을 미치지 아니한다.

② 仲裁判定部의 權限에 관한 異議는 本案에 관한 答辯書를 제출할 때까지 제기되어야 한다. 이 경우 當事者는 자신이 仲裁人을 선정 하였거나 選定節次에 참여하였더라도 異議를 제기할 수 있다.

③ 仲裁判定部가 仲裁節次의 진행중에 그 權限의 범위를 벗어났다는 異議는 그 사유가 仲裁節次에서 다루어지는 즉시 제기하여야 한다.

④ 仲裁判定部는 第2項 및 第3項의 規定에 의한 異議가 同項에 規定된 時期보다 늦게 제기되었더라도 그 지연에 정당한 이유가 있다고 인정하는 경우에는 이를 받아들일 수 있다.

⑤ 仲裁判定部는 第2項 및 第3項의 規定에 의한 異議에 대하여 先決問題로서 決定하거나 本案에 관한 仲裁判定에서 함께 판단할 수 있다.

⑥ 仲裁判定部가 第5項의 規定에 의하여 先決問題로서 그 權限이 있다고 決定한 경우에 異議當事者는 당해 決定의 통지를 받은 날 부터 30日 이내에 法院에 仲裁判定部의 權限에 대한 審査를 申請할 수 있다.

⑦ 仲裁判定部는 第6項의 規定에 의한 申請으로 裁判이 繫屬중인 경우에도 仲裁節次를 진행하거나 仲裁判定을 내릴 수 있다.

⑧ 第6項의 規定에 의한 權限審査申請에 대한 法院의 權限審査에 대하여는 抗告할 수 없다.

第18條 (臨時的 처분)

① 當事者間에 다른 合意가 없는 경우에 仲裁判定部는 一方 當事者의 申請에 따라 決定으로 紛爭의 대상에 관하여 필요하다고 인정하는 臨時的 처분을 내릴 수 있다. 이 경우 仲裁判定部는 被申請人에게 臨時的 처분에 갈음하여 제공할 擔保의 금액을 정할 수 있다.

② 仲裁判定部는 臨時的 처분의 申請人에게 적절한 擔保를 제공할 것을 명할 수 있다.

第4章 仲裁節次

第19條 (當事者에 대한 동등한 待遇)

兩當事者는 仲裁節次에서 동등한 待遇를 받아야 하고, 자신의 事案에 대하여 辯論할 수 있는 충분한 기회를 가져야 한다.

第20條 (仲裁節次)

① 이 法의 强行規定에 반하지 아니하는 한 當事者들은 仲裁節次에 관하여 合意할 수 있다.

② 第1項의 合意가 없는 경우에는 仲裁判定部가 이 法의 規定에 따라 적절한 方式으로 仲裁節次를 진행할 수 있다. 이 경우 仲裁判定部는 증거의 能力, 관련성 및 證明力에 관하여 판단할 權限을 가진다.

第21條 (仲裁地)

① 仲裁地는 當事者間의 合意로 정한다.

② 第1項의 合意가 없는 경우에 仲裁判定部는 當事者의 편의와 당해 事件에 관한 諸般 사정을 고려하여 仲裁地를 정한다.

③ 當事者間에 다른 合意가 없는 경우에 仲裁判定部는 第1項 및 第2項의 規定에 의한 仲裁地外의 적절한 場所에서 仲裁人들간의 協議, 證人·鑑定人 및 當事者 本人에 대한 訊問, 물건·場所의 檢證 또는 文書의 閱覽을 할 수 있다.

第22條 (仲裁節次의 開始)

① 當事者間에 다른 合意가 없는 경우에 仲裁節次는 被申請人이 仲裁要請書를 受領한 날부터 開始된다.

② 第1項의 仲裁要請書에는 當事者, 紛爭의 대상 및 仲裁合意의 내용을 기재하여야 한다.

第23條 (言語)

① 仲裁節次에서 사용될 言語는 當事者間의 合意에 의하고, 合意가 없는 경우에는 仲裁判定部가 지정하며, 仲裁判定部의 지정이 없는 경우에는 韓國語로 한다.

② 第1項의 言語는 달리 정함이 없는 한 當事者의 準備書面, 口述審理, 仲裁判定部의 仲裁判定 및 決定 기타 意思表現에 사용된다.

③ 仲裁判定部는 필요하다고 인정하는 경우에는 書證과 함께 第1項의 言語로 작성된 飜譯文을 제출할 것을 當事者에게 명할 수 있다.

第24條 (申請書와 答辯書)

① 申請人은 當事者들이 合意하였거나 仲裁判定部가 정한 기간 내에 申請趣旨와 申請原因事實을 기재한 申請書를 仲裁判定部에 제출하고, 被申請人은 이에 대하여 답변하여야 한다.

② 當事者는 申請書 또는 答辯書에 중요하다고 인정하는 書類를 첨부하거나 장래 사용할 증거방법을 표시할 수 있다.

③ 當事者間에 다른 合意가 없는 경우에 當事者는 仲裁節次의 진행중에 자신의 申請이나 攻擊防禦方法을 변경 또는 補完할 수 있다. 다만, 仲裁判定部가 변경 또는 補完에 의하여 節次가 현저히 지연될 우려가 있다고 인정하는 경우에는 그러하지 아니하다.

第25條 (審理)

① 當事者間에 다른 合意가 없는 경우 仲裁判定部는 口述審理를 할 것인지 또는 書面만

에 의한 審理를 할 것인지의 여부를 決定한다. 다만, 當事者들이 口述審理를 하지 아니하기로 合意한 경우를 제외하고는 仲裁判定部는 一方 當事者의 申請에 따라 적절한 段階에서 口述審理를 하여야 한다.

② 仲裁判定部는 口述審理期日 또는 그 밖의 證據調査期日에 관하여 사전에 충분한 時間을 두고 當事者에게 통지하여야 한다.

③ 一方 當事者가 仲裁判定部에 제출하는 準備書面·書類 기타 資料는 相對方 當事者에게 告知되어야 한다.

④ 仲裁判定部가 判定에서 기초로 삼으려는 鑑定書 또는 書證은 兩當事者에게 告知되어야 한다.

第26條 (一方 當事者의 解怠)

① 申請人이 第24條 第1項의 規定에 의하여 申請書를 제출하지 아니하는 경우에 仲裁判定部는 仲裁節次를 종료하여야 한다.

② 被申請人이 第24條 第1項의 答辯書를 제출하지 아니하는 경우에 仲裁判定部는 이를 申請人의 主張에 대한 自白으로 看做하지 아니하고 仲裁節次를 계속 진행하여야 한다.

③ 一方 當事者가 口述審理에 출석하지 아니하거나 정하여진 기간 내에 書證을 제출하지 아니하는 경우에 仲裁判定部는 仲裁節次를 계속 진행하여 제출된 증거를 기초로 仲裁判定을 내릴 수 있다.

④ 第1項 내지 第3項의 規定은 當事者間에 다른 合意가 있거나 仲裁判定部가 상당한 이유가 있다고 인정하는 경우에는 이를 적용하지 아니한다.

第27條 (鑑定人)

① 當事者間에 다른 合意가 없는 경우에 仲裁判定部는 특정 爭點에 대한 鑑定을 위하여 鑑定人을 지정할 수 있다. 이 경우 仲裁判定部는 當事者로 하여금 鑑定人에게 필요한 情報를 제공하고 鑑定人의 調査를 위하여 관련 文書와 물건등을 제출하거나 그에 대한 接近을 허용하도록 할 수 있다.

② 當事者間에 다른 合意가 없는 경우에 仲裁判定部는 職權으로 또는 當事者의 申請에 의하여 鑑定人을 口述審理期日에 출석하여 當事者의 質問에 답변하도록 할 수 있다.

③ 第13條 및 第14條의 規定은 仲裁判定部가 지정한 鑑定人에 관하여 이를 準用한다.

第28條 (證據調査에 관한 法院의 협조)

① 仲裁判定部는 職權으로 또는 當事者의 申請에 의하여 法院에 證據調査를 촉탁할 수 있다.

② 第1項의 경우에 仲裁判定部는 調書에 기재할 사항 기타 證據調査가 필요한 사항을 書面으로 지정할 수 있다.

③ 受託法院은 證據調査를 마친 후 證人訊問調書騰本·檢證調書騰本등 證據調査에 관한 記錄을 지체없이 仲裁判定部에 송부하여야 한다.

④ 仲裁判定部는 證據調査에 필요한 費用을 受託法院에 납부하여야 한다.

第 5 章 仲裁判定

第29條 (紛爭의 實體에 적용될 法)

① 仲裁判定部는 當事者들이 지정한 法에 따라 判定을 내려야 한다. 특정 國家의 法 또는 法體系가 지정된 경우에 달리 명시되지 아니하는 한 그 國家의 국제사법이 아닌 紛爭의 實體에 적용될 法을 지정한 것으로 본다.

② 第1項의 지정이 없는 경우에 仲裁判定部는 紛爭의 대상과 가장 밀접한 관련이 있는 國家의 法을 적용하여야 한다.

③ 仲裁判定部는 當事者들이 명시적으로 權限을 부여하는 경우에 한하여 衡平과 善에 따라 判定을 내릴 수 있다.

④ 仲裁判定部는 契約에서 정한 바에 따라 판단하고 해당 去來에 적용될 수 있는 商慣習을 고려하여야 한다.

第30條 (仲裁判定部의 意思決定)

當事者間에 다른 合意가 없는 경우에 3人 이상의 仲裁人으로 구성된 仲裁判定部의 意思決定은 過半數의 決議에 의한다. 다만, 仲裁節次는 當事者間의 合意가 있거나 仲裁人 全員이 權限을 부여하는 경우에는 節次를 主宰하는 仲裁人이 單獨으로 이를 決定할 수 있다.

第31條 (和解)

① 仲裁節次의 진행중에 當事者들이 和解에 이른 경우에 仲裁判定部는 그 節次를 종료한다. 이 경우 仲裁判定部는 當事者들의 요구에 의하여 그 和解內容을 仲裁判定의 形式으로 기재할 수 있다.

② 第1項의 規定에 의한 和解內容을 기재한 仲裁判定은 第32條의 規定에 따라 작성되어야 하며, 仲裁判定임이 명시되어야 한다.

③ 和解仲裁判定은 당해 事件의 本案에 관한 仲裁判定과 동일한 효력을 가진다.

第32條 (仲裁判定의 形式과 내용)

① 仲裁判定은 書面으로 작성하여야 하며, 仲裁人 全員이 署名하여야 한다. 다만, 3人 이상의 仲裁人으로 구성된 仲裁判定部의 경우에 過半數에 미달하는 일부 仲裁人에게 署名할 수 없는 사유가 있는 때에는 다른 仲裁人이 그 사유를 기재하고 署名하여야 한다.

② 仲裁判定에는 그 判定의 근거가 되는 이유를 기재하여야 한다. 다만, 當事者間에 合意가 있거나 第31條의 規定에 의한 和解仲裁判定인 경우에는 그러하지 아니하다.

③ 仲裁判定에는 作成日字와 仲裁地를 기재하여야 한다. 이 경우 仲裁判定은 당해 日字와 場所에서 내려진 것으로 본다.

④ 第1項 내지 第3項의 規定에 의하여 작성·署名된 仲裁判定의 正本은 第4條 第1項 내지 第3項의 規定에 의하여 각 當事者에게 송부하고, 仲裁判定의 原本은 그 송부사실을 증명하는 書面을 첨부하여 管轄法院에 송부·보관한다.

第33條 (仲裁節次의 종료)

① 仲裁節次는 終局判定 또는 第2項의 規定에 의한 仲裁判定部의 決定에 의하여 종료된다.

② 仲裁判定部는 다음 各號의 1에 해당하는 때에는 仲裁節次의 終了決定을 하여야 한다.

1. 申請人이 仲裁申請을 撤回하는 경우. 다만, 被申請人이 이에 同意 하지 아니하고 仲裁判定部가 被申請人에게 紛爭의 최종적 解決을 구할 정당한 이익이 있다고 인정하는 경우에는 그러하지 아니하다.
2. 當事者들이 仲裁節次의 종료에 合意하는 경우
3. 仲裁判定部가 仲裁節次를 續行하는 것이 불필요하거나 불가능하다고 인정하는 경우

③ 仲裁判定部의 權限은 第34條의 경우를 제외하고는 仲裁節次의 종료와 함께 終結된다.

第34條 (仲裁判定의 訂正 · 解釋 및 追加判定)

① 當事者들이 달리 기간을 정하지 아니하는 한 각 當事者는 仲裁判定의 正本을 받은 날부터 30日 이내에 다음 各號의 1에 規定된 訂正·解釋 또는 追加判定을 仲裁判定部에 申請할 수 있다.

1. 仲裁判定의 誤算 · 誤記 기타 이에 유사한 誤謬의 訂正
2. 當事者間의 合意가 있는 경우에 仲裁判定의 일부 또는 特定爭點에 대한 解釋
3. 仲裁節次에서 主張되었으나 仲裁判定에 포함되지 아니한 請求에 관한 追加判定. 다만, 當事者間에 다른 合意가 있는 때에는 그러하지 아니하다.

② 第1項의 申請을 하는 경우에 申請人은 相對方 當事者에게 그 취지를 통지하여야 한다.

③ 仲裁判定部는 第1項 第1號 및 第2號의 申請에 대하여는 申請을 받은 날부터 30日 이내에, 同項 第3號의 申請에 대하여는 申請을 받은 날부터 60日 이내에 이를 판단하여야 한다. 이 경우 第1項 第2號의 解釋은 仲裁判定의 일부를 구성한다.

④ 仲裁判定部는 判定日부터 30日 이내에 職權으로 第1項 第1號의 訂正을 할 수 있다.

⑤ 仲裁判定部는 필요하다고 인정하는 때에는 第3項의 기간을 연장할 수 있다.

⑥ 第32條의 規定은 仲裁判定의 訂正·解釋 또는 追加判定의 形式에 관하여 이를 準用한다.

第 6 章 仲裁判定의 효력 및 불복

第35條 (仲裁判定의 효력)

仲裁判定은 當事者間에 있어서 法院의 確定判決과 동일한 효력을 가진다.

第36條 (仲裁判定取消의 訴)

① 仲裁判定에 대한 불복은 法院에 제기하는 仲裁判定取消의 訴에 의하여만 할 수 있다.

② 法院은 다음 各號의 1에 해당하는 때에 한하여 仲裁判定을 取消할 수 있다.

1. 仲裁判定의 取消를 구하는 當事者가 다음 各目의 1에 해당하는 사유를 증명하는 경우

가. 仲裁合意의 當事者가 그 準據法에 의하여 仲裁合意 당시 無能力者이었던 사실 또는 仲裁合意가 當事者들이 지정한 法에 의하여 無效이거나 그러한 지정이 없는 경우에는 大韓民國의 法에 의하여 無效인 사실

나. 仲裁判定의 取消를 구하는 當事者가 仲裁人의 선정 또는 仲裁節次에 관하여 적절한 통지를 받지 못하였거나 기타의 사유로 인하여 本案에 관한 辯論을 할 수 없었던 사실

다. 仲裁判定이 仲裁合意의 대상이 아닌 紛爭을 다룬 사실 또는 仲裁判定이 仲裁合意의 범위를 벗어난 사항을 다룬 사실. 다만, 仲裁判定이 仲裁合意의 대상에 관한 부분과 대상이 아닌 부분으로 分離될 수 있는 경우에는 대상이 아닌 仲裁判定部分만을 取消할 수 있다.

라. 仲裁判定部의 구성 또는 仲裁節次가 이 法의 强行規定에 반하지 아니하는 當事者間의 合意에 따르지 아니하거나 그러한 合意가 없는 경우에는 이 法에 따르지 아니하였다는 사실

2. 法院이 職權으로 다음 各目의 1에 해당하는 사유가 있다고 인정하는 경우

가. 仲裁判定의 대상이 된 紛爭이 大韓民國의 法에 따라 仲裁로 해결될 수 없는 때

나. 仲裁判定의 승인 또는 執行이 大韓民國의 선량한 風俗 기타 社會秩序에 違背되는 때

③ 仲裁判定取消의 訴는 仲裁判定의 取消를 구하는 當事者가 仲裁判定의 正本을 받은 날부터 또는 第34條의 規定에 의한 訂正·解釋 또는 追加判定의 正本을 받은 날부터 3月 이내에 제기하여야 한다.

④ 당해 仲裁判定에 관하여 大韓民國의 法院에서 내려진 승인 또는 執行判決이 확정된 후에는 仲裁判定取消의 訴를 제기할 수 없다.

第 7 章　仲裁判定의 승인과 執行

第37條 (仲裁判定의 승인과 執行)

① 仲裁判定의 승인 또는 執行은 法院의 승인 또는 執行判決에 의한다.

② 仲裁判定의 승인 또는 執行을 申請하는 當事者는 다음 各號의 書類를 제출하여야 한다. 다만, 仲裁判定 또는 仲裁合意가 外國語로 작성되어 있는 경우에는 정당하게 認證된 韓國語의 飜譯文을 첨부하여야 한다.

1. 仲裁判定의 正本 또는 정당하게 認證된 그 謄本
2. 仲裁合意의 原本 또는 정당하게 認證된 그 謄本

第38條 (國內仲裁判定)

大韓民國내에서 내려진 仲裁判定은 第36條 第2項의 사유가 없는 한 승인 또는 執行되어야 한다.

第39條 (外國仲裁判定)

① 외국중재판정의 승인 및 집행에 관한 협약의 적용을 받는 外國仲裁判定의 승인 또는 執行은 同 協約에 의한다.

② 민사소송법 제217조, 민사집행법 제26조 제1항 및 제27조의 規定은 외국중재판정의 승인 및 집행에 관한 협약의 적용을 받지 아니하는 外國仲裁判定의 승인 또는 執行에 관하여 이를 準用한다.

第 8 章 補則

第40條 (商事仲裁機關에 대한 보조)

政府는 이 法에 의하여 國內外 商事紛爭을 공정·신속하게 解決하고 國際去來秩序를 확립하기 위하여 産業資源部長官이 지정하는 商事仲裁를 행하는 社團法人에 대하여 필요한 經費의 전부 또는 일부를 보조할 수 있다.

第41條 (仲裁規則의 制定 및 승인)

第40條의 規定에 의하여 商事仲裁機關으로 지정받은 社團法人이 仲裁規則을 制定하거나 변경하는 때에는 大法院長의 승인을 얻어야 한다.

附則

(생략)

[12-3] 1966년 중재법

第1條 (目的)
이 法은 當事者間의 合意로 私法上의 紛爭을 法院의 判決에 의하지 아니하고 仲裁人의 判定에 의하여 신속하게 解決함을 目的으로 한다.

第2條 (仲裁契約)
① 仲裁契約은 私法上의 法律關係에 관하여 當事者間에 발생하고 있거나 將來에 발생할 紛爭의 全部 또는 一部를 仲裁에 의하여 解決하도록 合意(이하 "仲裁契約"이라 한다)함으로써 效力이 생긴다. 다만, 當事者가 處分할 수 없는 法律關係에 관하여는 그러하지 아니한다.
② 前者의 仲裁契約은 當事者가 仲裁를 合意한 書面에 記名·捺印한 것이거나, 契約中에 仲裁條項이 記載되어 있거나, 交換된 書信 또는 電報에 仲裁條項이 記載된 것이어야 한다.

第3條 (直訴禁止)
仲裁契約의 當事者는 仲裁判定에 따라야 한다. 다만, 仲裁契約이 無效이거나 效力을 喪失하였거나 履行이 不能일 때에 限하여 訴를 提起할 수 있다.

第4條 (仲裁人의 選定)
① 當事者는 仲裁契約에서 仲裁人의 選定方法 및 그 數를 정할 수 있다.
② 仲裁契約에 仲裁人의 選定을 約定하지 아니하였을 때에는 各當事者는 1人의 仲裁人을 選定한다.
③ 商行爲로 인하여 발생되는 法律關係에 관한 仲裁(이하 "商事仲裁"라 한다)契約에서 仲裁人의 選定을 約定하지 아니하였거나 當事者의 意思가 分明하지 아니하는 경우에는 前項의 規定에 불구하고 通商産業部長官이 지정하는 사단법인의 商事仲裁規則에 의하는 것으로 推定한다.
④ 仲裁契約을 締結한 當事者의 一方이 仲裁人의 選定을 拒否하거나 選定한 仲裁人이 다음 各號의 1에 해당하는 경우에는 그 相對方은 仲裁人의 選定 또는 闕員의 補充이나 代替를 催告할 수 있다.

1. 仲裁人이 職務의 수행을 태만히 하거나 拒否한 때
2. 仲裁人이 그 職務遂行이 不可能한 때
3. 仲裁人이 死亡한 때

⑤ 前項의 催告後 7日 以內에 催告를 받은 者가 仲裁人을 選定하지 아니하거나 補充 또는 代替하지 아니한 경우에는 法院은 그 催告를 한 當事者의 申請에 의하여 仲裁人을 選定 또는 補充하거나 代替하여야 한다.

第5條 (仲裁人의 缺格事由)
다음 各號의 1에 해당하는 者는 仲裁人이 될 수 없다.

1. 禁治産者 또는 限定治産者
2. 破産者로서 復權되지 아니한 者
3. 禁錮 以上의 刑을 받고 그 執行이 終了되거나 執行을 받지 아니하기로 確定된 후 3年을 경과하지 아니한 者
4. 금고 이상의 형을 받고 그 집행유예의 기간중에 있는 자
5. 禁錮 以上의 刑의 宣告猶豫를 받은 경우에 그 宣告猶豫期間中에 있는 者
6. 公民權의 制限 또는 資格停止의 刑을 받은 者

第6條 (仲裁人의 忌避)

當事者는 民事訴訟法 第37條 또는 第39條 第1項의 事由를 理由로 仲裁契約이나 이 法에 특별한 規定이 없을 때에 限하여 法院에 仲裁人의 忌避를 申請할 수 있다. 다만, 仲裁人 앞에서 陳述을 한 때에는 民事訴訟法 第39條 第1項의 事由를 理由로 忌避할 수 없다.

第7條 (仲裁節次)

① 仲裁節次는 仲裁契約으로써 정할 수 있다.

② 仲裁節次에 관하여 當事者의 合意가 없는 경우에는 이 法이 정하는 節次에 의하고 이 法에 특별한 規定이 없는 事項은 仲裁人이 정한다.

③ 商事仲裁節次에 관하여 當事者의 合意가 없거나 當事者의 意思가 分明하지 아니한 경우에는 前項의 規定에 불구하고 通商産業部長官이 지정하는 사단법인의 商事仲裁規則에 의하는 것으로 推定한다.

第8條 (當事者 · 證人 · 鑑定人의 審問)

① 仲裁人은 仲裁判定前에 當事者를 審問하여야 한다.

② 仲裁人은 任意로 출석한 證人 또는 鑑定人을 審問할 수 있다. 그러나 그 證人 또는 鑑定人을 宣誓시킬 수는 없다.

第9條 (法院의 協助)

仲裁人이 仲裁判定에 필요하다고 인정하는 行爲로서 仲裁人이 직접 할 수 없는 것은 仲裁人이나 當事者의 申請에 의하여 法院이 이에 관한 事務를 행한다. 이 경우에는 民事訴訟法을 準用한다.

第10條 (仲裁節次 違法의 主張과 仲裁人의 判定權)

仲裁人은 當事者가 法律上 有效한 仲裁契約이 成立하지 아니하였다는 것, 仲裁契約이 判定하여야 할 다툼에 관계가 없다는 것 또는 仲裁人이 그 職務를 수행할 權限이 없다는 것 기타 仲裁節次를 許容할 수 없는 것이라고 主張하는 경우에도 仲裁節次를 續行하여 仲裁判定을 할 수 있다.

第11條 (仲裁判定)

① 仲裁判定은 仲裁契約에 따로 정함이 있는 경우를 제외하고는 仲裁人이 數人인 경우에는 그 過半數의 贊成으로써 判定한다.

② 仲裁判定은 仲裁契約에 따로 約定된 때를 제외하고는 仲裁人이 數人인 경우에 仲裁

判定에 관한 의견이 可否同數인 때에는 當該仲裁契約은 그 效力을 喪失한다.

③ 仲裁判定은 書面으로 作成하여 仲裁人이 署名·捺印하고 중재판정에 대한 주문 및 이유의 요지와 作成年月日을 記載하여야 한다.

④ 仲裁人은 判定의 正本을 當事者에게 送達하고 그 原本은 送達의 證書를 첨부하여 管轄法院에 移送保管하게 한다.

⑤ 仲裁判定은 仲裁契約에서 約定된 期間內 또는 仲裁가 開始된 날로부터 3月 內에 하여야 한다.

第12條 (仲裁判定의 效力)

仲裁判定은 當事者間에 있어서는 法院의 確定判決과 同一한 效力이 있다.

第13條 (仲裁判定取消의 訴)

① 當事者는 다음 各號의 1에 해당하는 경우에는 仲裁判定의 取消의 訴를 提起할 수 있다.

1. 仲裁人의 選定 또는 仲裁節次가 이 法이나 仲裁契約에 의하지 아니한 때
2. 仲裁人의 選定 또는 仲裁節次에 있어서 當事者가 訴訟無能力者이거나 代理人이 適法하게 選任되지 아니하였을 때
3. 仲裁判定이 法律上 금지된 行爲를 할 것을 內容으로 한 때
4. 중재절차에 있어서 정당한 사유 없이 당사자를 審問하지 아니하였거나 仲裁判決에 理由를 붙이지 아니하였을 때
5. 民事訴訟法 第422條 第1項 第4號 내지 第9號에 해당하는 事由가 있을 때

② 前項第4號의 事由에 관하여 當事者間에 따로 合意하였을 때에는 仲裁取消의 訴를 提起할 수 없다.

第14條 (仲裁判定에 의한 强制執行)

① 仲裁判定에 의하여 하는 强制執行은 法院의 執行判決로 그 適法함을 宣告한 때에 限하여 할 수 있다.

② 前項의 執行判決은 仲裁判決取消의 訴를 提起할 수 있는 理由가 있는 때에는 하지 못한다.

③ 第1項의 執行判決에는 상당한 擔保를 제공하게 하거나 擔保를 提供하지 아니하고 假執行을 할 수 있음을 宣告하여야 한다.

第15條 (執行判決 후의 仲裁判定取消의 訴)

執行判決을 한 후에는 仲裁判定의 取消의 訴는 第13條 第1項 第5號의 事由를 理由로 한 경우에 限하여 仲裁判定取消의 訴를 提起할 수 있다. 다만, 當事者가 過失없이 執行判決節次에서 그 取消의 理由를 主張할 수 없었다는 것을 疎明한 때에 限한다.

第16條 (訴提起期間)

① 仲裁判定取消의 訴는 그 取消의 理由를 안 날로부터 30日內 또는 執行判決이 確定된 날로부터 5年內에 提起하여야 한다.

② 前項의 取消의 理由를 안 날은 執行判決이 確定되기 전에는 進行하지 아니한다.

③ 第1項의 期間은 不變期間으로 한다.

第17條（管轄法院）

① 仲裁人을 選定하거나, 忌避하거나, 仲裁契約이 消滅하거나, 仲裁節次를 許容할 수 없는 것이거나, 仲裁判定取消의 訴 또는 執行判決에 관한 訴에 대하여 仲裁契約에서 合意한 때에는 그 地方法院 또는 同支院이 管轄하고 그러하지 아니한 때에는 民事訴訟法 第1條 내지 第22條를 適用한다.

② 前項의 規定에 의하여 管轄을 가지는 法院이 多數인 때에는 當事者 또는 仲裁人이 最初로 관계하게 한 法院이 管轄한다.

第18條（仲裁規則의 承認）

通商産業部長官이 지정하는 사단법인은 商事仲裁規則을 制定하거나 變更하고자 할 때에는 大法院의 承認을 얻어야 한다.

附則

생략

[13] 국제상사중재에 관한 UNCITRAL 모델법

[13-1] UNCITRAL MODEL LAW ON INTERNATIONAL COMMERCIAL ARBITRATION*

1985

With amendments

as adopted in 2006

(United Nations documents A/40/17, annex I and A/61/17, annex I)

(As adopted by the United Nations Commission on International Trade Law on 21 June 1985, and as amended by the United Nations Commission on International Trade Law on 7 July 2006)

CHAPTER I. GENERAL PROVISIONS

Article 1. Scope of application[1)]

(1) This Law applies to international commercial[2)] arbitration, subject to any agreement in force between this State and any other State or States.

(2) The provisions of this Law, except articles 8, 9, 17 H, 17 I, 17 J, 35 and 36, apply only if the place of arbitration is in the territory of this State.

(Article 1(2) has been amended by the Commission at its thirty-ninth session, in 2006)

(3) An arbitration is international if:

(a) the parties to an arbitration agreement have, at the time of the conclusion of that agreement, their places of business in different States; or

(b) one of the following places is situated outside the State in which the parties have their places of business:

---

* 조문과 해설은 http://www.uncitral.org/pdf/english/texts/arbitration/ml-arb/07-86998_Ebook.pdf 참조.

1) Article headings are for reference purposes only and are not to be used for purposes of interpretation.

2) The term "commercial" should be given a wide interpretation so as to cover matters arising from all relationships of a commercial nature, whether contractual or not. Relationships of a commercial nature include, but are not limited to, the following transactions: any trade transaction for the supply or exchange of goods or services; distribution agreement; commercial representation or agency; factoring; leasing; construction of works; consulting; engineering; licensing; investment; fi nancing; banking; insurance; exploitation agreement or concession; joint venture and other forms of industrial or business cooperation; carriage of goods or passengers by air, sea, rail or road.

(i) the place of arbitration if determined in, or pursuant to, the arbitration agreement;

(ii) any place where a substantial part of the obligations of the commercial relationship is to be performed or the place with which the subject-matter of the dispute is most closely connected; or

(c) the parties have expressly agreed that the subject-matter of the arbitration agreement relates to more than one country.

(4) For the purposes of paragraph (3) of this article:

(a) if a party has more than one place of business, the place of business is that which has the closest relationship to the arbitration agreement;

(b) if a party does not have a place of business, reference is to be made to his habitual residence.

(5) This Law shall not affect any other law of this State by virtue of which certain disputes may not be submitted to arbitration or may be submitted to arbitration only according to provisions other than those of this Law.

Article 2. Definitions and rules of interpretation

For the purposes of this Law:

(a) "arbitration" means any arbitration whether or not administered by a permanent arbitral institution;

(b) "arbitral tribunal" means a sole arbitrator or a panel of arbitrators;

(c) "court" means a body or organ of the judicial system of a State;

(d) where a provision of this Law, except article 28, leaves the parties free to determine a certain issue, such freedom includes the right of the parties to authorize a third party, including an institution, to make that determination;

(e) where a provision of this Law refers to the fact that the parties have agreed or that they may agree or in any other way refers to an agreement of the parties, such agreement includes any arbitration rules referred to in that agreement;

(f) where a provision of this Law, other than in articles 25(a) and 32(2)(a), refers to a claim, it also applies to a counter-claim, and where it refers to a defence, it also applies to a defence to such counterclaim.

2. The provisions of this Law, except articles 8, 9, 17 H, 17 I, 17 J, 35 and 36, apply only if the place of arbitration is in the territory of this State.

Article 2 A. International origin and general principles

(As adopted by the Commission at its thirty–ninth session, in 2006)

1. In the interpretation of this Law, regard is to be had to its international origin and

to the need to promote uniformity in its application and the observance of good faith.

2. Questions concerning matters governed by this Law which are not expressly settled in it are to be settled in conformity with the general principles on which this Law is based.

Article 3. Receipt of written communications

(1) Unless otherwise agreed by the parties:

(a) any written communication is deemed to have been received if it is delivered to the addressee personally or if it is delivered at his place of business, habitual residence or mailing address; if none of these can be found after making a reasonable inquiry, a written communication is deemed to have been received if it is sent to the addressee's last-known place of business, habitual residence or mailing address by registered letter or any other means which provides a record of the attempt to deliver it;

(b) the communication is deemed to have been received on the day it is so delivered.

(2) The provisions of this article do not apply to communications in court proceedings.

Article 4. Waiver of right to object

A party who knows that any provision of this Law from which the parties may derogate or any requirement under the arbitration agreement has not been complied with and yet proceeds with the arbitration without stating his objection to such non-compliance without undue delay or, if a time-limit is provided therefor, within such period of time, shall be deemed to have waived his right to object.

Article 5. Extent of court intervention

In matters governed by this Law, no court shall intervene except where so provided in this Law.

Article 6. Court or other authority for certain functions of arbitration assistance and supervision

The functions referred to in articles 11(3), 11(4), 13(3), 14, 16(3) and 34(2) shall be performed by ...

[Each State enacting this model law specifies the court, courts or, where referred to therein, other authority competent to perform these functions.]

CHAPTER II. ARBITRATION AGREEMENT

Option I

Article 7. Definition and form of arbitration agreement

(As adopted by the Commission at its thirty-ninth session, in 2006)

1. "Arbitration agreement" is an agreement by the parties to submit to arbitration all or certain disputes which have arisen or which may arise between them in respect of a defined legal relationship, whether contractual or not. An arbitration agreement may be in the form of an arbitration clause in a contract or in the form of a separate agreement.
2. The arbitration agreement shall be in writing.
3. An arbitration agreement is in writing if its content is recorded in any form, whether or not the arbitration agreement or contract has been concluded orally, by conduct, or by other means.
4. The requirement that an arbitration agreement be in writing is met by an electronic communication if the information contained therein is accessible so as to be useable for subsequent reference; "electronic communication" means any communication that the parties make by means of data messages; "data message" means information generated, sent, received or stored by electronic, magnetic, optical or similar means, including, but not limited to, electronic data interchange (EDI), electronic mail, telegram, telex or telecopy.
5. Furthermore, an arbitration agreement is in writing if it is contained in an exchange of statements of claim and defence in which the existence of an agreement is alleged by one party and not denied by the other.
6. The reference in a contract to any document containing an arbitration clause constitutes an arbitration agreement in writing, provided that the reference is such as to make that clause part of the contract.

Option II

Article 7. Definition of arbitration agreement

(As adopted by the Commission at its thirty−ninth session, in 2006)

"Arbitration agreement" is an agreement by the parties to submit to arbitration all or certain disputes which have arisen or which may arise between them in respect of a defined legal relationship, whether contractual or not.

Article 8. Arbitration agreement and substantive claim before court

(1) A court before which an action is brought in a matter which is the subject of an

arbitration agreement shall, if a party so requests not later than when submitting his first statement on the substance of the dispute, refer the parties to arbitration unless it finds that the agreement is null and void, inoperative or incapable of being performed.

(2) Where an action referred to in paragraph (1) of this article has been brought, arbitral proceedings may nevertheless be commenced or continued, and an award may be made, while the issue is pending before the court.

Article 9. Arbitration agreement and interim measures by court

It is not incompatible with an arbitration agreement for a party to request, before or during arbitral proceedings, from a court an interim measure of protection and for a court to grant such measure.

CHAPTER Ⅲ. COMPOSITION OF ARBITRAL TRIBUNAL

Article 10. Number of arbitrators

(1) The parties are free to determine the number of arbitrators.

(2) Failing such determination, the number of arbitrators shall be three.

Article 11. Appointment of arbitrators

(1) No person shall be precluded by reason of his nationality from acting as an arbitrator, unless otherwise agreed by the parties.

(2) The parties are free to agree on a procedure of appointing the arbitrator or arbitrators, subject to the provisions of paragraphs (4) and (5) of this article.

(3) Failing such agreement,

(a) in an arbitration with three arbitrators, each party shall appoint one arbitrator, and the two arbitrators thus appointed shall appoint the third arbitrator; if a party fails to appoint the arbitrator within thirty days of receipt of a request to do so from the other party, or if the two arbitrators fail to agree on the third arbitrator within thirty days of their appointment, the appointment shall be made, upon request of a party, by the court or other authority specified in article 6;

(b) in an arbitration with a sole arbitrator, if the parties are unable to agree on the arbitrator, he shall be appointed, upon request of a party, by the court or other authority specified in article 6.

(4) Where, under an appointment procedure agreed upon by the parties,

(a) a party fails to act as required under such procedure, or

(b) the parties, or two arbitrators, are unable to reach an agreement expected of them under such procedure, or

(c) a third party, including an institution, fails to perform any function entrusted to it under such procedure, any party may request the court or other authority specified in article 6 to take the necessary measure, unless the agreement on the appointment procedure provides other means for securing the appointment.

(5) A decision on a matter entrusted by paragraph (3) or (4) of this article to the court or other authority specified in article 6 shall be subject to no appeal. The court or other authority, in appointing an arbitrator, shall have due regard to any qualifications required of the arbitrator by the agreement of the parties and to such considerations as are likely to secure the appointment of an independent and impartial arbitrator and, in the case of a sole or third arbitrator, shall take into account as well the advisability of appointing an arbitrator of a nationality other than those of the parties.

Article 12. Grounds for challenge

(1) When a person is approached in connection with his possible appointment as an arbitrator, he shall disclose any circumstances likely to give rise to justifiable doubts as to his impartiality or independence. An arbitrator, from the time of his appointment and throughout the arbitral proceedings, shall without delay disclose any such circumstances to the parties unless they have already been informed of them by him.

(2) An arbitrator may be challenged only if circumstances exist that give rise to justifiable doubts as to his impartiality or independence, or if he does not possess qualifications agreed to by the parties. A party may challenge an arbitrator appointed by him, or in whose appointment he has participated, only for reasons of which he becomes aware after the appointment has been made.

Article 13. Challenge procedure

(1) The parties are free to agree on a procedure for challenging an arbitrator, subject to the provisions of paragraph (3) of this article.

(2) Failing such agreement, a party who intends to challenge an arbitrator shall, within fifteen days after becoming aware of the constitution of the arbitral tribunal or after becoming aware of any circumstance referred to in article 12(2), send a written statement of the reasons for the challenge to the arbitral tribunal. Unless the challenged arbitrator withdraws from his office or the other party agrees to the challenge, the arbitral tribunal shall decide on the challenge.

(3) If a challenge under any procedure agreed upon by the parties or under the procedure of paragraph (2) of this article is not successful, the challenging party

may request, within thirty days after having received notice of the decision rejecting the challenge, the court or other authority specified in article 6 to decide on the challenge, which decision shall be subject to no appeal; while such a request is pending, the arbitral tribunal, including the challenged arbitrator, may continue the arbitral proceedings and make an award.

Article 14. Failure or impossibility to act

(1) If an arbitrator becomes de jure or de facto unable to perform his functions or for other reasons fails to act without undue delay, his mandate terminates if he withdraws from his office or if the parties agree on the termination. Otherwise, if a controversy remains concerning any of these grounds, any party may request the court or other authority specified in article 6 to decide on the termination of the mandate, which decision shall be subject to no appeal.

(2) If, under this article or article 13(2), an arbitrator withdraws from his office or a party agrees to the termination of the mandate of an arbitrator, this does not imply acceptance of the validity of any ground referred to in this article or article 12(2).

Article 15. Appointment of substitute arbitrator

Where the mandate of an arbitrator terminates under article 13 or 14 or because of his withdrawal from office for any other reason or because of the revocation of his mandate by agreement of the parties or in any other case of termination of his mandate, a substitute arbitrator shall be appointed according to the rules that were applicable to the appointment of the arbitrator being replaced.

CHAPTER IV. JURISDICTION OF ARBITRAL TRIBUNAL

Article 16. Competence of arbitral tribunal to rule on its jurisdiction

(1) The arbitral tribunal may rule on its own jurisdiction, including any objections with respect to the existence or validity of the arbitration agreement. For that purpose, an arbitration clause which forms part of a contract shall be treated as an agreement independent of the other terms of the contract. A decision by the arbitral tribunal that the contract is null and void shall not entail ipso jure the invalidity of the arbitration clause.

(2) A plea that the arbitral tribunal does not have jurisdiction shall be raised not later than the submission of the statement of defence. A party is not precluded from raising such a plea by the fact that he has appointed, or participated in the appointment of, an arbitrator. A plea that the arbitral tribunal is exceeding the

scope of its authority shall be raised as soon as the matter alleged to be beyond the scope of its authority is raised during the arbitral proceedings. The arbitral tribunal may, in either case, admit a later plea if it considers the delay justified.

(3) The arbitral tribunal may rule on a plea referred to in paragraph (2) of this article either as a preliminary question or in an award on the merits. If the arbitral tribunal rules as a preliminary question that it has jurisdiction, any party may request, within thirty days after having received notice of that ruling, the court specified in article 6 to decide the matter, which decision shall be subject to no appeal; while such a request is pending, the arbitral tribunal may continue the arbitral proceedings and make an award.

Chapter IV A. Interim measures and preliminary orders

(As adopted by the Commission at its thirty–ninth session, in 2006)

Section 1. Interim measures

Article 17. Power of arbitral tribunal to order interim measures

1. Unless otherwise agreed by the parties, the arbitral tribunal may, at the request of a party, grant interim measures.

2. An interim measure is any temporary measure, whether in the form of an award or in another form, by which, at any time prior to the issuance of the award by which the dispute is finally decided, the arbitral tribunal orders a party to:

(a) Maintain or restore the status quo pending determination of the dispute;

(b) Take action that would prevent, or refrain from taking action that is likely to cause, current or imminent harm or prejudice to the arbitral process itself;

(c) Provide a means of preserving assets out of which a subsequent award may be satisfied; or

(d) Preserve evidence that may be relevant and material to the resolution of the dispute.

Article 17 A. Conditions for granting interim measures

1. The party requesting an interim measure under article 17, paragraph 2 (a), (b) and (c) shall satisfy the arbitral tribunal that:

(a) Harm not adequately reparable by an award of damages is likely to result if the measure is not ordered, and such harm substantially outweighs the harm that is likely to result to the party against whom the measure is directed if the measure is granted; and

(b) There is a reasonable possibility that the requesting party will succeed on the merits of the claim. The determination on this possibility shall not affect the discretion of the arbitral tribunal in making any subsequent determination.

2. With regard to a request for an interim measure under article 17, paragraph 2 (d), the requirements in paragraph 1 (a) and (b) of this article shall apply only to the extent the arbitral tribunal considers appropriate.

Section 2. Preliminary orders

Article 17 B. Applications for preliminary orders and conditions for granting preliminary orders

1. Unless otherwise agreed by the parties, a party may, without notice to any other party, make a request for an interim measure together with an application for a preliminary order directing a party not to frustrate the purpose of the interim measure requested.

2. The arbitral tribunal may grant a preliminary order provided it considers that prior disclosure of the request for the interim measure to the party against whom it is directed risks frustrating the purpose of the measure.

3. The conditions defined under article 17 A apply to any preliminary order, provided that the harm to be assessed under article 17 A, paragraph 1 (a), is the harm likely to result from the order being granted or not.

Article 17 C. Specific regime for preliminary orders

1. Immediately after the arbitral tribunal has made a determination in respect of an application for a preliminary order, the arbitral tribunal shall give notice to all parties of the request for the interim measure, the application for the preliminary order, the preliminary order, if any, and all other communications, including by indicating the content of any oral communication, between any party and the arbitral tribunal in relation thereto.

2. At the same time, the arbitral tribunal shall give an opportunity to any party against whom a preliminary order is directed to present its case at the earliest practicable time.

3. The arbitral tribunal shall decide promptly on any objection to the preliminary order.

4. A preliminary order shall expire after twenty days from the date on which it was issued by the arbitral tribunal. However, the arbitral tribunal may issue an interim measure adopting or modifying the preliminary order, after the party against whom the preliminary order is directed has been given notice and an opportunity to present its case.

5. A preliminary order shall be binding on the parties but shall not be subject to

enforcement by a court. Such a preliminary order does not constitute an award.

Section 3. Provisions applicable to interim measures and preliminary orders

Article 17 D. Modification, suspension, termination

The arbitral tribunal may modify, suspend or terminate an interim measure or a preliminary order it has granted, upon application of any party or, in exceptional circumstances and upon prior notice to the parties, on the arbitral tribunal's own initiative.

Article 17 E. Provision of security

1. The arbitral tribunal may require the party requesting an interim measure to provide appropriate security in connection with the measure.
2. The arbitral tribunal shall require the party applying for a preliminary order to provide security in connection with the order unless the arbitral tribunal considers it inappropriate or unnecessary to do so.

Article 17 F. Disclosure

1. The arbitral tribunal may require any party promptly to disclose any material change in the circumstances on the basis of which the measure was requested or granted.
2. The party applying for a preliminary order shall disclose to the arbitral tribunal all circumstances that are likely to be relevant to the arbitral tribunal's determination whether to grant or maintain the order, and such obligation shall continue until the party against whom the order has been requested has had an opportunity to present its case. Thereafter, paragraph 1 of this article shall apply.

Article 17 G. Costs and damages

The party requesting an interim measure or applying for a preliminary order shall be liable for any costs and damages caused by the measure or the order to any party if the arbitral tribunal later determines that, in the circumstances, the measure or the order should not have been granted. The arbitral tribunal may award such costs and damages at any point during the proceedings.

Section 4. Recognition and enforcement of interim measures

Article 17 H. Recognition and enforcement

1. An interim measure issued by an arbitral tribunal shall be recognized as binding and, unless otherwise provided by the arbitral tribunal, enforced upon application to the competent court, irrespective of the country in which it was issued, subject to the provisions of article 17 I.
2. The party who is seeking or has obtained recognition or enforcement of an interim measure shall promptly inform the court of any termination, suspension or modifica-

tion of that interim measure.

3. The court of the State where recognition or enforcement is sought may, if it considers it proper, order the requesting party to provide appropriate security if the arbitral tribunal has not already made a determination with respect to security or where such a decision is necessary to protect the rights of third parties.

Article 17 I. Grounds for refusing recognition or enforcement[3)]

1. Recognition or enforcement of an interim measure may be refused only:

(a) At the request of the party against whom it is invoked if the court is satisfied that:

(i) Such refusal is warranted on the grounds set forth in article 36, paragraph 1 (a)(i), (ii), (iii) or (iv); or

(ii) The arbitral tribunal's decision with respect to the provision of security in connection with the interim measure issued by the arbitral tribunal has not been complied with; or

(iii) The interim measure has been terminated or suspended by the arbitral tribunal or, where so empowered, by the court of the State in which the arbitration takes place or under the law of which that interim measure was granted; or

(b) If the court finds that:

(i) The interim measure is incompatible with the powers conferred upon the court unless the court decides to reformulate the interim measure to the extent necessary to adapt it to its own powers and procedures for the purposes of enforcing that interim measure and without modifying its substance; or

(ii) Any of the grounds set forth in article 36, paragraph 1 (b)(i) or (ii), apply to the recognition and enforcement of the interim measure.

2. Any determination made by the court on any ground in paragraph 1 of this article shall be effective only for the purposes of the application to recognize and enforce the interim measure. The court where recognition or enforcement is sought shall not, in making that determination, undertake a review of the substance of the interim measure.

---

3) The conditions set forth in article 17 I are intended to limit the number of circumstances in which the court may refuse to enforce an interim measure. It would not be contrary to the level of harmonization sought to be achieved by these model provisions if a State were to adopt fewer circumstances in which enforcement may be refused.

Section 5. Court-ordered interim measures

Article 17 J. Court-ordered interim measures

A court shall have the same power of issuing an interim measure in relation to arbitration proceedings, irrespective of whether their place is in the territory of this State, as it has in relation to proceedings in courts. The court shall exercise such power in accordance with its own procedures in consideration of the specific features of international arbitration.

CHAPTER V. CONDUCT OF ARBITRAL PROCEEDINGS

Article 18. Equal treatment of parties

The parties shall be treated with equality and each party shall be given a full opportunity of presenting his case.

Article 19. Determination of rules of procedure

(1) Subject to the provisions of this Law, the parties are free to agree on the procedure to be followed by the arbitral tribunal in conducting the proceedings.

(2) Failing such agreement, the arbitral tribunal may, subject to the provisions of this Law, conduct the arbitration in such manner as it considers appropriate. The power conferred upon the arbitral tribunal includes the power to determine the admissibility, relevance, materiality and weight of any evidence.

Article 20. Place of arbitration

(1) The parties are free to agree on the place of arbitration. Failing such agreement, the place of arbitration shall be determined by the arbitral tribunal having regard to the circumstances of the case, including the convenience of the parties.

(2) Notwithstanding the provisions of paragraph (1) of this article, the arbitral tribunal may, unless otherwise agreed by the parties, meet at any place it considers appropriate for consultation among its members, for hearing witnesses, experts or the parties, or for inspection of goods, other property or documents.

Article 21. Commencement of arbitral proceedings

Unless otherwise agreed by the parties, the arbitral proceedings in respect of a particular dispute commence on the date on which a request for that dispute to be referred to arbitration is received by the respondent.

Article 22. Language

(1) The parties are free to agree on the language or languages to be used in the arbitral proceedings. Failing such agreement, the arbitral tribunal shall determine the language or languages to be used in the proceedings. This agreement or deter-

mination, unless otherwise specified therein, shall apply to any written statement by a party, any hearing and any award, decision or other communication by the arbitral tribunal.

(2) The arbitral tribunal may order that any documentary evidence shall be accompanied by a translation into the language or languages agreed upon by the parties or determined by the arbitral tribunal.

Article 23. Statements of claim and defence

(1) Within the period of time agreed by the parties or determined by the arbitral tribunal, the claimant shall state the facts supporting his claim, the points at issue and the relief or remedy sought, and the respondent shall state his defence in respect of these particulars, unless the parties have otherwise agreed as to the required elements of such statements. The parties may submit with their statements all documents they consider to be relevant or may add a reference to the documents or other evidence they will submit.

(2) Unless otherwise agreed by the parties, either party may amend or supplement his claim or defence during the course of the arbitral proceedings, unless the arbitral tribunal considers it inappropriate to allow such amendment having regard to the delay in making it.

Article 24. Hearings and written proceedings

(1) Subject to any contrary agreement by the parties, the arbitral tribunal shall decide whether to hold oral hearings for the presentation of evidence or for oral argument, or whether the proceedings shall be conducted on the basis of documents and other materials. However, unless the parties have agreed that no hearings shall be held, the arbitral tribunal shall hold such hearings at an appropriate stage of the proceedings, if so requested by a party.

(2) The parties shall be given sufficient advance notice of any hearing and of any meeting of the arbitral tribunal for the purposes of inspection of goods, other property or documents.

(3) All statements, documents or other information supplied to the arbitral tribunal by one party shall be communicated to the other party. Also any expert report or evidentiary document on which the arbitral tribunal may rely in making its decision shall be communicated to the parties.

Article 25. Default of a party

Unless otherwise agreed by the parties, if, without showing sufficient cause,

(a) the claimant fails to communicate his statement of claim in accordance with article 23(1), the arbitral tribunal shall terminate the proceedings;

(b) the respondent fails to communicate his statement of defence in accordance with article 23(1), the arbitral tribunal shall continue the proceedings without treating such failure in itself as an admission of the claimant's allegations;

(c) any party fails to appear at a hearing or to produce documentary evidence, the arbitral tribunal may continue the proceedings and make the award on the evidence before it.

Article 26. Expert appointed by arbitral tribunal

(1) Unless otherwise agreed by the parties, the arbitral tribunal

(a) may appoint one or more experts to report to it on specific issues to be determined by the arbitral tribunal;

(b) may require a party to give the expert any relevant information or to produce, or to provide access to, any relevant documents, goods or other property for his inspection.

(2) Unless otherwise agreed by the parties, if a party so requests or if the arbitral tribunal considers it necessary, the expert shall, after delivery of his written or oral report, participate in a hearing where the parties have the opportunity to put questions to him and to present expert witnesses in order to testify on the points at issue.

Article 27. Court assistance in taking evidence

The arbitral tribunal or a party with the approval of the arbitral tribunal may request from a competent court of this State assistance in taking evidence. The court may execute the request within its competence and according to its rules on taking evidence.

CHAPTER VI. MAKING OF AWARD AND TERMINATION OF PROCEEDINGS

Article 28. Rules applicable to substance of dispute

(1) The arbitral tribunal shall decide the dispute in accordance with such rules of law as are chosen by the parties as applicable to the substance of the dispute. Any designation of the law or legal system of a given State shall be construed, unless otherwise expressed, as directly referring to the substantive law of that State and not to its conflict of laws rules.

(2) Failing any designation by the parties, the arbitral tribunal shall apply the law determined by the conflict of laws rules which it considers applicable.

(3) The arbitral tribunal shall decide ex aequo et bono or as amiable compositeur

only if the parties have expressly authorized it to do so.

(4) In all cases, the arbitral tribunal shall decide in accordance with the terms of the contract and shall take into account the usages of the trade applicable to the transaction.

Article 29. Decision making by panel of arbitrators

In arbitral proceedings with more than one arbitrator, any decision of the arbitral tribunal shall be made, unless otherwise agreed by the parties, by a majority of all its members. However, questions of procedure may be decided by a presiding arbitrator, if so authorized by the parties or all members of the arbitral tribunal.

Article 30. Settlement

(1) If, during arbitral proceedings, the parties settle the dispute, the arbitral tribunal shall terminate the proceedings and, if requested by the parties and not objected to by the arbitral tribunal, record the settlement in the form of an arbitral award on agreed terms.

(2) An award on agreed terms shall be made in accordance with the provisions of article 31 and shall state that it is an award. Such an award has the same status and effect as any other award on the merits of the case.

Article 31. Form and contents of award

(1) The award shall be made in writing and shall be signed by the arbitrator or arbitrators. In arbitral proceedings with more than one arbitrator, the signatures of the majority of all members of the arbitral tribunal shall suffice, provided that the reason for any omitted signature is stated.

(2) The award shall state the reasons upon which it is based, unless the parties have agreed that no reasons are to be given or the award is an award on agreed terms under article 30.

(3) The award shall state its date and the place of arbitration as determined in accordance with article 20(1). The award shall be deemed to have been made at that place.

(4) After the award is made, a copy signed by the arbitrators in accordance with paragraph (1) of this article shall be delivered to each party.

Article 32. Termination of proceedings

(1) The arbitral proceedings are terminated by the final award or by an order of the arbitral tribunal in accordance with paragraph (2) of this article.

(2) The arbitral tribunal shall issue an order for the termination of the arbitral proceedings when:

(a) the claimant withdraws his claim, unless the respondent objects thereto and the arbitral tribunal recognizes a legitimate interest on his part in obtaining a final settlement of the dispute;

(b) the parties agree on the termination of the proceedings;

(c) the arbitral tribunal finds that the continuation of the proceedings has for any other reason become unnecessary or impossible.

(3) The mandate of the arbitral tribunal terminates with the termination of the arbitral proceedings, subject to the provisions of articles 33 and 34(4).

Article 33. Correction and interpretation of award; additional award

(1) Within thirty days of receipt of the award, unless another period of time has been agreed upon by the parties:

(a) a party, with notice to the other party, may request the arbitral tribunal to correct in the award any errors in computation, any clerical or typographical errors or any errors of similar nature;

(b) if so agreed by the parties, a party, with notice to the other party, may request the arbitral tribunal to give an interpretation of a specific point or part of the award. If the arbitral tribunal considers the request to be justified, it shall make the correction or give the interpretation within thirty days of receipt of the request. The interpretation shall form part of the award.

(2) The arbitral tribunal may correct any error of the type referred to in paragraph (1) (a) of this article on its own initiative within thirty days of the date of the award.

(3) Unless otherwise agreed by the parties, a party, with notice to the other party, may request, within thirty days of receipt of the award, the arbitral tribunal to make an additional award as to claims presented in the arbitral proceedings but omitted from the award. If the arbitral tribunal considers the request to be justified, it shall make the additional award within sixty days.

(4) The arbitral tribunal may extend, if necessary, the period of time within which it shall make a correction, interpretation or an additional award under paragraph (1) or (3) of this article.

(5) The provisions of article 31 shall apply to a correction or interpretation of the award or to an additional award.

CHAPTER VII. RECOURSE AGAINST AWARD

Article 34. Application for setting aside as exclusive recourse against arbitral award

(1) Recourse to a court against an arbitral award may be made only by an appli-

cation for setting aside in accordance with paragraphs (2) and (3) of this article.

(2) An arbitral award may be set aside by the court specified in article 6 only if:

(a) the party making the application furnishes proof that:

(i) a party to the arbitration agreement referred to in article 7 was under some incapacity; or the said agreement is not valid under the law to which the parties have subjected it or, failing any indication thereon, under the law of this State; or

(ii) the party making the application was not given proper notice of the appointment of an arbitrator or of the arbitral proceedings or was otherwise unable to present his case; or

(iii) the award deals with a dispute not contemplated by or not falling within the terms of the submission to arbitration, or contains decisions on matters beyond the scope of the submission to arbitration, provided that, if the decisions on matters submitted to arbitration can be separated from those not so submitted, only that part of the award which contains decisions on matters not submitted to arbitration may be set aside; or

(iv) the composition of the arbitral tribunal or the arbitral procedure was not in accordance with the agreement of the parties, unless such agreement was in conflict with a provision of this Law from which the parties cannot derogate, or, failing such agreement, was not in accordance with this Law; or

(b) the court finds that:

(i) the subject-matter of the dispute is not capable of settlement by arbitration under the law of this State; or

(ii) the award is in conflict with the public policy of this State.

(3) An application for setting aside may not be made after three months have elapsed from the date on which the party making that application had received the award or, if a request had been made under article 33, from the date on which that request had been disposed of by the arbitral tribunal.

(4) The court, when asked to set aside an award, may, where appropriate and so requested by a party, suspend the setting aside proceedings for a period of time determined by it in order to give the arbitral tribunal an opportunity to resume the arbitral proceedings or to take such other action as in the arbitral tribunal's opinion will eliminate the grounds for setting aside.

CHAPTER VIII. RECOGNITION AND ENFORCEMENT OF AWARDS

Article 35. Recognition and enforcement

(1) An arbitral award, irrespective of the country in which it was made, shall be recognized as binding and, upon application in writing to the competent court, shall be enforced subject to the provisions of this article and of article 36.

(2) The party relying on an award or applying for its enforcement shall supply the original award or a copy thereof. If the award is not made in an official language of this State, the court may request the party to supply a translation thereof into such language.[4)]

(Article 35(2) has been amended by the Commission at its thirty-ninth session, in 2006)

Article 36. Grounds for refusing recognition or enforcement

(1) Recognition or enforcement of an arbitral award, irrespective of the country in which it was made, may be refused only:

(a) at the request of the party against whom it is invoked, if that party furnishes to the competent court where recognition or enforcement is sought proof that:

(i) a party to the arbitration agreement referred to in article 7 was under some incapacity; or the said agreement is not valid under the law to which the parties have subjected it or, failing any indication thereon, under the law of the country where the award was made; or

(ii) the party against whom the award is invoked was not given proper notice of the appointment of an arbitrator or of the arbitral proceedings or was otherwise unable to present his case; or

*** *The conditions set forth in this paragraph are intended to set maximum standards. It would, thus, not be contrary to the harmonization to be achieved by the model law if a State retained even less onerous conditions.*

(iii) the award deals with a dispute not contemplated by or not falling within the terms of the submission to arbitration, or it contains decisions on matters beyond the scope of the submission to arbitration, provided that, if the decisions on matters submitted to arbitration can be separated from those not so submitted, that part of the award which contains decisions on matters submitted to arbitration may be recognized and enforced; or

---

4) The conditions set forth in this paragraph are intended to set maximum standards. It would, thus, not be contrary to the harmonization to be achieved by the model law if a State retained even less onerous conditions.

(iv) the composition of the arbitral tribunal or the arbitral procedure was not in accordance with the agreement of the parties or, failing such agreement, was not in accordance with the law of the country where the arbitration took place; or

(v) the award has not yet become binding on the parties or has been set aside or suspended by a court of the country in which, or under the law of which, that award was made; or

(b) if the court finds that:

(i) the subject-matter of the dispute is not capable of settlement by arbitration under the law of this State; or

(ii) the recognition or enforcement of the award would be contrary to the public policy of this State.

(2) If an application for setting aside or suspension of an award has been made to a court referred to in paragraph (1)(a)(v) of this article, the court where recognition or enforcement is sought may, if it considers it proper, adjourn its decision and may also, on the application of the party claiming recognition or enforcement of the award, order the other party to provide appropriate security.

[13-2] 국제상사중재에 관한 국제무역법위원회 모델법 국문시역[1)]

2006년에 채택된 바의 수정을 반영함
(국제연합 문서 A/40/17, 별첨 I과 A/61/17, 별첨 I)
(국제연합 국제거래법위원회에 의하여 1985. 6. 21. 채택되고, 국제연합 국제거래법위원회에 의하여 2006. 7. 7. 수정된 바에 따름)

제1장 총 칙

제1조(적용범위)*

① 이 법은 해당 국가와 타국 간에 효력이 있는 모든 합의에 따르는 것을 조건으로 국제상사**중재에 적용된다.

② 이 법의 규정은 제8조, 제9조, 제17조H, 제17조I, 제17조J, 제35조 및 제36조를 제외하고, 중재지가 해당 국가의 영역 내에 있는 경우에 한하여 적용한다.

(제1조 제2항은 2006년 위원회의 제39차 회기에서 수정되었다)

③ 국제중재는 다음에 해당하는 경우이다.

1.[2)] 중재합의의 당사자가 중재합의를 체결할 당시 상이한 국가 내에 영업소를 두고 있는 경우

2. 다음 장소 중 어느 한 장소가 당사자의 영업소 소재지국 외에 있는 경우
   (i) 중재합의에서 결정되어 있거나 또는 그에 따라 결정되는 중재지
   (ii) 상거래상 의무의 실질적인 부분이 이행되어야 할 장소 또는 분쟁의 대상[3)]과 가장 밀접하게 연결되어 있는 장소

3. 중재합의의 대상이 2개국 이상과 관련되어 있다고 당사자들이 명시적으로 합의한 경우

** 각 조의 제목은 오로지 참조를 위한 것이고 그의 해석의 목적상 사용하여서는 아니 된다.*

*** "상사"라는 용어는 상사의 성질을 가지는 모든 관계로부터 발생하는 사항들을, 그것이 계*

---

1) 1985년 모델법의 국문번역은 대체로 대한상사중재원의 웹사이트(http://www.kcab.or.kr/)에 있는 번역문이므로 유권적인 국문번역이라고 하기는 어려우나 편의상 전재하였다. 다만 "국제상사중재에 관한 국제상거래법위원회 표준중재법"이라는 제목을 위와 같이 수정하였고, 아래 본문의 번역에서도 몇 가지 주를 달았다. 나아가 2006년의 개정 모델법은 저자의 시역이다. 영문에 포함된 각주의 번역은 생략하였다. 2018년 5월 UNCITRAL 아시아·태평양 지역사무소("아태지역사무소")는 법무부와 공동으로 "UN 국제상거래 규범집(제1권): United Nations Standards Towards the Harmonization and Modernization of International Commercial Law - Selected UNCITRAL Texts (Bilingual English - Korean)"을 간행하였는데, 62면 이하에 통합 모델중재법의 국영문이 수록되어 있다.

2) 영문에서는 'a'이나 중재원의 국문번역은 이를 '1'로 적고 있다.

3) 중재원의 번역은 '본안사항'이라고 하나 이를 '대상'으로 수정하였다. 이하에서도 같다.

약적인 것이든 아니든 간에 포함할 수 있도록 넓게 해석하여야 한다. 상사적 성질의 관계는 다음 거래들을 포함하나 그에 한정되지 아니 한다. 물품 또는 용역의 공급 또는 교환을 위한 무역거래, 판매점계약(distribution agreement), 상사대리(commercial representation or agency), 팩토링, 리스, 공장건설(construction of works), 컨설팅, 엔지니어링, 라이센스, 투자, 금융, 은행업, 보험, 개발계약 또는 양허계약, 합작투자 및 다른 형태의 산업협력 또는 사업협력, 항공, 해상, 철도 또는 도로에 의한 물품 또는 여객의 운송.

④ 제3항의 적용상

1. 일방당사자가 2개 이상의 영업소를 두고 있는 경우에는 중재합의와 가장 밀접한 관계가 있는 영업소를 지칭하고
2. 일방당사자가 영업소를 두고 있지 아니하는 경우에는 상거소를 참조하는 것으로 한다.

⑤ 해당 국가의 법령에 의하면 특정 분쟁이 중재에 회부될 수 없거나 이 법 이외의 규정에 따라서만 중재에 회부되어야 하는 경우에 이 법은 해당 국가의 타 법령에 영향을 미치지 아니한다.

제2조(정의와 해석의 원칙)

이 법의 적용상

1. "중재"라 함은 상설중재기관에 의하여 관리되거나 아니되거나를 불문하고 모든 중재를 말한다.
2. "중재판정부"라 함은 단독 중재인 또는 수인의 중재인단을 말한다.
3. "법원"이라 함은 한 국가의 사법기관을 말한다.
4. 제28조를 제외한 이 법의 규정이 당사자로 하여금 일정한 쟁점을 자유롭게 결정하도록 허용하고 있는 경우에는, 그 자유는 어떤 기관을 포함한 제3자에게 당해 결정을 내릴 권한을 부여하는 당사자의 권리를 포함한다.
5. 이 법의 규정에서 당사자가 합의하였거나 합의할 수 있다고 정하거나 또는 기타 방법으로 당사자의 합의에 관하여 언급한 경우에 그러한 합의는 그 합의 속에 언급된 모든 중재규칙을 포함한다.
6. 제25조 제1호 및 제32조 제2항 제1호를 제외하고 청구에 관한 이 법의 규정은 반대청구에도 적용된다. 항변에 관한 규정은 그러한 반대청구의 항변에도 적용된다.

제2조A(국제적 연원과 일반원칙)

(2006년 위원회의 제39차 회기에서 채택된 바에 따름)

① 이 법률의 해석에는 그 국제적 연원 및 적용상의 통일과 신의 준수를 증진할 필요성을 고려하여야 한다.

② 이 법률에 의하여 규율되는 사항으로서 법률에서 명시적으로 해결되지 아니하는 문제는, 이 법률이 기초하고 있는 일반원칙에 따라 해결되어야 한다.

제3조(서면통지의 수령)

① 당사자 간에 달리 합의가 없는 한

1. 모든 서면통지는 수신인에게 직접 교부되거나 수신인의 영업소, 상거소 또는 우편 주소지에 전달된 경우에는 수령된 것으로 본다. 또한 그러한 주소들이 합리적인 조회의 결과로써도 발견될 수 없는 경우에는 등기우편 또는 전달하려고 한 기록을 제공할 수 있는 그 밖의 다른 수단에 의하여 수신인의 최후 영업소, 상거소 또는 우편주소지에 발송된 경우에는 서면통지가 수령된 것으로 본다.
2. 서면통지는 1호의 방법으로 전달된 일자에 수령된 것으로 본다.

② 제1항의 규정은 소송절차상의 송달에는 적용되지 아니한다.

제4조(이의신청권의 포기)

이 법의 규정에 의하여 당사자가 그 효력을 배제할 수 있다는 규정이나 중재합의의 요건이 준수되지 아니한 사실을 알았거나 알 수 있으면서 당사자가 지체없이 또는 기한이 정해져 있는 경우에는 그 기한 내에 그러한 불이행에 대해 이의를 제기하지 아니하고 중재절차를 속행한 경우에는 자신의 이의신청권을 포기한 것으로 본다.

제5조(법원의 관여)

이 법이 적용되는 사항에 대해서 법원은 이 법이 규정한 경우를 제외하고는 관여하여서는 아니 된다.

제6조(중재 지원 및 감독 기능을 수행하는 법원 또는 기타 기관)

제11조 제3항, 제11조 제4항, 제13조 제3항, 제14조, 제16조 제3항 및 제34조 제2항에 규정된 기능은 ... [이 모델법을 입법하는 각 국가는 법원 또는 이 기능을 수행할 수 있는 기타 기관을 명시하여야 함] ... 에 의하여 수행된다.

제 2 장 중재합의

선택지 I

제7조(중재합의의 정의와 방식)

(2006년 위원회의 제39차 회기에서 채택된 바에 따름)

1. "중재합의"는 계약에 의하거나 또는 계약에 의하지 아니한 일정한 법률관계에 관하여 당사자 간에 이미 발생하였거나 장래 발생할 수 있는 모든 분쟁 또는 특정한 분쟁을 중재에 부탁하는 당사자 사이의 합의이다. 중재합의는 계약상의 중재조항의 형식이나 별도의 합의형태로 할 수 있다.
2. 중재합의는 서면으로 하여야 한다.
3. 중재합의는 중재합의 또는 계약이 구두로, 행위에 의하여 또는 다른 수단에 의하여 체결되었던 간에 그 내용이 어떤 방식으로든 기록되면 서면으로 작성한 것으로 한다.

4. 중재합의가 서면으로 되어야 한다는 요건은 전자통신에 포함된 정보가 후에 참조를 위하여 사용될 수 있도록 접근할 수 있는 때에는 전자통신에 의하여 충족된다. "전자적 의사표시"라 함은 당사자들이 데이터 메시지를 통하여 하는 모든 통신을 의미하고, "데이터 메시지"라 함은 전자적, 자기적, 광학적 또는 이와 유사한 수단에 의하여 생성, 발송, 수신, 저장되는 정보로서, 전자데이터교환(EDI), 전자우편, 전보, 텔렉스 또는 텔레카피를 포함하며 이에 한정되지 않는다.
5. 나아가 중재합의는 신청서와 답변서의 교환 속에서 중재합의의 존재가 일방당사자에 의해서 주장되고 상대방당사자가 이를 부인하지 아니하는 경우에는 서면으로 작성된 것으로 한다.
6. 당사자간의 계약 속에서 어떤 중재조항이 포함되어 있는 서류에 대한 언급이 있는 경우에는 이를 중재합의로 의미하고 있는 것으로 해석한다. 다만 그 언급이 당해 조항이 그러한 계약의 일부를 구성하는 것으로 볼 수 있을 경우에 한한다.

선택지 II

제7조(중재합의의 정의와 방식)

(2006년 위원회의 제39차 회기에서 채택된 바에 따름)

"중재합의"는 계약에 의하거나 또는 계약에 의하지 아니한 일정한 법률관계에 관하여 당사자간에 이미 발생하였거나 장래 발생할 수 있는 모든 분쟁 또는 특정한 분쟁을 중재에 부탁하는 당사자 사이의 합의이다.

제8조(중재합의와 법원에의 제소)

① 중재합의의 대상이 된 사건이 법원에 제소되었을 경우로서, 일방당사자가 그 분쟁의 본안에 관한 제1차 진술서를 제출하기 이전에 이에 관한 항변을 제기하면, 법원은 그 중재합의가 무효이거나, 실효하였거나 또는 이행불능의 상태에 있는 것으로 판단되지 아니하는 한 당사자들을 중재에 회부하여야 한다.

② 제1항에서 언급한 소가 제기된 경우에도 중재절차는 개시되거나 속행될 수 있으며 사건이 법원에 계속 중인 경우에도 중재판정이 내려질 수 있다.

제9조(중재합의와 법원의 보전처분)

일방당사자가 중재절차 전이나 진행 중에 법원에 보전처분을 신청하거나 법원이 이러한 조치를 허여하는 것은 중재합의에 반하지 아니한다.

제 3 장 중재판정부의 구성

제10조(중재인의 수)

① 당사자는 중재인의 수를 자유로이 정할 수 있다.

② 그러한 결정이 없는 경우에는 중재인의 수는 3인으로 한다.

제11조(중재인의 선정)

① 당사자가 달리 합의하지 않는 한 누구라도 자신의 국적을 이유로 중재인으로서 활동하는데 배제되지 아니한다.

② 본조 제4항과 제5항의 제한 하에 당사자는 중재인의 선정절차를 자유로이 합의할 수 있다.

③ 그러한 합의가 없는 경우에

1. 3인 중재에서 각 당사자는 1인의 중재인을 선정하고 이에 따라 선정된 2인의 중재인이 제3의 중재인을 선정한다. 일방당사자가 상대방으로부터 중재인 선정을 요구받은 후 30일 이내에 중재인을 선정하지 않거나 2인의 중재인이 그 선정된 후 30일 이내에 제3의 중재인을 선정하지 못하였을 경우에는 일방당사자의 요청에 따라 제6조에 규정된 법원이나 기타 기관이 중재인을 선정한다.
2. 단독중재의 경우에 당사자가 중재인 선정을 합의하지 못한 때에는 일방당사자의 요청이 있으면 제6조에 규정된 법원이나 기타 기관이 중재인을 선정한다.

④ 당사자가 합의한 중재인 선정절차에 따라

1. 일방당사자가 그 절차에서 요구하는 대로 이행하지 아니하거나,
2. 양당사자나 2인의 중재인이 그 절차에서 기대되는 합의에 이를 수 없거나,
3. 일정 기관을 포함한 제3자가 그 절차에서 위임된 기능을 수행할 수 없는 때에 당사자는 선정절차 합의 내용 속에 그 선정을 보전하는 그밖의 다른 조치가 없는 한 제6조에 규정된 법원이나 기타 기관에 필요한 처분을 취할 것을 요청할 수 있다.

⑤ 본조 제3항과 제4항에 따라 제6조에 규정된 법원이나 기타 기관에 위임된 사항에 관한 결정에 대하여는 항고할 수 없다. 중재인을 선정할 때 법원이나 기타 기관은 당사자들의 합의에서 요구하는 중재인의 자격을 고려하여야 하며 또한 독립적이며 공정한 중재인의 선정을 보장하는데 적절한지도 고려하여야 한다. 단독중재인이나 제3의 중재인의 경우에는 당사자들의 국적 이외의 국적을 가진 중재인을 선정하는 것이 바람직한 지도 고려하여야 한다.

제12조(중재인의 기피사유)

① 중재인으로 직무수행의 요청을 받은 자는 그 자신의 공정성이나 독립성에 관하여 당연시되는 의심을 야기할 수 있는 모든 사정을 고지하여야 한다. 중재인은 중재인으로 선정된 때로부터 그리고 중재절차의 종료시까지 그러한 사정을 당사자에게 지체없이 고지하여야 한다. 다만, 중재인이 그러한 사정을 이미 통지한 당사자에게 대하여는 그러하지 아니하다.

② 중재인은 그 자신의 공정성이나 독립성에 관하여 당연시되는 의심을 야기할 수 있는 사정이 존재하거나 또는 당사자가 합의한 자격을 갖추지 못한 때에 한해 기피될 수 있다. 당사자는 자신이 선정하였거나 그 선정절차에 참여한 중재인에 대하여 선정 후에 비로소 알게 된 사유에 의해서만 기피할 수 있다.

제13조(중재인의 기피절차)

① 본조 제3항의 제한 하에 당사자들은 중재인 기피절차를 자유로이 합의할 수 있다.
② 제1항의 합의가 없는 경우에 중재인을 기피하고자 하는 당사자는 중재판정부가 구성된 후 또는 12조 제2항의 사정을 알게 된 후 15일 이내에 중재인기피사유를 진술한 서면을 중재판정부에 송부하여야 한다. 기피당한 중재인이 그 직무로부터 사퇴하지 아니하거나, 상대방당사자가 그 기피신청에 동의하지 아니하는 한 중재판정부는 그 기피신청에 관하여 결정하여야 한다.
③ 당사자가 합의한 절차나 본조 제2항의 절차에 따라 기피신청이 받아들여지지 아니하면, 기피신청한 당사자는 그 기피거절 결정의 통지를 받은 후 30일 이내에 제6조에서 정한 법원이나 기타 기관에 기피에 대한 결정을 신청할 수 있다. 그 결정에 대하여는 항고할 수 없으며 그러한 신청이 계속중인 경우에도 기피신청의 대상이 된 중재인을 포함한 중재판정부는 중재절차를 속행하여 판정을 내릴 수 있다.

제14조(중재인의 불이행 또는 이행불능)

① 중재인이 법률상 또는 사실상 자신의 직무를 이행할 수 없거나, 다른 사유로 인하여 적정기간에 직무를 수행하지 아니하는 경우에 그가 자진하여 사임하거나 당사자의 합의로써 중재인의 직무권한은 종료된다. 이러한 사유에 관하여 다툼이 있는 경우에 각 당사자는 제6조에 기재된 법원이나 기타 기관에 대하여 중재인의 권한종료에 관하여 결정할 것을 요청할 수 있으며 그 결정에 대하여는 항고할 수 없다.
② 본조나 제13조 제2항에 따라 중재인이 자진하여 사임하거나 당사자가 중재인의 권한종료에 합의하였다 하더라도 이러한 사실이 본조나 제12조 제2항에서 언급하고 있는 기피사유의 유효성을 인정하는 것을 의미하지는 아니한다.

제15조(보궐중재인의 선정)

제13조나 제14조에 따라 또는 기타 사유로 인하여 중재인이 자진하여 사임하거나 또는 당사자의 합의로 중재인의 권한이 취소되었거나 기타 사유로 인하여 중재인의 권한이 종료되는 경우에 보궐중재인은 대체되는 중재인의 선정에 적용되었던 규칙에 따라 선정되어야 한다.

제 4 장 중재판정부의 관할

제16조(자신의 관할에 관한 중재판정부의 결정권한)

① 중재판정부는 중재합의의 존부 또는 유효성에 관한 이의를 포함하여 자신의 관할을 결정할 권한을 가진다. 그러한 규정의 적용상 계약의 일부를 이루는 중재조항은 그 계약의 다른 조항과는 독립된 합의로 취급하여야 한다. 중재판정부에 의한 계약무효의 결정은 법률상 당연히 중재조항의 부존재 내지 무효를 의미하는 것은 아니다.
② 중재판정부가 관할권을 가지고 있지 않다는 항변은 늦어도 답변서를 제출할 때까지 제기되어야 한다. 당사자의 이러한 항변은 자신이 중재인을 선정하였거나 또는 중재인의 선정에 참여하였다는 사실 때문에 배제되지 아니한다. 중재판정부가 그 직무권한의 범위를 벗어났다는 항변은 그러한 권한유월이 주장되는 사항이 중재절차 진행

중에 제출된 즉시 제기되어야 한다. 중재판정부는 시기에 늦게 제출된 항변에 대해서도 그 지연이 정당하다고 인정하는 경우에는 이를 허용할 수 있다.

③ 중재판정부는 본조 제2항의 항변에 관하여 선결문제로서 또는 본안에 관한 중재판정에서 결정할 수 있다. 중재판정부가 선결문제로서 자신의 관할권이 있음을 결정하는 경우에 당사자는 당해 결정의 통지를 받은 후 30일 이내에 제6조에 명시된 법원에 대하여 당해 사항을 결정해 줄 것을 신청할 수 있으며 그 결정에 대하여는 항고할 수 없다. 이러한 신청이 계속중인 경우에도 중재판정부는 중재절차를 속행하여 중재판정을 내릴 수 있다.

제 4 장 A 임시적 처분과 사전명령

제1절 임시적 처분

제17조(중재판정부의 임시적 처분을 명할 권한)

① 당사자가 달리 합의하지 않는 한 중재판정부는 일방당사자의 신청에 따라 임시적 처분을 내릴 수 있다.

② 임시적 처분이란 판정 또는 다른 형태로든 본안에 대한 최종적인 중재판정 이전에 중재판정부가 일방당사자에게 다음의 내용을 명하는 일체의 잠정적 처분을 말한다.

(a) 분쟁에 대한 중재판정이 있기까지 현상의 유지 또는 원상회복

(b) 중재절차 자체에 현존하거나 급박한 해악 또는 영향을 초래할 행위의 방지 또는 중단을 구하는 조치를 취할 것

(c) 추후 본안에 대한 중재판정의 집행 대상이 되는 자산의 보전 방법의 제공

(d) 분쟁의 해결에 관련되고 중요할 가능성이 있는 증거의 보전

제17조A(임시적 처분의 요건)

① 제17조 제2항 (a), (b) 및 (c)호의 임시적 처분을 신청하는 당사자는 중재판정부에게 다음의 요건을 구비하여야 한다.

(a) 임시적 처분이 내려지지 않음으로써 신청인에게 손해배상의 인용으로는 적절히 보상되지 않는 손해가 발생할 가능성이 있고, 그러한 손해가 임시적 처분이 내려짐으로써 상대방 당사자에게 발생할 것으로 예상되는 손해를 실질적으로 능가할 것 그리고

(b) 신청인이 본안에 관하여 승소할 합리적 가능성이 있을 것. 그러나 이러한 승소 가능성에 대한 판단은 본안의 심리에서 중재판정부의 재량에 영향을 미치지 아니한다.

② 제17조 제2항 (d)호에 따른 임시적 처분의 신청에 관하여는 제1항 (a) 및 (b)호의 요건은 중재판정부가 적절하다고 판단하는 범위 내에서만 적용된다.

제2절 사전명령

제17조B(사전명령의 신청과 인용 요건)

① 당사자가 달리 합의하지 않는 한 일방당사자는, 상대방 당사자에 대한 통지 없이, 임

시적 처분의 신청과 함께 상대방 당사자가 임시적 처분의 목적을 좌절시키지 못하도록 지시하는 사전명령을 신청할 수 있다.

② 중재판정부는 상대방 당사자가 임시적 처분의 신청이 있음을 사전에 알게 되면 그 임시적 처분의 실행을 방해할 염려가 있다고 인정되는 경우에 사전명령을 내릴 수 있다.

③ 임시적 처분의 요건에 관한 제17조 A는 사전명령을 신청할 경우에도 충족되어야 한다. 다만 제17조 A 제1항 (a)호 하에서 평가되는 손해는 명령이 인용되거나 거부됨으로써 초래될 것 같은 손해이다.

제17조C(사전명령을 위한 특별한 체제)

① 일방당사자의 신청에 관하여 결정을 하는 즉시 중재판정부는 임시적 처분의 신청과 관련된 모든 당사자에게 임시적 처분 신청서, 사전명령 신청서, 사전명령(있었다면), 그리고 일방당사자와 중재판정부의 구술 의사교환을 비롯한 의사교환 내용 등을 통지하여야 한다.

② 그와 동시에 중재판정부는 사전명령의 상대방 당사자에게 가능한 가장 빠른 시기에 변론할 수 있는 기회를 부여하여야 한다.

③ 중재판정부는 사전명령의 상대방 당사자의 이의가 있는 경우 즉시 이에 대해 결정하여야 한다.

④ 사전명령은 중재판정부가 이를 내린 날로부터 20일이 지나면 효력을 상실한다. 그러나 상대방 당사자에게 그 통지가 되었고 변론할 기회가 부여된 후에는 중재판정부는 사전명령의 내용을 채택하거나 변경하는 임시적 처분을 내릴 수 있다.

⑤ 사전명령은 당사자를 구속한다. 그러나 법원에 의한 집행의 대상이 되지 않는다. 이러한 사전명령은 중재판정을 구성하지 않는다.

제3절 임시적 처분과 사전명령에 적용되는 규정

제17조D(변경, 중지, 취소)

중재판정부는 일방당사자의 신청에 의하여, 또는 예외적인 사정이 있는 경우에는 당사자에 대한 사전 통지 하에 직권으로, 이미 내려진 임시적 처분 또는 사전명령을 변경, 중지, 취소할 수 있다.

제17조E(담보의 제공)

① 중재판정부는 임시적 처분을 신청하는 당사자에게 처분과 관련하여 상당한 담보를 제공할 것을 요구할 수 있다.

② 중재판정부는 부적절하거나 불필요하다고 인정되지 않는 이상, 사전명령을 신청하는 당사자에게 사전명령과 관련하여 상당한 담보를 제공하도록 요구하여야 한다.

제17조의F(고지의무)

① 중재판정부는 모든 당사자에게 임시적 처분의 신청시 또는 발령시와 다른 중요한 사정의 변경이 발생한 경우 즉시 이를 고지하도록 요구할 수 있다.

② 사전명령을 신청한 당사자는 중재판정부에게 그 사전명령의 허가 또는 유지 여부를

판단하는 데 관련될 수 있는 모든 사정변경이 생긴 경우는 이를 고지하여야 하고, 그러한 의무는 명령의 대상이 된 당사자가 상대방 당사자가 변론을 할 수 있을 때까지 존속한다. 그 이후에는 제1항이 적용된다.

제17조G(비용과 손해배상)

임시적 처분이나 사전명령을 신청한 당사자는 후에 중재판정부가 그 상황에서 임시적 처분이나 사전명령을 하지 말았어야 한다고 판단한 경우에는 이로 인한 비용이나 손해를 상대방 당사자에게 배상할 책임을 진다. 중재판정부는 중재절차 중 어느 시기에서나 임시적 처분이나 사전명령으로 인한 비용이나 손해를 인용할 수 있다.

제4절 임시적 처분의 승인과 집행

제17조H(승인과 집행)

① 중재판정부에 의해 내려진 임시적 처분은 구속력 있는 것으로 승인되어야 하고, 중재판정부에 의하여 달리 정하여지지 않는 이상, 어느 국가에서 내려졌는지를 불문하고 제17조 I의 규정에 따라 신청에 의하여 관할 법원에서 집행될 수 있다.
② 임시적 처분의 승인 또는 집행을 신청하거나 이미 받은 당사자는 임시적 처분의 취소, 중지, 변경이 있는 경우 즉시 이를 법원에 알려야 한다.
③ 중재판정부가 임시적 처분과 관련하여 담보제공 결정을 하지 않은 경우나, 제3자의 권리를 보호하기 위하여 그러한 결정이 필요한 경우에는, 임시적 처분의 승인 또는 집행을 신청받은 해당 국가의 법원은 적절하다고 판단한다면 신청 당사자에게 상당한 담보를 제공할 것을 명령할 수 있다.

제17조I(승인 또는 집행의 거부사유)[4]

① 임시적 처분의 승인과 집행은 다음의 경우에 한하여 거부될 수 있다.
  ⒜ 임시적 처분이 불리하게 원용되는 당사자의 신청에 의하여, 법원이 다음의 각 목의 사정을 인정할 때
    (i) 제36조 제1항 ⒜(i), (ii), (iii) 또는 (iv)목에서 규정된 중재판정의 승인과 집행의 거부사유에 따라 거부가 정당한 경우
    (ii) 중재판정부가 내린 임시적 처분과 관련하여 담보제공에 관한 중재판정부의 결정이 준수되지 않은 경우 또는
    (iii) 중재판정부에 의하여, 또는 중재지 또는 임시적 처분의 근거 법률에 의하면 법원에 의한 임시적 처분의 취소 또는 중지가 가능한 경우에 그 법원에 의하여, 임시적 처분이 취소 또는 중지된 경우
  ⒝ 법원이 다음 각목의 사정을 인정하는 경우
    (i) 임시적 처분이 법원에 부여된 권한과 양립할 수 없는 경우, 다만 법원이 임시적 처분의 집행을 위하여 임시적 처분의 실체를 변경하지 아니하고 임시

4) 제17조 I에 규정된 요건들은 법원이 임시적 처분의 집행을 거부할 수 있는 상황의 수를 제한하고자 하는 취지이다. 어떠한 국가가 이보다 적은 집행거부 사유를 국내법에 도입하더라도, 본 모델법 규정들이 달성하고자 하는 조화의 수준에 저촉되는 것은 아니다.

적 처분을 그의 권한과 절차에 적응시키기 위하여 필요한 범위 내에서 임시적 처분을 재구성하기로 결정한 경우는 제외한다. 또는

(ii) 제36조 제1항 (b)(i) 또는 (ii)목에서 규정된 중재판정의 승인과 집행의 거부사유는 임시적 처분의 승인 및 집행에 적용된다.

② 제1항의 거부사유에 대한 법원의 판단은 임시적 처분의 승인과 집행의 신청에 한하여만 그 효력이 있다. 승인 또는 집행의 신청을 받은 법원은 그 결정을 함에 있어서 임시적 처분의 실질을 심리하지 못한다.

제5절 법원에 의한 보전처분

제17조J(법원에 의한 보전처분)

법원은 그 장소가 해당 국가의 영토 내에 있는지 여부에 관계없이 법원에서의 절차에 관하여 할 수 있는 것과 동일한 임시적 처분을 중재절차와 관련해서도 발할 권한이 있다. 법원은 국제중재의 특정한 성질을 고려하여 그 권한을 국내법의 규정과 절차에 따라 행사하여야 한다.

제 5 장 중재절차의 진행

제18조(당사자의 동등한 대우)

양당사자는 동등한 대우를 받아야 하며 각 당사자는 자신의 사안을 진술할 수 있는 충분한 기회를 가져야 한다.

제19조(중재절차규칙의 결정)

① 이 법의 규정에 따라 당사자는 중재판정부가 중재절차를 진행할 때 지켜야 할 절차규칙에 관하여 자유로이 합의할 수 있다.

② 제1항의 합의가 없는 경우에 중재판정부는 이 법의 규정에 따라 스스로 적절하다고 여기는 방식으로 중재를 진행할 수 있다. 중재판정부의 권한에는 증거의 채택 여부, 관련성, 중요성 및 그 경중을 결정할 권한이 포함된다.

제20조(중재지)

① 당사자는 중재지에 관하여 자유로이 합의할 수 있다. 그러한 합의가 없는 경우는 중재지는 중재판정부가 당사자의 편의 등을 포함한 당해 사건의 사정을 고려하여 결정한다.

② 본조 제1항의 규정에도 불구하고 당사자의 별도 합의가 없는 한 중재판정부는 그 구성원 간의 협의를 위해서나 증인, 감정인 또는 당사자의 심문을 위하여 또는 물품, 기타 재산 또는 문서의 조사를 위하여 중재판정부가 적당하다고 여기는 장소에서 회합할 수 있다.

제21조(중재절차의 개시)

당사자 간에 달리 합의하지 않는 한 특정한 분쟁에 관한 중재절차의 진행은 당해 분쟁을 중재에 부탁할 것을 요구한 서면이 피신청인에 의하여 수령된 일자에 개시된다.

제22조(언어)

① 당사자는 중재절차의 진행에 사용되는 일개 또는 수개 언어에 관하여 자유로이 합의할 수 있다. 그러한 합의가 없는 경우에는 중재판정부는 중재절차에 사용되는 일개 또는 수개 언어를 결정하여야 한다. 그러한 합의 또는 결정은 그 속에 별도의 의사가 명시되어 있지 않는 한 당사자의 서면진술, 중재판정부의 심문 및 판정, 결정 또는 기타 통지에도 적용된다.

② 중재판정부는 어떤 서증에 대하여서도 당사자에 의하여 합의하거나 중재판정부가 결정한 일개 또는 수개 언어로 번역한 문서를 첨부하도록 명할 수 있다.

제23조(중재신청서와 답변서)

① 당사자가 합의하였거나 또는 중재판정부가 결정한 기간 내에 신청인은 청구의 원인사실, 쟁점사항과 신청취지를 진술하여야 하고, 피신청인은 그러한 세부사항에 대한 답변내용을 진술하여야 한다. 그러나 당사자가 그러한 진술의 필요한 사항을 달리 합의하는 경우에는 그러하지 아니하다. 당사자는 직접 관계가 있다고 보는 모든 서류를 상기 진술서에 첨부하여 제출할 수 있으며 자신이 제출하고자 하는 기타 증거에 참고자료로 추가할 수도 있다.

② 당사자 간에 달리 합의하지 않는 한 어느 일방 당사자가 중재절차 진행 중에 자신의 청구내용이나 답변을 수정하거나 보충할 수 있다. 다만 중재판정부가 이를 인정함으로써 야기되는 지연을 고려하여 그러한 수정을 허용하는 것이 부적절하다고 여기는 경우에는 그러하지 아니하다.

제24조(구술심리 및 서면절차)

① 당사자 간에 반대의 합의를 하지 않는 한, 중재판정부는 증거의 제출이나 구술변론을 위하여 구술심문을 할 것인지 아니면 서면 및 기타 자료에 근거하여 중재절차를 진행시킬 것인지를 결정하여야 한다. 그러나 당사자간에 구술심문을 개최하지 아니한다는 별단의 합의가 없는 한, 중재판정부는 당사자 일방의 요청이 있으면 중재절차 진행 중의 적절한 단계에서 그러한 구술심문을 개최하여야 한다.

② 모든 심문에 관한 통지 및 물품, 또는 기타 재산 및 문서의 조사를 위한 중재판정부의 회합의 통지는 충분한 시간적 여유를 두고 사전에 당사자들에게 발송되어야 한다.

③ 당사자의 일방에 의하여 중재판정부에 제출된 모든 진술서, 문서, 또는 기타 정보는 타방 당사자에게도 통지되어야 한다. 중재판정부가 그 결정상 원용하게 될지도 모르는 감정인의 모든 보고서 또는 서증도 당사자들에게 통지되어야 한다.

제25조(일방당사자의 해태)

당사자가 달리 합의하지 않는 한 충분한 이유를 제시하지 아니하고

1. 신청인이 제23조 제1항에 의하여 청구에 관한 진술서를 제출하지 않는 경우에는 중재판정부는 중재절차를 종료하여야 한다.
2. 피신청인이 제23조 제1항에 의하여 방어에 대한 진술서를 제출하지 아니하는 경우에는 중재판정부는 그러한 해태의 사실 자체가 피신청인이 신청인의 주장을 그대로 인정하는 것으로 취급함이 없이 중재절차를 속행하여야 한다.

3. 당사자의 어느 일방이 심문에 출석하지 아니하거나, 서증을 제출하지 아니하는 경우에는 중재판정부는 중재절차를 속행하고 중재판정부에 제출된 증거에 근거하여 중재판정을 내릴 수 있다.

제26조(중재판정부가 지정한 감정인)

① 당사자가 달리 합의하지 않는 한 중재판정부는

1. 중재판정부에 의하여 결정될 특정한 쟁점에 관하여 보고할 1인 이상의 감정인을 지정할 수 있다.
2. 일방당사자로 하여금 감정인에게 관계 정보를 주거나 감정인의 조사를 위해 관련 문서의 제출, 물품 또는 기타의 재산을 조사하거나 또는 감정인이 이용할 수 있도록 명할 수 있다.

② 당사자가 달리 합의하지 않는 한 당사자 일방의 요청이 있거나 중재판정부가 필요하다고 여기는 경우에는 그 감정인은 자신의 서면 또는 구두보고를 제출한 후에도 문제된 쟁점에 관하여 당사자들이 그 감정인에게 질문할 기회 및 타감정인들이 그 전문가적 증언을 할 기회를 갖는 심문에 참가하여야 한다.

제27조(증거조사에서 법원의 협조)

중재판정부나 중재판정부의 승인을 받은 당사자는 해당 국가의 관할법원에 대해 증거조사에서 협조를 요청할 수 있다. 법원은 그 권한 범위 내에서 증거조사의 규칙에 따라 그러한 요청에 응할 수 있다.

제 6 장 중재판정문의 작성과 중재절차의 종료

제28조(분쟁의 실체에 적용할 법규)

① 중재판정부는 당사자들이 분쟁의 본안에 적용하려고 선택한 법규에 따라 판정을 하여야 한다. 달리 명시하지 아니하는 한 일정한 국가의 법 또는 법률체계의 지정이 있을 때는 당해 국가의 실체법[5]을 직접 지칭하는 것으로 해석하며, 그 국가의 국제사법규칙을 지칭하는 것으로 해석하지 아니한다.

② 당사자들에 의한 준거법의 지정이 없는 경우에는 중재판정부는 중재판정부가 적용가능하다고 보는 국제사법규칙에 따라 결정되는 법을 적용한다.

③ 중재판정부는 당사자가 명시적으로 권한을 부여하는 경우에 한하여 형평과 선에 의하여 또는 우의적 중재인으로서 판정을 내려야 한다.

④ 전 각항의 모든 경우에 있어서 중재판정부는 계약조건에 따라 결정하여야 하며, 당해 거래에 적용가능한 상관습을 고려하여야 한다.

제29조(중재판정부의 결정방법)

당사자들이 달리 합의하지 않는 한, 2인 이상의 중재인에 의한 중재절차진행에 있어서는 중재판정부의 모든 결정은 전 구성원 중의 과반수 결의에 의한다. 그러나 중재절차의 문

5) 이는 '실질법'이라고 번역하는 것이 옳다.

제는 당사자나 중재판정부 구성원 전원의 수권이 있으면 의장중재인이 결정할 수 있다.

제30조(화해)

① 중재절차 진행 중에 당사자들 자신이 분쟁을 해결하는 경우에는 중재판정부는 그 절차를 종료하여야 하며, 당사자들의 요구가 있고 중재판정부가 이의를 제기하지 않는 한 중재판정부는 그 화해를 당사자가 합의한 내용의 중재판정문의 형식으로 기록하여야 한다.

② 당사자가 합의한 내용의 중재판정문은 제31조의 규정에 따라 작성되어야 하고 이를 중재판정으로 한다고 기재되어야 한다. 그러한 중재판정문은 당해 사건의 본안에 관한 다른 모든 중재판정과 동일한 지위와 효력을 가진다.

제31조(중재판정의 형식 및 내용)

① 중재판정문은 서면으로 작성되어야 하며 중재인 또는 중재인들이 이에 서명하여야 한다. 2인 이상의 중재에 있어서는 중재판정부 구성원 중의 과반수의 서명으로 충분하다. 다만 이 경우에는 서명이 생략된 이유가 기재됨을 요한다.

② 중재판정문에는 그 판정의 근거가 되는 이유를 기재하여야 한다. 다만, 당사자간에 이유의 불기재에 관하여 합의하였거나 또는 그 중재판정문이 제30조에 의하여 합의된 내용의 판정인 경우에는 그러하지 아니하다.

③ 중재판정문에는 작성일자와 제20조 제1항에 따라 정해진 중재지를 기재하여야 한다. 중재판정문은 당해 장소에서 작성된 것으로 한다.

④ 중재판정문이 작성된 후 본조 제1항에 따라 중재인들이 서명한 등본은 각 당사자에게 송부되어야 한다.

제32조(중재절차의 종료)

① 중재절차는 최종판정에 의하거나 본조 제2항에 따른 중재판정부의 명령에 의하여 종료된다.

② 중재판정부는 다음의 경우에 중재절차의 종료를 명하여야 한다.

1. 신청인이 그 신청을 철회하는 경우. 다만, 피신청인이 이에 대하여 이의를 제기하고 중재판정부가 분쟁의 최종적 해결을 구하는 데에 대하여 피신청인에게 적법한 이익이 있다고 인정하는 때에는 그러하지 아니하다.
2. 당사자가 중재절차의 종료를 합의하는 경우
3. 중재판정부가 그 밖의 사유로 중재절차를 속행하는 것이 불필요하거나 불가능하다고 인정하는 경우

③ 제33조와 제34조 제4항의 규정에 따를 것을 조건으로 하고 중재판정부의 판정임무는 중재절차의 종료와 동시에 종결된다.

제33조(중재판정문의 정정 및 해석과 추가판정)

① 당사자들이 달리 정하지 않는 한 중재판정문을 수령한 날로부터 30일 이내에,

1. 일방당사자는 상대방에게 통지함과 동시에 그 판정문의 계산상 오류, 오기나 오식 또는 이와 유사한 오류를 정정해 줄 것을 중재판정부에 요청할 수 있다.

2. 당사자 간에 합의가 있는 경우에 일방당사자는 상대방 당사자에게 통지함과 동시에 중재판정의 특정 사항이나 판정의 일부에 대한 해석을 중재판정부에 요청할 수 있다. 중재판정부는 그 요청이 이유가 있다고 보는 경우에는 이를 수령한 날로부터 30일 이내에 정정 또는 해석하여야 한다. 그 해석은 중재판정의 일부를 형성하는 것으로 한다.

② 중재판정부는 판정일자로 부터 30일 이내에 본조 제1항 (가)호에 규정된 유형의 오류도 정정할 수 있다.

③ 당사자들이 달리 합의하지 않는 한, 일방당사자는 상대방에게 통지함과 동시에 중재판정문을 수령한 날로부터 30일 이내에 중재절차 중에 제출되었으나 중재판정에서 유탈된 청구부분에 관한 추가판정을 중재판정부에 요청할 수 있다. 중재판정부는 그 요청이 정당하다고 보는 경우에 60일 이내에 추가판정을 내려야 한다.

④ 중재판정부는 필요한 경우 본조 제1항 또는 제3항에 따라 정정, 해석 또는 추가판정의 기간을 연장할 수 있다.

⑤ 제31조의 규정은 중재판정문의 정정이나 해석 또는 추가판정의 경우에 이를 적용한다.

제 7 장 중재판정에 대한 불복

제34조(중재판정에 대한 유일한 불복방법으로서 취소신청)

① 중재판정에 대하여 법원에 제기하는 불복은 본조 제2항과 제3항에 따라 취소신청을 함으로써 가능하다.

② 중재판정은 다음에 해당하는 경우에 한하여 제6조에 명시된 관할법원에 의해 취소될 수 있다.

1. 취소신청을 한 당사자가 다음의 사실에 대한 증거를 제출하는 경우
   (i) 제7조에 규정된 중재합의의 당사자가 무능력자인 사실 또는 그 중재합의가 당사자들이 준거법으로서 지정한 법에 의하여 무효이거나 그러한 지정이 없는 경우에는 중재판정이 내려진 국가의 법률에 의하여 무효인 사실
   (ii) 취소신청을 한 당사자가 중재인의 선정 또는 중재절차에 관하여 적절한 통지를 받지 못하였거나 기타 사유로 인하여 방어할 수가 없었다는 사실
   (iii) 중재판정이 중재부탁의 내용에 예정되어 있지 아니하거나 그 범위에 속하지 아니하는 분쟁을 다루었거나 또는 중재부탁합의의 범위를 유월한 사항에 관한 결정을 포함하고 있다는 사실. 다만, 중재에 부탁된 사항에 관한 결정이 부탁되지 아니한 사항에 관한 결정으로부터 분리될 수 있는 경우에는 중재에 부탁되지 아니한 사항에 관한 결정을 포함하는 중재판정 부분에 한하여 취소될 수 있다는 사실
   (iv) 중재판정부의 구성이나 중재절차가 당사자간의 합의에 따르지 아니하였다는 사실 또는 그러한 합의가 없는 경우에 이 법에 따르지 아니하였다는 사

실. 다만, 그 합의는 당사자에 의해 배제될 수 없는 성격을 가진 본 법의 규정에 저촉되어서는 아니된다는 사실, 또는

2. 법원이 다음의 사실을 알았을 경우,
   (i) 분쟁의 본안이 해당 국가의 법령상 중재로 해결할 수 없다는 사실 또는
   (ii) 중재판정이 해당 국가의 공서양속에 저촉되는 사실

③ 중재판정취소의 신청인이 중재판정문을 수령한 날로부터 3개월이 경과하였거나 또는 제33조에 의하여 신청을 하였을 경우에는 당해 신청이 중재판정부에 의해 처리된 날로부터 3개월이 경과한 후에는 제기할 수 없다.

④ 중재판정취소신청이 있을 경우에 법원은 당사자의 신청이 있고 또한 그것이 적절한 때에는 중재판정부로 하여금 중재절차를 재개하게 하거나 중재판정부가 취소사유를 제거하는 데 필요한 기타의 조치를 취할 기회를 허여하기 위하여 일정한 기간을 정하여 정지할 수 있다.

제 8 장 중재판정의 승인과 집행

제35조(승인과 집행)

① 중재판정은 그 판정이 어느 국가에서 내려졌는지 불문하고 구속력 있는 것으로 승인되어야 하며 관할법원에 서면으로 신청하면 본조 및 제36조의 규정에 따라 집행되어야 한다.

② 중재판정을 원용하거나 그 집행을 신청하는 당사자는 중재판정문의 원본 또는 그의 사본을 제출하여야 한다. 중재판정문이 해당 국가의 공용어로 작성되지 있지 아니한 경우에 법원은 당사자에게 그러한 공용어로의 번역을 제출할 것을 요청할 수 있다.

(제35조 제2항은 2006년 위원회의 제39차 회기에서 수정되었다)

제36조(승인 또는 집행의 거부사유)

① 중재판정의 승인과 집행은 판정이 내려진 국가에 관계없이 다음의 경우에 한하여 거부할 수 있다.

1. 중재판정이 불리하게 원용되는 당사자의 신청이 있을 때 그 당사자가 다음의 사실에 대하여 승인 또는 집행을 신청한 관할법원에 증거를 제출하는 경우
   (i) 제7조에 규정된 중재합의의 당사자가 무능력자인 사실 또는 그 중재합의가 당사자들이 준거법으로서 지정한 법에 의하여 무효이거나 그러한 지정이 없는 경우에는 중재판정이 내려진 국가의 법에 의하여 무효인 사실
   (ii) 중재판정이 불리하게 원용되는 당사자가 중재인의 선정 또는 중재절차에 관하여 적절한 통지를 받지 못하였거나 기타 사유로 인하여 방어할 수 없었다는 사실
   (iii) 중재판정이 중재부탁의 내용에 예정되어 있지 아니하거나 그 범위에 속하지 아니하는 분쟁을 다루었거나 또는 중재부탁합의의 범위를 유월한 사항에 관한 결정을 포함하고 있다는 사실. 다만, 중재에 부탁된 사항에 관한

결정이 부탁되지 아니한 사항에 관한 결정으로부터 분리될 수 있는 경우에는 중재에 부탁되지 아니한 사항에 관한 결정을 포함하는 중재판정 부분에 한하여 취소될 수 있다는 사실

(iv) 중재판정부의 구성이나 중재절차가 당사자 간의 합의에 따르지 아니하였다는 사실 또는 그러한 합의가 없는 경우에 이 법에 따르지 아니하였다는 사실. 다만, 그 합의는 당사자에 의해 배제될 수 없는 성격을 가진 본 법의 규정에 저촉되어서는 아니 된다는 사실, 또는

2. 법원이 다음의 사실을 알았을 경우,

(i) 분쟁의 본안이 해당 국가의 법령상 중재로 해결할 수 없다는 사실 또는

(ii) 중재판정이 해당 국가의 공서양속에 저촉되는 사실

② 중재판정의 취소 또는 정지신청이 본조 제1항 (가)호 (5)에서 정한 법원에 제출되었을 경우에 승인 또는 집행의 청구를 받은 법원은 정당하다고 판단하는 경우에 그 결정을 연기할 수 있으며 중재판정의 승인 또는 집행을 구하는 당사자의 신청이 있으면 상대방에게 상당한 담보를 제공할 것을 명할 수 있다.

[14] 외국중재판정의 승인 및 집행에 관한 국제연합협약(뉴욕협약)

[14-1] Convention on the Recognition and Enforcement of Foreign Arbitral Awards (New York Convention of 1958)

Article I

1. This Convention shall apply to the recognition and enforcement of arbitral awards made in the territory of a State other than the State where the recognition and enforcement of such awards are sought, and arising out of differences between persons, whether physical or legal. It shall also apply to arbitral awards not considered as domestic awards in the State where their recognition and enforcement are sought.
2. The term “arbitral awards” shall include not only awards made by arbitrators appointed for each case but also those made by permanent arbitral bodies to which the parties have submitted.
3. When signing, ratifying or acceding to this Convention, or notifying extension under article X hereof, any State may on the basis of reciprocity declare that it will apply the Convention to the recognition and enforcement of awards made only in the territory of another Contracting State. It may also declare that it will apply the Convention only to differences arising out of legal relationships, whether contractual or not, which are considered as commercial under the national law of the State making such declaration.

Article II

1. Each Contracting State shall recognize an agreement in writing under which the parties undertake to submit to arbitration all or any differences which have arisen or which may arise between them in respect of a defined legal relationship, whether contractual or not, concerning a subject matter capable of settlement by arbitration.
2. The term “agreement in writing” shall include an arbitral clause in a contract or an arbitration agreement, signed by the parties or contained in an exchange of letters or telegrams.
3. The court of a Contracting State, when seized of an action in a matter in respect of which the parties have made an agreement within the meaning of this article, shall, at the request of one of the parties, refer the parties to arbitration, unless it finds that the said agreement is null and void, inoperative or incapable of being

performed.

Article III

Each Contracting State shall recognize arbitral awards as binding and enforce them in accordance with the rules of procedure of the territory where the award is relied upon, under the conditions laid down in the following articles. There shall not be imposed substantially more onerous conditions or higher fees or charges on the recognition or enforcement of arbitral awards to which this Convention applies than are imposed on the recognition or enforcement of domestic arbitral awards.

Article IV

1. To obtain the recognition and enforcement mentioned in the preceding article, the party applying for recognition and enforcement shall, at the time of the application, supply:

(a) the duly authenticated original awards or a duly certified copy thereof;

(b) the original agreement referred to in article II or a duly certified copy thereof.

2. If the said award or agreement is not made in an official language of the country in which the award is relied upon, the party applying for recognition and enforcement of the award shall produce a translation of these documents into such language. The translation shall be certified by an official or sworn translator or by a diplomatic or consular agent.

Article V

1. Recognition and enforcement of the award may be refused, at the request of the party against whom it is invoked, only if that party furnishes to the competent authority where the recognition and enforcement is sought, proof that:

(a) the parties to the agreement referred to in article II were, under the law applicable to them, under some incapacity, or the said agreement is not valid under the law to which the parties have subjected it or, failing any indication thereon, under the law of the country where the award was made; or

(b) the party against whom the award is invoked was not given proper notice of the appointment of the arbitrator or of the arbitration proceedings or was otherwise unable to present his case; or

(c) the award deals with a difference not contemplated by or not falling within the term of the submission to arbitration, or it contains decisions on matters beyond the scope of the submission to arbitration, provided that, if the decisions on matters submitted to arbitration can be separated from those not so submitted, that part of the award which contains decisions on matters submitted to arbitration may be recognized and enforced; or

(d) the composition of the arbitral authority or the arbitral procedure was not in accordance with the agreement of the parties, or failing such agreement, was not in accordance with the law of the country where the arbitration took place; or

(e) the award has not yet become binding on the parties, or has been set aside or suspended by a competent authority of the country in which, or under the law of which, that award was made.

2. Recognition and enforcement of an arbitral award may also be refused if the competent authority in the country where recognition and enforcement is sought finds that:

(a) the subject matter of the difference is not capable of settlement by arbitration under the law of that country; or

(b) the recognition or enforcement of the award would be contrary to the public policy of that country.

Article VI

If an application for the setting aside or suspension of the award has been made to a competent authority referred to in article V paragraph 1(e), the authority before which the award is sought to be relied upon may, if it considers it proper, adjourn the decision on the enforcement of the award and may also, on the application of the party claiming enforcement of the award, order the other party to give suitable security.

Article VII

1. The provisions of the present Convention shall not affect the validity of multilateral or bilateral agreements concerning the recognition and enforcement of arbitral awards entered into by the Contracting States nor deprive any interested party of any right he may have to avail himself of an arbitral award in the manner and to the extent allowed by the law or the treaties of the country where such award is sought to be relied upon.

2. The Geneva Protocol on Arbitration Clauses of 1923 and the Geneva Convention of the Execution of Foreign Arbitral Awards of 1927 shall cease to have effect between Contracting States on their becoming bound and to the extent that they become bound, by this Convention.

Article VIII

1. This Convention shall be open until 31 December 1958 for signature on behalf of any Member of the United Nations and also on behalf of any other State which is or hereafter becomes a member of any specialized agency of the United Nations, or which is or hereafter becomes a party to the Statute of the International Court of Justice, or any other State to which an invitation has been addressed by the General Assembly of the United Nations.

2. This Convention shall be ratified and the instrument of ratification shall be deposited with the Secretary-General of the United Nations.

Article IX

1. This Convention shall be open for accession to all States referred to in article VIII.

2. Accession shall be effected by the deposit of an instrument of accession with the Secretary-General of the United Nations.

Article X

1. Any State may, at the time of signature, ratification or accession, declare that this Convention shall extend to all or any of the territories for the international relations of which it is responsible. Such a declaration shall take effect when the Convention enters into force for the State concerned.

2. At any time thereafter any such extension shall be made by notification addressed to the Secretary-General of the United Nations and shall take effect as from the ninetieth day after the day of receipt by the Secretary-General of the United Nations of this notification, or as from the date of entry into force of the Convention for the State concerned, whichever is the later.

3. With respect to those territories to which this Convention is not extended at the time of signature, ratification or accession, each State concerned shall consider the possibility of taking the necessary steps in order to extend the application of the Convention to such territories, subject, where necessary for constitutional reasons to the consent of the Government of such territories.

Article XI

In the case of a federal or non-unitary State, the following provisions shall apply:

(a) With respect to these articles of this Convention that come within the legislative jurisdiction of the federal authority, the obligations of the federal Government shall to this extent be the same as those of Contracting States which are not federal States;

(b) With respect to those articles of this Convention that come within the legislative jurisdiction of constituent states or provinces which are not, under the constitutional system of the federation, bound to take legislative action, the federal Government shall bring such articles with a favourable recommendation to the notice of the appropriate authorities of constituent states or provinces at the earliest possible moment;

(c) A federal State party to this Convention shall, at the request of any other contracting State transmitted through the Secretary-General of the United Nations, supply a statement of the law and practice of the federation and its constituent units in regard to any particular provision of this Convention, showing the extent to which effect has been given to that provision by legislative or other action.

Article XII

1. This Convention shall come into force on the ninetieth day following the date of deposit of the third instrument of ratification or accession.

2. For each State ratifying or acceding to this Convention after the deposit of the third instrument of ratification or accession, this Convention shall enter into force on the ninetieth day after deposit by such State of its instrument of ratification or accession.

Article XIII

1. Any Contracting State may denounce this Convention by a written notification to the Secretary-General of the United Nations. Denunciation shall take effect one year after the date of receipt of the notification by the Secretary-General.

2. Any State which has made a declaration or notification under article X may, at any time thereafter, by notification to the Secretary-General of the United Nations, declare that this Convention shall cease to extend to the territory concerned one year after the date of the receipt of the notification by the Secretary-General.

3. This Convention shall continue to be applicable to arbitral awards in respect of which recognition or enforcement proceedings have been instituted before the denunciation takes effect.

Article XIV

A Contracting State shall not be entitled to avail itself of the present Convention against other Contracting States except to the extent that it is itself bound to apply the Convention.

Article XV

The Secretary-General of the United Nations shall notify the States contemplated in article VIII of the following:

(a) Signature and ratifications in accordance with article VIII;

(b) Accessions in accordance with article IX;

(c) Declarations and notifications under articles I, X and XI;

(d) The date upon which this Convention enters into force in accordance with article XII;

(e) Denunciations and notifications in accordance with article XIII.

Article XVI

1. This Convention, of which the Chinese, English, French, Russian and Spanish texts shall be equally authentic, shall be deposited in the archives of the United Nations.

2. The Secretary-General of the United Nations shall transmit a certified copy of this Convention to the States contemplated in Article VIII.

Reservation made by the Republic of Korea

By virtue of Paragraph 3 of Article I of the present Convention, the Government of the Republic of Korea declares that it will apply the Convention to the recognition and enforcement of arbitral awards made only in the territory of another Contracting State. It further declares that it will apply the Convention only to the differences arising out of legal relationships, whether contractual or not, which are considered as commercial under its national law.

[14-2] 외국중재판정의 승인 및 집행에 관한 협약

(1958년 뉴욕협약)1)

[발효일 1973. 5. 9] [다자조약, 제471호, 1973. 2. 19]

○조약 제471호(외국 중재판정의 승인 및 집행에 관한 협약)의 한글 번역문 정정
1973년 2월 19일자 관보 제6380호에 공포되었던 "조약 제471호(외국 중재판정의 승인 및 집행에 관한 협약)"의 한글 번역문을 개정 한글맞춤법에 따라 수정하고 국민이 조약 내용을 쉽게 이해할 수 있도록 순화하여 다음과 같이 정정 공포합니다.

2015년 3월 16일

신 번역문

제1조

1. 이 협약은 중재판정의 승인 및 집행을 요구받은 국가 이외의 국가의 영역 내에서 내려진 판정으로서, 자연인 또는 법인 간의 분쟁으로부터 발생하는 중재판정의 승인 및 집행에 적용된다. 이 협약은 또한 그 승인 및 집행을 요구받은 국가에서 국내판정으로 간주되지 아니하는 중재판정에도 적용된다.
2. "중재판정"이란 개개의 사건을 위하여 선정된 중재인이 내린 판정뿐만 아니라 당사자가 회부한 상설 중재기관이 내린 판정도 포함한다.
3. 어떠한 국가든지 이 협약에 서명, 비준 또는 가입할 때, 또는 이 협약 제10조에 따라 적용을 통고할 때에는, 상호주의에 기초하여 다른 체약국의 영역 내에서 내려진 판정의 승인 및 집행에 한하여 이 협약을 적용할 것을 선언할 수 있다. 또한 어떠한 국가든지, 계약적 성질의 것인지 여부를 불문하고, 그러한 선언을 행하는 국가의 국내법상 상사상의 것이라고 간주되는 법률관계로부터 발생하는 분쟁에 한하여 이 협약을 적용할 것을 선언할 수 있다.

제2조

1. 각 체약국은, 계약적 성질의 것인지 여부를 불문하고, 중재에 의하여 해결이 가능한

1) 뉴욕협약의 구 번역문은 1973. 2. 19. 관보 제6380호에 공포되었던 "조약 제471호(외국 중재판정의 승인 및 집행에 관한 협약)"이고, 여기의 번역문은 개정 한글맞춤법에 따라 수정하고 국민이 조약 내용을 쉽게 이해할 수 있도록 순화하여 2015. 3. 16. 정정 공포되었다. 엄밀하게는 국문번역에서도 영문에 따라 로마숫자를 사용해야 할 것이나 정부는 아라비아숫자를 사용하였다. 석광현, 국제상사중재법연구 제1권(2007), 581-585면에서 뉴욕협약 한글번역문의 몇 가지 오류를 지적하였는데 그 중 일부가 위 정정공포에 반영되었음은 다행이나 아래에서 지적하는 바와 같이 일부(제5조 제1항 마호)는 반영되지 않았는데 이는 매우 유감이다.

사항에 관한 일정한 법률관계와 관련하여 당사자 간에 발생하였거나 또는 발생할 수 있는 분쟁의 전부 또는 일부를 중재에 회부하기로 약정하는 당사자 간의 서면에 의한 합의를 승인한다.

2. “서면에 의한 합의”란 당사자 간에 서명되었거나 교환된 서신이나 전보에 포함되어 있는 계약서상의 중재조항 또는 중재합의를 포함한다.
3. 당사자들이 이 조에서 의미하는 합의를 한 사항에 관한 소송이 제기되었을 때에는 체약국의 법원은, 전기 합의를 무효, 실효 또는 이행불능이라고 인정하는 경우를 제외하고, 어느 한쪽 당사자의 요청에 따라서 중재에 회부할 것을 당사자에게 명한다.

제3조

각 체약국은 중재판정을 다음 제 조항에 규정된 조건 하에서 구속력 있는 것으로 승인하고 그 판정이 원용되는 영역의 절차 규칙에 따라서 집행한다. 이 협약이 적용되는 중재판정의 승인 또는 집행에 대해서는 국내 중재판정의 승인 또는 집행에 대하여 부과하는 것보다 실질적으로 더 엄격한 조건이나 더 높은 비용을 부과하여서는 아니 된다.

제4조

1. 위 조항에 언급된 승인과 집행을 얻기 위하여 승인과 집행을 신청하는 당사자는 신청 시[2] 다음의 서류를 제출한다.
   가. 정당하게 인증된 판정정본 또는 정당하게 인증된 그 등본
   나. 제2조에 언급된 합의의 원본 또는 정당하게 인증된 그 등본
2. 전기 판정이나 합의가 원용되는 국가의 공식 언어로 작성되지 않은 경우, 판정의 승인과 집행을 신청하는 당사자는 그 문서의 공식 언어 번역문을 제출한다. 번역문은 공식 또는 선서한 번역사에 의하여, 또는 외교관 또는 영사관원에 의하여 인증된다.[3]

제5조

1. 판정의 승인과 집행은 판정의 피원용 당사자의 요청에 따라서, 그 당사자가 판정의 승인 및 집행을 요구받은 국가의 권한 있는 당국에 다음의 증거를 제출하는 경우에 한하여 거부될 수 있다.
   가. 제2조에 언급된 합의의 당사자가 그들에게 적용가능한 법에 따라 무능력자이었거나, 또는 당사자가 준거법으로서 지정한 법에 따라 또는 그러한 지정이 없는 경우에는 판정을 내린 국가의 법에 따라 전기 합의가 유효하지 않은 경우, 또는
   나. 판정의 피원용 당사자가 중재인의 선정이나 중재절차에 관하여 적절한 통고를 받지 아니하였거나 또는 그 밖의 이유에 의하여 응할 수 없었을 경우, 또는
   다. 판정이 중재회부조항에 규정되어 있지 아니하거나 그 조항의 범위에 속하지 아니하는 분쟁에 관한 것이거나, 또는 그 판정이 중재회부의 범위를 벗어나는

2) 과거에는 ‘신청서에’라고 하였으니 ‘신청시’로 바로 잡았다.
3) 과거에는 ‘공증인 또는 선서한 번역관’이라고 하였으나 ‘공식 또는 선서한 번역사’로 바로 잡았다.

사항에 관한 결정을 포함하는 경우. 다만, 중재에 회부한 사항에 관한 결정이 중재에 회부하지 아니한 사항과 분리될 수 있는 경우에는 중재에 회부한 사항에 관한 결정을 포함하는 판정의 부분은 승인 및 집행될 수 있다. 또는

라. 중재판정부의 구성이나 중재절차가 당사자 간의 합의와 합치하지 아니하거나, 또는 이러한 합의가 없는 경우에는 중재가 행해진 국가의 법과 합치하지 아니하는 경우, 또는

마. 당사자에 대하여 판정의 구속력이 아직 발생하지 아니하였거나 또는 판정이 내려진 국가의 권한 있는 당국에 의하여 또는 그 국가의 법에 따라 판정이 취소 또는 정지된 경우.4)

2. 중재판정의 승인 및 집행을 요구 받은 국가의 권한 있는 당국이 다음의 사항을 인정하는 경우에도 중재판정의 승인과 집행이 거부될 수 있다.

가. 분쟁의 대상인 사항이 그 국가의 법에 따라서는 중재에 의해 해결될 수 없는 것일 경우, 또는

나. 판정의 승인이나 집행이 그 국가의 공공의 질서에 반하는 경우.

제6조

판정의 취소 또는 정지를 요구하는 신청이 제5조 제1항의 마에 언급된 권한 있는 당국에 제기되었을 경우에는, 판정의 원용을 신청받은 당국은, 그것이 적절하다고 간주하는 때에는 판정의 집행에 관한 판결을 연기할 수 있고 또한 판정의 집행을 요구하는 당사자의 신청이 있는 경우 적절한 담보를 제공할 것을 다른 쪽 당사자에 명할 수 있다.

제7조

1. 이 협약의 규정은 체약국에 의하여 체결된 중재판정의 승인 및 집행에 관한 다자 또는 양자 협정의 효력에 영향을 미치지 아니하며, 또한 어떠한 이해 당사자가, 중재판정의 원용이 요구된 국가의 법이나 조약에서 허용한 방법 및 한도 내에서, 판정을 원용할 수 있는 권리를 박탈하지도 아니한다.
2. 1923년 중재조항에 관한 제네바 의정서 및 1927년 외국중재판정의 집행에 관한 제네바협약은 체약국이 이 협약에 의한 구속을 받게 되는 때부터, 그리고 그 구속을 받는 한도 내에서 체약국 간에 있어 효력을 상실한다.

---

4) 본문 중 "판정이 내려진 국가의 권한 있는 당국에 의하여 또는 그 국가의 법에 따라 판정이 취소 또는 정지된 경우"라는 번역 중 밑줄 부분은 잘못된 번역이다. 대법원 2003. 2. 26. 선고 2001다77840 판결도 이 점을 지적한 바 있다. 오래 전부터 이런 지적이 있었고 정부가 뉴욕협약의 번역문을 2015. 3. 16. 정정 공포하면서도 이를 간과한 것은 유감이다. 번역을 "마. 당사자에 대하여 판정의 구속력이 아직 발생하지 아니하였거나 또는 판정이 내려진 국가의 권한 있는 당국에 의하여 또는 중재판정의 기초가 된 법령이 속하는 국가의 권한 있는 당국에 의하여 판정이 취소 또는 정지된 경우"라고 수정해야 한다. UNCITRAL 아시아・태평양 지역사무소・법무부, UN 국제상거래 규범집(제1권)(2018), 45면이 외교부의 오류를 답습하는 점은 유감이다.

제8조

1. 이 협약은 국제연합회원국, 또한 현재 또는 장래의 국제연합 전문기구의 회원국, 또는 현재 또는 장래의 국제사법재판소 규정의 당사국, 또는 국제연합총회로부터 초청을 받은 그 밖의 국가의 서명을 위하여 1958년 12월 31일까지 개방된다.
2. 이 협약은 비준되어야 하며 비준서는 국제연합사무총장에게 기탁된다.

제9조

1. 이 협약은 제8조에 언급된 모든 국가의 가입을 위하여 개방된다.
2. 가입은 국제연합사무총장에게 가입서를 기탁함으로써 발효한다.

제10조

1. 어떠한 국가든지 서명, 비준 또는 가입 시에 국제관계에 있어서 자국이 책임을 지는 전부 또는 일부의 영역에 이 협약을 적용함을 선언할 수 있다. 그러한 선언은 이 협약이 관련국가에 대하여 발효할 때 효력이 발생한다.
2. 그러한 적용은 그 후 언제든지 국제연합사무총장에게 통고함으로써 행할 수 있으며, 그 효력은 국제연합사무총장이 이 통고를 접수한 날부터 90일 후 또는 관련국가에 대하여 이 협약이 발효하는 날 중 늦은 일자에 발생한다.
3. 서명, 비준 또는 가입 시에 이 협약이 적용되지 아니하는 영역에 관하여는, 각 관련국가는 헌법상의 이유로 필요한 경우에는 그 영역을 관할하는 정부의 동의를 얻을 것을 조건으로, 이 협약을 그러한 영역에 적용하기 위하여 필요한 조치를 취할 수 있는 가능성을 고려한다.

제11조

연방국가 또는 비단일국가의 경우에는 다음의 규정이 적용된다.

가. 이 협약의 조항 중 연방정부의 입법 관할권 내에 속하는 것에 관해서는, 연방정부의 의무는 이러한 한도 내에서 연방국가가 아닌 다른 체약국의 의무와 동일하다.

나. 이 협약의 조항 중 연방의 헌법체제 하에서 입법조치를 취할 의무가 없는 주 또는 지방의 입법관할권 내에 속하는 것에 관하여는, 연방정부는 가급적 조속히 주 또는 지방의 적절한 당국에 대하여 호의적 권고를 포함하여 그러한 조항에 대한 주의를 환기시킨다.

다. 이 협약의 당사국인 연방국가는, 국제연합사무총장을 통하여 전달된 다른 체약국의 요청에 따라서, 이 협약의 어떠한 특정 규정에 관하여 입법 또는 그 밖의 조치를 통해 그 규정이 이행되고 있는 범위를 보여주는 연방과 그 구성단위의 법과 관행에 대한 정보를 제공한다.

제12조

1. 이 협약은 세 번째의 비준서 또는 가입서의 기탁일 후 90일째 되는 날에 발효한다.
2. 세 번째의 비준서 또는 가입서의 기탁일 후에 이 협약을 비준하거나 이 협약에 가입하는 국가에 대하여는, 이 협약은 그 국가의 비준서 또는 가입서의 기탁일 후 90일째

되는 날에 효력을 발생한다.

제13조

1. 어떠한 체약국이든지 국제연합사무총장에게 서면으로 통고함으로써 이 협약을 탈퇴할 수 있다. 탈퇴는 사무총장이 통고를 접수한 일자부터 1년 후에 발효한다.
2. 제10조에 따라 선언 또는 통고를 한 국가는, 그 후 언제든지 국제연합사무총장에게 통고함으로써, 사무총장이 통고를 접수한 일자부터 1년 후에 관련 영역에 대한 이 협약의 적용이 종결됨을 선언할 수 있다.
3. 탈퇴가 발효되기 전에 승인이나 집행절차가 개시된 중재판정에 대해서는 이 협약이 계속하여 적용된다.

제14조

체약국은 자국이 이 협약을 적용하여야 할 의무가 있는 범위 외에는 다른 체약국에 대하여 이 협약을 원용할 권리를 가지지 아니한다.

제15조

국제연합사무총장은 제8조에 규정된 국가에 대하여 다음의 사항에 관하여 통고한다.

가. 제8조에 따른 서명 및 비준,
나. 제9조에 따른 가입,
다. 제1조, 제10조 및 제11조에 따른 선언 및 통고,
라. 제12조에 따라 이 협약이 발효한 일자,
마. 제13조에 따른 탈퇴 및 통고

제16조

1. 중국어본, 영어본, 프랑스어본, 러시아어본 및 스페인어본이 동등하게 정본인 이 협약은 국제연합 기록보관소에 보관된다.
2. 국제연합사무총장은 이 협약의 인증등본을 제8조에 규정된 국가에 송부한다.

대한민국의 선언:

이 협약 제1조 제3항에 따라, 대한민국 정부는 오직 다른 체약국의 영역 내에서 내려진 중재판정의 승인과 집행에 한하여만 이 협약을 적용할 것을 선언한다. 또한 대한민국 정부는, 계약적 성질의 것인지 여부를 불문하고, 국내법상 상사상의 것이라고 간주되는 법률관계로부터 발생하는 분쟁에 한하여 이 협약을 적용할 것을 선언한다.

[14-3]

Annex II

Recommendation regarding the interpretation of article II, paragraph 2, and article VII, paragraph 1, of the Convention on the Recognition and Enforcement of Foreign Arbitral Awards, done in New York, 10 June 1958, adopted by the United Nations Commission on International Trade Law on 7 July 2006 at its thirty-ninth session

The United Nations Commission on International Trade Law,

Recalling General Assembly resolution 2205 (XXI) of 17 December 1966, which established the United Nations Commission on International Trade Law with the object of promoting the progressive harmonization and unification of the law of international trade by, *inter alia*, promoting ways and means of ensuring a uniform interpretation and application of international conventions and uniform laws in the field of the law of international trade,

Conscious of the fact that the different legal, social and economic systems of the world, together with different levels of development, are represented in the Commission,

Recalling successive resolutions of the General Assembly reaffirming the mandate of the Commission as the core legal body within the United Nations system in the field of international trade law to coordinate legal activities in this field,

Convinced that the wide adoption of the Convention on the Recognition and enforcement of Foreign Arbitral Awards, done in New York on 10 June 1958,[1] has been a significant achievement in the promotion of the rule of law, particularly in the field of international trade,

Recalling that the Conference of Plenipotentiaries which prepared and opened the Convention for signature adopted a resolution, which states, inter alia, that the Conference "considers that greater uniformity of national laws on arbitration would further the effectiveness of arbitration in the settlement of private law disputes,"

Bearing in mind differing interpretations of the form requirements under the Convention that result in part from differences of expression as between the five equally authentic texts of the Convention,

Taking into account article VII, paragraph 1, of the Convention, a purpose of which is to enable the enforcement of foreign arbitral awards to the greatest extent, in particular by

* 이는 국제연합의 A/6/17의 Annex Ⅱ이다.

1) United Nations, *Treaty Series*, vol. 330, No. 4739.

recognizing the right of any interested party to avail itself of law or treaties of the country where the award is sought to be relied upon, including where such law or treaties offer a regime more favourable than the Convention,

Considering the wide use of electronic commerce,

Taking into account international legal instruments, such as the 1985 UNCITRAL Model Law on International Commercial Arbitration,[2] as subsequently revised, particularly with respect to article 7,[3] the UNCITRAL Model Law on Electronic Commerce,[4] the UNCITRAL Model Law on Electronic Signatures[5] and the United Nations Convention on the Use of Electronic Communications in International Contracts,[6]

Taking into account also enactments of domestic legislation, as well as case law, more favourable than the Convention in respect of form requirement governing arbitration agreements, arbitration proceedings and the enforcement of arbitral awards,

Considering that, in interpreting the Convention, regard is to be had to the need to promote recognition and enforcement of arbitral awards,

1. *Recommends* that article II, paragraph 2, of the Convention on the Recognition and Enforcement of Foreign Arbitral Awards, done in New York, 10 June 1958, be applied recognizing that the circumstances described therein are not exhaustive;

2. *Recommends also* that article VII, paragraph 1, of the Convention on the Recognition and Enforcement of Foreign Arbitral Awards, done in New York, 10 June 1958, should be applied to allow any interested party to avail itself of rights it may have, under the law or treaties of the country where an arbitration agreement is sought to be relied upon, to seek recognition of the validity of such an arbitration agreement.

1958년 6월 10일 뉴욕에서 채택된 외국중재판정의 승인 및 집행에 관한 협약 제2조 제2항과 제7조 제1항의 해석에 관하여, 국제연합 국제무역법위원회가 2006년 7월 7일 제39차회기에서 채택한 권고

2) *Official Records of the General Assembly, Fortieth Session, Supplement No. 17* (A/40/17), annex I, and United Nations publication, Sales No. E.95.V.18.

3) Ibid., *Sixty-first Session, Supplement No. 17* (A/61/17), annex I.

4) Ibid., *Fifty-first Session, Supplement No. 17* (A/51/17), annex I, and United Nations publication, Sales No. E.99.V.4, which contains also an additional article 5 bis, adopted in 1998, and the accompanying Guide to Enactment.

5) Ibid., *Fifty-sixth Session, Supplement No. 17* and corrigendum (A/56/17 and Corr.3), annex II, and United Nations publication, Sales No. E.02.V.8, which contains also the accompanying Guide to Enactment.

6) General Assembly resolution 60/21, annex.

[前文 번역 생략]

1. 1958년 6월 10일 뉴욕에서 채택된 외국중재판정의 승인 및 집행에 관한 협약 제2조 제2항을 적용함에 있어서, 동 항에 기술된 상황이 망라적인 것은 아니라는 점을 인정할 것을 권고한다.

2. 1958년 6월 10일 뉴욕에서 채택된 외국중재판정의 승인 및 집행에 관한 협약 제7조 제1항을 적용함에 있어서, 모든 이해관계인이, 중재합의가 유효함을 승인받기 위하여, 그곳에서 중재합의를 원용하려는 국가의 법률 또는 조약에 기하여 가지는 모든 권리를 이용할 수 있도록 허용할 것을 권고한다.

判例索引

우리말索引

外國語索引

U

V

Z

저자소개

약　력

서울대학교 법과대학 졸업
사법연수원 수료(11기)
독일 프라이부르그 법과대학 LL.M.
서울대학교 대학원 졸업(법학박사)
해군법무관(1981. 8. - 1984. 8.)
金・張法律事務所 변호사(1984. 9. - 1999. 2.)
영국 Linklaters & Paines 법률사무소 연수(1991년 상반기)
한양대학교 법과대학 교수(1999. 3. - 2007. 9.)
현재 서울대학교 법학전문대학원 교수: 국제거래법・國際私法・국제민사소송법 담당
정부대표단의 고문으로 다수의 헤이그국제사법회의, UNCITRAL과 UNIDROIT 회의 참가

저　서

국제물품매매계약의 법리: UN통일매매법(CISG)해설(박영사)
國際商事仲裁法研究 제 1 권(博英社)
國際裁判管轄에 관한 硏究(서울대학교 출판부)
國際私法과 國際訴訟 제 1 권, 제 2 권, 제 3 권, 제 4 권, 제 5 권, 제 6 권(博英社)

편　저

UNCITRAL 담보권 입법지침 연구(법무부)
국제채권양도협약연구(법무부)

논　문

클라우드 컴퓨팅의 규제 및 관할권과 준거법
FIDIC 조건을 사용하는 국제건설계약의 준거법 결정과 그 실익
대마도에서 훔쳐 온 고려 불상의 서산 부석사 반환을 명한 제1심판결의 평석
한국의 헤이그국제사법회의 가입 20주년을 기념하여
손해배상을 명한 외국재판의 승인과 집행: 2014년 민사소송법 개정과 그에 따른 판례의 변화를 중심으로
2018년 국제사법 전부개정법률안에 따른 국제재판관할규칙: 총칙을 중심으로 / 각칙을 중심으로
한국 국제사법 70년 변화와 전망
UNCITRAL이 한국법에 미친 영향과 우리의 과제 외 다수

國際商事仲裁法研究 제2권

2019年　1月　30日　　초판발행

著　者　石　光　現
發行人　安　鍾　萬
發行處　(株) 博　英　社
서울특별시 종로구 새문안로3길 36, 1601
전화 (733) 6771　FAX (736) 4818
등록 1952. 11. 18.　제1-171호(倫)

저자와 협의하여 인지 첩부를 생략함

www.pybook.co.kr　e-mail: pys@pybook.co.kr

定　價　54,000원　　ISBN 979-11-303-3296-3
979-11-303-3295-6(세트)